산업전시론

기획 · 전략과 실무

홍 선 의

백산출판사

머리말

최근 우리나라뿐만 아니라 세계적으로 전시산업에 대한 관심이 높아지고 있다. 이는 전시산업이 개최국이나 개최도시에 미치는 경제적 효과가 전시회 개최 그 자체만으로 발생하는 수출증대 효과 이외에도 전시회 개최와 관련된 여타 산업에 미치는 영향까지 고려해 본다면 그 가치란 다른 중요산업 못지않으며 향후 성장 가능성까지 감안했을 때, 그 효과는 기대 이상이기 때문이다. 따라서 현재 많은 국가들이 전시산업을 진흥시키기 위하여 각고의 노력을 기울이고 있다. 그러나 전시산업은 단순히 노력만을 가지고 성장하기는 힘들다. 그 나라가 가지고 있는 하드웨어와 소프트웨어 인프라가 고루 발전하였을 때만 전시산업의 발전이 가능하다. 우리나라도 예외는 아니어서 전시산업의 진흥을 위하여 국제적 규모의 전시장 건립을 비롯하여 각종 전시 인프라 구축에 많은 노력을 기울이고 있다.

과거 우리나라의 수출상품들은 저급한 품질과 낮은 인지도로 인해 세계시장에서 외면당했으며 유명 전시회에 출품할만한 변변한 상품조차 없었던 적이 있었다. 그러나 지금은 세계적으로 유명한 국제기업들이 출현하게 되었고, 이들 기업들이 생산한 제품들이 국제적 명성을 얻게 됨에 따라 세계적인 브랜드 전시회에서 우리나라 기업의 제품을 쉽게 찾아보게 되었다. 도리어 이들 브랜드 전시회에서 우리나라 기업 제품의 출품을 요청해 오는 일이 비일비재하게 되었으며, 이러한 현상은 그동안 불모지와 같았던 우리나라 전시산업에도 자신감을 심어주게 되었고 국내에서도 다양한 대규모 국제 전시회의 성공적인 개최와 운영이 가능하게 되었다.

현재 전시회는 전 세계 기업들의 치열한 경쟁의 각축장이 되고 있으며 전시회에서의 성공이 세계시장에서의 성공으로 이어지고 있다. 따라서 우리나라도 과거와는 달리 전시회를 통해 세계시장의 문을 두드리는 기업이 빠르게 증가하고 있으며 성공적인 전시활동을 위하여 많은 노력을 기울이고 있다. 그러나 아직까지도 많은 기업들이 전시회에 참가하는 것을 단순히 바이어 발굴 활동에 한정지음으로써 많은 비용을 들이며 어렵게 참가한 전시회를 충분히 활용하지 못하는 경우가 있다. 이런 현상은 전시회에 참가하는 기업들이 전시회에 대한 명확한 이해가 부족하고 빈약한 기획력에 그 이유를 찾을 수 있다.

이에 본서는 전시회에 대한 명확한 이해를 도와주는 한편 전시회에 참가하는데 필요한 기획과 전략의 수립, 그리고 실무적인 부문의 사전적 지식에 조금이나마 보탬이 되고자 하는 마음에 집필하게 되었다. 그러나 필자가 아무리 노력하고 많은 분들에게 조언을 구하였다고는 하나 여러 가지 면에서 부족함이 많다. 독자 여러분들의 애정 어린 충고와 성원을 부탁드리며 앞으로 지속적으로 부족한 부분을 보완해 나갈 것을 약속드린다.

부디 본서가 전시회 관련 학문을 배우고 연구하는 분들이나 관련 기관 종사자, 그리고 기업의 담당자뿐만 아니라 전시회에 관심이 있는 모든 분들에게 조금이나마 도움이 되기를 바라마지 않는다.

이 책을 집필하는데 많은 도움을 주셨던 분들에게 감사드리며 항상 노심초사 자식을 걱정하시며 늘 사랑으로 감싸주시는 부모님께 깊이 고개 숙여 감사드린다. 또한 바쁘다는 핑계로 많은 시간을 같이 하지 못해 서운해 할 사랑하는 가족에게 미안함과 고마움을 전한다. 마지막으로 어려운 출판 환경 속에서도 본서의 출간을 위해 많은 노력과 지원을 아끼지 않은 백산출판사의 진욱상 사장님과 김종욱 이사님 그리고 편집부 관계자들에게 깊이 감사드리는 바이다.

2011년 1월

홍선의

산업전시론의 구성

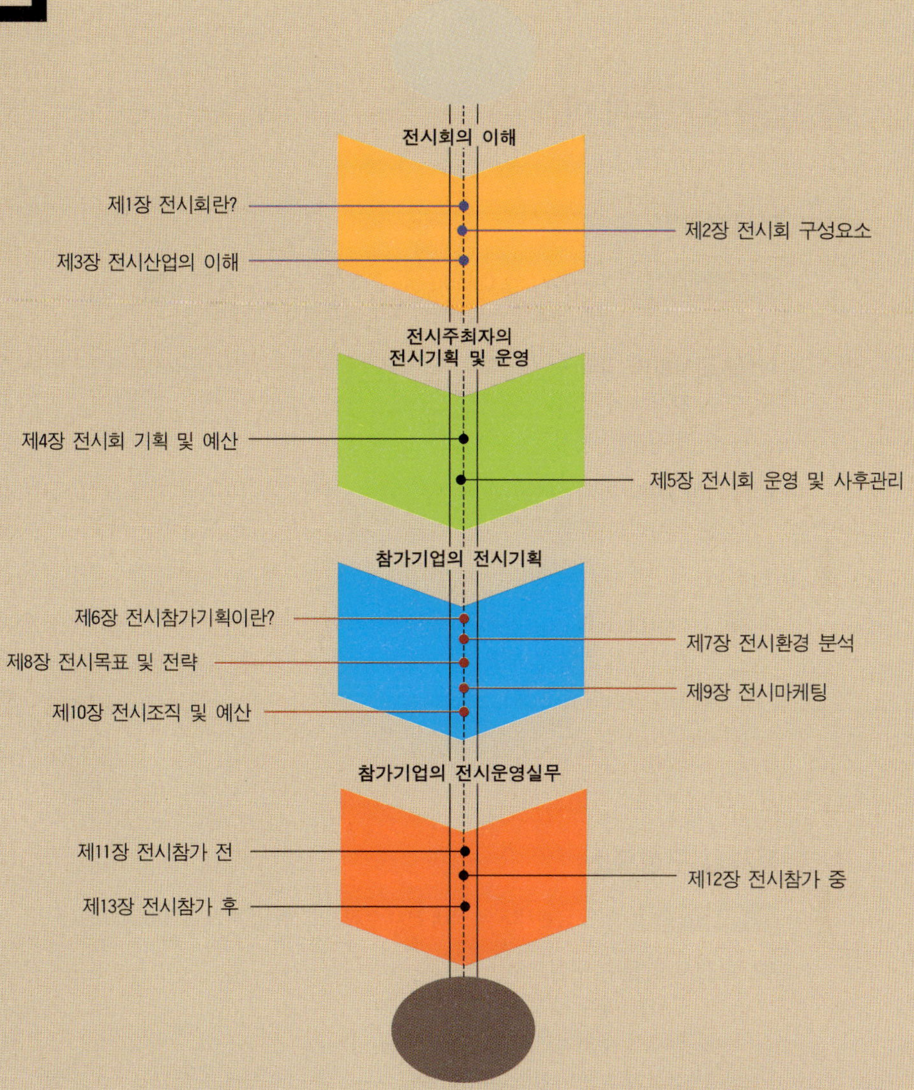

본서는 총 4부 13장으로 구성되어 있다. 제1부는 '전시회의 이해'로써 전시회에 관한 기본적인 개념과 이해를 돕기 위한 지식으로 구성되어져 있다.

제2부는 '전시주최자의 전시기획 및 운영'으로 전시주최자의 입장에서 전시회의 기획과 운영에 관한 사항과 지식으로 이루어져 있다.

제3부는 '참가기업의 전시기획'으로 전시 참가기업이 꼭 알아야 될 지식을 전시기획과 전략 및 마케팅의 측면에서 다루었다.

제4부는 '참가기업의 전시운영실무'로 기업이 전시회에 참가하여 전시활동을 하는데 필요한 실무적인 내용을 전시참가 전과 전시참가 중, 전시참가 후로 나누어 살펴보았다.

차 례

제1부 전시회의 이해

제3장 전시산업의 이해

제2부 전시주최자의 전시기획 및 운영

제4장 전시회 기획 및 예산

제3부 참가기업의 전시기획

제6장 전시참가기획이란?

제7장 전시환경 분석

제1부

전시회의 이해

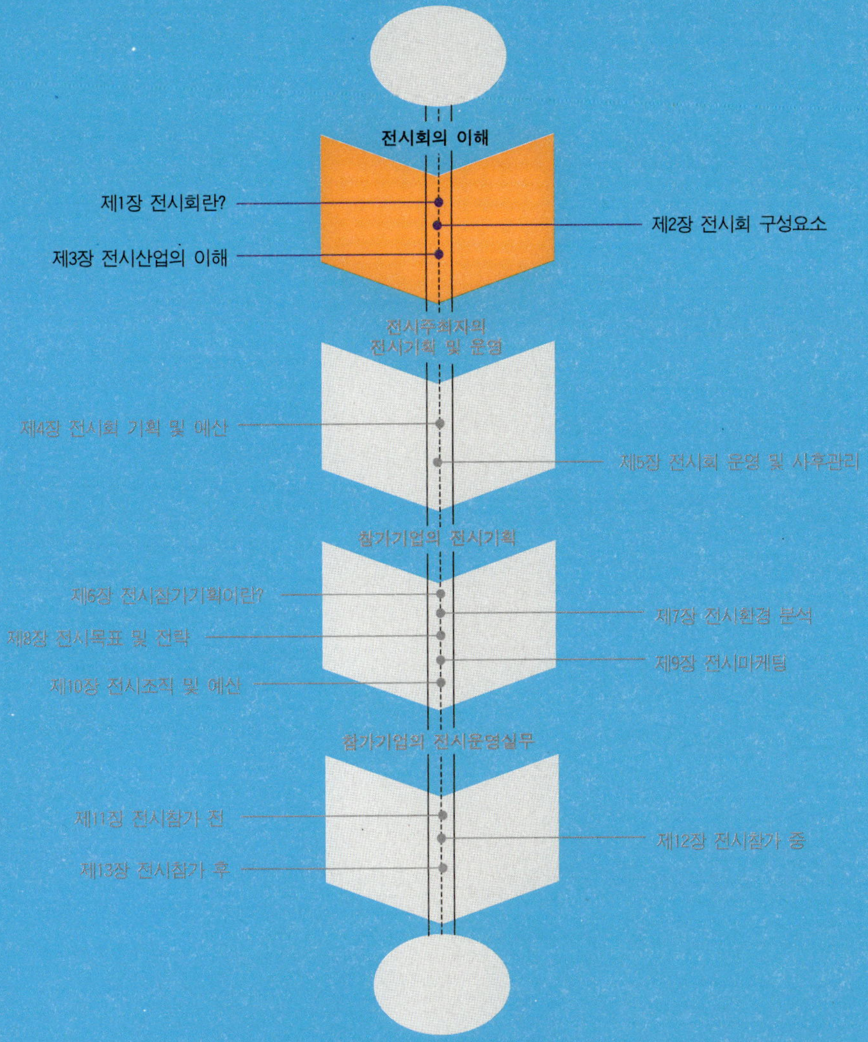

제1부는 '전시회의 이해'로서 전시회의 정의와 분류 그리고 특성에 대해 살펴보고 전시회를 구성하는 요소들을 분류하여 각각에 대해 알아본다. 또한 현재 전시산업이 전체산업에 어떤 영향을 미치고 있으며, 어떤 연관이 있는지에 대해 논의하고 우리나라 전시산업의 현황과 세계 주요국의 전시산업 현황에 대하여 살펴본다.

제1장

전시회란?

<Opening Exhibition>

'Friendly City, Colorful Life 조화로운 도시, 다채로운 생활'
세계 최대 규모 세계인의 축제, 상하이엑스포 한국관

Opening Exhibition

'Friendly City, Colorful Life 조화로운 도시, 다채로운 생활' 세계 최대 규모 세계인의 축제, 상하이엑스포 한국관

2008년 베이징올림픽의 강한 기억들이 가시기도 전에, 세계인의 이목이 다시 한 번 중국 상하이로 몰리고 있다. 상하이엑스포는 'Better City, Better Life' 라는 주제로 5월 1일부터 10월 31일까지 184일 동안 역대 최대 규모로 개최된다. 192개국과 52개의 국제기구가 참여하는 세계적인 축제인 상하이엑스포에 약 7천만 명의 관람객이 방문할 것으로 예상된다. 이번 상하이엑스포에 "조화로운 도시, 다채로운 생활(Friendly City, Colorful Life)"을 주제로 참가하는 한국관은 참가면적 7,684㎡ 역대 엑스포 참가사상 최대 규모이다.

–정민영(KOTRA EXPO 지원단 부장)

소통과 융합의 기호– '한글' 이 빚어낸 건축물, 한국관

개막 전부터 중국인들의 관심이 한국관에 집중되었던 가장 큰 이유는 한국관 건축물이 가지고 있는 심미성이라고 할 수 있다. 지난 4월 20일에 시행된 시운전 기간 중 수많은 중국인들이 한국관 앞에서 사진촬영을 하는 등 현지에서의 반응이 아주 뜨거웠으며, 중국 문회보에서 실시한 조사에서 192개의 국가 중 가장 가고 싶은 국가관 5위로 꼽히기도 하였다.

한국관이 한글을 모티브로 탄생한 데는 이어령 교수의 조언이 있었다. 자모가 결합하면서 다양한 모양과 소리를 만들어 내는 한글이 소통과 융합을 강조하는 엑스포 현장에서 가장 한국적인 것으로 통할 것이라는 판단 때문이다.

상하이엑스포 한국관

여기에 제2의 백남준으로 불리고 있는 세계적인 설치 미술가 강익중의 아트픽셀(art pixel)작품 '바람으로 섞이고 땅으로 이어지고'가 설치되어 한국관의 외관을 더욱 빛내고 있다. 이 작품은 38,000개의 정방형 타일 모양의 픽셀 하나하나에 한 글자씩을 넣어서 작가가 생활 속에서 깨달은 진리 110개 문구를 표현하고 있다. 엑스포가 끝나면 강 작가의 아트픽셀 작품을 판매하여 그 대금을 유네스코에 기부한다는 계획이어서 의미를 더하고 있다.

환상적인 전시 콘텐츠-최첨단 IT기술의 향연

한국관은 4개의 테마관(Culture, Humanity, Nature, Technology)을 통해서 한국인들의 삶과 문화, 기술을 소개하고 있다. 한국관의 전시 콘텐츠 중 특히 관람객의 참여를 유도하는 인터랙티브 기술을 활용하여 관람객들과 교감과 소통을 통한 감성적 연결을 추구하고 있는 점이 눈에 띈다. 최대 15명이 동시에 참여할 수 있는 세계 최대의 멀티터치월(12×27m)과 인식기술을 활용한 다중인터랙션 미디어 월(4.5×4.2m) 등 관람객과 상호작용하는 최신 기술을 통해 한국인들의 삶과 문화, 기술을 보여주게 된다.

초대형 멀티터치월은 여러 명의 시용자가 갈대모양 폴리곤의 스크린을 잡아당기거나 만지고 날리면서 한국의 유비쿼터스 기술로 편리한 삶을 누리는 미래도시 모습을 체험하게 하며, 다중인터랙션 미디어 월은 관람객이 벽면에 다가서면 벽에 비친 관람객의 그림자에서 나무가 자라고 꽃이 피며 새가 날아드는 등 관람객이 자연과 하나가 되는 모습을 연출한다. '다이내믹 청계천' 코너에서는 최첨단 증강현실(Augmented Reality) 기술을 이용해서 인간 중심의 생태환경 도시로 서울을 뒤바꾼 청계천의 과거와 현재를 생생하게 보여준다.

또한 미래 TV산업의 총아인 3D 멀티비전을 포함하여 모두 13대의 3DTV를 선보임으로써 '기술강국 대한민국' 의 이미지를 여실히 보여주고 있다. Technology zone에 설치되어 있는 4대의 3DTV에서는 '용연과 방패연' , '한글과 한자' , '홍등과 청사초롱' 등 한국과 중국의 대표적인 문화 아이템을 소재로 하여 두 나라 간의 우호와 교류를 보여주고, Farewell zone에 설치되어 있는 55인치 3DTV 9대로 구성한 멀티비전은 참관객들을 전시공간을 떠나기 전에 마지막으로 다시 한 번 놀라게 하고 있다.

다양한 퍼포먼스 및 이벤트-'一笑一得'

실사영화와 3D 애니메이션, 조명쇼와 댄스 퍼포먼스로 구성된 뮤지컬 영상 'Chorus City' 는 관람객들에게 진한 감동을 주고 있다. ' 코러스 시티' 는 한류스타인 동방신기의 유노윤호와 슈퍼주니어 M, f(x)가 도시민들이 꿈꾸는 도시를 현실로 만들어 주는 '위시메이커(Wishmaker)'로 출연한다. 슈퍼주니어 M과 f(x) 멤버들 중에는 각각 중국인 멤버가 2명씩 포함되어 있어 한국과 중국의 젊은이들이 만들어가는 도시가 된다. 좌충우돌하는 신참 위시메이커(유노윤호)가 사고로 발레리나의 꿈을 잃어버린 장애인 소녀에게 웃음을 되찾아주는 과정을 화려한 춤과 음악, 영상으로 보여줌으로써 '사랑받고 배려하는 대한민국' 이라는 국가 브랜드 비전을 표현하고 있다.

한국관 1층 필로티 공간에서 매일 매시 정각마다 개최되는 공연도 빼놓을 수 없는 볼거리이다. 전통무용과 비보이의 브레이크 댄스, 국악과 사물놀이, 현대 대중음악이 한데 어우러져서 한국의 전통문화와 현대 청년문화를 춤과 음악을 통해서 보여주고, 밤에는 2대의 워터스크린과 화려한 레이저쇼로 빛의 축제를 연출한다.

이밖에도 이번 상하이엑스포 한국관에는 적잖은 예술작품들이 전시되고 있어 관심을 끌고 있다. 한국관 건물을 장식하고 있는 강익중 작가의 아트픽셀 작품 이외에도 이장섭 작가의 조명 조형물, 이채휴 작가의 염색작품, 조성주 작가의 퍼포먼스 영상, 홍석화 작가의 클레이 애니메이션 작품 등 다양한 예술작품들이 선보인다.

특히 한국과 중국의 조형작가(한국 : 성동훈, 중국 : 왕증)가 공동으로 만든 작품 '금란지교의 나무' 는 엑스포가 끝나면 중국 여러 도시에서 순회 전시될 예정이다. 이 작품은 음양의 조화를 의미하는 태극무늬가 나무 몸통을 이루고 있고, 나뭇가지에는 한국과 중국 두 나라를 상징하는 양국의 종 200여 개를 열매처럼 매달아 두 나라의 우정을 표현하고 있다.

이번 상하이엑스포에서 설치된 한국관의 운영콘셉트는 "一笑一得"이다. 관람객들이 적어도 한 번 이상 웃고, 한 개 이상 얻어갈 수 있게 하자는 뜻으로, 이를 위해 각종 마술 퍼포먼스 및 이벤트를 준비하였다.

▲ 상하이엑스포 중국관

▲ 상하이엑스포 상징물

상하이엑스포 개최 및 참가의 경제적 효과

상하이엑스포는 참가국과 관람객 규모면에서 역대 최대가 될 것으로 전망되며, 주최국과 주요 참가국 모두 다양한 경제 및 사회적 효과를 거둘 것으로 기대된다. 상하이엑스포 참가에 따라 한국과 한국기업이 얻게 되는 경제적 효과는 국가브랜드 인지도 제고 효과, 이에 따른 수출증대 효과, 한국 관광수요 증대효과로서 약 30억 달러에 이를 전망이다.(자료 : KOTRA 중국통상전략연구센터) 이외에 한류 재조명 및 여수엑스포 인지도 제고에 따른 관람객 증가의 긍정적 영향도 기대된다.

이번 상하이엑스포 주제인 Better City, Better Life는 중국정부가 2006년부터 본격적으로 추진해 온 '도시화' 정책과 궤를 같이 하고 있다. 중국정부의 도시화 정책은 소비시장 확대 및 Eco-city, U-city 등의 환경에너지, 정보통신 프로젝트 시장 확대의 무한한 시장기회를 가져와 우리기업의 중국 내수시장 진출에 기회요인이 되고 있다.

자료원 : 전시저널, Vol. 34. 2010

제1절 전시회의 의의

1. 전시회의 정의

전시회의 정의

전시회란?

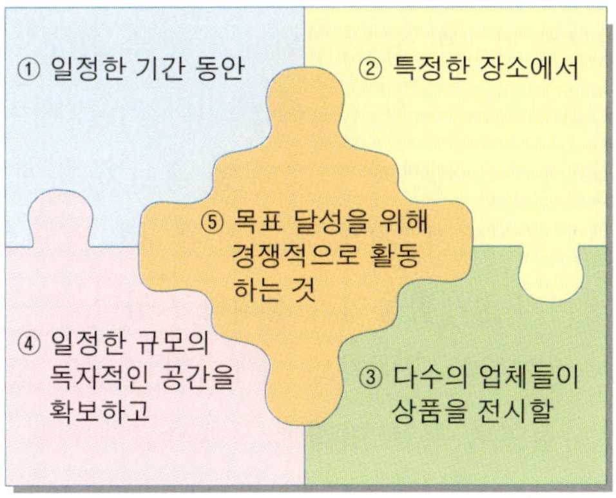

전시회는 19세기 산업사회가 싹트게 되면서 생겨난 신생산업으로 영국을 비롯한 유럽에서 생산품을 전시, 판매하는 산업 전시회의 형태에서 시작되었다. 그 후 전시회는 전시의 목적에 따라 무역의 장이 되기도 하고, 기술 비교의 장, 혹은 정보 교류의 장이 되어 그 목적에 따라 세분화 되는 한편 급속하게 성장하였다.

전시회는 특정의 제조업자 집단이 특정의 구매자 집단에 접근하는 장소이며, 비즈니스와 전문분야에 관심을 함께하는 사람들의 모임이다. 전시회는 방문자를 위한 환경을 조성하는데 바탕을 둔 커뮤니케이션의 한 형태이며 이러한 환경에는 도안(graphic), 사진(photography), 영상(visual), 문안(copy), 색상(color), 음악(sound), 동작(motion), 실연(demonstration), 인적 커뮤니케이션 및 심지어 감각과 후각을 이용하는 기술이 포함된다. 따라서 전시회가 효과적으로 활용된다면 기업의 전반적인 마케팅 프로그램의 종합체가 될 수 있는데, 이는 전시회가 전시부스(구조물 및 디자인), 판매원과 고객 간의 직접접촉, 제품진열, 홍보

자료 제공 등을 통해 현재 고객 및 잠재고객에게 기업의 메시지를 전달하는 독특한 기회를 제공하고 있기 때문이다.

송성수(2003)는 전시회를 현대적 의미에서 일반적으로 유형 또는 무형의 상품(제품, 기술, 서비스)을 매개로 하여 특정한 장소(전시장)에서 일정한 기간(전시기간)동안 참관객(구매자)과 참가기업(판매자) 간에 상품 거래와 홍보 등을 주목적으로 진행되는 일체의 마케팅 활동으로 규정하고 있다. 즉 전시회는 전시장에서 전시기간 중 구매자와 판매자간에 이루어지는 상품과 서비스의 구매 및 판매를 목적으로 한 일체의 거래 행위라고 할 수 있다.

문영수(1999)는 전시회를 특정 상품(상품이나 기술, 서비스)을 특정 장소(전문 전시장)에서 일정한 기간(전시 일정)동안 홍보와 마케팅 활동을 함으로써 참관객, 즉 구매자나 무역업자, 전문가, 관련 종사자, 일반인 등에게 경제적 목적을 달성시키는 광의의 경제활동이라 정의하고 있다.

Morrow(1997)는 전시회를 구매자와 판매자가 진열된 상품이나 서비스를 전시하고 있는 특정 시점이나 혹은 미래에 구매하고자 하는 뚜렷한 목적을 가지고 상호작용하기 위하여 모인 개인이나 기업이 주관하는 일시적이고 시간에 민감한 시장으로 정의하고 있다.

Konikow(1985)는 전시회란 특정 시장에서 대면접촉(personal contact)을 위해 이 시장에 접근하기를 원하는 기업들을 위한 기회의 장을 제공하고, 공통의 관심을 가진 고객을 끌어 모으는 이벤트로서 일반적으로 일반 소비자에 대한 직접 판매와는 대조적으로 유통 및 제조업계에 대한 판매를 촉진하기 위해 널리 사용되는 효과적인 마케팅 수단이라 하였다.

미국컨벤션협력기구(The Convention Liaison Council)에서는 전시회를 특정 산업체의 상품이나 서비스를 전시하는 곳으로 규정하고 있으며 대한무역투자진흥공사(KOTRA)의 해외전시회 참가요령(1997)에 따르면, 전시회는 유형 또는 무형의 상품을 매개로 하여 제한된 장소에서 일정한 기간 동안 구매자를 대표하는 참관객과 생산자를 대표하는 전시자간의 거래와 상호이해를 주목적으로 진행되는 일체의 마케팅 활동으로 정의하고 있다.

Freyer & Kim(2001)은 무역전시회는 무역의 증진을 위하여 조직되어진 한

시적인 시장으로서 구매자와 판매자가 모여 사업의 교환을 이루는 곳으로, 일반적으로 정기적으로 같은 장소, 같은 시기에 개최되며 보통 며칠에서 몇 주에 걸쳐 진행되는 이벤트라 하였다. 이는 전시회의 한 형태인 무역전시회에 대한 정의로서 전시회가 점차 국제화되어져 가고 국제간의 무역증대에 중요한 기능을 한다는 점에서 시사적인 정의라 할 수 있다.

국제전시회에 대해 국제전시연합(UFI : Union des Foirs Internationales)의 인증조건을 살펴보면 "2회 이상의 전시회 개최실적이라는 필수조건과 해외 전시 참가기업 수가 전체의 10% 이상, 해외 참관객 수가 총 참관객의 5% 이상이라는 2가지 충분조건 중 필수조건과 충분조건 중 한 가지 이상을 만족시키는 전시회"를 국제전시회라고 정의하고 있다.

이러한 정의들을 살펴보면 전시회를 바라보는 관점에 따라 약간의 차이는 있으나 공통점을 찾아 정의 내려 보면 전시회란 일정기간 동안 특정한 장소에서 다수의 업체들이 자신의 상품을 전시할 수 있는 일정한 규모의 독자적인 공간을 확보하고 특정의 목표를 달성하기 위해 경쟁적으로 활동하는 것으로 정의할 수 있다.

2. 전시회의 특징

전시회의 특징

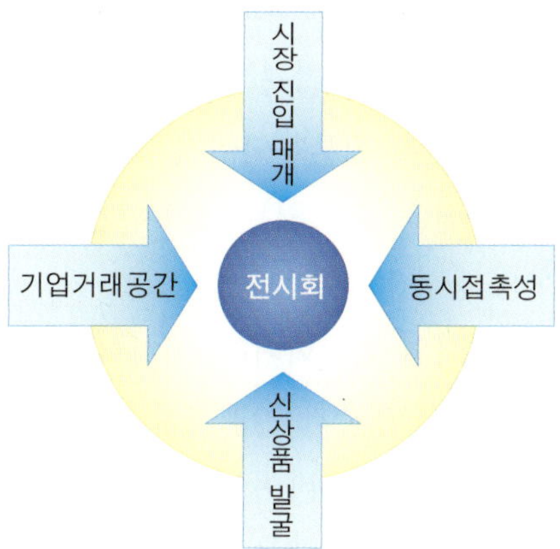

전시회는 다른 채널을 통한 것보다 훨씬 더 많은 교역 효과를 얻을 수 있기 때문에 교역의 현장이라 할 수 있고, 전시회는 현재와 미래, 동 · 서양을 이어주는 가교 역할을 할 뿐만 아니라 신제품 및 신기술과 같은 산업의 유형적인 요소와 함께 정보, 서비스 등과 같은 무형적인 요소도 함께 선보이는 광고와 마케팅이 집약된 행위라 할 수 있다.

전시회는 그 목적상 수많은 판매자와 구매자가 같은 공간 안에 참여하기 때문에 다음과 같은 몇 가지 특징적인 요소를 내포하고 있다.

첫째, 기업 간의 거래의 공간이다. 이는 특히 산업전시회에 참여하는 판매자와 구매자가 대부분은 전시회의 성격에 맞는 업계에 종사하는 기업들로 제한되기 때문에 전시회에 참가하는 참관객은 적격의(qualified) 구매자들로 이루어져 있다. 따라서 이를 통해 많은 매매 계약의 체결을 이루어내고 있다. Luis와 Juan(1998)은 "전시회란 공급자들과 구매자들이 제품과 서비스 및 정보를 교환하기 위해 조정되고 조직화된 방식으로 함께 경제적 활동에 집중하는 임시적 공간"이라고 하여 전시회가 갖고 있는 특징 중 하나인 거래 공간에 대하여 잘 표현하고 있다.

둘째, 동시 접촉성이다. 이는 판매자(참가기업)와 구매자(참관객)가 전시회가 개최되는 기간 동안 그 각각의 목적에 따라 다양하면서도 많은 판매자 또는 구매자들과 동시에 접촉할 수 있다는 것이다. 이는 다른 방법으로는 몇 년 걸려 달성할 수 있는 많은 고객과의 접촉 · 상담 · 거래가 가능하다는 것을 의미한다. 따라서 이와 같은 접촉을 통하여 많은 판매자 구매자간의 매매계약과 유통업체와의 유통계약이 이루어질 수 있다. 결국 전시회는 특정의 목적을 공유하는 사람들이 모여드는 장소로서 매우 세분화되어진 시장으로 이해할 수 있는데, 이 시장을 이용하여 공통의 관심을 갖고 있는 당사자 간에 집중적이면서 직접적인 접촉을 이루어 낼 수가 있다.

셋째, 시장진입의 매개로서의 전시회이다. 전시회는 새로운 바이어를 발굴하는데 도움을 준다. 바이어들은 제품과 거래처를 발굴하기 위해 전시회에 참가한다. 따라서 유망한 제품이 있다면 바이어들은 자발적으로 그 기업의 부스를 방문하게 될 것이다. 또한 전시회는 새로운 제품의 출시와 더불어 시장반응을 측정해 볼 수 있는 좋은 기회이다. 전시회를 통해서 제조업체는 제품의 시험판매와 유통업체의 반응을 조사할 수 있으며 만약 특정제품의 시장성과 시장잠재력이 긍정적으로 평가를 받았다면, 제조업체는 여러 수요자(유통업자) 중에서 유능하면서도 대규모의 실수요자(소비자)와 접촉이 가능한 유통업체를 선정할 기회를 가질 수 있게 된다. 이러한 이유로 기업은 전시회를 통하여 신규시장 진입 가능성을 효과적으로 타진할 수 있게 된다.

넷째, 신상품의 발굴이다. 유통입체나 실수요자의 입장에서 전시회는 전시되어진 여러 제품 중에서 시장성과 판매 잠재성이 가장 높은 제품을 선택할 수 있고, 그 제조업체와 직접 접촉을 할 수 있는 기회를 가질 수 있게 됨으로서 보다 좋은 조건으로 제품을 공급받을 수 있게 된다.

전시회에 출품하는 것은 궁극적으로 수출계약, 유통업체와의 유통계약 등을 통한 수출판매와 국제마케팅을 증진시키는데 그 목적이 있다. 그러나 당장 그러한 효과가 발생하지 않더라도, 전시회에 출품함으로써 얻게 되는 홍보(publicity)효과 때문에 장기적으로 이익을 얻을 수 있다. 따라서 전시된 제품과 그 기업체에 대한 최대한의 홍보효과를 얻을 수 있도록 노력할 필요가 있다.

제2절 전시회의 가치

1. 전시회의 특성

전시회는 광고, 인적판매 등 다른 촉진수단과 구별되는 특성을 갖고 있는데, Vaughn(1980)은 전시회가 갖는 고유 특성을 다음과 같이 다섯 가지로 들고 있다.

첫째, 선택된 매체(the chosen medium)이다. 박람회는 유망고객이 공개적이며 자발적으로 방문하여 실질적인 정보를 탐색할 수 있는 유일한 마케팅 매체이다. 고객들은 전시회에 참가한 다양한 기업들을 방문하고 각종 부대행사에

전시회의 특성

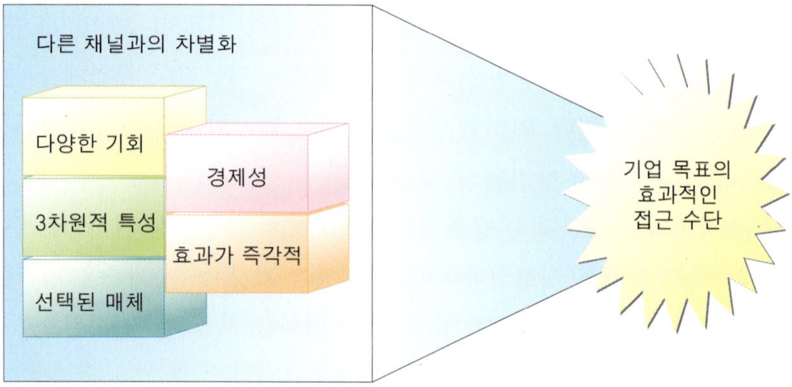

참가함으로써 다양한 지식을 습득하고, 새로운 아이디어를 모색하고 판매원과 상담을 할 수 있으며 이를 통해 구체적인 문제점에 대한 해결책도 얻을 수 있다.

다른 매체들은 전시회의 이러한 특성을 갖고 있지 않다. 광고는 그 목적인 오디언스(audience)의 관심을 집중시키기 위해서 고객의 시간을 강요하며, 우편매체 및 판매원의 방문도 고객의 일상생활을 침해한다. 그러나 전시회는 강요가 아닌 선택에 의한 것이다.

Morrow(2001)는 이와 관련하여 전시회와 다른 매체들을 비교해 보면, 다른 매체들은 목표 오디언스들에게 인지도를 높이는 활동에 그치는 반면에 전시회는 참관객들이 전시회에 몰입하는 수준이 매우 높을 수밖에 없다고 하였다. 그 이유는 참관객들은 특정 전시회에 참가하는 기업들과 면 대 면으로 직접 상담을 하기 위하여 자신이 스스로 비용과 시간을 투자하여 전시회에 참가하기 때문이라 하였다. 즉 전시회의 참여가 강요가 아닌 자신의 선택에 의한 것이기 때문에 전시회에 대한 몰입이 높을 수밖에 없고 그에 따라 그 성과 또한 높아진다는 것이다.

둘째, 3차원적 특성(the third dimension)을 갖고 있다. 대부분의 매체에는 제품 특성의 설명과 사진만이 게재되나 전시회에서는 실물이 전시되고 시연까지

할 수 있으므로 생생하면서도 풍부한 정보를 보다 많이 참관객이 획득할 수 있다. 따라서 전시회는 기업에게 효과적이고 신속한 마케팅환경을 제공해주게 된다. 즉 참관객들은 전시회를 통해 3차원적이고 손으로 만져볼 수 있는 실제적인 체험환경을 경험해 볼 수 있으며 이는 전시회가 다른 매체가 갖고 있지 못한 현장감과 실제감을 참관객에게 제공함으로써 보다 경쟁력 있는 마케팅 활동을 가능하게 해준다.

셋째, 효과가 즉각(immediacy)직이다. 고객의 관심이 잡지광고 또는 우편매체(direct mail)에 의해 유발되었다면 보다 많은 정보 수집을 위해 전화, 편지 등의 수단을 추가 이용하여야 하나 전시회에서는 참가기업에게 즉각적인 피드백을 받을 수 있기 때문에 고객의 관심 및 욕구를 현장에서 즉각 충족시킬 수 있다. 더욱이 여러 경쟁기업이 동시에 참가하고 있어 이들을 상호 비교함으로써 구매과정을 더욱 촉진시켜 준다.

넷째, 다양한 기회(broadened opportunity)를 제공한다. 현실적으로 기업이 고객과 접촉하기가 점점 어려워지는 상황 속에서, 판매원은 새로운 고객을 발굴하기 보다는 친숙하고 관계가 있는 고객을 방문하는 성향이 있다. 또한 판매원은 자신의 담당지역만을 잘 알고 있으나 기업은 모든 이용자 및 잠재고객과 친숙하기를 바란다. 그러나 전시회는 고객이 직접 기업을 찾아오는 유일하고도 독특한 매체이다. 따라서 전시회 참가는 새로운 고객에 대한 접촉 어려움을 해결해 준다. 전시회에는 구매력을 갖춘 의사 결정자가 다수 방문하며 방문객 대부분이 구매의사결정에 영향을 미칠 수 있는 고객들로 구성되어 있다. Bello(1990, 1992)는 전시회 참관객 대부분이 하나 이상의 구매결정에 영향을 참여할 수 있는 중간급 이상의 매니저이고 전체 참관객의 3/4 이상이 적어도 한번 이상 구매결정에 참여하였다는 사실을 밝혀내었다. 그러므로 기업은 전시회 참가를 통해 기업의 일상적이며 규칙적인 거래에 의해 접촉할 수 없었던 구매결정에 영향력을 지닌 다양한 유망고객과 접촉기회를 증대시켜 줄 뿐만 아니라 잠재(신규)고객도 현재화 시킬 수 있다.

다섯째, 경제성(economy)이다. 이는 상기 4가지 고유특성의 결과로써 전시회는 유망고객과의 접촉비용을 감소해 준다. 미국의 Trade Show Bureau가 실시한 전시회 전시비용과 산업제품의 방문판매비의 조사보고에 의하면 1985년에 공업용 제품하나를 판매하기 위해 고객을 방문하는 데는 평균 29.70불의 경비가 들고 1개의 판매를 위해 평균 5.5번의 현장방문을 해야 하기 때문에 결국 고객 1명을 얻기 위해 1천 263.35불이 든다고 한다. 반면, 전시회의 경우 고객과의 접촉비용이 106.70불, 그리고 0.8불의 후속접촉 비용, 기타 비용 등 총 290.46불이 소요된다. 이는 전시회를 통한 고객 접촉 비용이 방문을 통한 일반판매비의 4분의 1정도에 불과하다는 것을 보여주는 것으로 전시회가 유망고객에게 도달하는 방법으로 더 효과적이고 경제적임을 시사해 주고 있다.

미국의 CEIR(2001)의 조사에 의하면, 전시회에서 창출된 리드를 통해 판매가 이루어지는 경우와 그러한 리드 없이 판매가 이루어지는 경우에 드는 비용에 대해 비교분석을 실시한 경과 '50 Percent Rule' 이 확인되었다. '50%의 규칙' 이란, 전시회에 참가하는 회사는 자사의 제품을 마케팅 하는데 있어서 참가하지 않은 회사와 비교할 때 50%의 시간, 비용, 노력으로 동일한 성과를 거둔다는 것을 의미한다. 이는 전시회가 마케팅 수단으로서의 유용성이 다른 마케팅 수단들에 비해 보다 비용 효과적(cost-effective)인 촉진수단이라는 것을 의미하는 것이라 할 수 있다.

전시회를 통한 판매효율성 평가

구 분	영업사원 판매	전시회를 통한 판매
잠재고객 접촉시 드는 비용	$ 302	$ 233
판매완료시까지 필요한 평균 세일즈 콜 회수	3.7 Calls	1.3 Calls
판매완료시까지 드는 비용	$ 1,117	$ 625

자료 : CEIR, *Staggering State-Substitute Exhibition Participation*, CEIR, 2001.

이러한 전시회만의 고유 특성은 전시회가 다른 채널과는 차별화된 독특한 채널로서 그 위치를 차지하게 만드는 한편 기업들이 수립한 개별적인 각각의 목표에 효과적으로 접근할 수 있는 수단으로 인식되어지게 되었다.

2. 전시회의 중요성

전시회의 중요성

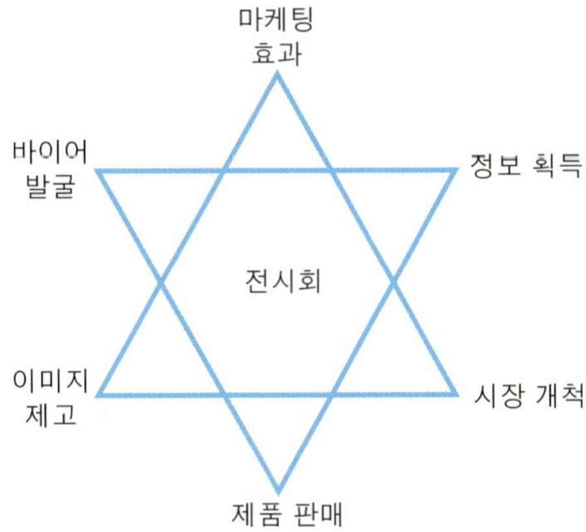

최근의 전시회는 마케팅적 특성이 강조되고 있다. 이에 따라 기업은 전시회에 대해 더욱 큰 관심을 갖게 되었다. 전시회는 고객위주의 일대일 마케팅을 지향하는 현대적 수요에 부합하는 한편 이벤트 등 다양한 엔터테인먼트 요소가 가미되면서 빠르게 성장하고 있다. 특히, 다른 마케팅 수단과 달리 해당 아이템에 관심을 갖고 있는 고객이 자기비용으로 시간을 내 방문한다는 점에서 고객 타깃팅이 자연스럽게 달성될 수 있다.

전시회와 함께 개최되는 컨퍼런스나 특별 세미나에 참가하고 프레스룸을 통해 전문 매체에 자사와 제품을 홍보하는 것도 전시회 참가의 효과를 배가시킬 수 있는 기회가 된다. 전시회는 기업의 브랜드와 이미지를 효과적으로 홍보할 수 있는 기회를 제공한다. 일반적으로 유명전시회에는 세계적인 기업들이 대거 참가하기 때문에 기업을 알릴 수 있는 절호의 기회가 된다. 따라서 기업들은 전시회를 효과적으로 이용하면 전시회에서 주목받을 수 있을 뿐만 아니라 이를 기회로 자신의 브랜드를 널리 알릴 수 있게 된다. 또한 전시회는 홍보효과가 크고 영향력이 지속적이고 장기적이라는 특징을 갖고 있다. 전시회는 신문, 잡지,

TV 등의 광고방법과 비교할 수 없는 홍보효과를 가져다주는데, 이는 불과 3~5일이라는 짧은 기간에 수많은 참관객들에게 여러 가지 첨단기법을 활용하여 회사와 제품을 효과적이면서도 입체적으로 홍보할 수 있기 때문이다. 특히, 신제품을 갖고 전시회에 참가하게 되면 현지 매스컴의 집중적인 조명을 받기 때문에 비용을 들이지 않고도 회사와 제품을 효과적으로 홍보할 수 있게 된다. 그리고 이들의 보도내용은 구매에 결정적인 영향을 미치게 된다. 아울러, 전시회가 끝난 뒤에는 참관객들의 문의를 분석, 그 결과를 통해 새로운 바이어를 발굴해 낼 수도 있으며 마케팅 활동에 적극 활용할 수 도 있다.

또한 전시회는 참관객과 참가기업 모두에게 최신의 시장정보를 입수할 수 있는 기회를 제공해 준다. 전시 참가기업들은 짧은 기간에 세미나 등을 통하여 제품, 시장동향, 경쟁업체 등의 다양한 정보를 쉽게 수집할 수 있으며, 참관객들도 공급업체 정보를 효과적으로 입수할 수 있다. 전시회는 관계구축에도 매우 효과적인 매체라 할 수 있다. 따라서 전시회는 세미나나 컨퍼런스 등 전시회 기간 중에 함께 열리는 여러 형태의 이벤트를 통하여 네트워킹과 협력관계를 구축할 수 있는 유리한 기회를 제공한다. 일부 기업들은 동일 업종에 있는 사람들을 만나 정보를 교환하고 상호 관계성을 넓히기 위하여 전시회에 참가하는 경우도 있다. 미국 CEIR(2001)의 조사에 의하면, 전시회 참가자들은 60%가 네트워킹을 구축하기 위해 전시회에 참가하는 것으로 나타났다.

이와 같이 전시회는 매우 효과적인 마케팅 수단이며 바이어 발굴 수단인 동시에 최근 시장동향과 신기술 개발 동향을 한눈에 파악할 수 있는 교류의 장소이기 때문에 그 중요성이 날로 증가하고 있다. 특히 국가 간의 교역 증대를 위한 전시회는 그 역할과 파급효과가 크기 때문에 국가 및 지역경제 활성화를 위해 각 국가들이 새로운 고부가가치 산업으로서 적극적으로 육성하고 있는 실정이다.

실제로 2010년 현재 세계적으로 전시회는 연간 17,000여 회 가까이 개최되고 있으며, 대부분의 유명 전시회는 유럽과 미국에 집중되어 있는 모습을 보이고 있다. 또한 최근에는 아시아 지역의 개최건수가 전통적인 전시 강국이었던 일본, 홍콩, 싱가포르를 위시하여 중국과 한국의 성장세가 매우 높게 나타나고 있다.

이와 같이 전시산업이 발달한 미국, 유럽 등 선진국들은 오래전부터 전시산업의 중요성을 인식하고 전시회 및 박람회를 통해서 자국의 기업들을 지원하고 전시산업을 발전시키기 위해 전시산업을 국가 전략산업의 하나로 지정하여 전시장 SOC에 대한 과감한 투자와 함께 세제지원 및 금융지원제도를 활용하고 있을 뿐만 아니라 홍보 유치 활동 등 각종 서비스 제도도 실시하고 있다.

실제로 전시회에 외국인 한명을 참가시킬 경우 승용차 0.2대, TV 5.97대를 수출한 것과 맞먹는 효과를 낼 정도로 전시회는 단순히 전시회 자체를 통한 마케팅 효과 이외에 부수적인 경제적 효과가 매우 큰 산업이다. 전시회는 기술과 정보, 비즈니스가 어우러져 비즈니스 성과를 높일 뿐만 아니라 간접적인 관광수익도 기대할 수 있기 때문이다. 이러한 이유로 인하여 선진국들은 오래전부터 전시산업의 육성에 많은 노력을 기울이고 있다.

제3절 전시회의 유형

1. 전시회의 일반적 유형

전시회의 일반적 유형

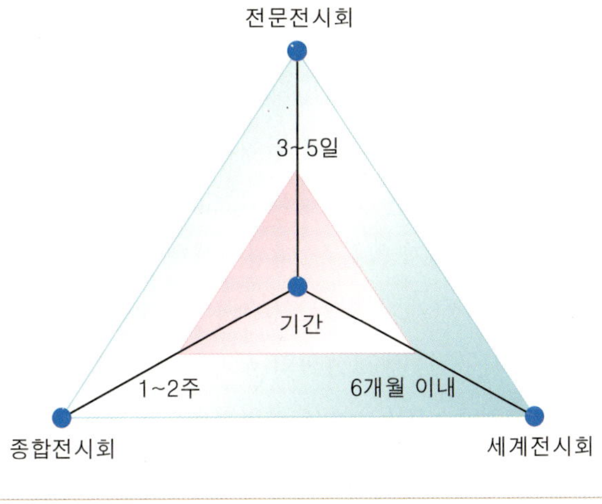

전시회는 개최의 목적이나 규모 혹은 참가자에 따라 여러 유형이 있으나 송성수(2003)는 일반적으로 다음과 같은 기준에 의하여 우리나라에서 개최된 일반적인 전시회를 크게 전문전시회, 종합전시회, 세계전시회 등 3가지 유형으로 구분하였다.

첫째, 전문전시회는 참관객의 성격에 따라 무역전시회(trade show)와 소비자 전시회(consumer(public) show) 두 가지로 구분하고, 무역전시회는 오로지 구매자만 참관할 수 있는 철저한 B2B 전시회이고, 소비자 전시회는 용어상으로는 일반인을 상대로 한 전시회라고 할 수 있으나 실질적으로는 일반인을 상대로 한 제품소개 선전활동 뿐 아니라 구매자와의 상담도 동시에 진행되며, 외국업체가 참가하느냐에 따라 국제 전시회와 국내 전시회로 구분한다.

둘째, 종합전시회는 해외에서 단독으로 전시회를 개최할 경우 전시회의 성격에 따라 종합상품전시회, 특별전시회, 물산전 등으로 구분된다. 종합상품전시회는 해당지역 시장 확대를 위하여 종합적인 품목을 가지고 개최하는 단독전시회이고, 특별전시회는 특정 품목의 시장 확대 및 특정 분야의 홍보를 위하여 개최하는 단독전시회이며, 물산전은 해당 지역에 대한 소비제품 판촉을 위한 직판과 풍물 소개 위주의 전시회를 말한다.

셋째, 세계전시회는 세계박람회 또는 엑스포(Expo)라는 이름이 더 일반적으로 통용되고 있으며, 세계의 문화와 문명을 융합하는 것을 목적으로 인류 상호간의 이해와 복지증진에 궁극적인 초점을 두고 있는 국제전시회이다. 전문전시회나 종합전시회는 상업적인 전시회인데 반하여 세계전시회는 비상업적인 전시회로 상거래가 직접적인 목적이 아니기 때문에 전시품목에 대해서 광고나 홍보, 선전 등을 금하게 되어 있고, 참가기업이 속한 국가 단위의 홍보만이 인정되고 있다. 또한 일반대중의 참관이 허용되고, 그 규모나 개최기간에 있어서 상업적인 전시회와는 비교가 되지 않는 초대형전시회이다. 이와 같은 세계전시회는 1928년 프랑스의 주도 하에 성립된 '세계전시회에 대한 외교협약'에 의하여 파리에 설립된 국제기구인 '세계전시회 국제사무국(국제박람회기구, Bureau International des Exposition : BIE)'에서 공인하여야만 개최가 가능하다.

세계전시회(세계박람회)는 과거에는 만국박람회(萬國博覽會, Universal

Expositions)라고 부르기도 했지만, 더 이상 공식적으로 사용하지 않는 용어다. 대신 인간과 관련된 모든 것들에 대해 다루는 등록박람회(Registered Expositions)와 보다 제한되고 분명한 주제를 가진 인정박람회(Recognized Expositions)로 나누고 있다. 등록박람회는 세계박람회(World Expo)라고 불리어지며 인정박람회는 국제박람회(International(specialized) Expo)라고 불리어진다.

등록박람회는 보통 6주에서 6개월까지로 개최기간이 길며, 5년 주기로 개최하게 되어 있다. 반면 인정 박람회는 개최 기간이 3주에서 3개월로 짧고, 등록 박람회 사이에 개최를 원하는 나라에서 유치해 열게 된다. 그리고 등록 박람회의 전시관은 참가국에서 부담해 설치하지만, 인정 박람회에서는 주최국이 건축해서 참가국에 무상 임대하는 것이 보통이다. 박람회장의 크기는 등록 박람회의 경우 그 크기에 제한이 없지만 인정 박람회의 경우 최고 25ha(헥타아르)를 초과할 수 없다.

2000년 하노버 세계박람회나 2005년 아이치 세계박람회, 2010년 상하이 세계박람회는 등록 박람회지만, 1993년 대전 국제박람회나 2012년 여수 국제박람회는 인정 박람회이다.

전시회의 일반적 유형

구분	전문전시회	종합전시회	세계전시회(박람회)
전시품목	특정 산업분야 또는 전문 품목	다양한 산업분야 및 종합 품목	산업, 과학, 기술, 문화, 예술 등 전 분야 망라
전시기간	3~5일	1~2주	6개월 이내
참가기업	제조업체, 유통업체	개별업체 및 정부기관	국가 단위
방문객	구매자	구매자 및 일반대중	일반대중
성격	철저한 상거래를 목적으로 하는 B2B 전시회	자국 산업에 대한 홍보 및 교역 활성화	미래지향적인 전시주제를 가지고 일반 대중에 대한 계몽 및 방향을 제시하는 비상업적 전시회
예	Seoul International Food Show	Cairo International Trade Fair	Shanghai World Exposition

자료 : 송성수(2003) 21세기 떠오르는 전시산업, p. 90

2. 전문전시회의 유형

전문전시회의 유형

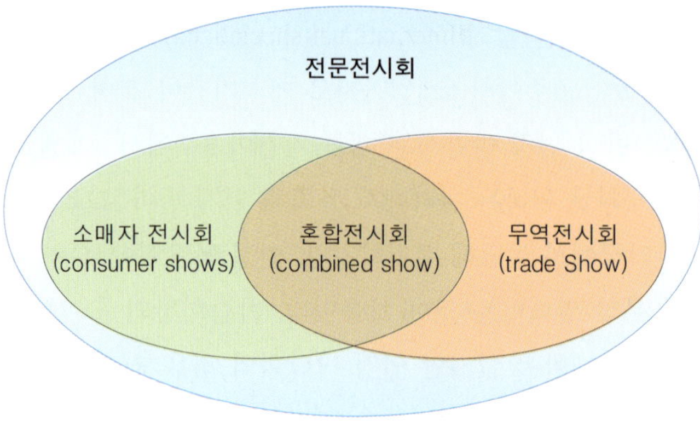

전시회에 대한 용어는 많은 혼란을 주고 있는 것이 사실이다. 그 이유는 국가마다 지역마다 그리고 전시회의 특성에 따라 서로 다른 용어를 사용하고 있기 때문이다.

독일의 경우 무역전시회(Messe)와 일반전시회(Ausstellung)에 대한 정의와 더불어 전시회 운영에 관하여 규정하고 있는데, 여기에서 메세(Messe)라는 용어는 광의적 개념과 협의적 개념으로 나누어 볼 수 있다. 광의적 개념의 메세는 전시회, 국제회의, 이벤트를 통칭하는 큰 개념이라 할 수 있고, 협의의 개념으로써 메세는 하나의 전시회를 의미하기도 하고, 전시가 열리는 전시장을 의미하기도 한다.

영어로 된 용어 역시 많은 혼동을 주고 있는데, Trade fair, Exhibition, Trade show, Exposition(EXPO) 등의 용어들이 혼용하여 사용되고 있다. 특히 유럽에서는 Trade fair라는 용어를 주로 사용하고, 북미에서는 Exhibition 또는 Trade show라는 용어로써 전시회를 나타내는 것이 일반적이다. 따라서 각 대륙 전시산업의 특성을 고려하여 이 모든 용어를 전시회라고 정의할 때, Trade fair, Trade show와 Messe는 무역전시회, Exhibition은 일반전시회라 구분할 수 있다.

한국전시산업진흥회는 북미에서 개최되는 전시회가 취급하는 시장의 특성에 따라 전시회의유형을 특정 업체의 상품이나 서비스를 전시하는 곳으로 일반 대중들도 구경할 수 있는 소매자전시회(consumer/public show)와 전문가들만이 참가할 수 있는 무역전시회(trade show), 그리고 두 가지 방식이 통합된 형태인 혼합전시회(combined/mixed show) 등 세 가지 유형으로 나누었다.

소매자 전시회는 소비자 전시회 또는 일반 전시회라고 불리기도 하는 일반 대중을 상대로 하는 전시회이며, 소비재를 기반으로 하는 업체들이 주로 참가하는 소비재 전시회이다. 소매자 전시회의 참가기업은 신제품을 시험하고 긍정적인 홍보효과를 확장하기 위한 소매업체(retail outlets) 및 직접 최종소비자를 접촉하려는 제조업자들이다. 참관객은 일반대중과 목표로 하는 특정 층을 대상으로 하므로 입장에는 제한이 없다. 미국 전시회의 약 14% 정도가 이러한 성격의 전시회이며 장식, 건강, 정원, 교육 및 컴퓨터 전시회를 예로 들 수 있다.

무역전시회는 산업전시회로 불리기도 하는 B2B 전시회로 철저한 상거래 중심의 전문전시회이다. 전시 참가기업(exhibitor)은 해당산업의 제조업체(manufacturer), 유통업체(distributer), 서비스 업체 등이며 직접적인 상거래를 목적으로 하는 특정 전문분야의 해당 제품이나 관련 제품이 전시된다. 참관객(attendee)은 행사 전에 선별되어 제한되거나 초청받은 사람들로 한정 된다. 일반 대중은 입장에서 제한되는데 이는 전시 참가기업들에게 구매자나 잠재고객과의 구매 상담과 커뮤니케이션 활동을 원활히 진행할 수 있는 비즈니스 환경을 제공하고자 하는데 그 이유가 있다. 미국에서 개최되는 전시회의 경우 약 51%가 무역전시회이다.

혼합전시회는 무역전시회와 소매자전시회가 혼합된 성격의 전시회이다. 전시 참가기업은 제조업체와 유통업체들이다. 참관은 구매자(buyer)와 일반대중 모두에게 공개되나 입장하는 시간을 달리하기도 한다. 이는 구매자(buyer)에게는 전시제품에 대한 정보를 수집할 기회를 제공하고 일반대중에게는 도매가격을 인지하는 것을 방지하면서 의사결정을 할 수 있도록 하기 위한 것이다. 이러한 성격의 전시회는 미국 전시회의 35% 정도이며, 계속 그 수치는 증가할 것으로 예상된다.

보통 국제전시회라고 불리어지는 전시회는 그 전시회의 성격에 상관없이 국내업체 뿐만 아니라 외국 업체와 구매자들이 대거 참가하는 전시회를 말하며 흔히 무역전시회라고도 불리어지기도 한다.

전문전시회의 유형별 차이

구분	무역전시회	소매자(일반)전시회	혼합(복합)전시회
영문 용어	trade show, trade fair	consumer show, public show, Exhibition	combined show, mixed show
산업범주	industrial, B2B, Scientific and Engineering,	다양한 산업분야의 소비재 산업 및 서비스	Trade Show와 Consumer Show의 혼합적 성격의 상품 및 서비스
성격	• 전문적, 세분화 • 철저한 상거래를 목적으로 함	• 일반적, 대중적 • 상품의 일반대중에 대한 홍보 및 판매	• 총론적, 종합적 • 상거래와 일반대중에 대한 홍보
전시 참가기업	제조업체, 유통업체	소매업체, 직접 구매결정자와 접촉하려는 제조업자	제조업체, 유통업체
참관객	구매결정자, 바이어	일반대중, 일반소비자	구매자(바이어), 일반대중
입장제한	전문구매자 또는 초청장 소지자	입장제한 거의 없음	방문객 종류에 따라 입장시간에 차등을 둠
비율	미국 내 전시회의 51% 차지	미국 내 전시회의 14% 차지	미국 내 전시회의 35% 차지

자료 : CEIR(1996), *The power of exhibitions Ⅱ* : Summary results : What successful exhibitors do to get results, bethesda MD : Center for exhibition industry research. 를 기초로 하여 자체 작성

Closing Exhibition

세계 TOP3 전자 IT 전시회

CES(www.cesweb.org)

하노버 CeBIT과 함께 세계 양대 IT 비즈니스 전시회로 불리는 CES(미국소비자가전박람회)는 1967년 개최 이후 매년 열리고 있다. Consumer Electronics Association(CEA)주최로 올해 43주년을 맞은 CES(Consumer Electronics Show)는 지난 1월 7일부터 10일까지 4일간 미국 라스베이거스에서 열린 바 있다. Mobile Electronics, Audio & Video 제품, Home Information & Wireless, Home Therater 등 디지털 가전제품 및 IT제품 전반을 전시하는 CES 전시회는 110개국에서 2,700여 개사가 참가하여 관람객만 140개국에서 130,000여 명이 다녀갈 만큼 대표적인 IT전시회이다. 특히 부대행사를 통해 진행되는 CNET Best Award(신제품), IDE Award(디자인)와 200회의 전문 기술 세미나가 열리는 컨퍼런스는 CES 전시회가 가진 위상을 유감없이 보여준다.

CeBIT(www.cebit.de)

세계 최대 규모의 전자 · 정보통신 전문전시회인 CeBIT은 미국의 CES, 독일의 IFA 등과 함께 정책 및 구매 의사결정자들에게 최고의 전시회로 평가받고 있다. Deutsche Messe AG가 주최하는 CeBIT(독일하노버정보통신박람회)의 정식 명칭은 Centrum fuer Buero und informationstechnik이며 영어로는 Center for Office and Information Technology이다.

1986년 이래로 매년 개최된 CeBIT은 지난 3월 2일부터 6일까지 독일 하노버 전시장에서 25회째 전시회를 성공적으로 마무리하였다. 특히 디지털 장비 및 시스템, 금융 시스템, 정보통신기기 및 시스템, 소프트웨어, 컴퓨터 및 주변기기, 사무자동화기기 및 시스템 등 전자 정보통신 전반을 전시하는 CeBIT에는 전자 · 정보통신산업 관련 국내 중소업체들이 많이 참가한다. 국내 중소업체들은 대부분 전형적인 수출위주의 벤처기업으로 해외전시회를 신규 발굴 및 판로개척, 기존바이어 관리 및 계약상담 추진, 신기술 및 제품동향 파악 등을 위한 마케팅 전략 수단으로 CeBIT 전시회를 활용하고 있다.

IFA(www.ifa-berlin.de)

1924년 처음 개최된 80여년의 역사적 전통만큼 IFA(독일 베를린 가전박람회)는 주요 디지털가전 대기업이 대거 참가하며, 실구매 바이어가 다수 참관하는 등 현장계약 가능성이 높은 전시회로 알려져 있다. Deutsche Messe AG가 주최하며 정식 명칭은 Internationale Funkaustellung(IFA)이나 영어로는 World of Consumer Electronics로 불린다. 지난 2006년부터 매년 개최로 전환하여 열리고 있는 IFA는 올해 50회째를 맞이하여 더욱 특별한 전시회로 꾸며질 것으로 전망되고 있다. 오는 9월 3일부터 8일까지 6일간 독일 베를린 Messegelaende에서 열릴 예정인 IFA에는 국내를 대표하는 삼성전자, LG전자를 비롯하여 AMD, ATI, Sony, Toshiba, Fujitsu, Acer, BenQ, Beko, Deutsche Telekom, Siemens, Haier, Hisense, Philips, Sharp 등 세계적인 기업들이 참가할 예정이다. 특히 외국 참가기업 비율은 약 60%인데 외국 참가기업 중 아시아지역 참가업체가 63%에 이를 정도로 중국, 대만, 한국업체들이 유럽 공략을 위한 1순위로 IFA를 선택하고 있다.

전시저널, Vol.32. 2010.

제2장

전시회 구성요소

<Opening Exhibition>

무한 경쟁시대 속 국내 전시 주최자의 생존전략과 경쟁력 강화 방안

제1절 전시회 필수 구성요소

1. 전시회 필수 구성요소 간의 관계
2. 전시회 주최자(Exhibition Organizer)
3. 전시회 참가기업(Exhibitor)
4. 전시회 참관객

제2절 기타 전시회 구성요소

1. 전시장 운영주체
2. 전시 협력업체

<Closing Exhibition>

바로셀로나 & EIBTM

Opening Exhibition

무한 경쟁시대 속 국내 전시 주최자의 생존전략과 경쟁력 강화 방안

이홍규(한국전람(주) 대표이사)

지난 200여 년 동안 상품교역의 장이자 훌륭한 마케팅 수단으로서의 역할을 담당해 온 무역전시회는 제2차 세계대전 후 더욱 효율적이고도 세련된 교역 촉진의 매개체로써 발전해 왔다. 하지만 세계의 전시산업은 21세기에 들어오면서 급변하는 세계정세와 경제 환경에 발맞추어 다른 산업과 마찬가지로 새로운 변신을 꾀하고 있다. 특히 인터넷 사용 증가와 전시 출품업체 및 방문객의 끊임없는 새로운 요구는 전시회가 종래 단순 방식의 상품홍보 · 마케팅 장을 넘어 바이어와 셀러의 다양한 욕구를 충족시켜야만 지속 발전이 가능하게끔 변화하고 있다.

한편, 우리 전시산업의 주 활동 무대라 할 수 있는 동아시아 지역 전시 산업은 각국의 경쟁적 투자와 육성 정책에 힘입어 전시장 확충이 활발히 이루어지고 있으며, 이에 따라 지역 내 중복 전시회 개최가 점차 증가함으로써 전시 주최자간의 경쟁이 심화되고 있다.

이렇듯 전시 주최자간의 경쟁이 치열한 이즈음, 국내 전시주최자가 생존 경쟁에서 살아남아 나아가 국제 경쟁력을 키워야 할 방안이 무엇인가 함께 고찰해 나갈 적절한 시점이 바로 이 때라 하겠다.

먼저 주최자의 관점에서 우리 전시산업의 장 · 단점을 살펴본 후 국내 주최자의 경쟁력 강화 방안으로써 전시 주최자의 자구 노력과 이를 뒷받침해 주는 정부, 관련단체의 지원 대책을 차례로 짚어 보고자 한다.

우리 전시산업의 장점으로 다음 세 가지를 꼽을 수 있다.

첫째, 전시산업이 지역별 경제 파급효과가 매우 큰 고부가가치산업이자 미래형 국가 전략 산업이라는 데에 업계와 정부가 인식을 같이 하고, 전시산업의 발전과 성장을 위해 다양한 노력을 기울이고 있다.

둘째, 위와 같은 인식을 바탕으로 정부와 관련단체는 전시장 확충과 같은 하드웨어 측면과 전시발전법 제정 등 소프트웨어 쪽을 동시에 구체적으로 추진하고 있다.

셋째, 무엇보다도 창업과 도전정신으로 가득 찬 많은 전시주최자들의 노력으로 다양한 신규 전시회가 끊임없이 개발되고 있는 점이다.

위와 같은 장점이 있는 반면, 우리 전시산업은 아래와 같은 취약점들로 인해 그 발전이 위협을 받고 있는 것도 사실이다.

첫째, 국내 전시회의 국제화 및 대형화 부진에 따른 국가적 브랜드 전시회 육성이 시급한 실정이다. 이는 국내 전시주최자의 해외홍보 · 마케팅 미흡으로 해외참가업체와 바이어 참가율 저조로 이어지고 있다.

둘째, 전시 선진국에 비해 전시의 법적 · 물리적 기반이 취약하다는 점이다. 전시 발전을 위해서는 전시 시설, 숙박과 교통 등 물리적 기반의 서비스 개선이 요구되며, 이에 상응하는 법적 기반을 확립하여 전시산업 발전을 계속 도모하여야 한다. 하지만 국내 관련 법안은 전시와 컨벤션산업 발전에 관한 법률이 각기 존재하고, 또한 정부 내 업무 주관 부서도 지식경제부와 문화체육관광부로 이원화 되어 있어, 전시컨벤션산업이 상호 연계하여 협력할 시 얻을 수 있는 시너지 효과를 기대하기 어려운 실정이다.

끝으로, 한국 전시 시장의 불리한 지정학적 위치를 들 수 있다. 상대적으로 한국은 지역 시장 내의 경제 관문 역할을 하는 유럽시장의 독일, 아세안의 싱가포르와 한때 중국 시장의 게이트웨이였던 홍콩에 비하여 지정학적 위치가 불리하다. 통상 한국 전시산업이 국제화에 있어 다소 미흡한 점이 있는 것은, 이렇듯 불리한 지리적 여건에도 일부 기인한다고 할 수 있다.

이상으로 우리 전시산업의 장 · 단점을 살펴보았다. 다음은 이러한 사실을 바탕으로 국내 전시주최자의 생존전략과 경쟁력 강화 방안을 제시하고자 한다.

우선, 국내 전시주최자의 자질과 능력 향상에 힘을 쏟을 때가 바로 지금이다. 국제 경쟁 사회에서 필요한 국내 전시주최자의 요건을 헤아려 보면 다음 네 가지를 들 수 있다.

↑ KIMES 2010의 모습

↑ WIS 2010의 모습

첫째, 영어를 포함한 능숙한 외국어 구사 능력으로, 이는 국내 전시회의 국제화를 이룩하는 데 있어 필수 요건이라 할 수 있다.

둘째, 협상 능력의 배가로서 특히 해외 전시주최자와의 전략적 제휴나 합작 계약 시 협상에서 유리한 고지를 선점할 수 있어야 한다.

셋째, 전시회 관련 산업 전문지식 습득과 함께 관련 산업 동향을 꿰뚫고 있어야 한다. 이는 전시회의 전문화 추구에 꼭 필요한 사항이다.

넷째, 전시 네트워크 강화이다. 이는 전시회의 대형화를 위한 사전작업의 일환으로서 전시주최자는 전시참가업체와 관람객과의 네트워크 구축은 물론이고, 전시 관련 국제기구와 단체의 행사에도 적극 참여하는 것이 바람직하다.

이어서 정부와 관련 단체의 국내 전시주최자에 대한 실질적 지원책 수립에 대해 제안하고자 한다.

먼저, 전시산업 육성에 따른 선진국 수준의 법적 · 물리적 기반 구축 및 개선이 시급하다. 앞서 우리 전시산업의 취약점에서 이미 언급했듯이 물리적 기반에 관한 서비스 개선은 물론이고, 전시와 컨벤션 산업 모두를 아우르는 통합 법안을 준비할 때라고 생각한다.

둘째, 전시산업에 대한 제조업과 무역업 수준의 세제 혜택이 요구된다. 전시주최자들의 활발한 창업과 도전정신을 북돋아 전시산업발전에 박차를 가하기 위해서는 창업에 따른 세제 감면, 기존 전시사업자에 대한 세율 조정 등 실체적 세제혜택이 있어야 한다.

끝으로, 전시 전문인력 양성에 대한 지원책을 마련해야 한다. 산 · 학 협조체제를 통한 신규 인력 양성과 기존 인력에 대한 중 · 장기 보수교육을 지원하는 계획을 수립하여 전시산업 발전의 밑거름이 되게끔 해야 한다.

이상으로 무한 경쟁시대 속 국내 전시 추최자의 생존 전략과 경쟁력 강화 방안을 개략적으로 살펴보았다. 하지만 이 중 무엇보다도 우선해야 하는 것은 끊임없는 자기개발과 도전의식이란 점을 우리 전시 주최자들은 명심해야 할 것이다.

전시저널, Vol. 23. 2008.

제1절 전시회 필수 구성요소

1. 전시회 필수 구성요소 간의 관계

전시 구성요소 간의 관계

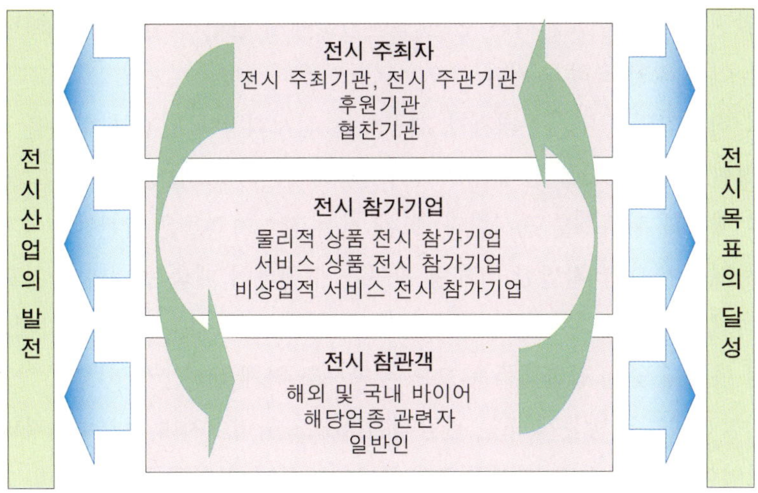

전시회의 구성요소는 크게 전시 주최자와 전시 참가기업 그리고 전시 참관객으로 구성된다. 이 세 가지의 구성요소 중 한 가지라도 빠지게 되면 전시회는 개최되어질 수 없으며 설사 개최되어진다 하더라도 전시회 본연의 목적과 특성을 갖추지 못하게 된다.

전시주최자는 전시 주최기관, 전시 주관기관으로 나누어지게 되고 여기에는 후원기관과 협찬기관이 포함되게 된다.

전시 참가기업은 흔히 전시참가업체로도 불리어지는데, 유형의 상품을 출품하는 물리적 상품 전시 참가기업과 무형의 상품을 출품하는 서비스 상품 전시 참가기업이 이에 해당하게 되며 상업적 전시회가 아닌 경우에는 정부기관이나 공공단체 또는 사회 봉사단체 들과 같은 비상업적 서비스기관들이 참가하는 비상업적 전시회 참가기업들이 포함되게 된다.

전시참관객은 국내 및 해외 바이어들과 일반인들 그리고 해당 전시회와 관련이 있는 산업의 관련자들로 구성되게 된다.

각각의 전시회 구성요소들은 상호간에 깊은 의존관계와 협력관계가 맺어지게 된다. 전시주최자는 전시회가 개최되어질 수 있는 장소의 제공과 함께 전시회에 필요한 장비와 설비 그리고 서비스 등을 임대해 주거나 제공해주며 전시참가기업과 전시참관객들을 모으는 역할을 한다. 또한 전시회를 통해 관련 산업의 발전과 육성을 도모하는 한편 일반인들에게 관련 산업에 대한 이해와 주의를 높이는 역할도 하게 된다.

전시 참가기업은 전시주최자가 제공하는 전시회장에 일정한 비용을 지불하고 일정한 공간(부스)을 임대받아 참가기업의 전시목표 달성을 위해 그 곳에서 자신의 제품과 서비스를 전시한다. 또한 전시 참가기업들은 참관객들에게 기업과 자사제품에 대한 활발한 마케팅 활동을 수행하여 매출 증대와 인지도 증가를 꾀하게 된다. 따라서 전시 참가기업은 전시주최자와는 별도로 자체적으로 자신의 목적에 맞는 참관객들을 모으는 활동도 하게 된다.

전시참관객들은 방문객 또는 관람객이라고도 불리어지며 전시주최자와 전시참가기업이 만들어 놓은 전시장에서 참가기업들이 진열해 놓은 다양한 제품을 관람하며 자신의 목적과 욕구를 충족시켜 줄 수 있는 제품에 대한 상담과 구매활동을 펼치게 된다. 참관객의 입장에서 보면 전시회는 다양한 기업이 생산하는 다양한 상품들에 대한 정보를 한자리에서 수집할 수 있을 뿐만 아니라 비교 및 시연 등을 통해 그 용도와 기능에 대해 확인해 볼 수 있는 공간이 된다.

이렇듯 전시 구성요소들은 자신의 입장에서 자신의 이익을 위하여 활동을 하게 되는데, 이러한 활동은 각 구성요소 나름대로 전시회 목표 달성을 위한 활동이라고 할 수 있다. 이러한 활동들은 상호 의존적이면서도 상호 협력적인 활동으로서 전체적으로는 관련 해당 산업의 발전이라는 긍정적인 성과와 더불어 전시산업이라는 새로운 산업분야의 발전을 촉진시킨다.

2. 전시회 주최자(Exhibition Organizer)

전시회 주최자

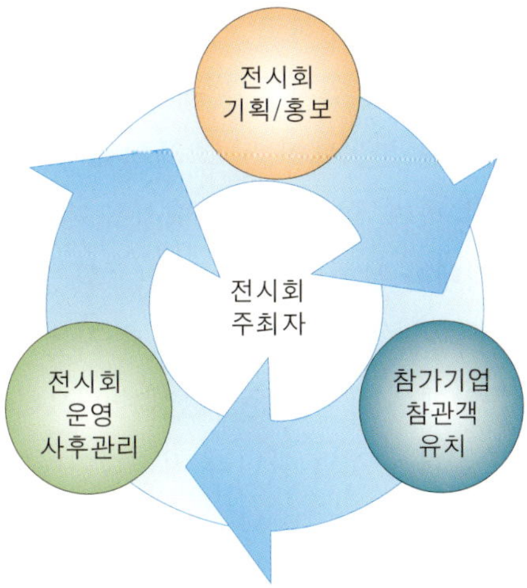

전시회 주최자는 개별 전시회를 기획하고 운영하는 조직과 구성원들이다. 전시회 개발자이며 전시회의 성패에 따르는 위험요소를 부담하는 주체로서 전시회 기획 및 홍보, 참가기업 및 참관객 유치, 전시회 운영, 사후관리 등 전시회의 시작에서 마무리까지 책임지고 관리한다.

전시회 주최자는 크게 정부, 혹은 정부 산하단체, 협회 또는 조합, 언론기관 및 개인이나 기업, 전시 전문업체(Professional Exhibition Organizer : PEO) 등 4가지로 분류할 수 있는데, 이들 전시회 주최자는 각기 매우 다른 특성을 가지고 있다. 정부나 협회의 경우에는 공공적 성격을 많이 가지고 있으며, 전시회 개최 자체를 통한 수익 창출보다는 전시회를 활용하여 국가의 산업진흥, 혹은 국가 이미지 제고 등에 더 큰 비중을 두고 있다. 반면 개인이나 기업, 전시 전문업체는 전시회의 개최를 통한 기업 이미지 홍보 및 수익의 창출에 그 중심을 두고 있다.

전시회 주최자의 입장에서 볼 때 전시 참가기업과 참관객은 전시회 주최자의 고객이라 할 수 있다. 따라서 전시 참가기업과 참관객 모두에게 마케팅 활동을 하여야 하며 이들이 주관하는 전시회에 얼마나 많이 적극적으로 참여하는가에 따라 전시회의 성패가 달려 있다고 해도 과언이 아니다.

참가기업과 참관객에게 참가하고 싶은 전시회로 다가서기 위하여 전시회 주최자는 매력적인 전시 테마를 선정하고 편리한 접근성과 호텔 및 쇼핑 몰 등 주변 시설과의 연계성이 뛰어난 입지를 갖추고 있는 전시장을 선택하여야 한다. 더불어 전시회와 관련된 하드웨어 및 소프트웨어를 저렴하고도 편리하게 사용할 수 있도록 하여야 하며, 다양한 부대행사를 기획하고 활용하여 참가기업들의 전시회 목표에 최대한 부합되어질 수 있는 환경을 제공해 주어야 한다. 이를 위하여 전시회 주최자는 철저한 전시기획과 사전 홍보활동을 하여야 한다. 또한 전시회 기간 동안에는 치밀한 운영관리가 필요하다.

전시회는 일회성으로 끝나는 것이 아니라 지속적이며 주기적으로 일정한 패턴에 의하여 개최된다는 것을 감안하여야 한다. 따라서 참가기업과 참관객들의 재참가를 유도하기 위하여 전시회가 개최되지 않는 기간에도 꾸준히 해당 전시회 관련 정보를 제공하는 한편 산업의 트렌드를 파악하여 이를 다음 전시회에 반영시키도록 하여야 한다. 이외에도 전시회 주최자는 전시 서비스의 만족도를 높이기 위하여 개최되었던 전시회의 문제점과 불편한 점을 찾아내고 이를 개선하도록 노력해야만 한다.

우리나라의 전시회 주최자는 초기에 협회를 중심으로 시작되었으나 1970년대에는 정부 주도형으로 전환하게 되었다. 이 시기까지 국내에서 개최된 대규모 전시회의 주최자는 대부분 정부기관으로 나타나 있으며, 산업이 본격적으로 발전되지 못하여 충분한 시장이 확보되지 않은 당시의 국내 산업 환경을 감안해 보더라도 당시의 대규모 종합무역전시회가 정부의 정책적 지원이 있을 경우에만 가능했음을 추측할 수 있다.

우리나라에서 전시 전문업체가 나타나기 시작한 것은 한국종합전시관(Convention and Exhibition Center : COEX)이 전문 전시장으로 개관된 1979년부터라고 볼 수 있다. 이시기부터 정부주도의 전시회는 급격하게 줄어들고, 반대로 전시 전문업체에 의한 전시회 개최건수는 비약적으로 늘어났다. 이와 같은 추세로 우리나라의 전시산업은 1993년 대전국제박람회를 거치며 활성화 되어 연간 400여회의 전시회를 개최하는 수준에까지 도달하여 개최건수나 참관객 규모 등 양적인 면에 있어 크게 발전, 성장하였다. 그러나 질적인 면을 살펴보면, 우리나라의 전시 전문업체 대부분이 아직까지는 영세한 형편이고, 전시회에 필요한 전문 인력도 부족한 가운데, 소규모 유사 전시회들만 경쟁적으로 개최되고 있을 뿐 국제적 지명도가 있는 전시회의 개최는 거의 없는 실정에 있다. 따라서 영세 전시주최자의 난립을 해소하기 위하여 영세사업자 간의 건전한 질서 확립을 도모해야 하며, 유망 전시회와 브랜드 전시회를 육성 발전시켜 전시산업의 중장기적 확대와 더불어 수익률 제고에도 노력을 해야 한다. 특히 최근 전시회의 경향이 대형화, 국제화되어지고 있다는 점을 고려할 때 전시 전문업체의 대형화와 국제화뿐만 아니라 이를 뒷받침할 수 있는 전시 전문인력들 역시 전문화와 국제화가 꼭 필요하다.

1) 전시 기획업체

전시 기획업체

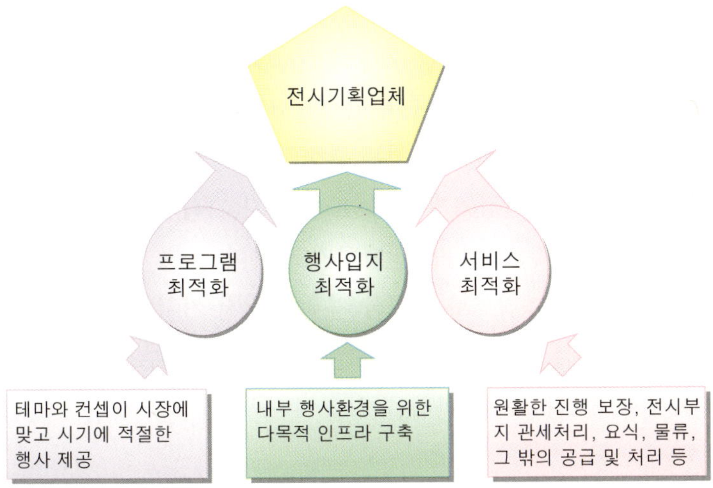

전시 기획업체는 전시회의 테마를 정하고 전시회의 기획과 운영 및 개별 행사 또는 세미나, 이벤트 등 복합행사를 상품화하는 서비스 기업이다. 전시 기획업체는 전시 전문업체(PEO)의 모습을 가지면서 전시회 주최자 또는 전시회 대행자라는 이중적 특징을 가지고 있다. 전시 기획업체는 정부기관 및 협회와는 달리 전시회 자체를 수익의 수단으로 삼고 있는 단체이다. 따라서 이들이 전시회를 통해 수익을 얻어내기 위해서는 전시회를 구성하는 3대 요소인 전시 참가기업, 참관객, 전시회 기획자간의 상호 경제적, 혹은 기타 목적을 잘 충족시켜줄 수 있도록 운영되어져야 한다.

우선 전시 기획업체가 전시회 주최자로서의 특징을 살펴보면 전시회는, 일차적으로 전시 기획업체의 고유 행사이다. 그러므로 전시회를 통해 또 다른 새로운 전시회를 만들고 이를 지속시키고 개선시키며, 때로는 불필요한 부분은 제거하기 위해서 전시 기획업체는 전시업무를 적극적이면서도 주도적으로 진행시킨다. 따라서 전시 기획업체가 전시회 주최자가 되면 전시회와 관련된 모든 계획 및 운영업무를 담당하게 되며 전시회 참가기업에게 전시부스 및 그 밖의 비품을 순수 임대하여 준다.

그러나 전시 기획업체가 전시회 업무 대행자의 위치에 있게 된다면 그 역할이 달라진다. 전시 기획업체(이럴 경우에는 전시대행업체가 된다)가 전시회에 대한 콘셉트, 혹은 영향력을 가지고 있는 경우도 있지만 순수하게 대행 업무만을 할 경우 이에 대한 권한은 전시주최자(전시 기획업체의 입장에서는 고객이 된다)가 결정하게 되고, 전시 기획업체는 결정된 전시 콘셉트에 맞추어 원활한 실무적 운영에 그 역할이 한정되게 된다. 또한 전시 기획업체는 참가기업을 위해서 전시회 관련 자문 및 컨설팅을 담당하기도 하며 참가 기업의 전시회 업무를 대행해 주기도 한다. 그러므로 이러한 경우에 전시 기획업체는 전시회에 대하여 주체적 책임을 지는 당사자가 아니므로 혹시 발생할 수 있는 전시회 실패에 대해서 이미지 및 위상에는 타격을 입을 수 있으나 재무적인 손실은 입지 않게 된다.

그러나 전시회의 성공 혹은 실패는 전시회가 전시 기획업체의 주최이든 대행이든 간에 전시회와 전시 기획업체의 이미지에 대하여 긍정적이거나 또는 부정적인 인식을 심어주게 된다. 단순히 전시회 관련 장비임대를 할 때에도, 이것이 해당 전시에 적합하지 않은 것이라면 장비를 임대해 준 전시 기획업체는 영업상의 위험을 야기시킬 수 있는 요소가 될 수 있다. 그리고 이렇게 이루어진 전시회는, 아무리 전시 기획업체 측이 실패에 대한 책임을 질 필요가 없다 하더라도, 전시회의 이미지에 매우 부정적인 영향을 미치게 된다.

전시기획 업체들이 고객에게 제공하는 서비스 패키지는 매우 복잡하고 때로는 고도의 기술을 필요로 한다. 전시기획 업체들이 제공하는 물적 재화와 무형 서비스를 살펴보면 다음과 같다.

첫째, 물적 재화는 전시장, 공공부지, 세미나장, 조명기기, 각종 전시에 필요한 장비와 시설 등을 말한다. 이러한 물적 재화는 전시 서비스 운영을 위해 필수불가결한 항목이라 할 수 있다. 물적 재화는 그 자체가 자본집중적인 성격을 지니고 있기에 전시회 개최를 위한 기본적인 인프라에 해당된다.

둘째, 무형 서비스이다. 무형 서비스는 전시 참가기업 및 참관객, 그 밖의 장치업체와 전시관련 기타 협력업체들을 위한 서비스를 포함하는 것으로 개별 전시회에 맞는 고유 행사에 대해 창의적으로 구상되어지게 된다. 따라서 무형 서비스의 계획과 운영은 양질의 인적자원과 풍부한 노하우를 많이 확보하고 있을수록 그 성과가 높아지게 된다.

전시 기획업체는 상업적 서비스 제공업체라는 특성상 전시회에 참여하는 당사자들이 활동하는데 최적의 조건을 제공해 주어야만 한다. 다음은 각 당사자에 따른 전시 기획업체가 제공하여야 할 조건들이다.

첫째, 전시 참가기업의 요구에 맞추어 제공하여야 할 사항은 다음과 같다.

① 프로그램 최적화 : 전시회의 테마와 콘셉트가 산업 및 시장의 트렌드에 맞아야 하며 이에 부응할 수 있는 각종 전시 프로그램이 갖추어져 있어야 하며 전시회 개최 또한 적절한 시기가 될 수 있도록 최적화 시켜야 한다.

② 전시회장 입지 최적화 : 원활한 전시회가 가능하도록 전시장 내부의 인프라를 다목적으로 이용할 수 있도록 구축하여야 하며 전시장 주변 시설 및 환경과의 연계 및 활용을 위해 전시회장 입지를 최적화시켜야 한다.

③ 서비스 최적화 : 전시 참가기업들이 자신들이 목표로 하는 전시활동의 진

행을 보장해 주기 위해 전시 부지의 보세 구역화, 전시 물품의 간편하고 신속한 관세 처리, 참가기업 자체 행사 지원, 전시 운송 물류지원, 그 밖의 필요한 사항에 대한 신속한 처리 및 공급 등 각종 서비스의 최적화가 이루어지도록 하여야 한다.

둘째, 참관객들을 위해서는 환경의 최적화가 이루어져야 한다. 환경의 최적화는 참관객이 요구하는 각종 사항에 대해 철저히 대비하고 신속한 처리를 위해 정보시스템, 커뮤니케이션 시스템, 불만처리 시스템 등을 최적화 시켜야 한다. 또한 전시 개최지에서의 체류가 편안하고 매력적으로 느껴질 수 있도록 환경 조성이 이루어져야 한다.

셋째, 전시 협력업체를 위해서는 물류 최적화가 이루어져야 한다. 부스 설치업체, 케이터링업체, 운송업자, 장식 및 디자인 업체, 비품 및 의상 렌트업체 등 전시 협력업체들이 불편함 없이 자신의 업무를 신속하게 처리할 수 있도록 Just-In-Time 운송 조건을 보장하는 물류 최적화를 제공해 주어야 한다.

그러나 이러한 최적화는 상당부분 전시 기획업체 자체만으로 해결될 수 없는 경우가 많다. 따라서 각국의 정부 및 지방자치 단체에서는 최적의 전시회 개최가 이루어질 수 있도록 각종 지원을 해주고 있다. 대규모의 자본과 자원이 투입되어지는 최신 전시장의 건립, 전시장의 접근성을 최적화 시켜줄 수 있는 교통체계, 전시회와 관련 있는 당사자들의 숙식을 해결해 줄 수 있는 호텔 및 각종 기반시설과 같은 인프라 구축 등이 대표적인 예라 할 수 있다. 이러한 하드웨어적인 측면뿐만 아니라 소프트웨어적인 측면에 대한 지원도 병행하고 있는데, 전시회 입장권과 대중교통수단 이용권을 통합하여 교통 서비스를 제공해 준다거나 전시회 기간에 맞추어 오페라, 콘서트, 축제, 연극, 미술 전시회, 박물관 전시회 등 예술문화 활동을 집중적으로 개최한다거나 하는 것이 좋은 예일 것이다. 이는 전시 참가기업과 참관객들이 전시회 활동에 대한 지출뿐만 아니라 문화 활동, 쇼핑 활동 등을 통하여 지출을 늘리게 하여 해당 국가 및 지방자치단체의 경제적 순효과가 극대화되게 유도하기 위함이다.

이러한 이유로 선진국의 대형 전시 기획업체들은 대부분 사기업이면서 동시에 정부가 많은 기업지분을 가지고 있는 공사의 성격을 지니고 있다. 즉 이러한 전시 기획업체들은 기존 시장질서 내에 통합되는 한편, 각 국가의 정책에 따라 국가보조를 받음으로 인해 경쟁을 피해 이른바 우회 채산성을 달성하고 있는 형편이라 할 수 있다.

전시회의 전체 품질은 앞에서 살펴본 많은 요소들이 얼마나 잘 조화롭게 구성되었는가에 달려있다. 즉 전시 기획업체와 전시참여업체 및 참관객과의 협력, 시장 중심적 전시 프로그램과 적절한 전시 콘셉트, 최신 기술 설비를 포함한 다양한 커뮤니케이션의 가능성, 전시회의 국제성, 전시장의 수준, 물류, 전시 협력업체의 수준과 관계, 주변 시설과 전시장과의 연계성 등이 바로 그러한 요소들이라 할 수 있다.

따라서 전시회가 성공하기 위해서는 전시 기획업체가 전시관련 당사자들의 기대와 요구에 이들 요소들을 어떠한 관점에서 부응시켜 주어야 하는가에 달려있다 하겠다.

3. 전시회 참가기업(Exhibitor)

전시회 참가기업

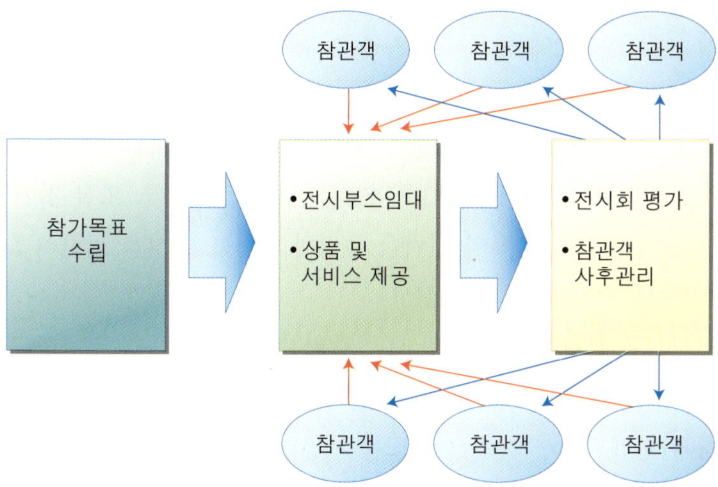

전시회에 있어서 전시회 참가기업(exhibitor)의 규모와 수준은 참관객이 전시회 방문을 결정하는데 영향을 미치고 전시회 개최의 성공여부를 결정하는 지표 중의 하나이므로 전시회를 구성하는 중요한 요소이다.

전시회 참가기업은 하나 혹은 여러 개의 부스를 가지고 행사에 참여하는 모든 기업, 기관, 협회를 총칭하는 말이다. 독일 전시협회(AUMA)의 정의를 보면, 전시회 참가기업은 부스를 대여 받아 공간적 통일성을 가지며 여기서 일하는 사람들을 통해 행사의 전 기간 동안 자사 혹은 타사 상호의 상품이나 서비스를 공급하는 자라고 되어 있다.

전시회는 전시회 참가기업들의 성격에 따라 그 성격이 좌우된다. 즉 전시회 참가기업들이 제조업체나 유통업체라면 전문전시회의 성격을 띠게 되고, 개별업체 및 정부기관이 주로 전시회에 참가하게 되면 종합전시회의 성격이 띠게 된다.

전시회에 참가하는 기업은 다양한 목적을 염두에 두고 참가하고 있다. 참가기업의 판매촉진, 이미지 제고, 신상품 소개, 고객과의 대면접촉, 시장 정보수집 등 다양한 동기를 갖고 있다. 결국 전시회 참가기업들의 전시회 참여 근본 이유는 그들 상품의 물리적, 비물리적 특성을 전시회를 통해 알림과 동시에 가능한 모든 마케팅 커뮤니케이션 도구를 활용할 수 있다는 가능성 때문이라고 할 수 있다. 참가기업들은 또한 적절한 계획과 전시활동을 통하여 개발된 메시지를 기존 고객은 물론 잠재고객들에게 전달할 수 있음으로 인해 상품은 물론 기업의 이미지를 짧은 시간에 제고시키는 큰 효과를 달성할 수도 있다. 따라서 기업은 해당기업의 목적에 부합되는 적절한 전시회를 선정하여 참가를 결정하게 되므로 각종 전시회에 대한 면밀한 조사는 필수적으로 이루어지게 되며 이를 바탕으로 특정 전시회에 대한 참가 여부를 결정짓게 된다. 또한 참가가 결정되면 해당 전시회 참가 목표와 전략을 수립하고 목표 달성을 위하여 노력하게 된다.

일단 전시회에 참가하는 기업은 전시 주최자로부터 임대한 부스를 경쟁업체에 비하여 더 주목받을 수 있도록 디자인하고 그 안에 자신의 제품을 전시한다. 또한 제품과 연계되어진 각종 서비스를 제공하게 된다. 서비스는 제품관련 설명 및 상담을 비롯하여 참관객들의 흥미를 유발시킬 수 있는 엔터테인먼트적인 요소들이 모두 포함된다. 이러한 노력은 보다 많은 참관객들을 자신의 부스로 유인하여 참가기업의 전시 목표를 좀 더 쉽게 달성하기 위함이다. 전시회가 종료된 후 전시회 참가기업은 자신이 참가한 전시회에 대해 성과 평가를 하고 이를 통해 문제점을 찾아내게 되면 다음 전시회에 이를 반영하게 된다. 또한 전시회 기간 동안 방문했던 참관객들의 요구에 대하여 피드백을 해주는 한편 사후 관리를 통하여 부스에서 상담한 내용이 본 계약으로까지 연결될 수 있도록 다양한 사후 활동을 펼치게 된다.

전시주최자들의 입장에서 보면 산업 내에서 선도적 위치에 있는 기업의 전시회 참가와 기타 기업의 대규모 참가는 전시회의 위상과 수준을 높여주게 된다. 이는 보다 많은 참관객들을 끌어들이는 충분한 유인이 되므로 전시주최자들은 해당 산업에서 경쟁력 있는 기업들을 포함하여 해당 전시회 분야의 참가기업 유치를 위해 최선의 노력을 기울이게 된다.

4. 전시회 참관객

전시회 참관객

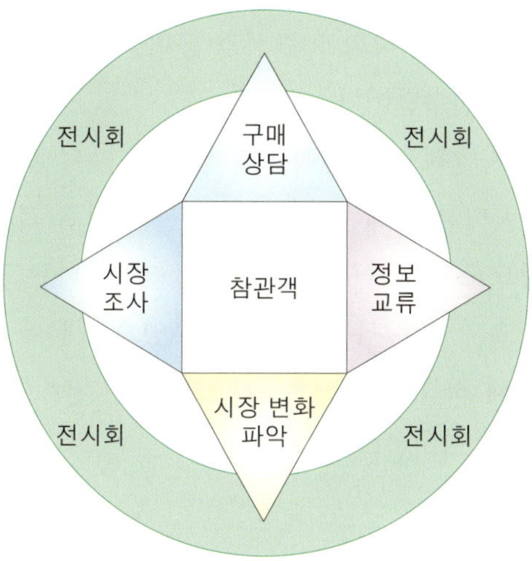

참관객은 전시주최자와 전시 참가기업을 제외한 전시행사에 관심을 보이고 실제로 전시장에 모습을 나타내는 모든 사람을 총칭하며 참관객(Attendee), 방문객(Visitor), 구매자(Buyer) 등으로 표현된다. 이들은 전시회를 구매 상담이나 문의, 시장조사, 정보획득 및 교류, 시장변화 추세 파악 등의 공간으로 본다. 참관객의 규모와 성격에 따라 전시회의 성공여부가 결정되고, 참가기업의 차기 전시회 참가여부에 영향을 미치기 때문에 전시회에서 가장 중요한 요소가 된다. 따라서 전시주최자와 참가기업들은 많은 양질의 참관객을 유인하기 위한 사전홍보활동에 많은 비중을 두고 있다.

전시회의 참관객은 그 성격에 따라 구매자(Buyer) 중심일 경우 무역전시회(trade show)로, 일반대중이 중심일 경우에는 소매자전시회(consumer show)로, 구매자와 일반대중이 모두 참관객이 되면 혼합전시회(combined show)로 구분되어진다.

전시회는 적격의 목표화된(targeted) 유망 고객을 참관객으로 가진다. 이것은 다른 어떤 촉진 수단과 구별되는 전시회만의 가장 큰 특징이다. 무역전시회(trade show)의 경우는 해당 산업 분야의 바이어와 관련 종사자만으로 입장을 제한하므로 다른 방법으로는 몇 년이 걸려야 달성할 수 있는 고객과의 접촉이 전시회 기간 동안 일시에 가능하며, 이를 통해 많은 계약이 이루어진다. 참관객의 입장제한이 이루어지지는 않지만 소매자전시회의 경우도 무역전시회(trade show)와 마찬가지로 해당 전시회에 관심과 흥미를 가진 목표화된 참관객의 대규모 집객이 가능한 촉진수단이다.

참관객들은 매우 자발적으로 전시회에 참가한다는 것이 가장 큰 특징으로 꼽힐 수 있는데, 이는 다른 마케팅 촉진수단과는 달리 고객들을 찾아 나서는 것이 아니고 전시회장으로 고객들이 자발적으로 찾아온다는 것이다. 이는 전시회에서 무엇인가를 보고자 하는 목적으로 방문하였기 때문에 이미 참가기업이 제공하는 메시지에 대해 적극적으로 수용하고자 하는 자세가 되어 있고 이에 동기화 되어 있다는 것을 의미한다.

제2절 기타 전시회 구성요소

1. 전시장 운영주체

전시장 운영주체(facility operator)는 전시장이나 전시회가 개최되는 공간을 물리적으로 운영하는 주체를 의미한다. 전시장은 참가기업과 참관객을 불러 모아 전시공간과 서비스를 제공하면서 그 대가로 영리를 추구하는 장소이다. 전시장 운영주체는 크게 독일형과 미국형으로 분류될 수 있는데, 독일형은 전시장 운영주체가 대부분의 전시회를 직접 개최하는 반면, 미국형의 경우 전시장 운영주체는 전시장의 임대업무만 담당하고 전시회 주최는 전시전문기획업체가 주도하고 있다. 한국을 비롯한 중국, 싱가포르 등 아시아 지역의 전시장 운영자들은 독일형과 미국형의 혼합형으로 전시장 운영주체가 전시장 임대와 전시회 주최 업무를 모두 수행하고 있다.

2. 전시 협력업체

전시 협력업체

전시회 참가기업과 전시주최자가 전시품 및 부스 장치물을 설치하고 연출하며, 홍보하는 것을 지원하는 담당자는 개인 및 기업들이다. 마케팅 컨설턴트, 부스 디자이너, 홍보 전문가, 시청각 기자재 임대업체, 운송업체뿐만 아니라 부스장치공사업체 등이 협력업체에 포함된다.

협력업체(contractor)는 크게 전시회 전반적인 업무의 서비스를 제공하는 종합서비스업체(general service contractor)와 특정한 전문서비스를 제공하는 전문서비스업체(specialized service contractor)가 있다.

1) 전시 장치업체

이들 업체는 전시 참가기업과 기획업체의 위임을 받아 일을 한다. 종종 이들은 전시장 설계에서부터 설치와 철거, 전시회가 열리지 않는 동안 설비수리와 보관에 이르기까지 여러 작업을 도맡아 하는 이른바 서비스 업체이다.

전시 참가기업들은, 일반적으로 부스를 자유롭게 설치, 철거하는 것이 본인에게 유리한지, 관련 노하우를 갖춘 인재를 충분히 활용할 수 있는지 혹은, 한 장치업체에 전담할 지를 충분히 따져본다. 대부분 한 업체에 맡기는 것이 비용이 절약될 뿐 아니라, 여러 업체에 개별위임 하는 것보다 협력과 통제가 수월하다는 점에서 여러모로 유리하다.

서비스 제공차원에서 전시 참가기업에게 임대부스가 제공되면 전시행사장 장치업체는 추가적으로 전시회 기획업체를 위해 일한다. 결산보고 또한 전시회 기획업체를 통해 이루어진다.

2) 전문 디자이너

이들은 전시 참가기업을 위해 일하고 각 부스설계도를 그리거나 참가기업의 콘셉트를 구체화하여 현실적으로 표현하는 일을 맡는다. 이들은 종종 프리랜서로 일한다. 즉 전시회에서 전문 디자이너는 부스의 디자인과 인테리어 등과 관련된 각종 업무를 담당하게 된다.

3) 비품 및 의상 렌트업체

전시 참가기업이 전시회에 참여하기 위해서는 부스설치 자재만을 구입하고 빌릴 뿐만 아니라 의자, 탁자, 진열장, 판매대등 가구나 혹은, 도우미들이 입을 의상, 유니폼, 블라우스 등의 의복과 남자 진행요원용 양복 등을 구입한다. 이들 업체는 전시 참가기업을 위한 컬렉션을 준비해 두고 있다.

4) 행사요원, 통역서비스 대행업체

일련의 대행업체들은 전문직 및 일반도우미들을 전시회에 소개해주는 것을 전문으로 하고 있다. 이 업체들은 경력이 많은 프리랜서들과 연락망을 취하고 있어, 이들을 행사기간동안 해설자, 통역요원, 업무보조원으로 참가기업에게 알선해준다.

5) 시장조사기관

시장 및 마케팅조사기관은 행사기획업체와 행사참여업체 모두에게 서비스를 제공한다. 행사기획업체에게는 전시회의 전체적 성과를 보여주고, 참여업체에게는 개별적 성과를 질적 양적 측면에서 파악할 수 있도록 도와준다.

6) 전시회 컨설팅업체

이들 업체는 전시회 및 컨벤션 분야에 대한 노하우를 축적하고 이를 바탕으로 전시회 참가기업에게 전문적으로 컨설팅 및 자문을 해주고 있다. 전시 참가기업을 위해 전시회 참여에 대한 구상안을 작성하고 전략 및 행동에 관한 조언을 한다. 때로는 전시 참가기업의 부스 인력을 위한 트레이닝을 맡기도 한다. 이러한 맥락으로 전시회 컨설팅 업체는 전시분야의 서비스 업체들과 긴밀하게 연락을 유지한다.

7) 장식 및 음식서비스업체

진열대 장식업자와 화환업자는 부스장식과 전시제품의 진열과 같은 마지막 끝손질을 맡는다. 출장요리회사는 참관객들을 접대하고자 하는 전시 참가기업을 위해 부스로 접시와 음식을 제공하는 업무를 맡고 있다. 이는 전시회 기간 동안 자사 부스를 방문하는 특별한 참관객을 위해서거나 이벤트 행사와 결부되어 음식물을 제공해야 할 경우에 신청할 수 있는 서비스이다. 또한 전시 참가기업들 중 전시부스 인력이 전시장 안에서 식사를 해야 할 경우에 이런 서비스의 신청을 할 수도 있다.

8) 운송

전시운송은 전시 관련 업계 경험이 풍부한 운송회사가 많이 이용되고 있는데, 특히 전시 참가기업의 스케줄, 관세일정 혹은 부스, 포장재료, 중간보관에 관한 문제가 생길 때 도움을 주고 있다. 이들 운송업체는 주로 전시 행사장소 가까이에 사무실을 두고 있으며 주변도로사정을 가장 잘 알고 있다. 행사시작 일정이 미루어질 수는 없기 때문에 전시회 분야에 있어 원활한 물류는 매우 중요한 역할을 한다.

Closing Exhibition

바로셀로나 & EIBTM

이선영(대전 컨벤션뷰로 과장)

태양의 나라, 스페인

늘어지게 한숨 자고도 여전히 뜨거운 햇살, 밤이 되도록 지칠 줄 모르는 정열적인 태양, 여름의 나라 스페인, 개인주의로 일관되는 여타 서양 국가들과는 달리 스페인 사람들 특유의 끈끈한 인간미와 삶에 대한 긍정적인 기운이 정(情)으로 표현되는 우리네 그것과 닮아 있어 왠지 친근하게 느껴지는 나라이다. 21세기를 맞이한 기념으로 떠났던 2000년 여름 스페인 여행 이후 어느덧 8년이 지나 이번에는 겨울의 스페인으로 향했다. 대학생이 된 이후 세계 곳곳을 많이 여행했지만 낙천적인 사람들과 여유 있는 풍경의 스페인은 한 번쯤은 꼭 살아보고 싶다고 느낀 몇 안되는 나라 중 하나로 꼽힐 정도로 나에게는 중독성 있는 곳이었다.

컨벤션의 도시, 바르셀로나

도시 곳곳에 천재 건축가 가우디의 숨결이 살아 숨쉬는 바르셀로나는 피카소, 미로, 마레 등 세기를 대표하는 수많은 예술가들이 거쳐 간 예술의 도시이며, 이미 10개의 세계문화유산을 보유한 유럽 최고의 문화예술 중심지로 손꼽힌다. 이렇듯 거대한 문화, 예술, 관광자원을 보유한 스페인은 프랑스에 이어 세계 제2의 관광대국이며 세계 10대 컨벤션 산업국가이기도 하다.

UIA 통계에 따르면 바르셀로나는 그 역동성이 두드러져 2007년 160여 건의 행사를 개최해 세계 6대 컨벤션 도시로 기록되었고, 컨벤션산업 육성을 위해 주정부뿐 아니라 중앙정부 차원의 프로모션을 동시에 진행해 국제회의, 각종 기업행사, 다양한 전시사업 등을 육성하고 있다고 한다. 또한 바르셀로나 CVB는 모든 컨벤션 참가자들에게 Congress Card를 제공하여 주요 쇼핑점, 레스토랑, 클럽, 박물관 등에서 이용 가능한 다양한 특별할인 서비스를 제공하고 있는 등 관광지로서 뿐만 아니라 컨벤션과 비즈니스 데스티네이션으로도 그 위치를 공고히 하고 있다.

2008 EIBTM 안팍

이번 스페인 행의 목적은 꿈 많던 대학시절의 낭만과 여유를 위한 것이 아니라 전 세계 MICE 산업 전문 박람회 중 유럽을 대표하는 2008 EIBTM(European Incentive & Business Trabel & Marketing Exhibition)에 참가하기 위해서였다. EIBTM은 매년 봄 독일 프랑크프루트에서 개최되는 IMEX와 견줄만한 초대형 규모의 박람회로 2008년 대회는 약 3,700여 명의 초청 바이어와 8,000여 명의 참관객이 3일 동안 120만 건의 비즈니스 상담을 벌여 모든 부분에서 역대 기록을 다시 쓰는 신기록을 달성하는 등 명실상부 세계 최대 규모의 MICE산업 박람회 중 하나로 자리매김하였다.

바르셀로나 Fira Gran Via Hall 3을 가득 메운 약 80여개 국가들의 홍보관은 세계적 경기 불황이라는 근래의 경제 상황이 무색할 정도로 그 그림만으로도 작은 지구촌을 연상케 했다. 전시장은 대륙별로 큰 구역을 나누고 각각의 구역 안에는 국가와 도시를 상징하는 슬로건과 알록달록한 색깔의 멋진 홍보관으로 촘촘히 메워졌다. 전시에 참가한 도시들 간 '도시 세일즈' 전쟁은 그야말로 치열했다. 사전에 약속된 상담(PSA)은 물론 현장을 지나다니는 바이어들 모시기에도 열을 올려 이른바 '즉석 만남'을 통한 도시 홍보에도 열을 올렸다. 우리나라 역시 한국관광공사를 중심으로 전국 뷰로와 센터, PCO, 여행사 등 약 20개 기관이 공동 참가하여 각 도시와 한국을 홍보하는 등 애사(愛社), 애향(愛鄕), 애국(愛國)에 기치를 올렸다.

EIBTM이 전 세계적으로 참가규모가 대단했던 것은 사실이지만, 한편으로는 유럽 국가들의 잔치가 아니었나 하는 씁쓸함도 남는다. 물론 이러한 현상은 산업의 특성상 대륙간, 국가 간의 근본적이고 구조적인 문제에 기인한 것이긴 하지만 컨벤션 산업이 발전한 유럽 대부분의 국가들이 국가적 차원의 공격적인 마케팅으로 크고 화려한 홍보관, 많은 인력동원, 재미난 이벤트를 통해 활발한 비즈니스 상담을 벌이는 동안 상대적으로 적은 규모의 단출한 홍보 간에 비교적 한산했던 아시아와 남미, 아프리카 국가들과는 뚜렷한 대조를 이루며 부익부 빈익빈 현상을 연출했다. 물론 그 와중에도 선전을 펼친 일부 국가들도 있겠지만 말이다.

해외 MICE사업 박람회를 나갈 때 마다 느끼는 것은 한국이 국가적 차원에서 보다 뚜렷한 정체성을 가지고 공격적인 마케팅을 해야 한다는 것이다. 한국은 의학 · 과학 분야에서 세계적인 권위자와 기술을 바탕으로 많은 행사를 유치해 오고 있지만 국제기구가 주관하는 대규모 회의나 리조트형 메뉴를 찾는 기업회의, 인센티브 투어 면에서는 취약한 것이 사실이다.

허울뿐인 가능성의 산업 컨벤션이 아니라 말 그대로 경쟁력 있는 고부가가치 산업으로 발전하기 위해서, 그리고 한국이 컨벤션이라는 국제무대의 주류로 뛰기 위해서는 국가적 차원의 육성뿐 아니라 관련 기관과 현업에서 뛰고 있는 우리 모두가 가장 아시아적이고 한국적인 컨벤션이 무엇인지 진지하게 고민해야 할 문제인 것 같다.

출장 이후

사람마다 떠남의 이유는 가지각색, 흔히 여행을 일컬어 휴식과 재충전의 시간이라고 한다. 이번 스페인 행은 여행이 아닌 출장이었지만 분주하게 돌아가는 자신의 삶의 자리를 잠시 떠나 일상에서 느껴볼 수 없었던 색다른 경험과 사색이 있었다면 그것만으로도 귀한 시간이라고 생각한다.

세계 제2의 관광대국 스페인, 스페인 최고의 컨벤션 도시 바르셀로나, 그리고 인간과 자연의 조화를 꿈꿨던 가우디의 예술혼과 인간적인 배려를 느낄 수 있었던 바르셀로나에서의 5일은 감사한 시간이었다. 언젠가 다시 스페인의 뜨거운 햇살 아래 꼬박꼬박 시에스타를 챙겨 낮잠을 자고 하루 종일 지중해를 끼고 책을 읽다가 밤이 늦도록 플라멩코 공연을 즐기는 멋진 여행자가 되길 꿈꾸며 글을 맺는다.

자료 : The MICE, Vol. 9. 2009.

제3장

전시산업의 이해

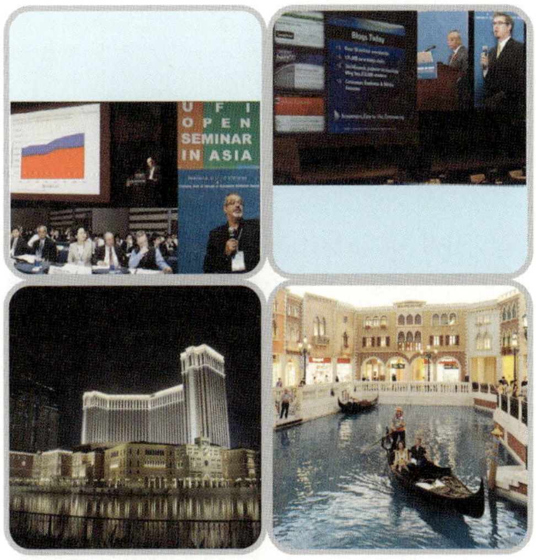

Opening Exhibition

아시아 전시산업의 국제협력 증진방안 고찰

황 희 곤 교수(한림국제대학원대학교)

1. 문제의 제기

세계경제의 글로벌화와 함께 국가 간 경쟁이 치열한 가운데, 전시회는 세계적인 네트워크 형성과 고도의 기법 개발을 통해 Face to face 마케팅의 새로운 틀로 각광을 받고 있다. 전시산업은 지식집약형 서비스산업으로 관광, 교통, 숙박 등 전후방 파급효과가 막대한 고부가가치 산업으로 인식되어 각국에서 경쟁적으로 육성되고 있다. 지금까지 세계 전시산업은 유럽과 북미지역을 중심으로 발전해 왔으나 최근 중국, 한국, 일본을 비롯한 아시아 국가가 급속하게 부상하면서 새로운 경쟁구도가 형성되고 있다.

본고에서는 아시아 전시산업의 협력을 통한 새로운 성장 가능성을 모색하고자 전시산업의 국제협력 유형과 사례를 살펴보고 향후 국제협력의 발전 가능성을 제시코자 한다. 이러한 협력 증진 노력은 아시아 국가의 경제와 문화를 배경으로 하여 새로운 시너지 효과를 만들어 내고, 또 우리나라 전시산업의 경쟁역량을 배가시킬 수 있는 계기가 될 것으로 기대된다.

↑ 2008년 UFI 총회의 모습

2. 전시산업의 국제협력 유형과 확산

전시산업의 국제화는 먼저 전시회 내의 국제화로 해외바이어 및 참가업체의 참가나 국가관(Pavilion) 구성 참가를 들 수 있고, 대외적인 국제화 유형으로는 전시회 프랜차이즈, 전략적 제휴, 전시회 공동개최, 합작투자 등의 방안이 제시되고 있다. 이러한 전시산업의 국제협력은 추진주체(주최자, 전시장 운영자, 도시, 중앙정부), 협력대상별로 협력 및 제휴, 투자 등 다양한 형태가 나타나고 있다.

전시산업은 시장세분화와 함께 전문화, 글로벌화의 트렌드를 보여 주고 있다. 전시회 주최자, 전시회에 대한 협력, 프랜차이즈, 투자(M&A)를 통한 국제화가 확산되고 있다. 전시회의 서비스산업 특성상 프랜차이즈를 통한 해외진출이 확산 추세이다. CES(중국), EXPOCOMM(중국, 일본, 한국, 러시아, 오스트리아), SEMICON 등 세계 유명 전시회의 프랜차이즈 진출이 예이다. Reed Exhibition은 경쟁전시회의 적극적인 인수합병을 도모하고 있으며, 독일 등 유럽 전시운영업체의 아시아시장 진출이 확대되고 있다. 이처럼 전시산업은 전시회 참가업체, 참관객 등 고객의 만족도 제고를 목적으로 국제화, 대형화 촉진을 달성하기 위한 M&A, 제휴 등의 협력노력이 가속화되고 있다.

전시산업의 국제협력 유형과 사례

유 형	세부 방안	추진 사례
국제기구 참가	• 협회 가입 및 활동 • 전문가 교육훈련 실시	• IAEM, UFI 가입, 활동 • SACEOS 교육프로그램
업무협력	• MOU 체결, 정보교류 • 통계 작성 및 보급	• COEX-CIEC-Tokyo Big Sight • 독일 FKM(AUMA)
전략적 제휴	• 라이센싱, Co-location • 공동 마케팅 및 공동주최 • 인력교류, 서비스 표준화 • 유사 도시간 제휴	• CeBIT, CES, SEMI • 상해국제기계전, 상해전자전(AEES) • KINTEX-Tokyo Big Sight • BestCities.net 8개 도시
자본투자	• 합작투자 • 단독투자, M&A	• SNIEC-독일 3대 Messe • 현지법인 설립 등

3. 아시아 전시산업의 국제협력 현황과 평가

서비스업의 글로벌화가 진행되는 현 시점에서 아시아 전시산업도 새로운 부가가치 창출의 필요성이 대두되고 있으나 전시산업의 국가 간 협력은 아직 초기단계에 머물러 있다. UFI, IAEE를 비롯한 전시관련 국제기구의 참여를 통한 협력이 확대되고 있는 가운데, COEX가 중심이 되어 운영 중인 한국-중국-일본 대표전시장의 협력체인 '한중일 VIP포럼' 형태의 업무협력이 나타나고 있다.

개별 주최자 간에도 전시회 공동개최, 자본투자의 형태가 나타나고 있다. 한중일 5개국 전자관련 업종단체가 중심이 되어 아시아전자전(AEES)을 상해에서 개최하고 있으며, Kotra, JETRO 등 3국의 무역진흥기관이 공동으로 개최하는 '한중일 부품소재산업전', 중국 상해동보기계산업전과 우리나라 기계산업진흥회가 공동으로 주최한 '상해한국기계전' 등 공동 주최 전시회가 나타나고 있다. 또 일부 주최자나 장치업체의 아시아 국가 간 자본협력을 통한 전시산업의 외연확대를 모색하는 등 일부나마 긍정적인 움직임이 나타나고 있다.

아시아 전시산업의 협력은 아직 초보단계에 머물러 있어 유사중복 전시회개발, 불필요한 경쟁야기 등의 문제가 예상되고 있다. 특히 전시산업은 아시아 각국이 관심을 갖고 있는 관광산업 육성의 역할을 보완함으로써 새로운 가치창출에 기여할 수 있으나, 국가 간 협력체계 미비로 아직은 기대하기 힘든 실정이다.

4. 결론 : 아시아 전시산업의 협력추진방향

전시회의 대형화, 국제화를 도모하기 위하여 전시산업의 국제협력은 불가피하다. 향후 아시아국가의 전시 공급면적이 지속적으로 확대될 예정인데다, 전시장 운영자나 주최자도 업무협력, 제휴의 형태가 확대되어 앞으로 전시산업의 국제화 움직임도 본격화될 것으로 예상된다.

아시아 전시산업은 각자 경쟁력 있는 분야를 중심으로 상호 보완적인 협력구조를 만들어 가야 할 것이다. 국가간 시설확충 위주의 경쟁에서 벗어나 전시 전문인력 양성, 서비스 표준화, 전시산업 통계작성 및 R&D센터의 건립 등 협력 가능한 분야를 발굴하여 우선 추진함으로써 아시아 차원의 전시산업 발전의 계기를 마련해야 할 것이다. 분야(주최자, 전시장, 장치 및 서비스업체)별로 자발적, 효율적인 협력을 유도해야 할 것이다. 무엇보다 우리나라는 핵심적 역할을 하고 있는 전자, IT, 자동차, 조선분야에서 세계적인 전시회를 확대 개발함으로써 아시아권의 마케팅, 정보, 기술교류의 실질적인 Market place가 될 수 있다는 자신감을 심어 나가야 할 것이다.

전시저널, Vol.24. 2008.9.

제1절 전시산업의 정의와 범위

전시산업의 범위

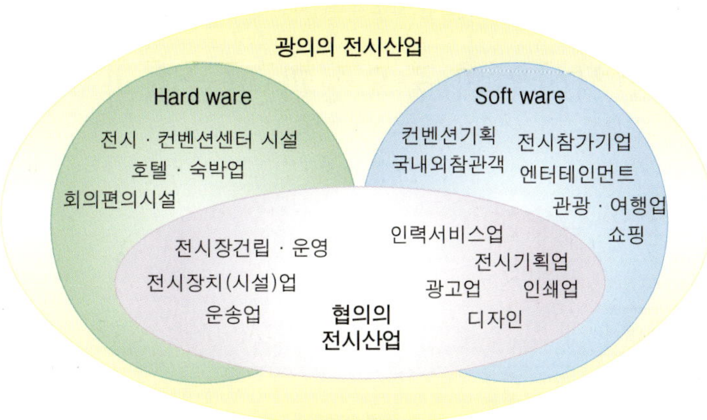

전시산업은 전시산업발전법규에 따르면 “전시시설을 건립 · 운영하거나 전시회 및 전시회부대행사를 기획 · 개최 · 운영하고 이와 관련된 물품 및 장치를 제작 · 설치하거나 전시공간의 설계 · 디자인과 이와 관련된 공사를 수행하거나 전시회와 관련된 용역 등을 제공하는 산업”이라고 폭넓게 정의하고 있다.

전시산업은 하드웨어(시설)적인 측면과 소프트웨어(기획)적인 측면이 있는데, 전시산업은 전시회가 개최되는 시설인 전시장과 전시회를 계획하는 전시기획업을 중심으로 전개되는 서비스업으로 전시장치 및 디자인, 운송업, 광고업, 인쇄업, 인력서비스업 등과 연계되어 있는 업종이다. 보다 넓은 범위의 전시산업은 호텔 · 숙박업, 식음료업, 관광 · 여행업, 통신업, 엔터테인먼트, 쇼핑, 컨벤션 분야와도 밀접한 관계를 갖고 있다.

한편 미국에서는 보다 넓은 영역의 활동범위를 전시산업에 포함시키고 있다. 전시산업 영역의 범위로 전시컨벤션센터 시설, 전시 · 회의 관련 호텔 및 편의시설, 전시기획, 전시관련 조직 및 기구, 전시참가 기업, 전시장치, 전시관련 일반 및 전문서비스, 광고, 식음료서비스, 국내외 전시 참관객 등을 모두 전시산업의 한 부분으로 보고 있다.

이처럼 전시산업은 그 바라보는 관점에 따라 매우 포괄적인 개념으로 확장되어질 수 있는 산업이다. 이는 전시산업이 복합산업이면서 동시에 국제적인 성격이 강한 산업이기 때문이라 할 수 있다.

제2절 전시산업의 중요성과 파급효과

1. 전시산업의 중요성

전시회의 중요성

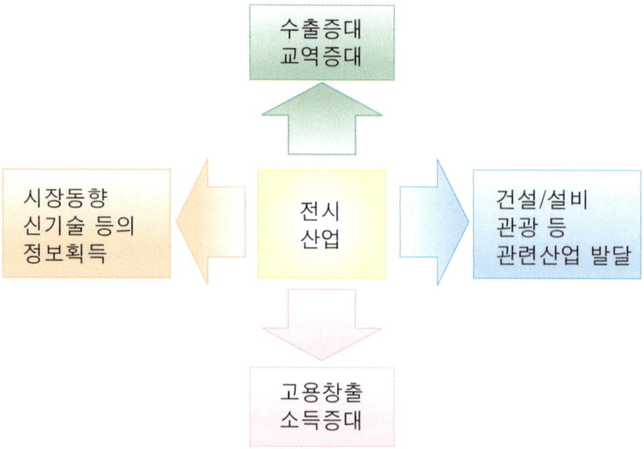

전시회는 매우 효과적인 바이어 발굴 수단인 동시에 최근의 시장동향과 신기술 개발 동향을 한눈에 파악할 수 있는 교류의 장이기 때문에 그 중요성이 날로 증가하고 있다. 특히 국가 간의 교역 증대를 위한 전시회는 그 역할과 파급효과가 크기 때문에 국가 및 지역경제 활성화를 위해 각 국가들이 새로운 고부가가치 산업으로서 적극적으로 육성하고 있는 실정이다.

따라서 전시산업이 발달한 미국, 유럽 등 선진국들은 오래전부터 전시산업의 중요성을 인식하고 전시회 및 박람회를 통해서 자국의 기업들을 지원하고 전시산업을 발전시키기 위해 전시산업을 국가 전략산업의 하나로 지정하여 전시장 SOC에 대한 과감한 투자와 함께 세제혜택, 보조금 제공 등 각종 조치를 취하고 있다.

또한 전시산업은 고용창출 및 소득증대 효과가 높은 고부가가치 지식서비스 산업으로 신진국의 경우 전시산업이 경제에서 차지하는 비중이 매우 크다. 실제로 미국의 전시산업은 규모 면에서 22번째 산업으로, 전시회로 인한 직접 수입 800～1,000억 달러, 고용창출 효과가 연간 약 100만 명에 이르고 있다. 또한 기업 마케팅 예산 중 전시회가 2번째로 높은 비중을 차지하고 있다. 또한 산업별 외화 가득률을 살펴보면 무역전시가 88.1%, 반도체 39.8%, 신발 72.8%, 조선 69.0%를 나타내고 있어 전시산업의 외화가득률이 가장 높은 것으로 나타나고 있다.

전시산업은 다양한 잠재능력을 보유한 21세기 유망산업으로 평가받고 있다. 단적인 예로 통상적으로 전시회에 참가하는 해외 바이어의 지출액은 일반 관광객의 2.4배에 달하는 것으로 보는데 이는 해외 바이어 1명 유치시 21인치 컬러 TV 14대의 수출액, 3명 유치시에는 1,500CC 승용차 1대 수출액과 맞먹는다고 한다. 이 외에도 전시회 참가자들을 위한 각종 숙박시설과 위락시설 등 기반시설의 완비는 더 많은 부가가치 창출을 가능하게 한다. 미국의 라스베이거스나 아랍에미리트의 두바이는 잘 갖춰진 기반시설로 인해 막대한 이익을 창출하고 있다.

전시산업은 무역인프라로서도 매우 중요하다. 전시회를 통해 정보수집, 바이어 발굴 등을 국내에서 가능케 하여 국내 중소기업의 거래비용을 낮추고, 이를 통해 해외시장 개척, 수출증진, 교역증대의 결과를 가져와 궁극적으로 국내 산업발전을 도모하게 만든다. 독일의 경우 무역거래 중 60～70%가 전시회를 통해 성사되고 있으며, 중국, 홍콩, 싱가포르 등은 이미 전시산업을 국가전략산업으로 지정하고 국가적 차원에서 육성지원하고 있다. 무역이 발달하고 대외무역 의존도가 높은 이들 국가에서는 모두 전시산업이 발달했으며, 전시회가 활발하게 개최되고 있다. 반면 대외 의존도가 낮은 일본은 경제규모에 비해 상대적으로 전시회가 발달하지 못한 것으로 평가되고 있다.

경제가 발전하고 경제규모가 성장할수록 무역거래는 전시회를 통해 성사되고 있으며, 세계무역기구(WTO) 체제하에서 전시회는 무역촉진활동으로 분류돼 산업육성을 위한 보조금 지원이 가능한 분야로 인정되고 있어 선후진국을 막론하고 전시산업에 대한 지원을 강화하고 있는 실정이다.

2. 전시산업의 파급효과

전시회의 파급효과

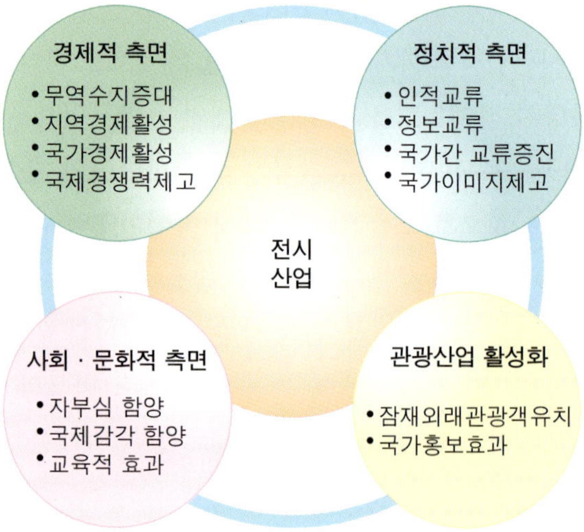

전시산업의 파급효과는 김화경 교수(2001)에 의하면, 경제적 측면과 정치적 측면, 사회 · 문화적 측면, 관광산업 활성화 측면으로 나누어 볼 수가 있다고 하였다. 김화경 교수가 지적한 네 가지 측면의 파급효과를 살펴보면 다음과 같다.

1) 경제적 측면에서의 파급효과

전시산업이 개최국이나 개최도시에 미치는 경제적 효과는 전시회 개최 그 자체만으로 발생하는 수출증대 효과 이외에도 전시회 개최와 관련된 여타 산업에 미치는 영향까지 고려해본다면 그 가치란 다른 중요산업 못지않으며 향후 성장 가능성까지 감안했을 때, 그 효과는 기대 이상일 것이라는 사실을 다음의 내용을 통해 예측할 수 있다.

판매자가 전시회에 내놓은 상품과 서비스를 구매자가 직접 관찰, 경험, 상담, 비교해봄으로써 폭넓은 정보를 획득하고 그 자리에서 직접 구매가 발생하기도 하는 등의 수많은 거래(교역)가 이루어지는 공간이 바로 전시회이다. 이렇듯 전시회는 세계 각국의 참가자들과의 교류를 통해 수출증대 효과를 가져 오게 된다. 또한 전시회는 타 판촉매체에 비해 참가자 유치효과가 크고 투자수익률이 높으며 이로 인해 판촉활동 비용 및 인력 절감의 효과를 가져온다. 이러한 효과뿐만 아니라, 전시회를 개최함으로서 그와 관련된 수많은 관련 산업들이 얻는 수입효과가 차지하는 비중 또한 크다. 전시회 참가자들이 이용하는 숙박업, 음식품업, 관광업, 항공운송서비스업, 쇼핑업 등에서 벌어들이는 수입이 바로 그것이다.

이외에도 전시회 개최로 인해 개최국, 특히 개최도시에는 수많은 고용창출, 지역주민들의 소득증대, 세수증대, 지역 기반시설 확충 등의 파급효과가 발생한다. 따라서 국제무역전시회 활성화는 수출증대로, 이것이 곧 무역수지개선과 지역경제, 나아가서 국가경제 활성화로 이어지게 된다.

또한 전시산업은 국가 간의 상호교류와 상호이해를 가능하게 하며 선진국과의 최신 지식과 정보, 기술을 습득하여 국제경쟁력 제고에 기여하는 효과도 크다.

독일전시협회(AUMA, 2005)의 독일전시산업 경제적 파급효과 분석에 따르면, 2001년 독일의 전시산업에 의해 발생된 지출규모는 105억 유로이며, 이 가운데 전시출품업체의 지출액은 65억 유로, 전시참관객에 의한 지출은 35억 유로로 전시주최자(전시장 포함)에 의한 투자지출은 5억 유로로 측정하였다. 이를 통하여 독일 전시산업의 생산유발 효과는 230억 유로에 이르며, 25만 명의 고용창출 효과를 나타내고 있는데, 이는 독일 GDP의 1%에 해당하는 수치이다.

산업연구원(2004)은 한국의 전시회 개최로 인한 경제적 파급효과를 측정하였는데 생산유발효과는 약 6,407억 원, 부가가치유발효과는 약 3,165억 원, 고용유발효과는 약 78억 원(7,796명 고용)으로 추정하였다.

김봉석(2006)의 국내전시산업의 경제적 파급효과 분석에 따르면 전시산업의 경제적 파급효과는 생산 유발효과 1조 4천억 원, 고용 유발효과 약 1만 명, 부가가치 유발효과 6천억 원, 소득 유발효과 2천억 원, 수입 유발효과 2천억 원, 간접세 유발효과 5백억 원 수준으로 추정되었다. 특히 전시산업은 전방 연쇄효과가 큰 산업으로써 다른 산업들이 성장할 때 산업의 성장을 유도 받는 정도가 아주 높은 산업이라고 할 수 있다.

전시 당사자들의 직접지출액 및 최종수요

구분		직접지출액 평균 (천원)	추정단위	최종수요 추정 (억원)	비고
전시주최자		991,205	110개	1,090	
참가 기업	국내	11,684	11,329업체	1,324	
	해외	5,659	4,945업체	251	해외 이동경비 제외
참관객	국내	38	3,740,204업체	1,260	
	해외	1,801	257,280명	3,248	해외 이동경비 제외

자료 : 김봉석, 국내전시산업의 경제적 파급효과 분석, 전시저널, Vol.10, 2006.

2) 정치적 측면에서의 파급효과

전시회는 세계 각국에서 수많은 사람들이 참여함으로써, 그들과 지식과 정보를 교환하는 과정을 통하여 각 국가 간의 상호이해에 기여하게 된다. 한낱 장소적인 매개체에 불과하다고도 볼 수 있는 전시회가 세계 여러 국가의 정치, 경제, 문화, 민족 등과 관련된 여러 쟁점들을 전시회라는 제3의 장소를 통해 상호협조적이고도 평화적으로 해결하는데 기여하고 있다는 사실은 범세계화가 가속화되고 있는 현 사회에서 살아가고 있는 사람이라면 인정하지 않을 수 없는 사실이다. 전시회라는 매개체를 통한 풍부한 인적 교류와 정보교환, 기타 여러 활동 등은 궁극적으로 국가 간의 교류를 증진시키는 결과를 가져온다. 따라서

비우호국이나 미수교국들과도 관계를 개선할 수 있는 기회의 장이 되기도 한다. 또한 전시 참가자들은 해당 산업분야의 영향력 있는 사람들이므로 민간 외교차원에서도 그 파급효과가 크다고 할 수 있다. 전시회 개최를 이용해 개최국은 자국의 역사, 문화, 전통 등을 외국의 참가자들에게 소개하고 이해시킴으로써 자연스러운 자국의 홍보 효과를 기대할 수 있으며 나아가 이는 잠재관광객으로의 확보를 기대할 수도 있다. 이러한 모든 내용들을 종합해보면, 전시회 개최국은 전시회 개최를 통한 국가홍보효과로 국가 이미지 개선과 국제적 지위상승의 결과도 얻게 된다.

3) 사회 · 문화적 측면에서의 파급효과

김명율(2000)에 의하면 전시회 개최로 인해 개최국과 개최지에 대한 홍보가 이루어지고, 그에 따른 국내외로부터의 관심과 지원이 뒤따르게 되면서 개최국의 이미지가 향상됨은 물론, 사회 · 문화 전반에 걸친 발전이 이루어진다. 해당 국가의 국민들이 전시회 개최국민과 개최지역 주민으로서 갖게 되는 자부심과, 세계 각국으로부터 온 외국인들과의 직접 혹은 간접적인 교류가 맞물림으로 인해 국제 감각을 함양하게 되고 이것이 국제화의 발판이 된다.

덧붙여 전시회를 지방에서 분산 개최할 경우에 지역의 문화 및 경제 발전에 기여하고 지역 주민들의 공동체 의식과 주인의식, 국제의식을 고취시킴으로서 지방의 국제화와 지역의 균형발전을 가져오게 된다. 또한 해당 관련분야에 대한 관심과 이해를 가져오는 교육적 효과도 크다.

4) 관광산업 활성화 측면에서의 파급효과

전시회가 세계 각 국에서 많은 사람들이 참가하는 구제적인 행사인 만큼, 참가자들은 전시회 이외에 부가적으로 관광까지 생각하는 경우가 많기 때문에, 참가자들의 개최국 혹은 개최지에 대한 관심은 지대하다. 전시산업의 중요한 연관 산업이라 할 수 있는 관광산업에 대한 전시회 개최 효과는 상당하다. 전시회 유치로 인한, 개최 이전과 이후 그리고 개최 당시의 홍보효과가 매우 커서,

세계 각국에서는 개최국 혹은 개최지에 대한 소개와 홍보를 인쇄매체, TV 등의 방송매체를 통해 실시하게 된다.

이러한 모든 것들이 자연스럽게 그 국가나 지역에 대한 홍보 효과를 가져 오며 무한한 잠재 고객들로 하여금 관광의 욕구를 불러일으키는 촉매제로서의 역할을 하게 된다. 특히 한국의 경우, 경제 불안정, 북한과의 대결구도, 정치 불안정 등에 대한 세계인들의 잘못된 국가 인식을 바로잡거나 혹은 만회할 수 있는 기회로 이용함으로써, 보다 많은 잠재 외래 관광객을 유치할 수 있는 기회가 되며, 일반적인 홍보 활동일 경우에 드는 많은 비용을 절감할 수 있는 절호의 기회가 되기도 한다.

제3절 전시산업의 현황

1. 세계 전시산업의 현황

전시산업은 21세기 고부가가치 산업으로 각광받으면서 소위 '굴뚝 없는 황금산업' 이라고 불리고 있다. 특히 전시회를 통한 다양한 부가가치 창출과 고용 창출 등은 민간 경제차원에서나 국가 경제차원에서 상당히 매력적인 요소임에 분명하다. 이런 차원에서 세계 전시산업은 그야말로 폭발적으로 성장하고 있으며 각국들도 전시산업을 국가전략산업으로 지정하고 각종 지원과 정책들을 시행하고 있다.

2009년 현재 전시회는 전 세계적으로 약 17,000건 정도가 개최되고 있다. 이 중 절반이 넘는 압도적 수준인 54.3%가 유럽에서 개최되고 있으며 미국을 중심으로 하는 북미지역이 11.7%를 차지하고 있다. 아시아 지역은 한국, 일본, 홍콩, 싱가포르 등과 함께 최근 급속한 경제성장을 하고 있는 중국세에 힘입어 11.9%의 비중을 차지하고 있다. CIS 지역이 10.0%를 아프리카가 2.9%, 중동이 3.4%, 대양주가 1.5%를 차지하고 있어 세계 전시회의 대부분이 유럽과 미주,

그리고 아시아지역에서 개최되고 있는 것으로 나타났다. 전시산업이 메카로 불리어지는 독일이 1,649건의 전시회 개최수를 나타내 독보적으로 앞서가고 있으며 그 뒤를 이어 미국이 1,058건, 러시아가 975건으로 매우 많은 전시회 개최 건수를 나타내고 있다.

2009년 대륙별 전시회 개최 비율

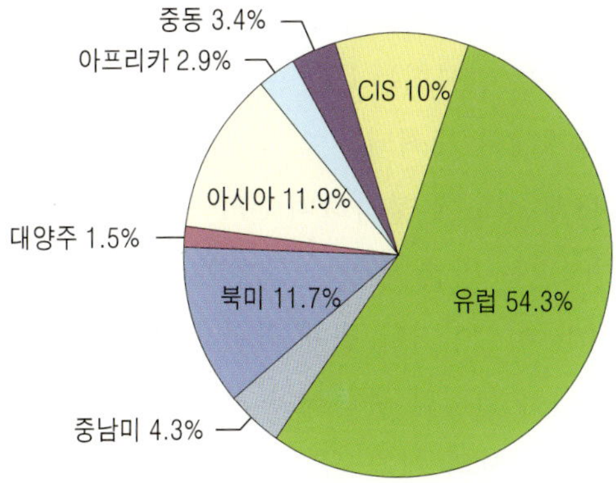

자료 : http://www.gep.or.kr/jsp/oversea/industry_info2.jsp

2009년 전시회 개최 Top 7 국가

국가명	개최건수
독일	1,640
미국	1,058
러시아	975
영국	730
프랑스	706
이탈리아	626
중국	426
한국	301

자료 : http://www.gep.or.kr/jsp/oversea/industry_info2.jsp

국제적인 전시회란 전시회 중 규모가 3만㎡ 이상이면서 UFI(Union of International Fairs) 인증 국제화 기준을 충족하는 국제수준의 전시회를 말한다. UFI는 전세계 82개 국 536개의 전시전문기관이 가입된 세계 최대의 국제전시 연맹이다.

UFI에서는 전시회 인증제도를 실시하고 있는데, UFI 인증이란 전시주최자가 보고한 전시규모 참가기업, 참관객 현황에 관한 데이터를 전문 감사기관이 객관적으로 검증하고 이를 승인하는 것으로 인증을 통해 전시회의 객관성과 공신력이 확보되게 되므로 전시회가 더욱 국제화되고 경쟁력을 가질 수 있게 된다. 특히 UFI 인증을 받은 전시회는 UFI 로고를 사용할 수 있다.

2010년 현재 전 세계에서 개최되는 약 17,000여회의 전시회 중 UFI 인증을 획득한 전시회는 843개 정도에 불과하며 UFI 국제전시 인증은 전시 인증분야 최고의 공신력을 인정받는 만큼 엄격한 조건과 절차를 요구한다. 전체 참가기업 중 해외업체가 10% 이상이거나 전체 참관객 중 해외 참관객 5% 이상 등의 국제 규모에 걸맞는 전시 실적도 충족해야 한다. 또 국제회계법인의 전시회 통계 감사자료, 최소 2회 이상의 개최 실적이 국제인증 요건에 충족해야하며, 최소 2개 이상의 언어로 제작된 인쇄물의 제공도 인증에 필요하다. 2010년 현재 한국의 UFI 인증전시회는 10기관 21개 전시회이다.

국제수준 전시회의 지역별 특징을 살펴보면 국제수준 전시회는 주로 개최지역의 경제발전 정도, 주력산업과 개방화 정도에 따라 발달하는 양상을 보여주고 있다.

유럽과 북미의 경우 소득수준이 높아 여가활동에 대한 관심을 반영한 자동차와 스포츠, 레저용품 전시회가 발달하는 경향을 보여주며 전문 전시회 위주로 개최되고 있다. 이에 반해 아시아는 중국에서는 공작 및 방직기기 등의 전시회가 개최되고 있으며 일본, 인도에서는 인쇄회로, 전자통신 관련 전시회가 개최되고 있다. 또한 싱가포르와 홍콩의 경우에는 외국 업체 및 외국인의 참가율이 높게 나타나 자유무역국가로서의 입지를 충분히 활용하고 있다.

남미 및 중동 아프리카의 경우에는 전문화된 전시회보다는 종합품목을 다루는 종합 전시회가 주를 이루고 있다.

1) 독일

독일은 전시산업의 메카라 불리어질 정도로 전 세계 전시산업을 주도하고 있는 전시 선진국이다. 그런 까닭에 독일은 세계에서 가장 큰 전시회의 70% 정도를 개최하고 있으며 그에 걸맞는 전시산업 인프라를 구축하고 있다. 실제로 2005년의 조사에 의하면, 세계 국제전시장의 규모 순으로 따져 보더라도 1위부터 5위 중 2위에 밀라노 국제전시장이 차지하고 있는 것을 제외하고는 모두 독일의 전시장이 차지하고 있으며 15위까지의 전시장 규모 순위에서도 독일 전시장은 7개를 차지하고 있어 거의 50%의 수준을 유지하고 있다. 이렇게 큰 규모의 전시장을 갖추고 있다는 것은 국제적인 대규모 전시회를 많이 유치하고 치룰 수 있다는 것을 반증하는 것이라 하겠다.

세계의 국제전시장

순위	국가	전시장	면적(㎡)
1	독일	Hanover	495,265
2	이탈리아	Milan	348,000
3	독일	Frankfurt	324,023
4	독일	Cologne	286,000
5	독일	Dusseldorf	252,214
6	스페인	Valencia	230,837
7	프랑스	Paris Expo	227,380
8	미국	Chicago	204,461
9	영국	Brimingham	200,000
10	미국	Orlando	195,167
11	프랑스	Paris-Nord	190,669
12	미국	Las Vegas	184,456
13	독일	Munich	180,000
14	독일	Berlin	160,000
15	독일	Nuremberg	151,700

자료 : AUMA, *Die Messewirtschaft*, 2004/2005

독일 전시산업은 800여년의 역사를 가지고 많은 변화를 통해 발전해왔다. 현재 독일의 전시산업은 국제화, 세계화를 특징으로 운영되고 있는데 2004년 154회의 국제전시회에 147개국에서 온 약 17만의 전시 출품자들이 독일의 국제전시장에 전시를 하였으며, 이 중 50%를 넘는 8만 8천여 전시 출품자들이 외국에서 온 해외기업이었다. 독일의 전시회에 참가한 방문자 수는 9백 6십만 명을 넘었으며 이 중 외래 방문자 수는 총 방문자의 20%에 해당하는 약 2백만 명에 달했다. 또한 국내전시회까지 합산해 보면, 총 312회의 전시회에 21만 7천 개의 출품업체, 1천 6백 7십만 명의 방문자가 독일의 전시회를 이용하였다.

독일이 전시산업에 있어 메카로 자리잡게 된 이유를 김봉석(2005)은 다음의 몇 가지로 요약하였다.

첫째, 오랜 역사와 세계적인 브랜드의 보유이다. 독일은 오랜 전시 역사 속에서 꾸준히 그 노하우를 축적하여 왔으며 독일 대부분의 전시주최자들은 전시장을 소유하고 있는 경우가 많아 지속적인 투자와 함께 브랜드의 개발이 용이하다는 것이다.

둘째, 전시주최자의 뛰어난 경영 능력과 전문성이다. 독일 전시주최자들은 전시회의 기획단계에서부터 전문화, 국제화 전력을 수립한다. 전시주최자들은 각종 협회, 산업과 긴밀한 협조관계를 구축하고, 연구와 개발을 공동으로 추진하는 등 공생과 독립성의 길을 모색하고 있다. 또한 주최자 역시 조직의 전문성을 꾀하기 위하여 한 팀이 한 전시회만을 맡아 주최한다는 원칙을 세우고, 적어도 1명에서 4명에 이르는 전담 전시팀이 조직되어 최고의 전문성을 꾀하고 있다. 또한 유기적인 산학협동체계를 가지고 수준 높은 전시전문가들과 국제회의 전문가들을 양성하고 있어 국제경쟁력의 원동력이 되고 있다.

셋째, 뛰어난 해외 마케팅 능력과 네트워크이다. 독일이 전시산업에서 세계적으로 경쟁우위를 점하는 그 이면에는 잘 정비된 전시협회와 해외마케팅 네트워크가 존재한다. 독일전시협회(AUMA)는 회원사들의 로비단체로서 그 역할을 다하고 있다. 특히 조성된 기금을 가지고 전시출품자 및 바이어의 유치를 위한 공동의 마케팅 노력을 기울이고 있으며, 외국 전시단체들(UFI, IAEM, EMECA 등)과 지속적인 교류를 가지며 독일 경제자원부의 위탁을 받아 독일 전시출품자의 외국전시참가에 대한 지원과 해외홍보, 해외마케팅을 담당하고 있다.

넷째, 지방정부 및 도시의 전시장 지원이다. 독일 대부분의 전시장은 주(州)정부 또는 시의 출자로 이루어져 있으며 전시장을 하나의 공공인프라로 간주하여 큰 세제혜택을 받게 된다. 이렇듯 지방정부의 전시장에 대한 과감한 투자와 보호는 독일 전시산업의 강력한 경쟁우위의 요인이 된다.

다섯째, 독일정부의 해외전시지원정책이다. 독일정부는 전시정책을 통한 수출 진흥이라는 대 명제아래 두 가지의 세부 목표를 두고 있다. 첫 번째는 수출기업들에 있어서 장기간에 걸친 기업적 성장 그리고 고용안정과 증대이다. 두 번째는 중도(中道)정책적 평준화 목표이다. 중소기업들은 대기업에 비해 해외전시 참가 시 재무적, 조직적인 열세에 놓일 수밖에 없다. 독일 정부의 해외전시 지원정책은 세계적으로 우위에 있는 대기업과의 경쟁에 있어서 독일 중소기업들의 열세를 덜어주고자 하는 것을 목표로 하고 있다. 이러한 정책은 해외전시회에서 독일기업이 주역으로 등장하게 됨에 따라 대기업과 중소기업 쌍방의 관계정립 강화 측면에서도 영향을 주고 있다.

한마디로 독일의 전시산업의 특징을 요약하면 독일은 산 · 학 · 관 협력체계로 국제전시산업의 강자로 군림하고 있으며 뛰어난 마케팅 능력과 효율적 네트워크가 이러한 위치를 차지하는데 큰 몫을 하고 있는 것이라 할 수 있다.

2) 미국

미국의 전시산업은 최근 그 규모가 급증하고 있는 추세이다. 특히 수요를 충족시키기 위한 전시컨벤션센터의 확장을 통해 그 발전상이 두드러지고 있다. 미국 최대의 전시컨벤션센터인 미국 일리노이주 시카고의 McComick Place는 약 25만㎡의 면적을 가지고 미국 전시산업을 이끌고 있다. 또한 올랜도의 Orange County Convention Center, 라스베이거스의 Convention Center, 애틀랜타의 Georgia World Congress Center 등이 그 뒤를 이으며 미국의 전시산업 성장의 원동력이 되고 있다.

미국의 전시산업은 지역별로 몇 가지 특징을 보이고 있는데, 시카고의 McComick Place가 산업과 물류위주의 전시장이라면 라스베이거스의 전시장은 소비재 전시회와 컨벤션, 관광, 레저 등이 복합적으로 연결되어 있다는 것이다. 즉 미국의 전시산업은 점점 호텔, 리조트, 카지노, 공연장, 쇼핑몰 등 종합 엔터테인먼트를 중심으로 이와 잘 연계된 참가기업과 참관객의 편의시설을 토대로 전시컨벤션의 원활한 운영과 향후 재참가에 대한 기대감을 높여주는 중요한 역할을 하고 있다. 이는 미국 전시산업의 국제 경쟁력 요인이 마케팅 기법이라는 점을 시사해 주고 있는데 이는 현재 미국의 전시산업의 중심이 시카고에서 라스베이거스로 옮겨가고 있는 추세를 보더라도 알 수 있다. 즉 전시회의 성공요소로 전시회 그 자체의 품질도 중요하지만 그 외의 환경적인 요소도 매우 중요하다는 점이다. 환경적인 요소에는 교통, 숙박, 기타 부대시설 등의 전반적인 인프라와 행사 관련 전문인력 등을 들 수 있는데, 라스베이거스는 이런 환경적인 요소를 세계 최고의 수준으로 구비해 놓고 있다. 이러한 인프라 덕에 라스베이거스는 현재 CES, NAB, SEMA, AAPEX, Hardware Show 등과 같은 세계적인 전시회를 매년 개최하고 있으며 이들 전시회를 관장하고 있는 라스베이거스 컨벤션센터와 만달레 이베이 컨벤션센터, 샌즈 엑스포 등과 함께 LVCVA(Las Vegas Convention and Visitors Authority)가 성공적인 전시회의 개최와 운영을 위해 많은 노력을 기울이고 있다. LVCVA는 라스베이거스 지역의 경제적 약점을 보완하기 위해 전시컨벤션산업 발전을 위해 창립되어진 단체인데, LVCVA의 목표는 라스베이거스를 레저와 비즈니스를 위한 가장 이상적인 관광지로 성장시켜 전 세계 여행객의 발걸음을 붙잡는 것이다. LVCVA는 2008년 현재 연간 2억 8천 4백만 달러의 예산을 운용하고 574명의 직원을 두고 있다. 라스베이거스 호텔들의 객실 세금과 라스베이거스 컨벤션센터와 캐쉬 먼센터를 임대해서 얻는 수익은 조직의 운영에 쓰인다.

미국의 전시산업 지원정책은 연방 및 지방정부에서 국내외 전시산업 지대한 관심과 지원육성정책을 제도화하고 있다. 그러나 연방정부에서는 재정지원 보다는 전시 및 바이어 정보제공에 역점을 두고 업계를 지원하고 있는 반면에 지방정부에서는 전시장 건립 및 운영을 통해 재정수입확대 측면이 강한 것이 특색이다.

미국의 연방정부차원의 전시산업 지원정책은 상무부 산하 국제무역통상부(International Trade Administration ; ITA)에서 담당하며, 특히 수출진흥서비스(Export Promotion Services)를 통해 전시회에 미국관 설치 및 바이어 유치 등을 담당하고 있다. ITA의 전시산업육성 프로그램은 다음과 같다.

첫째, International Buyer Program(IBP)이다. 이곳에서는 매년 28회의 미국 내 전시회를 선정하여 세계 각지의 미국 Commercial Service와 해당 대사관 업무부처의 협조 아래, 각 행사에 대한 해외 홍보와 바이어 유치활동을 전개하고 있다.

둘째, Trade Show Outreach Program으로 Trade Development 산하 Office of Export Promotion Coordination(OEPC)에서 매년 10개에서 20개 정도의 미국 내 전시회를 직접 찾아가서 미국업체들의 수출업무를 지원하며, 전시회는 매년 변경된다. 주 정부차원의 전시산업 지원은 지역 내 전시산업의 육성에 한정되고 있으며, 별도의 지원기관은 존재하지 않고, 일반적인 자금지원 등 지역개발을 위한 일반적인 프로그램 등에 따라 지원하고 있다.

미국은 전시산업의 국제화를 위하여 LVCVA와 같은 민간단체와 ITA와 같은 정부단체가 각자의 영역에서 노력하고 있으며 이들 기관의 업무는 주로 전시회와 관련된 마케팅 활동의 지원 및 인프라 구축 활동에 치중하는 모습을 보여주고 있다.

3) 일본

아시아 국가들의 전시산업 역사는 유럽, 미국 등에 비해 매우 일천하나 일본은 아시아 국가 중에서는 전시회와 박람회 개최를 가장 먼저 시작하였다. 그러나 일본의 전시산업은 외국기업에 대한 폐쇄성, 장기간의 경기부진 및 높은 물가수준 등으로 인하여 전시회의 국제화를 실현하는데 미흡한 것으로 평가되고 있으며 무역전시회보다는 소비재 전시회가 상대적으로 비중이 큰 것으로 평가된다.

일본의 전시산업 발전은 크게 1기부터 4기까지로 요약될 수 있다. 제1기는 1950년부터 1970년에 걸친 20년간이다. 이 기간에 오사카와 도쿄의 국제견본시가 촉매제가 되어 전시장시설, 여러 도급계약자(contractor)와 전시관련 서비스기업 등의 발전을 촉진시켰다. 이를 통해 전시 업계가 한층 발전을 거듭하게 되었다.

제2기는 1970년부터 1980년이다. 이시기의 개막은 1970년 오사카에서 개최된 국제박람회(EXPO)였다. 오사카 국제 박람회는 참관객 수가 6,421만 명으로 1851년 런던 국제박람회(EXPO)로부터 시작된 근대 박람회 역사 속에서 가장 많은 참관객 수를 기록하였다. 오사카 국제박람회는 일본의 전시산업을 크게 발전시켰고 1975년 '오키나와 국제해양박람회(EXPO)' 가 개최되어 그 여세를 몰아가게 된다.

제3기는 1980년부터 2000년까지로 1985년 '츠쿠바 국제과학기술박람회' 와 1990년의 '국제 꽃과 숲 박람회(오사카)' 가 전시회 비즈니스의 발전을 촉진시켰다. 또한 이 시기에는 일본의 경제성장에 힘입어 일본 각지에 많은 전시장과 컨벤션 시설이 건설되었다.

제4기는 2000년 이후 현재까지로 일본 경제의 침체로 인하여 전시산업이 위축되어지는 모습을 보여주고 있다. 그러나 이시기에도 2005년 아이치현에서 개최된 국제박람회(EXPO)와 같이 크고 작은 전시회가 꾸준히 개최되고 있으며, 일본의 전시회는 치열한 경쟁과 국제화의 물결 속에서 새로운 비즈니스 모델을 모색하고 있다.

일본은 약 74개의 전시시설을 갖추고 있으며, 전문회사와 공업협회를 중심으로 연간 1,000여개의 전시회가 개최되고 있다. 전시산업의 시장 규모는 2004년 기준으로 5,409억 엔에 달하고 세계 3~4위의 규모로 파악되고 있다.

현재 일본에서 가장 큰 전시장은 도쿄 빅사이트(TOKYO BIGSIGHT)로 약 8만m²에 이르고 있다. 두 번째로 큰 전시장은 마쿠하리메세(MAKUHARI MESSE, 7.2만m²), 세 번째 규모의 전시장은 인텍스오사카(INTEX OSAKA, 7만m²)이다. 일본 무역전시장의 전체 면적은 58만m²이며, 1개 시설당 평균 면적은 약 7,800m²이다.

일본의 주요 전시장 현황

전시장	실내면적(㎡)	옥외면적(㎡)	전시장 특징
AXES 삿포로	5,000	2,400	• 홋카이도 최대의 전시장
INTEX OSAKA	70,098	2,900	• 6개의 전시장으로 구성
GRAND MESSE	8,000	–	• Kumamoto에 위치 • 15m 의 천정높이
PACIFICO 요코하마	20,000	1,350	• 4개의 UNT에 분할 가능 • 천정높이 13～10m • 무주의 대홀
MAKUHARI MESSE	75,098	–	• 마쿠하리이벤트홀 3시설로 구성된 일본을 대표하는 복합 컨벤션시설
TOKYO BIG SIGHT	80,660	9,000	• 6,000㎡의 옥상전시장 갖춤 • 동전시홀과 서전시홀로 구성되어 있고 10개의 전시장을 갖춤

자료 : 일본전시협회(Nttenkyo), 2005.

일본에서 개최되는 전시회의 대부분은 도쿄에서 개최되고 있는데, 이는 도쿄가 가지고 있는 국제도시라는 기능과 더불어 전시회 개최에 적합한 편리한 인프라가 잘 구축되어져 있기 때문인 것으로 사료된다. 2004년 현재 일본에서 개최된 전시회는 331회로 나타났는데, 이 중 184회가 도쿄에서 개최되었으며 그 다음으로 오사카가 44회, 치바가 37회, 요코하마가 21회, 나고야가 16회 순으로 개최되었다.

일본은 최근까지 단체수준의 협회들이 전시산업을 지원하며 산업발전을 모색하였으나, 현재 전시산업의 중요성을 인식하고 정부 내에 관련 부서를 개설하여 전시산업의 발전을 새롭게 모색하여야 한다는 분위기가 조성되고 있다.

전시장의 건립과 관련하여 일본의 경우 중앙정부보다는 각 지자체가 독자적으로 건립을 하는 경우가 대부분이며, 공적자본과 민간자본의 결합으로 건립하는 경우도 있다.

해외전시참가 지원정책은 일본무역진흥회(JETRO)의 전시사업부 해외견본

시과에서 지원하고 있으며, 자국의 지방 특화산업 및 지방기업의 수출지원을 위해 해외에서 개최되는 전시회의 국가관 참가를 지원하고 있다. 자국의 해외 진출 기업이 현지에서 생산 및 영업활동을 원활하게 할 수 있도록 전시회도 개최하고 있다. 개발도상국의 경우에는 자국의 제품, 기술, 경제, 문화 등을 종합적으로 소개하기 위하여 전시회에 참가하고 있다. 지원되는 예산의 규모는 총 3억 엔 정도이며 전시회에 따라 차이가 있으나 주요 지원항목으로는 장치비, 운송비, 통역비, 부스 임차료 등을 들 수 있다. 개발도상국의 전시회에 참가할 경우 50%가 지원되며, 선진국 전시회에 참가할 경우에는 33%를 지원하고 있으나, 해외전시회에 개별 참가할 경우에는 예산 지원이 없다.

4) 싱가포르

싱가포르는 아시아에서 전시산업 선진국으로 자리매김 하고 있다. 싱가포르는 오래전부터 전시산업을 육성하기 위하여 많은 정책들을 개발하였는데, IE(International Enterprise)의 설립 후 싱가포르 기업들의 해외전시회 참가사업 지원, 대정부 정책건의 등 전폭적인 지원을 아끼지 않고 있다.

싱가포르에서 개최하는 전시회에 참가하는 해외 참관객 수는 인접국가인 말레이시아와 인도네시아를 포함한 아시아 참관객이 85.8%를 차지하고 있으며 유럽, 미국지역의 참관객은 전체 해외 참관객의 9.2% 정도만 차지할 만큼 아시아에 대한 의존도가 높은 편이다.

싱가포르 정부는 1997년 싱가포르를 국제적인 전시도시로 육성하고자 IEC(International Exhibition City Programme)를 발표하고 현재까지 적극적으로 활동하고 있다. IEC는 각종 전시 인프라 구축, 전시회 인증 및 마케팅 활동 지원, 금융 및 인센티브 제공 등 영세한 전시 관련업체와 산업발전에 많은 영향을 끼쳤다.

싱가포르의 전시컨벤션뷰로(Singapore Exhibition and Convention Bureau)는 전시 주최자들을 위해 지역협회와 공급업체, 전시회사를 연결시켜 주고 있으며 해외 전시주최자들을 지원하고 있다. 또한 개최장소와 지역을 끊임없이 조사하고 있으며 특별한 이벤트를 기획하는가 하면 전시촉진을 위해 지원활동, 관광 서비스와 투어를 진행하고 있으며 각종 지도와 브로슈어, 비디오, 포스터를 제작하여 싱가포르의 전시산업을 격려하고 있다.

싱가포르의 사업자와 투자자들은 싱가포르에서 항공시간 7시간 내에 있는 28억 명의 사람들을 타깃시장으로 하여 전략적 전시 개최지로 싱가포르를 생각하고 자본을 집중 투자하고 있다.

10개가 넘는 정부 지원 연구협회들과 대학교에 있는 연구부서 협력단체들은 7,000개가 넘는 국제기업들을 조사하여 싱가포르의 전시 연구개발을 위한 토대를 마련하고 있으며, 새로 성장하는 시장으로 포토닉스, 반도체, 생명과학, 자동차, 대체 에너지 분야를 선정해 주요 전시산업의 흐름을 주도하고 있다.

싱가포르 3대 주요 전시장 현황

전시장	Singapore Expo	SICEC(Singapore International Convention & Exhibition Center)	WTC
전시면적(㎡)	실내 : 60,000/실외 : 25,232	12,000	29,000
장소	싱가포르 국제공항 근처	싱가폴 시내 Suntec에 소재	
건립주도 기관명	MTI와 PSA	12명의 홍콩 기업인들로 구성된 컨소시엄	
소유지분	싱가포르 정부 100% 소유	전액 홍콩 화교 자본	
정부지원책	적자분 정부가 전액 보전 이익발생시 정부로 반납	최초 이익이 발생한 연도부터 5년간 법인세 면제	
시설	6개 전시 홀 10개 컨벤션 홀	3개로 분할 가능한 전시홀(극장식으로 1,800명 수용 가능)	9개의 독립전시관

자료 : 김봉석, 싱가포르의 전시산업 통계, 전시저널, Vol. 9. 2006.

싱가포르 정부는 싱가포르 무역개발청(TDM)을 통해 전시산업을 지원하고 있으며 86개 전시컨벤션 관련기업들이 참가하는 전시컨벤션협회(SACEOS)를 설립하고 이들의 협력 하에 전시산업을 육성하고 있다.

싱가포르에서 열리는 'Wire Asia' 와 'Tube Singapore' 는 아시아의 대표적 전시회로 자리매김하고 있으며, 또한 IFFS/AFS는 동남아시아에서 최고의 중요한 가구 전시회로 성장하였다. 이 가구 전시회는 유럽인들을 주 타깃으로 하여 개최되고 있다.

2. 우리나라 전시산업의 현황

1) 우리나라 전시산업의 역사

우리나라 전시산업의 역사

전시산업 태동기 (1960년대~1970년대)	전시산업 성장기 (1980년대~1990년대)	전시산업 발전기 (2000년대)
• 우리나라 최초의 박람회 –제1회 한국무역박람회(1968년) • 우리나라 최초의 전시회 –한국전자전람회(1969년) • 경제개발 5개년 계획에 따라 수출주도형 경제정책의 일환으로 전시산업이 태동하기 시작 • 1979년 한국종합전시장 건립	• 수출 증가세에 따른 전시회의 양적, 질적 팽창 시기 • 2차 산업의 발전에 힘입어 종합전의 비율이 줄어들고 세부 시장 전시회 개최 증가 • 86 아시안 게임과 88 서울 올림픽을 계기로 스포츠/레저 부문의 전시회 개최 증가 • 전시회의 다양성 증대	• 국제적 수준의 전문 전시장 건립 확대 • IT 산업 전시회의 증가 • '전시산업 경쟁력 강화대책' 발표를 통해 종합적이며 체계적인 전시산업 육성 방안 마련 • 국제적 수준의 전시회 개최 증가

(1) 전시산업의 태동(1960~1970년대)

우리나라의 전시산업의 역사는 고종26년 1889년 파리 만국박람회에 갓, 모시, 돗자리 등을 출품하여 국제무대에서는 처음으로 전시회에 참여했으며 1893년 '시카고 세계박람회'에 참가하였다. 우리나라 안에서 개최된 근대적 의미의 전시회는 1907년 한일 양국의 공동주최로 '경성박람회'라고 할 수 있는데, 일본의 정치적 목적에 의거하여 일본 통감부의 일방적인 계획 하에 이루어진 전시회였다. 그 당시 출품 수는 7만 9천여 점이었고, 관람자 수는 20만 8천 명이였다. 뒤이어 1915년 경복궁에서 '물산공진회'가 열렸고 1929년 '조선박람회'

가 개최되었다. 그러나 이 시기의 전시회는 일제에 의거하여 그들의 정치업적과 권위를 자랑하기 위한 것으로 오늘날의 상업전시회와는 상당한 차이가 있는 것이었다.

순수산업전시회는 1962년 4월부터 6월까지 한국산업진흥회 주최로 경복궁에서 '산업박람회' 의 개최를 계기로 토대가 만들어졌으며, 이후 상업적 박람회는 1960년대에 크게 증가하였다.

우리나라 최초의 박람회는 1968년 '제1회 한국무역박람회' 가 공인되고 있으며, 최초의 전시회는 1969년 개최되었던 한국정밀기기센터의 '한국전자전람회' 가 인정받고 있다. '한국전자전람회는' 그 당시 정부의 8개년 전자진흥기본계획에 따라 1971년 1억불, 목표연도 4억불 수출을 달성하기 위한 신흥시책의 일환으로 개최되어졌다. 제1회 '한국전자전람회' 는 금성사, 남성흥업 등 83개 업체가 참가하여 흑백 TV, 라디오를 비롯하여 스피커, 콘덴서 등을 출품하였으며 107,000명이 관람하여 63건의 기술상담, 25건의 거래 상담이 이루어졌다. 그 후 '한국전자전람회' 는 '한국전자전' 으로 이름을 바꾸어 현재 제40회에 이르고 있다. 물론 1962년 '군사혁명 한돌 기념 무역박람회' 가 있었으나 이는 일회성으로 그친 전시회로서 군사정권에 의한 정치적 목적이 다분히 들어 있었음으로 인해 본격적인 교역전시회라고 하기에는 많은 한계점을 갖고 있었다.

1960년대에는 제1차 경제개발 5개년 계획이 1962년도부터 실시되면서 정부의 수출주도형 경제정책이 전개되면서 전시산업의 태동기라 할 수 있다. 이 시기에는 정부의 수출제일주의 정책에 의한 수출드라이브 정책의 일환으로서 국내중소기업 발전을 지원하기 위해 품목별 전시회 및 지방순회 전시회 등 소규모의 전시회가 몇 차례 부정기적으로 개최되는 한편 해외로의 적극 진출을 위해 1963년도 시카고 '국제무역박람회' 를 비롯하여, 1964~1965년의 뉴욕 세계박람회와 수차에 걸친 만국박람회(EXPO)의 참가로 외국의 전시산업 현장에서 노하우 습득과 요원들의 OJT(On-the-Job Training)실시에 전력을 다하였다.

이 시기에는 에너지 관련 전시회, 포장산업전시회, 농림수산업 관련 전시회 등이 개최되었으며 아직까지 세분화되지 않은 전시회가 그 주를 이루고 있어 종합전시회적인 성격이 짙었으며 그 개최 건 수도 몇 건 되지 않았다.

1970년대에 들어와서는 제3차 및 제4차 경제개발 5개년 계획을 통하여 수출 주도형 경제체제가 확립되는 시기로서 높은 경제성장률과 함께 수출이 비약적으로 증가하여 1971년 10억 6,760만 달러의 수출이 1977년 100억 달러 수출이 달성되었고 1인당 GNP 또한 1,008 달러로 증가하였다. 이 시기에는 전시회 종목의 다변화가 나타나기 시작하여 '국제박람회 디렉터리'에 나오는 품목을 기준으로 이전의 8개의 세부종목에서 5종으로 급격히 분화되는 현상이 나타났으며 우리나라 전시회는 기계류를 중심으로 한 각 분야의 전시회 개최건수의 양적 팽창이 일어나는 시기라고 할 수 있다. 이는 전시회가 우리의 수출상품을 홍보하고 새로운 거래선을 발굴하여 수출을 촉진시킬 수 있는 기회의 장이라는 인식아래 나타난 현상이었다. 그러나 이러한 인식에도 불구하고 우리나라는 전문적인 전시회를 개최할 공간과 시설이 갖추어지지 못함으로 인해 전문적인 전시회의 개최에 많은 어려움을 겪게 되었다. 이에 정부는 전문전시장 건립의 필요성에 따라 1976년 한국무역협회 산하에 '종합전시장 건립추진위원회'를 설립하고 전문전시장 건립에 박차를 가해 1979년 우리나라 최초의 전시전문시설인 '한국종합전시장(현재 COEX 별관)'을 서울 강남구 삼성동에 건립하기에 이르렀다.

1970년대 우리나라에서 개최되는 전시회는 주로 2차 산업이 초기부터 주종을 이루어 왔으며 산업화 이전의 시기에 주종을 이루던 1차 산업 대상의 전시회는 거의 비중을 차지하지 못하고 있다. 따라서 우리나라 전시회는 시장의 필요성에 의한 자생적인 탄생이라기보다 경제개발 계획에 기초한 산업화에 필요한 도구로써 산업화에 필요한 품목의 전시를 중심으로 시작되었음을 예상할 수 있다. 세부적으로 살펴보면, 이 시기 총 151건의 전시회에 있어서 가장 많은 개최횟수를 가진 4개의 전시회를 보면 섬유와 의류 18건, 생활용품 17건, 일반기계 15건, 전기/전자 13건 등의 순으로 나타난다. 비교적 일반기계 및 일상생활과 관련된 아이템 위주의 전시회가 강세를 보이는 시기였으며 아직까지 정밀기기와 관련된 첨단 기기 및 전자와 관련된 전시회는 전자에 비하여 강세를 보이지 못하고 초기단계의 모습을 보이는 시기로 볼 수 있다.

1970년대 산업별 전시회 구성 비율

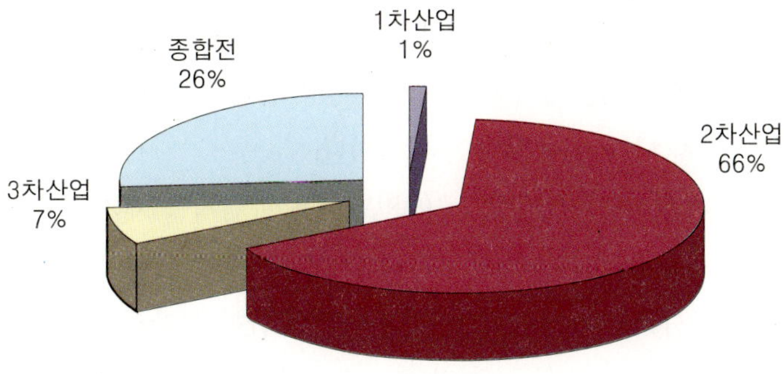

자료 : 홍성건, 국내개최 전시회를 통한 전시산업의 변화추이 분석, 한림대학교 국제학대학원 석사논문, 2000. 12. p. 69.

(2) 전시산업의 성장기(1980~1990년대)

1980년대는 정치적인 혼란 속에서 출발하였으나 1986년부터 시작된 3저 현상으로 인해 우리나라의 수출 증가세는 두드러지게 호전되었으며, 이에 따라 전시회 또한 국제박람회 디렉터리의 74개종 전시회 중 34개종에 달하는 전시회가 개최될 정도로 전시회 종목에 있어서 다변화하는 모습을 보여주고 있다. 특히 88년 서울 올림픽 개최 확정에 의해 1981년 스포츠 관련 전시회가 총3건에 불과하던 것이 이 1986년에만 16건이 개최되었으며 자동화, 정보통신 관련 전시회와 첨단 기기류의 전시회가 본격적으로 개최되기 시작하였다.

1980년대의 전시회의 특징은 2차 산업이 지속적인 팽창을 하면서 종합전의 비율이 줄어들면서 상대적으로 세부시장 전시회가 늘어나고, 산업별로는 3차 산업의 비중이 늘어나는 시기로 볼 수 있다. 1970년대에 금융, 마케팅, 환경 분야에 제한되어 11건의 개최건수를 보이던 3차 산업의 전시회는 1980년대 들어서 교육 및 서비스로 그 영역의 초기 형태가 나타나며, 특히 환경 분야에서 개최건수가 늘어나면서 총 36회의 개최건수를 보이고 있다. 또 1980년대 후반부터 나타난 컴퓨터/소프트웨어 전반에 걸쳐 세부종합전의 형태를 보이고 있다.

2차 산업에 있어서는 섬유/의류와 생활용품이 계속적으로 강세를 보이고 있었고 일반기계류 역시 많은 개최건수를 보여주고 상대적으로 첨단기기 및 전자

관련 전시회가 꾸준히 성장하였다. 그 비중도 1970년대에는 24%에서 1980년도에는 28%로 성장하였으며 그 종류도 반도체/부품, 방송/통신, 시청각/멀티미디어, 컴퓨터/하드웨어 등으로 그 종류를 다양화시키고 있다. 그러나 이 시기까지는 기계류 및 전자류를 제외하고는 세부시장 종합전시회, 혹은 주제별 수평전시회는 아직까지 나타나지 않았던 시기이다.

또한 1986년 서울 아시안 게임과 1988년 서울 올림픽을 계기로 하여 스포츠/레저 부문의 전시회가 1970년대에 4건에 불과하던 것이 1980년대에 19건으로 급증하여 다른 전시회의 성장세에 비하여 괄목할 만한 성장세를 보여주고 있다.

1980년대 산업별 전시회 구성비율

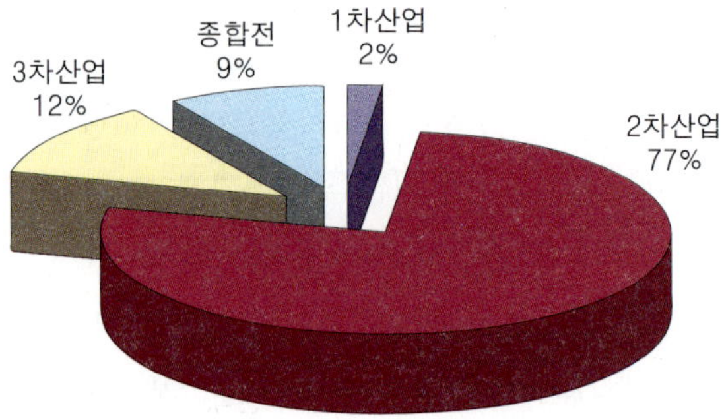

자료 : 홍성건, 국내개최 전시회를 통한 전시산업의 변화추이 분석, 한림대학교 국제학대학원 석사논문, 2000. 12. p. 70.

1990년대에 들어와서는 무역수지의 흑자기조가 지속되어지게 됨에 따라 고기술 중심의 산업구조의 개편이 일어나게 되면서 산업구조는 제조업의 비중이 1991년 28.5%로 낮아지고, 농림어업도 7.7%로 떨어진 반면, 기타 서비스 부문은 크게 늘어나게 되었다. 이렇게 산업구조의 변화는 전시회의 다양성으로 나타나게 되어 전시회 종류가 61개종으로 늘어나 거의 모든 산업에 대한 전시회가 개최되기 시작하였다.

또한 1980년대와 1990년대에는 전시회의 개최 장소가 극적으로 변화되어지는 것을 살펴 볼 수가 있는데, 1960년대와 1970년대가 고궁 및 공기관 전시장이 주된 전시회 개최 장소였던 것에 비해 1980년대부터는 한국종합전시장의 개관에 따라 전문전시장에서의 개최가 압도적으로 많은 비중을 차지하고 있어 전문전시시설을 통한 현대적이면서도 전문적인 전시회의 개최가 손쉬워지게 되었다.

이 시기에는 3차 산업의 종류와 개최 횟수가 급증하면서 사회의 다양한 면을 반영하게 되었고 지금까지 분류되어 오던 수직적 전시회의 또 다른 형태의 출현, 즉 세부시장 수직적 전시회가 아닌 주제별 수평전시회의 출현을 그 특징으로 볼 수 있을 것이다.

1980년대 산업별 전시회 구성비율

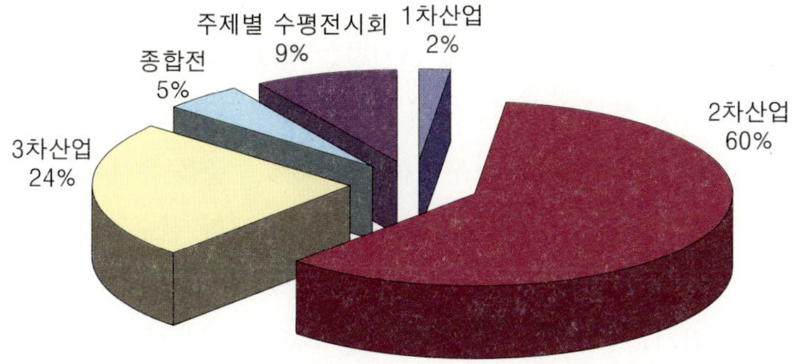

자료 : 홍성건, 국내개최 전시회를 통한 전시산업의 변화추이 분석, 한림대학교 국제학대학원 석사논문, 2000. 12. p. 72.

(3) 전시산업의 발전기(2000년대)

1997년 시작된 외환위기를 극복하기 위해 김대중 정부는 IT산업의 발전에 많은 노력을 기울였다. 이러한 정부의 정책은 우리나라 IT산업의 수출을 급격히 증대시키는 결과를 낳았고 이는 결과적으로 우리나라를 외환위기로부터 빠르게 벗어나게 하는 원동력이 되었다. IT산업 수출은 2000년도 512억 달러에서 2005년에는 767억 달러, 2008년에는 1313억 달러로 급격히 증대되는 모습을 보여주고 있는데 이에 발맞추어 IT 관련 산업의 전시회도 2000년 13회였던 것이 2001년에는 21회로 증가하여 그 이후 년도에도 그 수준을 꾸준히 유지하고 있는 것으로 조사되었다.

2000년대 전시산업의 특징은 다양한 산업과 다양한 형태의 전시회가 개최되어지고 있다는 점이라 할 수 있다. 특히 이 시기에는 2차 산업 전시회의 비중이 눈에 띄게 줄어드는 반면 3차 산업 전시회의 비중이 대폭 늘어났다는 점이다. 이는 우리나라 산업구조의 변화가 그대로 전시회 개최에 반영된 것으로 3차 산업 중심의 산업구조에 따른 당연한 결과라 할 수 있다. 또한 이 시기에는 실업의 증가에 따른 창업과 프랜차이즈 관련 전시회가 괄목할만한 성장을 이루어내고 있으며 우리나라 먹거리에 대한 관심 증대로 인해 1차 산업 전시회의 비중도 1980년대 2%에서 2000년대에는 8%로 대폭 늘어나고 있는 모습을 보이고 있다.

1990년대부터 시작된 경제 침체에도 불구하고 2000년대에 들어선 우리나라의 전시산업은 꾸준히 발전되어져 왔다. COEX의 증축 이후 부산, 대구, 일산, 광주, 창원 등에 신규 전시장이 건립되면서 전시장 가용면적과 전시회 개최건수가 크게 증가하였다. 특히 전시장의 지속적인 건립에도 불구하고 국내 전시장의 평균 가동률은 2000년 이후 2005년까지 꾸준히 50~60% 수준을 유지하고 있다.

또한 전시장의 가용면적의 증가와 함께 전시회 개최 건수 역시 지속적으로 상승하고 있는데 연평균 성장률이 20%를 상회하고 있으며 전시회의 수준 역시 국제적 수준의 전시회로 도약하기 위해 많은 지원과 활동에 힘입어 큰 폭으로 개선되어져 가고 있다. 또한 2004년 민관합동으로 수립된 '전시산업 경쟁력 강화대책'에서 정부는 2010년까지 우리나라를 동북아 전시산업의 허브(Hub)로 육성시키겠다는 비전을 제시하였고, 2008년에는 2012년까지 우리나라를 세계 10대 전시강국으로 진입시키겠다는 정책을 발표하였다.

2000년대 산업별 전시회 구성 비율

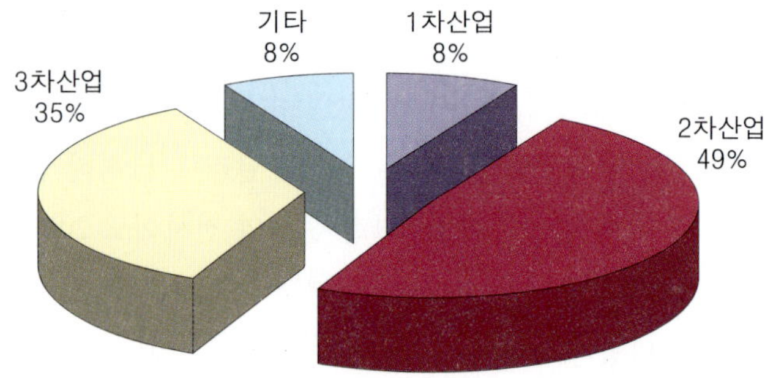

국내 전시장 현황

전시장명	개장년도	운영기관	시설규모(㎡)	
			부지면적	전시면적
COEX(서울 삼성동)	'88.9월 '00.5월	COEX	125,713	36,027
SETEC(서울 학여울)	'99.5월	KOTRA	31,000	7,948
KOTREX(대전 유성구)	'95.5월	KOTRA	29,196	4,200
EXCO(대구 산격동)	'01.4월	(주)대구전시컨벤션센터	20,863	11,617
BEXCO(부산 해운대)	'01.9월	(주)부산전시컨벤션센터	114,772	33,183
aT Center(서울 양재)	'02.11월	농산물유통공사	18,810	8,227
ICC JEJU(제주)	'03.5월	(주)제주국제컨벤션센터	54,876	2,586
KINTEX(경기 고양시)	'05.4월	KINTEX(주)	237,790	53,541
KDJ Center(광주)	'05.9월	(지방공사)김대중컨벤션센터	53,301	10,800
CECO(창원)	'05.9월	경남도/창원시	40,282	7,827
DCC(대전)	'08.4월	대전컨벤션뷰로	24,181	2,520
송도 컨벤시아(인천)	'08.11월	인천관광공사	30,690	8,390

자료 : 국내전시산업통계, 한국전시산업진흥회, 각 연호를 토대로 자체작성
* 2000년~2009년을 대상으로 함. 2005년 통계는 제외함
* 국내전문전시장만을 대상으로 하여 작성함

2) 우리나라 전시산업의 현황

(1) 전시회 개최현황

우리나라 전시산업은 매우 빠른 속도로 성장하고 있다. 이는 단순히 개최 건수의 증가에서도 알 수 있다. 2000년 142회에 불과하던 전시회 개최 건수는 2009년 422회로 세 배 정도 성장하였다. 업종별 전시회 개최 건수를 살펴보면 전체적으로 고르게 성장하였다는 점을 알 수 있다. 그 중에서도 특히 생활/종합용품의 성장세가 두드러지게 나타나고 있어 우리나라의 경제성장에 따른 국민들의 후생과 관련된 산업이 크게 성장했음을 짐작할 수 있다. 그 외에도 건설, 의료/정밀/광학기기, 농축산/식음료, 교육/출판, 문화/예술/방송, 일반기계 등의 전시회 개최 건수의 증가가 타 종목에 비해 상대적으로 높은 것으로 나타났다.

전시회 성격별 개최 횟수를 비교하면 무역전시회의 개최 건수는 최근 3년간

2000년~2009년 품목별 전시회 개최현황

전시 업종	'00	'01	'02	'03	'04	'06	'07	'08	'09	합계
건축/건설/환경	11	16	20	22	17	25	40	39	40	230
과학/기술/컨설팅	6	12	9	13	12	8	7	17	28	112
관광/엔터테인먼트/오락	5	9	10	9	9	13	9	14	22	100
교육/출판	13	20	22	23	19	28	23	26	36	210
금속/비금속/조립금속	1	3	1	2	1	3	3	1	4	19
농축산/음식료품	6	12	19	23	26	41	31	29	40	227
디자인/포장	5	4	6	5	12	1	7	7	14	61
문화/예술/방송	2	6	12	12	11	9	10	17	19	98
생활/종합용품	14	18	24	35	49	54	60	79	54	387
섬유/직물/섬유기계	2	2	5	3	4	3	4	6	4	33
수송기계	3	4	4	8	10	7	10	16	13	75
스포츠/레저	5	5	8	7	10	11	15	13	31	105
유통/물류	2	2	3	1	2	4	1	4	7	26
의료/정밀/광학기기	4	8	13	14	15	23	26	25	14	142
의류/패션	7	6	11	5	5	6	4	6	6	56
일반기계	8	10	8	9	8	21	20	22	13	119
전기/전자	8	11	10	12	15	21	11	12	15	115
정보통신	13	21	20	21	22	23	12	10	8	150
정부/공공	4	4	2	4	9	5	10	6	37	81
창업/프랜차이즈	6	21	19	28	29	18	13	14	17	165
화학/고무/플라스틱	2	3	2	2	4	4	0	1	0	18
기타	15	32	27	19	20	25	37	46	1	222
합계	142	229	255	277	309	353	353	410	422	2,750

자료 : 국내전시산업통계, 한국전시산업진흥회, 각년 호를 토대로 자체 작성
* 2005년 통계는 제외함
* 국내전문전시장만을 대상으로 하여 작성함

큰 변동이 없이 일정한 수준을 유지하는데 비해 무역일반 전시회는 그 비중이 2008년도에 급격히 증가하여 전체 10% 초반에 머물던 것이 26.5%로 급격히 증가하고 있음을 보여주고 있다. 그에 반하여 일반전시회는 꾸준히 그 비중이 떨어지고 있어 2006년 비중 54% 대비 2008년에는 36.4%로 나타나고 있다.

전시회에 참가하고 있는 참가기업의 수는 꾸준히 늘어나는 모습을 보여주고

있으나 최근 3년간에는 큰 변화가 없는 모습을 보여주고 있다. 전시회 참관객의 수 또한 장기적으로 살펴보면 꾸준히 증가하여 왔으나 최근 3년간의 모습에서는 큰 변화가 소폭 감소하는 모습을 보이고 있다. 이런 모습을 보이는 것에는 여러 가지 이유가 있겠으나 무엇보다도 세계경제가 침체되는 과정에서 전시회 또한 위축되는 모습을 보여준 것으로 판단된다. 또한 중국의 전시산업 발달로 인해 적극적인 전시회 참가기업과 참관객들에 대한 마케팅이 그 효과를 거두어 한국으로 향하던 전시 참가자들이 상당수 중국으로 발걸음을 옮긴 것도 그 원인 중 하나로 파악될 수 있다.

전시성격별 개최횟수 비교

구 분	2006년 횟수	비율 (%)	2007년 횟수	비율 (%)	2008년 횟수	비율 (%)	2009년 횟수	비율 (%)
무역전시회	97	34	92	40.3	98	37.1	58	13.7
무역일반전시회	34	12	25	11.0	70	26.5	168	39.9
일반전시회	152	54	111	48.7	96	36.4	196	46.4
합 계	238	100	228	100	264	100	422	100

자료 : 국내전시산업통계 2007, 2008, 2009, 한국전시산업진흥회

참가기업수 비교

구 분		2006년	2007년		2008년		증감률 ('07, '08 비교)
		총 참가수	총 참가 업체 수	조사응답수/ 총 전시회수	총 참가 업체 수	조사응답수/ 총 전시회수	
총 참가 업체수	총 합계(개)	38,410	38,546	218/354	37,795	235/409	▼1.9%
	1개 전시회 평균(개)	140	177	218/354	161	235/409	▼9.0%
국내 참가 업체수	총 합계(개)	29,087	24,760	199/354	26,483	213/409	▲6.9%
	1개 전시회 평균(개)	108	124	199/354	124	213/409	–
해외 참가 업체수	총 합계(개)	8,597	9,920	185/354	9,032	214/409	▼8.9%
	1개 전시회 평균(개)	32	54	185/354	42	21/409	▼22.2%

자료 : 국내전시산업통계 2007, 2008, 한국전시산업진흥회

전시회 참관객수의 변화 추이

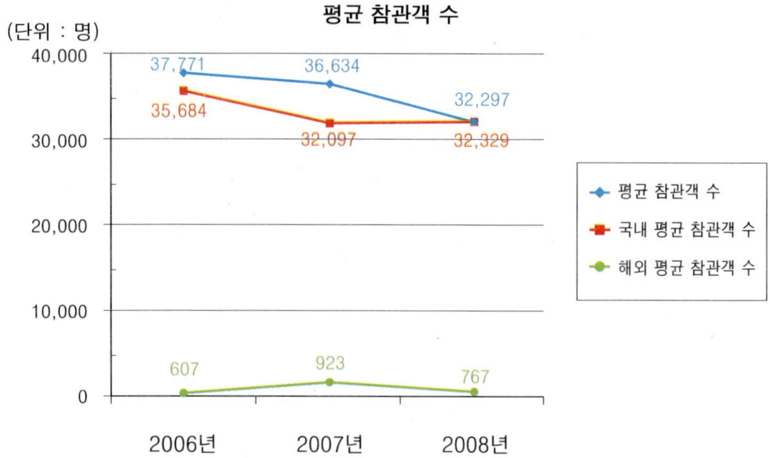

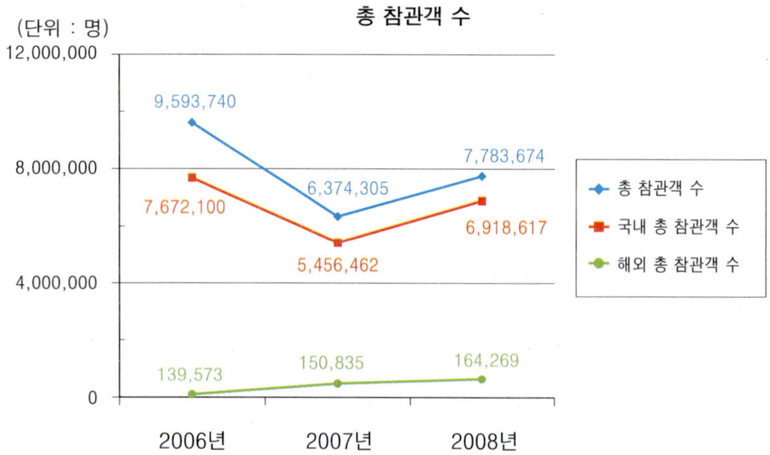

자료 : 2008 국내전시산업통계, 한국전시산업진흥회, 2008.

(2) 국내 무역전시회의 현황

우리나라 전시회 개최 건수는 급격한 수준의 증가세는 아니지만 꾸준히 증가하고 있다. 1991년 74회였던 개최 건수가 2001년에는 198회로 10년 정도의 기간 동안 2.5배 이상 증가하였으며 2008년에는 409회로 2001년에 비해 두 배 이상의 성장을 보이고 있다.

이는 우리나라의 무역규모와 함께 경제규모가 성장한데도 그 이유를 찾아 볼 수 있겠지만, 무엇보다도 기업들이 전시회를 마케팅의 중요한 수단으로 인식하고 적극적으로 참여하고자 하는 열망의 반영으로 파악할 수도 있을 것이다.

특히 1991년에 비하여 2000년도에는 총 무역규모도 153,394,980천 달러에서 332,748,528천 달러로 두 배가량 증가하였다. 또한 2008년도의 무역규모는 857,282,000천 달러로 2000년도에 비해 두 배 반 정도의 성장을 이룩해 내고 있다. 이러한 무역규모와 전시회 규모와의 관계를 살펴보면 전시회 개최 규모는 1992년 대비 2008년도에 453%의 성장을 보였고 무역규모는 459% 증가하였다. 즉 전시회 규모의 성장률과 무역규모의 성장률 간에는 정의 관계가 성립하는 것으로 나타났다.

전시회 개최건수와 무역규모와의 관계

연도별	개최건수	성장률(%)	무역규모(억 달러)	성장률(%)
1991	74	60.9	1,533.9	13.7
1992	80	8.1	1,584.1	3.3
1993	85	6.3	1,660.4	4.8
1994	111	30.6	1,983.6	19.5
1995	96	−13.5	2,601.8	31.2
1996	106	10.4	2,800.5	7.6
1997	104	−1.9	2,807.8	0.3
1998	93	−10.6	2,255.9	−19.7
1999	112	20.4	2,634.4	16.8
2000	117	4.5	3,327.5	26.3
2001	221	89.0	2,915.4	−12.4
2002	248	12.2	3,146.0	7.9
2003	268	8.1	3,726.4	18.5
2004	300	11.9	4,783.1	28.4
2005	336	12.0	5,456.6	14.1
2006	353	5.1	6,348.5	16.3
2007	354	0.3	7,283.3	14.7
2008	409	15.3	8,572.8	17.7
2009	422	3.2	6,866.2	−19.9

자료 : ㅇ '전시회 개최 건수는 국제회의란 무엇인가?' 참조
http://www.intercom.co.kr/new/pco/resource/file/pco.doc
ㅇ 무역규모는 통계청 자료 참조

연도별 전시회 개최 성장률과 무역규모 성장률과의 관계

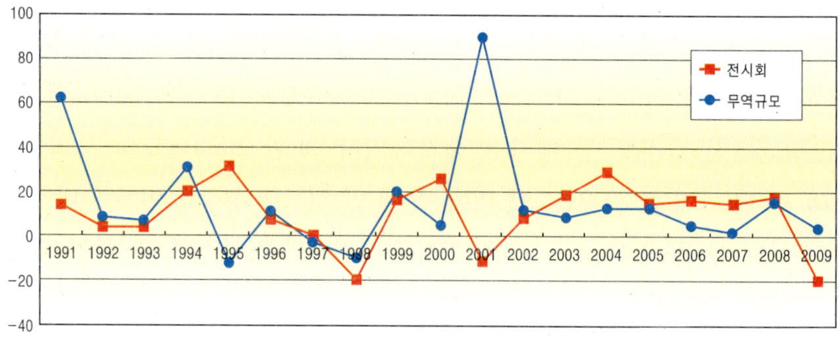

무역전시회를 통한 판매(수출) 성과는 90년대까지만 하더라도 그리 큰 성과를 보여주지 못하였다. 그러나 2000년대에 들어와 우리나라의 수출액이 급속도로 증가하게 되고 전시산업의 발달에 힘입어 국내에서 개최된 무역전시회에서의 평균 상담액과 평균 계약액이 2006년도에는 각각 153,751백만 원과 13,524백만 원 수준이었던 것이 2008년에는 평균 상담액과 평균 계약액이 82,885백만 원과 11,624백만 원 수준으로 나타나 과거와는 달리 무역전시회를 통한 수출 성과가 매우 커진 것으로 나타났다.

연도별 국내무역전시회 상담액 및 계약액

구분 연도	국내 평균 상담액 (백만원)	국내 평균 계약액 (백만원)	해외 평균 상담액 (백만불)	해외 평균 계약액 (백만불)
2000	119,299	7,532	221	165.25
2001	56,803	89,229	286.57	106.6
2002	81,669	27,473	431.31	195.2
2003	95,791	64,817	821.6	83.63
2004	94,513	26,121	998.18	472.55
2005	–	–	–	–
2006	153,752	13,525	269.43	104.35
2007	81,809	12,028	3412	621
2008	82,885	11,624	818	34
2009	154,042	43,332	903	83.3

자료 : 한국전시산업진흥회, 국내전시산업 통계 각년호

또한 정부는 그동안 수출기업이 급변하는 국제 무역환경 속에서 무역거래비용을 낮추고 무역활동의 효율성을 제고하여 경쟁력을 유지할 수 있도록 다양한 정책적 노력을 기울여 왔다. 이러한 정책적 노력 중에서 2000년대 이후 무역전시장의 확충을 통해 무역 전시산업을 육성시키고, 해외 무역전시회에 참가하는 기업에 대한 각종 지원과 함께 해외시장 개척단 파견하여 수출구매상담회 등에 대한 지원을 강화하는데 경주하였다.

해외 무역전시회에 참가하는 것은 기업으로서는 고객의 욕구 및 경쟁업체에 대한 정보를 직접 파악하고 신시장 및 잠재고객을 확보하는 동시에 신상품 및 서비스를 소개함으로써 기업의 이미지를 부각시키는 효과가 있다. 또한 전시회의 참가는 정보수집뿐만 아니라 바이어 발굴 등을 가능케 하여 해외시장 개척, 수출증진, 교역증대의 결과를 가져와 궁극적으로 국내 산업발전을 도모할 수 있다. 실제로 독일의 경우 무역거래 중 60~70%가 전시회를 통해 성사되고 있다.

우리나라 기업의 해외 무역전시회 참가는 수출증대효과가 큰 수단으로 인식하여 중소기업을 중심으로 1999년부터 참가 지원을 강화하였다. 이로 인하여 해외 무역전시회에 단체로 참가하는 횟수는 2000년 131회에서 2006년에는 182회로 증가하게 되었고, 참가기업도 2000년 2,780개 업체에서 2006년 3,799개 업체로 증가하였다. 이 기간 동안 체결되어진 계약액도 2000년 744백만 불에서 2006년에는 2,534백만 불로 3배가 넘는 수준으로 증가하였다.

해외전시회 참가 지원실적(단체참가)

구분	2000	2001	2002	2003	2004	2005	2006
횟수	131	135	145	171	182	189	182
참가기업 수	2,780	2,926	3,196	3,650	3,805	3,500	3,799
계약액(백만불)	744	897	1,596	2,370	3,343	3,682	2,534

* 산업자원부와 KOTRA 추진사업 기준, 세계일류상품('02~'06년) 지원 포함
자료 : 산업자원부, 2006 산업자원백서, 2007. p. 65.

해외전시회에 개별 참가하는 기업들에 대한 지원실적은 2000년 150개사로 시작하여 2006년에는 653개사로 확대하였고, 계약액 또한 2000년 27백만 불에서 2006년 1,711백만 불로 기하급수적으로 증가하였다.

해외전시회 참가지원 실적(개별참가)

구분	2000	2001	2002	2003	2004	2005	2006
참가기업 수	150	153	286	565	636	643	653
계약액(백만불)	27	23	580	834	1,264	1,357	1,711

* 산업자원부와 KOTRA 추진사업 기준, 세계일류상품('02~'06년) 지원 포함
자료 : 산업자원부, 2006 산업자원백서, 2007. p. 66.

Closing Exhibition

아시아의 라스베이거스, 마카오

도박의 도시로 알려진 마카오가 수많은 인프라를 개선 · 확장하며 아시아의 라스베이거스로 자리매김하고 있다. 아시아 최대의 호텔이자 세계 최대의 카지노를 갖춘 베니 시안 마카오가 2007년 개장하면서 크고 작은 다양한 이벤트들을 유치하며 도박의 도시 마카오를 전시켄벤션과 휴양의 도시로 변화시키고 있다.

▲ 베네시안 마카오 리조트 호텔의 야간 전경

The Venetian Maccao Resort Hotel

2007년 8월 28일, 아시아의 라스베이거스로 불리우는 마카오의 코타이 스트립에 개장한 베네시안 마카오 리조트 호텔은 코타이 스트립에서도 중심지에 위치하고 있다. 코타이 스트립은 마카오의 타이파섬과 콜로안섬 사이에 있는 리조트와 카지노의 대대적인 발전 계획아래 만들어진 지역이다.

Hotel

1천 5십만 평방피트의 베네시안 마카오 호텔은 3,000객실을 보유한 메가리조트로서 이탈리아 베니스의 유명한 운하와 건축 양식들, 라스베이거스와 유명한 베네시안 리조트 호텔 카지노의 위락시설을 동시에 갖추고 있다. 라스베이거스 자매호텔의 두 배 규모인 베네시안 마카오 리조트 호텔은 르네상스 시대의 베니스를 테마로 한 쇼핑거리, 세계적인 레스토랑들, 공연장, 원형 극장 등이 있다. 또한 독특한 아시아풍의 카지노를 경험할 수 있는 뛰어난 카지노 시설과 아시아에서 가장 큰 전시컨벤션센터도 있다.

Accommodations

베네시안 마카오 리조트 호텔의 고객들은 호화롭고 넓은 스위트룸을 경험해 볼 수 있다. 각각의 스위트룸은 750평방피트 또는 이보다 큰 개인침실과 130평방피트의 이탈리아산 대리석으로 꾸며진 욕실, 다른 곳보다 낮게 위치한 거실로 이루어져 있다. 비즈니스 고객들에게는 팩스, 복사기, 프린터, 인터넷 서비스 등 업무에 유용한 시설들이 객실에 상비되어 있다.

Casino

55만 평방피트의 카지노 공간에는 아시아 시장을 겨냥해 특별히 제작된 약 3,000개의 슬롯머신이 있고 750개가 넘는 바카라, 머니 휠, 블랙잭, 캐러비안 스터드 포커, 크랩, 룰렛 등의 테이블 게임도 설치되어 있다.

Facilities

베네시안 마카오 리조트 호텔에는 120만 평방피트가 넘는 컨벤션 · 회의 시설이 있고 국제적인 규모의 스포츠 엔터테인먼트 이벤트에 적당한 15,000여 좌석의 코타이 아레나도 있다. 또한 1,800여 좌석의 ZAIATM 극장과 30개가 넘는 고급 레스토랑, 스파, 건강센터, 100만 평방피트의 쇼핑공간이 그랜드 캐널 쇼핑센터에 위치해 있다. 이곳에는 세 개의 운하와 실제 이탈리아 곤돌라, 노래하는 곤돌라 사공들이 방문하는 사람들의 이목을 끈다. 실외에는 레크리에이션 시설인 수영장과 카바나, 미니 골프코스, 곤돌라를 탈 수 있는 실외 호수가 있다.

↑ 베네시아 마카오 리조트 호텔의 실내 모습

베네시안 리조트 호텔의 전시컨벤션 시설

최상의 전시컨벤션 도시

1999년, 해마다 미국에서 봄과 가을에 열리는 세계 최대의 컴퓨터 관련 전시회, COMDEX의 창시자인 Sheldon G. Adelson은 라스베이거스에 베네시안 리조트 호텔 카지노와 샌즈 엑스포 컨벤션센터를 오픈하면서 라스베이거스를 세계에서 뛰어난 전시컨벤션의 도시로 바꾸어 놓았다. 2년 후인 2001년, 40여 개 북미에서 개최되는 전시회들이 라스베이거스를 그들의 '고향'이라고 부르게 되었다. 이것은 전시컨벤션 역사에 있어서 가장 위대한 성공 중의 하나가 될 것임을 암시했다.

현재, 베네시안 마카오 리조트 호텔과 새로 지어진 컨벤션센터는 라스베이거스의 사례와 비슷하게 마카오를 아시아 MICE산업의 이상적인 도시로 바꾸어 놓았다. 120만 평방피트의 베네시안 마카오 전시 컨벤션센터의 커다란 규모가 이를 가능하게 해 주었다. 6개의 서로 인접해 있는 전시 홀들과 108개의 회의실들로 이루어진 베네시안 마카오는 약 50,000명의 방문객들과 5,000개의 전시부스들을 수용할 수 있다. 또한 코타이 스트립의 샹그릴라 호텔과 쉐라톤 호텔을 따라 잡기 위해 증축되는 299,200 평방피트의 전시컨벤션 공간으로 인하여, 마카오는 아시아에서 뿐만 아니라 전세계에서도 가장 규모가 크고 발전된 전시컨벤션 시설이라고 할 수 있게 될 것이다.

2003년, 중국은 6천만 전시컨벤션 산업의 대표 인사들을 불러 모았고, 2005년에는 라스베이거스가 620만의 동 산업 유명인사들을 맞이했다. 나중국의 끝, 마카오가 위치한 베네시안 마카오의 전시컨벤션 시설들로 인해 미래에 마카오가 세계에 보여줄 잠재력이 무한하다는 것은 명백한 사실이다. 이미 마카오 지역의 전시회와 컨벤션의 수유가 많아 기대수요를 초과한 것으로 이러한 사실은 입증되고 있다.

Exhibition

전시공간은 두 층에 걸쳐 위치하고 있고 각 층에 서로 인접한 홀들은 전시회를 위해 적당한 규모와 분위기를 만들어 내기 위해 상호 동시 공동사용이 가능하다.

모든 볼룸들은 세 개의 층에 걸쳐서 위치하고 있고 이들은 전시장에 인접해 있다. 행사의 성격에 따라 이 볼룸들은 작은 회의실이나 휴게실로 사용할 수도 있다.

전시저널, Vol. 24. 2008.

제2부

전시주최자의 전시기획 및 운영

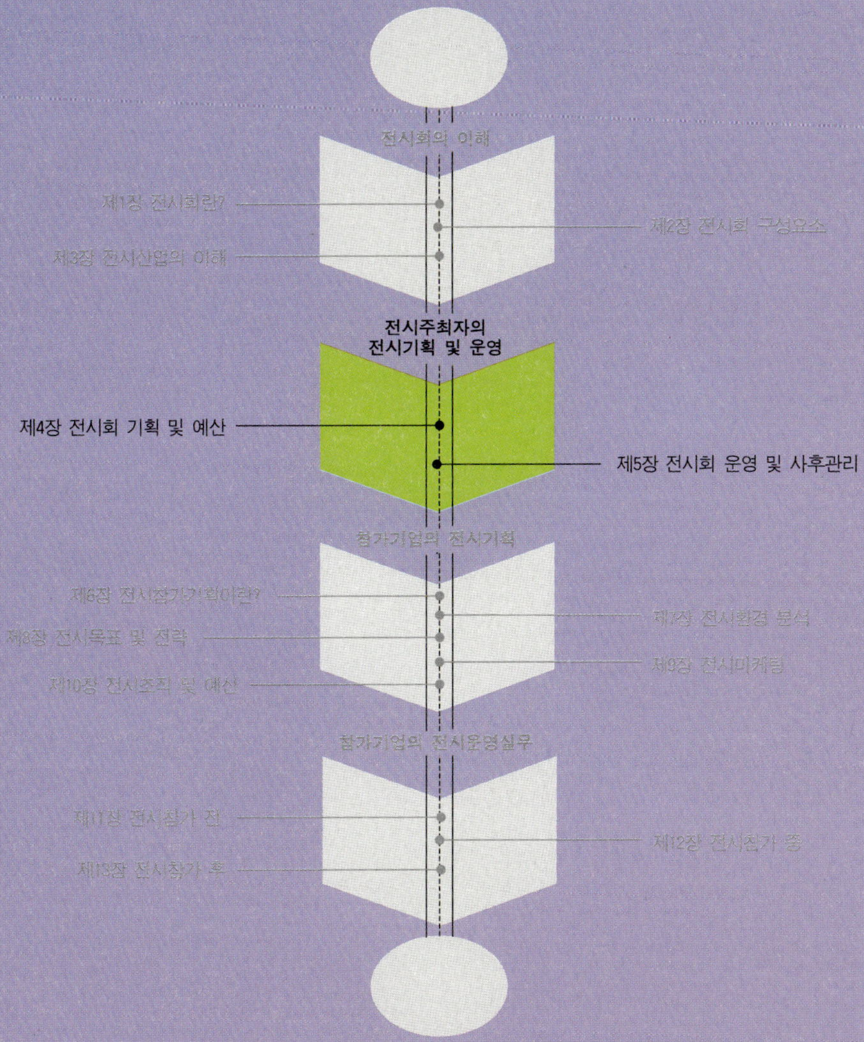

제2부는 전시 주최자의 입장에서 전시회 기획에 필요한 요소와 각 요소별 내용을 살펴보고 전시예산 편성과 관련하여 고려해야 할 점들에 대해 논의하였다. 그리고 전시회 운영에 필요한 지식과 전시회 평가와 관련한 방법 및 사후관리를 위한 사항에 대해 알아보았다.

제4장

전시회 기획 및 예산

<Opening Exhibition>

임수지 교수의 '해외시장 진출 성공비법'

<Closing Exhibition>

온라인 전시회의 컴백

Opening Exhibition

임수지 교수의 '해외시장 진출 성공비법'

국내 컴퓨팅업체들의 화두는 단연 미국공략이다. 하지만 미국시장 공략은 결코 쉽지 않다. 우리와 다른 소비심리는 차치하고, 유통체계가 엄청 복잡하다. 그럼 미국시장에서 성공하기 위해선 어떻게 해야 할까. 그 중 하나가 바로 AR(Analyst Relations)이다. AR은 첨단 IT 신제품을 비평 · 평가하는 인더스트리 애널리스트(Industry Analysts)들과의 관계 및 교류를 말한다. 세계 최대 소비시장인 미국을 공략하기 위해선 바로 이 AR이 무척 중요하다. AR 대가이자 미 보스턴 에머슨대 임수지 마케팅 교수가 제시하는 해외시장 진출 성공비법을 3회에 걸쳐 게재한다.

1. 작은 연못의 자이언트 물고기가 돼라

↑ SAP 사의 전경

마이크로소프트(MS)는 지난 1995년 역작인 윈도95를 내놓았다. 이 제품이 시장에 나오기 전 이미 미국 사람의 99%가 이 제품을 알고 있었다. 뿐만 아니라 이 제품이 '더 쉽고, 신속하며 흥미로운 컴퓨팅계의 이정표요, 반드시 업그레이드 시켜야 하는 소프트웨어 제품' 이라는 생각도 갖고 있었다. 이 때문에 윈도95의 첫 카피는 두 달만에 1억 달러를 훨씬 웃도는 경이로운 매출을 기록하는 등 시장에서 크게 히트했다. 이것이 가능했던 것은 제품 출시 20개월 전부터 이미 리더(테크놀로지 애널리스트, 리딩 미디어 등)들과의 지속적이고 적극적인 교류와 분석을 통해 제품의 질적이완성도를 높였기 때문이다. 즉 윈도의 성공은 '메인스트림 마케팅 테크닉(AR& MPR)' 을 유감없이 발휘했기 때문이다. 이는 마케팅 용어로 '펄시브드 마켓 리더십(Perceived Market Leadership : 마켓을 리드하는 리더로 인식되는 현상)' 이라고도 한다.

이미 전 세계에 이름난 SAP, 인텔, HP같은 기업들 또한 이러한 '펄시브드 마켓 리더십 형성' 을 위해 분투했고, 현재도 세계적 오피니언 리더들을 상대로 메인스트림 마케팅 테크닉에 대한 노력을 아끼지 않고 있다. 이는 해외시장 진출을 마음먹고 있는 국내 IT기업들이 본받아야 할 부분이다. 그럼 어떻게 메인스트림 마켓에 성공적으로 진입하고 정착할 수 있을까.

첫째, 국내 IT기업들은 우선 작은 연못의 자이언트 물고기가 돼야 한다. 이는 작지만 니치 마켓을 개척, 발굴, 집중 공략, 그곳에서 리더가 돼야 한다는 의미다.

둘째, 자이언트 물고기가 된 후에는 더 넓은 바다로 나가는 '마켓 드리븐 마케터(Market-Driven Marketer)' 전략이 필요하다.

"니치 마켓 석권에 대한 전략 없이 메인스트림 마켓을 진입하려는 것은 성냥 없이 불을 켜려는 것"이라는 무어의 지적은 바로 이를 두고 한 말이다.

2. 소비자 마인드 리드하는 AR를 활용하라

"타 제품과 비교할 때 당신의 제품이 더 뛰어난 점은 무엇입니까" 혹은 "당신의 제품을 사야 하는 이유는 무엇입니까"라는 질문에 구체적 이유를 제시할 수 있는 기업이 의외로 많지 않은 것 같다. 사람의 마인드는 쉽게 변하지 않는다. 타 기업과 비교해 우리의 제품을 사야만 하는 뚜렷한 명분과 함께 '마인드(퍼셉션)를 리드' 하지 않고는 글로벌 경쟁에서 살아남기 어렵다.

'마케팅에서는 보이는 것이 전부다(Appearance is everything in marketing)' 라는 표현처럼 퍼셉션의 파워는 실로 엄청나다. 독일 벡스 맥주가 뢰벤브라우 맥주를 겨냥하면서 '미국 사람들이 가장 좋아하는 독일 맥주' 라는 인식을 깨뜨리기 위해 들고 나온 비장의 무기는 바로 '독일 사람이 가장 좋아하는 독일 맥주' 라는 기존(독일 맥주에 대한 명성과) 마인드를 재확인시킨 퍼셉션 파워였다.

SAP, 애플, 구글, 마이크로소프트(MS) 등 헤아릴 수 없이 무수한 IT 기업들이 '퍼시브드 마켓 리더십(Perceived Market Leadership : 시장을 주도하는 리더로 인식되는 현상)' 의 중요성을 절실히 느끼고 이를 잘 활용하고 있다.

이러한 '마켓 리더십' 이 글로벌 기술시장에서 중요한 현상으로 나타나는 이유는 글로벌 기업의 궁극적 목표라 할 수 있는 '글로벌 브랜딩' 은 물론 '메인스트림 마켓' 을 위한 성공적 진입 및 정착에 이것이 결정적 영향을 미치기 때문이다. 세계 최고의 기술 전문가들에게 나를 인정하게 해 더욱 긍정적이고 적극적인 퍼셉션을 창조하는데 성공한 기업들은 제품기획부터 테스팅, 마켓 채널 및 전략 파트너, 제품 발표 등의 과정에서 전문 어드바이스를 고용, 최고의 마케팅 기법을 배우고, 또 이를 통해 글로벌 포지셔닝을 수립하고 있다.

어느 마케터는 브랜딩을 'Gut feeling(직감, 본능)' 이라고 했다. 만져지지도 구체적으로 표현하기도 쉽지 않은 것. 그러나 모든 기업들이 원하는 것, 특히 경쟁이 더욱 치열한 해외 시장에서 살아남기 위해 반드시 가져야 하는 이러한 '브랜딩' 을 과연 어떻게 우리 것으로 만들 수 있을까.

현지 시장과 현지인의 마인드에 대한 탄탄하고 정확한 분석, 그리고 이를 통해 니치 분야와 차별점을 찾아내는 것이 필요하다. 이를 위해서는 '퍼셉션' 을 창출하는 마케팅 테크닉인 AR를 적극적으로 활용해야 한다.

3. 게임을 재창조하라

날마다 수십 개, 수백 개의 신제품과 기업이 탄생하는 글로벌 경쟁 속에서 우리의 제품을 인정받고 돋보이게 하기란 쉽지 않다. 이는 한정된 자원에 반해 치솟는 마케팅 비용 추세가 첫 번째 원인이고, 신뢰를 형성해 시장을 리드하기에 너무나 빠르게 급변하는 기술과 생소한 시장 구조가 두 번째 원인이다.

이 때문에 '정보' 와 '신용' 을 바탕으로 업계의 오피니언 리더들을 움직일 수 있는 가장 효과적이고 전략적인 테크닉이 필요하다. 전략적 마케터라면 어떤 장애 속에도 '이길 수 있는 게임을 위해 전략적으로 유리한 방향(Tilt in our Direction)' 으로 시장을 움직인다. 그럼 글로벌 시장에서 남이 만들어 놓은 게임과 룰에서 이길 수 있는 방법은 무엇일까. 그것은 과감하게 '게임을 재창조하는 것' 이다.

게임을 재창조하기 위해서는 품질 · 기술 차별화와 소비자 마인드 공략, 그리고 정보와 신뢰를 바탕으로 오피니언 리더 마음을 움직이는 전략이 필요하다. SAP, 마이크로소프트, 인텔 같은 세계적 기업들이 오늘날의 자리에 설 수 있었던 것은 시장을 리드하고 여론을 조성하는 리더들을 리드, 단시간에 세계시장서 소비자들의 마인드를 움직이는 전략적 접근방법을 시도했기 때문이다.

즉 이들은 글로벌 비즈니스장에서 게임의 룰을 정확히 파악한 후, 그들 나름대로의 이길 수 있는 게임을 철저한 전략 하에, 그리고 계획된 마케팅을 통해 새롭게 재창조한 결과, 세계 IT시장서 리더가 된 것이다. 이처럼 고객의 의사결정에 가장 영향을 미치는 파워가 과연 어디에 있는지에 대한 파악과 이를 공략하기 위한 보다 효과적이고 저렴한 전략과 전술에 대한 노하우가 없이는 우리는 언제까지나 정해져 있는 룰에서 버거운 남의 게임을 하는 이방인이 될 수밖에 없을 것이다.

해외전시회 참여 때도 파워풀한 오피니언 리더들을 공략할 기회를 절대 놓치지 말아야 한다. 전시회를 단순히 바이어오피니물건을 파는 세일즈로만 여겨서는 안 된다. 무수한 글로벌 기업의 제품에 대한 한 성과 최신 트렌드를 잘 파악하고 있는 이들 애널리스트들이야 말로 세계 시장의 여론을 리드하는 한편, 결국 소비자의 구매결정에 막대한 영향을 미친다.

자료 : 전자신문, 2005년 12월 9일, 12일, 13일

제1절 전시회 개최 기획

1. 전시회 개최 기획의 의의

전시회 개최 기획

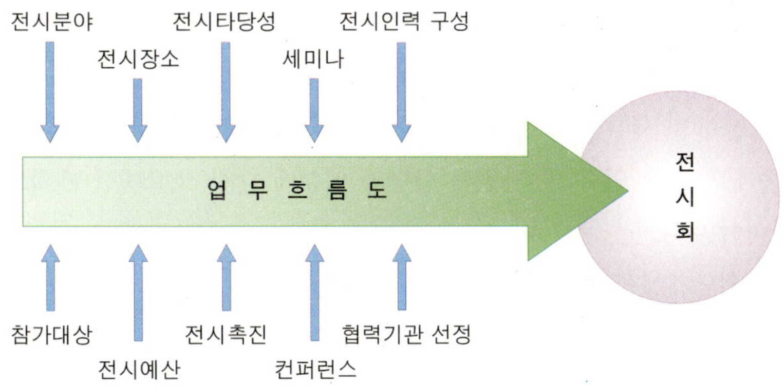

전시회 개최 기획(이하 전시기획이라 한다)이란 전시주최자가 전시활동의 일부로서 전시회 기간 동안 성공적으로 전시 목표를 달성하기 위한 방법을 제시하는 활동이다. 이러한 전시기획은 전시 주최자의 목표를 달성하기 위해 전시회를 계획, 운영, 통제, 분석 및 평가하는 것이라 할 수 있다.

전시회는 전시활동의 기획, 운영(실행), 평가의 순환작업으로 이루어지는데 기획은 그 중에서도 가장 핵심적인 활동이 된다. 즉 기획은 운영의 선도적 역할을 담당하며, 평가는 다음 기획의 기초가 되기 때문이다. 전시기획의 범위는 전시회 요소들과 관련하여 전시 정보수집, 부스 판매예측(참가기업 예측), 참관객 예측, 전시목표 결정, 전시 예산편성, 전시회 실행, 다른 전시회 요소들과의 조정 등이 된다.

결국 전시기획이란 누가, 언제, 어떤 전시회를 개최할 것인가 하는 기본사항을 선정하고 이것을 어디서, 왜, 어떻게 추진할 것인가에 대한 업무흐름과 예산을 편성하는 업무를 말한다. 즉 '누가'는 전시회의 주최자가 누구인지를, 그리고 '언제'는 전시회 개최시기를 언제로 할 것인지를 의미하며 '무엇'은 전시할 내용이 무엇인지를 가리키는 것으로 전시기획에서 매우 중요시되는 부문이 된다. 전시기획 속에는 특정 전시회가 왜 개최되어야 하는가에 대한 대의명분이나 목적이 있어야 하고, 이런 목적을 달성하기 위한 최적의 전시장소를 선정해야 하며 이 전시회를 성공적으로 개최 및 운영하기 위해 다른 단체 및 기관과 협력할 것인가에 대한 고려가 있어야 한다.

또한 해당 전시회와 관련된 특정 이슈 및 주제로 한 컨퍼런스와 세미나 등을 전시회 기간 동안 병행할 것인가에 대한 결정과 전시회의 홍보 및 마케팅 활동에 대한 전략 및 세부 추진계획도 수립하여야 한다. 마지막으로 이러한 모든 전시 활동에 필요한 인력 및 자원의 할당과 배분에 대한 소요예산 계획도 함께 수립하여야 한다.

전시기획단계에서는 우선 해당 전시회의 관련 분야 산업에 대한 통계자료를 이용하여 국내 시장규모 및 수출입 동향, 그리고 그 분야 전문가의 조언 등을 통해 시장조사를 한다. 그리고 기업연감이나 관련 잡지, 관련 협회 및 조합의 회원사 명부 등을 통해 국내 대상 참가기업 수를 파악하고 관련분야 해외전시회 디렉터리 및 인터넷 등을 활용하여 해외 대상 참가기업을 조사하여 전시회 개최 타당성을 검토하고 전시 분야의 내용을 확정한다. 그 후 전시장 사용료 및 교통의 편리성, 시설의 적합성 등을 고려하여 전시장소를 선정한다. 필요시에는 참가기업 및 참관객 섭외를 쉽게 하기 위해 공신력 있는 관계부처, 주요 단체 및 언론기관 등으로 구성된 전시회 후원 및 협력기관을 결정하고 마지막으로 수입예산 및 지출예산을 고려하여 적정 예산을 수립한다.

예산편성은 매우 중요하다. 왜냐하면 예산편성은 전시회 개최와 운영에 필요한 각종 자원의 배정과 할당의 기준을 제시해 주며 차후 그 전시회의 성패 여부를 평가할 수 있는 하나의 지표가 될 수 있기 때문이다. 전시회를 기획할 때 기타 고려사항으로 제품의 순환주기 및 해외전시회와의 연계성 및 경쟁관계, 계절적 특수성, 전시장 가용여부 등을 고려하여 개최 시기를 결정해야 한다.

전시회를 기획하고 운영한다는 것은 실제로 하나의 제품과 서비스를 생산하는 것과 같다. 따라서 전시회 개최가 결정이 되고 전시기획이 수립되었다면 그 전시기획의 내용을 최대한 반영하여 조직적이며 짜임새 있게 기획안을 실행시켜야 한다. 전시회 성과를 쉽게 예측할 수는 없겠지만 이렇듯 철저하게 계획하고 준비한다면 전시회 과정 중 뜻밖에 일어날 수 있는 문제들에 대하여 어렵지 않게 극복해 낼 수 있을 것이다.

전시회를 기획할 때에는 참가기업 및 참관객들에게 기억에 남고, 지속적으로 계속 개최할 수 있는 전시회가 되도록 기획되어야 한다. 따라서 기획하고자 하는 전시회가 어떤 전시회이든지 간에 그 전시기획은 매우 자세하면서도 세부적으로 작성되어져야 하며 실행 가능하도록 수립되어져야 한다.

전시회 계획 수립 내용

기본계획	① 개최배경의 타당성 수립, ② 전시회의 개요 수립, ③ 전시회 추진 기본방향 설정, ④ 세부계획 추진
후원/협찬 계획	① 후원/협찬 가능 대상 선정, ② 후원/협찬 전략 수립, ③ 후원/협찬 제안 과정 수립
촉진계획	① 촉진 프로그램 개발, ② 메시지 개발, ③ 전시회 일정 고지 및 참가기업 · 참관객 모집 방안 수립, ④ 부대행사 계획
운영/관리계획	① 협력기관 및 단체 선정, ② 세부실행계획 수립 및 실행, ③ 실행조직의 구성, ④ 각 분야별 운영 및 관리 계획 수립

2. 전시회 목표와 예산

전시회 개최가 최종적으로 결정이 되게 되면 우선적으로 전시회의 규모와 범위를 설정해야 한다. 즉 전시회의 목표와 예산을 결정해야 하는 것이다.

전시주최자는 왜 전시회를 개최하며, 이 전시회의 목적은 무엇이고, 무엇을 달성하기를 원하는가를 참작하여 목표를 확실히 세워야 한다. 어떤 전시목표를 수립하는가에 따라 전시회의 개최와 운영 및 관리에 많은 영향을 미치게 된다. 전시목표는 거시적인 경제 흐름과 사회적 분위기, 산업동향 및 트렌드를 고려하여야 하며 참관객들의 관심 및 욕구 또한 고려해야만 한다. 사회경제적 이슈와 동떨어진 전시목표와 대상 참가기업과 대상 참관객에게 외면을 받는 전시목표는 의미가 없기 때문이다.

또한 전시회를 위하여 얼마나 투자할 것인가를 고려하여야 한다. 소규모의 전시회라 하더라도 많은 예산을 필요로 하는 경우가 많으며 아무리 좋은 취지와 기획력을 갖춘 전시회라도 예산이 부족하면 전시회 개최가 어려울 수도 있다. 부족한 자금으로 무리하게 전시회를 개최해서 실패하기보다는 자금이 확보될 때까지 기다리는 것이 실패할 가능성이 높은 전시회를 계획하는 것보다는 현명하다고 할 수 있다. 예산에 문제가 없다면 다음으로 고려할 것은 전시회 준비를 위한 여유시간이 어느 정도인가를 계산하고 예산에 맞는 준비기간과 계획을 세우는 일이다.

전시목표와 전시예산이 중요한 이유는 전시회의 가장 기본적인 질적 수준을 이를 통해 가늠해 볼 수 있기 때문이다. 불확실한 전시목표와 잘못된 전시예산은 자칫 전시회를 시대에 동떨어진 전시회, 중고품 같은 저질의 전시회로 만들 가능성이 있기 때문이다. 이러한 수준 낮은 전시회는 불필요하게 자원을 낭비할 뿐만 아니라 전시주최자와 참가기업의 이미지를 떨어뜨리게 되는 한편 많은 사회적 비용을 초래할 수 있다.

3. 전시회 개최 준비기간

전시기획안이 나오게 되면 그 기획안에 맞추어서 수많은 크고 작은 준비를 해야 한다. 이러한 준비과정은 전시계획과정이라 할 수 있는데 전시계획은 많은 시간을 요하게 된다. 전시회는 많은 시설과 장비가 필요하며 그 시설과 장비를 전시회 목적에 맞추어 새로이 설치하고 장치하여야만 하기 때문이다. 또한 전시회에 참가하는 참가기업과 참관객들을 모집하고 그들을 위하여 부대시설 및 서비스 시스템을 구축하여야 하며 전시회와 관련된 마케팅 및 홍보활동을 해야만 한다. 이러한 계획기간 동안의 업무는 전시주최자 단독으로 할 수 없으며 전시 장치업체, 비품 및 의상 렌트업체, 장식 및 음식 서비스업체, 운송업체 등 전시 협력업체, 전시장 운영업체, 전시 홍보 · 마케팅 업체 그리고 관련 기관 및 단체와의 협의를 통해서 이루어지게 된다. 특히 전시장 가용여부는 빨리 확인하여 확정 짓는 것이 좋다. 크고 작은 전시회가 수시로 열리는 현실에 비추어 보아 전시주최자가 원하는 일정에 전시장을 확보하기 위해서는 조금이라도 빨리 선점해 두는 것이 편리하기 때문이다. 또한 전시회를 독자적으로 개최할 수 있는 능력이 되는가에 대해서도 깊이 고려해 보아야 한다. 독자적으로 개최할 능력이 있을 때는 상관없겠으나 그렇지 못할 경우에는 다른 협력기관이나 후원기관을 선정하여 공동으로 개최하는 방안도 모색해 보아야 한다. 현재 국내 전시회의 경우 현실적으로 정부 및 관련 협조기관이 없이는 전시회 개최가 쉽지 않은 실정임을 감안해볼 때 후원 및 협력 기관에 대한 선정이 빨리 결정 될수록 전시회 개최 준비가 원활하게 이루어질 수 있을 것이다.

전시 선진국의 경우 전시기획은 개최 예정일보다 적어도 5년 전에 준비해서 시스템식으로 진행한다. 하지만 우리나라의 현실은 기껏해야 1년 전부터, 심지어 7~8개월 전에 전시회 기획을 한다. 앞으로 우리나라의 전시회가 선진 전시회로 되기 위해서는 전시기획을 개최일 몇 년 전부터 시작해서 적어도 1년 전까지는 완성되어야 한다. 전시기획이 빨리 완성될수록 그만큼 전시개최 준비할 수 있는 시간이 많아지게 되므로 치밀하면서도 합리적인 전시 준비가 가능해질 수 있다.

제2절 전시회 개최 타당성 검토

타당성 검토

1. 전시회 개최 타당성 검토의 의의

전시회 개최 타당성 검토는 개최하고자 하는 전시회가 사회적으로, 정치적으로 또는 상업적으로 합당한지에 대한 검토라 할 수 있다. 즉 전시회의 목적과 목표를 달성할 수 있는가에 대한 여부를 현재 알려진 사항을 조사하여 이를 바탕으로 미래에 일어날 것을 예측하는 활동이라 하겠다. 타당성조사는 개념 계획 등 전시 계획의 처음부터 연계되어야 한다. 그렇지 않을 경우 사업타당성조사에서 권고하는 사항과 앞서 마련된 계획방침과 전혀 다를 수도 있으며 이로 인하여 시간과 비용의 낭비를 초래할 수도 있다. 타당성조사는 충분한 수요가 있는지, 경쟁 상태는 어떤지, 전시준비과정을 거쳐서 전시회가 개최 되었을 경우에 여전히 그런 수요가 있을 것이며 경쟁력은 어떠할지 등을 예측하기 위한 것이다.

일반적으로 전문전시회의 경우 타당성 검토는 어떤 자원과 인력을 가지고,

어느 정도의 투자비용으로, 어느 정도의 투자비를 회수할 수 있는 판매액(부스 판매, 입장권 판매 등)을 낼 수 있는가에 초점이 맞추어지게 된다. 따라서 타당성조사에는 시장성과 개발가능성, 자원의 제공 내지 공급 가능성, 인력수급, 여러 필요 서비스의 존재 여부, 그리고 저렴한 비용의 가능성 등과 함께 재무 분석이 행해져야 한다.

표성수(1996)는 사업타당성조사를 사업계획을 수립하기 전에 실시하는 것으로 보고, 사업타당성조사의 여러 정의들을 분석하여 종합하였는데, 이를 전시회에 맞추어 살펴보면 다음과 같다.

첫째, 전시타당성조사의 최종목표는 재무 분석을 통하여 투자수익성을 파악하고, 계속하여 그 사업을 추진할 것인가를 결정하는 것이다.

둘째, 전시타당성조사는 충분한 정보를 수집, 종합 분석하는 창조적이고 목표지향적인 합리화의 과정이다.

셋째, 전시타당성조사는 전시개발의 형태, 시설의 양적, 질적인 면을 결정하는데 도움을 준다.

넷째, 전시타당성조사는 객관적이고 독립적인 평가를 함으로써 투자의 위험성을 줄이기 위한 시설투자 전의 과정이다.

다섯째, 전시타당성조사는 전시계획 전의 준비로 사업운영 결과를 예상, 평가하는 구조적 방법(systematic method)이다.

여섯째, 주요 관련 학문영역은 마케팅과 재무 분석이다.

일반적으로 전시회의 실패위험은 ① 전시회 관련 산업의 여건, 경쟁정도, 기술수준, 전시회 필요 자원에 대한 조달상의 애로요인, 법규 · 제도 등과 같은 환경 · 시장측면에서 발생하는 '환경위험', ② 노사관계 · 전시정책 · 전시전략 등 전시의 주체인 주최자와 관련된 '전시관리 위험', ③ 자금조달, 운용, 기타 전시활동의 원천으로서의 자본(자금)과 관련하여 초래되는 '재무위험' 등 세 가지로 나누어 볼 수 있다.

이러한 실패 위험 요인들은 체계적인 전시 타당성 분석에 의하여 제거될 수 있는 많은 내적 · 외적 요인을 포함하고 있다. 따라서 전시회 성패의 많은 위험요인에 대하여 체계적이고 객관적인 전시타당성 분석을 통하여 미처 감안하지 못한 사항들을 최대한 보완하여야 한다. 그래도 대응할 수 없는 위험이 있다면 주최자 자신은 물론 전시와 관련된 사람과 경제적 · 사회적 · 국가적으로도 전시회 개최를 포기하는 것이 더 나을 것이다.

이와 같은 입장에서 볼 때 체계적인 전시타당성 분석은 반드시 필요하며, 그 필요성을 부언하자면 다음과 같다.

첫째, 주최자들이 전시의 요소와 요건 및 그 진행과정을 다 알 수는 없으므로 이 분석을 통하여 전시의 형성요소를 파악하게 해준다.

둘째, 전시회의 구성요소를 정확하게 파악함으로써 주최자의 경영능력을 향상시켜 준다.

셋째, 체계적인 사업성분석의 구조파악을 통하여 계획하는 전시회의 성공률을 높일 수 있다. 즉 전시회의 재설계 역할을 해 준다.

전시 타당성조사의 내용

항목	내용
전시회에 대한 기술 (exhibition description)	전시목적, 전시목표, 전시명칭, 전시시기, 전시기간, 전시규모, 전시장, 후원기관 및 단체 등
시장에 대한 기술 (description of market)	시장의 크기 및 수준, 경쟁전시회의 위치 · 수 · 규모, 참가 대상업체 및 잠재 참관객의 성향, 수요예측, 전시회 동향, 가격구조 등
기술적 변수(outline of technological variants)	전시인력의 수급, 전시 협력업체와의 거래, 교통시설과 비용, 세금, 환경규제 등의 각 요소와 각종 입지조건에 관한 것 등
주요 필요 요소의 공급	시설물 및 장치물, 물, 전기, 전화, 인터넷, 연료, 전문인력 등
비용예측(cost estimates)	전시장 임대료, 홍보비 및 마케팅 비용, 인건비, 기타 시설비 등
수익예측(estimate of profit)	부스 판매, 입장권 판매, 협찬, 정부 및 지자체의 지원 등
기타정보(other data)	전시회에 대한 지역주민의 태도, 교육, 시장의 정보, 입지공급 가능성, 각종법규 및 규정, 입지의 거시적 정보 등

자료 : Cliften, Davids. Jr., and Fyffe. David E., *Project Feasibility Analysis : A Guide to Profitable New Ventures*, New York : John Wiley and Sons, 1977. 를 바탕으로 저자가 재구성

2. 시장에 대한 검토

해당산업의 시장조사는 전시회를 성공적으로 개최할 수 있는지, 없는지를 좌우하는 중요한 사항이다. 따라서 특정 산업분야의 전시회 아이디어가 떠오르면 먼저 그 산업의 시장조사를 해야 한다. 시장조사를 하기 위해서는 우선적으로 유관기관의 간행물, 연감, 관련조합 및 기관과의 업무 협의, 잡지 및 신문기사, 기타 자료의 수집, 국외 전시전문지 등을 통하여 정부의 통상, 산업정책, 전시 유망산업부문, 국내외 관련시장규모, 관련 산업현황(업체수 및 생산품목, 관련 산업구조, 연간산업부문 동향, 유관기관, 기술개발), 외국 유사전시회 정보, 국내 유사전시회 또는 관련 전시회 등을 조사한다.

전시회 개최의 타당성 분석과정에 있어서 시장 분석이란 계획하고 있는 전시회의 개최 타당성을 마케팅 측면에서 조사 · 분석하는 것으로서, 전시회 개최 여부를 판단하는 기준이 된다. 분석이라는 말의 일반적 의미가 그러하듯이 시장성 분석도 시장의 조사를 통하여 시장의 규모와 특징, 수요와 공급의 구조, 경쟁관계, 시장진입 가능성, 시장점유율 등을 파악하고 결정하는 데 필요한 자료를 수입 · 정리 · 요약하여 전시주최자에게 유용한 정보를 획득하게 하고 해석하는 과정을 포함한다.

시장조사란 시장을 발견하고 분리하고 증명하고, 계획화할 수 있는 모든 방법을 동원하여 판매량(부스 및 입장권)을 추정하기 위한 활동을 의미한다. 한편, 시장분석에서 얻으려고 하는 핵심정보는 매출액과 판매비의 추정치이다. 그밖에도 전시회의 준비와 운영에 관련된 시장 정보를 수집하고 분석하여야 한다. 시장분석에 포함되어야 할 사항은 다음과 같다.

① 시장의 특성 : 시장규모와 시장동향, 전시장의 지리적 위치, 전시물품의 수송방법, 현재 운임, 전시 협력산업의 규모와 수준, 대금결제방법 등 일반적인 거래관행

② 수요분석 : 주된 참가기업, 참관객, 선호하는 전시 물품의 종류 등

③ 공급분석 : 국내 및 국외의 주요 공급자, 경쟁자 및 그들의 판매가격(부스 · 입장권), 전시회 품질, 마케팅 전략 등

④ 매출추정 : 이상의 조사를 근거로 하여 전시회에 대한 총수요, 매출 금액 및 경쟁력 등을 예측한다. 필요에 따라 전시회 개최의 지역별, 시기별 수요와 매출 금액을 추정한다.

⑤ 판매비 추정 : 목표 매출을 달성하기 위한 전시장 임대료, 인건비, 광고 · 홍보비, 기타 마케팅비용 등 판매비를 추정한다.

3. 예상 참가기업 및 예상 참관객에 대한 검토

1) 예상 참가기업 검토

국내 예상 참가기업 수는 많을수록 좋다. 이런 참가기업 수를 파악하려면 기업 총편람, 해당산업의 관련 잡지, 관련협회 조합의 회원사 명부를 통해서 전시회의 참가예상 제조업체, 무역업체, 판촉업체, 서비스업종업체의 명단을 작성할 수 있다.

이들 명단을 작성할 때에 개최하고자 하는 산업 분야에서 상위 100대 기업에 해당하는 업체에 대해서는 최고 결정권자와 실무담당자 및 회사의 상황도 파악해야 한다. 그리고 이들 기업에 한해서는 개최하고자 하는 전시회에 대한 의견청취, 전시회참가 여부 및 기업체의 전시회에 대한 요망사항 등을 파악해 놓는 것이 유익하다.

해외 예상 참가기업에 대한 조사는 먼저 해외에서 개최되고 있는 같은 종류의 전시회와 유사한 관련전시회가 있는지를 조사하여야 한다. 그리고 이런 유사한 전시회가 있을 때 행사의 주최자 및 주관사와 연락해서 디렉터리를 받든지 전시회에 직접 참가하거나, 아니면 유사 전시회에 참가한 기업으로부터 수령하든지 등의 여러 경로를 통해서 입수해야 한다. 또한 전시산업이 발달한 국가의 경우에는 국내 주재 외국대사관의 상무관실이나 해외에 나가 있는 KOTRA 등을 통해서 해당 국가의 업체 명단을 입수할 수 있다. 이외에도 관련 전문잡지, 신문, 매스컴 등을 통해서도 참가 대상 업체의 명단을 구할 수 있다.

따라서 위와 같은 자료를 토대로 해서 해외업체 예상 참가기업 명단을 작성하고 이들 기업들이 전시회에 참가할 가능성에 대하여 검토를 해 보아야 한다. 최대한 많은 기업들이 전시회에 참여할 때 그 전시회는 성공을 보장받을 가능성이 높아진다. 또한 시장을 선도하는 기업의 전시회 참가 여부는 그 전시회의 성패에 많은 영향을 미친다. 따라서 주최자는 시장 선도 기업의 전시 참여 여부 또한 검토해 보아야 한다.

만약 전시회 참가기업의 수가 일정 규모 이하일 때에는 그 전시회 개최를 심각하게 고려해 보아야 한다. 왜냐하면 전반적인 전시회의 수준도 떨어질 가능성도 크지만 무엇보다도 부스 판매 수익률이 하락하게 되므로 전시회 채산성이 떨어져서 주최자에게 막대한 손해를 끼칠 우려가 있을 뿐만 아니라 참관객의 규모도 줄어들게 되어 실패한 전시회가 될 가능성이 크기 때문이다.

2) 예상 참관객 검토

전시회를 기획 및 개최하기 위해서 예상 참관객이 얼마인지를 파악해야 한다. 하지만 반드시 참관객의 수가 많다고 해서 꼭 그 전시회가 성공적이라고는 말할 수는 없다. 적은 규모의 참관객이라 할지라도 그 참관객의 수준이 매우 높고 거액의 구매를 할 수 있는 바이어들로 구성되어져 있다면 참관객의 수에 관계없이 전시회의 성과가 높아질 수 있기 때문이다.

그러나 일정 수준의 참관객은 꼭 필요하기 때문에 예상 참관객 파악 및 대상 조사가 중요하다. 전시회에 대규모의 참관객이 참여할 것이라는 기대는 참가기업에게는 높은 전시성과를 올릴 수 있을 것이란 기대감을 줄 수 있다. 따라서 참관객의 규모는 참가기업의 유인에 많은 영향을 미치게 된다. 또한 유료로 운영되는 전시회의 경우 참관객의 수가 입장료 수익에 영향을 미치게 되므로 예상 참관객의 규모를 검토하여 재무계획 수립에 반영해야 한다.

예상 참관객의 조사는 전문전시회인 경우 관련 협회 회원들의 명부를 통해서 조사할 수 있다. 예를 들면, 의료기기 관련 전시회를 개최한다고 했을 때 관련 참관객이 될 수 있는 병원 구매담당자 명단을 의사협회로부터 입수하여 파악할 수 있다. 또한 전시회 개최시기에 국내 바이어뿐만 아니라 해외바이어 명단을 입수해서 초청할 수 있다. 해외 바이어명단은 한국무역진흥공사(KOTRA)나 한국무역협회(KITA) 등을 통하여 입수할 수 있고, 각 참가기업의 해외지사 및 대리점을 통해서 해외바이어 명단을 입수할 수도 있다. 중요한 참관객들은 따로 관리하여 직접 초청장을 발송하여 참여를 유도할 수도 있다.

4. 전시 인프라에 대한 검토

전시회는 많은 인프라를 필요로 하는 산업이다. 따라서 최적의 인프라를 갖추고 있는 도시나 지역은 전시산업도 같이 발달하는 것이 일반적인 모습이다. 이러한 인프라는 전시장을 비롯하여 양질의 전시 전문인력, 수준 높은 전시 협력업체, 편리한 교통시설과 숙박시설, 저렴한 체류 비용, 전화와 인터넷과 같은 양질의 통신시설 등과 함께 관광과 쇼핑 및 문화시설까지도 포함된다. 이러한 인프라가 잘 갖추어진 곳일수록 참관객들이 그 전시회를 더욱 매력적으로 느끼게 되며 더 많은 방문을 유도해 낼 수 있게 된다.

참가기업은 참관객이 많이 모이는 전시회를 선호하기 때문에 참관객이 많은 전시회일수록 참가기업의 참가의지는 더욱 높아지게 된다. 또한 참가기업은 좋은 인프라를 갖추고 있는 전시회장이 그렇지 못한 전시장에 비해 더 나은 전시활동을 할 수 있을 것으로 기대되기 때문에 전시인프라는 매우 중요하다 하겠다.

따라서 개최하고자 하는 전시회가 이러한 인프라를 충족시켜 주고 있는가를 검토하고 부족한 부분에 대해서는 최대한 인프라를 확충할 수 있는 노력을 기울여야 할 것이다. 만약 인프라가 전시회를 개최하기에 부적합하다거나 수준에 미달될 때에는 전시회 개최 취소를 고려해 보아야 할 것이다.

5. 비용 및 수익에 대한 검토

전시회는 많은 자원이 소요되는 매우 큰 이벤트라 할 수 있다. 따라서 전시회 개최에 소요되는 비용과 전시회 개최를 통해 창출되어질 수 있는 수익 구조를 검토해 보아야 한다. 대표적인 전시회 비용 항목으로는 전시장 임대료, 홍보비 및 마케팅 비용, 인건비, 기타 시설비 등이 있으며 수익 항목으로는 부스 판매 수익, 입장권 판매 수익, 각종 단체로부터 협찬을 통한 수익, 정부 및 지자체의 지원금 등이라 할 수 있다.

수익구조를 살펴보지 않고 비용을 지출하다보면 전시회가 끝난 후 엄청난 손실을 입게 되는 경우도 있을 수 있다. 따라서 수익과 비용의 균형을 맞출 수 있는 범위 내에서 예산 편성이 이루어져야 하고, 다음 전시회 준비를 위하여 어느 정도 이익을 거둘 수 있도록 자금 운용이 이루어지는 것이 좋다. 따라서 전시회 개최 타당성의 검토를 할 때에는 비용과 수익에 대한 철저한 검토가 꼭 이루어져야 한다.

6. 기타 검토사항

전시회를 성공적으로 개최하기 위해서 정부, 관련협회 단체 등의 협력이 필요하다.

전시회의 개최 타당성 검토를 통해서 참가대상 업체를 파악하면서 협조를 받아야할 정부 관련기관이나 담당자 및 관련 산업의 협회나 조합, 연구소, 매스컴시설 장치업체를 파악해야 한다.

전시회의 관련정부기관이나 단체와 협력하기 위해서 먼저 협조를 요청할 기관이나 단체가 전시산업분야에 얼마나 영향력을 미치고 있는지 또 직접적으로 도움을 줄 수 있는지를 파악해야 한다. 왜냐하면 그 전시회에 영향을 많이 미친다고 하더라도 협조를 받아내지 못하면 아무 소용이 없기 때문이다. 그리고 협조를 요청할 기관이나 단체가 공신력을 가지고 있는가를 파악해야 한다. 영향력이 있고 협조 가능성이 많다고 하더라도 참가기업으로부터 신뢰를 얻지 못하는 기관 및 단체가 협조기관이라고 한다면 도리어 부정적인 결과를 가져 올 수 있다.

다음으로 전시회를 성공적으로 개최하기 위해서 개최할 전시회에 대한 내용을 홍보해야 한다. 이런 홍보를 하기위해서 매스컴 및 언론기관을 이용해야 한다. 공신력 있는 언론이나 매스컴과는 필요시에 공동주최를 고려할 수도 있고, 아니면 주관 및 협력단체 등으로 선정해서 전시회를 개최할 수 있다.

그러나 전시회를 개최하고자 하는 주최자를 언론기관이나 매스컴 등으로 선정할 때에는 이들 기관의 영향력, 협력도, 공신력 등을 고려해서 신중하게 선정해야 할 것이다. 그렇지 않으면 협력에 상응하는 비용만을 낭비할 수 있다.

마지막으로 시설 장치업체를 선정해야 하는데, 그 중에서 인쇄업체는 미리 선정해야 한다. 왜냐하면 인쇄 업무는 전시회 기획에서부터 시작하여 전시회가 진행되는 기간 동안 꽤 장시간에 걸쳐 매우 필요하기 때문이다.

또한 전시회가 개최되는 도시나 지역주민들의 전시회에 대한 태도도 검토해 보아야 한다. 전시회가 개최되는 동안 지역주민들의 많은 협조 및 이해가 필요할 수도 있다. 따라서 지역 주민의 태도에 따라 전시회가 더욱 원활하게 진행될 수도 있고 그렇지 못할 수도 있기 때문이다. 그 외에도 전시회 개최시 필요한 입지의 공급 가능성, 전시회 개최 관련 각종 법규 및 규정 등도 검토해 보아야만 한다.

전시회 기획 및 개최 타당성 검토사례

1. 전시회 개요

1) 명 칭

▣ 국문 : 국제○○페어 및 세미나

▣ 영문 : INT'L ○○○FAIR & CONFERENCE

▣ 약칭 : ○○○FAIR KOREA 2002

2) 기 간

▣ 준비기간 : 2010. 11. 27 ~ 29(3일)

▣ 전시기간 : 2010. 11. 30 ~ 12.3(4일)

▣ 철거기간 : 2010. 12. 4(1일)

3) 장소 : COEX 전시장 신관 1층(인도양 홀)

4) 규모 : 3.645㎡

5) 운영기관

▣ 주최 : 한국○○산업협회

▣ 주관 : ○○연구소
코엑스, ○○○전시회, ○○○업체

▣ 후원 : 산업자원부

6) 목 적

▣ 지식기반 및 첨단 ○○산업의 산업회 촉진 및 유도

▣ ○○산업분야의 기반확대 및 국제경쟁력 증진

▣ ○○산업제품 및 ○○공학기술의 기술이전 및 제휴기회 제공

7) 주요출품 품목

AGRICULTURE, BIOTECHNOLOGY,
CHEMICALS, COMMUNICATIONS/PUBLICATIONS,
CONTRACT MANUFACTURER, DEVICES,
DIAGNOSTICS, ENVIRONMENTAL, ENZYMES,
FINANCE, GENMICS, LEGAL/LAW FIRMS,
PHARMACEUTICAL, PLATFORM/TOOLS
RESEARCH ORGANIZATION, THERAPEUTICS.
VACCCINES

2. 개최 타당성 검토

1) 국내 시장규모와 전망

구분	1997년	2000년	2003년	2008년	2020년
내수(억원)	24,700	211,000	225,000	263,000	2,150,000
수출(백만달러)	2,250	2,700	21,600	24,200	210,000

2) 대상업체수

▣ 국내참가 대상업체수 : 총 400개사

분 야	참가 기업수
○○○인포메틱스	3
○○화학 · 의료	81
○○화학	14
○○환경	24
○○○식품	61
○○○농업 · 해양	47
○○○에너지 · 자원	11
○○공정 · 엔지니어링	42
○○학적 검정	14
기타	60

▣ 해외 참가대상 기업수 : 총 200개사

▣ 예상 참관객

- 참관객의 수는 파악이 불가능하나 사회적인 ○○○붐 및 주식시장의 ○○○관련기업의 IR관심도를 고려할 때, 일정부분의 참관객 그룹은 형성될 것으로 예상
- 산업의 특성상 해당분야의 전문가 및 기관투자자가 본행사의 주요 참관객이므로 소수의 참관객이 내방하더라도 전시회의 성공여부에는 영향을 미치지 못할 것으로 판단함.

3) 협력기관 선정

▣ 주최기관 선정

① 선정기관 : 한국○○산업협회

② 사유

- 국내 ○○산업을 대표하는 협회로 주요 대기업이 회원사로 있음.

• 지식경제부와 공동으로 ○○○관련 투자협력회의를 준비하고 있어 동 행사와 연계시 시너지효과 발생 예상

▣ 주관기관 선정(공동주관)

기관명	사 유
○○연구소	• 국내 최대의 ○○○연구소로서 본 행사의 컨퍼런스 방향설정 및 운영에 필요 • 해외연구센터(영국, 중국)를 통한 해외홍보, 강화 • ○○○연구소에서 육성하는 ○○벤처센터의 벤처업체 유치용의
○○○전시회	• 미국 ○○○○의 한국지사로서 해외 네트워크를 이용 해외업체 유치용의
○○○업체	• ○○정보 전문회사로서 ○○회사 및 ○○관련 대상업체의 유치용의

4) 결 론

▣ 동 산업이 성장기 단계이므로 수출입동향, 시장의 경쟁 정도, 유통구조, 제품의 순환주기 등의 자료를 파악하기 힘드나,

▣ 향후 21C를 선도할 산업임이 자명함.(2011년 시장규모 200조원 예상)

▣ 정부의 연구 개발기금 투자, 사회적인 분위기 및 사전 준비단계시 관련기관 접촉결과를 고려할 때 동 전시회의 성공가능성 높음.

접촉기관	내 용
미국 ○○○ group	미국의 ○○○업체들이 한국기업과의 제휴를 원하고 있어, 전시기간이 촉박하나 10개 정도의 미국기업이 참가의사가 있음을 전해옴.
○○○연구소	독일 및 영국기업이 한국에 진출하려는 offer가 계속되는 상황으로 전시 참가 가능성 높음.
○○○벤처기업	○○○벤처기업의 제일목표가 투자기금모집에 있어 다수의 벤처기업이 전시회 참가의사 표명

제3절 전시회 기획의 구성요소

전시회 구성요소

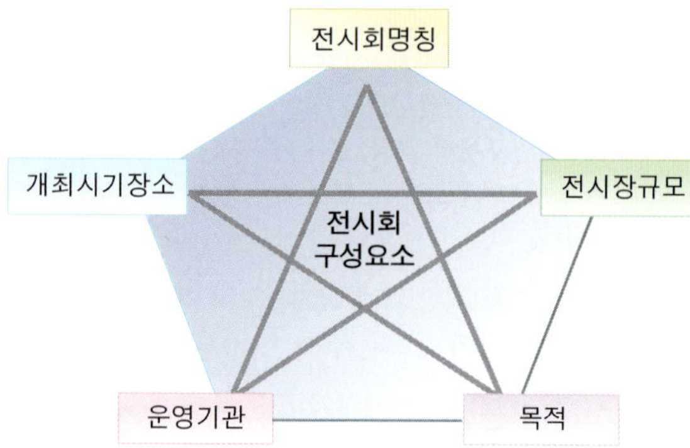

1. 전시회 명칭 선정

전시회의 개최 타당성 검토를 통해서 전시할 산업분야가 결정되면 전시회 명칭을 선정해야 한다. 전시회의 명칭 개발은 가장 중요한 사항 중 하나인데, 이는 전시할 산업분야를 함축하는 명칭을 만들어 전시회 명칭이 참가기업 및 참관객들의 관심을 끌고 참가하도록 유도해야 하기 때문이다. 전시회 명칭은 전시회의 성격과 내용을 결정하는 것이므로 명칭을 통해 전시회에 대한 기대감이 유발되도록 해야 하며, 무슨 전시회를 하는지 불분명한 명칭은 곤란하다.

따라서 전시회의 정체성을 표현해 낼 수 있는 명칭을 결정해야 한다. 전시회의 명칭은 홍보에 유리하도록 매력적이고 신뢰를 유발해 낼 수 있어야 하며 개최하려는 전시회의 이미지 창출에 적합한지에 대한 검증이 필요하다. 전시회의 의도와 개최 목적을 내포하고 있으며, 누구나 쉽게 친숙해질 수 있는 명칭을 개발한다면 전시회의 이미지 메이킹은 이미 어느 정도 성공했다고 할 수 있다.

전시회 명칭은 꼭 한 가지 정식 명칭만을 써야 하는 것이 아니다. 영문 및 약어로 하여 전시회 이름만 보아도 쉽게 전시회를 파악하고 유도할 수 있는 명칭이 좋다.

전시회 명칭은 전시회의 내용과 참가대상 기업이나 참관객들에게 막대한 영향을 미치기 때문에 전시기획자는 광고 카피라이터들이 광고 문안에 정성을 들이듯이 전시회 명칭 작명에 많은 시간을 할애해서 정성껏 만들어야 할 것이다. 필요하다면 보다 기발하고 멋있는 작명을 위해 널리 공모하거나 전문적인 카피라이터에게 의뢰하는 것도 좋은 방법이다. 또한 전시회 명칭과 더불어 전시회 고유로고나 상징을 개발하는 것도 중요하다.

2. 전시회 개최시기 및 기간

전시회의 개최 타당성 검토를 통해서 어떤 전시회를 개최할 것인지와 명칭이 결정되었으면 전시회에 대한 개최시기를 확정해야 한다.

전시회 개최과정은 대부분 3단계로 나누는데, 준비단계, 전시단계, 철거단계로 나눈다. 일반적으로 준비단계는 3일, 전시단계는 4일, 철거단계는 1일로 해서 총 전시회 일정은 준비기간을 포함해서 8일이다.

전시회 개최의 적정 시기는 산업의 동향 및 계절적 특수성, 경쟁 전시회 일정 등의 고려에 따라 다르다. 먼저 산업에 따른 적정시기를 살펴보면 보통 해당산업의 제품이 성수기에서 비수기로 넘어가는 시기가 좋다고 할 수 있고, 그 다음으로 좋은 시기는 각 기업들의 홍보활동이 활발해지는 비수기에서 성수기로 들어가는 시기라 할 수 있다. 그러나 이런 시기들을 고려하지 않고 전시회를 개최하고자 한다면 기업들이 신제품을 개발하여 시장에 내놓는 시기가 적당한 개최시기라 할 수 있다.

다음으로 계절적 특수성을 고려해서 적정시기를 결정해야 한다. 예를 들면, 포토전시회를 한다고 했을 때, 카메라를 만드는 업체의 제일 바쁜 시기는 5~6월이다. 그러므로 포토전시회를 5~6월에 개최하게 되면 기업들의 참여가 저조할 가능성이 크다. 또한 크리스마스용품 전시회 개최한다고 했을 때 각 기업들은 크리스마스 시즌인 12월에 대비해서 각종 용품들을 미리 만들기 때문에 11월이 가장 바쁘다 할 것이다. 따라서 11월에 크리스마스용품 전시회를 개최하기란 시기적으로 쉽지 않을 것이다. 그러므로 전시회 개최시기를 정할 때에는 제품의 계절적 특수성을 고려해야만 한다.

마지막으로 경쟁 전시회와 해외 유명전시회의 일정을 고려해야 한다. 개최하고자 하는 전시회와 유사한 경쟁 전시회와 해외 유명전시회의 개최시기가 근접되거나 중복되는 것을 피하는 것이 좋다. 왜냐하면 전시회를 한 번 만들면 장기적으로 계속 개최해서 성공적인 국제전시회로 성장하도록 노력해야 하는데, 경쟁 전시회 또는 해외 유명전시회와 개최 일정이 겹치게 된다면 참가기업 및 참관객의 참여율이 떨어지게 될 가능성이 있기 때문이다. 따라서 최소한 유사 전시회 사이에 간격시기를 두어야 하는데 평균적으로 5개월의 간격을 두는 것이 좋고 불가피한 경우는 3개월 정도는 간격을 두어야 한다. 이는 기업이 참가 전시회에서 다음 참가 전시회로 이동하고 준비할 수 있는 시간이 3개월 정도는 가져야만 하기 때문이다.

3. 전시장 선정 · 규모 및 공간 구성

1) 전시장 선정 및 전시장 규모

전시장의 선정은 전시회의 성격에 가장 적합한 지역에 위치한 전시장을 선정하는 것이 좋다. 전시장을 선정할 때에는 여러 가지 사항들을 고려해야 하는데 우선 편리한 대중 교통수단이 확보되어 있는지, 그 지역의 물가수준, 기후, 숙박시설은 양호한지, 전시장의 임대 가격은 적당한지, 그 지역이 참관객들에게 인기가 있는 지역인지 등의 입지조건을 살펴보아야 한다. 즉 전시장을 선정할 때에는 산업적 성격과, 입지조건, 가격, 편리성과 함께 전시회장 자체의 적합성도 따져 보아야 한다.

전시회에서는 전시장규모를 잘못 선정하면 상당한 애로를 겪게 된다. 따라서 개최할 전시장소가 결정되었으면 개최하고자 하는 전시회에서 전시장의 면적과 부대시설을 어느 정도나 사용할 것인지를 결정하여야 한다. 전시장의 규모는 타당성조사에서 살펴본 규모를 기준으로 하여 해외 유사 전시회 전시장의 규모, 예상 참가기업의 수, 예상 참관객의 수, 제품의 크기 등을 고려해서 결정해야 한다. 이렇게 결정된 전시장의 규모는 통상적으로 예상보다 20% 정도 여유 있게 사용 면적을 잡는 것이 일반적이다.

2) 전시장 공간 구성

전시장 공간 구성은 전시회 실행에 있어 가장 중요한 부분 중 하나이다. 방문객의 편의성을 도모하여야 하는 전시장 구성 계획은 전시회의 성패를 좌우한다.

전시장은 참관객의 동선을 고려하여 전시장 내 모든 참가기업의 부스로 방문을 유도할 수 있도록 전시공간과 세부 행사 및 부대시설 공간을 연계 배치하여야 한다.

전시공간은 주최측에서 일괄 시공관리하는 조립식 부스 설치공간과 참가기업에서 개별적으로 디자인하고 시공하는 독립 부스 설치 공간으로 구분된다. 대형 참가기업의 독립 부스로 인해 조립식 부스로 참가하는 소규모 참가기업이 피해가 가지 않도록 독립 부스의 높이 제한 필요 여부를 확인하고 독립 부스 공간과 조립식 부스 공간의 적절한 배치가 이루어지도록 하여야 한다. 또한 참관객의 높은 관심을 끌어 방문을 유인할 수 있는 독립 부스의 위치와 이벤트 공간(무대 등)을 전략적으로 배치하여 참관객이 전시장 내 모든 부스를 관람할 수 있도록 유도할 수 있는 동선 계획 수립이 필요하다.

그리고 전시회의 특징 및 타깃층에 따라 휴식 공간, 안내시설(안내부스, 통역시설, 각종 표지판, 게시물 등), 비즈니스 공간(프레스센터, 바이어 상담공간 등) 및 추가 편의시설(수유실, 의료시설)의 규모 및 배치를 계획하여야 하며, 전시장에서 자체 보유하고 있는 화장실 등의 편의시설 및 소방, 전기 등 안전시설도 전시장 계획시 고려하여야 한다.

이 모든 공간의 배치에는 참관객이 편리하고 쾌적하게 전시를 관람할 수 있는 전시장 통로 계획이 선결되어야 한다. 또한 필요 이상의 많은 편의시설 등의 설치로 방문객과 전시공간의 장애물이 발생하지 않도록 주의하여야 한다.

전시장 공간 구성

항 목	내 용
전시 공간	• 전시회 참가기업의 전시 공간 • 참가 부스 형태에 따라 조립식 부스 설치 공간과 독립 부스 설치 공간으로 구분
부대행사 공간	• 전시 이외 참관객 등을 대상으로 진행되는 기타 프로그램 진행 공간 • 특설 무대, 회의 시설, 체험 이벤트 공간 등
편의 시설	• 방문객 편의를 제공하기 위해 계획된 공간 • 통로, 휴식공간, 인터넷 라운지, 수유실 등
비즈니스 지원 공간	• 전시회 이벤트 참가기업 및 방문 프레스를 위한 업무지원 공간 • 이용자 제한 운영 • 프레스센터, 바이어 상담실, 비즈니스센터 등
안내시설	• 방문객에게 전시장 참가 지원 및 프로그램, 전시장 안내 공간 • 티켓 판매부스, 등록 데스크, 안내 데스크, 부스 배치도, 표지판 등

4. 운영기관

전시회의 운영기관은 전시회를 실질적으로 책임을 지고 이끌고 나가는 기관이다. 이런 운영기관은 주최기관, 주관기관, 후원기관으로 나눌 수 있다. 일반적으로 주최가 주관보다 상위개념으로 실질적인 권한을 가지며 주최자가 대외적으로 공신력이 약할 경우 명성 있는 기관이나 단체를 주최기관으로 내세우기도 한다. 그러나 현실적으로 실질적인 운영 권한을 가지는 것은 주관기관으로서 전시회의 진행과 운영, 관리를 모두 책임지고 수행한다. 후원기관이나 협찬기관은 전시회가 성공적으로 개최될 수 있도록 돕거나 협조하는 기관이다.

운영기관은 전시회에 많은 업체 및 참관객들이 참가할 수 있게 하기 위해 대부분 공공단체 및 기관, 후원사, 대기업, 연구소 등이 공동으로 구성된다.

이렇듯 운영기관을 공신력 있는 기관과 단체로 구성하는 목적은 각 관련단체와 전시회를 공동으로 개최함으로써 전시회에 대한 이미지를 높이며, 국내외의 관련기관이나 단체 그리고 업체들, 또는 자국 주재 대사관이나 외국 공관, 무역관, 외국상사들에게 그 영향력을 발휘하기 위함이다. 또한 한편으로는 외국관련 기업이나 단체들이 국내에서 개최하는 전시회에 대한 정보(즉 주최자나 관계자들의 능력과 관련기업체나 단체들의 호응도 등)가 적거나 신생 전시회의 성공여부를 짐작할 수 없기 때문에 참가를 주저할 경우가 있다. 이럴 때 외국기업들이 운영기관에 소속된 정부나 관계기관 또는 단체나 업체들의 공신력을 믿고 전시회 참가결정을 쉽게 할 수 있게끔 하고자 하는 목적도 있다.

5. 목 적

무슨 일이든지 목적은 배가 항해를 할 때 키와 같은 역할을 하기 때문에 목적의 중요성은 매우 크다. 따라서 전시회를 기획하고자 할 때에는 시기적절하며 모두가 공감할 수 있는 목적의 수립이 필요하다.

목적은 명확할수록 좋다. 목적이 선명하면 전시회 진행자들이 업무의 추진방향을 명확히 이해하게 되고, 돌발적인 상황이 발생하거나 문제가 일어났을 때 신속하게 대처할 수 있다. 따라서 목적은 전시회의 방향을 결정하기 때문에 개최하고자 하는 전시회의 의도와 내용과 시대의 흐름에 맞추어서 적절하게 설정해야 한다.

제4절 예산편성

1. 예산수립의 의의

전시회의 예산을 수립하는 것은 전시회의 개최 타당성 검토를 통해서 전시회 개최가 결정되고 난 후에 수행해야 할 업무이다.

기획서의 예산편성은 수입예산과 지출예산을 함께 편성하여야 한다. 전시회 경력이 쌓이게 되면 전시회 지출예산의 오차를 줄일 수 있지만 초기에는 오류가 있을 가능성이 많다. 따라서 전시회 예산편성에 있어서는 예산항목을 빠짐없이 설정하였는가가 매우 중요하다.

전시회 예산편성은 수입예산과 지출예산으로 분류한다. 수입예산에는 부스 참가비, 부대시설 사용료, 후원금, 광고비, 세미나 및 전시장 입장료 등이 있다.

지출예산에는 고정성 지출항목으로 전시장사용료, 전시 장치비, 도서인쇄비 등이 있고, 수입과 유동성 지출항목으로는 광고 · 홍보비, 교통비, 공동주최 수수료 등이 있다.

전시회 예산 수립시 유의사항은 예상 참가기업의 수 및 부스 수를 잘 판단하여 적절한 전시규모를 산출하고, 현금흐름을 고려한 재정확보방안을 수립해야 하는데, 예비비 항목은 전체 예산의 3~15% 범위에서 하는 예산편성이 적절하다.

2. 수입 예산편성

수입 예산편성을 할 때 수입결정요인으로 가장 큰 부분을 차지하는 것은 독립부스 및 조립부스의 참가비로 수령하는 금액이다. 독립부스 및 조립부스의 참가비를 조절하기 위해서는 우선 전시회 규모를 통해서 참가부스를 책정해야 한다. 전시회 규모란 개최할 전시회에서 전시장을 사용하는 면적이다. 전시회 규모를 전시회 예상 참가기업 및 참관객, 예상 참가기업의 제품 크기 등을 통해서 전시회규모를 예측하는 것을 앞에서 보았다. 이렇게 예측한 전시회규모를 통해서 예상 참가 부스 수를 추정해야 한다. 예를 들면 COEX의 태평양홀은 3,160평으로 4개실로 만들 수 있는데, 1개실이 대략 120부스를 설치할 수 있다. 따라서 전시회규모를 통해서 1개실 정도가 추정 사용할 수 있다면 대략 넉넉하게 120개 부수를 예상할 수 있다. 하지만 전시회가 성공하려면 적어도 평균 240개 부스는 되어야 한다.

독립부스 및 조립부스의 참가비를 계산하기 위해서 먼저 참가부스 수를 추정한다. 다음으로 참가비 단가를 결정해야 하는데, 이는 해외 및 국내 유사 전시회의 참가비와 추정한 예상부스 수로 예상 총지출 금액을 나눈 금액에서 수수료를 더한 금액과 비교해서 고려해야 한다.

후자에서 나온 단가에다가 1개 부스를 만드는 장치비용을 합하면 조립부스의 참가단가를 구할 수 있다. 즉 조립부스는 추정한 예상 부스 수로서 예상 총지출금액을 나눈 금액에서 수수료와 1개 부스 장치 단가비를 합치면 된다. 따라서 독립부스 및 조립부스의 총 참가비는 예상참가부스 수에 독립부스 및 조립부스의 단가를 곱하면 쉽게 구할 수 있다.

독립부스 및 조립부스 참가비 이외의 수입예산은 관리비, 광고비, 입장료, 협찬금, 기타 등이 있다. 관리비 안에는 전기설치 사용료, 전화설치 사용료, 급배수설치와 사용료, LAN 설치 사용료, 바코드 사용료, 지게차 사용료 등이 포함된다. 관리비 계산은 대부분 비슷하므로 그 중에 전기설치 사용료의 경우만 보면 다음과 같다. 전기설치 및 사용요금은 동력전기공사비용으로 간선비용과 재료비 포함하여 전기배선을 설치하는 설치비용과 전기사용료로 구분한다. 설치단가는 각 전문전시장마다 정해져 있다. 이 세 가지를 합해서 전기설치 사용요금이라 하고, 이를 참가기업으로부터 징수한다. 이 중에 간선비용과 설치비용을 전기공사 장치업체에게 지급한다. 그리고 전기 사용료는 전시장 측에서 정산되어진 요금에 기초하여 전시회가 끝난 후 지정된 금융기관에 납부한다. 전기 사용료는 공과금의 일종이므로 원칙적으로 참가기업과 정산해야 하는데 대부분 하지 않고 있다. 전문 전시장의 경우 전시회가 끝난 후에 곧바로 또 다른 전시회가 개최되기 때문에 주최자 측에서는 전기 계량기 점검을 할 필요가 있다. 위와 같은 방식으로 전기설치 사용단가를 구해서 전체 전기 예상 사용량을 곱하면 전기설치 사용료를 구할 수 있다.

협찬금은 전시회마다 금액이 다르고, 광고비는 주최자가 만드는 디렉터리 및 브로슈어 · 팸플릿 등에 참가기업들의 광고를 실어주면서 받는 금액이다.

그 이외에 세미나 등 추가비나 입장료 수입 등이 있지만 수입의 큰 역할로서 기능을 하지 못하고 있다.

수입예산 사례

항 목	산 출 근 거				금 액
독립 참가비	1) 독립부스(1) :	₩3,150,000/부스×	100 부스		₩315,000,000
	독립부스(2)	₩2,150,000/부스×	100 부스		₩215,000,000
	독립부스(3)	/부스×	부스		₩0
	독립부스(4)(US)	/부스×	부스	×₩120	₩0
				계	₩530,000,000
조립 참가비	2) 조립부스(1)	₩3,700,000/부스×	200 부스		₩740,000,000
	조립부스(2)	/부스×	부스		₩0
	조립부스(2)	/부스×	부스		₩0
	조립부스(4)(US)	/부스×	부스	×₩1200	₩0
				계	₩740,000,000
관리비	3) 관리비				
	가. 전력설치 사용료 :	₩40,000/KW×	800 KW		₩32,000,000
	나. 전화설치 사용료 :	₩40,000/대×	100 대		₩4,000,000
	다. 급배수설치 사용료 :	₩100,000/개소×	개소		₩0
	라. 압축공기 사용료 :	₩100,000/개소×	개소		₩0
	마. LAN설치 사용료 :	₩120,000/개소×	100 개소		₩12,000,000
	바. 바코드 사용료 :	₩200.000/대×	0 대		₩0
	사. 지게차 사용료 :	₩15,000/시간×	시간		₩0
				계	₩48,000,000
광고비	4) 광고비(1)				₩10,000,000
	광고비(2)				₩0
	광고비(3)	디렉터리 광고			₩0
				계	₩10,000,000
입장료	5) 입장료(1)	₩5,000/인×	8,000 명		₩40,000,000
	입장료(2)	/인×	명		₩0
	입장료(3)	/인×	명		₩0
				계	₩40,000,000
기 타	6) 기타(세미나 등록비)				₩10,000,000
소 계					₩1,378,000,000

3. 지출 예산편성

지출 예산편성은 직접경비와 간접경비로 분류할 수 있지만, 고정성지출 항목과 수입과 연동되는 유동성지출 항목으로 살펴보고자 한다. 고정성지출 항목 중에 포함되는 전시장 사용료를 보면, 전시장 사용료 안에는 임차료, 기본 관리비, 전기사용료, 전화사용료, 냉난방비, 세미나실료 등이 포함된다.

먼저 임차료를 산출하는 방식은 다음과 같다. 시용임차료는 각 전시장의 전시회요율단가×임대일수(준비, 전시, 철거기간 포함)×사용면적(m²)×시기별 등차율×위치할증, 분할할증×규모별 할인율로 계산한다. 예를 들면 보석디자인전시회가 3월중 태평양홀 1개인 2,529m²을 사용하고 전시개최일수는 준비기간을 포함해서 8일일 때 임대료를 계산하면 다음과 같다.

1,400원×8일×2,592m²×10×1.1×1.0×1.0=319,334,400원

둘째, 기본관리비는 다음과 같이 구할 수 있다. 기본관리비요율단가×임대일수(준비, 전시, 철거기간 포함)×사용면적(m²)을 통해서 구할 수 있다.

위의 예의 보석전시회의 기본 관리비를 구하면 다음과 같다. 즉

310원×8일×2,529m²=6,271,920원

셋째, 전기사용료는 다음과 같이 구할 수 있다. 전기사용료 시간당 기본단가×총예정사용량×전시회개최일수(준비기간 포함)×전시회운영일수(준비기간을 제외)

위 사례에서 보석전시회의 전기사용료를 계산해보면 다음과 같다.(단, 800Kw 추정 시)

130원×800Kw×8일×5일=4,160,000원

넷째, 전화사용료는 다음과 같이 계산할 수 있다. 전화 한 대당 사용단가×총전화 사용대수로 계산한다. 위 사례에서 전화 한 대당 사용단가 17,000원이고, 총 전화를 40대 사용 시에

17,000원×40대=680,000원

다섯째, 냉난방비는 다음과 같이 계산할 수 있다. 냉난방비 단가×사용면적(m²)×냉난방사용일수로 계산한다. 따라서 다른 지출항목도 위와 같은 방식으

로 계산된다. 고정 지출항목 중에 전시장 사용료 이외에 전시 장치비, 도서인쇄비가 있는데, 전시 장치비 내역에는 조립부스 설치비, 통로 시공비(카펫, 파이렉스), 입구현관, 상황판, 전기설치비, 전화설치비, 압축공기설치비, LAN설치비, 부스설치비 등이 포함된다. 도서인쇄비에는 인쇄 팸플릿, 참가신청서안내서, 포스터, 디렉터리, 초청장, 등록카드, 출입국, 바코드 패찰 등의 항목이 들어간다. 유동성 지출항목으로 광고 · 홍보비, 예비교통비, 지급수수료, 회의비, 판촉 활동비, 통신비, 잡비 등이 있다.

지출예산 사례

항 목	산 출 근 거				금 액
가. 전시장 사용료	1) 임차료(1)	₩1,280/m²일×	10,368m²×8일		₩106,168,320
	2) 전기사용료 :	₩120/kw×	40kw×	10시간×5일	₩2,400,000
	3) 전화사용료 :	₩17,000/대×	50 대×	5일	₩4,250,000
	4) 냉난방비 : (월별요율 적용)	₩140/m²×	10,368m²×7일		₩10,160,640
	5) 관리비	₩280/m²일×	10,368m²×8일		₩23,224,320
	소 계				₩146,203,280
나. 전시 장치비	1) 조립부스설치비 :	₩280,000/부스×	120부스		₩33,600,000
	2) 특수부스	미정	50부스		
	3) 카펫설치비 : –재활용기준	₩4,200/m²×	8,838m²		₩37,119,600
	4) 입구현판 :	₩1,500,000/2실×	2개		₩3,000,000
	5) 배너(난간) :	₩500,000/개당×	4개		₩2,000,000
	(내부) :	₩80,000/개당×	24개		₩1,920,000
	6) 유도사인 :	₩250,000/개당×	10개		₩2,500,000
	7) 상황판 :	₩1,000,000/개당×	1개		₩1,000,000
	8) 바코드부스 :	₩300,000/개소×	1개		₩300,000
	9) 등록대 :	₩500,000/개소×	2개		₩1,000,000
	10) 육교현판 :	₩850,000/조당×	10조		₩8,500,000
	11) 안내데스크 :	₩600,000/개당×	1개		₩600,000
	12) 전기설치비 :	₩10,000/kw×	400kw		₩4,000,000
	13) 전화설치비 :	₩10,000/대당×	50대		₩500,000
	14) LAN설치비 :	₩80,000/개소×	50개소		₩4,000,000
	소 계				₩100,039,600

항 목	산 출 근 거				금 액
다. 지급 수수료	1) 경비용역료(주간)	₩45,000/인.일×	56	(연인원)	₩2,520,000
	(야간)	₩50,000/인.일×	56		2,800,000
	2) 보세설영비	₩45,000/건×	10	(연인원)	₩500,000
	3) 산업폐기물처리비 :	₩60,000/㎡×	1	건	₩45,000
	소 계				₩5,830,000
라. 잡 비	1) 일용근로자 −전시업무보조	₩40,000/인.일×	2인×	10일	₩800,000
	2) 주차료(상용)	₩20,000/인.일×	80업체×	4일	₩6,400,000
	주차료(시간)	₩5,000/시간	6	4일×160업체	₩19,200,000
	3) 개막식비품				₩0
	−생화 :	₩6,000/개당×	30개		₩180,000
	−장갑 :	₩2,000/켤레×	30켤레		₩60,000
	−음료수 :	₩3,000/잔×	30잔		₩90,000
	−건전지 :	₩10,000/회×	10회		₩100,000
	−개막식 사진 :	₩200/장×	100장		₩20,000
	−앨범 :	₩20,000/권×	1권		₩20,000
	−VIDEO 촬영 :	₩400,000/회×	1회		₩400,000
	−필름 :	₩3,500/통×	5통		₩17,500
	−오색테이프 :	₩3,000/롤×	1롤		₩30,000
	소 계				₩27,317,500
합계(A)					₩227,230,380
일반관리비 및 이윤(A의 15%)					₩41,584,557
합계(B)					₩318,814,937
부가세(B의 10%)					₩31,881,493.7
총계					₩350,696,430.7

Closing Exhibition

온라인 전시회의 컴백

닷컴 열풍이 불던 10년 전, 오프라인 전시회가 사라지게 될 것이라는 말이 난무했다. 온라인이 활성화되면서 온라인전시회가 오프라인 전시회를 대체할 것이라는 논리였다. 하지만 닷컴 열풍이 식고 10년이 지난 오늘, 오프라인 전시회는 여전히 힘을 발휘하고 있다.

최근 온라인 전시회가 다시 돌아왔다. 왜 다시 온라인 전시회인가? 10년 전 온라인 전시회 열풍과 어떻게 다를까?

온라인 전시회는 전시회 홈페이지를 활용해 인터넷상에서 참가기업과 바이어를 연결해주는 것을 일컫는다. 기존 전시회들이 홈페이지에 단순히 제품리스트와 콘택트 포인트만을 제공하는 것과는 달리 참가기업들은 미니홈피 등 온라인부스를 활용해 적극적인 홍보활동을 벌일 수 있다.

최근 온라인 전시회를 적극적으로 활용하고 있는 전시회로는 이플러스의 '서울국제임신출산육아용품전시회(베이비페어)' 이상네트웍스의 '경향하우징페어', 코엑스의 '서울국제식품산업전(FoodWeek)' 등이 있다.

오준화 이플러스 e비즈팀 팀장은 "온라인전시회가 돌아온 이유는 인터넷에 대한 접근도와 친근도가 높아졌기 때문"이라면서 "인터넷에 익숙한 엄마들이 온라인 베이비페어의 붐을 일으키고 있는 장본인"이라고 분석했다. 인터넷과 친숙해진 세대들이 온라인 전시회를 적극적으로 활용하고 있다는 설명이다.

온라인전시회가 전시회 효율을 높인다

지난 21일 서울 삼성동 코엑스는 아기엄마, 아기들로 인산인해를 이뤘다. '베이비페어'를 참관하기 위해 모인 인파였다. 전시장을 찾은 예비엄마 김소정 씨는 '온라인베이비페어(www.babyfair.co.kr)' 홈페이지에서 구매할 유모차에 대한 정보를 꼼꼼히 따져봤다. 인터넷상으로는 S사와 Q사 제품 모두 괜찮은듯 싶었지만 가격이 워낙 고가다보니 직접 보고 비교해봐야겠다는 생각이 들어 전시장을 찾았다.

전시회에 가기 전에 온라인 베이비페어 홈페이지 회원으로 가입했기 때문에 입장료는 무료였다. 회원전용 무인 등록대에서 등록절차를 마치고, 전시장에 입장하기 전에는 전시장 플로어 맵(Floor Map)으로 참가기업 부스 위치를 확인했다. 관심 있는 참가업체의 부스는 쉽게 찾을 수 있었다. 업체담당자에게 자신이 원하는 제품 모델명을 말하니 제품을 보여주면서 설명해줬다. 현장에서 설명을 듣고 직접 작동도 해보니 마음을 정할 수 있었다. 전시회 현장 할인가가 적용돼 3적용나 저렴한 가격에 유모차를 구입해 돈도 절약할 수 있었다. 업체담당자도 소정 씨 같은 타깃 고객에게 홍보활동을 집중할 수 있어 경제적이었다.

소정 씨가 유모차 출품 업체를 빠삭하게 꿰고 있는 것은 인터넷 덕분이다. 베이비페어 전시주최사 이플러스는 지난해부터 참관객이 손쉽게 온라인 베이비페어 홈페이지에서 제품 카테고리별로 출품기업을 검색하고, 제품정보를 얻을 수 있도록 기업 미니홈피를 운영하고 있다.

온라인전시회 도입 사례

코엑스는 한국전자거래진흥원의 2008, 2009년 e-trust 인증업체 다윗트러스트와 손을 잡고 'FoodWeek 2008'에 일본바이어를 유치하기 위해 공동마케팅을 벌이고 있다. 'FoodWeek 2008'과 '한국식품특별전Web-fair'의 공동마케팅을 통해 시너지 효과를 극대화한다는 계획이다. 현재 다윗트러스트는 10월 20일 오픈을 목표로 '한국식품특별전Web-fair' 웹페이지를 구축하고 있다. '한국식품특별전Web-fair'는 일본바이어에 포커스를 맞췄다.

지난 3월 경기도 고양시 킨텍스에서 열린 '경향하우징페어'는 오프라인전시회의 한계인 시공간을 초월한 전시회라는 콘셉트로 '365일 경향하우징페어(http://online.khfair.com)'의 개념을 도입했다. 온, 오프라인 전시회의 시너지 효과를 도모한 것. 기존 전시 주최사들이 단순히 전시회 홈페이지를 활용해 참가업체를 평면적으로 홍보하는 것과의 차별화를 위해 UCC형식과 비슷한 V-카탈로그(전자카탈로그)도 도입했다. V-카탈로그는 여러 장의 사진을 이어 붙여 포토영상으로 만든 것으로 제품과 시공사례를 입체적으로 설명한다. 네이버, 다음, 구글 등 포털사이트와 조선일보, 동아일보 등 60여개 제휴 사이트를 통해 참가기업과 출품제품을 검색하고 노출되는 데 최대한 역량을 집중했다. 중국 최대의 e마켓플레이스 알리바바닷컴(www.alibaba.com)과도 업무협약을 맺고 알리바바닷컴 사이트에 '경향하우징페어' 참가기업을 소개하는 등 참가기업과 바이어 간 비즈니스기회 창출에도 총력을 기울이고 있다.

▲ 온라인 전시회의 모습

온라인 전시회의 가능성

온라인 전시회의 가장 큰 장점은 시공간 초월이다.

베이비페어가 온라인 전시회를 도입한지 만 1년이 됐다. '온라인 베이비페어'는 미니홈피 형식으로 각 참가기업별로 온라인부스를 제공해 참가기업에게는 무한홍보의 장으로, 참관객에게는 무한정보의 공간으로 활용되면서 엄청난 시너지효과를 내고 있다. '제14회 베이비페어' 개최 첫날

기준으로 14만 명의 회원을 거느린 '온라인 베이비페어' 는 전시회 개최기간동안 매일 3,000여 명씩 신규회원을 추가했다.

온라인 전시회는 B2B뿐만 아니라 B2C에도 적용될 수 있다. 무역전시회에 온라인전시회의 개념이 도입된다면 해외바이어를 찾기 위해 해외로 나가거나 바이어를 초청하는 마케팅 비용을 절감할 수 있어 경제적이다.

이근표 이플러스 대표는 "얼마 전 미국인들은 한 달에 78시간을 인터넷 서핑에 투자한다는 통계자료를 봤다. 3일이 넘는 시간으로 하루의 반을 다른 일상생활에 투자한다고 하면 한 달에 6일 이상을 인터넷 서핑에 사용한다는 계산이 나온다" 면서 "B2C전시회를 중심으로 인터넷이 시공간을 뛰어넘는 중요한 역할을 하게 될 것" 으로 기대했다.

박지인 e상네트웍스 부장은 "오프라인 전시회는 길어야 며칠을 넘지 못한다" 면서 "전시회 기간 이후에도 전시회에 참가하지 못한 수요자의 관심을 참가기업에게 돌리는 상시전시회를 온라인으로 제공할 수 있다면 전시회의 효과는 365일 지속될 것" 이라고 말했다.

자료 : 주간무역, 2008. 8. 23.

제5장

전시회 운영 및 사후관리

<Opening Exhibition>

전시산업에도 적극 도입해야 할 '친환경 마케팅'

제1절 전시회 준비 운영관리

1. 전시회 준비 운영관리의 의의
2. 운영기관 구성
3. 참가비 및 마케팅계획 수립
4. 부대행사 계획
5. 전시장 사용 신청
6. 참가기업 유치 · 결정 및 설명회
7. 참관객 유치 및 홍보
8. 부대시설 사용 신청 접수 및 장치업체 선정
9. 전시장 조성 · 장치
10. 개막식 초청인사 선정 및 확정

제2절 전시회 개최운영 및 철거 실무

1. 개막식 행사 및 전시
2. 참가기업의 전시요령
3. 철 거

제3절 전시회 사후관리

1. 전시회 평가
2. 전시회 평가방법
3. 예산집행 점검 및 보고서

<Closing Exhibition>

Las Vegas Convention Center

Opening Exhibition

전시산업에도 적극 도입해야 할 '친환경 마케팅'

배병관(COEX CEO)

최근 국내외 시장에서 '친환경'에 대한 관심이 뜨겁다.

친환경을 모티브로 한 패션쇼가 열리고, 에코 캠페인을 주제로 한 각종 전시회가 넘쳐난다. 이제 환경을 생각하지 않는 기술은 더 이상 발붙일 곳이 없을 정도다. 얼마 전 디트로이트에서 개최된 북미 국제 모터쇼에서도 친환경차량(하이브리드 카)의 새 모델들이 가장 많은 스포트라이트를 받았다고 하니 분야를 불문하고 미래 기업들은 '친환경적 기업인가'라는 질문을 피할 수 없게 되었다.

'친환경' 전시회, 일회용 컵 버젓이 사용

필자는 최근 '친환경'을 주제로 한 몇몇 기업 행사에 다녀올 일이 있었다. 저마다 친환경 전시용품으로 도배된 '반 환경적'인 전시회장의 풍경이었다. 기업마다 환경 친화적 제품을 앞 다투어 출시하기 바쁜 요즘, 정작 친환경의 의미를 담고 있어야 할 전시 행사는 온통 일회용 전시용품으로 얼룩져 행사 본래 취지를 살리지 못하고 있는 것이 안타까웠다.

더군다나 최근 국제 전시 및 컨벤션 행사가 날로 증가하고 있어, 마땅한 친환경 전시, 컨벤션 시스템 대책을 마련해 두지 않는다면 친환경적 국가로 성장하기 위한 기업과 정부의 노력 모두가 무용지물이 될지도 모를 일이다.

실제로 대규모 전시 및 국제적인 컨벤션 개최, 유치 시 생산되는 산업쓰레기의 양은 상상을 초월한다. 일회성으로 사용되고 버려지는 각종 판넬과 부스, 전시 행사 관련 건축물들이 그대로 폐기 처리되어 새로운 환경오염을 일으키는 것이다. 친환경 제품을 개발하고 이를 위한 행사를 개최하는 것도 좋지만 조금 더 거시적인 관점에서 바라본다면 행사 전 과정에 걸쳐 친환경 정책을 실현시킬 수 있어야만 '환경'을 위한 의미 있는 움직임으로 인정받을 수 있을 것이다.

전시 · 컨벤션 '산업 폐기물', 상상초월

'STOP CO2 Start Eco Life'라는 주제로 열렸던 작년 '2008 친환경 상품 전시회'의 경우, 환경부가 마련한 녹색행사 가이드라인에 따라 저탄소형 행사로 기획되어 디렉터리, 홍보물 등에 환경마크 인증상품을 사용했으며, 전시기간 동안 폐기물 발생량을 최소화하기 위해 통로에 카펫을 설치하지 않아 진정한 친환경 전시회를 열었다는 평가를 받았다.

이런 관점에서 올 3월 4일부터 7일까지 진행된 'aimex 2009(제20회 국제 자동화종합전)' 의 경우 전시 전반에 걸쳐 '에코프랜들리' 를 실천한 것으로 알려져 눈길을 끈다. 'aimex 2009' 는 참가 신청을 위한 안내서 및 초청장부터 재생용지를 활용하였고, 참가 품목의 10% 이상을 친환경 관련 제품으로 채웠다. 또한 전시회에 참여하는 기업들에게 가이드라인으로 조립식 부스의 참가를 확대시켜 산업폐기물과 환경오염 발생을 줄이는데 앞장섰다.

전시 문화의 친환경화를 위해 이제는 보다 거시적인 관점에서 방법을 마련해야 한다. 기업들이 앞다퉈 친환경 제품 개발에 힘을 쏟듯 전시 및 컨벤션 업계에서도 친환경적 전시컨벤션 문화를 위해 자구책을 마련해야 한다는 생각이다. 바닥에 카펫을 걷어내고, 인위적인 인테리어 및 화려한 조명을 줄여 에너지 사용을 자제하는 노력이 필요하다. 일회용 목재 부스 대신 재활용이 가능한 시스템 부스로 교체해 비용을 절감하고, 전시회 장치공사로 인한 미세먼지 등의 오염물질 발생을 줄일 수 있는 방안 등을 취해야 한다.

또한 정부에서는 전시회 개최 시 재활용이 가능한 전시부스를 설치하거나 재생용지 활용 등 환경 친화적이 기업에 한해 '환경비즈니스 지원금' 을 주거나 친환경적으로 운영되는 산업박람회 참여 시 다양한 혜택을 주는 등 보다 적극적인 지원을 아끼지 말아야 한다.

▲ 'aimex 2009' 포스터와 전시회 모습

'신환경 가이드 라인 · 환경 비즈니스 지원금' 등, 거시적인 전시환경 개선 필요

전시 및 기타 행사 주최자들 또한 참가업체 및 참관객에게 친환경을 위한 가이드라인을 명확하게 제시, 따르도록 권고해야 할 것이다. 이에 따라 기업에서 재활용지를 사용하거나, 재활용이 가능한 부스 설치 시 전시부스 공간을 추가적으로 제공하는 등의 차별화된 서비스를 제공해야 한다. 기업 측면에서도 친환경적인 운영을 하는 전시회를 참가하는 경우에 기업 이미지를 효과적으로 제고할 수 있음을 간과해서는 안 될 것이다.

앞으로 전시 및 컨벤션센터는 개최하는 모든 행사에 '친환경' 개념을 도입해야 한다.

제로 에너지, 제로 탄소 시대를 열어 나갈 '녹색 성장(Green Growth)' 이 세계 경제의 새로운 화두로 떠오르고 있다. 정부와 기업과 전시 및 컨벤션 업계가 친환경 제품 마련뿐 아니라 친환경 전시문화에도 앞장선다면, 녹색 문화가 기업은 물론 우리 생활전반에까지 확산돼 '친환경, 녹색성장' 을 활성화시키는 계기가 될 수 있을 것으로 기대한다. 그리고 이를 통해 대한민국이 아시아 전시컨벤션 문화를 이끄는 거점이 될 수 있기를 희망해 본다.

자료 : 매경ECONOMY. 2009. 3. 18.

제1절 전시회 준비 운영관리

전시회 준비 과정

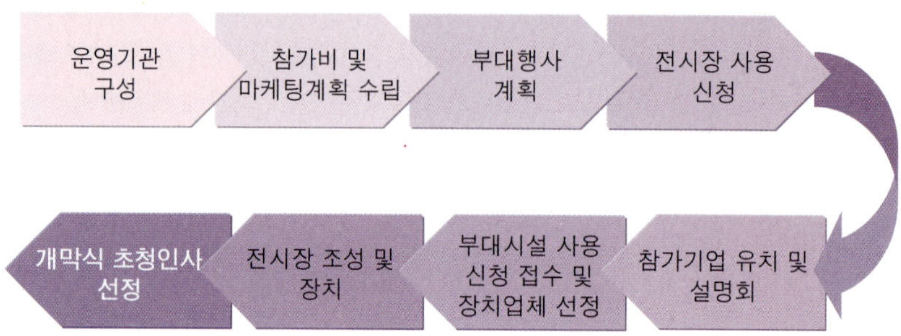

1. 전시회 준비 운영관리의 의의

전시회란 유형 또는 무형의 상품을 매개로 하여 제한된 장소에서 일정한 기간 동안 구매자들인 참관객과 상품을 전시하는 참가기업들 간에 거래와 상호이해를 목적으로 진행되는 행사이다. 이러한 전시회를 성공적으로 치르기 위해서는 전시회 기획부터 마케팅 촉진활동을 통해 많은 참가기업을 유치해야할 뿐만 아니라 참가기업 유치이후부터 전시개최와 전시물의 철거 때까지 전 과정을 빠짐없이 준비해야 한다.

전시회 개최운영관리에서는 참가기업 유치가 끝나는 시점인 개최 90일 전부터 개최 15일 전까지 참가비 잔금 납부, 부대행사 사용시설 신청접수, 참가기업 설명회, 3차 홍보계획, 참관객 유치활동, 참가기업을 위한 출입증 제작 등 서비스, 전시 장치공사업체 및 공사업체선정, 개막식 초청인사 확정 등을 수행한다.

전시회 개최 3일전부터 전시물을 철거할 때까지 부스 배치도에 따라 전시장에서 참가기업 부스위치 표시작업인 부스 마킹, 조립부스 및 독립부스 설치 등 장치공사, 부대시설 설치 및 지원 확인, 개막식 초청인사 재확인, 참가기업의 문제사항 접수, 개막식 행사준비, 인력고용계획, 개막식 행사, 전시회 운영, 전시회 철거 등을 운영 관리하여야 한다.

2. 운영기관 구성

우선 전시회를 성공적으로 개최하기 위해서는 참가기업이 많이 참석해야 한다. 참가대상 기업들이 많이 참가하도록 하기 위해서는 주최기관, 주관기관, 후원사들이 공동으로 운영위원회를 구성해서 업무를 분장해야 한다.

운영위원회를 통해서 결정된 주최기관은 참가대상기업을 유치할 뿐만 아니라 그 주최기관의 전문성을 살려서 전시회 행사를 운영, 집행, 관리해야 한다. 주관기관은 대부분 실질적인 전시회 운영과 책임기관으로서 개최할 전시회 사무국을 운영한다. 이 기관은 참가대상 기업을 유치할 뿐만 아니라 전시장을 선정하고 임차하며, 홍보 및 마케팅계획을 수립하고 전시장 관리 등 전반적인 전시회 행사를 실질적으로 운영하고 집행한다.

3. 참가비 및 마케팅계획 수립

전시회 참가비에 관한 사항은 예산편성에서 설명하였듯이 전시회의 성격과 해외 및 국내 유사전시회에서 추정한 예상부스수로 예상지출 총금액을 나눈 금액과 기업의 수익방침을 토대로 결정한다. 이런 참가비는 경우에 따라서 행사의 고품격화를 위해 고가로 책정될 수도 있다.

홍보 및 마케팅계획을 세울 때에는 먼저 참가기업의 부스수 및 참관객수의 예상 목표를 정한다. 전시 마케팅은 일반적으로 3단계로 수행하게 되는데, 1단계는 참가기업 유치를 위해 전시회 행사가 개최되는 것을 알리는데 중점을 두고, 2단계는 많은 참가기업 신청을 유도하기 위한 활동을 하게 되며, 마지막으로 3단계에서는 전시회 개최 직전에 많은 참관객 확보를 위하여 전시회 행사 개최를 최대한 널리 알리기 위한 활동을 하게 된다.

위와 같은 마케팅계획이 가장 효과적인 방법이라고는 할 수 없지만, 가장 일반적인 방법론 중 하나라고 할 수 있다.

4. 부대행사 계획

각종 부대행사는 참관객들에게 다양한 경험과 즐거움을 줄 수 있는 동시에 폭넓으면서도 전문적인 정보를 취득할 수 있는 기회를 제공한다. 따라서 양질의 부대행사가 많이 개최되어진다는 것은 참관객들을 유인할 수 있는 홍보효과로써의 역할을 수행하므로 전시회가 성공적으로 개최되어질 수 있게 하는 중요한 기능을 담당하게 된다.

부대행사로는 관련분야의 학자 및 그 산업의 전문가들이 공동으로 하는 세미나, 워크숍 컨퍼런스 등과 함께 주관사 및 주최사가 진행하는 이벤트 행사들이 있다. 그러나 이벤트 행사 등으로 인하여 다른 참가기업들의 전시활동에 방해가 되지 않도록 유의해야만 한다.

5. 전시장 사용 신청

전시회 개최 타당성 검토를 통해서 전시회개최가 결정되었고, 전시장 선정 및 각종 부대행사까지 계획이 수립되었으면 전시장 사용신청을 해야 한다.

먼저 전시장 사용신청을 할 때에는 추정 예상 면적보다 20%정도 넉넉하게 신청한다. 그리고 회의실, 세미나실 등 컨벤션시설과 주최자 사무실, 엘리베이터, 휴게실 등의 사용 신청을 한다. 전시회는 준비기간이 짧기 때문에 참가기업의 출품목록을 보면 중량품 등이 있을 수 있고, 많은 전시물을 한꺼번에 동시에 운반해야 하는 상황이 발생할 수 있으므로 미리 지게차, 크레인, 사다리차, 트럭 등 운반 장비의 사용을 신청해야 한다.

전기, 전화 및 LAN 등의 사용량과 사용 대수는 미리 결정할 수 없지만, 사용량이나 사용대수가 추정적으로 결정되면 빨리 신청을 해야 한다. 급배수시설 및 압축공기사용료 등 특수한 시설물의 이용이 필요한 전시회의 경우에는 사용 가능성을 확인한 후에 사용 신청을 하는 것이 좋다.

전문전시회는 세계 각지의 기업들로부터 출품이 이루어지기 때문에 해외에서 들어오는 모든 전시품목들이 정식 수입절차를 거친다면 전시회에 참가하는데 상당히 애로를 겪을 수 있다. 따라서 전시 추최측에서는 전시품 반입에 따른 법칙 절차를 간소하게 처리할 수 있는 방법을 미리 강구하여 조치해야 한다. 현재 세계 각국의 전문전시장은 대부분 연중 보세구역으로 선정되어 있는데, 전시장을 보세구역으로 지정하는 이유는 해외로부터 운송되어 오는 전시품을 정식 수입통관 없이 간이 통관하고 전시 종료 후에는 해외로 재반출하기가 용이하도록 하기 위한 것으로, 결국 보세구역 지정은 원활한 전시활동을 가능하게 만들기 위함이다.

전시를 목적으로 간이 통관된 물품은 보세구역으로 지정된 전시장 밖으로 반출되어서는 안되며 꼭 전시장 안에서만 사용 및 전시가 가능하게 된다. 만약 이렇듯 간이 통관되어진 전시물품이 전시회 기간 중 수요가 발생하여 판매하고자 하는 경우에는 사후 정식 수입통관절차를 밟아야만 판매가 가능하게 되며 전시장 밖으로의 반출이 허용되게 된다.

따라서 전시기획자는 전시장이 보세구역으로 선정되어 있는지 확인하고 보세구역이 아니라면 보세구역 신청서 서류를 구비하여 세관에 신청하고 허가를 받아야 한다.

전문 전시장은 화재, 도난, 불의의 사고, 교통문제 등이 발생할 수 있기 때문에 만일을 대비해서 전시회 개최시에는 소방서와 경찰서에 신고해야 하며 안전요원과 의료요원을 배치하고 참가기업들에게 도난 예방교육들을 해야 한다.

전시회 개최준비 계획

1) 운영기관별 업무분장

○○산업협회	○○○연구소	○○○주관기관
• 공공업체 유치 • ○○행사 준비 • 전시회 진행조언	• 공동업체 유지 • 세미나 개최 협조 • 전시회 진행조언	• 공동주관 • 예산확보 및 집행 • 공동업체유치 • 행사운영(전시장임차, 전시장치, 홍보, 인쇄 전시장관리 등) • 참가비 세금계산서 발행

2) 참가비 결정

▣ 해외 유사 전시회 참가비(US3,700/1부스) 및 대상기업 중 주요 대기업의 비율(27%)이 높은 점을 감안하고,

▣ 1회 행사인 점을 고려 다량의 홍보 및 행사장의 고품격화를 위하여

▣ 참가비를 고가로 책정하여 운영

▣ 참가비 고가정책과 아울러 영세 국내 벤처기업 및 대학연구기관을 위한 할인정책 병행

구분	비용
독립부스	US3,000/부스
조립부스	US3,500/부스
전기료	US60/kW
전화료	US60/회선
전용선 사용료	US200/회선

3) 홍보 및 마케팅 계획

▣ Booth Sales 목표

- 국내 : 650업체 2,000부스
- 해외(다국적기업 포함) : 50업체 100개 부스

▣ 참관객

- 국내 : 20,000명
- 해외 : 200명

▣ Homepage 제작

- 전시회 Homepage를 제작하여 Internet 상에 전시회 홍보 및 마케팅 활동 지원

(전시회 개요, 참가신청서, 사전등록, 업계정보, 기술정보)

▣ 매체홍보
- 일간지 : 5단 37cm : 3회
- 전문지 : 5단 37cm : 6회
- 바이오관련 전문잡지 : 6회

▣ 참가안내서 제작배포
- 국문참가안내서 : 4,000부
- 영문참가안내서 : 2,000부

▣ 포스터 제작배포 : 2,000부

▣ TV SPOT 광고
- 전국방송에 30회 SPOT광고 실시

4) 전시회 운영

▣ 사무국 운영
- ○○전시회, ○○○업체 담당직원을 중심으로 사무국 운영

▣ 부스배치
- 우선 신청자 우선 배정 원칙
- 최종 마감 후 조정가능부스는 업체의견 및 전시회 운영을 감안하여 조정

▣ 참가기업 설명회
- 대상 : 전시회 참가기업
- 시기 : 2010년 10월 말
- 주요내용 : 주요 Time Schedule, 전시품 반출입, 인테리어, Contractors, 소개, 각종 신청서 접수 및 배포

▣ 전시장 조성
- Contractor 활용 : 전시장치 인테리어, 전기공사, LAN 공사, 카펫공사, 경비 등
- 기본부스 : 조립식 변형부스 사용, 부스의 질적 향상 도모
- 참가기업 지원 : 위성안테나 등 전시관련 부대설비에 대한 설치지원
- Business Center, Massage Center 등 참관객 지원시설 설치

▣ 개막식 행사
- 행사의 중요도를 감안 개막식 행사실시
- 장관급 이상 VIP 초청

▣ 전시회 운영
- 주최자 사무실 중심으로 운영
- 전시장 내 서비스센터 운영으로 참가기업 지원

5) 컨퍼런스 운영

▣ ○○세미나

- 세부내용 : 추후 결정
- 일 자 : 2010. 11. 30/12. 1(2일간)
- 장 소 : ○○○회의실

▣ ○○산업기술투자협력회의

- 일 자 : 2010. 11. 30/12. 1(2일간)
- 장 소 : ○○○회의실
- 내 용 :
  - ○○○산업분야의 교류 활성화 및 성장동향 파악
  - ○○○산업분야의 기술교류 및 협력, 기술이전 증진

▣ ○○○산업협력회의

- 기 간 : 2010. 12. 1/12. 2
- 장 소 : ○○○회의실
- 내 용 :
  - ○○○생물산업분야의 교류 및 협력방안 모색
  - ○○○생물산업분야의 기술 및 제품에 대한 교류 및 협력

6. 참가기업 유치 · 결정 및 설명회

1) 참가기업 유치 및 결정

전시회의 성공을 위해서는 최종 소구 대상(바이어, 참관객, 언론사 등)이 관심을 갖고 방문할 수 있는 이유를 제공할 수 있는 전시 콘텐츠를 많이 보유한 참가기업들의 유치가 필수적이다. 또한 개최 분야의 세부 카테고리별 참가기업의 적절한 비율 유지도 중요하다.

보통, 참가기업 모집공고는 전시회 개최시점 전 4～5개월 전에 시작하여 전시회 개최시점 3개월 전에 최종 참가기업 선정을 진행한다.

참가기업 모집을 위해서는,

첫째, 관련업체 및 유관기관, 조합의 협조와 관련 산업에 대한 간행물 등을

통하여 국내외 관련 산업의 현황 및 미래상, 최근의 시장규모 및 선도업체 등을 파악하여야 한다.

둘째, 전시품목의 전반적인 연구를 통하여 최신기술 등을 파악하여야 한다.

셋째, 전시하고자 하는 성격을 명확히 개념화하여 이와 관련이 있는 관련 매체의 파악과 매체의 특성 및 발행부스, 구독층에 대한 세분화를 실시하여야 한다.

넷째, 국내외 관련업체에 대한 정보를 수집하고 관련 산업 국외 유명전시회 정보를 수집하여 참가유망업체 주소록을 작성하여야 한다.

다섯째, 참가안내 및 홍보물 인쇄를 통하여 전시회의 개최목적 및 기대효과를 간단명료하게 기재하고 참가안내에 대한 정보를 제공하며 부스의 배정기준, 스탠드 장치의 시공, 부스의 내역, 숙박시설, 참가절차에 대해 명시하고, 전시회 참가를 통하여 나타나는 시너지 효과를 명확히 기재하여야 한다.

참가 신청업체의 편의를 위하여 별도안내 사무국을 운영해야 하며, 접수된 참가신청서는 공정하고 투명한 참가기업 선정기준에 의거, 전시회 방향에 맞는 부문별 품목, 신규업체 등 적정한 안배를 감안하여 평가하여 최종 참가기업을 선정하고, 참가방법의 세부안내를 위한 참가기업 설명회를 개최한다.

2) 참가기업 설명회

참가기업 설명회는 전시회 개최 준비를 위해서 참가기업, 각종 장치공사를 위해 선정된 업체나 선정 예정 등에 있는 업체, 관련조합이나 협회, 정부기관 매스컴 및 언론기관들을 대상으로 한다. 참가기업 설명회는 전시회 개최 90일 전부터 개회 30일 전에 실시하는데, 전시회의 일반사항 및 전시회 행사 지원 프로그램에 대한 참가기업과 주최자 간에 직접대화를 통해 행사비용 전달 및 궁금증을 해결하기 위하여 개최한다.

설명회의 주요내용은 현황보고 및 주요공지사항, 각 장치업체들에 대한 설명, 통관 및 운송, 작업일정, 홍보계획, 질의응답 등으로 한다.

현황보고에는 지금까지의 준비상황과 현재 진행사항들인 참가기업 및 부스 수, 행사진행 계획, 각종 부대행사 내용, 해외기업의 참가현황, 개막식 준비내용, 개최할 전시회 규모 등이 포함되어야 한다.

다음으로 전시회 규칙 및 주요 공지사항들을 제공해야 한다. 전시회의 일반적인 규칙은 부스설치상의 준수사항과 기타 준수사항으로 나누어진다. 부스설치시의 준수사항은 허용면적, 외양, 소리제한, 설계도면 제출, 전시품 전시 및 참관, 안전사항, 조명패키지 부품, 부스설계 및 변경, 위험물 보관, 재임대, 청소, 배선 등에 대한 것이다.

일반적인 전시회 규칙들을 자세히 살펴보면 다음과 같다.

① 허용면적이 중요하기 때문에 전시물품은 해당부스에서만 전시되어야 하고 전시 중에는 이웃전시품이나 출입구를 가리지 않아야 하며 통로를 이용한 구조물이나 동일색상의 카펫은 허용되지 않는다.

② 복도나 인접부스에서 보이는 전시품은 참가기업이 자비로 장식해야 한다. 또한 이로 말미암아 설치되어진 장식, 조명 및 음향시설 등은 인근 부스에 피해를 주면 안 된다.

③ 모든 독립부스의 실제도면은 사무국의 사전승인을 받아야 하므로 참가기업은 부스높이, 재료가 표시된 부스설계도면을 개최 3일 전까지 사무국으로 제출하여야 한다.

④ 모든 전시품의 전시 및 참관은 다른 참관객들의 통행에 방해가 되지 않게 놓아져야 하며 60cm 정도 부스, 안쪽에 놓아져야 한다. 만일 그렇지 않을 경우 사무국은 전시품의 이동을 요구할 수 있다.

⑤ 참가기업은 홍보를 위하여 음향기기를 사용할 수 있으나, 반드시 그 크기를 최소화하여 다른 부스에 피해를 주지 않도록 주의하여야 한다. 또한 이벤트 진행 신청서의 장비내역 안에 필요한 음향기기에 대한 내용을 정확하게 표기, 신청하여야 한다. 신청된 장비의 소음은 85dbs 한하여 반입이 가능하고 만약 참가기업이 사용 중인 음향기기의 소음이 이를 초과할 경우 사무국에서 이의 사용중지 등을 요구할 수가 있다.

⑥ 진동 및 위험목적을 포함하고 있는 장비나 부품은 참관객들의 안전사고에 대비하여 사전에 안전조치를 한 후에 전시하여야 한다. 전시 중 관리

책임은 참가기업에게 있다.

⑦ 전시장에 손전등과 회전조명의 사용은 금지되며, 부스조명이 인근부스나 전시장에 피해를 주어서는 안 된다.

⑧ 참가기업들은 각자의 부스 앞 통로를 깨끗하게 유지할 의무가 있다. 모든 물품들은 전시회 시작 전에 할당된 제 위치에 놓여 있어야 하며 통로에 물품을 적재하지 않도록 해야 한다.

⑨ 전시장 부스를 변성하려면 사무국의 동의를 받아야 한다.

⑩ 전시물품은 각자 관리해야 하며 전시장 건물바닥과 벽에 못과 나사를 박으면 안 된다. 또한 건물의 기둥, 전시장의 바닥, 기본 부스 자재 등에 묻기 쉬운 레카나 페인트 등은 사용할 수 없다. 이를 위반시 전시장에 변상해야 한다.

⑪ 전시 중에 사용되는 모든 위험품목들은 사전에 주관사에 위험물 반입신고를 해야 한다.

⑫ 참가기업은 모기업, 계약기업 등 특수사항을 제외하고는 사무국의 사전 승인 없이 배정된 전시공간을 전대 또는 할당할 수 없다.

⑬ 사무국은 전시장통로와 공동면적을 청소할 것이며, 전시회 기간동안 쓰레기통 청소를 담당한다. 그러나 작업기간 중 부스 설치시 발생하는 쓰레기는 각 참가기업이 청소해야 한다.

⑭ 부스 및 전시물품에 대한 배선 및 부스설치와 전시장비 설치에 대한 배선은 대한민국 관련 규칙 및 소방규칙을 준수해야 한다.

전시회규칙의 기타 준수사항은 혼잡, 홍보활동, 판촉물, 사원모집, 냄새, 특별전시, 전시시간, 점유의 불이행, 판매금지 등에 대한 것인데 자세한 내용은 다음과 같다.

① 참가기업은 전시장에서 혼잡을 일으키는 모든 활동에 참가해서는 안 되며, 인근 전시부스에 방해를 주어서도 안 된다.

② 모든 데모(시연)나 홍보활동은 전시장내에 한한다. 참가기업은 사무국의 사전 승인 없이 전시장 면적이외의 장소에서 전시회, 컨퍼런스, 전시품

또는 마케팅이나 판촉활동 등을 홍보, 유치해서는 안 된다.

③ 견본 및 기념품은 할당된 부스 내에서만 참가기업이 배부할 수 있다.

④ 전시회 기간 동안 참가기업들은 고용광고와 관련되는 사인보드 및 책자 등을 전시장에 유치할 수 있다.

⑤ 불쾌한 냄새가 나는 기구나 물품의 사용을 금한다.

⑥ 전시시간, 설치 및 철거시간은 사무국이 규정한 시간에만 행해져야 하며 참가기업은 공식적인 폐막시간 이후에만 철거 활동을 할 수 있다.

⑦ 참가기업이 계약한 면적을 활용하지 못했을지라도 전체공간에 대한 임대료를 지급해야 한다. 전시품이 제한시간까지 설치되지 않는 부스는 사무국이 소유하면서 적절한 목적에 사용할 수 있다.

⑧ 참가기업은 전시장 내에서 상품과 현금이 교환되는 매매행위를 할 수 없다. 단, 전시기간 내에 주문 접수한 후에 우송판매는 할 수 있다.

그리고 주요 공지사항으로 독립부스를 이용하는 참가기업은 지정용역업체 이외의 장치업체를 이용하거나 자체 시공할 경우 설계도면과 작업자 명단을 사무국으로 제출해서 사전에 허가받도록 하여야 한다.

이와 같은 각 공지사항에 대하여 참가기업의 의문사항이 있으면 참가기업으로부터 질문을 받고 이에 대해 자세히 설명해 주어야 한다.

설명회는 각종 조립부스, 독립부스, 전기공사, 운송 및 기타 인력공급, 카펫 등 바닥, 수도 등 급배수시설, 가스, 전화 장치업체들을 참석시켜서 전문적이면서도 실무적으로 설명하도록 해야 한다.

마지막으로 통관 및 운송, 작업일정 홍보계획 등을 설명하여야 한다.

전시물품의 통관에는 보세통관, 무환통관, 재수출통관 등이 있으며, 보세통관은 정식 수입통관 없이 간이 통관을 하여 전시하는 방법을 말하며, 전시 종료 후에는 해외로 재반출하거나 수요자가 있을 경우 사후 정식 수입통관 절차를 통하여 수입이 가능하다. 따라서 사무국은 보세전시품을 소유한 참가기업을 위하여 전시장의 보세구역 설정을 대행하므로, 해당 참가기업은 반드시 보세 전시품의 상세 내역을 사무국에 통보해야 한다.

무환통관은 전시회에 출품하는 소모품으로써 개당 단가가 US $5를 넘지 않으며, 합계가격 및 수량이 세관에서 수긍할 수 있는 범위이어야 한다.

재수출통관은 수입자가 일정기간 안에 재수출하겠다는 세관과 수입업자간의 약속이며 박람회, 전시회 등의 행사에 출품 또는 사용하기 위하여 그 주최자 또는 행사에 참가하는 자가 수입하는 물품 중 당해 행사의 성격, 규모 등을 감안하여 세관장이 타당하다고 인정하는 물품을 대상으로 한다. 따라서 재수출 통관시에는 재수출 면세 적용이 가능하다. 재수출 면세를 적용받기 위해서는 수입B/L(선화증권) 및 송장(Invoice)과 함께 사유서를 제출하여야 하며 전체 세금금액에 대한 상당한 담보가 필요하다. 담보는 현금담보 및 보증보험증권의 담보가 제공되어야 하며 담보제공 신청서를 작성해야 한다.

운송업무에는 도착화물에 대한 금액지불, 항구(공항)로부터 전시장까지의 보세운송, 하차 및 부스 입고, 포장해체 및 공박스 보관, 안치작업, 재포장 및 반출, 장내작업, 반출운반, 반송 등을 포함한 국제간 운송을 말한다. 그리고 전시품의 도착일정 및 국내보세운송용 구비서류로는 선화증권(B/L), 상업송장(Commercial Invoice), 포장명세서(Packing List)가 있다.

원활한 전시품 운반을 위해 전시주관사는 각 참가기업에게 선적서류 작성과 포장에 있어서 다음과 같이 해주기를 바란다고 다음과 같이 공지하여야 한다.

① 수화인(Consignee)을 전시회의 주관사 사무국으로 하고,

② 모든 전시품의 B/L, Invoice 및 Packing List에 참가할 전시회 이름을 기재하며

③ Invoice 및 Packing List는 반송품, 판매물품 또는 소모품, 기증품으로 구별하여 별도로 작성하도록 한다.

④ 포장은 전시품이 운송 및 장내 작업 중 손상되지 않도록 견고하게 포장하도록 하여야 하고, 박스 포장에는 반드시 참가하는 전시회의 명칭을 기재하도록 한다.

⑤ 면세물품은 대한민국의 관세규정에 따라 다음과 같은 것은 면세된다고 공지한다. 즉 카탈로그, 팸플릿, 액자, 사진, 포스터, 샘플, 기념품 및 부스 설치에 소요되는 페인트와 니스 등이다.

경비 및 보안은 전시사무국의 책임아래 전시장을 24시간 경비를 하고 있으나, 각 참가기업 담당자는 전시기간 중 발생하는 전시품의 파손 및 분실에 대하여 책임을 져야한다. 따라서 추가적으로 경비 및 보안이 필요할 때에는 참가기업 스스로 경비용역업체를 이용해야 한다. 또한 전시장에서의 전시품 반출입시 물품의 수량상태, 내용확인, 인수인계, 세관검사를 위해 참가기업의 담당자가 전시장에 입회해야 한다.

또한 모든 참가기업은 전시품이 제반 사고로 인하여 발생할 수 있는 모든 손실에 대비하여 본국에서의 전시품 출발시점부터 전시 종료 후 최종도착지로의 재반송까지를 일괄하여 책임지는 보험에 가입해야 한다.

작업일정은 보통 중량품을 반입한 후 독립부스 공사를 먼저 하게 되며 조립부스 공사가 끝나는 동시에 일반전시품을 반입하게 된다.

대부분의 전시주최자는 참가기업 설명회 전후로 하여 전시회에 따른 행정업무 간소화와 업무처리의 용이함을 도모하기 위하여 참가안내서를 제작 배포한다.

전시회 참가 안내서 내용

수록내용	세부사항
제작취지 및 용도	전시회에 관한 전반적인 내용 소개
일반사항	주최자, 운영관리, 기간 중 일정, 전시 스페이스 배정 원칙, 전시장치 완성, 개막식, 전시 스탠드 운영, 관리비 납입, 전기공사 용역업체, 전기설치 규정, 압축공기, 급배수, 전화, 청소, 인터넷 등
일반적 용역	통역 및 번역, 가구 및 비품, 사진, 식음료, 은행, 주차, 응급실, 우편서비스, 안내 등
숙박 및 항공권	지정호텔(운영 시), 지정항공사(운영 시), 검역, 관광 및 교통수단
보안 및 안전	일반보안, 화재 예방 및 진압, 보험 등
홍보	홍보활동 계획, 참관객 유치활동
전시장 출입	전시장 출입의 일반적 사항
전시회 디렉터리	디렉터리 내용, 배포 방법, 전시자를 위한 무료 기제, 광고
신청서식	신청기한 및 제출처, 광고내역, 배포

7. 참관객 유치 및 홍보

전시회의 성공적 개최를 위해서는 참가기업과 더불어 또 하나의 축을 형성하는 참관객 유치를 위한 전략적 방안이 모색되어야 한다.

따라서 전시주최자는 개최하려는 전시회의 유형 및 특성에 따라 표적 참관객 집단을 선정하고 표적 집단별 세분화된 실효성 있는 맞춤형 유치계획을 수립하여야 한다. 이를 위해서 표직 참관객집단의 특정행동을 이끌어낼 수 있도록 이들의 생활방식, 선호도, 가치 판단 기준 등 심리적 차원의 조사 및 소비성향을 미리 파악할 필요가 있다. 또한, 전시회 방문이 가능할 것으로 예상되는 외국인 참관객의 국적 등 예상 범위와 규모를 파악하여 각 국가의 특성에 맞는 지역 홍보 시스템을 사전에 구축하는 것도 필요하다.

표적 참관객층을 대상으로 하는 긍정적인 전시회 인지도 제고를 위해 홍보 채널을 종합적으로 믹스하여 홍보 전략을 수립하여야 한다. 이런 홍보전략 수립 시 가장 핵심적인 것은 전시회의 대외적 이미지를 창조하는 포지셔닝 작업이다. 포지셔닝이란 예상 참관객이 전시회에서 어떤 목적으로 어떤 활동을 하는지를 미리 설계하여 예상가능한 모든 활동이나 행동의 범위를 결정하는 것을 말한다.

전시회의 포지셔닝이 완료되면 그에 적합한 매체를 선정하여 매체별 특성을 고려한 홍보 계획을 수립하면 된다. 여기서 홍보 전략은 크게 네 가지로 분류된다.

첫째, 인쇄물 및 제작물을 활용한 홍보물 제작 계획이다.

둘째, 내국인 참관객 유치를 위한 홍보 전략으로 이 경우에는 관광상품 개발과 인터넷 사이트 등을 활용한다.

셋째, 외국인 참관객 유치를 위한 홍보 전략으로 인바운드 여행사를 대상으로 하는 전시회 설명회, 대규모 참관객이 올 것으로 예상되는 국가에서의 전시회 설명회, 명예기자 위촉, 현지 매체 릴리즈 등의 방법을 활용한다.

넷째, 언론홍보 전략이다. 이를 위해 보도자료 배포를 위한 소스 및 이슈 개발, 신문 및 방송 미디어 섭외, 인터넷 홍보 등을 이용한다.

이 중 언론홍보, 즉 미디어를 활용한 홍보 활동을 적극적으로 전개하면 가장 빠르고 효율적으로 참관객을 확보함과 동시에 성공적인 전시회의 기반을 마련할 수 있다. 그러나 미디어 홍보는 그 특성상 비용 소모가 크고, 그 절차와 방식에 있어서 전문적인 지식과 기술 역량이 필요하므로, 홍보부문을 전담할 수 있는 전담인력을 먼저 확보하여야 하며, 후원 언론사를 섭외하여 현금지원 대신 홍보지원을 제안하여 활용하는 것도 하나의 방법이 될 수 있다.

전시회가 성공적으로 개최되기 위해서는 많은 참가기업이 참석하면서, 동시에 그에 걸맞는 전문참관객 및 일반참관객들의 많은 참여가 필수적이다. 따라서 전시회 주최자는 홍보 및 광고계획을 통해서 참가기업 유치 시부터 참관객들에게 홍보하지만 전시회개최 15일전부터 개최 7일전에 집중적으로 참관객 유치를 위한 홍보를 해야 한다.

참관객 대상선정은 기획단계에서 개최 타당성 검토를 통하여 어느 정도 선정됐지만, 전시회 운영준비를 하면서 자료를 모아 최종적으로 선정하여야 한다. 예를 들면, 관련정부기관의 책임자 및 담당자, 협회 및 조합의 담당자, 관련분야의 연구소 및 연구원, 각 도 · 소매업 유통업체, 출품가능성이 있는 기업의 임직원 및 대표, 2회 이상 개최 시 기존 등록카드에 기록된 참관자들, 해외상무관의 담당직원, 국내주재 해외지사의 담당자 및 에이전트, 매스컴 및 언론의 담당기자들, 주한외국대사관 및 상공회의소의 담당자, 참가기업의 바이어 등이 선정될 수 있다.

해외바이어 및 관계자를 선정하기 위해서는 해외유사전시회 참가하여 디렉터리를 입수하고 해외 유명한 전시업체의 각 지사 네트워크를 통해서 홍보하고, 해외 유사 전시회 주최자나 후원업체들과 신뢰관계를 쌓아야한다.

또한 해외 관련 잡지 및 신문 등에 전시회 관련기사를 게재하고 해외 관련 유망기업, 해외유사 전시회를 통해서 입수한 디렉터리를 통해서 해외 유사 전시회에 참가했었던 기업들을 선정한다.

위와 같이 선정된 참관객의 전시회 참관을 유도하기 위해서는 미리 초청장, 초대권, 팸플릿, 디렉터리 등의 인쇄홍보물과 함께 기념품 등 판촉물을 같이 보내도록 해야 한다.

개최 5일 전부터는 육교 현판류 및 현수막 등을 부착하여 전시회의 행사를 알리고, 전시회 행사에 대한 내용을 보도 자료로 만들어서 언론 및 방송사에 보내어 홍보할 수 있도록 해야 한다.

8. 부대시설 사용 신청 접수 및 장치업체 선정

부대시설의 종류로는 전기, 전화, 급배수, 압축공기, 인터넷 전용선, 참관객 등록시스템 등이다. 이런 시설을 이용하고자 하는 참가기업은 참가신청서 또는 부대시설사용 신청서에 작성하도록 하며 대부분 개최 30일 전까지 접수를 받는다. 이와 같이 접수를 마치면 규모에 따라서 수의 계약 또는 입찰로 장치공사 업체 및 부대시설 사용업체를 선정한다.

전기는 전시회에 꼭 필요한 사항이므로 전기 공사업체 선정 시 전문성을 고려하여 선정하고, 카펫이나 파이텍스, 수도, 배관, 가스설치 업체 등 또한 필요 시에는 이를 선정한다.

9. 전시장 조성 · 장치

전시장 조성 · 장치 기간은 부스설치를 위한 기본단계로서 부스배치도에 따라 전시장 바닥에 참가기업 부스위치 표시를 하는 부스마킹 시점인 개최 3일전부터 개최 시까지를 말한다.

전시장 조성 · 장치를 위한 작업일정을 보면 전시품의 설치는 참가기업이 수행하고 전시 장치물의 설치는 장치업체에서 실시한다.

장치업체의 작업순서는 다음과 같다. 먼저 주최자가 전시장의 도면을 확정하고 조립부스 장치업체가 이를 가지고 마킹작업을 실시하고 각 공사업체가 전기, 전화, 수도, 가스 등 설치공사를 하는데 이를 전시장 바닥과 벽 등에서 연결되어지므로 다른 시설 설치보다 먼저 하여야 한다. 그리고 조립부스를 설치하기 위해서는 먼저 바닥에 바닥공사업체가 파이텍스나 카펫을 깔아야 한다. 조립부스의 자리에 카펫이나 파이텍스 공사가 끝나게 되면 조립시설 공사가 시작된다.

주최자 측에서 바닥면적만 제공하는 독립부스의 설치는 참가기업이 직접 시공하는데, 이는 대부분 지정된 용역업체를 통해서 작업을 하게 된다.

독립부스 장치업체는 먼저 중량물 등의 반입이 끝나는 시점에서 독립부스공사를 시작한다.

이렇게 시작한 조립부스나 독립부스의 공사가 끝날 때쯤이면 각 참가기업은 경량품을 반입해야 한다.

전기공사, 전화공사, LAN 공사를 마무리하고 카펫 등 파이텍스 공사업체가 통로 카펫공사를 한 후에 청소 등을 실시하고 나면 전시장의 반입문을 폐쇄한다. 모든 장치시설공사 및 전시품의 반입들이 끝나면 전화를 우선적으로 먼저 개통시키고 전시할 물품에 대한 시운전을 하기 위하여 동력을 공급해야 한다. 동력을 공급하기 전에 각 참가기업에게 안전에 대해서 사전 점검을 한 뒤에 동력공급을 하여야 한다. 가스나 수도의 경우에도 마찬가지이다.

10. 개막식 초청인사 선정 및 확정

전시회의 개막식은 그 자체가 하나의 이벤트이다. 개막식에는 대개가 그 전시회와 관련이 있는 인사로 사회적 지위가 있거나 명망 있는 사람들을 초청한다. 이는 전시회의 권위를 더해주기도 하고 전시회를 홍보하는데 도움이 된다.

따라서 전시회의 개막식 행사는 전시회 자체에 중요한 홍보효과를 줄 수 있으므로 개막식 개최행사의 초청자가 누구인가가 중요하다.

개막식이나 리셉션의 주요 초청 인사들로는 국무총리, 정부의 장 · 차관, 국회의원, 지방자치단체의장, 협회장, 대기업의 장, 언론이나 매스컴의 장 및 관계자, 연구단체의 장, 국내주재 대사관 대사 및 공사, 외국공관의 장, 외국기자 등이 선정 되며 공문과 초청장을 발송하고 이들과 직접 접촉하여 참석 여부에 대해 확인을 받아야 한다. 개막식 초청인사에 대한 초청 확인은 개막식 15일 전에는 완료해야 한다.

제2절 전시회 개최운영 및 철거 실무

1. 개막식 행사 및 전시

개막식 행사가 있는 개최 당일에는 먼저 개막식 행사 진행요원을 점검하고 준비물을 각자 위치에 배치시킨다. 그리고 개막식 초청 인사들이 방문할 참가기업들의 전시품 진열과 간단한 질문과 이에 대한 대답을 준비하고 매뉴얼 및 안전 문제 등을 점검한다. 또한 개막식 행사의 첫날에는 관할소방서에서 소방법에 의한 규칙준수를 하고 있는지 점검한다. 만일 소방법 위반이 발견되면 전시회개최 자체가 허가되지 않을 수도 있기 때문에 주관사의 사무국은 위험물취급신청서에 의한 제출된 서류에 의한 것 이외의 화기사용 등을 금지하고 재확인을 해야 한다.

개막식 행사에는 전시회 개막을 알리는 테이프 커팅 순서가 있다. 테이프 커팅은 전시장 개막에 관련된 인사들을 초청해서 전시회의 시작을 공표하는 행사로써 이는 초청된 주요 인사들이 테이프를 자르고, 전시회장을 참관하는 형태로 운영한다.

개막식 행사는 대부분 귀빈접대, 개막식 시작, 개요설명, 현장순회, 칵테일파티의 순서로 진행되는데, 이 경우에 테이프 커팅 인사 확정, 테이프 커팅 비품준비, 테이프 커팅 시 필요한 안내요원 확정, 초청인사에게 브리핑할 자료 및 차트제작, 초청인사의 전시장 참관 코스 확정 등을 해야 한다.

테이프 커팅이 끝난 후 일반적으로 개막식 당일 저녁에 리셉션 행사를 실시하게 되는데, 이때의 진행순서와 참석자수를 주관사는 미리 파악하여야 한다.

개막식 행사는 약 30분 동안 진행되지만, 이를 위해서 많은 인력이 소요된다.

즉 주요 인사를 안내하는 진행요원, 가위 및 장갑 등을 나누어주고 방명록에 사인을 하도록 협조하는 진행요원, 테이프 커팅시의 주요인사의 경호를 맡는 경비요원, 귀빈실 도착에서부터 출발 시까지의 의전을 맡는 의전요원, 전시장의 입구 안내와 참관객 안내를 맡는 일반 안내요원들이 필요하다.

개막식 행사의 일정을 보면 다음과 같다.

08:00	전시장 개장
08:00~09:30	참가기업 전시품 정리 및 부스내부 청소, 청소업체 통로 청소
10:00	참관객 전시회 입장 시작
10:10~10:20	VIP 개막식 참석(전시장 입구)
10:20~10:30	Tape Cutting 준비
10:30~11:00	Tape Cutting 및 기념촬영
	VIP 전시회 브리핑 및 전시회 참관

개막식 행사를 성공적으로 치르게 되면 전시회가 시작된다.

개막식 행사의 다음날부터 2일간은 보통 오전 8시 30분에 전시장을 개장하여 청소요원을 투입시킨다. 이때 주관사의 운영요원, 경비요원, 안전요원들이 출입문의 봉합 개폐여부를 확인, 점검하여야 한다.

8시 40분에 안내방송을 준비하고, 9시에 참가기업의 담당자를 출입시킨다. 그리고 개장시간 30분 전과 10분 전에 개장에 대한 안내방송을 실시한다. 10시에 참관객 입장, 오후 4시 30분에 개장연장검토 및 폐장에 따른 안내방송을 하고, 폐장 10분 전인 4시 50분에 폐장에 대한 안내방송을 다시 한 번 한다. 오후 5시에 폐장하면 입구에 경비원을 투입하고 반출물품 에 대한 검사가 이루어진다. 오후 5시 30분에 주관사 운영요원이 퇴장하면서 전시장의 시건 장치를 확인하고, 오후 6시에 현황정리의 순으로 하루의 일정이 이루어지게 된다.

위와 같이 전시회를 운영하는 한편 주최자는 참가기업과 참관객의 불편사항에 대한 접수 및 처리를 해주어야 하고, 도난 및 분실 안내와 청결상태 점검, 전기 · 전화 · 급배수 등의 안전점검, 참관객의 일일 입장 현황 등을 관리해야 한다.

전시회 개최를 시작한지 4일째는 철거에 대한 일정을 공지하고 참가기업 담당자, 장치 및 시설업체, 세관 공무원, 전시장 관리요원들과 철거일정 및 순서, 보세물류 처리문제 등에 관한 철거회의를 한다.

그리고 전시회 개최일 마지막 4일째에 참가기업 및 참관객의 동향, 전시회 인테리어, 주최자의 서비스 등의 설문조사를 실시하고 향후 전시회에 반영하도록 자료를 정리한다.

2. 참가기업의 전시요령

참가기업은 개막식 행사가 끝난 후에는 곧장 전시회가 진행되기 때문에 개막식 동안에도 전시 준비에 만반을 기해야 한다. 특히, 짧은 전시기간 안에 참가한 목적을 달성해야 하기에 더욱 많은 노력과 정성을 기울어야 한다. 전시회는 참관자가 직접 만지고 느끼면서 체험해볼 수 있는 특성이 있기 때문에 참가기업은 이런 전시회의 특징을 잘 활용하여 고객이 원하는 것을 먼저 제공해 주어야 한다.

전시 참가기업은 제품의 전시 자체보다 부스의 장치를 화려하게 하고자 하는 경향이 있는데, 이는 잘못된 것으로 무엇보다도 전시회에 출품한 제품의 전시에 중점을 두어서 전시품을 중앙에 위치시켜야 한다.

그리고 참관객은 이 제품이 나를 위하여 무엇을 해줄 것인가 라는 의문사항을 갖고 있기 때문에 이를 충족시켜 주기 위해서는 제품의 사용법도 함께 알 수 있도록 배려를 해주어야 한다. 또한 대부분 참관객은 기념품보다 샘플을 좋아하므로 그 샘플을 제공하여 제품에 대한 이해도를 넓혀 주도록 하는 것이 좋다.

전시 참가기업이 성공적으로 전시회에 참가하기 위해서는 참관객과의 상담을 담당하는 상담요원에 대한 교육이 반드시 필요하다. 상담절차로는 최초의 참관객 대면, 그리고 참관객의 평가 및 설명단계로 이어진다. 즉 상담을 하고 있는 참관객은 누구인가? 회사 내에서 상담을 받고 있는 참관객의 업무책임한계는 어디까지인가? 참관객의 회사는 어디에 있는가? 우리 회사제품이 필요한 시기 및 관심을 갖는 이유는 무엇인가? 우리 회사의 제품사용 목적은 무엇인가? 참관객의 구입예산은 어느 정도인가 등으로 참관객을 평가한다. 참가기업의 전시제품에 대하여 자세히 설명하고 자사제품이 어떻게 참관객의 필요를 만족시킬 수 있는지 설명한 후 추후 자세한 상담을 위한 미팅 날짜 등을 잡는다.

부스 운영요원과 상담요원에게는 전시회 참가목적을 주지시키고, 카탈로그 등의 상품 소개 자료를 무차별적으로 배포하지 않도록 하여야 하며 참가기업은 참관객들과의 추가상담을 위해 호텔 등 별도의 미팅 장소를 마련하는 것이 좋다.

마지막으로, 상담요원은 부스에 있으면서 항상 부스를 청결히 하도록 하여야 하며, 복장은 정장으로 하는 것이 좋다. 열성적으로 항상 미소 띤 자세로 참관객을 맞을 준비를 하고 명찰은 오른쪽 가슴에 부착하고 자신의 명함을 충분히 준비하도록 해야 한다.

3. 철 거

전시회가 끝나자마자 철거작업이 시작되기 때문에 폐장 전, 각 반출장에 사무국의 직원 및 경비요원, 안전요원을 투입하여 혼란이 없도록 해야 한다. 철거기간은 짧기 때문에 효율적으로 철거를 하기 위해서 철거작업순서는 설치순서의 반대로 진행한다.

전시회의 철거 업무순서는 반출신고서를 배포하고 작업차량 주차권 발급, 내국물품, 보세운송물품의 반출계획수립, 주관사 사무실을 제외한 전화철거, 전기철거, 급배수 및 압축공기 철거, 지게차 사용신청서 접수 및 대금 수납, 통로카펫 철거, 보세운송물품 세관확인 및 반출, 내국물품, 경량품 반출, 시설기자재 철거, 경비원 투입 및 물품확인 점검, 조립부스 및 부스카펫 철거, 외부 배너 · 상징 탑 · 육교현판 등의 철거 및 확인, 독립부스 철거, 중앙물품 철거, 청소, 하자점검 등의 순서로 한다.

참가기업은 먼저 전시품의 반출계획에 의거해서 반출하는 물품의 각 품목마다 포장작업을 실시해야 한다. 이때 주관사의 사무국은 전시장 전원공급 차단 전에 전시품의 포장작업 시간을 충분히 제공해야 한다.

그리고 참가기업은 포장이 끝나는 대로 반출증을 작성하고 주관사로부터 확인을 받아 반출계획에 따라 경량품, 중량품의 순서로 반출해야 한다. 또 전시장을 떠나기 전에 참가기업은 전시부스 내의 물품을 완전히 철거했다는 사실과 사용부스에 대한 이상 유무를 통지해야 한다. 포장 작업이후에는 전시물품을 운반할 차량이 전시장내로 진입하기 위해서 카펫을 철거해야 한다.

주관사는 참가기업들에게 충분한 포장시간을 준 후에 전기, 전화, 수도와 가스 등의 시설물을 전시장 안전 확보차원에서 우선적으로 철거해야 한다. 이런 시설물 중에서 가장 먼저 처리해야 할 시설은 전기 단전이다.

독립부스나 중량품 철수 시에는 방해가 될 수 있는 비품 및 임대 기자재, 기본시설 및 조립부스, 조립부스 카펫 등의 철거작업을 순서에 따라서 우선 하게 된다. 조립부스는 주관사에서 시행업체를 통해서 철거하고 독립부스는 참가기업이 발주한 지정용역업체 및 철거전문용역업체가 철거하게 된다.

전시물품의 반출계획에 의해 마지막으로 중량품이 철거된 이후에는 점검을 위해서 전시장 청소를 하여야 한다. 전시장 청소가 완료된 후에 주최자는 전시장의 관리담당 및 경리요원과 함께 전시장 건물의 파손여부, 시설물, 바닥 등 전반적인 전시장 상태에 대해서 점검한다. 주최자는 점검결과를 확인하고 이상이 없으면 전시장 관리측에 철수가 완료됐음을 통보하고 사무실 비품 및 열쇠를 인수인계한다.

제3절 전시회 사후관리

1. 전시회 평가

전시회는 반출계획 및 철거순서에 따라서 완전히 철거가 된 이후에 전시회를 평가 및 정산을 해야 한다. 대부분 일반적인 성과의 평가는 대부분 수치화하거나 계량화된 비교적 측정이 가능한 평가의 방법을 가지고 있다. 그러나 전시회는 그 형태 및 외양이 다양하고 같은 전시회에 참여하여도 상황이나 참관객에 따라 다르기 때문에 당장은 구매 및 계약의 효과가 나타나지 않을 수 있으므로 전시회를 평가한다는 것은 어려운 일이다. 기획하는 전시회마다 성공한다고 보장을 할 수 없지만, 매번 아무런 예측을 할 수 없는 상태로 기획한다는 것 또한 바람직한 일이 아니다. 전시회를 평가하는 것은 전시회운영결과를 분석해서 잘못된 사항의 재발을 방지하는 차원에서 차기 전시회에 반영한다는 뜻이 포함된 것이다.

이러한 전시회의 평가는 전시회 운영결과를 체계화하고 정리함으로써 과오를 방지한다는 기능도 있지만, 설문지 등을 통해 분석된 정보자료를 축적함으로써 차기 전시회를 기획할 때 필요한 새로운 정보자료를 제공해준다.

전시회의 평가는 성과를 중심으로 이루어지는 경향이 있다. 일반적으로 성과란 결국 투입과정을 통하여 발생하는 1차적 산출물로 규정할 때, 성과 평가란 산출물을 일정한 기준과 절차에 따라 측정 · 비교함으로써 궁극적으로 프로그램이나 서비스의 질을 향상시키는 작업을 의미한다.

Wholey & Hatry는 성과평가란 '예산과 자원을 활용하여 달성할 수 있는 프로그램의 질과 결과에 강조점을 두면서 실제로 이루어진 것은 무엇인가' 에 대한 답변을 얻으려는 것으로 정의하고 있다. 또한 Poister는 '설정된 목표에 도달해 나가는 과정을 정기적으로 평가하고 그 프로그램의 결과를 향상시키기 위하여 노력하는 것' 으로써 성과평가를 정의하고 있다.

성과평가는 의사결정자를 통해 의사결정자들과 수용자들에게 서비스의 질에 대한 정보를 제공함으로써, 프로그램 및 서비스에 대한 의사결정자와 주관자의 책임성을 제고하는데 그 유용성이 있다. 따라서 전시회의 성공은 주최 및 참가기업, 참관객 등 전시회 개최에 필요한 구성요소 모두가 결과에 만족하고, 여타 전시회와 차별화된 성과를 보였을 때 이루어진다고 할 수 있다.

2. 전시회 평가방법

전시회는 유형 또는 무형의 상품을 매개로 한다. 제한된 장소에서 일정한 기간 동안 구매자를 대표하는 참관객과 생산자를 대표하는 참가기업 간에 거래와 상호이해를 목적으로 진행되는 활동이다. 이렇게 전시회를 구성하는 요소는 일정한 장소에서 전시주최자에 의해서 구매자를 대표하는 참관객과 특정제품을 전시하는 참가기업으로 구성한다.

전시회는 일정한 장소라는 전시장, 주최자, 참관객, 참가기업 등으로 구성되어 있기 때문에 전시회의 평가 및 평가방법을 도출하는 것은 간단치 않다. 전시 참가기업의 측면에서는 여러 해 동안 전시회와 다른 매체들 간의 투입-산출비용을 비교하여 전시회의 성과를 평가하려는 시도가 있었으며 몇 가지의 방법이 개발되기도 하였다. 이런 방법들 중에는 비용대 계약건수로 측정하는 방법, 비용대 판매 가능액을 산출하여 측정하는 방법, 비용대 홍보물 배포량 등이 있다.

전시 주최자 측면에서도 일반적인 경영성과 측정방법인 비율분석법, 생산성 지수접근법, 회계분석법, 자료포괄분석법 등을 들 수 있다. 그리고 전시회에 참관객들이 참여하므로 무형이익을 평가하기 위해서 설문지 조사를 통해서 참관객들의 느낀 점을 반영해야 할 것이다.

전시회는 단순하게 참관객과 참가기업이 많다고 해서 전시회가 성공했다고 평가하는 것은 아니다. 따라서 참관객 및 참가기업수 뿐만 아니고 참가기업의 대한 업종별 내역의 분석, 전시회에 대한 느낌을 포함하여 전시회의 성과를 분석하여야 한다.

성과평가는 일반적으로 제공된 서비스나 프로그램, 지원 등이 얼마나 능률적이고 효과적으로 제공되어 수용자의 욕구나 요구에 어느 정도 반응하고 영향을 미쳤는가에 대해 알아보는 것이라 할 수 있다. 성가평가는 여러 가지 측면에서 유용성과 가치가 있으며 성공적인 성과평가 없이는 성과 개선 및 관리자들의 책임성 확보가 어려우며 효과적이고 책임 있는 관리도 어렵게 된다. 성공적인 성과평가를 위해서는 먼저, 왜 평가를 하려고 하는가, 즉 평가 목적이 분명히 밝혀져야 하며 각 집단을 위한 관련 있는 성과정보를 만들어 내는 시스템 구축이 토대가 된다. 또한 성과평가에 있어서는 경제적 측면의 효율성과 능률성을 중시할 것인지, 아니면 정치 · 사회적 측면의 수요나 형평성을 중시할 것인지 등이 명확해야 하며 자료 수집, 분석 그리고 자료 제시에 사용될 방법 등 어떻게 평가하려고 하는지가 분명히 밝혀져야 한다.

성과평가 기준

기 준	내 용
1) 능률성(efficiency)	• 단위비용의 개념으로 제공된 서비스의 양과 그 업무를 수행하기 위하여 필요한 자원과의 관계를 의미한다. • 투입 대비 산출이 파악되어야 하나, 현재의 정부 회계방식에서는 정확한 측정이 곤란하다.
2) 효과성(effectiveness)	• 투입과 관계없이 목표가 달성되었는가. • 타 평가 기준 중 가장 정확하게 측정이 가능하다.
3) 형평성(equity)	• 정책효과와 비용이 사회집단 간 또는 지역 간에 공평하게 배분되었는지를 의미한다. • 객관적인 자료에 의해 측정이 불가능하다.
4) 대응성(responsiveness)	• 수혜자의 욕구나 기대, 요구, 선호 등이 반영 또는 충족되는 정도와 관련된 개념이다. • 수혜자의 기대를 중심으로 평가가 되어야 하기 때문에 역시, 객관적인 자료로 인한 측정이 곤란하다.

자료 : 라휘문 · 한표환, 지방자치단체의 성과평가를 위한 지표개발, 한국정책회보 8-2, 1999, p. 97 재구성

성과평과는 기본적으로 객관적 평가와 주관적 평가의 두 가지 방식이 있다. 먼저 객관적 평가방식은 기술적 표준에 기초하여 계량화하기가 쉽고, 해석이용이한 반면 시간변화에 따른 평가정의가 바뀔 가능성도 있다. 반면에 주관적 평가의 경우에는 서비스 산출의 당사자의 심리적 과정을 거치기 때문에 감정상태가 태도로 표현될 우려가 있다. 따라서 객관적 평가와 주관적 평가는 상호 대립적인 것이 아니라 상호보완적인 성격을 가지고 있다는 점에 유의하여 평가를 하여야 할 것이다.

성과평가 조건

기 준	내 용
1) 타당성	• 측정하려고 하는 것을 정확하게 측정할 수 있도록 지표를 개발해야 한다. • 사소한 내용의 경우 생략될 수 있지만, 중요한 내용은 반드시 포함되어야 한다는 것을 의미한다.
2) 신뢰성	• 각각 다른 사람이 동일한 측정도구를 가지고 측정하였을 경우, 동일한 결과가 도출될 수 있도록 각 측정지표가 분명한 의미를 가져야 한다.
3) 적시성	• 정책결성자와 관리자가 충분한 시긴을 기지고 활용할 수 있도록 신속하게 자료가 수집되어야 한다.
4) 비용성	• 측정결과를 활용함으로서 얻을 수 있는 이익이 측정비용을 초과하여야 한다는 것이다.
5) 통제가능성	• 성과측정을 한 결과 잘못된 점을 통제할 수 있어야 한다는 것이다.

자료 : 국내전시회에 대한 종합평가 관리 모델, 산업자원부 · 한국전시산업진흥회, 2007.

2007년도 산업자원부와 한국전시산업진흥회가 개발한 국내무역전시회 평가모델을 살펴보면 크게 목표 달성도, 국제화 정도, 고객 만족도의 세 가지 측면에서 분석이 이루어지고 이들을 종합하여 최종적으로 종합지수를 산출하도록 되어 있다.

첫째, 목표 달성도는 전년도 실적기준과 목표대비 실적을 통하여 참가기업수, 참관객의 수, 바이어수, 상담액, 계약액 등의 항목을 측정하며, 둘째, 국제화 정도는 목표달성도와 마찬가지로 전년도 실적기준과 목표대비 실적을 통하여 해외 참가기업수, 해외 바이어수, 수출 상담액, 수출 계약액을 측정한다. 마지막으로 고객만족도는 목표만족도와 부문만족도 그리고 충성도를 토대로 하여 고객만족도(참관객 +기업)를 측정하는 한편, 전년 기준으로 얼마만큼 문제점이 개선되어졌는가를 측정하여 이의 합으로써 측정된다.

국내무역전시회 평가 모델에서 평가지표별 산출식을 살펴보면 다음과 같다.

• 목표달성도 $= \dfrac{\text{실적} - \text{최저목표}}{\text{최고목표} - \text{최저목표}}$

• 국제화 정도 = $\frac{\text{해외실적치}}{\text{전체실적치}}$

• 고객만족도

–금년도 고객만족지수 = (중요도)×목적달성도+(중요도)×부문만족도 +(중요도)×전반적 만족도+(중요도)×충성도

–고객만족향상도 = [평가년도지수/{전년도지수 +(100 – 전년도지수)×10%}]×100

–고객만족도 = 금년도 고객만족지수×0.6 +고객만족향상도×0.4

• 전시회 종합지수 = (중요도)×목표달성도+(중요도)×국제화정도+(중요도)×고객만족도

국내무역전시회 평가 모델

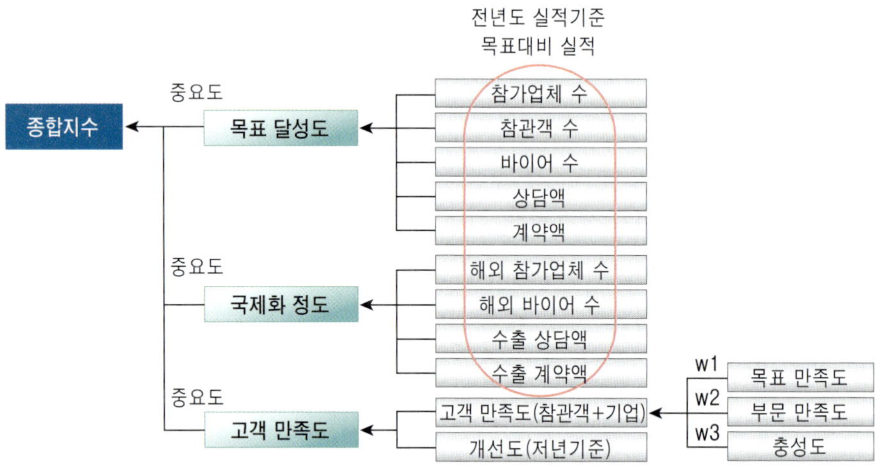

자료 : 국내전시회에 대한 종합평가 관리 모델, 산업자원부 · 한국전시산업진흥회, 2007.

주 : w1=0.4 : w2=0.3 : w3=0.3의 가중치를 부여함.

목표 달성도, 국제화 정도, 고객 만족도는 각각 0.4 : 0.3 ; 0.3의 가중치를 가지고 종합지수가 도출됨.

3. 예산집행 점검 및 보고서

전시회가 끝나면 예산에 대한 적정예산 수립과 함께 적절한 지출이 이루어졌는지 분석해야 한다. 먼저 전시회가 끝나면 임대료를 정산해야 하는데, 임대료는 계약체결 시에 임대료의 20%, 임대개시 3개월 전에 30%, 개최 7일 전에 임대차 보증금의 나머지 50%와 관리비 예치금으로 할인 · 할증된 임대료의 40% 이상을 납부하고 있으므로 이 부분에 대한 적절한 지출을 점검해야 한다. 그리고 기타 전기, 수도, 가스 등의 사용료 및 각종 부대시설인 지게차, 플랜카드의 사용료를 전시장 측과 점검해야 한다.

그리고 조립 및 독립부스 참가비, 전기, 전화, 수도, 지게차, 비품, 도우미 등의 사용료를 참가기업으로부터 전부 수령했는가와 금액이 적정한지를 검토해야 한다. 또한 기타 비품, 장치업체, 인력 및 용역 업체들과도 지출 적정이익을 점검해야 한다. 예산집행 및 지출에 대한 점검 및 각 참가기업 및 장치업체들과 정산을 한 후에 전시회 종료 후 30일 이내에 결과보고서 작성하여 설명회를 실시한다. 이를 통해서 전시회 개최를 위해서 협력해 준 각 정부 관련단체 및 참가기업들에게 전시회 성과에 대한 분석과 앞으로의 개선사항 등을 보고하고 차기전시회를 공지해야 한다.

Closing Exhibition

Las Vegas Convention Center

전시컨벤션산업의 메카, 라스베이거스

▲ 라스베이거스 컨벤션센터 전경

2007년, 62만 명의 컨벤션과 트레이드쇼 대표들은 도박산업이 아닌 다른 산업에서 8억 4천만 달러를 벌기 위해 라스베이거스를 방문했다. 이 산업이 바로 지금의 라스베이거스를 만든 전신컨벤션산업이다. 라스베이거스는 다른 어떤 미국 도시들보다도 대규모의 컨벤션을 가장 많이 개최하고 있다.

현재 라스베이거스에는 97만 평방미터의 컨벤션을 비롯한 다양한 이벤트들을 개최할 수 있는 공간이 있다. 이 중 라스베이거스 컨벤션센터가 2백만, 1만달레이 베이 컨벤션센터가 15만, 샌즈 엑스포가 25만 평방미터를 차지하고 있다.

Las Vegas Convention and Visitors Authority(이하 LVCVA)는 라스베이거스 지역의 경제적 약점을 보완하기 위한 전시컨벤션산업 발전을 위해 창립되었다. LVCVA의 목표는 라스베이거스를 레저와 비즈니스를 위한 가장 이상적인 관광지로 성장시켜 전 세계 여행객의 발걸음을 붙잡는 것이었다. 오랜 노력의 결과, 지금은 도박도시라는 오명에서 벗어나 가족 토탈 엔터테인먼트 도시라는 새로운 이름을 가지게 되었다.

1950년대 초 4월, 라스베이거스 사람들은 여름 휴가철의 주중에는 주기적으로 관광객이 감소한다는 것을 알게 되었다.

이에 1955년 4월, 라스베이거스 컨벤션센터의 공사가 완성되고 라스베이거스 호텔들의 객실 세금으로부터 모인 자금으로 LVCVA는 이상적인 관광지로서의 마케팅 프로그램을 시작할 수 있었다.

LVCVA는 관광, 컨벤션, 회의와 이벤트 등 '세계엔터테인먼트 수도' 라스베이거스의 경제발전에 기여하는 모든 분야에 걸쳐 포르모션을 진행하고 있다.

또한 LVCVA는 LVCVA는 2008년 현재 연간 2억 8천 4백만 달러의 예산을 운용하고 574명의 직원을 두고 있다. 라스베이거스 호텔들의 객실 세금과 라스베이거스 컨벤션센터와 캐쉬먼센터를 임대해서 얻는 수익은 조직의 운영에 쓰인다.

LVCVA는 관광객들에게서 얻는 객실 세금을 운영자금으로 받고 있다. 이는 전체 수익의 47%로, 나머지 53%는 주민들에게 혜택을 주는 차원으로 클락 카운티의 학교에 기부금을 주거나 다른 정부 추진 프로그램을 운용하는데 쓰이고 있다.

2008년도에는 2억 2천 5백만 달러를 벌어들이는 것을 목표로 하고 있고 이는 모두 지역발전에 쓰일 것이다. 이 중 Nevada Commission on Tourism은 1천 7백 60만 달러인 전체 수익 중 4.2%를 네바다 주의 관광을 진흥시키는 데에 쓸 예정이다.

↑ 라스베이거스의 야경

최근에는 LVACA가 라스베이거스 컨벤션센터를 위한 큰 규모의 발전계획을 발효했다. 이 계획은 전시컨벤션산업에 있어서 라스베이거스 컨벤션센터를 좀 더 경쟁력 있고 센터를 찾는 고객들에게 최고의 경험을 제공할 수 있도록 해 줄 것이다.

이 계획의 일부분으로서 클락 카운티 소방청은 스웬슨과 데저트인 교차점 남동쪽 컨벤션센터 부지에 새로운 소방서를 건설할 계획이다. 이미 설립이 예정된 라스베이거스 경찰서와 함께 건립될 소방서로 인해 라스베이거스 컨벤션센터는 현장에서 직접 안전서비스 요소를 갖춘 국내 유일의 시설이 될 것이다.

라스베이거스 컨벤션센터

라스베이거스의 중심부에 위치한 라스베이거스 컨벤션센터는 거의 13만 6천 명을 수용하는 객실 여건과 맥캐런 국제공항과의 근접성을 가지고 있는, 미국에서 가장 큰 컨벤션센터 중의 하나이다.

현재 수백억에 달하는 발전 프로젝트가 진행 중에 있는데, 센터를 향상시키기 위한 이러한 노력은 LVCVA의 라스베이거스를 이상적인 관광지가 되도록 지원하고 4천 3백만 관광객을 유치하는 것을 목표로 한 5개년 계획의 여러 항목들 중 하나이다.

라스베이거스 컨벤션센터는 CES, NAB, SEMA 쇼와 같이 매년 가장 큰 전시회들을 개최하고 있다.

라스베이거스 컨벤션센터의 대표 전시회

Consumer Electronic Show(CES)

Consumer Electronics Show(CES)는 세계 최대 가전기술을 선보이는 전시회이다. 가장 처음 CES가 개최된 곳은 뉴욕으로 1967년 6월에 200개의 참관업체와 17,500명의 참관객을 불러 모았다. 그때부터 CES는 끊임없이 발전해왔으며, 2006년에는 14만 명이 넘는 참관객이 방문하는 쾌거를 이루기도 하였다. 전 세계 유수의 기업들이 참가하여 새로운 제품을 선보이고 네트워킹을 하는 유익한 전시회로 자리매김하면서 우리나라의 기업들 역시 빠지지 않고 참가하는 전시회 중 하나이다.

National Association of Broadcasters(NAB)

National Association of Broadcasters(NAB)는 세계에서 가장 큰 전자 미디어 쇼로 매년 개최되고 있다. 이 전시회에는 모든 분야의 미디어 관계자들이 한 자리에 모여 서로의 분야를 알아가고 탐색하는 기회의 장으로 삼고 있다. 방송 카메라, 비디오 관련 제품들을 비롯하여 프로그램을 만드는 프로덕션에 이르기까지 다양한 분야의 종사자들이 참가하는 전시회이다.

SEMA Show

SEMA Show는 자동차 관련용품을 전시하는 세계적인 쇼로서 자동차 산업의 최신 상품들이 선보이는 자리이다. SEMA 쇼에는 100개국 이상의 국가에서 10만 명이 넘는 산업의 리더들이 엄청난 이득의 기회를 얻기 위해 참가한다. 이 쇼는 11개의 섹션으로 구성되어 있다. SEMA 쇼가 개최되는 시즌에는 라스베이거스에 평소보다 많은 관광객들로 발 디딜 틈이 없다. 이 전시회의 묘미는 눈을 뗄 수 없는 최신 모델의 자동차들과 그 자동차들을 더욱 빛내주는 레이싱걸들이라고 할 수 있다.

자료 : 전시저널, Vol.23. 2008.

제3부

참가기업의 전시기획

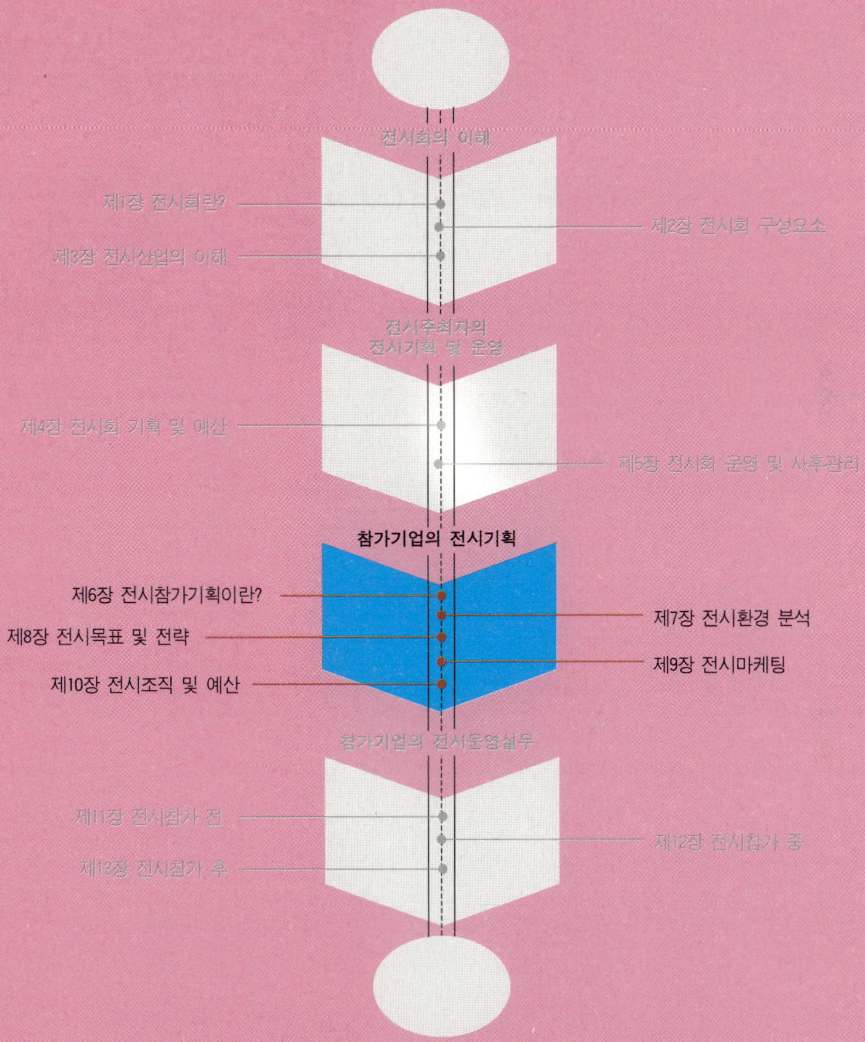

제3부는 전시회에 참가하는 기업들의 입장에서 전시기획에서부터 환경 분석, 전시목표 및 전략 수립, 전시마케팅, 전시조직 및 예산편성을 실제 전시회 일정에 맞추어 필요한 지식을 습득할 수 있도록 구성되어져 있다.

특히 실무에 종사하고 있거나 전시기획업무를 하고자 하는 사람들을 위하여 전시참가기획서 작성에 꼭 필요한 항목들을 중심으로 설명하였다.

제6장

전시참가기획이란?

<Opening Exhibition>

전시디자인은 배치의 미학이다

제1절 전시참가기획의 이해

1. 기획이란?
2. 전시참가기획이란?

제2절 전시참가기획의 프로세스

1. 전시참가기획서의 개요 작성
2. 전시참가목표 수립
3. 일반 환경 분석
4. 목표시장 평가 분석
5. 경쟁자 분석 및 SWOT 분석
6. 전시 촉진(Promotion)전략 수립
7. 예산수립 및 추진일정
8. 기대효과

<Closing Exhibition>

새롭게 단장한 '두바이 정보통신 박람회',
수익원 발굴 · 업계 성공사례 공유의 장 될 것

Opening Exhibition

전시디자인은 배치의 미학이다

계원조형예술대학 전시디자인과/최 정 심 교수

일반적으로 전시에서 중요한 것은 누군가에게 보여주고자 하는 목적지향적인 활동으로서 이해되지만 단순하게 보여줌으로써 인지되고 흡수되는 것은 아니다. 1차적으로 관람자로 하여금 정보가치를 발견하게 하여 2차적으로 이해와 공감의 단계를 거쳐 최종적으로 목적하는 성과를 도출해내는 것인데, 관람자가 새로운 가치를 발견할 때 완성되는 과정이다. 이러한 성과를 도출하기 위해서는 정보에 대한 다양한 상상력을 발휘하는 과정이 필요한데, 우선 그 전제로 정보에 대한 이해의 과정이 진행되고 분석된 정보를 재구성하여 전시이미지로 전환하는 과정이 이어지며 이때에 디자이너의 창조적 상상력이 발휘된다. 그러나 전제조건은 정보의 고유의 가치이다. 정보가 진실되고 차별화된 특성이 뚜렷할수록 이 과정이 쉽게 진행될 수 있다. 디자이너가 발견한 가치들은 다양한 형식의 조형이미지, 감성적인 교감 이미지로 전환되거나 창출되는데 이렇게 이미지로 전환된 정보는 관람자가 소화하기 쉬운(즐거운) 상태로서 보다 용이하게 관람자와 소통하게 된다. 이렇게 정보의 가치를 이미지로 전환하는 기술은 건강식품이나 기능화장품에서 흡수력의 기술에 따라 부가가치가 형성되듯이 정보가 흡수력을 갖도록 전환하는 과정으로 이해할 수 있다.

전시디자인은 정보커뮤니케이션의 총체적 종합연출디자인 분야라고 말할 수 있으며 주로 실제공간 안에서 공간을 형성하면서 이루어지지만 때론 책, 가상공간 등 다양한 상황에 적용 가능한 기술이다. 그것은 배치원리에 기반하기 때문인데 정보 종합연출의 핵심전략은 전체적인 정보커뮤니케이션의 구조를 만들고 그 구조 안에서 커뮤니케이션이 발생될 수 있는 교감 흐름을 형성하는 일로서 이를 우리는 '배치' 한다고 말한다. 이러한 전시디자인에 있어서의 배치는 일상에서 접하는 모든 배치행위와 그 원리를 같이 한다. 즉 바둑에서의 돌의 배치, 군사전략의 병력의 배치, 기업경영의 인력의 배치, 국제교역의 정보의 배치, 교실에서 책상의 배치, 미술관의 작품의 배치, 영화 속 장면의 소품의 배치, 조경에서의 나무, 바위 등의 배치, 도시에서의 공공장소와 시설물들의 배치, 집안의 가구의 배치, 식탁의 음식의 배치, 등… 이 세상에는 이렇게 다양한 배치가 행해지고 있다. 모든 배치는 그에 따라 발생되는 효과를 예상하고 이루어지며, 그 효과는 배치하는 방식에 따라 다양하게 나타난다. 전시디자인의 배치는 일반적으로 정보의 커뮤니케이션을 목적으로 행해지며 자연, 문화, 예술, 지식, 사물 등에 관련한 다양한 정보를 다루게 된다.

전시디자인에 있어서 배치와 함께 중요한 역할을 하는 것으로서 배치되는 각 정보 간에는 정보 배치 간 경로 동선이 존재한다. 도형에서 점과 점을 이어주는 선의 역할과 같이 동선은 배치된 정보로 가는 경로이며 관람의 흐름을 이어주고 안내하는 길잡이와 같다. 정보, 배치, 동선의 계획은 커뮤니케이션의 구성 요소로서 상호작용을 통해 전시효과를 만들어 내게 된다. 우수한 정보력, 배치 및 동선연출에 의해 오감으로 교감 될 때 정보 이상의 가치를 발생하게 된다. 관람자들은 연출된 공간의 이미지와 상황에서 다양한 연상과정을 경험하게 되며 이 과정에서 기획사가 의도한 정보의 가치와 매력에 빠지게 된다. 이러한 연출은 매우 정교하게 계산된 인공적인 행위로서 예술적이며 독창적인 연출디자인에 의해 가치를 형성하게 된다. 따라서 이러한 연출의 수준이 예술적 가치에 도달해야만 진실된 소통이 이루어진다. 관람자와 소통될 수 있는 순간에 반드시 존재해야 하는 것은 진실성이며 순수한 가치인 것이다. 고급마케팅을 함에 있어서 명품이라 말하는 그 모든 것은 작가의 혼이 들어 있기에 그 가치를 인정받는 것처럼 저급한 가치로 판정 받게 되면 정보력의 이미지에도 손상을 입게 됨을 생각 할 때 우리가 가야 할 방향은 명확하다고 말할 수 있다. 작가(디자이너)의 창의적 영감을 통해 재탄생된 정보가 교감되는 전 과정에서 근본적이며 구조적 기능을 하는 것이 바로 배치이다. 배치를 통해 연출되는 이미지는 전시공간에서 경험하게 되는 새로운 문화예술의 콘텐츠로서 공간문화마케팅의 개념으로 발전할 수 있다. 전시디자인을 통한 마케팅은 정보 안에 내재된 가치발견의 기회가 되며 정보의 가치를 업그레이드 해주기도 한다. 그렇다면 정보는 디자이너에게 어떻게 읽혀지는가?

일반적으로 전시공간에서는 수많은 정보들이 전시되어 참가자들 간의 치열한 경쟁상황이 펼쳐지는데 차별화되고 개성 있는 전시를 통해 경쟁력을 창출하게 된다. 보다 효과적인 전시디자인을 위해서 전략적인 배치계획으로서 교감흐름을 계획하는 것이 필요하다. 정보를 전달한다는 입장에서 계획되는 경우가 많으나 지나치게 정보전달에 집중된 전시는 매력을 갖게 하기 힘들게 된다. 보고, 읽고, 듣는 전달자 중심의 전시에서 상상력을 발휘하게 하는 교감전시로 전환 할 필요가 있으며 따라서 예술과 과학에 의한 통상의 시나리오가 필요하다. 무엇을 어디에 어떻게 배치 할 것인가? 배치 시나리오부터 구상이 시작된다. 초밥 집 사례와 비교해 보면 매우 흥미로운 설명이 될 것이다.

누구나 다 경험했을 초밥은 각 개체로서 독립되어 선택해 먹을 수 있는 음식이다. 선택의 묘미를 느끼며 먹게 되는데 손님 한 사람이 얼마나 많은 초밥을 먹는가에 따라 매출이 결정되므로 가급적 더 많은 초밥을 먹을 수 있게 하기 위해 요리사는 끊임없이 아이디어를 찾게 된다. 일반적으로 초밥을 먹을 때 담백한 맛에서 시작해서 강한 맛으로, 중간에 여러 가지 방법으로 입가심을 권하는데 그렇게 되면 각 초밥의 오묘한 맛을 더 잘 느끼게 되며 더 많은 초밥을 맛있게 먹을 수 있으므로 초밥 집에서는 이 흐름을 유지하기 위해 다양한 방식으로 손님에게 순서를 제안하는 모습을 볼 수 있다. 날씨에 따라, 손님의 취향에 따라 섬세하게 살피며 요리사의 제안이 이어질 것이다. 이러한 초밥집 상황처럼 수많은 정보의 맛을 느끼며 마지막 정보까지 음미할 수 있도록 하는 배치와 동선의 연출은 매우 섬세한 전략에 의해 계획되어야 한다.

각 정보의 연출상황 및 정보의 관람순서와 전환지점에서의 연출 등 앞에서 언급한 바와 같이 정보의 관람 순서를 고려한 배치와 그 배치된 정보 간에는 동선을 계획해야 하는데, 그러기 위해서는 우선 종합적인 정보커뮤니케이션 전략과 연출시나리오가 필요하다. 이 과정의 동선계획에서 정보 간 또는 정보그룹 간의 전환지점에서의 연출은 매우 중요한 배치의 기술로서 전체 맥락을 유지하면서 새롭게 환기하는 지점인 것이다. 시나리오의 동선계획에서 관람자의 감정선을 고려한 동선계획이 반영되어야 하며 정보배치 동선과 관람자 동선(감정선)을 겹쳐보면서 전환지점에서의 연출계획을 검토하는 방식으로 교감이미지를 연상해 간다. 이는 전달 중심형 전시에서는 생략되기 쉬운 프로세스로서 실은 매우 중요한 과정이며 교감형 전시로 전환해 주는 결정적인 안내지도가 될 것이다. 이러한 과정을 통해 교감연출의 시나리오가 섬세하게 만들어지면 그것을 조형언어로 표현하는 디자인 과정이 진행되며 이 작업은 매우 창의적인 과정으로서 관람자의 섬세한 감정선의 호흡을 교감하는 디자이너의 예술적 상상력과 전문적인 경험에 의해 이루어진다.

또한 전시연출에서 감성적 교감이 이루어지는 상황에는 반드시 문화적 특성에 의해 영향을 받게 되므로 관람지역, 대상에 대한 고려가 매우 중요하다. 다국적 관람자 경우, 유럽, 미주, 아시아 권역 등 국가, 도시의 문화적 특성을 반영한 디자인 및 연출이 필요할 것이다. 한편으로는 전시디자인이 문화적 소통의 목적에 의해 진행되는 사례가 있는데, 이는 전시디자인이 국가의 외교 및 경제활동 등에 고부가가치 유통을 위한 전략적 행위로서 매우 효과적이기 때문이다. 국제간 정치, 경제, 문화, 예술, 산업, 교육 등 전 분야의 교류 및 교역 등에서 활용되는 분야이며, 최근에는 유럽연합 등 국가 간 연합이 추진되는 과정에서 국가 마케팅에서 도시마케팅으로 전환되고 있음을 확인하게 된다. 그 사례로 서울시 디자인수도 선언, 프랑스 문화도시 '릴', 유네스코의 창조도시 지정 등 도시를 중심으로 다양한 마케팅이 추진되고 있다. 또한 이와 관련하여 도시의 거리쇼 형식의 전시프로젝트가 급증하고 있는데, 런던 디자이너스 블록, 100퍼센트 디자인전, 도쿄 디자인 위크전, 밀라노 가구쇼와 연동된 로드쇼와 거리전시, 프랑스 파리의 거리미술제(누이 드 블랑쉬) 등 공공장소, 거리 등에서 다양한 방식의 전시들이 소개되는 것은 문화마케팅, 아트마케팅과 함께 도시마케팅이 결합된 형태로 이해할 수 있다. 이렇게 다양한 형식의 전시들이 융합되고 시너지를 만들어 내는 현 시점에서 전시는 더 이상 보여주는 단순한 개념으로 이해될 수 없게 되었다. 따라서 보다 구조적이며 종합적인 전략과 연출이 필요하며 그 핵심에 배치의 원리가 작용되는 것이다. 복잡 할수록 근본원리를 찾아 중심에 두어야 한다. 사실 역사적으로 국가정책마케팅, 도시마케팅 분야에서 전시를 적극 활용해 왔으며, 특히 사회주의 국가에서 전시는 가장 보편적이며 효과적인 정치활동과 대민통치의 수단으로 활용되었다. 일종의 선전효과라고 말할 수 있는 다분히 부정적인 개념으로서 인식되고 있으며 위에 언급한 유럽의 문화도시, 창조도시 지정 등 도시문화마케팅도 국가 간 소통의 필요성에 따라 나타나는 현상이며 어떻게 보면 과거의 국가마케팅과 유사한 과정으로서 이해되지만 당시의 전시를 주도한 주체는 통치자였고 일방적인 개념이었다면 오늘날 도시 마케팅적 전시에 있어서의 주체는 사용자이며 리더는 창조적인 생산력을 가진 디자이너라고 말할 수 있다. 이와 관련한 다양한 전시와 쇼 등이 국가 간 소통을 위한 문화마케팅의 개념으로 볼 수 있다. 근본가치는 소통의 가치로서 디자인문화 마케팅개념에서 정보의 기본가치를 보다 창의적이며 감성적인 코드로 선환함으로서 가치 재창출의 상승효과를 만들어 내는 것이다. 즉 창의적인 전시연출은 정보의 가치를 관람자와의 소통방식에 따라 잠재된 가치를 발견해 내는 상상력을 발휘하게 하고 관람자가 주어진 정보 이상의 상상을 하게 되는 것은 실은 전시기획자의 치밀하게 계획된 시나리오의 결과이지만 사용자의 호흡에 따라 완성되거나 달라지기도 한다. 기획자와 관람자는 이미 계획단계에서 가상의 만남을 하게 된다. 즉 계획단계에서의 관람 예측시나리오는 결국 가상소통 시나리오로서 기 경험된 데이터에 의존하거나 또는 계획단계에서 모니터 그룹의 참여에 의해 임상적 연구의 과정을 거치기도 한다. 이렇게 다양한 방법으로 교감되는 상황을 예측하여 디자인하게 되며 복잡한 구조와 다양한 유형의 정보들을 종합 연출하는 디자인은 매우 까다로운 것이므로 현실적으로는 전시디자인을 함에 있어서 이러한 난제를 소화할 전문 인력을 활용하지 못함으로써 자칫 정보를 1차원적으로 전달에 그치기 쉽다.

국가 경영에 있어서도 대민 통보형태는 가장 저차원의 소통의 방식이듯이 전시에 있어서도 그러하다. 따라서 보다 창의적이며 감성적인 소통을 이뤄내는 종합연출에 의한 진행이 되었을 때 경쟁력을 갖출 수 있으며, 결국 이러한 일은 매우 전문적인 일로서 뛰어난 직관과 창의력, 경험을 갖은 전시기획자와 디자이너에 의해 이루어지게 된다. 그러나 오늘날 우리의 현실은 그러하지 못하다. 아마도 그 이유는 첫째, 기획자 및 디자이너를 선정하는 것이 아니라 업체를 선정하는 방식을 택하고 있기 때문으로서 기획자 및 디자이너는 작가 개념이 아니라 스텝의 개념이 되어 있으며 당연히 그 역량과 책임은 확인되기 어려운 함정을 갖고 있다. 또한 국내에 유능한 디자이너가 많이 있지만 공인되지 못하는 여건에서 열정을 다하기란 그리 쉽지 않을 것이다. 먼저 디자이너가 선정되고 그가 있는 스튜디오가 진행을 맡는 형식이 된다면 이러한 문제는 크게 개선 될 것이다. 이미 이태리 등 유럽에서는 디자이너를 프로모션하여 마케팅하는 것이 일반화 된지 오래이다. 둘째, 전체 예산에서 기획비, 디자인비의 비중은 어떠한가? 매우 미미하거나 때에 따라선 아예 항목조차 없는 경우도 허다하다. 전쟁터에 나가면서 전략과 전술 없이 나가는 형국이랄까? 국제적 경쟁시장의 선봉에 선 전시를 기획하는 일은 국가적 이익과 직접적으로 관련한 일임에도 그와 관련한 정책, 제도적 대안의 부재 등 현실은 매우 비전문적인 상황에 놓여있다. 따라서 실제 시장에서 경쟁력을 갖출 수 있는 현실적인 여건의 정비가 시급하다고 하겠다. 지난 개발만능시대의 '무조건 만들어내 내자' 식의 시대에서 디자인의 가치는 보이지 않았다. 그러한 관행이 아직도 팽배한 현실 속에서 우리는 새로운 시대에 진입 해 있는 것이다. 정보지식 소통의 이 시대에서는 이전보다 많은 교류와 소통이 요구되고 있으며 그 방식이 문화적이며 예술적이기를 희망하고 있다. 전시디자인에 있어서 앞에 언급한 것과 같이 전시의 기본 원리인 배치미학은 또한 관계미학이라고 할 수 있다. 가치를 발견 해내는 능력이 디자이너의 역할이고 우리는 디자이너의 상상력을 통해 새로운 가치와 가능성을 발견하게 될 것이다. 지금의 물적 사고에서 탈피하여 보다 실천적인 개선과 적극적인 활용을 통해 사람과 사람의 관계의 디자인으로 사고 전환 한다면 전시마케팅은 물론 다른 많은 부분에서도 큰 전환이 이루어지지 않을까? 앞으로 국가 경쟁력은 사람에 있으며 전시분야에서도 그 역할을 담당할 기획디자이너의 이름으로 바로 세워지기를 희망한다. 또한 디자이너들이 자유롭게 상상하고 가치를 발견 해 내는 일을 지원하고 육성한다면 앞으로 국제 경쟁상황에서 보다 품격 높은 소통이 이루어질 것으로 믿는다.

전시저널, Vol.23. 2008.

제1절 전시참가기획의 이해

1. 기획이란?

기획이란?

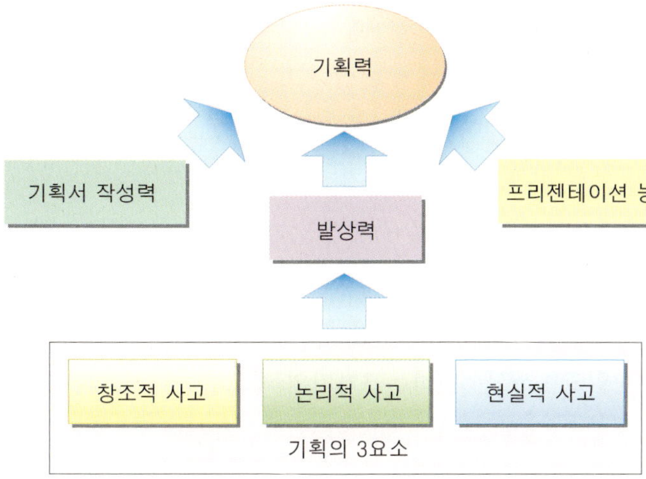

기획이란 아직까지 없거나 어떤 새로운 일을 이루기 위해 미리 안을 짜는 것을 의미하는 것으로 어떤 문제를 해결하기 위해 필요한 활동의 이미지를 만들어 제안하는 것이라 할 수 있다. 즉 어떤 목표를 설정하고 그 목표를 실현하기 위해서는 창조적 사고, 논리적 사고, 현실적 사고의 3요소가 필요한데 기획은 이를 유기적으로 결합시키는 활동이며 그 제안 내용과 제안을 정리하기까지 이르는 과정의 작업을 기획이라 한다.

기획의 3요소 중, 첫 번째인 창조적 사고는 목표 달성 · 문제해결을 위한 방법을 창조하는 것으로 보다 창의적이고 독자적인 것을 의미한다. 두 번째인 논리적 사고는 독창적이고 실현가능한 문제 해결 달성 및 문제 해결 방법을 논리에 맞게 체계적으로 정리하는 능력으로 창조적 사고를 구체화시키는 것이라 할 수 있다. 세 번째인 현실적 사고는 창의적이고 논리적인 사고를 현실화 시킬 수 있는 요소로서 결국 기획은 세 가지의 요소를 바탕으로 이루어지게 된다.

사전적 의미로서 기획이란 일을 계획하는 것을 의미한다. 따라서 '기획'은 무엇을 할까에 중점이 있고, '계획'은 어떻게 할까에 중점을 두는 경우가 많다. 이러한 차이에서 보면 '계획'은 일의 내용이나 체계가 결정되어 있어 그것들을 어떻게 실시해야 하느냐의 경우에 사용되는 것에 반해, '기획'은 일의 내용 자체를 크게 결정해 가는 경우에 사용된다고 볼 수 있다.

기획의 본질인 일의 내용이나 체계를 결정하는 것은 무엇인가, 그것은 문제를 해결하기 위해서 생긴 지금까지 없었던 새로운 방법, 말하자면 아이디어(발상)를 말한다. 계획의 특징이 현실적, 논리적이라면, 기획이란 말이 가지는 이미지가 어딘지 모르게 창조적인 것은 그 때문이다.

기획이란 창조적인 아이디어를 구체적인 계획으로 전개하는 일련의 과정이라 할 수 있다. '기획력'은 단순히 새로운 가치를 창조한다는 것에 그치지 않고, 그것을 알기 쉽게 정리하여 상대방에게 제안하는 능력까지도 포함된다. 따라서 기획력은 읽고 · 쓰고 · 말하는 3가지의 사고활동에서 이루어지는 종합적인 능력이며 구체적으로는 ① 발상력, ② 기획서 작성력, ③ 프리젠테이션 능력이라는 3가지 요소로 구성되어진다.

단순한 아이디어는 기획이 아니다. 그것이 논리적으로 목적에 합치하고 있는가, 현실적인가 아닌가의 기준을 판단하지 않으면 아이디어는 기획이 될 수 없다. 따라서 좋은 기획을 하기 위해서는 창조력 이외에 정보력과 문제의식이 반드시 필요하다. 정보력은 기획에 필요한 여러 가지 소재를 조달하는 힘으로서 데이터의 수집과 분석을 할 수 있는 능력이다. 문제의식은 문제나 목적에서 새로운 문제를 발견하고 구체화 시키며 해결해 나가는 능력으로 기획의 전 단계에 걸쳐서 필요한 에너지라고 할 수 있다.

2. 전시참가기획이란?

전시기획이란?

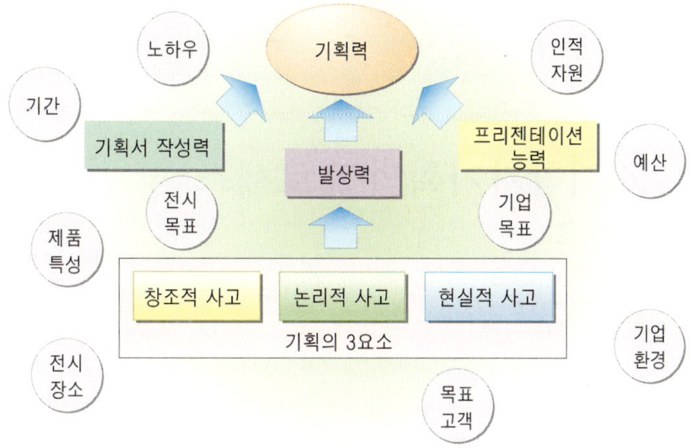

전시회는 오늘날 시장의 성격을 가지고 있으며 전문가들을 위한 전문 전시회의 경향이 강하기 때문에 상품 제조자나 고객 또는 사용자들에게 있어 전시회는 점점 더 전문적인 상품이며 서비스가 된다. 따라서 전시회의 상품성은 전시 참여자들의 수준과 규모 그리고 개최되는 주기, 개최되는 장소에 의해 결정된다.

전시회에 참여를 한다는 것은 시장의 상황을 고려하여 바이어와 일반 참관객으로 구분할 수 있는 고객과 자사와 비슷한 제품 또는 서비스를 제공하는 경쟁사에게 자기 기업을 보여주는 것이라 할 수 있다. 따라서 전시기획은 '기업이 정한 목표를 달성하기 위하여 제반 상황분석에 따른 전시 전략에 입각하여 참관객을 대상으로 전개하는 모든 창조적인 아이디어를 형성하는 프로세스' 라고 정의내릴 수 있을 것이다.

전시기획은 일반적인 기획의 과정 속에 기업이 참가하고자 하는 전시회의 성격, 개최 장소, 개최 기간, 전시회의 수준, 참관객의 수준 등과 같은 모든 전시회 관련 데이터와 기업의 목표, 전시목표, 인적자원, 예산, 참가준비기간, 인적자원, 노하우, 목표고객, 기업의 외부 환경, 경쟁상황, 제품특성, 기업의 인지도 등을 모두 고려하여 작성되어지는 것으로 기업이 가용할 수 있는 자원을 최적으로 활용하여 전시회에 참여함으로써 최상의 효과를 얻기 위한 사전 활동이라 할 수 있다.

제2절 전시참가기획의 프로세스

전시참가기획의 프로세스

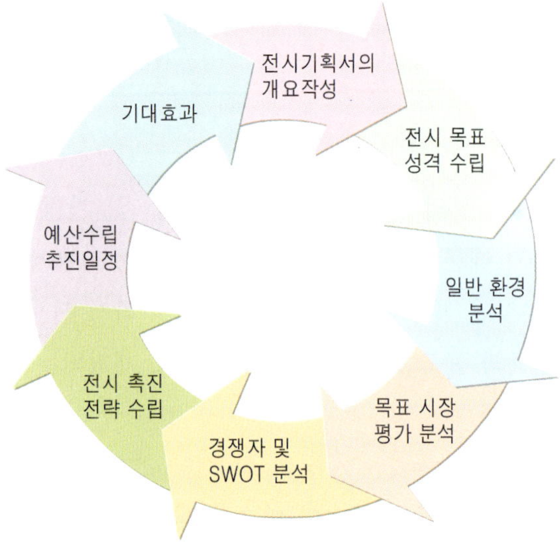

1. 전시참가기획서의 개요 작성

전시참가 기획서를 작성할 때는 우선 개요로서 의의와 목적에 대하여 서술한다.

의의는 전시회에 참여하여야 하는 당위성에 대하여 기술하여야 한다. 즉 수많은 전시회 중 왜 특정의 전시회를 선택하여 참가하는가에 대한 내용으로 특정 전시회의 수준과 과거 성과 등에 대하여 기술하며 기업의 현재 환경에 대한 간단한 기술을 통해 특정 전시회와의 접합점에 대하여 서술한다.

목적은 전시회에 참여하게 되었을 때 얻게 되는 이득에 대하여 구체적으로 기술하여야 하며 모호하고 관념적인 표현보다는 수치화 시켜 구체적으로 표현하는 것이 좋다.

2. 전시참가목표 수립

전시참가목표수립은 전시기획의 명확한 목표를 수립하는 단계로서 이후 단계들을 기획하는데 기초가 된다. 또한 기업이 어떤 경우에 전시회에 참가할 가치가 있는가 하는 문제에 대하여 해답을 제시하는 것으로서 기업의 역량과 현재 상황에 맞는 목표의 수립이 필요하다.

전시참가목표는 전시프로그램의 실행을 통해 전시회 기간 내에 이루고자 하는 정량적인 목표를 가리킨다. 따라서 전시참가목표는 측정 가능한 구체적 변수(예를 들어 상담액, 계약액 및 계약률 등)를 사용하여 표시되어야 한다. 전시목표를 잘 설정하기 위해서는 기업목표에 대한 정확한 이해로부터 시작하여 자사의 핵심역량과 각 부서의 기능에 대한 전반적 이해가 필수적으로 요구된다.

기업의 현실을 무시한 목표는 자칫하면 이상적인 목표가 될 수 있으며 기업의 자원을 헛되이 낭비할 우려가 있으므로 기업이 가용할 수 있는 인적 · 경제적 자원을 고려하여 적정 수준에서 목표를 수립하여야 한다.

3. 일반 환경 분석

전시회는 기업에게 있어 기업의 목표를 달성하는데 적절하고 경제적인 수단이 된다. 따라서 전시회와 관련된 모든 환경에 대한 사전 정보는 수집되어야만 한다. 또한 수집된 정보는 통합과 분석을 통해 적절한 전시 전략을 수립하는 기초 데이터로써의 역할을 담당하게 된다.

이러한 정보는 인구지리적인환경, 거시경제환경, 심리적환경, 문화적환경 등과 함께 마케팅 환경으로 구성되어지며 간접조사와 직접조사를 통해 수집되어진다.

4. 목표시장 평가 분석

전시회는 그 자체가 하나의 시장을 형성하여 공급자와 수요자가 만나 각종 협상과 거래가 이루어지는 장소임과 동시에 고객과의 커뮤니케이션의 장으로서의 역할과 기업의 인지도 및 이미지에 영향을 미치기도 하는 등 매우 복합적인 성격을 지니고 있다. 따라서 참가하고자 하는 전시회에 대한 평가 및 분석은 필수라고 해도 과언이 아니다.

이 단계에서는 참가하고자 하는 전시회의 규모와 인지도 그리고 그에 따른 위상 등에 대한 분석을 하게 된다.

5. 경쟁자 분석 및 SWOT 분석

전시회에는 자사만 참가하는 것이 아니다. 전문 전시회의 경우에는 특히 수많은 참가기업들이 내놓은 동종의 제품 및 서비스가 전시되게 되므로 자사의 전시물품과 곧바로 비교되어지게 된다. 따라서 자사와 경쟁관계에 놓여있는 기업들에 대한 분석을 통해서 전시부스에 대한 전략과 전시 물품에 대한 전략 수립을 하여야만 기업의 목표를 달성할 수 있다. 또한 일반 환경 분석과 경쟁자 분석을 통하여 수집된 시장의 기회와 위협, 자사의 강점과 단점의 결과들을 토대로 하여 SWOT 분석을 실시함으로써 보다 성공적인 전시회가 될 수 있는 전략을 도출해 내어야만 한다.

6. 전시 촉진(Promotion)전략 수립

촉진(Promotion)활동은 참관객들의 흥미를 유발시켜 그들을 자사의 전시공간에 끌어들이는 동시에 기업의 인지도와 이미지를 상승시키는 한편 향후 자사에 대한 호감을 갖게 만들어 장기적으로는 고객 로열티를 제고시키는 역할을 수행한다. 따라서 촉진전략을 어떻게 수립하고 수행하는가에 따라서 기업과 참관객과의 관계가 다르게 형성될 수가 있으므로 전시촉진전략을 수립할 때에는 신중하게 하여야 한다.

일반적으로 촉진활동은 크게 광고(Advertise)와 공중관계(Public Relations), 인적판매 그리고 판매촉진으로 구성된다. 특히 전시촉진전략에서는 언론과의 관계 또한 중요한 변수로 등장할 수 있기 때문에 언론과의 관계 또한 고려를 해야만 한다.

7. 예산수립 및 추진일정

아무리 좋은 기획과 훌륭한 전시를 구상하였다 하더라도 그 규모와 비용이 기업이 감당할 수 없는 수준이라면 그 전시기획은 무용지물에 지나지 않을 것이다. 즉 그 전시를 현실적으로 실행시킬 수가 없기 때문이다. 따라서 기업의 재무 상태와 능력을 고려하여 전시예산을 책정해야만 한다. 특히, 최소한의 비용으로 최상의 성과를 얻기 위한 예산수립이 중요하다.

전시예산은 크게 전시장 부스 임대료와 같은 고정비용으로부터 전시회 운영에 필요한 인건비와 운영비 및 전시장 시설비, 촉진비용, 전시하고자 하는 제품의 파생비용 등으로 나누어 수립하여야 한다.

추진일정은 전시회에 참가하기 위해 필요한 모든 제반사항 준비에 대한 일정으로서 전시회 참가 준비를 효과적으로 달성하기 위한 시간적 배분이라 할 수 있다. 합리적인 일정의 수립은 전시회 참가준비 과정의 혼란과 쓸데없는 시간낭비를 사전에 제거시켜주는 역할을 하게 된다.

8. 기대효과

기대효과는 전시회에 참가한 기업이 얻게 되는 성과이다. 즉 전시기획을 수립하고 실행하였을 경우 기업이 얻게 되는 유형과 무형의 경제적 이익이 기업이 얻게 되는 성과인 것이다.

기대효과는 항상 정확하게 예측할 수는 없다. 때에 따라서는 예측했던 기대효과보다 더 나은 성과를 얻을 수도 있으며, 반대로 실망스러운 성과밖에 얻지 못할 경우도 있기 때문이다. 그러나 논리적이고 실현가능한 기획이라면 어느 정도 목표를 달성하는 기대효과를 얻을 수는 있을 것이다. 따라서 어느 정도의 기대효과를 예측하는 것은 불가능한 일이 아니며 실제로 투입된 기업의 자원에 비해 기대효과가 작다면 기업은 전시에 참가하지 않는 것이 옳을 것이며 반대로 기대효과가 크다면 당연히 전시회 참가를 결정하게 될 것이다.

기대효과는 전 단계들의 분석과 전략에 따라 다르게 나타날 수 있으며 전시회 참가를 결정하는 중요한 변수가 될 수 있으므로 세심한 분석을 토대로 도출해 내야 한다.

Closing Exhibition

새롭게 단장한 '두바이 정보통신 박람회', 수익원 발굴 · 업계 성공사례 공유의 장 될 것

세계적인 정보통신기술 박람회로 손꼽히는 '두바이 정보통신박람회' (GITEX TECHNOLOGY WEEK)가 2009년을 맞아 또다시 개최된다. 두바이 정보통신박람회는 세계 정보통신기술 시장의 메카로 떠오른 중동을 거점으로 사업개발, 인맥구축을 위한 교류의 장을 마련해 최근 어려움을 겪고 있는 기업의 사기 진작을 목적으로 한다.

2009년 10월 18일부터 22일까지 5일간 두바이 국제컨벤션 · 전시센터(Dubai International Convention and Exhibition Centre)에서 개최될 두바이 정보통신박람회에서는 '지텍스 비즈니스 솔루션' (GITEX Business Solutions), '걸프컴스' (GULFCOMMS), '소비자 전자' (Consumer Electronics) 등 세분화된 전시회를 통해 특정 산업부문에 집중 조명할 수 있는 환경이 마련될 전망이다. 또한 두바이 정보통신 박람회 기간동안 중동국제은행업(Middle East International Banking), 금융기술 · 서비스 전시회(Financial Technology and Services Exhibition), MEFX 등의 행사가 함께 열려 중동지역의 사업기회를 두루 살펴볼 수 있는 자리가 될 것이다.

↑ 두바이 정보통신박람회 모습

두바이 정보통신박람회를 주최하는 두바이 세계무역센터(Dubai World Trade Centre)의 최고경영자인 할랄 사에드 알마리(Helal Saeed Almarri)는 "두바이 정보통신 박람회는 중동 지역의 정보통신기술 부문 활성화에 크게 기여할 것이다"며 "올해 두바이 정보통신 박람회는 비용 효율적이며 창의적인 기술 솔루션을 시장에 제시해 현재의 난관을 극복하고 회복에 맞물려 살아날 수요에 대응한다는 전략을 추진하고 있다"고 덧붙였다.

이러한 새로운 전략의 일환으로 올해 지텍스 글로벌 컨퍼런스(GITEX Global Conference)에는 더 많은 연사가 초빙되고, 특정한 주제를 중심으로 한 컨퍼런스 트랙이 여러 개 계획되고 있다. 또한 소비자 가전(Consumer Electronics) 전시회에 새롭게 추가된 '스마트 오피스' (Smart Office), '스마트 홈' (Smart Home) 부문을 통해 직장, 가정에서 소비자들의 행동에 크게 영향을 미칠 미래의 기술도 엿볼 수 있게 된다.

올해로 29회째를 맞는 두바이 정보통신 박람회는 중동의 정보기술, 통신부문을 이끄는 횃불이자 전세계 수만 명의 참가자들이 참여하는 중요한 행사로 자리 잡았다. 의사결정자들과 구매자들은 운영비용 효율성을 개선하는 동시에 제품에 담겨있는 가치제안을 개선할 수 있는 기회로 두바이 정보통신 박람회를 십분 활용할 것이다.

아바야(Avaya), 브라더(Brother), 델(Dell), 엡솜(Epsom), 맥아피(McAfee), NEC 필립스(NEC Philips), 파나소닉(Panasonic), 산요(Sanyo), 투라야(Thuraya) 등의 굵직한 기업들이 이미 박람회 참여를 확정했다.

'경제위기 가운데 IT 가치 정립' (Defining the value of IT in a challenging economy)이라는 주제로 열릴 '두바이 정보통신박람회 글로벌 컨퍼런스' (GITEX TECHNOLOGY WEEK Global Conference)는 올해에도 규모가 확대되어 무려 40개의 트랙이 진행될 예정이다.

올해에는 가트너(Gartner)와 포레스터(Forester) 전문가들이 업계 주요 동향과 통찰을 전달하는 '업계 리더 조찬 브리핑' (Leader in Industry Breakfast Briefing)이 신설됐다. 또한 세계적인 업계 유명인사들이 대거 참여하는 기타 포럼에서는 새로운 지식과 정보가 쏟아져 박람회를 더욱 충만케 할 것으로 기대된다.

주요 연사로는 IBM 코퍼레이션의 IBM 소프트웨어 그룹 월드와이드 채널 부사장인 샌디 카터(Sandy Carter), 알 파힘 그룹(Al Fahim Group)의 최고정보책임자인 타리크 엘사딕(Tariq Elsadik), 지식경제도시개발(Knowledge Economic City Developer)의 기술 인프라 · 서비스 부사장인 모하메드 샤(Mohammed Shah)가 있다.

또한 최고경영자와 임원들을 위한 비즈니스 프로그램인 지텍스 마즐리스(GITEX Majlis)도 올해 박람회에 포함돼, 네트워킹 포럼, 귀빈층 라운지, 세미나 우선석, 워크숍, 기조연설 등의 특전을 회원에게 제공할 것이다.

2009년 10월 18일부터 22일까지 개최되는 두바이 정보통신 박람회는 오전 10시~오후 7시 사이에만 무역 · 사업 전문가의 참여를 허용하며, 개최 장소는 두바이 국제 컨벤션 · 전시센터다. 최신 정보는 www.gitex.com에서 확인할 수 있다.

두바이 정보통신 박람회는 두바이 세계무역센터(Dubai World Trade Centre)의 주최 하에 사업차 방문하는 참여자와 전시업체 모두에게 극대화된 가치를 제공하기 위해 열린다. 이번 행사는 다음 4개 주요 박람회로 구성된다.

–지텍스 비즈니스 솔루션(GITEX Business Solutions) : 중동 · 아프리카 · 남아시아 대기업 · 중소기업을 대상으로 한 선도적인 국제 IT 박람회
–걸프컴스(GULFCOMMS) : 중동 · 아프리카 · 남아시아를 겨냥한 유무선 · IP · 위성관련 최대 국제 이동통신 박람회
–소비자 가전(Consumer Electronics) : 중동 · 아프리카 · 남아시아 시장을 중심으로 소비자 가전, IT 시스템, 부품, 주변기기 관련 최고 국제 박람회
–MEFX–중동 국제 은행업, 금융기술 · 서비스 전시회

▲ 두바이 세계무역센터(Dubai World Trade Centre, Website : www.dwtc.com)에 대하여

두바이 정보통신 박람회를 주최하는 두바이 세계무역센터는 30년 이상 중동지역에서 세계적인 행사를 두루 주관하며, 현지 · 지역 및 해외 전시업체들에게 최고의 전문지식과 심도 깊은 시장 노하우를 제공하고 있다. 두바이 세계무역센터 행사담당팀은 중동 내에서 개최되는 최대 규모의 18개 국제, 지역박람회를 가장 성공적으로 조직하고 있어, 이 지역 사업개발을 위한 이상적인 모임장소를 제공하고 있다.

전시산업의 지속적인 혁신을 향한 두바이 세계무역센터의 노력으로 다양한 종류의 기업 대 기업 · 기업 대 소비자 간 박람회가 개발되고 급증했으며, 전시업체와 방문자들의 만속노노 꾸순히 유지되고 있다. 두바이 세계무역센터는 모든 전시회의 가치를 최대한 발휘하고 해당 분야의 실질적인 요구사항을 잘 반영하기 위해 유수 무역기관 및 업계관련 협회와 협조하고 있다.

자료 : 뉴시스, 2009. 7.31.

제7장

전시환경 분석

<Opening Exhibition>

임수지 교수의 '해외전시회 마케팅 노하우'

제1절 전시환경의 이해

1. 전시환경의 의의
2. 전시환경의 특성

제2절 전시환경의 유형

1. 환경 분류기준
2. 일반 환경
3. 과업 환경

제3절 전시환경의 분석(SWOT 분석)

1. SWOT 분석이란?
2. 강점 및 약점
3. 기회와 위협
4. SWOT 종합

<Closing Exhibition>

세계 4대 모터쇼

Opening Exhibition

임수지 교수의 '해외전시회 마케팅 노하우'

▲ 애플에 대항하기 위한 아이리버(iriver)의 브랜드 포지셔닝 광고

1. 글로벌 포지셔닝

해외전시회는 비교적 적은 비용으로 해외 시장에 접근할 수 있는 보편화된 마케팅 전술 중 하나다. 그러나 해외전시회에 참가하는 기업들은 전시회 문이 열리는 순간부터가 전시회 비즈니스의 시작인 줄 아는 오류를 범한다. 이미 주요 방문객의 65% 이상이 전시회 시작 전에 행로를 결정해 놓고 있다는 사실을 간과한 것이다.

여기서 말하는 주요 방문객은 바이어는 물론이고 바이어들의 구매 결정과 글로벌 포지셔닝 전략에 막대한 영향을 미치는 인더스트리 미디어와 제품 애널리스트 커뮤니티를 의미한다. 다양한 제품의 전문성과 최신 트렌드에 관한 폭넓은 지식을 보유하고 있는 이들의 전문적 의견은 세계 시장의 여론을 리드한다. 그러므로 이들의 긍정적인 평가는 제품의 보증 역할이 된다. 바이어들과의 다양한 비즈니스 계약에 힘을 행사하기도 한다.

일일이 바이어들을 찾아다니는 필드 마케팅보다 4배의 비용을 절감할 수 있는 해외전시회에서 기업들은 전시장의 바이어들을 상대로 하는 세일즈에만 급급해하는 사례가 많다. 이는 해외전시회가 주는 전략적 기회를 제대로 활용하지 못하는 안타까운 일이다. 그러므로 전시회에 참가하기 전 전략적 계획과 그 수행은 반드시 필요하다. 대표적인 게임 회사인 닌텐도의 사례를 보자. 닌텐도는 미국 시장 진출 초기에 해외전시회를 성공적으로 활용하면서 오늘날 글로벌 기업으로서 명성을 떨칠 수 있는 계기를 만들었다. 그 당시 닌텐도는 세계 최초의 64b 가정용 게임기를 미국 시장에 인식시키고자 고민했다. 소비자는 물론이고 미디어와 업계 전문가들을 신제품 출시를 위한 전시회 전후 과정에 적극 참여시켰다. 직접적인 경험으로 긍정적인 여론을 형성하며 리딩 커뮤니티와의 관계 형성에 주력하는 대대적인 마케팅 전략 전술(AR &MPR : Analyst Relations &Marketing Public Relations)을 활용했던 것이다. 해외 시장 진출을 보다 용이하고 안전하게 하기 위한 전략적 의도였다.

먼저 일본의 쇼신카이 전시회에서 제품을 론칭하게 된 닌텐도는 비디오 뉴스 릴리스로 자신들의 제품을 미국 시장에 선보였다. 이 비디오 뉴스 릴리스에는 일본 전시회에서 호평 받던 당시 전시회의 반응과 제품의 특성이 모두 담겨 있었다. 또 인더스트리 미디어와 제품 애널리스트 커뮤니티와의 관계를 거쳐 지속적인 제품 브리핑을 주도했고 사전에 제품 특성과 우수성을 효과적으로 알리고자 직접 경험해볼 수 있는 기회를 제공했다. 그 이듬해에 미국에서 열린 일렉트로닉 엔터테인먼트 엑스포에서 정식으로 제품을 런칭한 닌텐도는 그동안 정보 교환을 바탕으로 지속적인 관계를 형성해오면서 형성된 긍정적인 여론 덕분에 시장 접근에 어려움을 겪지 않았다. 500명의 기자를 초청하는 기자회견도 성공적으로 마쳤다. 그리고 인더스트리 미디어와 제품 전문가 등의 마켓 리더들은 최고의 찬사를 아끼지 않으며 닌텐도의 미국시장 진출에 날개를 달아주었다. 결국 빠른 속도로 소비자에게 파고들었던 닌텐도 제품은 3일만에 동이 나버렸다. 그리고 기업의 전략적 마케팅과 해외전시회의 성공적인 결과는 광고 한 번 없이 AR &MPR로 런칭 13주 만에 유례없는 세일즈 기록을 거두게 됐고, 오늘날까지도 세계 기업들이 벤치마킹하는 성공적인 전시회 마케팅 사례로 남아 있다.

2. 마켓과 바이어를 움직이는 기술

마인드를 움직이면 마켓(시장)은 따라오게 되어 있다. 반대로 세일즈(영업)에만 급급한 접근 방법은 전시회 실패의 주요 원인이 된다. 전략적 마케팅은 구매과정에 지대한 영향을 미친다.

세계경제 위기를 맞아 마케팅 전략전술(AR & MPR : Analyst Relations & Marketing Public Relations)이 글로벌 브랜드 매니저와 최고마케팅경영자(cmO)들의 핵심 마케팅 전략 전술이 되고 있는 것은 뛰어난 '마켓 드리븐(시장을 움직이는) 효과' 때문이다.

전시회에서 현지 마켓을 움직이는 마케팅 전략 전술 다섯 가지를 살펴보자.

첫째, 구매 과정에 영향을 미치는 마켓 리더를 확보하라. 마켓 여론 형성을 위한 대표적인 전술인 백서(white paper)나 케이스 스터디, 웹 캐스트 등은 미국, 유럽시장에서 그 활용도가 매우 높다. 경험을 바탕으로 한 제품의 사실적 정보 제공을 위한 전술로서 특히 IT 분야에서는 90% 이상의 바이어들이 이에 근거해 구매의사를 확정짓는다. B2C는 물론이고 B2B 마케팅에도 직접적인 영향을 미치고 있어 전시회 주최측도 적극 지원하고 있다. 새로운 마케팅 테크닉으로 인해 구매자들의 정보 입수 경로가 다양해지는 요즘은 이러한 전술 활용도가 더욱 높아지는 추세다. 둘째, 전시회 참가 리스트를 적극 활용하자. 전시회에 참가하는 기업이라면 인더스트리 미디어와 제품 애널리스트 커뮤니티 명단을 전시회 주최 측에 요구할 수 있다. 사전 마케팅에서 핵심적으로 초점을 두는 이 업무는 마켓 리더들과의 제품 브리핑을 확보, 유리한 포지셔닝 전략으로 기업을 널리 알릴 수 있도록 유도한다.

셋째, 세계 곳곳의 숨은 바이어를 노린다. 전시회에 참가하지 않는 바이어들보다 세계 곳곳에는 더 많은 바이어가 존재한다. 세계 곳곳의 바이어들은 전시회에서 두각을 낸 제품에 관심을 둔다. 그러므로 전시회에서 제품을 인식시킬 수 있는 다양한 전략과 전술을 확보하는 것이 중요하다. 전시회를 방문한 현장의 바이어만을 목표로 삼는다면 전시회의 잠재력을 백분 활용하는 것이 아니다.

넷째, 전시회 테마를 통해 현지 코드를 잡는다. 전시회 마케팅에 반드시 파악해야 할 부분 중 하나라면 바로 전시회 테마를 확인하는 일이다. 테마가 아직 결정되지 않은 시점이라면 현지 마켓 트렌드를 파악, 목표 수립에 적극 반영할 수 있다. 해마다 열리는 동일한 전시회라도 분명 테마는 다르므로 전시회 주최측 자료를 보고 파악하도록 한다. 그에 대한 파악 없이 출시 제품을 선정 또는 메시지를 수립하게 되면 현지 '코드' 와 전혀 어울리지 않는 엉뚱한 제품과 메시지로 낭패를 볼 수 있다.

다섯째, 전시회 투어나 브리핑 시 차별화된 혜택(USP)을 점검하고 증명한다. '타사의 제품과 비교해 당신의 제품만 가진 독창성은 무엇입니까?' 전시회를 방문하는 바이어들이 가장 먼저 던지는 질문이다. 차별화된 혜택을 증명할 수 없는 것은 '반드시 그 제품이 아니면 안 되는 이유' 를 제시하지 못하는 것과 같다. 차별화된 혜택이 전시회 테마와도 적절한지 점검하고 나아가서 이를 증명할 수 있는 적극적인 전술을 활용하도록 한다.

4. 효과적인 부스 운영

전시회의 최대 장점은 짧은 시간에 많은 바이어를 만날 수 있다는 것이다. 한정된 시간과 비용을 최대한 활용할 수 있는 효과적인 부스 경영 노하우를 살펴보자.

첫째, 필터링으로 현명한 부스 경영을 해야 한다. 일일이 바이어를 찾아다니는 필드 마케팅에 비해 비용을 4분의 1로 줄일 수 있는 전시회에서 목표에 부합한 방문자를 신속히 필터링하는 작업은 중요하다.

'세일즈 20% 향상' 을 목표로 전시회에 참가하는 기업을 예로 들어 보자. 필터링 과정으로 파악할 사항은 △가까운 시일 안에 제품을 구입할 의사가 있는가 △책정된 예산 및 비용을 감당할 능력이 있는가 △최종 의사 결정권자인가 등이다.

만약 관심은 있지만 책정된 예산 · 비용 감당 능력이 없거나, 트렌드 파악을 위해 들른 경우라면 장시간 설명으로 시간을 낭비할 필요 없다. 관심은 있지만 가까운 시일 안에 제품 구입 의사가 없다면 사후 자료를 보내고, 지속적인 팔로업(follow-up)으로 관계 형성을 하는 것이 중요하다. 만일 최후 결정권자가 아니라면 부스를 떠나기 전에 의사 결정권자와의 구체적인 미팅 스케줄을 반드시 확보할 수 있어야 한다. 둘째, 필터링 시 EQUIP 콘셉트를 적극 활용해야 한다. △E(Entice)–구매를 강요하는 세일즈 스타일을 좋아할 사람은 없다. 부스에 들어서는 방문객이 편안하게 관심을 가질 수 있도록 유도해야 한다. △Q(Qualify)–목표에 부합한 방문자인지를 신속히 판단해야 한다. △U(Uncover) & I(Introduce)–오픈 형태의 질문으로 구입 시기, 목적, 의사결정 구조, 예산, 비용부담 능력 등을 알아내 그들의 니즈에 적합한 제품을 소개해야 한다. △P(Postshow agreement)–전시회의 목표는 가능성이 높은 바이어들과의 사후 세일즈 미팅을 확보하려는 것이지, 그 자리에서 세일즈를 끝내려는 데에 있지 않음을 기억해야 한다.

셋째, 수요에 가장 근접한 제품 메시지로 관심을 유도해야 한다. 고객요구 파악 없이 천편일률적으로 제품을 설명하면 관심을 유발하기 어렵다. 현재 사용 중인 제품의 애프터서비스에 불만을 가진 방문객이라면 그 부분의 우수성이 더 크게 어필될 것이다. 제품의 특성을 여러 관점에서 설명할 수 있는 준비된 메시지를 자연스럽게 활용할 수 있도록 연습해 둬야 한다.

끝으로, 부스에서 주인 역할로 파워를 확보해야 한다. 효과적인 부스 경영을 위해서는 부스 상황을 컨트롤하는 것이 유리하다. 더욱 유리한 방향으로 대화를 이끌어 나갈 수 있고 많은 시간을 낭비하지 않은 채 필터링을 할 수 있기 때문이다.

전시회는 손님을 맞이하는 주인의 시각에서 상황을 이끌어갈 수 있는 이점을 제공한다. 그리고 이러한 이점은 전략적인 파워를 의미한다. 방문자의 구미를 단시간에 파악할 수 있도록 대화나 상황을 리드하는 주인의 역할 없이는 방문객의 질문에 답만 하다가 끝나기 십상이다.

자료 : 전자신문, 2009년 5월 25일, 6월 8일, 6월 22일

제1절 전시환경의 이해

1. 전시환경의 의의

전시환경의 의의

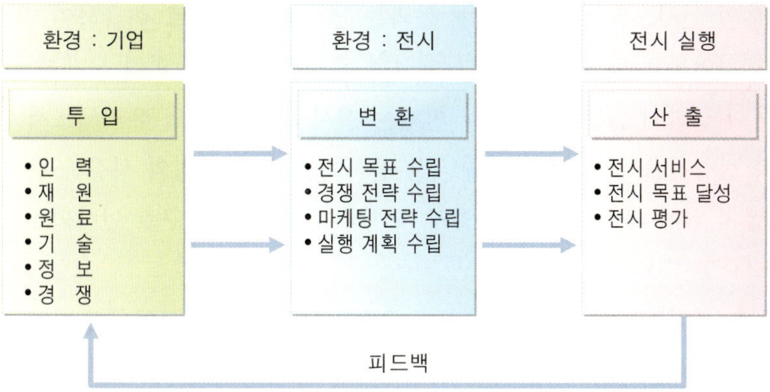

기업 환경은 기업을 둘러싼 외부 환경과 내부 환경으로 구분할 수 있다. 외부 환경은 기업 조직 외부에 존재하면서 기업의 전략수립, 조직설계 및 조직 관리에 영향을 주는 환경을 말한다. 내부 환경은 기업 내부의 독특한 특성이나 기업 분위기를 말한다. 기업조직의 외부 환경은 다시 기업의 의사결정이나 투입 및 산출의 변화과정에 영향을 미치는 정도에 따라 일반 환경과 과업 환경으로 구분한다.

일반 환경은 범위가 넓고 기업에 미치는 영향이 간접적인 특성을 지니고 있다. 일반 환경에는 경제적 환경, 정치적 환경, 사회문화적 환경, 인적 · 물적 · 재무적 자원 환경, 기술적 환경 등이 있다. 과업환경은 기업 고유의 환경으로 기업에 직접적인 영향을 미치는 환경이다. 과업 환경에는 기업에 직접적 영향을 미치는 소비자 환경, 공급자 환경, 경쟁자 환경, 사회 · 정치적 환경, 신기술의 변화와 같은 기술 환경 등이 있다.

이런 관점에서 볼 때 전시회와 관련된 행동을 직접 또는 간접적으로 규제하는 모든 외부 요인들을 전시환경이라고 할 수 있다. 전시환경은 기업 내부 및 외부에 있어서 기업이나 기업 활동에 영향을 미치는 모든 영역이라고 할 수 있는데, 즉 기업이 전시와 관련을 가지고 있는 정치적, 경제적, 사회 · 문화적, 기술적 요인, 정보화 환경 등의 모든 분야가 전시환경인 것이다.

예전에는 전시를 어디까지나 하나의 독립적인 체계로 이해하고 파악하여 기업 내부의 인사, 조직, 재무, 판매 등과는 별도의 영역으로 취급하여 기업과의 연계나 기업목표 달성의 연장선상에서의 고려가 적어 전 환경 문제를 그리 중요하게 취급하지 않았다. 그러나 현재는 전시 또한 하나의 유기체로서 기업환경과의 접합점을 찾아 내지 못한다면 전시회를 통한 기업의 성장과 목적 달성이 어렵게 됨에 따라 전시는 기업의 마케팅 및 전략적 도구로 인식되어져 다양한 목적으로 활용되고 있다.

기업은 사회의 한 하위시스템이며 개방적 시스템이다. 기업이나 다른 사회조직들은 외부 환경으로부터 각종 원자재나 노동력과 같은 인적 · 물적 · 지적자원을 받아들이고 이것을 이용하여 재화나 용역을 산출하고 산출물을 소화해주는 대상으로써 환경에 의존한다. 따라서 공급업자, 고객, 정부기관, 압력단체 그 밖의 유사한 이해집단들에 의해 영향을 받을 수밖에 없다.

전시회도 마찬가지로 전시회의 공급업자, 고객, 정부기관, 압력단체 등의 이해자 집단들과 유기적으로 연결되어 있어 전시회는 기업 환경을 축소하여 집약적으로 펼쳐 놓은 장으로서 이해될 수 있다. 따라서 기업이 전시회에 참가하고 그 목표를 효과적으로 달성하기 위해서는 전시환경에 대한 분석이 선행되어야 하며 이를 토대로 하여 기업은 전시회와 관련되어진 각종 전략을 수립할 수 있게 된다.

결국 기업을 둘러싼 내부 환경과 외부 환경은 기업이 투입할 수 있는 자원의 성격 및 특징을 결정짓게 된다. 이런 투입 가능한 자원은 인력, 재무, 원료, 기술, 정보, 경쟁 우위의 정도 등이 되며 이러한 자원은 전시환경에 맞추어 변환되어진다. 즉 각각의 자원은 전시목표와 경쟁전략 그리고 전시마케팅 전략에 따라 새로이 조직화되어지게 되고 배분되어진다. 또한 변환되어진 자원은 전시 실행계획에 따라 최적의 형태로 투입되어지게 된다. 이렇게 최초 기업이 보유한 자원이 전시환경에 맞추어 변환되어 투입되어지게 되면 이는 최종적으로 전시활동에 따라 전시서비스의 품질과 전시목표의 달성이라는 성과로 산출되어지게 된다.

2. 전시환경의 특성

전시환경의 특성

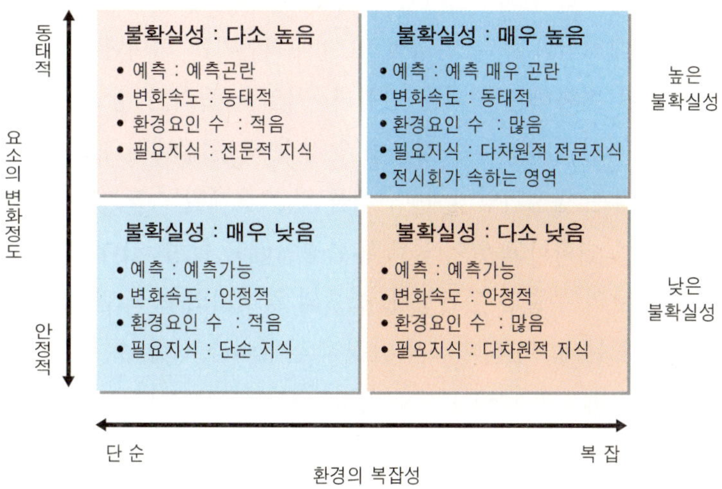

자료 : 이상환 외, 퓨전사회의 경영학, 경문사, 2003.

오늘날 어떤 형태의 조직이든 외부 환경의 불확실성에 직면하고 있다. 이러한 불확실성은 환경이 어떻게 변할 것인지에 대한 정보의 부족에서 기인한다. 그리고 이로 인해 미래의 상황에 대해 예측하기 어렵게 된다. 특히 전시환경은 전시회가 개최되는 시기의 경제 환경과 기술 환경 그리고 경쟁 환경에 의해 많은 영향을 받는다.

환경의 불확실성은 환경의 복잡성과 환경의 동태성, 두 가지 차원으로 구분된다. 환경의 복잡성(complexity)은 기업에서 의사결정을 할 때 고려해야 할 환경요소의 수와 관련된 것이다. 일례로 전시회의 경우 참관객수, 경쟁전시 참가기업, 전시주최자의 정책, 참가기업의 내부 역량 및 상황, 전시 협력업체 등 수요자, 공급자, 경쟁자, 전시주최자, 내부구성원 등 고려해야 할 환경요소의 수가 매우 많다. 이 때 환경을 복잡하다고 할 수 있다.

우리가 일반적으로 환경이 복잡 또는 단순하다고 하는 것은 이러한 환경요소의 수가 많다 또는 적다는 것을 말한다. 따라서 환경의 복잡성은 복잡(complex)-단순(simple)으로 구분한다.

환경의 동태성(dynamics)은 기업이 의사결정을 할 때 고려하는 환경요소들이 얼마나 동태적으로 변화하는가와 관련된 것이다. 달리 말하면 기업이 처해 있는 환경이 동태적인가 또는 안정적 및 정태적인가를 의미한다. 환경의 동태성은 환경요인이 변화하는 크기를 말한다. 기업을 둘러싼 경영환경의 변화가 큰 경우를 동태적인 환경, 작은 경우에 안정적 또는 정태적 환경이라고 한다. 전시회의 경우 많은 경쟁기업의 수, 신제품 및 기술개발 속도, 소비자들의 기호변화 등이 수시로 변화하고 있어 동태적 환경이라고 할 수 있다. 한편 컨테이너 산업의 경우 정부의 수출입 통관절차, 소수의 경쟁기업수, 느린 기술변화 등의 특성을 지니고 있는데, 이를 비교적 안정적 환경이라고 할 수 있다. 따라서 환경의 동태성은 동태적(dynamic)-정태적(static)으로 구분한다.

IT 전문 전시회에 참가하고자 하는 기업의 경우 급격한 IT시장과 기술의 변화로 인하여 전시환경의 복잡성과 변화 정도가 높다. 따라서 매우 불확실한 환경 아래에서 전시활동을 전개하여야 할 가능성이 높으며 이로 인해 고도의 유연성을 발휘할 필요가 있다. 이러한 환경의 불확실성은 기업의 전시목표 달성여부를 좌우할 수 있기 때문에 전시 기획자는 항상 환경변화에 주목하고 분석하며 대응전략을 찾는 노력을 기울여야 한다.

제2절 전시환경의 유형

1. 환경 분류기준

환경 분류기준

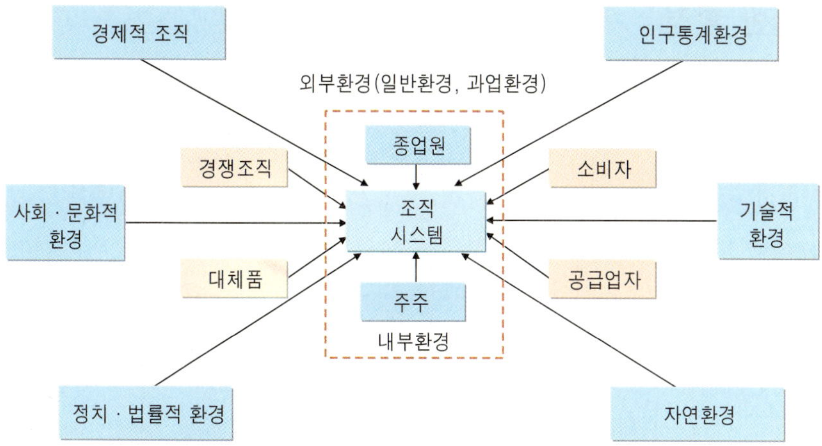

전시회에 영향을 미치는 환경은 정치, 법률, 경제, 사회문화 등을 비롯하여 정보화 환경에 이르기까지 많은 요소들이 존재한다.

환경을 분류하는 기준은 다양하지만 일반적으로 내부 환경과 외부 환경으로 분류된다.

외부 환경은 기업이 전략을 수립하는 기본적인 단계의 분석에 꼭 필요한데, 이는 환경변화에 무관심하다가 치명적인 충격을 받지 않도록 기업의 장기적인 건강을 확보하는데 매우 중요하기 때문이다. 외부 환경은 전시회에 대한 영향력이 직접적인가 간접적인가에 따라 과업환경과 일반 환경으로 분류하는 방법이 많이 사용된다.

과업 환경은 특정 전시회에 직접적으로 영향을 미치는 환경으로 전시회에 따라 상이하게 나타날 수 있다. 이에 비하여 일반 환경은 개별 전시회 단위에 직접적인 영향을 미친다기 보다는 사회 일반적으로 유사하게 영향을 미치는 것으로 과업환경에 비하여 그 범위가 넓고 전시회에 미치는 영향이 간접적이다. 과업환경과 일반 환경의 차이는 항상 명확하게 구분된다고 보기보다는 전시회의 성격이나 활동영역에 따라 변화한다. 따라서 어떤 전시회의 과업환경을 구성하고 있는 요소들이 시간이 지남에 따라 일반 환경의 일부분이 될 수도 있다.

2. 일반 환경

일반 환경

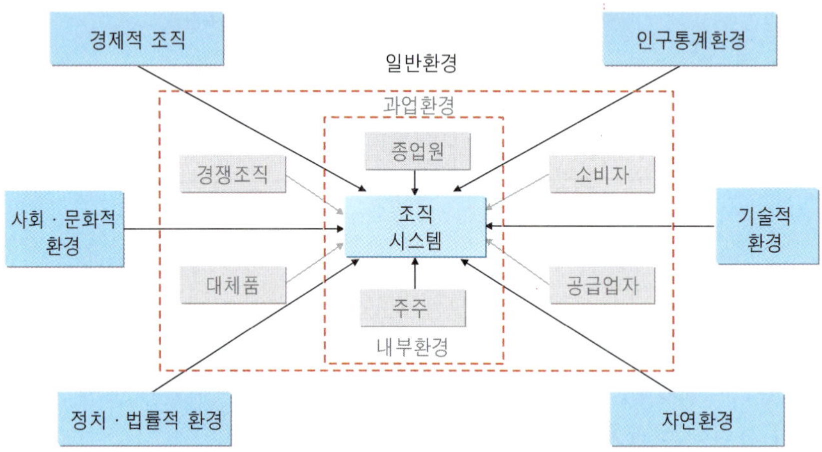

자료 : 강호정, 스포츠 경영학, 학현사, 2003

일반 환경은 거시환경, 사회적 환경이라고도 하며 기업 조직의 단기적인 활동에 직접적으로 영향을 미치지는 않지만 장기적으로는 영향을 미치게 되는 일반적인 기업환경을 말한다.

기업이 전시회에서 경쟁력을 가지기 위해서는 기업이 추구하는 전략과 환경과 조화를 이루어야만 한다. 일반 환경은 기업이 소속된 산업의 종류에 관계없이 모든 기업의 경영활동에 영향을 미치는 환경을 말한다. 일반 환경에는 경제적 환경, 인구통계환경, 사회 · 문화적 환경, 정치 · 법률적 환경, 기술적 환경, 자연 환경 등이 있다.

1) 경제적 환경

전시 환경을 둘러싼 여러 거시적 환경 중에 경제적 환경이 가장 영향을 많이 미치고 있다. 이는 경제적 환경이 전시회 제품 참관객들의 제품 구매능력과 구매 의욕에 직접적인 영향을 미쳐 전시 기획자들이 전략을 수립하는 데에도 많은 영향을 미치는 요소이기 때문이다.

기업 활동에 영향을 미치는 경제적 요인은 경기주기, 인플레이션, 원자재 가격, 임금, 세금, 이자율, 임대료 등 기업이 조절할 수 없는 것들이 있다. 이들은 주로 기업 활동에 소요되는 비용항목들로서 이들 가격들이 불안정할 때에 기업은 마케팅 목표 수립에 있어 장기 목표의 수립 및 안정적인 투자를 하기 어렵다. 따라서 마케팅 활동의 일환인 전시활동은 이러한 마케팅 활동의 변화에 따라 좌지우지될 가능성이 크므로 영향을 크게 받을 수밖에 없다. 한편 물가상승은 기업뿐만이 아니라 소비자들의 구매력에도 영향을 미치게 된다. 따라서 기업 활동에 있어 생산요소의 가격 상승은 기업 활동 제약요소로서 작용하게 된다.

이와 더불어 소득의 변화 및 실업률도 경제적 환경에 속하는데, 제품의 판매에 가장 직접적으로 영향을 미치는 부분이다. 일반적으로 소비자들은 수입에서 지출을 제외한 가처분 소득이 높은 경우 높은 구매력을 보이지만, 가처분 소득이 낮은 경우에는 필수적인 제품 이외의 제품에 대하여 낮은 구매력을 보인다. 또한 실업률이 높아지면 실업자뿐만 아니라 그 외의 소비자들에게도 영향을 미치게 되는데, 사회 분위기가 침체되고 불안정할 경우 고가품이나 실생활에 반드시 필요하지 않은 제품은 판매율이 떨어지게 된다.

이처럼 경제 환경은 기업에 있어 기회가 되기도 하고 위협이 되기도 하는데, 이러한 조건들의 변화는 마케팅 활동을 변화시키고 결국 전시 활동을 변화시키게 된다.

전시회를 둘러싼 경제적 환경은 기업의 국제경쟁력에 영향을 미치게 되며 이는 결국 전시 경쟁력에도 영향을 미치게 된다.

단적인 예로 2008년부터 시작된 국제금융위기는 전시산업에도 많은 영향을 끼쳐 전시산업의 성장률에 영향을 미치고 있다. 실제로 독일과 미국 등 주요 전시 선진국의 전시 산업은 최고 20% 가까이 성장률이 하락하는 모습을 보여주기도 했다. 개별 전시회의 입장에서도 전시회에 참가하는 기업이나 참관객이 줄어들게 되며 이는 개별 기업 입장에서도 결코 바람직한 현상은 아니다. 왜냐하면 전시회에서 경쟁기업이 적게 참여한다는 것은 그만큼 시장정보의 교류가 줄어들게 되는 것뿐만 아니라 향후 시장이 침체되거나 성장률이 둔화된다는 것을 의미하는 것이기 때문이다. 또한 참관객수의 감소 또한 전시회에서 계약률과 계약금액의 감소를 가져올 가능성이 높기 때문에 경제적 환경은 전시회에 미치는 영향이 지대하다 하겠다.

우리나라의 경우에도 과거 1997년도의 외환위기로 인해 전시회 개최 횟수가 감소되었으며 무역규모 또한 감소하는 현상을 겪었었다. 이는 IMF라는 외환위기가 우리나라의 거시 경제 지표를 마이너스로 만들게 됨에 따라 전시회 성장률 또한 마이너스를 기록하게 만들었다 하겠다. 그러나 이러한 외환위기가 어느 정도 진정되고 정부의 적극적인 대외지향적인 경제정책과 경기 부양책을 실시한 이후 1999년에는 전시회 개최건수가 112회로 증가하게 되었고 무역규모 또한 2천 6백억 달러로 다시 증가세로 접어들게 되었다.

또한 이 시기에는 정부의 IT산업 육성정책에 발맞추어 IT산업과 연관이 있는 전시회의 개최가 늘어나게 되었을 뿐만 아니라 해외 IT 관련 전시회에 참여하는 기업 또한 대폭적으로 증가하게 되었다.

2) 사회 · 문화적 환경

기업의 전시활동에 영향을 주는 사회 · 문화적 환경에는 연령, 인종, 성별, 종교, 관습, 가치관, 예술 등이 있다. 사회 · 문화적 환경은 참관객의 구매 및 소비행태에 많은 영향을 미치며 결과적으로 고객을 대상으로 활동하는 기업의 활동을 결정하게 된다.

사람들의 행동과 가치기준은 그들이 속해 있는 사회가 가지고 있는 특수한 문화와 인간 상호 존중의 토대가 되는 철학, 규범, 관습 등에 의해 영향을 받는다. 사람들의 사고를 규정하는 사회의 문화, 규범, 가치기준, 그리고 철학 등은 시대상황에 따라 변화하며 범,결과 사람들이 갖는 믿음과 가치판단 따라고 또한 변화한다. 이러한 현상을 전시회 관점에서 본다면 참관객들의 구매의도, 소비기준, 선호도 등이 범,사회의 문화나 환경의 영향을 받아 바뀌어질 수 있다는 것을 의미한다. 따라서 기획, 은 참관객들의 이러한 심리 변화에 따라 전략을 전환시켜야 할 필요가 있다.

근래에 부각되고 있는 웰빙(well-being) 또한 그와 무관하지 않다. 참관객들은 이제 단순한 기능성과 기술력을 갖추고 있는 제품뿐만이 아니라 환경과 건강에 대한 이해와 효과가 있는 제품에 대한 선호도가 매우 높아지고 있다. 이러한 현상을 고려하여 전시 기획자들은 전시회에 전시할 제품의 선택과 부스 및 인테리어 공사를 할 필요가 있으며 마케팅 및 홍보에도 적용할 필요성이 있다.

인구수, 연령구조, 소득, 직업, 학력 등과 같은 환경 또한 전시활동에서 가장 기본적으로 고려해야 할 환경이다. 이는 전시해야 하는 제품의 특성과 기능 그리고 가격 등에 대한 기본적인 정보를 제공해 주기 때문이다.

인구통계학적 변화 중 현대 사회에서 중요한 의의를 가지는 노인인구와 여성인구의 변화 내용을 예로 들어 보자. 먼저 노인인구의 증가는 실버산업의 활성화를 가져오고 있으며 노인들이 선호하는 제품의 기획과 전시기획을 고려해 볼 필요가 있다. 실제로 세계보건기구(WHO)는 현재 5억 8천만 명에 달하는 노인인구가 2020년에는 10억 명에 달할 것으로 전망하고 있다. 한국은 1995년 전체의 5.9%였던 65세 이상의 노인인구 비율이 2000년 7.1%, 2022년 14.3%, 2030년 19.3%로 늘어나 노령사회가 급속히 진전될 것으로 보인다.

이러한 변화에 발맞추어 전시 기획자는 노인인구를 세분화화여 적용할 수 있는 다양한 전시 프로그램과 제품 기획을 하고 이를 홍보할 수 있는 방안을 모색해 볼 필요가 있다.

한편 여성의 사회 진출 또한 중요한 인구통계학적 변화라 할 수 있다. 많은 여성들이 가정에서 사회로 진출하면서 소득의 증가와 외모에 대한 관심이 증가하였고, 그로 인해 새로운 상품 및 서비스에 대한 관심이 높아지게 되었다. 이는 여성들의 구매력이 매우 높아지게 되었다는 것을 의미하고, 따라서 여성관련 전시기획과 전시제품의 선정 또한 적극적으로 고려를 해야 할 필요성이 대두되게 되었다.

이러한 사회 · 문화적 환경은 국가와 같은 거대한 집단 사이에서 차이를 주로 보이지만 하나의 국가, 도시 내에서도 비교적 이질적인 집단 간에 큰 차이를 보이는 경우도 많다. 사회 · 문화적 환경은 다른 환경들과 마찬가지로 지속적으로 변화한다. 즉 인구증가율, 성별 구성비, 결혼적령기, 미혼자 비율, 고령화 등이 지속적으로 변화하고 이러한 변화는 곧 소비자의 소비행태의 변화를 초래한다. 따라서 기업은 이러한 변화에 맞추어 함께 변화해야 하는데, 이를 위해 기업은 많은 관심을 가지고 소비자 의식구조 및 소비행태 변화 등에 대한 지속적인 조사, 연구를 해야 한다.

3) 기술적 환경

오늘날 기술의 발달은 급격하게 가속화되고 있으며, 이는 전시 분야에서도 다양하게 영향을 미치고 있다. 기술의 변화는 기업의 생산 및 판매활동에 직접적으로 영향을 주기 때문에 기업들은 신기술의 개발 및 수용에 대하여 민감하게 반응한다. 특히 진부화가 급격하게 일어나는 경우 제품수명주기에 직접적으로 영향을 미치며 기업의 제품 및 판매촉진정책 수립에 영향을 미친다. 현대적 기업은 제품 및 서비스를 생산하고 판매하는 데 있어서 결정적으로 기술에 의존하고 있는데, 제품생산을 위한 고성능 설비, 신속한 유통을 위한 운송기술, 다양한 판촉을 가능케 하는 새로운 미디어의 도입 등 기업에 있어서 기술은 매우 중요한 역할을 수행하고 있다.

이러한 기술의 발달이 전시회에 끼치는 영향을 살펴보면 다음과 같다.

첫째, 기술의 발달은 무엇보다도 사람들의 생활패턴에 많은 영향을 끼쳤는데, 특히 전시의 운영과 기획에 결정적인 역할을 하였다. 기술 발달은 사람에게 여가 시간을 증가시켜주었으며 이러한 여가시간을 이용하여 전시회장에 접근할 수 있는 기회를 좀 더 확대시켜 주었다.

둘째, 기술발달은 시대의 흐름에 따라 변화된 소비자들의 욕구를 충족시키는 전시마케팅 활동에도 영향을 주었다. 참관객들은 전시회를 좀 더 다양하고 새로운 방법으로 경험할 수 있게 되었다. 이는 인터넷을 이용한 전시회에 대한 사전 정보와 참가 업체들에 대한 정보를 미리 살펴 볼 수 있게 되었으며, 동영상과 기타 이미지 및 텍스트 정보를 이용한 사이버 전시회를 가능하게 하여 사이버 상에서 제품에 대한 각종 정보의 획득과 상담 및 정보 교환이 가능하게 되었다.

셋째, 컴퓨터 기술과 네트워크의 발달은 전시 기획자 및 운영자들에게 의사결정을 좀 더 쉽고 빠르게 할 수 있도록 하였다. 이는 네트워크를 이용하여 전시회 참가신청을 비롯한 전시회 유관기관과의 업무협조 및 각종 서류의 교환에서부터 전시회 참관객들의 의견을 파악하기 위한 활동까지 과거에는 상당한 시간을 필요로 하던 업무들이 매우 짧은 시간 안에 처리되어지게 되었다.

넷째, 기술발달은 전시 기획자 및 운영자와 참관객들 간의 교류방법에도 큰 영향을 미치고 있다. 과거에는 참관객들의 욕구의 파악과 전시회에 대한 만족도를 파악하기 위해서는 직접 만나거나 전화나 팩스 또는 우편과 같은 방법을 이용했어야 하나 지금은 발달된 인터넷이나 무선통신 등을 통해 참관객들과 좀 더 쉽게 접촉할 수 있게 되었다.

이러한 기술의 발달은 전시회에 참가하는 참가기업들 간의 경쟁을 더욱 촉진시키고 있다. 새로운 기술을 이용하여 생산된 제품은 전시회에서 참관객들에게 좀 더 많은 이목을 집중시키게 되고, 이 제품은 더 좋은 조건과 더 좋은 가격으로 전시회 기간 중 많은 상담과 계약을 체결할 가능성이 높기 때문이다. 따라서 기업들은 새로운 기술을 도입하기 위하여 많은 노력을 기울이게 되고 이는 더 많은 대가를 지불하게 되는 경향이 나타나고 있다. 이러한 경향은 특히 진부화가 일어나며 경쟁이 치열한 첨단기술의 경우 더욱 두드러지게 나타나고 있다.

4) 정치 · 법률적 환경

전시는 전시회를 위해 반출 또는 반입 되어지는 제품에 대해 규제를 두는 법과 정치적 환경에 많은 영향을 받는다. 특히 국제 전시회의 경우 이러한 규제에 매우 민감할 수가 있는데, 이는 전시 되어지는 물품을 수출 또는 수입의 관점에서 보아야 할 것인지의 문제에서부터 시작하여 국제운송 및 보험과 같은 법률적인 계약관계까지 고려해야만 하기 때문이다. 현재 대부분의 국가에서 전시장은 보세구역으로 지정하여 복잡한 수출입 통관절차 없이 제품의 반입과 반출이 가능하도록 법률적으로 보완해 놓고 있으나 특정제품의 경우에는 그 관리와 통제가 엄격한 경우도 있다.

이러한 사소한 문제에서부터 시작하여 기업은 정치 · 법률적 환경에 의한 규제에 따라 제품개발에서부터 촉진에 이르기까지 마케팅 및 전시활동에 많은 영향을 받는다. 무역전시회와 같이 국제적인 정치 · 법률적 환경에 노출되어있는 전시활동의 경우 환경보호, 공정거래, 국제무역법규, 외국기업에 대한 인식, 부당 노동행위, 소비자 보호, 독과점 금지 등과 같은 기준이 국내와 다를 가능성이 크며 세계 각국에서 찾아오는 바이어들에게 이들 사항에 대한 기준을 충족시켜 주기 위한 노력을 하여야만 한다. 따라서 기업은 전시회에 참가하기 전에 이러한 정치 · 법률적 환경에 대한 국제적 논의와 추세, 흐름 등에 대하여 면밀한 주의를 기울여야만 한다.

일반 환경의 구성

경제적 환경	기술적 환경
GNP 성장 경향, 이자율 통화공급, 인플레이션율 실업률, 임금/가격 통제 에너지 가동률과 비용 가처분 소득수준	정부차원에서의 연구개발비 투자액 산업차원에서의 연구개발비 투자액 기술개발에 기울이는 노력 특허 보호 제도, 신상품 개발 현황 연구실에서 시장으로의 기술이전 정도 자동화를 통한 생산성 향상 정도
정치적/법적 환경	**사회문화적 환경**
공정거래와 관련된 규제 환경보호와 관련된 법규 세법, 기업장려 정책 국제무역에 따른 규제 외국기업에 대한 인식과 태도 고용과 관련된 법규, 정부의 안정성	라이프스타일의 변화 경력의 변화, 소비자 운동의 경향 인구성장률, 인구의 연령분포 인구의 지역적 분포 출생률 평균수명

3. 과업 환경

과업 환경

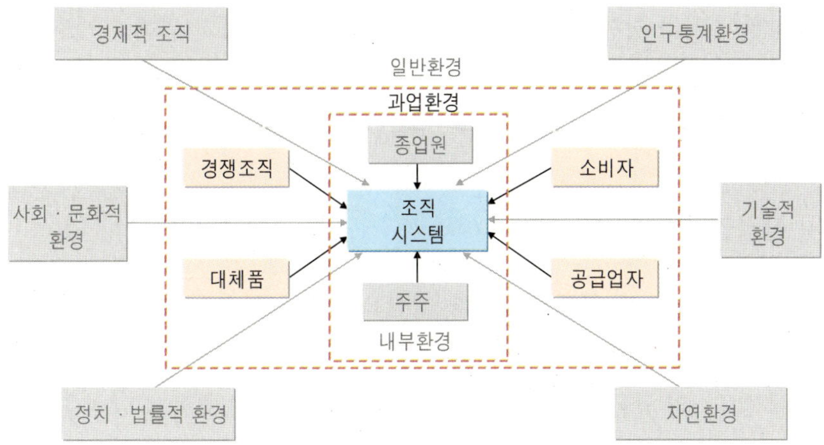

자료 : 강호정, 스포츠 경영학, 학현사, 2003

과업환경이란 미시환경이라고도 불리며 특정한 산업에서 경쟁하는 기업들에게 영향을 미치는 환경이라는 점에서 소속 산업을 불문하고 모든 기업들에게 영향을 미치는 일반 환경과 구분된다.

과업환경은 많은 이해관계자 집단들로 구성되어져 있으며 이러한 이해관계자 집단은 기업의 성공에 영향을 미치고 관심을 가지는 세력이라고 할 수 있다. 따라서 과업환경을 분석하는 것은 곧 이해관계자들을 분석하는 것이라 할 수 있다. 이런 이해관계자 집단에는 경쟁회사, 공급자, 소비자, 대체품, 정부, 지역사회 등이라 할 수 있다.

1) 소비자

전시회에 있어 소비자는 참관객을 뜻한다. 전시회에서 참관객은 전시 기획자 및 운영자와 여러 형태의 관계를 유지하면서 상호 존재한다. 참관객은 전시회 참가기업의 목표를 수행하거나 이윤을 창출할 수 있는 기회를 제공해 주고 참가기업은 참관객의 욕구를 충족시켜 주기 위해 노력한다. 이러한 관계가 진행되고 있는 과정에서도 참관객의 욕구 내용과 만족의 기준은 지속적으로 변해간다. 그 결과 전시회 운영자는 소비자에게 지속적인 만족을 제공하기 위해 그때그때 상황에 따라 참관객들에게 지속적인 만족을 제공하기 위해 마케팅 믹스를 변화시키게 되는데, 이런 측면에서 참관객의 변화는 전시활동에 영향을 미친다고 할 수 있다.

2) 공급업자

성공적인 전시회를 위해서는 각종 생산요소(원재료, 노동력, 자금 등)를 안전하고 경제적인 가격에 공급받는 것이 매우 중요하다. 그러므로 전시 운영자는 각종 생산요소의 공급자와의 장기적 관계형성과 공급의 효율성 달성을 위해 부단히 노력해야 한다.

공급업자와의 관계는 전시되어지는 물품이 바이어와 계약이 체결 되어졌을 때 얼마나 신속하게 얼마나 많은 양을 적기에 바이어에게 공급할 수 있는가에 대하여 깊은 연관을 갖게 된다. 이러한 공급업자는 전시되는 물품의 생산과 관련된 원부자재 공급업자, 생산되어진 물품의 운송과 관련된 운송 공급업자 등 다양한 공급업자와 관계가 형성되어질 수 있다.

3) 경쟁자

경쟁자는 전시회에서 비슷한 전시제품이나 프로그램 및 서비스를 참관객에게 제공해 주는 기업이나 개인을 의미한다. 경쟁자는 흔히 기존 산업 내에서의 경쟁자들이 그대로 전시회에 옮겨지는 양상이 보이는 것이 일반적이다. 따라서 경쟁자들이 전시회에서 어떠한 제품을 가지고 어떠한 마케팅과 전략으로 전시활동을 할 것인가에 대한 것은 참가기업이 전시회에서의 성과를 어느 정도나 얻을 수 있는가와 깊은 관련성을 갖게 된다. 그러므로 전시회 개최 이전에 경쟁자에 대한 동향과 상황에 대한 파악은 매우 중요하며 이들에 대한 대책을 마련하도록 전시전략이 수립되어져야 한다.

4) 대체품

대체품의 존재가 특정산업의 매력도에 영향을 미친다는 것은 대체품의 가격이 특정산업이 생산하는 제품가격의 상한을 정하는 경우도 있다는 것을 보면 알 수 있다. 대체품 산업이 제품의 질을 높이거나 제품을 차별화하면 우리가 속한 산업의 이익이 압박받게 되고 특정 산업의 매력도는 저하되게 된다. 특히 가격에 비하여 대체품의 품질이 좋아지면 문제가 심각해진다. 예를 들면 플라스틱 산업의 발전은 철강 산업의 매력도를 저하시키는 경향이 있다. 따라서 전시회에 참가하는 기업은 자신의 전시 물품이 대체품과 어떤 관계가 있는가를 주도면밀하게 살펴보아야 하며 대체품보다 가격 면과 품질 면에서 우수한 무언가 경쟁우위를 갖출 수 있도록 만반의 준비를 갖추어야 한다.

5) 기타

성공적인 전시회를 위해서는 필요한 자금을 좋은 조건으로 얻어내는 능력이 필요하다. 이는 경제적인 가격으로 질 좋은 원재료를 구입하는 것만큼이나 전시회의 성공에 중요한 영향을 미치므로 평소에 금융기관과의 좋은 관계를 유지하도록 노력할 필요가 있다. 이는 단순히 전시회를 위해서만이 아니라 기업의 경영활동에 필요한 자금의 확보라는 차원에서 다루어져야 할 부분이다.

또한 참가하는 전시회가 정부의 지원이나 관계기관으로부터 금전적으로 지원을 얻어낼 수 있는 전시회라고 한다면 전시회 참가의 당위성과 효과에 대해 관계기관에 충분히 설득할 수 있도록 사전 준비를 철저히 해야 할 필요가 있다.

제3절 전시환경의 분석(SWOT 분석)

1. SWOT 분석이란?

SWOT 분석

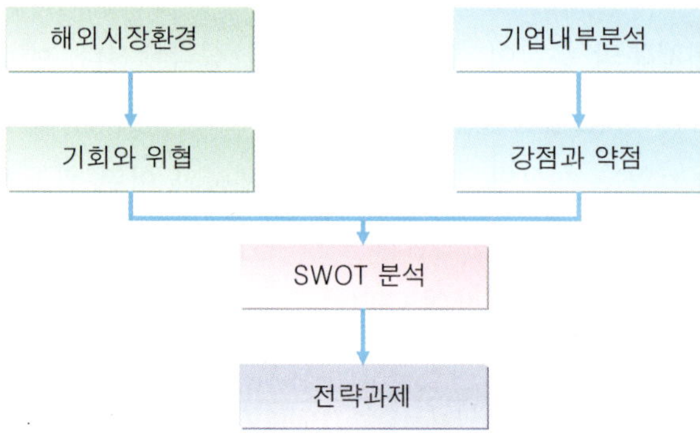

SWOT 분석이란 시장 환경을 분석 · 조사하기 위해서 사용할 수 있는 분석 방법으로 자사의 강점(strength)이나 약점(weakness)을 파악하고, 또한 시장에서의 기회요인(opportunity)과 위협요인(threat)을 파악하며 이를 기초로 마케팅 전략을 세우는 분석방법이다.

SWOT 분석은 기업이 처한 전반적인 상황에 대한 보다 포괄적인 분석의 한 부분을 담당한다. 상황분석은 전략수립을 위한 근본적 요소 중 하나이다. 개략적으로 말해서, 상황분석은 기업이 개입하고자 하는 경쟁시장(전시회)의 세력 · 동향 · 상황 등의 근본적인 원인에 대한 최적의 데이터와 정보, 그리고 이해를 기업에게 제공하기 위해서 수행된다. 이러한 통찰력은 이후 광범위한 행동영역에 대해서 정보에 기반한 선택을 하기 위해서 사용되며, 기업이 상대적 우위를 활용할 수 있게 함으로써, 기업의 사명완수와 목표 · 목적 달성 가능성을 증대시킨다.

상황분석은 일반적으로 외부요소(거시환경)와 내부요소(미시환경)로 구성된다. 이것은 기업의 목표 달성을 위해서 필요한 역량에 영향을 끼칠 현재와 미래의 긍정적인 동향(기회)과 부정적인 동향(위협)을 모두 파악하기 위해서, 환경을 면밀히 조사하고 주의 깊게 관찰하는 과정이다.

2. 강점 및 약점

강점과 약점

내부 환경 분석을 통해 도출해 낸 내부 강점과 내부 약점을 우선 순위에 의거하여 나열한다.

내부 강점	내부 약점
1. ________	1. ________
2. ________	2. ________
3. ________	3. ________
4. ________	4. ________
etc.	etc.

강점이란 기업을 전시회에 참가한 타 기업들보다 경쟁적으로 만드는 요소이다. 강점은 어떤 일을 하는데 있어서의 특징적 우위나 경쟁사보다 우월한 자원을 의미한다. 실제로 강점은 기업의 성과목표 달성을 위해서 효율적으로 이용될 수 있는 자원이나 역량을 의미한다.

기업의 강점(Strength)과 약점(Weakness)은 기업 내부 분석을 통하여 도출되어질 수 있다. 전시회는 판매와 커뮤니케이션이라는 기능적 결합과 함께 관광 및 컨벤션이라는 연관 산업과의 연계성이 강한 산업으로서 다른 산업과는 대체될 수 없는 독특한 특성을 가지고 급속히 성장하는 분야가 되었다.

많은 기업들이 여러 가지 비용의 발생에도 불구하고 전시회에 참가하는 이유는 전시회 그 자체로서 해당 기업의 홍보 및 이미지를 향상시키는 엄청난 시너지 효과를 가져다 줄 뿐만 아니라 때에 따라서는 전시회 기간 동안 바이어와의 상담을 통해 판매계약을 맺을 가능성이 크기 때문이다. 또한 전시회에 참가한다는 것은 참가기업에게 새로운 시장의 개척과 신제품을 테스트 해 볼 수 있는 장소로서의 기능 등 유 · 무형의 파급효과를 가져다주기 때문이다.

기업의 강점(Strength)은 전시회의 경쟁에서 확신에 차고, 공격적이며 전향적인 입장을 갖게 만든다. 이는 다른 전시회 참가 기업과의 차별점을 만들고 이를 부각시켜 참관객들의 주의를 끌게 하고 자사와 제품의 이미지를 제고시키는 한편 제품의 판매에도 많은 영향을 끼치게 된다. 이러한 강점으로는 보다 좋은 품질, 보다 경쟁력 있는 가격, 보다 미려한 디자인, 보다 편리한 기능, 보다 신속한 A/S, 보다 합리적인 유통망, 구매자에게 보다 높은 만족감의 제공 등이 모두 포함 되며 기업의 규모와 시장에서의 평가, 역사, 재무구조 등도 포함되게 된다.

약점이란 기업의 목표달성을 저해하는 기업의 한계나 단점, 또는 결함이다. 약점은 기업이 제대로 수행해내지 못하는 부문, 또는 경쟁사에 비해 열등한 자원이나 역량을 의미한다. 따라서 기업의 약점(Weakness)은 다른 기업에 비하여 차별적으로 열등할 수 있는 항목들이라 할 수 있다. 이는 기업들로 하여금 소극적이고 숨기고 싶은 부분이다. 그러므로 약점을 미리 파악하고 이에 대한 대비를 한다는 것은 전시회에 참가하는 기업으로서는 매우 중요하다 할 수 있다. 이는 전시회 기간 동안 발생할 수 있는 문제들을 미연에 방지한다는 측면과 함께 장기적으로는 약점을 극복하고 이를 강점화 시킬 수 있도록 전략을 수립하고 실행해 나갈 수 있는 단초를 마련해 주기 때문이다.

이러한 기업의 약점으로는 경쟁 상품보다 비싼 가격, 조악한 품질, 불편한 기능, 투박한 디자인, 복잡한 유통망, 취약한 기업 재무구조, 낮은 인지도 등이 될 수 있다.

기업의 강점과 약점은 기업이 상대적으로 강한 통제력을 발휘할 수 있는 요소로 구성된다. 여기에는 기업의 자원 · 문화 · 시스템 · 인사 관행 · 경영자의 개인적 가치가 포함된다.

3. 기회와 위협

기회와 위협

외부 환경 분석을 통해 도출해 낸 기회와 위협을 우선 순위에 의거하여 나열한다.

외부 기회	외부 위협
1.________	1.________
2.________	2.________
3.________	3.________
4.________	4.________
etc.	etc.

기회(Opportunity)란 제품이나 서비스에 대한 수요를 진작시키고, 기업의 경쟁 포지션을 제고시키는 기업 환경 내의 우호적인 현재나 미래의 상황으로서, 동향 · 변화 · 미처 포착하지 못한 니즈 등이 포함된다.

위협(Threat)이란 현재나 미래의 기업 경쟁능력을 침해하거나 위협하는 비우호적 상황이나 동향, 또는 임박한 변화이다. 그것은 장애물이나 제약 또는 기업에게 문제 · 손해 · 악영향 · 손실을 유발시킬 수 있는 모든 것을 의미한다.

전시 참가기업에게 있어 기회와 위협은 특히 경기와 산업별 유행에 민감하게 된다. 특히 이러한 요인들에 대한 해석은 관점의 차이에 의해 다르게 판단되어지게 되는데, 예를 들어 무역장벽 완화와 같은 환경의 변화는 새로운 시장을 개척하고자 하는 목적을 갖고 있는 전시 기획자에게는 시장 확대의 기회로 보는 반면에, 다른 기획자에게는 새로운 경쟁사로 인한 경쟁위협 증가로 볼 수 있으므로 시장 방어 및 경쟁사에 대한 우위를 점할 목적으로 전시에 참가하고자 할 수도 있다.

기회와 위협은 기업의 통제력이 상대적으로 약한 요소로 구성된다. 여기에는 무엇보다도 전반적인 수요 · 시장포화 정도 · 정부정책 · 경제 상황 · 사회적/문화적/윤리적 발전 수준 · 기술 발전 · 생태학적 발전 수준 · 마이클 포터의 5세력(Five force. 즉 경쟁강도, 신규진입 위협, 대체물 위협, 구매자의 교섭력, 공급자의 교섭력) 등이 포함된다.

4. SWOT 종합

SWOT 종합

내부 역량 / 전략적 방향 및 시사점 / 외부 환경	강점(strength) • • •	약점(weakness) • • •
기회(opportunity) • • •	외부 기회와 매치된 내부 강점	외부 기회와 비교한 내부 약점
위협(threat) • • •	외부 위협에 매치된 내부 강점	외부 위협에 비교한 내부 약점

SWOT 분석은 전시 기획자들이 전시성과에 강한 영향을 미치는 실제적이거나 잠재적 중요성을 갖는 요소들을 더욱 잘 이해할 수 있는 기회를 제공하고, 이에 적극적으로 대응할 수 있도록 만들어 준다. 이러한 요소들은 결국 전시회의 전략적 이슈가 된다. 전략적 이슈는 기업의 내 · 외부에 존재하며, 전시목표를 달성하기 위한 기업 활동에 명백하면서도 장기적으로 영향을 미치는 요소이다.

강점과 약점 그리고 기회와 위협으로 분류되어진 전략적 이슈들은 각각이 매치되는 지점에서 전략수립의 기본적인 지침을 4가지 부문으로 제시하게 된다.

첫째, 외부기회와 매치된 내부강점은 기업의 자원을 외부 환경의 경쟁기회와 가장 적절하게 부합시키기 때문에 가장 이상적이다. 이 부문의 전략은 내부의 강점을 보호하는 것이며, 이것은 경쟁우위 달성에 필요한 자원의 최적 조합을 찾아내거나, 기존의 경쟁우위를 확장하기 위해서, 자원을 보다 강화시킴으로써 달성된다. 다른 영역의 약점을 강화시키기 위해서, 이들 강점을 활용할 수 있는 다른 기회를 개척해야 한다.

둘째, 외부 기회와 비교한 내부 약점의 일반적인 전략은 약점을 기회활용에 필요한 강점으로 전환시키기 위해 투자를 하거나, 아니면 경쟁사에게 자리를 내주는 것에서 최적의 트레이드오프(trade off)를 선택하는 것이다.

셋째, 외부위협에 매치된 내부 강점을 위한 전략은 기업 자원의 경쟁 포지션을 조정하여, 외부의 위협을 기회로 전환시키는 것이다. 한편으로 기업은 다른 부문보다 유망한 기회에 집중하기 위해서, 방어 전략을 선택할 수도 있다.

넷째, 외부위협에 비교한 내부약점은 기업에게 최악의 포지션이며, 반드시 피해야 한다. 그럼에도 불구하고, 경쟁상황의 변화가 너무 극심하기 때문에, 여기에도 반드시 몇 가지 전략적 이슈가 존재한다. 만약 기업의 전시목표 달성이 위태롭다면, 전향적 전략이 유일한 선택이다. 만약 전략적 의미가 그다지 크지 않다면, 가능성이 있는 전략은 다른 부문에 있는 보다 유망한 기회에 집중하기 위해서 철수하는 것이다. 그러나 여기에서 중요한 것은 전략적 이슈를 다른 부문으로 이동시킬 가능성을 즉각적으로 폐기해서는 안 된다는 것이다. 왜냐하면 이것은 보이는 것처럼 그렇게 부차적인 것이 아니기 때문이다. 그보다는 기업에게 중요한 전략적 옵션을 제공하거나 다른 부문에 있는 보다 수익성이 높은 활동을 지원할 수 있는 잠재력을 고려해야 한다. 이 부문에서의 비생산성을 줄이기 위해서는 다른 분석이 동원될 필요가 있다.

그러나 SWOT 분석은 강점을 토대로 하고, 약점을 완화시키는 전략만을 실행하면 기업 확장을 통해서만 가능한 매우 매력적인 기회를 놓치게 될 수도 있다. 또한 SWOT 분석은 정량적인 데이터 보다 정성적인 데이터에 의존한다는 사실, 전향적 전략보다 대응적 전략에 중점을 둔다는 점, 그리고 강 · 약점과 기회 · 위협 간의 구분이 본질적으로 단순하다는 점이 한계로 지적되고 있다. 마지막으로 약점은 예상보다 더 많고, 강점은 기대되는 것보다 더 적다는 사실이다. 즉 분석가가 충분한 테스트와 경험을 갖지 못한다면, 기업의 약점이나 위협에 비교하여 강점이나 기회를 평가하는데 있어서, 지나치게 낙관적이 된다.

이와 같은 한계를 극복하기 위해서 분석가는 사실에 입각하여야 하며 기업 내에 존재하는 지배적인 '믿음'에 지나치게 영향을 받아서는 안 된다. 따라서 객관적인 분석을 위하여 외부인을 분석에 참가시키는 것도 바람직하다.

Closing Exhibition

세계 4대 모터쇼

세계적인 관심을 끌고 있는 주요 모터쇼로, 세계 4대 모터쇼로 일컬어지고 있는 모터쇼에는 프랑크푸르트 모터쇼, 파리 모터쇼, 디트로이트 모터쇼, 동경 모터쇼가 있다. 세계 최초의 모터쇼는 1897년 독일에서 개최된 프랑크푸르트 모터쇼이며, 그 이후 프랑스가 1898년 파리 모터쇼를 개최하였고, 영국이 1903년 버밍엄 모터쇼, 미국이 1907년 디트로이트 모터쇼를 개최하는 등 경쟁적으로 모터쇼를 개최하였다.

프랑크푸르트 모터쇼

세계 모터쇼의 효시라고 할 수 있는 프랑크푸르트 모터쇼는 22만㎡가 넘는 전시장에 전 세계 40여 개국 2천여 업체가 참가하는 명실상부한 세계 최고의 모터쇼라 할 수 있다. 독일 자동차공업협회(VDA)는 1897년 제1회 자동차쇼를 개최한 이후 홀수 해에는 승용차와 부품을(프랑크푸르트 모터쇼), 짝수 해에는 상용차만을(하노버 모터쇼) 전시하고 있다.

프랑크푸르트 모터쇼는 세계 자동차 기술을 선도하는 독일 브랜드들이 중심이 되어 개최되며, 특히 기술적 측면이 강조되는 모터쇼다. 참가기업과 전시규모에서 세계 최대를 자랑하며, 전시 품목은 주로 승용차 · 상용차 · 특장차 · 부품 · 액세서리 등으로 다양한 편이다. 특히 자동차 신기술에 중점을 두는 점이 특징이라 각 브랜드들은 프랑크푸르트 모터쇼에 맞춰 각종 콘셉트 카와 신차를 많이 내놓는다.

↑ 2009 프랑크모터쇼(IAA)의 모습

파리 모터쇼

파리 모터쇼는 프랑크푸르트 모터쇼 다음가는 규모의 모터쇼로서, 유명 모터쇼가 홀수 해에 많이 개최되는데 반해 짝수 해에 열리는 최대 모터쇼라 할 수 있다. 1896년 프랑스 파리 시내의 튀러리공원에서 '파리 오토살롱' 이라는 명칭으로 제1회 모터쇼를 개최한 이후 1976년까지 해마다 개최하다가 격년제로 바뀐 국제적인 모터쇼다. 처음에는 프랑스의 자동차 클럽 회원들이 모여 클럽 활동을 축하하기 위해 개최되었으나 관람객이 14만 명에 이르자 이후 대규모 행사로 발전해 제1차 세계대전으로 잠시 중단됐던 때를 제외하고는 계속 개최되어 왔다.

↑ 2008 파리 모터쇼의 포스터

1919년에는 전쟁의 영향으로 구급차, 택시, 화물차 등 전시용 차들이 주종을 이루면서 프랑스 3대 브랜드인 푸조 · 르노 · 시트로앵이 대량 생산업체로 등장해 이들을 중심으로 모터쇼는 상류 중심에서 대중 중심의 행사로 자리잡기 시작했다. 유럽 주요 브랜드의 대규모 신차 발표회장 역할을 하는 한편, 판매 전략적인 성격이 강한 모터쇼로 유명하다.

디트로이트 모터쇼

미국 자동차의 메카인 디트로이트에서 열리는 디트로이트 모터쇼는 미국에서 유일하게 OICA가 공인한 모터쇼로 승용차와 콘셉트 카 위주로 매년 연초에 열려 그 해 세계 자동차의 흐름을 파악할 수 있다는 점이 특징이다. 1907년 디트로이트 자동차 딜러협회(DADA)를 스폰서로 하여 벨러 비어 가든에서 제1회 대회를 개최한 이후 해마다 1월에 개최된다.

제2회 자동차쇼에는 17개 업체가 참가해 차량 33대를 전시한 이후 장소를 옮겨가면서 개최하다가 1965년 개최장소를 현재의 코보 전시센터로 옮겨 계속 개최되고 있다. 1989년 자동차쇼 명칭을 '북미국제오토쇼' (North American International Auto Show)로 바꾸고 각종 자동차 산업 이벤트를 열어 세계적인 모터쇼로 명성을 얻었다. 그러나 작년 말 미국의 금융위기로 인해 GM, 포드, 클라이슬러 등 미국 '빅3' 자동차 회사들의 본사가 있는 디트로이트 일대가 깊은 침체에 빠짐에 따라 '북미국제오토쇼' 의 위상도 함께 위축되고 있다.

▲ 2010 디트로이트 모터쇼의 모습

동경 모터쇼

동경 모터쇼는 지난 1954년 '전일본자동차쇼' 라는 이름으로 첫 회가 열린 이래 매년 개최되었으나, 석유파동이 일어난 1975년 제21회 대회부터 격년으로 홀수 해 10월에 개최되고 있으며 1964년 일본 정부의 전폭적인 지원 아래 제11회 전시회부터 동경 모터쇼로 이름을 변경하여 오늘에 이르고 있다.

동경 모터쇼는 관람객 수에 있어서 세계 최대 모터쇼로 위상을 자랑하였으나, 금년 10월에 개최된 동경 모터쇼는 미국발 금융위기로 인해 극소수의 해외업체만이 참가함으로써 결국 축소된 규모의 국내 모터쇼로 열리게 되었다.

▲ 2007 동경 모터쇼의 모습

전시저널, Vol. 31. 2009.

제8장

전시목표 및 전략

Opening Exhibition

홍콩 주얼리 전시회로 본 홍콩 주얼리 시장 진출전략

–8년만에 처음 참관객 수 감소, 해외바이어 수 15% 감소, 미국, 유럽 바이어 급감–
–디자인과 R&D 투자 확대, 온라인 쇼핑몰 공략, 홍콩 3.6.9 전시회 참가–

1. 2009년 3월 홍콩보석전시회 현황

• 참관 바이어수 8년만에 감소

–홍콩에서 열린 2009년 3월 홍콩보석전시회에는 46개국 및 2,360개사(홍콩기업 1,299개사, 해외기업 1,061개사)의 기업이 참여해 역대 최다 참가기업수를 기록했음.

–하지만 전시회 주최측 집계에 따르면, 올해 보석전시회 참관객수는 3만 명으로 지난해 대비 약 5%가 하락했으며 해외 바이어수는 약 15% 급감함.

–금융위기의 영향으로 참가 바이어 중 홍콩의 주요 수출국인 유럽, 미국의 바이어의 수가 급격히 감소했으며, 참가한 업체들조차도 신용경색에 대한 우려로 판매에 매우 신중한 모습을 보임.

–올해 보석전시회 바이어의 감소폭은 주최측의 예상보다는 컸지만 스위스, 이탈리아, 마카오 등의 경쟁 보석 전시회보다는 감소폭이 낮았다고 함.

↑ 2009년 홍콩보석전시회 한국관 모습

• 신흥시장 바이어 증가

–홍콩무역발전국에 따르면 신흥시장 바이어의 수는 약 40%가 증가했으며, 그 중 중국 12%, 폴란드 36%, 튀니지 45%, 탄자니아 33%, 칠레 18%, 아르헨티나 41%, 사우디아라비아 13%가 각각 증가함. 홍콩무역발전국은 참가업체가 새로운 거래선을 발굴할 수 있도록 올해 특별히 8만 홍콩달러(약 1,400만원)를 투입해 바이어를 유치했으며 새로운 시장에서 귀금속에 대한 수요가 점차 증가한다는 사실을 반영함.

• 패션 주도 신규 주얼리 감소

–이 전시회를 통해 매년 참가기업들은 바이어들의 관심을 끌고, 패션을 주도할 수 있는 신제품을 출시해 왔지만, 올해는 예년과 비슷한 디자인의 주얼리들이 출시됐음. 경기 침체로 주얼리 업계도 R&D 투자를 할만한 여력이 없었던 것으로 분석됨.

-다만, 몸집을 약간 줄이고, 디자인을 심플하게 해 가격을 낮춘 주얼리들이 출시됐으며, 경기 불황으로 가격에 민감한 바이어들에게 인기가 높았음.

2. 한국관 참가기업에 듣는 2009년 홍콩보석전시회

• 바이어수 눈에 띄게 감소

-보석전시회에 참가한 한국의 N사에 따르면, 전체적으로 바이어수가 예년에 비해 눈에 띄게 감소했으며, 특히 아시아 바이어의 수가 많이 줄었다고 함. N사는 주로 호주, 캐나다, 러시아, 독일 바이어들과 상담을 했으나 상담에서 주문까지는 다소 시간이 길리고 최근 신용경색으로 바이어들의 신용도를 파악해야 하기 때문에 실제 수출까지 이어질지 의문이라고 함.

-한국의 C사는 미국발 금융 쓰나미 여파로 바이어와의 상담 건수가 눈에 띄게 줄고, 그에 따라 매출도 약 30% 감소했다고 밝혔음. C사는 이런 상황이 당분간 지속될 것이라 예측함.

• 환율 덕분에 가격경쟁력 확보

-이번 보석전시회에 참여한 한국의 P사에 따르면 전체적인 고객 수는 줄었지만 중동 쪽 바이어의 주문량이 많이 증가했으며, 주 고객이었던 유럽과 미국 쪽의 바이어가 10~20% 정도 감소했다고 밝힘. 총 주문량은 줄었지만 환율의 영향으로 판매이익은 예년과 비슷하다고 함.

-한국의 A업체에 따르면 중동과 베트남 바이어들과 상담을 했으며 18K화이트골드 세트류가 많이 판매됐다고 함. 올해 매출은 전년 대비 15% 증가했으며 환율이 오른 덕분에 가격 경쟁력이 생겨 수출이 호조를 보였다고 밝힘.

3. 홍콩 참가기업의 반응

• 바이어 주문량 50% 이상 감소

-홍콩 주얼리 기업 A사에 의하면, 올해 전시회의 상담건수는 작년과 비슷하지만 주문을 하는데 있어서는 신중한 모습을 보였다고 함. 작년과 비교하면 주문량은 60% 이상 급감했다고 함.

-중국에서 주얼리를 제조해 전 세계에 판매하고 있는 P사도 이번 전시회 실적이 예상보다 안 좋았으며 전년보다 판매량이 50% 이상 감소했다고 함.

• 신흥시장 바이어 주문은 여전

-경기불황에도 불구하고 중동 바이어를 주도로 한 신흥시장 바이어들의 주문은 여전히 높았음. 반면 유럽과 미국 바이어들은 눈에 띄게 줄었다고 밝힘.

• 저가 주얼리 인기

-현재는 주문으로 이어질 수 있는 바이어들은 대부분 저가의 주얼리 제품을 찾고 있음. 바이어들은 가격에 굉장히 민감한 모습을 보였다고 함.

-홍콩 주얼리 기업을 운영하고 있는 Zhang 사장에 따르면, 올해 판매량이 작년보다 30% 감소했으며, 작년 평균 주문액은 4만~5만달러인 반면, 올해는 2만~3만달러에 그쳤다고 함. 예전에는 2~3캐럿 다이아몬드가 가장 잘 팔려 판매액의 50%를 차지했으나 올해는 20%로 급감했으며, 반면 1캐럿 다이아몬드 판매액은 총 판매액의 80%에 이르렀음.

4. 2009년 홍콩 주얼리 시장 진출 전략

• 차별화된 기술과 창의적인 디자인을 위해 투자

-이번 전시회에 참가한 심천의 T사에 의하면, 불황에서 성공하기 위해서는 기술과 디자인에 주력해야 한다고 밝혔음. 수년 동안 T사는 타 기업과 차별화된 기술을 개발해 현재 10여종의 특허기술을 보유하고 있으며, 유능한 디자이너들을 영입하고 디자인 연구개발에 집중해 동양적 디자인의 주얼리를 출시, 전년 대비 매출이 10% 증가했다고 함.

-홍콩 보석전시회에서 거래선을 발굴한 경험이 있는 한국의 주얼리 기업에 따르면 모방하기 어려운 디자인과 우수한 코팅 기술력을 집중적으로 홍보한 결과 미국의 대형 바이어 발굴에 성공했다고 함.

• 환율 상승에 따른 가격 경쟁력 활용

-한국 원화 가치가 작년 대비 약 30% 이상 하락함에 따라 국내 업체의 수출에는 유리하게 작용하고 있음.

-이러한 환율을 적절히 활용한다면 국제 주얼리 시장에서 높은 가격경쟁력을 확보할 수 있을 것이며, 불황에 가격에 민감한 바이어들의 관심을 끌 수 있을 것임.

-하지만 최근처럼 환율이 급변하고 있는 상황에서 가격을 갑자기 하락시키는 것도 다소 위험성이 있음. 따라서 계약서 작성 시 환율 변화에 따른 조건을 포함시키는 것이 바람직함.

• 3 · 6 · 9 홍콩 국제 주얼리 박람회 참가

-홍콩은 세계 전시 허브도시로 홍콩 시장진출을 위해 가장 효과적인 방법은 전시회에 참가해 거래선을 발굴하는 것임. 특히 홍콩 전시회는 아시아 바이어뿐만 아니라 많은 글로벌 바이어들이 참가하는 곳으로 홍콩뿐만 아니라 세계 각지의 바이어들을 발굴할 있는 기회를 제공함.

-특히 주얼리 전시회는 다른 산업에 비해 전시회가 많은 편이며, 3 · 6 · 9라 불리는 주얼리 전시회에 참석하는 것이 가장 효과적임. 3 · 6 · 9전시회는 3월의 홍콩주얼리박람회, 6월의 주얼리 및 시계박람회, 9월의 주얼리 및 시계박람회를 말함. 특히 9월의 주얼리 및 시계박람회는 세계에서 가장 유명한 박람회로 전시회 기간 내내 전시회 바이어들로 북새통을 이룸.

2009년 홍콩 주얼리 전시회 내역

전시회 명	개최장소	주관	기간
HKTDC Hong Kong International Jewellery Show 2009	Hong Kong Convention and Exhibition Centre	Hong Kong Trade Development Council	2009.3.4－8
Asia's Fashion Jewellery & Accessories Fair-June	AsiaWorld-Expo	cmP Asia Ltd	2009.6.18－21
June Hong Kong Jewellery & Gem Fair	Hong Kong Convention and Exhibition Centre	cmP Asia Ltd	2009.6.18－21
Asia's Fashion Jewellery & Accessories Fair-September	AsiaWorld-Expo	cmP Asia Ltd	2009.9.21－24
September Hong Kong Jewellery & Gem Fair	AsiaWorld-Expo	cmP Asia Ltd	2009.9.21－25
September Hong Kong Jewellery & Gem Fair	Hong Kong Convention and Exhibition Centre	cmP Asia Ltd	2009.9.23－27
Hong Kong International Jewelry Manufacturers' Show 2009	Hong Kong Convention and Exhibition Centre	Hong Kong Jewelry Manufacturers' Association	2009.11.26－29

자료 : 홍콩무역발전국

• 온라인 마켓 활용

－최근 경기 불황으로 오프라인 주얼리 소매업계가 침체를 겪고 있는 가운데 유통마진과 프로모션 비용을 축소할 수 있는 온라인 주얼리 쇼핑몰이 인기를 끌고 있음.

－귀금속은 눈으로 직접 보고, 착용한 후 구매하는 경향이 있기 때문에 아직 많은 소비자들이 온라인 주얼리 쇼핑몰을 애용하고 있지는 않으나, 편리함과 저렴함으로 저변을 점차 확대하고 있음.

－따라서 홍콩 주얼리 시장 진출을 노리는 특히 저가 주얼리 취급 기업들은 온라인 쇼핑몰을 운영하고 있는 홍콩 에이전트를 발굴하는 것이 시장진출에 효과적일 것임.

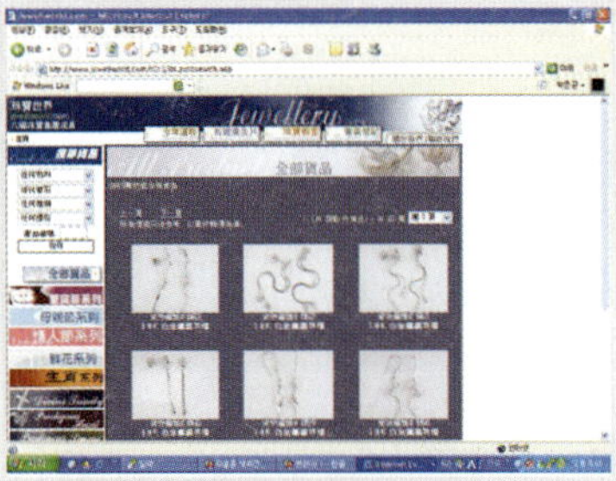
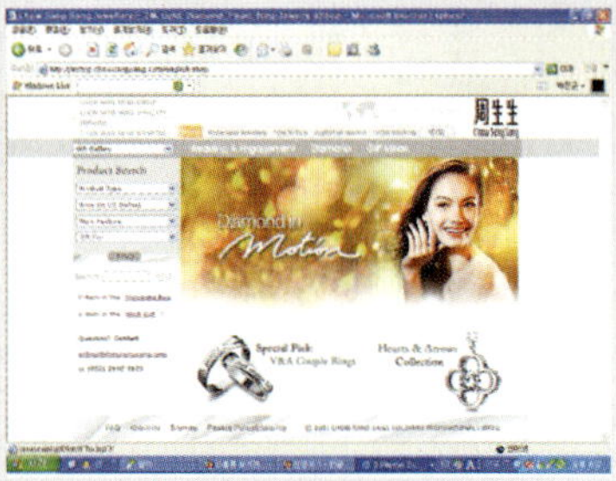

▲ 홍콩 대표 주얼리 기업(ChowSangSang, LukFook) 온라인 쇼핑몰

* 참고사항

• CEPA를 활용한 홍콩 경유 중국 주얼리 시장 진출

–CEPA III(Closer Economic Partnership Arrangement) 발효로 2006년부터 홍콩 원산지를 획득한 주얼리는 중국에 무관세로 수출할 수 있음. 홍콩 원산지를 획득하지 않은 주얼리는 중국 수출시 35%의 관세가 부과됨.

–귀금속의 경우, 원산지를 나타내는 프로세스인 몰딩은 반드시 홍콩에서 이뤄져야 함. 조립이 요구된다면 역시 홍콩에서 조립돼야 함. 진주, 준보석은 몰딩과 세팅이 모두 홍콩에서 이뤄져야 함.

–참고 홈페이지 : http://www.tid.gov.hk/english/cepa/index.html

자료 : http://www.globalwindow.org

제1절 전시목표

1. 전시목표의 의의

전시목표의 의의

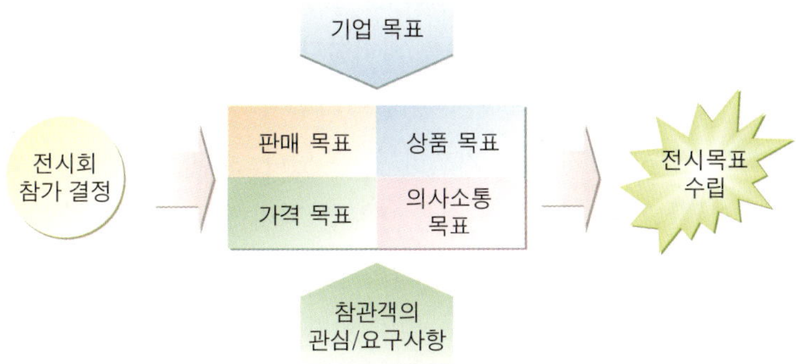

과거 전시회는 단순히 구경거리에 불과했다. 즉 참관객들은 전시품들을 구경하고 때에 따라서는 그것을 시연하기도 하며 부수적으로 경품을 제공하거나 이벤트 등을 통해 고객들과의 관계를 좋게 유지하기 위한 활동에 불과했었다. 그러나 점차 기업들이 전시회를 인식하는 관점이 변화함에 따라 전시회를 하나의 기업목표 달성을 위한 전략적 수단으로 사용하게 되면서 이러한 인식이 많이 변화하게 되었다.

전시회의 독특한 장점은 광범위한 판매 및 마케팅 목표가 단독으로 또는 나란히 추구될 수 있는 독특한 환경을 창출하기 위해 광고의 대량 도달성, 직접우편의 표적성, 면대면 판매의 설득력, 인터넷의 네트워킹 이점들이 융통성 있는 촉진 수단인 전시회에 하나로 조합되었다는 것이다. 또한 전시회 참관객의 요구와 동기부여를 이해함으로써 참관객과 거래 상담할 기회를 효과적으로 향상시킬 수 있다. 따라서 전시회 참가 목표 수립과정에서는 전시회의 완벽한 분석이 필요하다. 분석대상 전시회에는 시기와 시장 여건의 변화, 산업상황에 따라 그 전시회가 취급하고 있는 시장도 변하기 때문에 기업이 수 년 동안 참가하고 있는 전시회일지라도 포함시켜야 한다.

전시회 참가 목표는 전시회 참가 규모, 전시품 결정, 부스 디자인, 부스 운영 인력, 프로모션 방법, 참가예산 등 전시회 기획의 모든 면에 영향을 미친다. 또한 전시회 참관객의 참관 목적과 기업의 전시 참가목표가 부합되도록 참가 목표를 명확하게 설정하여야 한다.

기업목표의 달성을 위해 전시에 참가하고자 하는 기업은 전시 참가 목표를 명확하게 수립하여야만 한다. 전시목표는 전시회라는 시장에 참가함으로써 기업이 얻게 되는 질적 · 양적인 성과를 의미한다. 따라서 전시목표의 수립은 기업이 얻고자 하는 성과를 획득하기 위하여 기업이 가지고 있는 자원을 효율적으로 배분하고 집중화하기 위한 기초라 할 수 있다. 또한 이러한 전시목표의 수립은 전시회가 끝난 후 전시회의 성공 여부를 평가하는 중요한 판단 기준으로 삼을 수 있다.

전시회의 참가목표에 대한 연구는 몇몇 학자들에 의하여 연구되어져 왔는데, Chapman(1992)은 전시회 참가 목표를 기대 목표, 기존 고객에 대한 판매 및 포지셔닝 목표, 인지도 제고 및 이미지 향상 목표, 학습 목표의 4가지로 분류하였다. 또한 그는 전시회의 목표를 19가지로 상세하게 구분해 놓았는데 이는 다음과 같다.

① 판매를 위한 리드(leads) 수집
② 기존 고객 및 신규 고객으로부터의 주문 계약
③ 기업 데이터베이스 구축을 위한 참관객 명단 수집
④ 기업 인지도 향상을 위한 활동
⑤ 특정 산업에 대한 기업의 의지 표명
⑥ 자사 제품 딜러, 유통업자, 기타 판매자들에 대한 지원
⑦ 신제품 및 공동 마케팅 프로그램에 대한 소개
⑧ 기업 정책들에 대한 언론 보도
⑨ 세미나와 시연 등을 통한 기업 및 제품 이미지 향상
⑩ 신시장 진입
⑪ 제품 및 서비스 적용에 관한 설명
⑫ 전시회를 통해 유리한 입장을 차지하고 이를 통한 경쟁 방지

⑬ 경쟁자들의 활동 평가
⑭ 고객관련 산업 이슈에 대한 학습
⑮ 기업의 관점이 아닌 고객의 관점에서 구매 관련 정보 파악
⑯ VIP 고객에 대한 접대
⑰ 현재 및 잠재 고객에 대한 조사 수행
⑱ 종업원과 딜러들에게 교육과 동기부여 목적
⑲ 일상적인 기업 활동으로는 기대할 수 없는 중소규모의 판매

Chapman은 이상의 19가지 목표 중에 적당한 것을 선택하고 전시회를 통해 현재 참가기업이 창출할 수 있는 가치를 더하여 참가목표를 선정하는 것이 좋다고 조언하고 있다. 또한 참가목표는 전시회 전반을 통하여 기업목표를 달성하기 위하여 한 가지가 아니라 몇 가지를 혼합하여 적용시킬 수 있다고 하였다.

Bonoma(1983)는 기업이 전시회에 참가하는 목표를 기존 고객과 잠재 고객의 측면에서 판매 활동과 커뮤니케이션 활동으로 구분하여 설명하였다. 또한 전시회 참가기업이 참가고객을 기존고객과 잠재고객으로 구분하여 전시회의 참가목표를 분류하였다.

전시회 참가기업의 참가 목표와 목표 고객과의 대응관계

고객분류	판매목표	커뮤니케이션 목표
기존고객	고객관계 유지 주요 고객에 대한 메시지 전달 불평해결 추가 판매의 기회	기업이미지 유지 제품 테스트 경쟁 기업의 정보 수집 광범위한 노출
잠재고객	유망 예상 고객과의 접촉 고객의 욕구 파악 핵심 고객 대상의 정보 전달 판매 결함에 따른 제품 회수	유망 예상 고객과의 접촉 기업 이미지 구축 제품 테스트 경쟁기업의 정보 수집

자료 : Bonoma, Thomas V. "*Get More out of your Trade Shows*", Harvard Business Review, Vol. 61, 1983.

한국무역협회에서 조사한 국내 중소기업의 무역전시회 참가 목적에서도 알 수 있듯이 참가기업들은 바이어 발굴을 통한 계약체결을 중요시 여기는 판매

중심의 참가목표에서부터 시작하여 시장정보획득, 기업 이미지 제고, 신제품 테스트 마켓, 네트워크 구축 등 다양한 전시목표를 가지고 전시회에 참가하는 것으로 나타나고 있다.

국내 중소기업의 무역전시회 참가 목적

순위	구 분	비 중(%)
1	신규 바이어 발굴	78.8
2	에이전트 발굴	4.9
3	시장동향 파악	3.7
4	기업 이미지 제고	3.2
5	기존 거래선 유지	3.1
6	기 타	3.1
7	신제품 테스트마켓 활용	1.6
8	네트워킹 구축	1.0
9	현장판매	0.5
합 계		100

자료 : 김선정, 수출기업의 해외전시회 활용실태와 시사점, 한국무역협회, 2007.

이상에서 살펴본 바와 같이 전시목표는 판매 목표, 상품 목표, 가격 목표, 의사소통 목표의 영역으로 구분할 수 있다. 따라서 기업은 각각의 목표 영역에 대하여 이를 달성시킬 수 있다고 판단되었을 경우에 한하여 전시회 참가를 결정하게 된다. 또한 정보는 이 모든 영역의 목표에서 공통되게 적용되어지는 목표라 할 수 있다.

전시목표는 상품의 판매, 목표 집단의 인지도 상승, 새로운 목표 집단의 획득 또는 신상품의 시장성 시험 등의 고려에 의해 수립되어지는 것이며 전시회에 참가하였을 경우에만 획득할 수 있는 성과라는 것을 잊어서는 안 된다.

참관객들은 자사의 문제 해결, 구매결정, 상품의 시장동향 습득, 전문가와의 접촉 등을 목적으로 전시장을 방문한다. 참관객의 방문 목적을 도외시한 채로 자사의 전시 참가 목표를 수립할 수는 없다. 따라서 전시목표는 어떠한 경우에라도 기업 내부의 사정뿐만 아니라 항상 참관객들의 관심과 요구사항 그리고 행사의 성과를 염두에 두고 이에 부합되도록 수립되어야만 한다.

2. 기업목표와 전시목표와의 관계

기업목표와 전시목표와의 관계

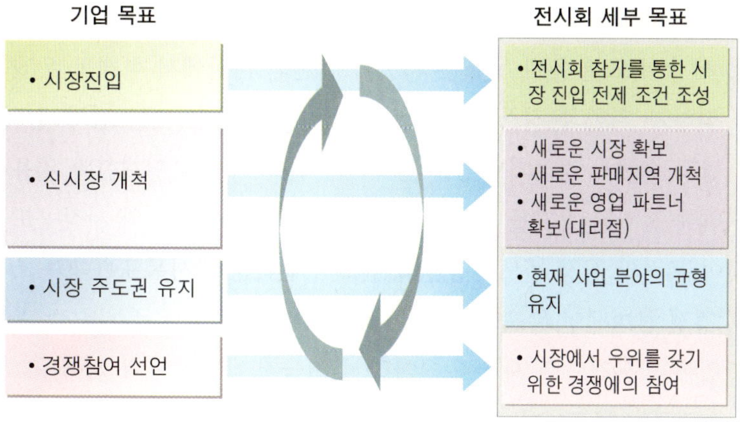

전시목표를 수립할 때에 중요하게 고려해야할 요소는 바로 전시목표가 기업의 중장기목표에 얼마나 부합되는가이다. 기업은 기업의 중장기적 목표를 달성하는 하나의 수단으로서 전시회 참가를 결정하는 것이고 전시회에서 기업은 소기의 목적을 달성하기 위하여 단기적인 전시목표를 수립한다.

기업의 중장기 목표와 부합되는 전시회 목표는 크게 시장 진입과 시장 점유율의 증대 그리고 시장 주도권의 유지와 시장 참여 선언, 네 가지 분야로 요약될 수 있다.

첫째, 시장 진입 목표는 기업이 그동안 외면하고 있었거나 관심을 갖고 있지 않았던 시장에 새로이 접근하고자 할 때 흔히 수립하는 전시목표이다. 이러한 목표가 수립되었을 경우의 전시회 세부 목표는 전시회 참가를 통해 시장 진입의 전제 조건을 조성하는 것으로서 이미 시장에 참여하고 있는 경쟁기업과 고객들에게 기업의 존재를 알리는 한편 앞으로 판매하고자 하는 상품 및 서비스에 대한 소개와 인지도 향상을 목표로 수립하게 된다.

둘째, 신시장 개척 목표이다. 이는 전시회에 참가함으로써 자사 상품에 대한 새로운 시장 개척에 조금이라도 도움을 주고자 하는 목표이다. 이를 위하여 전시회 세부 목표는 새로운 시장 확보와 새로운 판매지역 개척이라는 차원에서 접근하여야 하며 이러한 목표를 달성하기 위하여 실제적으로 자사상품을 취급하거나 판매를 해줄 수 있는 대리점이나 딜러와 같은 다수의 영업 파트너의 확보라는 또 하나의 목표를 추가하여야 한다.

셋째, 시장 주도권 유지 목표는 자사가 기존의 시장에서 현재의 우위를 지속적으로 점하기 위한 목적으로 수립되어지는 목표이다. 이는 점차 심각해지는 시장의 경쟁 속에서 경쟁기업들을 견제하는 한편 자사의 건재함과 위용을 과시하기 위하여 전시회 참가를 하는 것으로서 현재의 사업구도와 시장구도를 유지하는 것이 목적인 시장 선도기업들이 주로 수립하는 전시목표이다.

넷째, 경쟁 참여선언 목표이다. 이는 현재 시장에서 별로 주목을 받고 있지 못하는 기업이 의욕적으로 시장에 참가하여 적극적으로 경쟁에 뛰어들고자 하는 경우에 수립하는 목표이다. 이를 위하여 세부적인 전시회 목표는 시장에서 기업의 위상 제고, 시장 점유율의 증대와 더불어 경쟁기업에 대한 본격 경쟁 선언을 위한 무기로서 대표상품 또는 신상품에 대한 적극적인 마케팅이라 할 수 있다.

3. 판매 중심의 전시회 목표

판매 중심의 전시회 목표

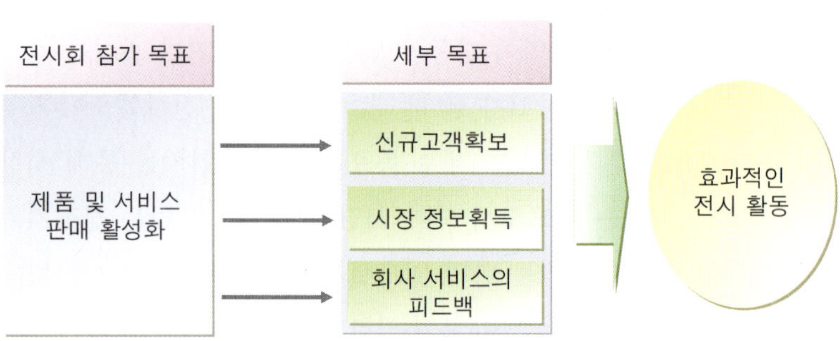

판매 중심의 전시회 목표는 전시회의 참가를 통하여 기업이 보유하고 있는 상품 또는 서비스에 대한 판매를 활성화시킬 것을 목적으로 하는 것이다.

Bonoma(1983)는 판매목표(Selling Objectives)로서 전시회에 참가하는 기업이 효용성을 높이기 위해서는 첫째, 유망 예상 고객의 확인 및 신시장 개척을 목적으로 하여야 하며, 둘째, 현재 및 잠재고객 중 주요 의사결정권자와의 접촉을 하여야 하며, 셋째, 제품, 서비스 및 판매원에 관한 정보를 널리 알릴 수 있도록 하여야 하며, 넷째, 실질적인 제품의 구매가 이루어지도록 유도하여야 하며, 다섯째, 이를 위하여 고객과의 직접적인 접촉을 통해 문제점을 파악하고 이에 대한 서비스를 제공하여야 한다고 하였다.

판매 중심의 목표를 수립하였을 경우에는 적어도 세 가지 측면에서 고려를 해야 하는데, 첫째는 새로운 고객의 확보라는 측면이고, 두 번째는 시장 정보의 획득 측면이다. 그리고 마지막으로 세 번째는 회사 서비스에 대한 피드백 측면을 고려하여야 한다. 일반적으로 대부분의 전시회 참가기업들은 첫째의 새로운 고객 확보가 판매 중심 전시회 목표 중 가장 중요한 세부 목표가 되고 두 번째와 세 번째는 부차적인 세부 목표가 된다.

첫 번째 세부 목표인 새로운 고객 확보라는 측면은 기업이 전시하고자 하는 상품 또는 서비스에 대하여 참관객이 호감을 갖고 지속적으로 구매하게끔 유도하는 것이다. 따라서 참가기업은 참관객과의 접촉을 극대화 시키도록 많은 노력을 기울이며 고객에게 판매하고자 하는 상품 또는 서비스가 타사 상품과 비교하여 많은 장점과 이점을 갖고 있다는 사실에 대하여 적극적으로 인지시켜야 한다. 이러한 활동의 결과로 참가기업은 참관객(고객)이 전시제품을 구매하도록 계약 체결로 연결시키는 것이 목적이다. 또한 참관객이 갖고 있는 자사상품 또는 서비스에 대한 기대치의 파악을 통하여 그것을 판매하고자 하는 상품 또는 서비스에 채택시키고자 하는 노력도 중요하다.

두 번째, 시장정보 획득은 상품 판매의 활성화를 위하여 필요한 고객의 성향이나 트렌드 또는 시장의 변화 등에 대한 각종 정보를 획득하기 위하여 전시회에 참가하는 것이다. 이 경우에는 타사가 출품한 전시 상품들에 대한 각종 정보 수집과 마케팅 정보 수집 그리고 고객들의 구매 패턴이나 취향 등에 대한 정보

수집, 디자인이나 기술 및 기능의 변화 등에 대한 정보 수집을 목적으로 한다.

세 번째, 회사에 대한 피드백은 자사 및 상품에 대한 참관객들의 반응과 상품 및 서비스를 사용해 본 후의 감상 등에 대한 반응을 수집하는 것으로서 수집되어진 참관객 및 시장의 반응은 기업이 새로운 전략을 수립하거나 조금 더 나은 서비스 제공과 고객만족에 필요한 기업 경영 자료로 활용하게 된다.

4. 상품 중심의 전시회 목표

상품 중심의 전시회 목표

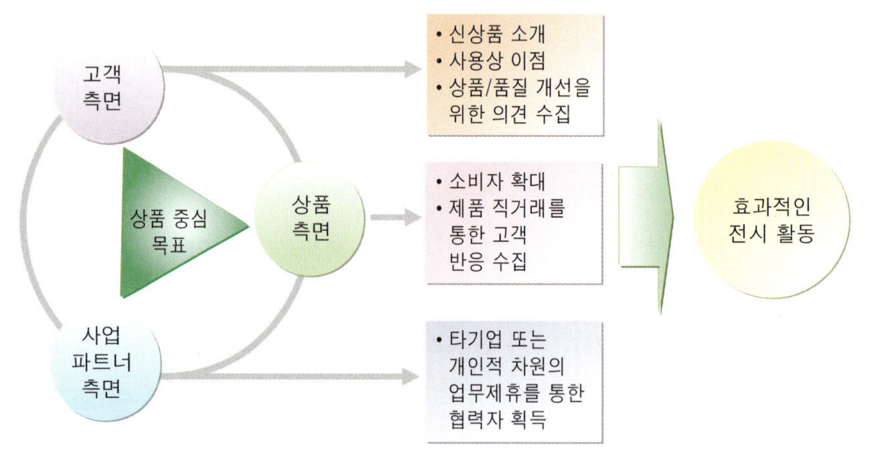

상품 중심의 전시회 목표는 전시되어지는 상품을 중심으로 하여 목적하는 바를 획득하고자 하는 목표수립 방법이다. 이때 전시 참가기업이 목적하는 바는 몇 가지로 세분하여 볼 수가 있는데 상품적인 측면과 고객 측면 그리고 새로운 사업 파트너의 획득이 바로 그 것이다.

첫째, 상품적인 측면은 상품 중심의 전시회 목표의 가장 중요한 세부목표가 되는 것으로 전시되어지는 상품의 성격에 따라 신상품의 소개를 통해 참관객들에게 새로운 상품에 대한 인지도를 높이는 한편, 이 상품을 사용하였을 때 사용자가 얻게 되는 사용상의 이점 등에 대한 홍보와 실제로 상품의 시연을 통해 사용자와의 접촉을 통한 의견 취득과 상품의 품질 개선을 위한 정보 취득 등이 목적이다.

둘째, 고객 측면은 전시회가 중간유통 상인을 거치지 않고 직접 소비자와 접촉할 수 있다는 특성을 이용해 최종 소비자에게 상품을 직접 판매하는 한편 최종 소비자와의 거래를 통해 시장에서 자사 상품에 대한 반응을 직접 알아보고자 하는 목적이다.

셋째, 새로운 사업 파트너의 획득은 전시되어진 자사의 상품에 대한 각종 정보를 수집한 참관객(바이어 및 유통업자 등)이 이 상품을 매개로 하여 새로운 사업기회를 발견하게끔 하는 것이 목적이다. 즉 자사와의 대리점 계약 또는 유통 계약, 부품 제공, 원부자재 확보 등의 업무제휴를 통해 여러 가지 형태의 사업 협력자 또는 조력자를 전시회를 통해 얻기 위한 목적이다.

5. 가격 중심의 전시회 목표

가격 중심의 전시회 목표

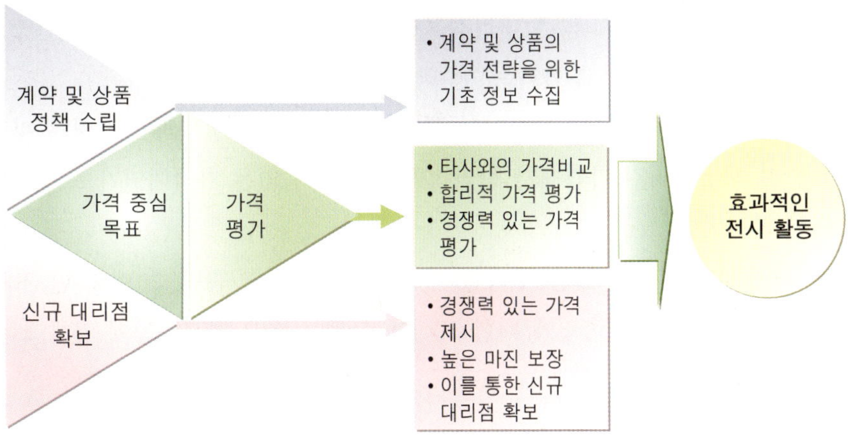

가격 중심의 전시회 목표는 전시회의 참가를 통해 자사 기업의 가격 전략 및 책정이 합리적인가를 검증해 보는 한편 타사와의 가격 경쟁력의 비교를 목적으로 하는 전시회 목표이다.

가격 중심 목표는 가격 평가와 계약 및 상품 정책 수립을 위한 정보 수집 그리고 새로운 대리점 확보라는 측면에서 그 의의를 찾을 수 있을 것이다.

가격 중심의 전시회 목표는 계약 및 상품 정책 수립 측면과 신규 대리점 확보 측면 그리고 가격평가 측면 세 가지로 분류될 수 있다.

첫째, 상품정책 측면은 계약 및 상품의 가격전략 수립을 위한 기초적인 정보를 수집하는 것으로서 경쟁사들의 가격전략에 대한 정보를 수집하는 한편 참관객들이 수긍할 수 있는 가격대에 대해 파악하는 것이 목적이다. 이는 전시되어진 제품이 신상품으로서 아직 시장에서 판매되지 않는 상품일 경우에 흔히 수립되어지는 목적으로서 상품이 시장에 출시되었을 때 가장 경쟁력 있고 합리적인 가격대를 책정하는 기초자료의 수집을 위한 것이라 할 수 있다.

둘째, 신규대리점 확보 측면은 전시회를 참관하고 있는 유통업체를 대상으로 하여 자사 상품에 대한 신규 유통망을 확보하고자 하는 목적으로 참가하는 경우이다. 신규 유통망을 확보하기 위한 강력한 수단으로 가격을 이용하고자 하는 것인데, 이를 위하여 유통업체들에게 타사 제품에 비하여 경쟁력 있는 가격을 제시하는 한편 높은 마진을 보장해 주는 전략을 사용한다. 이는 결국 기존 시장 또는 신규 시장에서 많은 대리점들을 확보하여 자사제품의 매출을 신장시키고자 하는 기업목표와 부합되는 것이라 할 수 있다.

셋째, 가격 평가측면은 참가기업이 책정한 가격대를 경쟁사의 가격대와 비교하는 한편 책정되어진 가격대가 합리적이고 경쟁력 있는 가격대인가를 평가하기 위한 목적이다.

가격중심의 전시회 목표를 수립한 기업은 이 세 가지 측면 중 어느 한 가지에만 치우치지 않고 각 측면에 대한 고려를 함께 하면서 전시활동에 임하게 된다.

6. 의사소통 중심의 전시회 목표

의사소통 중심의 전시회 목표

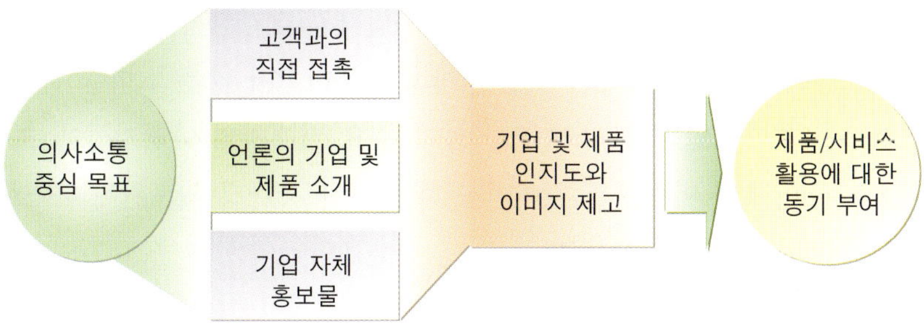

의사소통(Communication)이란 고객과의 의사소통(Communication)을 의미하는 것으로서 고객과의 원활한 의사소통은 기업의 이미지와 인지도를 향상시키는 한편 상품거래와 서비스 활용에 대한 동기부여를 하게 됨으로써 기업의 입장에서는 매우 중요한 요소이다.

기업은 전시회에 참가하는 동기 중에서 고객과의 원활한 의사소통을 함으로써 그에 파생되어지는 많은 효과를 얻고자 하는 경우가 종종 있는데, 이는 의사소통 중심의 전시회 목표를 수립하는 경우를 의미한다.

전시회에 참가한 기업은 자사를 홍보하기 위하여 여러 가지 활동을 하게 되는데 전시회장의 부스에서 고객들과 면대면으로 접촉을 함으로써 고객과의 관계 형성을 하게 되고 이를 심화시킬 수가 있다. 또한 전시회 관련 보도를 하는 언론을 통하여 기업과 상품 및 서비스를 소개함으로써 고객들로 하여금 기업과 상품에 대한 신뢰도를 제고시킬 수 있게 된다. 이는 결국 고객들로 하여금 상품과 서비스를 구매하게끔 하는 동기부여를 시킴으로써 향후 기업 및 상품에 대한 로열티를 높여 지속적인 구매로 연결시킬 수 있는 계기를 마련해 주게 된다.

Bonoma(1983)는 전시회 참가목표의 분류 중 커뮤니케이션 활동으로 경쟁기업 및 고객 · 언론 등에 대한 기업 이미지 유지, 가격 및 시장에 관한 정보수집, 전시회 참가직원의 사기 진작, 제품 및 서비스의 도입 및 고객의 반응에 대한 사전 탐색 기능 등을 제시하였다.

의사소통 중심의 전시회 목표는 전시회 참가가 고객과의 접촉을 강화시킴으로써 기업 및 상품의 인지도와 이미지를 제고시켜 장기적으로 상품의 구매로 연결시키고자 하는 목적의 목표 수립이라 할 수 있다.

따라서 의사소통 중심의 전시회 목표를 수립하고 참가하는 기업들은 전시회 기간 동안 참관객들과 다양한 형태의 의사소통을 하고자 많은 노력을 기울이게 된다. 때로는 참가기업의 전시회 기간 동안 주요 거래처의 담당자들을 초청하여 그들을 위한 특별 이벤트를 벌이기도 하고 일반 참관객들을 위해 다양한 이벤트를 설계하고 실행하기도 한다.

제2절 전략이란?

1. 전략의 개념

전략의 개념

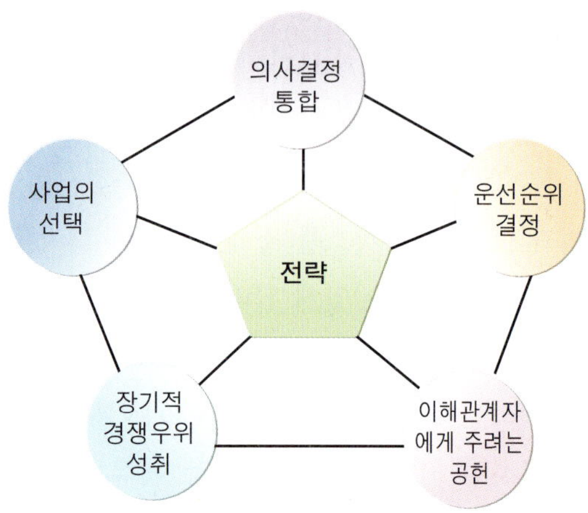

Luis와 Juan(1998)은 전시회는 일상적인 경제활동을 벗어나 특정 시간과 제한된 장소에서 열리는 것으로 개최장소, 개최시기, 참가기업, 참관객의 수, 경쟁업체, 산업 및 시장 상황 등에 따라 저마다 독특한 특징을 가진다고 하였다. 따라서 매년 모든 전시회에 같은 방식으로 접근하는 것은 잘못된 일이며, 매번 참가해오던 전시회라도 효율성을 극대화하기 위해서는 철저한 사전 분석과 준비를 통한 최상의 전략으로 접근해야 한다고 하였다.

이는 모든 전시조직은 상황적 요인에 따라 끊임없는 변화를 하여야 한다는 것을 의미한다. 새로운 경쟁자의 등장, 전시회에 영향을 미치는 경제적 환경의 변화, 고객 기호의 변화 등의 문제들은 전시 기획자에게 많은 문제의식과 과업을 안겨준다. 이러한 상황에 성공적으로 대응하기 위해서 전시 기획자는 전략개발 능력을 갖추고 있을 필요가 있다. 전략은 목표 달성을 위한 필수적인 것이기 때문이다.

전략(strategy)이란 기업이나 조직이 목표를 달성하기 위하여 미래에 수행하여야 할 방향을 정하는 것이다. 즉 지속적인 경쟁우위를 가지고 조직의 미션(mission)과 목적(objectives)을 성취하기 위한 장기적인 방향과 자원 활용방법을 제시하는 포괄적 활동 계획이라 할 수 있다.

이러한 전략을 포괄적으로 정리하여 보면 다음과 같다.

① 의사결정이 긴밀하게 결합 · 통일되어 있는 통합된 패턴
② 장기적인 목표, 행동프로그램, 자원할당의 우선순위로 조직의 목적을 결정하는 것
③ 현재 있거나 있어야만 되는 사업들을 선택하는 것
④ 환경의 기회와 위협들에 조직의 강점과 약점들을 적절히 반응시킴으로써 사업의 장기적 경쟁우위를 성취하려는 시도
⑤ 이해관계자들에게 주려고 하는 경제적 · 비경제적 공헌들의 본질을 정의

이러한 포괄적 개념으로서의 전략은 조직이 생명력 있는 영속성을 유지하도록 하며 동시에 변화하는 환경에의 적응을 촉진시키는 기본적인 틀이라고 할 수 있다. 그러므로 전략의 본질은 기업이 참여하고 있는 모든 사업에서 경쟁우

위를 확보하고자 하는 목적을 가지게 된다. 따라서 기획자는 전략수립을 위해서 요소들 간의 적합관계를 창출해야 한다.

한편 포터(Michael E. Porter)에 의하면, 전략이란 조직의 여러 활동들을 결합하여 독특하고 가치 있는 전략적 지위(strategic position)를 창출해 내는 것을 의미한다고 하였다. 예를 들어, 특정조직이 일련의 기능적 활동들을 새로 구성하거나 기존에 존재하는 활동들을 다시 짜 맞춤으로써 산업 내 경쟁자들과는 다른 조직 형태나 서비스 형태를 창출하고 고객에게 신속함과 저렴한 비용이라는 가치를 제공할 수 있다면, 그 조직은 전략적 지위를 지녔다고 볼 수 있다.

이러한 전략의 정의에는 전략적 지위, 기업조직 활동, 기업 활동들의 결합이라는 세 가지 중요한 개념이 포함되어 있다.

전략적 지위에 대해 살펴보면 다음과 같다. 목표설정(targeting)을 통해 기업이 제공할 제품과 서비스의 범위를 한정짓는 것을 마케팅 영역에서 포지셔닝이라고 한다면, 전략 분야에서는 이러한 차별화된 제품과 서비스를 공급할 수 있도록 내부 메커니즘으로서의 조직 활동을 조정하거나 재결합하는 과정까지도 포함한 개념을 전략적 지위라고 한다.

포터는 이러한 전략적 지위의 원천으로 다음 세 가지를 들고 있다. 첫째는 특정한 상품이나 서비스만으로 그 범위를 한정하고 이것을 저렴하고 신속하게 제공할 수 있도록 기업의 가치 활동을 수행하는 것이다.

둘째는 같은 고객일지라도 때와 상황에 따라서 욕구가 다르므로 특정집단의 고객이 가진 다양한 욕구의 대부분 또는 모두를 충족시킬 수 있도록 기업의 가치 활동을 구현하는 것이다.

셋째는 고객을 세분화하여 서로 다른 방식으로 접근하는 것이다. 즉 세분시장별로 다양한 고객의 욕구를 충족시키기 위해 기업 활동들을 가장 효과적으로 배치하고 수행하는 것이다.

다음으로 기업조직 활동에 대해 살펴보면, 기업이 시장에서 활동하는 방법이 어떤 것이든지 특정 기업을 다른 기업과 구별시키는 전략적 지위의 핵심은 경쟁기업과는 차별화된 일련의 기업조직 활동들이다. 즉 경쟁기업과는 상이한 활동을 수행하거나 또는 동일한 활동을 다르게 수행함으로써 전략적 지위를 확보하는 것이라 할 수 있다.

마지막으로 기업 활동들의 결합이란, 기존의 기업 활동들을 전략적 지위를 창출할 수 있도록 기업의 가치 활동을 새로이 적절히 연결시키고 재구성하는 것을 말한다. 즉 기업이 어떠한 활동을 수행할 때 그 활동의 개별적인 각각의 세부 활동들을 어떻게 배치할 것인가를 결정하는 것뿐만 아니라 선택된 세부 활동들을 서로 어떻게 결합시키는가에 따라 전략적 지위가 결정되어지게 되는 것이다.

2. 전략의 수준

전략의 수준

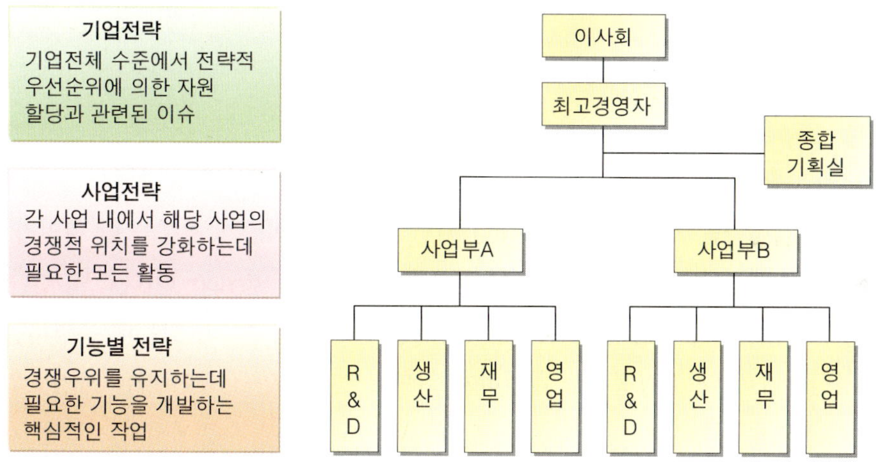

조직은 의사결정의 중요성과 범위에 따라 여러 단계로 구분할 수 있는데 이는 기업의 전략을 정의하는 데 중요한 역할을 할 뿐만 아니라 각기 수준에 맞는 책임을 가진다. 경영자가 당면하는 의사결정의 수준과 범위에 따라 전략은 기업전략(corporate strategy), 사업부 전략(business strategy), 기능별 전략

(functional strategy)으로 나누어진다.

1) 기업전략

기업전략은 기업 전체 수준에서 주로 기업의 사명을 정의하고, 사업수준과 기능수준에서 나오는 제안들을 검토하며, 관련된 사업 단위들 사이의 연계성을 발견하고 전략적 우선순위에 의한 자원할당과 관련된 이슈들을 다룬다.

기업전략은 기업이 경쟁하는 시장과 산업의 범위를 결정한다. 즉 기업전략은 다각화, 수직적 통합, 기업 인수합병, 해외사업진출과 같은 신규 사업 또는 시장의 진출과 같은 결정이나 각 사업분야에 경영자원을 배분하고 기존 사업부문에서의 탈퇴와 같은 결정을 의미한다.

기업전략은 사업 단위들을 독립기업으로 운영하는 것보다는 다각화된 사업들을 통합하여 운영하면 사업단위별 성과를 단순히 합한 것 이상의 효과, 즉 시너지 효과(synergy effect)를 얻을 수 있도록 수립되어지고 집행되어져야 한다는 것을 전제로 한다.

2) 사업부 전략

사업부 전략은 기업이 정한 각각의 사업영역에서 '어떻게 경쟁을 할 것인가'를 결정짓는 것으로 그 때문에 경쟁전략(competitive strategy)이라고도 한다. 기업은 여러 개의 산업에서 여러 사업단위를 운영하는 경우가 있는데 운영하는 특정산업마다 다른 경쟁자와 대면하게 되므로 획일적인 전략이 다른 사업단위나 사업부에 동일하게 적용될 수는 없다. 따라서 사업부 수준에서의 전략은 기업이 각각의 시장에서 해당사업의 경쟁적 위치를 강화하는 데 필요한 모든 활동들을 다루게 된다. 즉 외부의 기회와 위협을 제대로 인식하고 기업전략에 의해 기업 전체적으로 자원이 배분되면, 사업부 전략에서는 배분되어진 기업 내부의 자원을 활용하여 경쟁기업과 경쟁하여 경쟁우위에 설 수 있는 구체적인 방향과 방법을 강구하게 된다.

사업부 전략은 개별사업단위의 목표를 성공적으로 달성하기 위해 사업의 장기적 경쟁우위를 어떻게 구축하고 공고히 유지할 것인가에 초점을 둔다. 따라서 우리가 일반적으로 전략이라고 불리어지는 전략의 수준은 바로 이 사업부 전략이라 할 수 있다.

전시전략은 이 사업부 전략과 깊은 연관관계가 있다고 해도 과언이 아니다. 오늘날 전시회는 세계화되는 기업환경에서 기업(사업부)의 경쟁력을 강화하는 중요한 도구로 인식하여 활용되고 있을 뿐만 아니라 전시회를 이용하여 참가기업이 표적시장에 집중할 수 있도록 하고 있다. 이는 전시회를 활용하여 시장조사, 기업이미지 강화, 신제품 소개 및 테스트, 신규시장 및 고객 발굴, 동기부여 활동, 관계구축 활동, 전시회 참가 경쟁업체와의 관계 등, 사업부 목표에 부합되어지도록 경쟁 환경을 유리하게 조성하고자 하는 전략적 목적에 기인한다. 또한 전시회를 통해 기업은 경쟁우위를 확보하고 경쟁우위의 유지 및 확대를 위해 노력하는 한편 해당 산업구조의 변화를 전향적으로 예측하여 이에 대한 전략적 대책을 마련하는 활동 들도 하게 되는데, 이러한 활동은 모두 사업부 전략의 목적과 궁극적으로 많은 공통점을 갖고 있다. 따라서 전시전략은 사업부 전략과 그 맥을 같이한다고 할 수 있다.

3) 기능별 전략

기능별 전략은 사업부전략 등 상위전략을 효과적으로 뒷받침해 줄 수 있도록 각 사업부나 부서 내에서 각 기능이 얼마나 효율적으로 수행될 것인가에 초점이 맞추어진다. 기능수준에서는 경쟁우위를 유지하는데 필요한 재무 · 관리적 하부구조, 인적자원, 기술, 물류, 제조, 유통, 마케팅, 영업, 서비스 등에 있어서 필요한 기능을 개발하는 핵심적인 작업을 다루게 된다. 기능별 전략은 사업부 전략을 실행하기 쉽도록 각 기능조직단위로 실행할 전략을 규정하고 구체화하는 것으로 개별 사업부 내에 있는 인사, R&D, 재무, 생산, 마케팅 등의 기능별 조직에서 제품기획, 영업활동, 자금조달 등 세부적인 수행방법을 결정한다.

기능별 전략이 중요한 이유는 건전한 기능적인 기반 없이는 경쟁전략(사업부 전략)의 수행이 어려워지기 때문이다. 예를 들어, 전시회에 아무리 좋은 사업부 전략을 가지고 참가한다 하더라도 실제적으로 경쟁력 없는 제품이나 사업부 내에 각 기능들이 비효율적으로 운영되고 있다면 전시회에서 사업부의 목표를 달성하기란 거의 불가능할 것이기 때문이다.

이처럼 조직의 위계수준에 따른 전략적 차이점을 인식하고 이들을 조화롭게 통합하는 것 또한 전략의 핵심차원이 된다.

제3절 전시경쟁전략

1. 전시경쟁전략이란?

전시경쟁전략

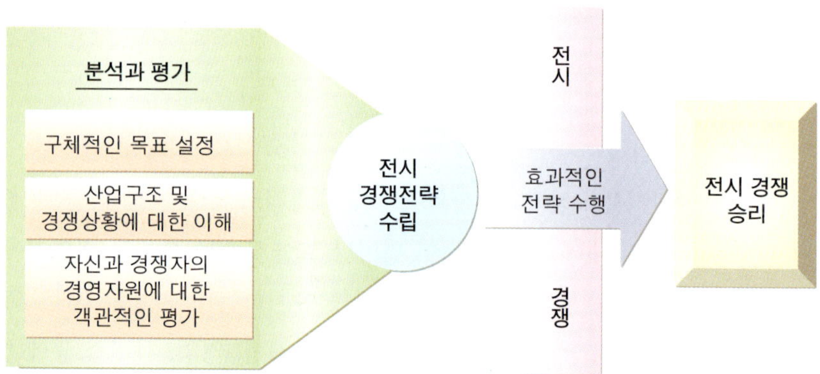

경쟁이란 기업의 성패를 좌우하는 것으로서 기업의 사업성과, 즉 기술혁신, 응집력 있는 기업문화, 우수한 전략수행에 기여할 수 있는 기업 활동의 특성(생산성, 능률, 수익성, 성장, 시장점유율, 만족감 등)을 통해 특정 시장에서 타 기업과의 시장 활동을 결정하는 것이고, 경쟁전략이란 산업에서 우수한 경쟁지위를 확보하기 위한 계획이나 정책이라고 볼 수 있다. 여기서 경쟁지위란 기업규

모, 성장률, 세부시장점유율, 고객충실도, 마진, 유통, 기술력, 지적소유권, 마케팅 능력, 탄력성, 조직구조 등을 말한다.

따라서 기업이 경쟁전략을 세운다는 것은 본질적으로 기업이 특정산업에서 경쟁에 돌입하고자 할 때, 장기적인 목표를 수립하고 그 목표를 달성하기 위한 행동을 결정하고 경영자원을 배분하는 것이라 할 수 있다.

경쟁전략의 수립은 기업이 추구하는 목표와 거기에 도달하고자 하는 수단을 명시함으로써 가능해진다. 경쟁전략의 목적은 산업경쟁을 유발하는 경쟁요인에 대응해서 수익성과 경쟁지위를 확보하는 데 있다.

이와 같은 관점에서 볼 때 전시경쟁전략이란 전시경쟁에서 이기는 방법을 말한다. 즉 전시회 기간 동안에 다른 전시 참가기업에 비하여 경쟁우위를 제공 · 유지시켜 줄 수 있는 주요한 의사결정과정이라고 정의될 수 있다. 전시회에서 다른 기업들과 차별화를 시켜 경쟁에서 우위를 점하기 위해서는 참가 전시회에서 무엇을 달성할 것인가에 대한 구체적인 목표의 설정, 해당 산업구조를 분석하고 그 개별산업의 특성을 이해해야만 한다. 또한 이를 통해서 각 산업 특유의 성공요인을 찾아내야만 할 것이다. 이와 더불어 경쟁상황에 대한 이해가 필수불가결하다. 마지막으로 자신과 경쟁자의 가용자원에 대한 객관적 평가와 함께 경쟁 참가기업의 전시전략을 파악해야만 한다. 즉 전시경쟁전략이란 적의 약점에 대해 자신의 강점을 집중하는 것이기 때문에 경쟁사 전략에 대한 깊은 이해가 필요하다. 전시경쟁전략은 경쟁기업의 행동에 따라 달라지기 때문에 경쟁사의 전시경쟁전략을 파악한다는 것은 효과적인 전시전략 수행에 꼭 필요한 과정이다.

전시경쟁전략은 전시회라는 경쟁상황에서 어떻게 자신에게 경쟁우위를 가져다 줄 수 있는가를 체계적으로 분석하게 하여 주는 구체적인 사고방법이다. 본질적으로 전시경쟁전략은 기업의 경영능력(강점과 약점)과 전시회 환경변화에서 야기된 기회와 위협을 효율적으로 연결시키는 중요한 활동이다. 따라서 경영능력(강점과 약점)과 환경요인(기회와 위협)을 연결시킨다는 것은 주어진 전시 목적을 달성하기 위하여 최적의 전시경쟁 수단을 선택하는 과정이라 할 수 있다. 그러므로 참가기업이 전시회 환경변화에 적절하게 대응하고자 할 때에는 기업환경 상황 중에서 무엇이 전시 목적 달성에 제약 요인인가를 분석하여야 하며 그러한 제약요인을 제거시키는 수단을 강구하고 전시경쟁에서 승리할 수 있는 최선의 수단 및 정책을 선택하고 결정하는 것이 전시경쟁전략이라 할 수 있다.

2. 전시경쟁요인

전시경쟁요인

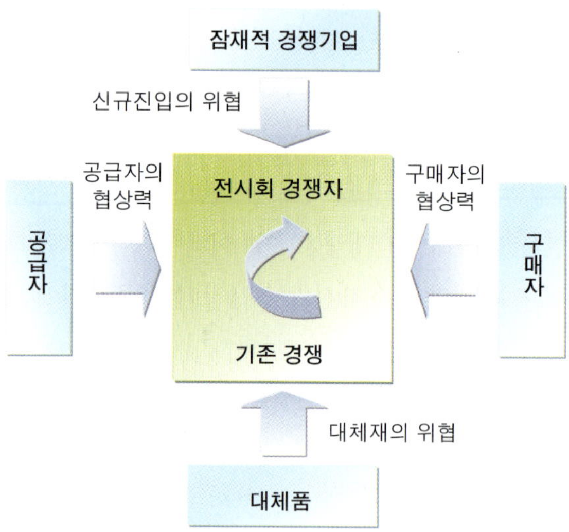

전시경쟁요인 분석은 전시에 참가하는 기업의 경쟁 구조를 살펴보는 것이다. 경쟁요인 분석을 통해 전시 그리고 전시전략 등을 이해함으로써 앞으로 예상되는 전시환경에 따른 경쟁자의 대응방향들을 이해할 수 있다.

경쟁분석은 크게 두 가지 단계, 즉 경쟁구조를 분석하는 단계와 경쟁자의 전략을 평가하는 단계로 나눌 수 있다.

하버드 경영대학원의 Porter(1980) 교수는 산업 내의 경쟁요인을 분석하는 모형을 사용하여 현재 및 잠재적인 경쟁자들을 확인하여 시장기회를 확인하여야 한다고 하였다. 포터 교수의 경쟁요인분석 모형은 기업의 이익수준, 성장률 및 생존에 영향을 미치는 다섯 가지 요소, 즉 산업 내 기존 경쟁기업, 잠재적 경쟁기업, 공급자, 구매자, 대체품으로 이루어져 있다.

1) 기존 경쟁기업과의 경쟁

기존 경쟁기업과의 경쟁은 산업집중도, 제품차별화, 초과생산능력, 변동비 대 고정비의 비율, 시장성장률, 산업의 경기변동, 퇴거장벽 등이 영향을 미친다. 이 중 전시회 경쟁과 밀접한 관련이 있는 항목은 산업의 집중도와, 제품차별화, 시장성장률, 산업의 경기변동 등이다.

먼저 시장집중도는 동일 산업에 속하는 기업의 수와 그 개별기업의 규모를 말한다. 따라서 전시회에 참가하는 참가기업들의 수와 규모에 밀접한 연관이 있다. 즉 산업이 집중화되어 있을수록, 다른 말로 말하면 그 산업에 참여하고 있는 기업의 수가 적을수록 전시회에 참가하는 기업의 수는 적어지게 되고(또는 상대적으로 그 전시회에 참여하는 기업이 적을수록) 이에 따른 경쟁강도는 그만큼 줄어들게 된다. 반대로 그 산업이 경쟁적일수록, 즉 많은 기업들이 경쟁에 참여할수록(전시회에 참여하는 기업이 많을수록) 경쟁강도는 강해지게 된다. 또한 전시회에 참여하는 기업들의 규모가 어떻게 분포되어 있는가하는 점 역시 경쟁강도에 영향을 미치게 된다. 대체적으로 기업들의 규모가 비슷할수록 경쟁의 강도는 훨씬 심하다고 볼 수 있다.

제품차별화가 많이 된 기업인지 그렇지 못한 기업인가에 따라 전시회에서의 경쟁에 많은 영향을 미치게 된다. 전시되어지는 제품의 디자인이나 품질이 동일할수록 소비자들은 특정기업의 제품을 선호할 이유가 없어질 것이다. 따라서 이렇게 동질화되어진 제품은 가격 이외에는 경쟁할만한 수단이 없어지게 된다. 그러므로 경쟁강도는 매우 높아지게 될 것이다. 그러나 제품차별화가 많이 된 기업일수록, 예를 들어 소비자들의 제품브랜드에 대한 선호도가 높은 산업이나 기업일수록 가격보다는 신제품이나 디자인 등의 차별화 기법으로 경쟁을 하게 되므로 경쟁우위를 점할 가능성이 높아지게 되며 수익률도 높아지게 된다. 이러한 모습은 전시회장에서도 그대로 나타나게 된다.

시장성장률과 산업의 경기변동은 전시회에 참가하는 기업과 참관객에 직접적으로 영향을 미치는 한편 경쟁강도에도 영향을 주게 된다. 시장성장률이 높아질 것이라고 예상되는 매력적인 시장일수록 시장 참여자들은 전시회를 통해서 그 시장에서 영향력을 높이고자 할 가능성이 높다. 따라서 전시회에 참가하는 참가기업의 수와 참관객의 수는 많아질 터이고 이는 전시회의 규모가 커짐을 의미하는 한편 경쟁강도가 강해진다는 것을 의미한다. 반대로 시장성장률이 낮아질 것이라고 예상되어지면 그 산업은 그만큼 위축이 되어 전시회에 참가하고자 하는 기업이나 참관객의 수가 줄어들 것이다. 이는 경쟁강도의 약화를 의미한다. 또한 경기변동의 사이클에서도 시장점유율과 유사한 현상이 나타나는데 경기가 좋아질 것이라는 예상은 시장성장률이 높아짐을, 경기가 나빠질 것이라는 것은 시장성장률의 하락을 의미한다고 볼 때 시장성장률과 경기변동은 일맥상통하는 부분이 있다고 할 수 있다.

결국 전시회에서 기존기업들과의 경쟁은 환경으로부터 오는 기회와 위협에 대한 인식, 경쟁기업의 전략 및 이에 대한 대응전략 등에 따라 달라진다. 즉 기존기업들과 전시회에서의 경쟁을 결정짓는 변수는 전시회에 참여하는 경쟁업체의 수와 규모, 전시제품의 차별화, 산업 및 시장의 성장률이라 볼 수 있다.

2) 잠재적 경쟁기업

잠재적 경쟁기업은 현재 산업 내에 진입하지는 않았으나 언제든지 진입할 의사가 있는 경쟁기업들로서 이들이 실제 산업 내에 진입하게 되면 새로운 경쟁구도를 형성시킬 수 있으므로 항상 예의주시해야 할 경쟁세력을 의미한다. 이러한 잠재적 진입기업은 특정 산업의 수익률이 상당히 높거나 그 산업이 정말 유망한 산업이라고 할 때 많이 나타나게 된다. 이러한 잠재적 경쟁기업들의 진입여부는 규모의 경제, 절대비용우위, 자본소요량, 제품차별화, 유통망에 대한 접근, 정부와 법적규제, 기존 기업의 보복 등에 따라 좌우되게 된다. 잠재적 진입기업에 대한 견제는 결국 진입장벽의 형성으로 요약되어질 수 있는데 진입장벽을 높게 만들어 잠재적 진입기업들이 쉽게 산업 내에 진입하지 못하게 만드는 것이라 할 수 있다. 전시회에서 잠재적 진입기업에 영향을 미치는 요소는 주로 제품차별화와 유통망에 대한 접근 그리고 절대비용우위를 통한 경쟁력 있는 가격이라고 할 수 있다.

우선 제품차별화는 전시회에 참가하는 기업이 아주 독특하고 차별적인 제품을 출시하여 다른 기업들이 쉽게 모방하거나 이에 버금가는 제품을 생산할 수 없도록 만들어 진입 자체를 포기하거나 주저하게 만드는 것이다. 또한 기존 기업들이 신규진입기업에 비해 브랜드 인지도 및 상표 충성도 측면에서 상당한 이득을 보고 있다는 점에서 이를 이용한 제품 차별화 전략을 이용한 진입장벽 전략을 전시회에서 모색해 보아야 한다. 신규 진입기업은 차별화된 시장에서 자사의 브랜드를 정착시키기 위해 많은 광고활동을 하여야 하는데 이는 자본력이 부족한 기업에게는 상당히 높은 진입장벽이 되기 때문이다. 따라서 기업은 전시회를 통해 자사 브랜드의 인지도와 충성도를 높이기 위해 많은 활동을 경주해 나가야만 한다.

다음은 유통망을 통한 진입장벽 전략이다. 기존기업들이 이미 강력한 유통채널을 확보한 경우, 소매상들은 신규진입기업의 제품을 취급하지 않으려는 경향을 보인다. 왜냐하면 소매상들이 제품을 진열할 수 있는 공간은 한정되어 있으므로 잘 알려지지 않은 신규기업들의 제품보다는 널리 알려진 제품을 진열하기를 원하기 때문이다. 따라서 기존 기업들은 전시회를 통해 기존의 거래선과 유통업자들과의 관계를 돈독히 하는 한편 그들에게 더 많은 인센티브를 제공하여 신규 진입기업의 제품을 취급하지 못하도록 하는 전략을 모색하게 된다.

마지막으로 절대비용 우위에서 비롯된 경쟁력 있는 가격을 통한 진입장벽이다. 기존 기업들은 신규진입기업들에 비해 종종 절대적인 비용 우위에 있는 경우가 많다. 이러한 비용 우위를 초기진입자(first mover's advantage)들의 이익이라고도 한다. 초기진입자들은 산업에 일찍 참여함으로써 신규진입기업들에 비해 원료를 싸게 구입할 수 있는 방법을 알 수 있고, 경험효과(experience effects)의 이득을 더 많이 볼 수 있다. 따라서 이러한 비용우위는 결국 제품의 가격에 영향을 미치게 되고 기존기업은 신규진입기업에 비해 보다 저렴하게 제품을 공급할 수 있는 능력을 갖게 된다. 전시회에서 참가기업은 신규기업에 맞서 보다 경쟁력 있는 가격을 참관객이나 바이어에게 제시하고 이를 통해 시장을 유지하거나 확대시킬 수 있다.

결국 기존기업들의 제품차별화, 유통망, 절대비용우위 등과 같은 진입장벽 설치 능력은 잠재적 경쟁업체의 산업 내 진출을 상대적으로 어렵게 만드는 요소가 된다. 따라서 전시회에 참가하는 기업은 자신의 경쟁우위를 유지하거나 확대시키기 위하여 이들 요소들을 이용하여 잠재적 경쟁자의 시장진입을 차단하는 계기로 삼는 전략을 모색해 보아야 한다.

3) 구매자의 협상력

구매자의 협상력은 구매자가 기존 업체들로 하여금 서로 경쟁하게 만들어 가격을 내리게 하거나 보다 높은 품질의 제품 및 서비스를 제공하게끔 하는 능력을 의미한다. 구매자의 협상력은 일반적으로 소수의 고객이 비교적 많은 수량을 한 기업에서 구매하거나 또는 제품 자체가 차별화 되지 못하고 표준화된 제품이나 서비스의 경우에 구매자가 쉽게 공급처를 바꿀 수 있으므로 이에 대한 협상력과 위협은 높아진다고 할 수 있다.

이러한 구매자의 협상력을 결정하는 데에는 다음 두 가지의 요소가 중요하다. 첫째는 구매자들이 얼마나 가격에 민감한가의 정도이고, 둘째는 공급자에 대한 구매자들의 상대적인 교섭능력이다.

첫째, 구매자들의 가격 민감성은 제품 차별화에 따라 영향을 받게 된다. 제품 차별화가 심할수록 구매자들은 가격에 대해 민감하지 않게 된다. 반대로 제품 차별화가 이루어지지 않는 제품들에 대해서는 조금이라도 저렴한 제품을 선호하게 되어 가격 민감성이 커지게 된다. 따라서 전시회에 참여하는 기업들은 자신의 전시제품들에 대하여 얼마나 가격 민감성을 제거하느냐에 따라 구매자와의 협상에서 우위를 점하는가가 결정되게 된다.

둘째, 공급자에 대한 구매자들의 상대적 교섭능력이다. 이는 다음 네 가지 정도로 구분하여 설명될 수 있다.

① 구매자들이 공급자에 비해 상대적으로 규모가 클수록 구매자의 교섭력 커지게 된다. 즉 구매자의 구매 물량이 크면 클수록 공급자에 대한 교섭력은 커지게 되는 것이다.

② 구매자들이 공급자의 제품, 가격, 비용구조에 대해 보다 자세한 정보를 가질수록 구매자의 교섭력은 강해진다.

③ 구매자들이 공급선을 바꾸는데 많은 전환비용(switching cost)이 든다면 구매자의 교섭력은 떨어진다.

④ 수직적 통합을 할 수 있는 경우 구매자의 교섭력은 훨씬 강화된다.

이상의 사항들을 살펴보았을 때 전시회에서는 구매자 즉 바이어 또는 참관객들에 대하여 전시 참가기업들이 협상력을 갖기 위해서는 무엇보다도 차별화된 제품에 대한 공급과 더불어 높은 전환비용 전략을 가지고서 전시회에 임해야 할 것이다. 전환비용과 관련하여 전시회에서 추구할 수 있는 전략으로는 제품과 함께 각종 서비스와 지원제도를 결합하는 방식이 있을 수 있다. 즉 제품의 홍보와 광고 활동에 대하여 바이어들에게 지원을 해준다거나 판촉과 관련하여 발생되는 비용을 공동으로 부담해 준다거나 하는 방식 그리고 A/S와 관련하여 지속적인 기술지원 및 서비스의 제공 등이 바로 전환비용을 높일 수 있는 방안이 될 것이다.

전시경쟁요인

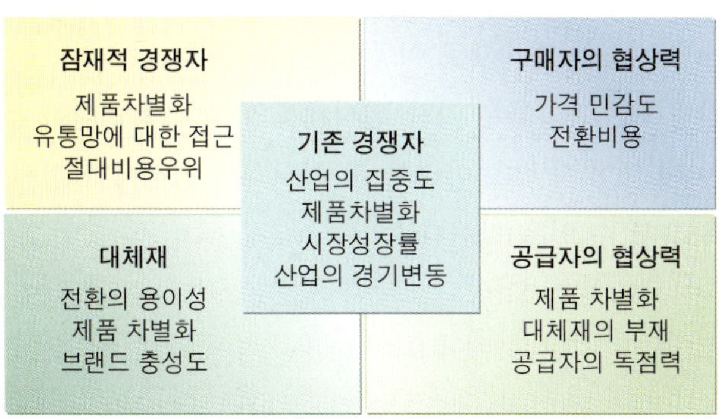

4) 공급자의 협상력

공급자의 협상력은 판매업계가 소수 기업에 의해 지배되는 경우, 자사가 속한 업계가 판매자에게 중요한 고객이 아닌 경우, 또는 판매자가 공급하는 제품이 자사가 속한 업계에서 중요한 부품인 경우에는 공급자의 협상력이 강해지는 경향이 있다. 즉 공급자들이 가격을 인상하거나 공급하는 제품의 품질을 저하시켜도 구매자가 이에 따른 다른 대안을 쉽게 찾아 내지 못하는 경우에 증가한다. 공급자의 협상력이 증가되는 경우는 구매자 협상력의 경우와 비슷하여 소수의 공급자가 산업 내 많은 기업들에게 제품을 공급할 때 또는 대체 제품을 쉽사리 발견할 수 없을 때 그리고 공급자의 제품이나 서비스가 차별화 되는 경우이다.

5) 대체재의 위협

산업의 수익률은 소비자가 그 제품이나 서비스에 대해 기꺼이 지불하려는 가격에 따라 결정되므로 대체재(substitute)의 유무에 따라 크게 달라지게 된다. 즉 대체품의 위협정도에 의해 소비자의 공급처 전환욕구와 구매자 협상능력이 결정되게 되는 것이다.

대체재의 존재가 그 산업의 가격결정에 영향을 미치는 정도는 크게 두 가지 요소에 의해 결정된다. 첫째, 소비자들이 쉽게 대체재로 옮겨갈 수 있는가의 문제이다. 둘째, 대체재가 가진 유용성이다. 이는 제품의 차별화와 브랜드의 충성도에 의해 해결할 수 있다. 만약 제품 차별화와 브랜드 충성도가 미약할 경우 언제든지 쉽게 소비자는 대체재로 이동하게 될 것이다.

전시회에 참가하는 기업들은 자사 전시제품의 대체재에 대한 동향과 장단점을 파악해서 이에 대한 대책을 마련한 후 전시회에 임해야만 전시 경쟁에서 우월한 입지를 차지할 수 있을 것이다.

3. 전시경쟁우위의 창출과 유지

전시경쟁우위의 창출과 유지

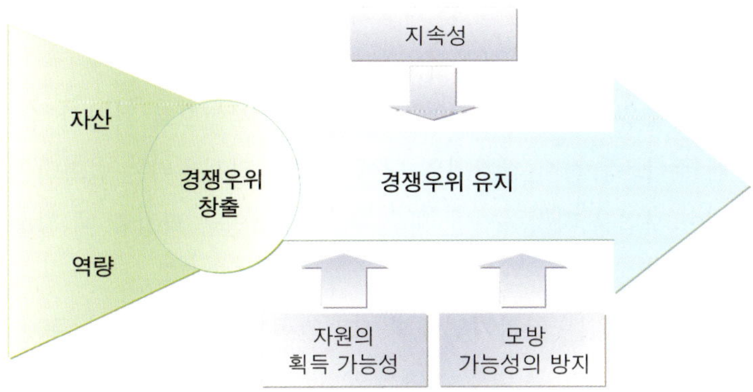

1) 전시경쟁우위의 의의

기업은 사업을 영위하고 있는 시장에서 독점적인 위치에 있지 않은 한 여러 경쟁기업과의 치열한 경쟁에서 살아남기 위해서 혹은 더 우월한 경쟁적 위치를 차지하기 위해서는 경쟁사보다 더 뛰어난 기업자원을 보유하고 있어야 한다. 즉 경쟁우위(Competitive Advantage)를 가지고 있어야 한다.

Day(1997)는 경쟁우위를 우월한 경쟁적 위상을 가져다주는 자산과 역량에 근거를 두고 있다고 하였다. 또한 Prahalad(1994)는 경쟁우위를 보유하기 위해서는 우선 핵심역량을 갖고 있어야 하는데, 핵심역량은 고객의 욕구에 맞는 신제품을 지속적으로 그리고 경쟁자보다 앞서서 출시할 수 있는 역량이라고 하였다. 이를 토대로 하여 한상만(2007)은 경쟁우위는 자사가 보유한 뛰어난 자산 및 역량과 이를 통해 나타나는 우월한 경쟁적 위치라고 정의 하였다.

이상에서 살펴본 바를 통하여 전시경쟁우위를 정의하자면 "다른 참가기업이 갖고 있지 못한 뛰어난 자산 및 역량을 보유하고 이를 통해 전시활동을 함에 있어 상대적으로 보다 우월한 지위에서 경쟁할 수 있는 능력"이라고 할 수 있다. 또한 전시경쟁우위는 전시활동활동을 함에 있어 전시경쟁우위의 역할과 중요성은 다음 세 가지로 요약할 수 있다.

첫째, 전시경쟁우위는 전시회에 가치 있는 제품이나 서비스를 제공할 수 있다. 이는 경쟁우위를 보유하고 있는 기업들은 경쟁기업의 제품, 서비스에 비하여 경제적인 가격, 뛰어난 품질 등 차별화된 가치를 제공함으로써 참관객들을 구매행동으로 이끄는 동기를 제공한다는 것이다.

둘째, 전시경쟁우위는 기업으로 하여금 다양한 사업으로 확장할 수 있는 기반을 만들어 준다. 즉 전시 참가기업 내에 축적된 경쟁우위는 변화하는 전시환경에서 기업이 사업을 확장하거나 제품, 서비스 라인을 확장할 때 활용될 수도 있다.

셋째, 전시경쟁우위는 참가기업에게 고객만족도 및 충성도의 증가, 이윤의 증가, 시장점유율의 증가 등 다양한 형태의 시장성과(market performance)를 가져다준다. 이는 자사의 제품이나 서비스가 전시경쟁우위를 바탕으로 참관객들에게 차별화된 가치를 전달하게 된다면 참관객들이 자사의 제품이나 서비스를 선택할 가능성이 높아질 것이다.

전시경쟁우위는 참가기업의 경쟁우위가 산업 내에서 이미 확보된 상태에서 나타날 수 있게 된다. 즉 참가기업은 자사의 경쟁우위를 전시회에서 최적으로 적용시킬 때 전시경쟁우위는 실현되어지게 된다. 따라서 전시경쟁우위는 기업의 경쟁우위를 전시회에서 얼마나 함축적으로 잘 표현해낼 수 있는가와 이를 얼마나 참관객들에게 잘 전달해낼 수 있는가에 달려 있다고 해도 과언이 아니다.

2) 전시경쟁우위의 창출

경쟁우위는 자산(Superior Assets)과 역량(Superior Capabilities)이 확보되어 있어야 한다. 먼저 자산은 기업이 사업을 영위하면서 축적해 온 부존자원들로서 생산시설이나 영업인력, 자금력 등의 유형적이고 물리적인 자원들과 브랜드 가치, 연구개발 능력 등 무형적인 자원들을 포괄하고 있다. 이러한 자산은 경쟁자가 갖고 있지 못한 희소한 것이어야 한다. 두 번째 역량은 자산만큼이나 혹은 그 이상으로 매우 중요하다고 할 수 있다. 역량은 한 개인이나 기업이 오랜 기간 동안 축적해 온 독특한 고유의 지식(knowledge)이나 기술(skill), 노하우(knowhow) 등을 일컫는데, 이는 필요한 자산들을 서로 연결시켜 주어 경쟁우위로서 작용할 수 있도록 하는 접착제와 같은 역할을 담당한다.

역량의 특징들을 살펴보면, 자산이 유형적인 것과 무형적인 것이 혼재되어 있는 반면에, 역량은 무형적인 것으로 그 힘과 영향력을 쉽게 금전적인 가치로 측정할 수 없다. 또한 역량은 시도와 오류를 반복하면서 학습할 수 있는 결과이므로 자사만의 고유한 역량을 가지기 위해서는 일반적으로 자산을 획득하는 기간에 비하여 더 긴 기간을 필요로 한다.

자산과 역량은 모두 현재 그 산업에 적합한 것이어야 한다. 그 산업에 적합하지 못한 자산과 역량은 쓸모없는 것이 되며 도리어 경쟁력을 약화시키는 요인이 되기 때문이다. 따라서 전시경쟁우위로서 자산과 역량은 전시회에 적합한 자산과 역량이어야 한다. 특히 전시회에 적합한 역량은 전시회에 오랫동안 참가해왔던 전시활동 경험과 노하우, 전시활동에 투입되어지는 자산에 대한 조정과 배치 능력 등이라 할 수 있다.

전시경쟁우위 원천

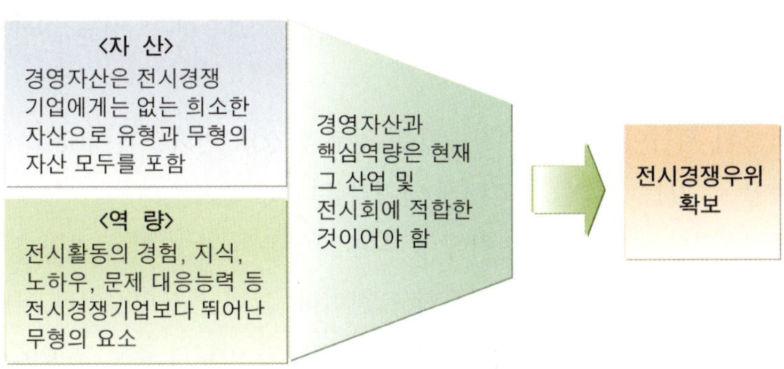

경쟁우위의 원천이 자사가 보유하고 있는 희소한 자산과 핵심역량이라는 것은 이미 알아보았다. 그렇다면 이러한 경쟁우위의 원천은 어떻게 창출되어지는 것일까. 학자들의 연구에 따르면 경쟁우위는 크게 두 가지 방향에서 발생된다고 한다.

첫째는 경쟁우위는 기업외부로부터 발생한다는 것이다. 이는 정부규제의 완화, 환율의 변동 등과 같은 기업외부 환경의 변화는 경쟁우위를 발생시키는 주요 요인이다.

둘째는 기업 내부에서 새로운 혁신을 통해서 경쟁우위가 창출된다는 것이다.

(1) 외부 환경 변화에 따른 경쟁우위 발생

외부 환경의 변화에 의한 경쟁우위의 발생을 살펴보면 다음과 같다. 일반적으로 산업 내외부 환경의 변화가 심하면 심할수록 기업이 갖고 있던 상대적인 경쟁우위와 산업 내의 수익률 분포는 크게 변하게 된다. 또한 경쟁우위의 변화는 단순히 외부 환경의 변화에서 나오는 것이 아니라, 변화하는 환경에 기업들이 어떻게 대응하는가에 따라서도 달라진다. 왜냐하면 외부 환경의 변화는 기업들에게 이윤창출의 기회도 제공해 주기 때문이다. 특히 이런 외부 환경의 변화와 이윤창출의 기회를 빨리 포착하고 이에 대응하는 능력은 기업마다 상이하다. 일반적으로 시장이 훨씬 불규칙하게 변화할 때 이러한 외부 환경에 더 민첩하게 대응할 수 있는 능력은 기업이 경쟁우위를 창출하는데 아주 중요한 요인이 되기도 한다. 이렇게 변화하는 환경에 민첩하게 대응할 수 있는 요인은 크게 두 가지 요소에 근거하고 있다.

① 정보의 획득이다. 정보수집능력은 외부 환경의 변화를 인식하고 이를 예측할 수 있는 능력을 기업에게 가져다준다.

② 유연성은 외부 환경의 변화에 맞추어 기업들이 갖고 있는 경영자원을 신속히 재배치하기 위하여 필요한 조건이다. 그러나 유연성이란 어떤 기술적인 능력, 공장이나 기계와 같은 하드웨어가 아니라 주로 조직에서 나오는 소프트웨어적인 성격을 갖는다.

이러한 점에 비추어 보아 전시회에 참가하는 기업들은 전시회를 둘러싼 외부 환경을 고려하여 외부 환경의 변화를 신속하게 파악할 수 있는 정보획득 능력을 갖추고 있어야 하며 이러한 변화에 따른 전시활동을 능동적이며 유연하게 대응할 수 있는 조직차원의 유연성을 갖추고 있어야 한다. 이러한 것들은 결국 전시회에서 다른 경쟁자에 비하여 참관객들에게 알맞은 전시제품과 서비스를 제공해줄 수 있는 여건을 마련할 수 있게 만들어 주는 한편 전시회장에서, 더 나아가 산업 내에서 자사의 입지를 공고히 해줄 수 있는 계기를 제공해 주게 된다.

(2) 기업 내부의 혁신을 통한 경쟁우위 발생

기업 내부의 혁신을 통해 경쟁우위가 발생하는 경우이다. Schumpeter는 혁신을 '창조적인 파괴의 과정'(creative destruction)이라고 보았다. 혁신은 새로운 아이디어, 새로운 유통망, 새로운 판매지역의 개척을 통해 기존기업 등이 가지고 있었던 생산기술, 판매망, 판매지역 을 무용지물로 만들기도 한다. 기업은 기술혁신을 통해서 신제품을 만들어 내거나 혁신적으로 원가를 줄일 수 있는 방법을 개발하고 새로운 유통망의 개척이나 새로운 판매지역의 개척과 같은 혁신을 추구할 때, 그러한 혁신적인 기업에게는 상당한 경쟁우위가 발생하게 된다.

기업이 이렇게 혁신을 통해서 경쟁우위를 발생시키려면 풍부한 상상력과 직관이 필요하게 된다. 기존 경쟁기업이 갖고 이는 경쟁우위를 분석함으로써, 그 기업이 어느 측면에서 경쟁우위를 갖고 있으며 이 경쟁기업의 경쟁우위를 낡은 것으로 만들기 위해 우리에게 어떤 능력이 필요한지를 거꾸로 발견해 낼 수 있다. 즉 분석을 통해서 그 기업이 경쟁우위를 얻을 잠재력을 갖는 분야를 알아내고, 자신의 능력을 총동원하여 그러한 경쟁우위를 창출할 수 있는 전략을 생각할 수 있는 것이다.

따라서 전시회에 참가하는 기업들은 경쟁기업들의 경쟁우위를 발생시키는 원동력에 대한 면밀한 분석을 통해 이에 대응할 수 있는 혁신적인 제품과 서비스를 갖고 전시회에 참여해야 하며 전시회장 내에서의 부스 디자인, 부스 운영요원들에 대한 교육, 제품 설명 및 상담과 관련된 스킬 등과 같은 미시적인 부분에 대해서도 혁신적인 마인드를 가지고 접근하여야만 한다.

전시경쟁우위의 발생 경로

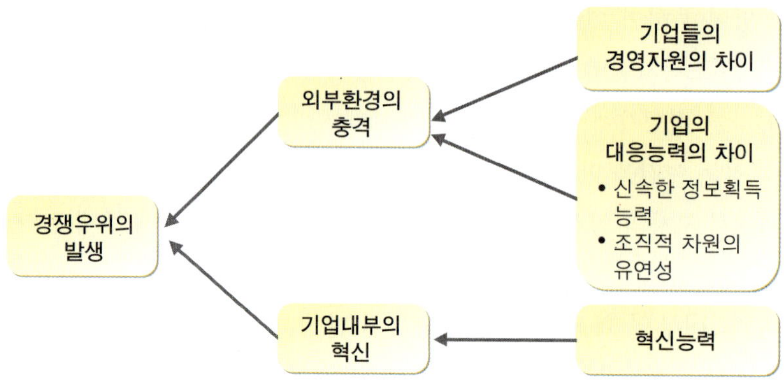

자료 : 장세진, 글로벌경쟁시대의 경영전략, 박영사, 2008.

3) 전시경쟁우위의 유지

전시경쟁우위의 유지

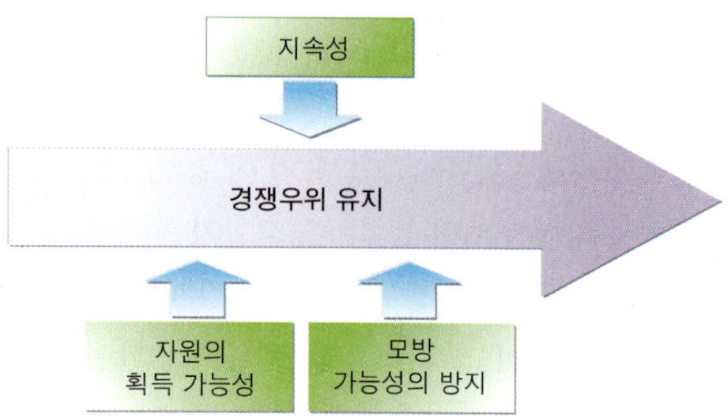

전시경쟁우위는 창출하는 것도 쉽지 않지만 그것을 지속시켜 나가는 것이 더 어렵다. 특히 전시회가 일반 시장과는 달리 지속적인 활동의 장이 아니라 단 며칠 동안만 치열하게 경쟁이 이루어지고 폐막되어진다는 점에서 전시경쟁우위의 유지에 대한 논의는 자칫하면 쓸모없는 것으로 간주되어질 우려도 있다.

그러나 특정 전시회가 보통 일 년에 한 번 며칠 동안만 열린다고는 하나 그와 비슷한 전시회는 전 세계적으로 지속해서 계속 개최되어지기 때문에 전시경쟁우위의 유지는 사실 더욱 중요하다 할 수 있다. 왜냐하면 기업들은 일정기간 동안 비슷한 제품과 서비스를 가지고 여러 전시회에 참가를 해야 하는데, 경쟁자들은 전시회에서 경쟁기업이 출품한 전시제품과 서비스에 대한 정보를 파악하는 한편 이에 대한 면밀한 분석을 토대로 하여 다음 전시회에 경쟁기업의 제품 및 서비스에 대응할 수 있는 보완된 제품 및 서비스를 갖고 참가할 수도 있기 때문이다. 또한 경쟁기업의 경쟁력 있는 전시활동에 대한 벤치마킹과 모방을 통해 다음 전시회에서 적용할 수도 있기 때문이다.

따라서 한 번 창출되어진 전시경쟁우위는 최대한 오랫동안 유지하는 것이 바람직하다.

전시경쟁우위의 유지는 다음 세 가지 가능성을 통해 살펴볼 수 있다.

(1) 지속성(durability)

전시경쟁우위의 지속성

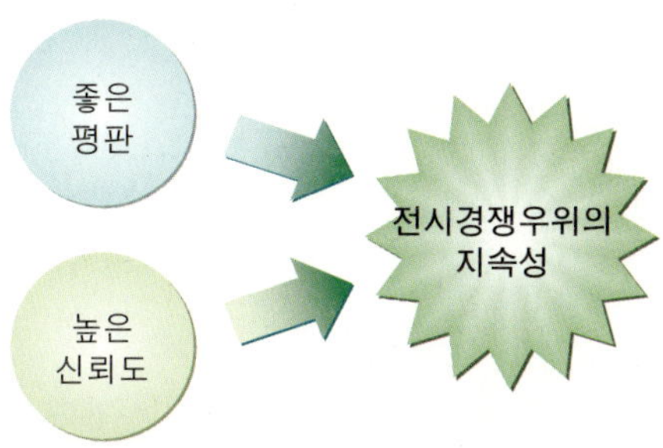

지속성은 전시경쟁우위가 얼마나 오랫동안 유지될 수 있는가에 대한 것이다. 전시경쟁우위가 창출되어지면 최대한 오랫동안 그 창출된 경쟁우위를 지속시켜야만 참가기업은 지속되어진 기간만큼 유·무형의 이익을 극대화시킬 수 있다. 이러한 지속성은 경쟁우위를 창출하는 경영자원에 따라 달라진다.

대부분 유형의 경영자원은 경쟁우위를 지속시키는 기간이 무형의 경영자원에 비해 짧은 편에 속한다. 무형의 자원을 통해 창출되어진 경쟁우위는 그것을 어떻게 관리하고 활용하는가에 따라 상당히 오랫동안 지속되어진다. 예를 들면, 기업의 좋은 평판과 신뢰도는 한 번 형성되어지게 되면 웬만해서는 쉽게 변하지 않는다. 이러한 평판과 신뢰도는 결국 브랜드와 밀접한 연관을 갖게 되고 평판이 좋을수록, 신뢰도가 높을수록 강력한 브랜드가 되어 기업의 경쟁우위를 지속시켜주는데 큰 비중을 차지하게 된다.

기업의 전시활동도 마찬가지이다. 참가기업의 전시활동에 대한 평판(예를 들면, 친절한 상담, 빠른 피드백, 세련되고 차별화된 부스 디자인, 차별화된 전시제품 및 서비스 등)이 좋으며 그 부스를 방문한 참관객들의 만족도가 높다면 그 참가기업은 좋은 평판과 함께 신뢰성도 같이 높아지게 된다. 따라서 다음해의 전시회 또는 다른 전시회에서도 그 평판과 신뢰도는 그대로 유지되어 참관객들에게 관심과 흥미를 유발시켜줄 뿐만 아니라 많은 참관객의 방문을 기록할 수 있게 된다. 이는 다른 참가기업들에 비하여 우월한 위치를 차지하는 것으로 전시경쟁우위의 지속성이 가져다주는 이익이라 할 것이다.

(2) 자원의 획득 가능성

전시자원의 획득 가능성

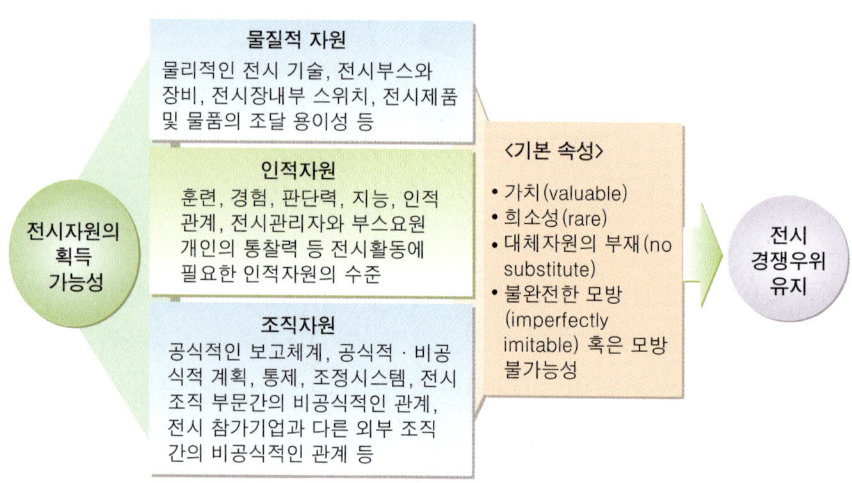

자원의 획득 가능성이란 경쟁우위를 유지할 수 있도록 기업이 효율성과 효과성을 개선할 수 있도록 경쟁전략을 실행하는데 도움이 되는 유형 또는 무형의 모든 자원을 의미한다.

경쟁우위를 창출하는 자원을 시장에서 쉽게 구매할 수 있으면, 그러한 경쟁우위는 쉽게 없어진다. 그러나 실제로는 이러한 경쟁우위를 가져다주는 경영자원을 쉽게 구할 수 없는 경우가 많다. 또한 불완전한 정보 때문에 경쟁기업이 가진 경영자원을 객관적으로 평가하기는 상당히 힘들며, 그러한 경쟁기업의 경쟁우위가 정확히 어디에서부터 비롯되었는지를 밝히기 위해서는 상당히 많은 양의 정보와 시간이 필요하게 된다.

전시경쟁우위를 유지하기 위해서는 자원의 획득 가능성이 중요한데 경쟁기업은 획득하기 어렵지만 자사는 획득하기 용이한 자원들이 바로 그것이다. 이러한 자원으로는 물질적 자원과 인적자원, 조직자원 등이 있다. 물질적 자원은 전시제품과 전시활동에 소요되는 물리적 기술, 원재료의 조달 용이성 등이 있으며, 인적자원으로는 높은 수준의 인력과 원만한 노사관계 등이며 조직자원은 경쟁력 있는 기업조직으로서 보고체계, 통제, 조정시스템 등이 있다. 이러한 자원들은 희소성과 가치가 있어야 하며 대체재가 부재하거나 불완전 모방 또는 모방 불가능성이 있어야 한다.

(3) 모방가능성의 방어

모방가능성(모방전략과 방어전략)

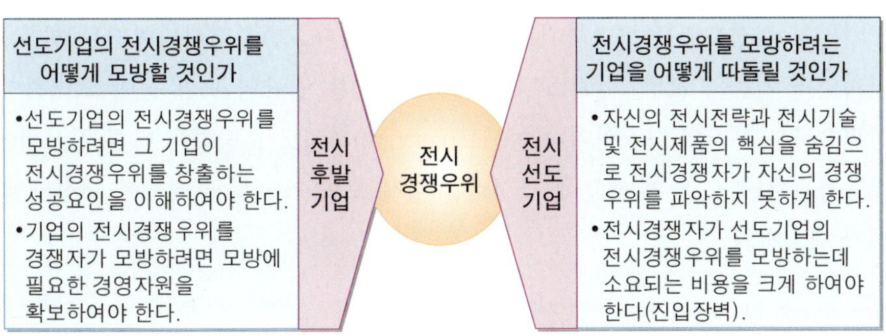

지속적인 경쟁우위를 유지해야 하는 기업에게 가장 중요한 것은 어떻게 하면 경쟁자들의 모방으로부터 자신을 방어하는가이다. 즉 경쟁기업으로부터 자사의 경쟁우위 모방가능성을 얼마만큼 차단하는가가 관건이라고 할 수 있다.

결국 경쟁우위의 유지는 경쟁기업의 모방능력에 달려 있다고 할 수 있다. 만일 어느 기업이 다른 경쟁기업이 가지고 있는 경쟁우위의 근원이 되는 경영자원을 쉽게 구할 수 없다면 이를 자체적으로 만들어 낼 가능성이 매우 크다. 많은 경쟁자들이 자신의 경쟁우위를 모방했다는 것은 결국 그것이 그 순간부터 경쟁우위가 될 수 없음을 의미하는 것이고, 그 기업은 경쟁우위를 상실하여 더 이상 시장에서 우월한 위치를 차지하지 못하게 됨을 의미한다.

반대로, 경쟁기업의 입장에서는 선두기업이 가진 경쟁우위를 모방하여 그 기업을 넘어 설수는 없을지언정 적어도 동등하거나 비슷한 입장에서 경쟁구도를 형성해 나갈 수 있게 되므로 수익률 및 시장점유율 등에 있어 도움이 된다. 경쟁기업이 선두기업이 가진 경쟁우위를 효과적으로 모방하기 위해서는 다음과 같은 네 가지 조건이 필요하다.

① 경쟁자가 어떠한 경쟁우위를 가지고 있는가를 파악할 수 있어야 한다.
② 경쟁우위를 모방하는 데 필요한 진입비용이 크지 않아야 한다.
③ 경쟁자의 전략을 분석하여 경쟁우위를 창출하는 방법을 이해하여야 한다.
④ 경쟁자가 보유한 경쟁우위를 창출하는 경영자원을 획득하여야 한다.

전시회에서는 경쟁기업들이 한 장소에서 자신의 경쟁우위를 모두 드러내놓고 공개적으로 경쟁하므로 경쟁우위가 노출되기도 그만큼 쉬울 뿐만 아니라 선도기업의 경쟁우위를 모방하기도 그만큼 수월하다. 특히 전시되어지는 제품의 디자인과 기능의 모방, 서비스 구성의 모방, 각종 전략의 모방 등이 그러하다. 한편으로는 부스의 디자인이나 콘셉트(concept)까지도 모방하여 다른 전시회에 적용하는 사례도 있기 때문에 전시회는 항상 모방 가능성에 대하여 세심한 주의가 필요하다.

4. 본원적 경쟁전략

본원적 경쟁전략

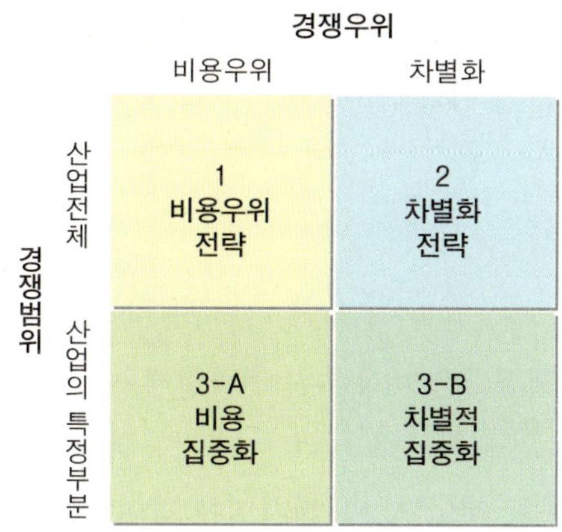

기업은 전시회에서 경쟁상 유리한 경쟁위치를 확보하기 위해, 또한 Porter 교수의 다섯 가지 경쟁요인들에 대하여 성공적으로 대처함으로써 성공적으로 전시목표를 실현시키기 위해 공격적 또는 방어적 경쟁전략을 추구하고 있다. 기업들은 전시목표를 달성하기 위하여 서로 다른 다양한 전략을 추구하고 있는데 우선 그 기업이 당면한 특수한 주변 환경에 그 기업의 여건을 적합하게 하기 위해 독특한 조직구조를 갖추는 것이 필요하다.

또한 기업이 경쟁지위를 향상시킴으로써 경쟁사와 비교하여 우수한 전시성과를 달성하기 위해서는 Porter 교수가 제시한 본원적 경쟁전략을 중점적으로 전개해야 한다.

Porter 교수는 본원적 경쟁전략을 비용우위 전략, 차별화 전략, 집중화 전략으로 분류하였는데, 이는 낮은 비용에 바탕을 둔 경쟁을 할 것인가, 아니면 제품과 서비스를 다양화하여 비용이 아닌 서비스나 제품의 질을 바탕으로 하여 경쟁을 할 것인가를 결정하는 과정 속에서 전략의 선택이 이루어지게 된다. 또한 전시에 참가하는 주요 경쟁자들과 시장 전반에 걸쳐 전면적인 경쟁을 할 것인가, 아니면 시장의 규모는 작지만 안전하고 높은 수익을 올려 줄 수 있는 세분화된 시장에 집중하여 경쟁할 것인가에 따라서도 전략의 결정은 달라지게 된다.

이러한 경쟁전략을 결정짓는 요소는 전시참가 기업이 경쟁자들보다 제품을 더 효율적으로 설계, 생산하여 시장에 내놓을 수 있는가에 따른 비용우위와 구매자(참관객)들에게 제품의 질이나 제품의 특성, 애프터서비스 측면에서 독특하고 뛰어난 가치를 제공해 줄 수 있는 차별화 우위에 따른 경쟁우위 전략과 마지막으로 특정의 좁은 시장에 마케팅 역량을 집중하는 집중화 우위전략으로 구분 지을 수 있다.

1) 비용우위 전략

첫 번째 본원적 경쟁전략은 비용우위 전략인데, 이는 모든 참관객(바이어)들에게 전반적인 비용우위를 목표로 여러 가지 기능의 방법들을 통하여 전시회에서 비용우위를 확보하는 것이다. 즉 전시회에 참여하는 모든 참관객에게 자사의 상품 및 특징을 설명하고 다른 참가기업 상품과 비교를 할 때 비용우위에 있음을 강조하며 이를 중심으로 접근하는 전략이다. 이를 위해서 기업은 규모의 경제를 누릴 수 있는 설비를 갖추고, 경험효과를 통한 비용의 절감을 적극적으로 모색하며, 그밖에 비용과 총원가의 철저한 통제, 수지를 맞추기 어려운 거래의 회피, 연구개발이나 서비스 · 판매요원 · 광고 등의 분야에서 비용을 최소화시키는 노력이 필요하다. 이러한 목표들을 달성시키고 경쟁기업과 비교하여 상대적인 비용우위를 확보하는 것은 경쟁전략에서 매우 중요한 과제이다. 물론 품질이나 서비스, 그 밖의 다른 분야들도 무시할 수는 없다.

비용우위 전략은 전시회를 통해서 시장점유율을 높이고자 하는 목표를 설정하는 경우 유효한 전략이라 할 수 있다. 또한 비용우위를 바탕으로 낮은 가격을 책정하게 되면 산업에 새로이 진입하고자 하는 기업들이 비용우위를 상쇄하기 힘들게 되므로 높은 진입장벽으로서의 역할도 하게 된다. 이밖에 비용우위를 실현한 기업은 높은 비용을 감수하고 있는 경쟁자들에 비해 낮은 가격을 사용하게 되므로 시장을 잠식하려고 드는 대체재의 위협을 효과적으로 방어할 수 있다.

참가하는 전시회가 다음과 같은 특성 보이는 경우에 비용우위 전략은 전시

경쟁전략으로 매우 훌륭한 선택이 될 수 있다.

① 가격경쟁이 매우 심한 경쟁적 참가기업들이 많이 참가하고 있는 경우

② 참관객(바이어)들이 가격을 기준으로 구매를 결정하는 경우, 즉 제품이 표준화되어 있거나 보통재의 성격이 강해서 다양한 참가기업으로부터 손쉽게 구할 수 있는 경우

③ 전환비용이 낮아서 참관객(바이어)들이 가장 낮은 가격을 찾아서 구매처를 다른 참가기업으로 바꿀 수 있는 유연성이 있는 경우

④ 브랜드 차별화가 참관객에게 별다른 호소력이 없는 경우

⑤ 구매력이 매우 큰 참관객(바이어)이 가격에 대하여 강한 협상력을 갖고 있는 경우

따라서 이와 같은 특성을 가지고 전시회에 참가하는 기업은 다른 참가기업들과의 경쟁에서 승리하기 위해서 비용 면에서 우위에 있음을 강조하고 이를 촉진전략 및 기타 운영전략 등과 결합하여 적극적으로 활용하는 경쟁전략을 수립하여야 한다.

2) 차별화 전략

차별화 전략은 기업이 제공하는 상품이나 서비스를 차별화함으로써 산업 전반에 걸쳐서 그 기업이 구매자에게 독특하게 인식될 수 있는 그 무엇인가를 창조하는 전략이다. 다시 말해, 산업전체에서 다른 제품이나 서비스와 구별되는 그 기업 고유의 제품특성을 고객에게 인식시키는 전략을 말한다.

기업은 차별화에 따라 발생되는 추가비용을 능가하는 높은 가격을 받을 수 있는데, 이는 디자인이나 브랜드 이미지, 기술, 제품특성, 딜러 네트워크, 고객서비스에서의 차별성이 그 근원이 될 수 있다. 따라서 차별화 전략을 추구하는 기업은 차별화하는 데 필요한 비용보다 그 폭이 큰, 높은 가격을 유도하는 차별화 방법을 항상 탐색해야 한다. 이렇듯 차별화 전략이 평균 이상의 수익을 올릴 수 있는 것은 차별화의 결과로 나오는 제품이나 서비스를 원하는 고객들이 가격에 덜 민감하기 때문이다. 하지만 차별화를 추구하는 기업이라 해도 비용을 무시해

서는 안 된다. 차별화를 추구하는 기업은 차별화에 영향을 주지 않는 모든 영역에서 비용을 절감시킴으로써 경쟁자와 비용을 같게 하거나 비슷하게 해야 한다.

전시회에 참가하는 기업에게 있어서 차별화 전략은 매우 유용한 전략 중의 하나이다. 이는 참관객의 욕구와 선호체계가 너무 다양해서 표준화된 제품으로 만족시키기가 어려울 때 사용하는 전략으로써 경쟁기업과는 다른, 우위에 설 수 있는 무언가를 찾아내서 그것을 강조한다는 것은 그만큼 기업이 자신의 포지션을 확고하게 구축할 수 있다는 의미가 된다.

전시회에서 차별화 전략을 쓰고자 하는 기업은 참관객의 요구사항과 행동을 세밀히 분석하고 그들이 가치 있게 여기는 것을 파악해야 한다. 성공적인 차별화 전략은 다음과 같은 이점을 참가기업에게 제공해 준다.

① 전시회에 참가하고 있는 경쟁자의 전략에 대한 완충작용을 할 수 있다. 이는 참관객(바이어)들이 자신들이 가장 좋아하는 브랜드나 모델에 충성도가 생기게 되면 좀더 높은 가격도 기꺼이 지불하기 때문이다.

② 차별화는 새로운 시장 진입자가 참가기업이 확보하고 있는 고객 충성도와 특이성(차별점)을 극복하기 힘들게 만들어 진입장벽의 역할을 하게 된다.

③ 차별화는 참관객(바이어)에게 경쟁자의 제품은 별 매력을 갖지 못하게 만들게 되므로 구매자의 협상력을 무력화시킬 수 있다.

④ 차별화는 대체재의 위협 역시 약화시킬 수 있다.

⑤ 차별화로 인해 가격을 높일 수 있고 마진도 높일 수 있게 되면 강력한 경쟁적 참가기업이 가격을 낮출 때에도 더 잘 버틸 수 있게 해준다.

3) 집중화 전략

기업이 전체 시장을 대상으로 경쟁을 벌이느냐 혹은 세분시장을 대상으로 경쟁을 벌이느냐에 따라 사업성과는 달라지게 된다. 실제로 전략을 수립할 때에는 경쟁범위를 선택하는 문제가 매우 중요한 전략적 과제가 된다.

집중화 전략은 특정시장, 즉 특정구매집단이나 특정지역을 집중적으로 공략하는 전략이다. 비용우위 전략이나 차별화 전략이 산업의 전체시장을 대상으로 하는 전략임에 반해 집중화 전략은 광범위하게 경쟁하는 경쟁기업보다 좁은 시장을 중점적으로 공략하는 것이 보다 효율적이고 효과적임을 전제로 하는 전략이다.

집중화 전략은 비용집중화(cost focus)전략과 차별적집중화(focused differentiation)로 구분할 수 있다. 비용집중화 전략은 특정 구매자 그룹이나 지역적으로 특수한 곳 등 틈새시장(niche market)만을 대상으로 하여 낮은 원가를 바탕으로 경쟁하는 경우를 말하고, 차별적집중화 전략은 비용집중화 전략처럼 특정 구매자 그룹, 제품라인, 지역시장에 집중하되 차별화하는 것을 말한다.

집중화 전략은 다음의 조건들이 많을수록 그 매력도가 높아진다.

① 세분시장이 수익을 낼 수 있을 정도로 충분히 큰 경우

② 세분시장이 성장가능성이 높을 때

③ 세분시장이 주요 대형 경쟁사들의 성공에 그렇게 중요하지 않은 경우

④ 집중화 전략을 쓰려는 기업이 세분시장을 효과적으로 공략할 수 있는 기술과 자원이 있을 경우 등이다.

전시회는 시장을 선도하는 기업에서부터 막 시장에 참여하는 후발기업까지 다양한 참가기업과 다양한 욕구를 가지고 다양한 제품 및 서비스에 관심을 가지는 참관객이 참여하는 공간이다. 따라서 전시회 참가기업은 전시회에 참가하는 모든 기업들을 경쟁자로 삼기에는 역부족일 경우가 많고 모든 참관객이 나의 바이어가 될 것이라는 생각을 갖기에는 무리가 따른다. 그러므로 적절한 경쟁자를 구분해서 전시전략을 수립해야 하며 참관객들을 세분화하여 적절한 목표 참관객들을 대상으로 하는 집중화 전략을 수립할 필요가 있다. 따라서 집중화 전략을 선택하고 전시회에 참가하는 기업은 특정 국가 및 지역의 시장 환경에 맞는 상품을 선택하고 전시하여야 하며, 특정 국가 및 지역의 바이어의 구미에 맞는 여러 가지 거래조건과 전시제품의 편익을 강조해야 한다.

전시회에서 집중화 전략을 추구하는 참가기업은 다음과 같은 이점을 획득할 수 있다.

① 많은 세분시장을 한꺼번에 노리는 참가기업들에 비하여 특화된 참관객만을 집중적으로 공략하므로 좀 더 쉽게 특정시장에서 경쟁력을 확보할 수 있다.

② 틈새시장을 집중적으로 공략 및 관리하면서 발생되는 역량 및 노하우를

통해 향후 그 틈새시장으로 진입하고자 하는 기업에 대해 진입장벽을 구축하기가 용이하다.

③ 틈새시장의 욕구를 만족시키는 참가기업의 독특한 능력은 대체재의 위협에 대한 진입장벽으로 작용될 수 있다.

④ 강력한 협상력을 가진 참관객(바이어)이라 할지라도 다른 참가기업들이 틈새시장에서 요구하는 욕구를 충족시켜 줄 수 없기에 협상력이 약화되게 된다.

본원적 경쟁전략의 선행 요건

전략	공통적으로 요구되는 기술과 자원	공통된 조직차원의 요건	전시회의 적용
비용우위	• 지속적인 자본투자와 자본조달 능력 • 공정기술(process engineering) • 노동력에 대한 강력한 감독 • 제조가 용이하게 디자인된 제품	• 엄격한 비용의 통제 • 빈번한, 그리고 자세한 통제 보고 • 잘 짜여진 조직구조와 책임소재 • 엄격하게 양적 목표에 기초를 둔 인센티브제도	• 경쟁력 있는 가격대 설정 • 다양한 가격정책 개발 • 대량으로 판매가 가능한 패키지 개발
차별화	• 뛰어난 마케팅 능력 • 제품 엔지니어링기술 • 창의적인 능력 • 기초연구에 뛰어난 능력 • 품질과 기술적 우위에 대한 기업의 명성 • 산업 내에서의 오랜 전통, 혹은 여러 다른 사업에서 기술을 끌어와 통합할 수 있는 능력 • 유통채널과의 강력한 협조체제	• 연구개발, 제품개발, 마케팅 기능 사이의 원활한 조정 • 양적인 측정이 아닌 주관적인 성과 측정과 인센티브제도 • 고도의 기술을 가진 노동력과 과학자 혹은 창의적인 사람들을 끌어들일 수 있는 시설과 환경	• 차별적인 요소를 돋보이게 보여줄 수 있는 전시부스 디자인과 디스플레이 • 차별적 전시마케팅 수행 능력 • 제품과 결합된 가치 있는 서비스 제공 • 제품 신뢰도를 높이기 위한 전문상담요원의 확보
집중화	• 특정 전략적인 표적을 겨냥하여 위의 기술과 자원들을 통합하는 능력	• 특정 전략적인 표적을 겨냥하여 위의 정책들을 통합하는 능력	• 특정 전략적인 표적 참관객을 겨냥하여 위의 정책들을 통합하는 능력

자료 : 김언수, Top를 위한 전략경영 2.7, 박영사, 2008을 수정하여 재작성

Closing Exhibition

'사막 위의 Rebel', UNLV 라스베이거스를 '잭팟'으로 키우다

미국 서부, 사막 한가운데 세워진 50년 역사의 University of Nevada Las Vegas(이하 UNLV), 국내에서는 드라마 호텔 리어의 김승우가 다녔던 호텔 학교, 올인의 송혜교가 카지노 딜링 수업을 받았던 학교로 유명한 곳이나. 전 세계인이 죽기 전에 꼭 한번 가보고 싶은 곳으로 뽑은 '토탈 엔터테인먼트의 도시 라스베이거스를, 호스피탈리티 산업의 살아있는 학습장'으로 만든 곳이 바로 UNVL이다.

도시 남단 가장자리에 위치했던 작고 보잘 것 없던 단과대학이 28,000명의 학생들과 3,300명의 교직원, 교수들을 보유한 거대한 학원이 되기까지, UNVL의 끊임없는 개척정신은 마치 미국의 서부 개척시대를 연상케 할 정도로 눈물겹다. 그들의 어제와 오늘을 담아보았다.

History of UNLV

UNLV의 시작은 정말 초라했다. 1951년, 전후 베이비붐의 영향으로 라스베이거스의 인구가 50,000명 이상으로 증가했을 당시, University of Nevada, Reno(UNR)는 확장 프로그램을 만들었고, 28명의 학생들은 라스베이거스 고등학교 체육관의 탈의실에서 첫 수업을 시작했다. 1954년에는 네바다주의 평의원 이사회가 Nevada Southern으로 유명한 네바다 주립대학의 남부 지부를 설립하였고, 학생들은 UNR로부터의 독립에 대한 희망을 품으며 'Rebel'이라는 명칭과 마스코트를 도입하게 된다. 그리고 라스베이거스의 주민들이 압력을 행사하자 평의원들은 지금의 Maryland Parkway에 캠퍼스 부지를 승낙하게 된다.

1957년 9월 10일, 드디어 Maude Fraizer라고 이름지어진 새로운 건물에서 첫 번째 수업이 열리게 되었다. 그로부터 1년 후에는 북서지역의 중고등 교육기관 협회로부터 인가를 받게 된다. 그리고 점차 늘어나는 입학생수를 감당하기 위해 의학건강센터, 과학기술빌딩, 평의원 Archie C. Grant의 이름을 딴 강의동, 확장 프로그램 최초 이사의 이름을 딴 James R. Dickinson 도서관 등을 포함, 많은 건물들을 신축하기에 이른다.

하지만 이러한 확장에도 불구하고 Nevada Southern은 UNR의 통제 하에 있었다. 실제 대학 측에서도 학생들이 졸업 전 한 학기는 반드시 Reno에서 보내야 한다는 것을 원칙으로 삼았다. 학위수여 기관이 되기 위한 투쟁 끝에 Nevada Southern은 네바다주가 100주년이 되는 1964년에서야 29명의 첫 졸업식을 가질 수 있었다.

그리고 다음해 Nevada Southern은 자체 커리큘럼을 가진 Nevada Southern University가 된다. Donald Mayer가 초대 학장이 되고 마침내 UNR과 동일한 고등교육시스템 아래 자치권을 얻게 된 1968년, 총장으로 취임하게 된다.

1969년, 평의원 이사회의 승인으로 대학은 지금의 이름을 도입하기에 이르렀고, 이듬해 라스베이거스의 인구가 275,000명에 육박하면서 UNLV의 재학생은 5,500명을 넘어선다. 그리고 1977~78년, UNLV의 전체 재학생은 UNR을 능가하면서 역사적인 새학기를 맞게 되었다.

↑ UNLV의 캠퍼스 풍경

William F. Harrah College of Hotel Administration

교육자들과 리조트 산업의 관계자들의 긴밀한 협조 덕분에 호텔 경영 단과대학 William F. Harrah College of Hotel Administration은 오랜 기간 동안 라스베이거스의 '살아있는 연구실'로서 번창해왔다. 그리고 1960년대 중반 Nevada Southern의 경영학부는 호텔경영 관련 수업들을 개강하게 되었다.

대학 측은 Cornell 호텔 대학의 전 학장이었던 Howard Meek을 컨설턴트로 영입하고 그와 비슷한 프로그램들을 개발하기 시작하였다. 그는 호텔경영에 경험이 많은 Cornell대학 졸업생인 Jerome J. Vallen을 불러들인다.

초창기, 네바다 리조트 협회의 기부로 1967년 호텔 프로그램은 16명의 학생과 시작하게 되었고, 1년 뒤에는 120명의 학생들이 등록하여 단일 프로그램이었던 호텔 프로그램은 학부가 된다. 1969년까지 프로그램의 성장은 학사를 배출하는 College of Hotel Administration 의 설립으로까지 이어지고, 1975년에는 Vallen이 학장에 취임한다. 오랫동안 Vallen은 호텔 단과대학의 국내적 명성, 기금마련, 커리큘럼 강화에 중추적인 역할을 하게 된다.

1980년대 후반, 단과대학은 세부적인 전공을 만든다. Food and Beverage Management, Tourism and Convention Administration, Hotel Management 학과를 개설하고 석사과정을 도입하며, 호스피탈리티 R&D센터를 만들어 관련 산업과의 연결통로를 만들었다. 1980년대 말에는 Holiday Corporation과 William Harrah의 미망인이 5백만 달러를 기부하여 단과대학의 명칭을 북부 네바다주의 전설적인 카지노 소유자였던 William F. Harrah College of Hotel Administration으로 바꾸게 된다.

1989년, Vallen은 은퇴를 하고 David J. Christianson이 취임하여 박사과정을 도입하고 정보의 원천이 되는 게이밍산업의 트레이닝을 위한 국제 게이밍 인스티튜트를 창립한다. 그리고 Anchor Gaming 사의 회장인 Stan Fulton의 6백만 달러 기부금으로 그의 이름을 딴, 컨퍼런스룸과 식음료 시설, 게이밍 실험실이 있는 건물이 지어졌다.

1998년이 되어서는 현재의 학장인 Stuart, H. Mann이 취임하여 단과대학의 계속적인 발전에 힘쓰고 있다. 39개국 42개 주에서 온 2,500여 명의 학생들이 대학과 대학원에서 숙박, 식음료, 미팅이벤트 , 프로골프, 게이밍 경영 등을 공부하고 있다.

맨 처음, 단과대학은 실제상황에서의 경험에 초점을 맞추었다. 교수진들은 산업 내에서 충분한 자격을 갖춰야 했고, 학생들은 인턴쉽을 마쳐야 했으며 1,000시간에 이르는 재가 hour를 채워야 했다.

라스베이거스 리조트 산업과 국제 호스피탈리티 산업과의 가까운 관계를 만들어 나가는 전통은 졸업생들이 좋은 직장을 얻는데 많은 도움이 되고 있다.

단과대학 출신의 유명한 동문들로는 Mandalay Bay Resort & Casino의 CEO이자 회장인 Bill Hornbuckle, Palms Casino Resort의 CEO인 George Maloof, Bellagio 호텔의 CEO인 Bill McBeath, MGM Mirage의 CEO인 Scott Sibella 등이 있고, 한국인으로는 앰배서더 호텔 그룹의 대표이사이자 회장인 서정호 회장이 있다.

↑ 세계 4대 호텔 중 하나인 벨라지오 호텔의 전경

↑ UNLV의 졸업식

Meeting & Events Management

미팅이벤트 전공은 컨퍼런스, 컨벤션, 박람회, 이벤트와 엔터테인먼트를 포함하고 있다. Site Selection, Marketing and Logistics에서부터 모든 것을 포함한 커리큘럼으로 짜여져 있는 미팅이벤트 전공은 활기차고 빠르게 변화하는 미팅이벤트 산업에 창의성과 혁신을 모색할 수 있도록 도와준다.

125,000개가 넘는 호텔 객실과 수백 개의 레스토랑, 컨벤션, 박람회, 그리고 최고의 엔터테인먼트 장소들, 전 세계에서 온 소매자들, 레크리에이션 시설들과 함께 라스베이거스는 진정으로 UNLV의 William F. Harrah College of Hotel Administration을 위한 세계 최고의 실험실이 되었다. 강화된 학과 과목들은 인턴십과 멘토 프로그램에 초점을 맞추어 학생들로 하여금 국제적인 호스피탈리티 레저 서비스산업으로 뛰어들 수 있도록 도와주고 있다.

Careers in Meetings & Events Planning

우리들 중 대부분은 컨퍼런스, 컨벤션, 박람회, 또는 아름다운 호텔에서 열리는 콘서트나 결혼식 이벤트에 참석해 보았을 것이다. 이러한 미팅을 만들어 내는 미팅 플래너들은 미팅 장소에서부터 연사들에 이르기까지 미팅과 컨벤션의 모든 세부사항들을 코디네이트 한다.

전문 플래너들은 가능성 있는 호텔, 컨벤션센터, 컨퍼런스 센터 E호는 콘서트홀과 같은 미팅 장소들을 탐색하며, 연사 · 엔터테인먼트 · 시설 · 공급자와의 계약에 협상하고 재정적인 부분들까지 관리한다. 주최사로부터 예산을 받아 구체적인 예산을 짜고 이벤트에 있어서 각 부분들에 얼마만큼의 비용이 드는지에 대한 예상도 해야 한다. 미팅 또는 이벤트 플래너들의 일은 참관객들과 참가기업들에게 좋은 경험을 제공하는 것이다. 이 산업은 사람들을 보다 창조적이고 효율적이며 계속적인 성장을 할 수 있도록 도와준다.

미팅, 컨벤션, 이벤트는 모두 사람들을 공동의 목적으로 한자리에 모이게 하고 플래너들은 이러한 목적이 최대한 이루어지도록 매진한다. 이 모든 미팅 전문가들의 주된 역할은 관계를 만들고 유지해 나가는 것으로 미팅, 컨벤션, 이벤트 플래너들은 다양한 사람들과 상호작용을 하며 효과적으로 의사소통해야 한다. 그들은 반드시 미팅이나 컨벤션을 위한 조직의 목표를 이해해야 하고, 그들의 니즈를 미팅 장소에서 스태프들과 다른 공급자들에게 확실하게 전달해야 한다. 또한 많은 다른 사람들과 연락을 유지하고 변화가 생길 경우, 관계자들에게 알려줘야 한다.

UNVL에서 미팅이벤트 전공을 하는 학생들은 회계, 마케팅, 법, 조직행동, 인사관리 등 전반적인 경영관리에 대한 과목들을 학습하게 되며 컨벤션, 컨퍼런스, 전시회 또는 박람회, 이벤트, 미팅 코디네이션 등에 포커스를 맞추어 학습을 한다. 마지막 페스티벌이라는 Capstone 과목에서는 지금껏 배웠던 모든 것들을 실제 이벤트에 적용시켜 보는 실습도 치른다.

비즈니스로서의 미팅과 컨벤션산업은 점차 더욱 중요해지고 있다. 이러한 변화에 맞추어 미팅이벤트 전공 졸업생들은 컨벤션센터나 전시장. 또는 컨퍼런스 시설을 갖춘 호텔에서 일자리를 쉽게 찾을 수 있으며, 이벤트 미팅을 전문적으로 기획 · 운영하는 중추적인 인재가 되고 있다.

전시저널, Vol.27. 2009.

제9장

전시마케팅

<Opening Exhibition>

한국의 수출영웅 김기문 (주)로만손 사장

제1절 전시마케팅의 개요

1. 전시마케팅의 의의
2. 전시마케팅의 정의
3. 전시마케팅의 목적
4. 전시회의 마케팅적 기능
5. 통합마케팅으로서의 전시마케팅

제2절 전시마케팅 전략

1. 시장세분화(Market Segmentation)
2. 목표시장 선정(Targeting)
3. 포지셔닝(Positioning)

제3절 전시마케팅 믹스와 4P 전략

1. 전시마케팅 믹스
2. 전시제품전략
3. 전시가격전략
4. 전시유통전략
5. 전시촉진전략

제4절 4C와 전시마케팅

1. 4C의 개념
2. 4C의 전시마케팅 적용

<Closing Exhibition>

세계 최대 규모의 하노버 산업박람회

Opening Exhibition

한국의 수출영웅 김기문 (주)로만손 사장

"Are you a smuggler?" (당신 밀수꾼 아냐?) 1989년 봄, 사우디아라비아 리야드 공항. 출입구 검색대 앞에서 세관원과 나는 입씨름을 벌였다. "이 많은 시계들이 도대체 뭡니까? 압류하겠소." 그는 황급히 담당관을 불렀다. "아니, 왜 그러는 거요. 이 시계는 우리 회사제품이란 말입니다."

세상에 자기 회사제품을 밀수하는 사람도 있단 말인가. 영문 명함과 카탈로그까지 내놓고 통사정을 하였지만 세관원은 아예 나를 밀수꾼이나 보따리상쯤으로 취급했다. "당신이 바이어라면 샘플 몇 개만 들고 다니면 될 일이지 이렇게 가방을 몇 개씩 들고 다니는 것은 이해할 수 없습니다." 당시 중동에서는 보따리상들이 이 나라 저 나라를 떠돌며 시계 등을 팔아 많은 차액을 남기고 있었다. "중동 전역에 우리 회사 시계를 알리고 팔기 위해 먼 길을 날아온 사람입니다. 샘플 몇 개 보이자고 값비싼 비행기 삯을 치르고 이곳까지 오겠습니까? 만나야 할 거래선이 너무 많습니다." 공항 경찰에 체포되는 신세는 면했으나 샘플용 시계가 담긴 가방은 결국 통관되지 못했다.

그날 저녁 모든 걸 포기하고 공항 대합실에서 새우잠이라도 자두려고 누웠다. 하지만 이리저리 아무리 뒤척여도 잠이 오지 않았다. 오히려 머릿속에선 꿈결인 듯 잠결인 듯 지나간 인생역정이 파노라마처럼 펼쳐졌다.

전시회라는 비싼 수업료를 내고 얻은 소득

로만손시계를 창업할 무렵인 1980년대 후반 국내 시계시장은 대기업이 거의 독차지하고 있었다. 자본이 절대 부족한 상황에서 덩달아 국내시장에 진출하는 것은 계란으로 바위치기나 다름없는 일이었다. 그래서 로만손시계는 처음부터 해외시장을 타깃으로 잡았다. 1년 중 1백 50일 이상 떠나는 해외출장은 고난의 연속이었다. 가뜩이나 무거운 샘플가방은 고통스런 삶의 무게 그대로 느껴지곤 했다.

브랜드 인지도가 낮다보니 매번 보따리상이나 밀수꾼으로 오인받아 곤욕을 치르는 것도 다반사였다. 오메가, 롤렉스, 라도, 세이코 등 세계 유수의 시계브랜드는 기억하기 알맞고 부르기 쉽다. "세계시장에서 제대로 대접을 받으려면 자체 브랜드가 있어야 한다"는 생각은 사업 초기부터 갖고 있었다. '로만손' 브랜드는 스위스 '로만시온(Romancion)' 이라는 마을 이름에서 영감을 얻었다. 제1차 세계대전 때 프랑스의 시계 기술자들은 전쟁을 피하기 위해 스위스의 산악지대에 몰려들었다. 자연스레 시계 공업단지가 조성되었고, 이곳은 시계 본고장의 하나로 명성을 얻었다. 이처럼 '로만손' 브랜드는 시계산업의 본산인 스위스의 명성을 브랜드 네임에 원용함으로써 고급제품 이미지를 풍기도록 하려는 의도가 반영되었다.

해외시장에 '로만손' 을 알리는 데 전력투구한 덕분이었을까? '로만손' 은 이제 세계 명품 대열에 들어설 정도로 알려지게 되었다. 몇 년 전, 스위스 시계공업협회 아벨란제 회장을 만났을 적에 그가 이렇게 말했다. "김사장, 당신은 우리나라 도시 이름을 훔쳤소."

▲ 2008 BASEL WORLD에서의 모습

내 여권에는 스탬프잉크가 마를 날이 없었다. 지구촌 어디든지 시계를 팔 수 있는 곳이라면 달려갔기 때문이었다. 우리 브랜드를 알리기 위해 세계시계박람회 등 각종 전시회에 부지런히 참가했다. "로만손? 어느 나라 제품이죠?" 바이어들은 우리 제품을 만지작거리면서 품질을 정확히 평가하기보다 브랜드부터 따지고 들었다. 오기가 생겨 일 년 동안 번 돈을 모조리 박람회 참가비용에 쏟아부을 정도였다. 주위에서는 바보짓이라며 수군거렸다. 그러나 각종 박람회에 꼬박꼬박 참가하다보니 시계에 대한 국제적 안목이 생겨나는 건 물론 바이어들의 취향도 파악할 수 있었다. 비싼 수업료를 지불하는 것이 결코 헛된 일이 아니었던 것이다.

"히트상품을 만들어야 한다." 남들과 똑같은 방식으로 경쟁을 벌여서는 성공할 수 없다고 생각했다. 신제품을 개발하는 것이 급선무였다. 그렇게 해서 탄생한 것이 컷팅 글라스(Cutting Glass) 시계였다. 사람들은 보석을 좋아한다. 유리로 보석의 느낌을 표현하자는 콘셉트가 구체화되었다. 콘셉트는 꽤 괜찮은 것 같았으나 문제는 기술이었다. 유리를 보석처럼 깎으려 하니 강도가 약해 번번이 부서졌다. 유리가공 공장 기술자들이 불가능한 일이라며 손을 가로저었다. 그러나 포기하지 않고 그들을 설득하여 기술개발에 매달리도록 독려해 문제를 해결하는데 성공하였다. "사장님! 컷팅 글라스 시계 천 개가 하루 만에 다 팔렸습니다." 처음 출시한 제품을 서울 강남역 주변에 뿌렸는데 대성공이었다. 공장에서 삼백 개만 만들자고 하는 걸 우겨서 일천 개를 만들자고 했는데 단 하루 만에 다 팔려 나갔다. 미리 주문을 예약해야 상품을 수급받을 수 있을 정도였다.

고급 브랜드로의 첫걸음

해외시장에서도 상황은 같았다. 처음 컷팅 글라스를 중동 시장의 중심지 두바이에 뿌렸다. 로만손 컷팅 글라스시계의 우수성을 확인한 바이어들에 의해 입소문이 나면서 미국 뉴욕은 물론 유럽과 아프리카에서까지 주문이 폭주했다. 출시 초기에 15달러 하던 시계가격이 25달러까지 올랐다. 로만손의 컷팅 글라스 시계 때문에 유리공장이 30~40개가 새로 생겼을 정도였다. 컷팅 글라스 시계는 회사의 연매출을 6억 원에서 60억 원으로 10배 끌어올리며 단숨에 효자상품으로 떠올랐다.

▲ 로만손의 명품브랜드 트로피시

▲ 2010 ROMANSON SEOUL CONFERENCE

로만손은 비록 중소업체지만 세계 각국의 바이들과 접촉하면서 나름의 원칙을 정했다. 첫째는 1국 1바이어를 고수하는 것이었는데 그것은 나름의 이유가 있었다. 만약 한 나라에 여러 명의 거래선을 두면 그들끼리 과당경쟁을 벌이다 제품가격을 떨어뜨려 놓기 때문이었다. 그래서 면밀한 조사를 통해 선정된 우량 바이어에게 판매실적에 따른 인센티브와 옵션을 부여하고 광고, 포장재 등을 과감히 지원했다. 하지만 그러다보니 바이어들끼리 서로 헐뜯는 일이 벌어졌다. 심지어 은밀하게 협박하는 이도 있었다.

1990년대 초반, 어느 날 나는 사우디아라비아에서 납치를 당했다. 안면이 있는 바이어가 목적지까지 차를 태워 주겠다고 했다. 그곳의 지리를 속속들이 알지 못하고 있는 나는 그의 배려를 고맙게 여기며 차에 올랐다. 그런데 그가 몰고 가는 승용차의 방향은 엉뚱한 곳으로 향하고 있었다. “지금 어디로 가는 겁니까?” 사막 한가운데 차가 멈췄다. “미스터 김! 왜 우리에게는 물건을 대주지 않는 거요? 우리를 얕보는 거요? 만약 물건을 주지 않으면 이 사막이 당신의 무덤이 될 거요!” “하하하!” 위협 앞에서 나는 겁 없이 껄껄 웃었다. 웃고 있는 나를 이상하게 여기든 말든 그 순간 내겐 “우리 제품이 이 정도로 인기가 좋구나”하는 자부심과 함께 성공의 전율이 온몸에 느껴졌다. 그 거래선과는 지금도 좋은 관계를 유지하고 있다.

이렇게 발로 뛰어 개척한 하나하나의 시장은 우리 회사의 훌륭한 자산이 되고 있다. 수출시장 다변화 전략과 함께 기술개발에 주력하면서 로만손의 매출은 계속 늘어났다. MGP(Multi-Gold Plated) 시계는 금이 벗겨지지 않게 하는 세계 최초의 도금기술로 명성을 얻었고, 코인 다이얼(Coin Dial) 시계도 잇달아 히트시켰다. 이렇게 해서 로만손의 수출은 1992년 5백만 달러를 넘어섰고, 1996년에는 마침내 1천만 달러를 달성하는 쾌거를 안았다. 수출이 1천만 달러에 육박할 즈음 나는 고민에 빠졌다. 솔직히 그때까지만 해도 우리 제품은 중저가 브랜드로 취급되었다. 수익이 적고 불황이 찾아오면 맨 먼저 타격을 입는 것이 바로 중저가 브랜드의 특성이었다. “변해야 산다. 그러기 위해선 빨리 고가브랜드를 만들어야 한다.” 창업 후 늘 기술력 향상과 디자인 개발을 최우선의 경영목표로 삼아온 나는 직접 아이디어를 내기도 했다. 직원들은 이런 나를 “왕 디자이너”라고 부르기도 했는데, 고가브랜드 전략을 추진하기 위해 개발팀을 독려했다. 그리하여 탄생한 것이 바로 “ELEVE(엘베)”였다. 수출을 위한 아이디어 싸움은 끝이 없는 것 같다.

자료 : 한국경제신문 2003. 11. 19

제1절 전시마케팅의 개요

1. 전시마케팅의 의의

전시마케팅의 의의

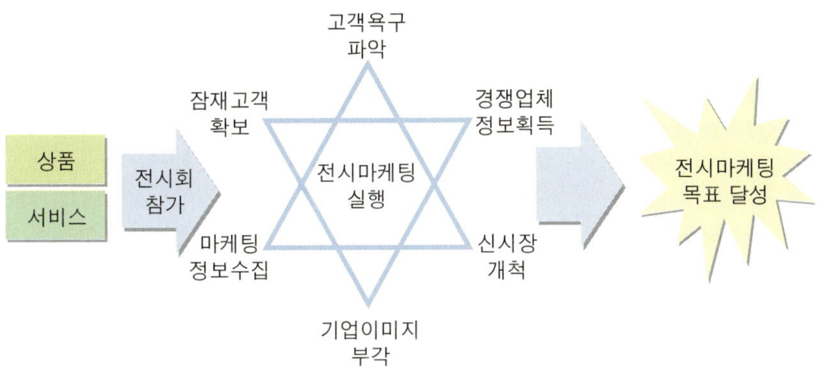

오늘날 시장 환경의 급속한 변화와 기업 간의 경쟁이 심화되면서 기업은 여러 가지 매체를 활용하여 상품과 서비스를 고객에게 전달하기 위해 각축을 벌이고 있다. 특히 정보화 사회의 발달로 산업기술의 전파가 가속화됨에 따라 시장에서는 신속하고 효율적인 커뮤니케이션이 더욱 요구되고 있다. 이에 기업은 단기간에 신제품과 신기술의 수준을 파악하고 국내외 시장의 욕구와 추세변화 및 경쟁업체들에 대한 정보를 파악하기 위하여 효율적인 마케팅수단을 필요로 하게 되었다.

이에 기업은 전시회에 참가함으로써 고객의 욕구 및 경쟁업체에 대한 정보를 직접 파악하고 신시장 및 잠재고객을 확보하는 동시에 신상품 및 서비스를 소개함으로써 기업의 이미지를 부각시키는 노력을 기울이게 되었으며, 전시회는 기업에게 있어 중요한 마케팅 수단으로 자리 잡아가고 있다.

특히 최근 들어, 전시산업이 고용창출 및 소득증대 효과가 높은 고부가가치 지식 서비스산업으로 경제에 미치는 효과가 점차 커져가게 됨에 따라 세계 각국은 전시산업을 발전시키기 위한 노력을 기울이고 있다. 특히 우리나라의 경우 무역을 중심으로 하는 대외 의존적인 전략을 통해 경제성장을 이룩해 왔으며 그로 인하여 수출에 대한 중요성이 다른 국가에 비하여 상대적으로 큰 국가라 할 수 있다. 따라서 전시회를 수출 마케팅 수단으로 활용하고자 하는 노력을 더욱 기울여야 할 것이다.

최근 들어, 전시회는 제품 · 기술 · 정보가 결합된 통합 마케팅 수단으로써 수출의 지속적 확대를 위해 중요한 역할을 하는 인프라로 변화되어 가고 있다. 이는 전시회를 통해 정보수집, 바이어 발굴 등을 가능케 하여 해외시장 개척, 수출증진, 교역 증대의 결과를 가져와 궁극적으로 국내 산업발전을 도모할 수 있다. 실제로 독일의 경우 무역거래 중 60~70%가 전시회를 통해 성사되고 있으며, 미국의 경우 기업 마케팅 예산 중 전시회가 두 번째 비중을 차지하고 있다.

현재 전 세계적으로 17,000회 이상 개최되고 있는 전시회가 제조업체와 바이어와의 만남을 극대화한다는 점에서도 전시마케팅이 가지는 의의는 매우 크다고 할 것이다.

2. 전시마케팅의 정의

전시마케팅의 정의

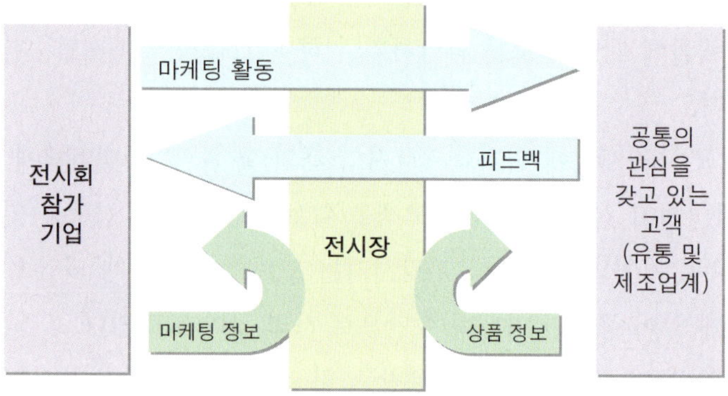

전시마케팅에 대한 정의는 아직까지는 내려져 있지 않다. 이는 많은 학자들의 관점에 따라 매우 다양하게 전시마케팅을 정의내리고 있기 때문이기도 하지만 전시마케팅에 대한 연구가 그리 오래되지 않은 이유도 있을 것이다. 전시마케팅의 정의를 알아보기에 앞서 마케팅에 대한 정의를 살펴보면 다음과 같다.

Kotler(1997)는 "마케팅은 조직의 궁극적인 목적을 성취할 수 있는 핵심적인 활동"이라고 정의하였다. 또한 "효율적인 마케팅을 수행하기 위해서는 소비자의 필요와 욕구를 만족시키기 위해 경쟁자보다 월등한 통합적인 마케닝 활동을 제공"해야 한다고 했다. 좋은 품질의 다 월등한 통, 체계화된 유통시스템 및 올바른 소비자에 대한 지식을 가지고 있는 기업만이 성공적인 마케팅 활동을 수행할 수 있다고 한다.

또한 미국마케팅협회(AMA, 1985)는 마케팅을 "개인이나 조직의 목적을 만족시켜 주는 교환을 창조하기 위하여 아이디어, 제품 및 서비스의 개념정립, 가격결정, 촉진, 그리고 유통을 계획하고 수행하는 과정"이라고 정의하였다.

이와 같이 마케팅은 매우 포괄적인 개념이라고 할 수 있다. 따라서 전시마케팅을 마케팅의 한 분야로 인식하고 전시마케팅만의 고유한 특징인 고객들을 한 장소로 불러 모아 고객의 집중도를 높이는 한편 광고 메시지를 한 장소에서 많은 기존 고객 및 잠재 고객에게 전달하는 동시에 대면 접촉을 할 수 있다는 점을 고려하여 정의를 내려 보면 다음과 같을 수 있다.

전시마케팅이란 "특정시장(전시회)에서 대면접촉(personal contact)을 위해 이 시장에 접근하기를 원하는 기업들을 위한 기회의 장을 제공하고, 공통의 관심을 가진 고객을 끌어 모으는 이벤트로서, 보통은 일반 소비자에 대한 직접 판매와는 대조적으로 유통 및 제조업계에 대한 판매를 촉진하기 위한 활동"이라고 정의할 수 있다.

3. 전시마케팅의 목적

전시마케팅의 목적

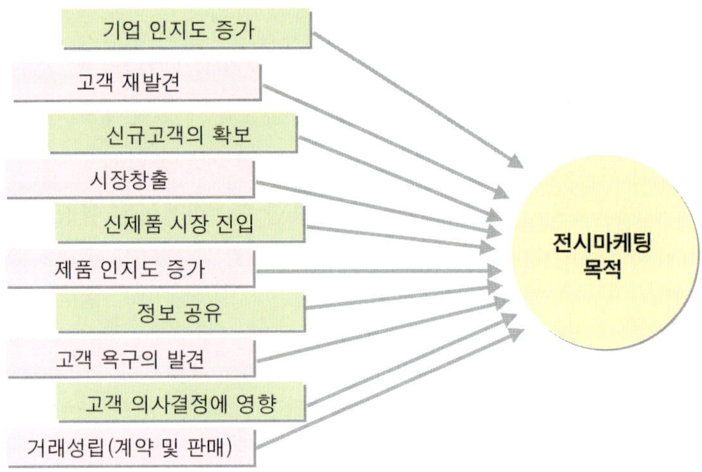

출처 : Trade pair perfomance and potential analysis, AUMA, 1999

기업이 전시회에 참가하여 얻고자 하는 효용은 무척 다양하겠지만, 그 효용은 결국 전시회가 가진 유용성들로부터 가치를 추구하는 과정 속에 있다고 할 수 있다.

독일전시협회(AUMA)의 조사 결과에 따른 전시회 참가기업들의 효과를 살펴보면, 기업 인지도의 증가가 85%를 차지하여 가장 높은 효과를 보이고 있는 것으로 나타났다. 두 번째로 높은 비율을 보이는 것은 고객 재발견과 신규고객의 확보로 각각 70%의 비율을 나타내고 있다. 그러나 거래성립(계약 및 판매)은 기대되어진 효과 중에서 가장 낮은 29%로 나타나 무역 전시회의 참가가 실제적으로 계약으로까지 연결 되어지는 기대치는 상대적으로 낮은 것으로 나타났다.

독일전시협회의 조사 결과는 전시회에 참가하는 기업들이 단순히 거래를 위한 계약 체결의 효과보다 그 외적인 마케팅 정보와 기회를 획득하고자 하는 바가 더 크게 나타나고 있는 것을 보여주고 있다.

또한 참관객의 입장에서 정보획득이 전시회 참가의 중요한 기대효과라는 점은 전시 참관객들의 전시회 방문목적을 분석해 보면 알 수 있다. 참관객들의 방문목적은 우선 신제품을 보기 위한 목적과 특정한 전시회의 주제 분야에 대한 관심 그리고 구체적인 제품을 생산해 내는 기업을 보기 위한 목적으로 전시회에 참가하고 있다. 또한 참관객들은 제품 및 기업 정보에 대한 정보 추구 경향이 있으며, 전시회 중 기술 또는 교육, 세미나 등에 참가하기 위한 목적과 기술 또는 제품 정보 등을 포함하여 신기술 및 산업 정보를 획득하기 위한 목적 등으로 나누어 볼 수가 있다. 이러한 참관객들의 목적으로 비추어 보아 전시회가 판매를 위한 징지작업의 측면으로서 잠재고객의 수는 비교적 적더라도, 전시회 자체가 우연한 방문객을 별로 끌어들이지 않기 때문에 실제 판매로 연결될 가능성도 높은 것으로 파악된다. 따라서 기업은 전시회를 통해 높은 거래 계약 성사율을 도출해 낼 수 있음으로 인해 전시회는 판매를 기대하고 있는 참가기업들에게도 매우 효과적인 수단이 된다.

또한 수출기업이 전시회를 통해 얻고자하는 효과로는 비용 측면을 고려할 수 있다. 전시회의 참가비용은 인적 판매에 비해 저렴하며 또한 비용의 상승속도도 빠르지 않다. 따라서 대면 접촉이 필요할 경우 전시회는 판매원을 대체하거나 보완할 수 있고, 이러한 비용 발생은 효과적인 측면에서 매우 높은 성과를 기대할 수 있다. 따라서 기업은 전시회를 다른 촉진 수단의 대체 수단으로 사용하거나 병행하여 사용할 수 있다. 더불어서 산업 판매원들이 일상적인 판매 경로를 통해서는 모든 구매 영향자를 접촉할 수 없는데 반해, 전시회는 그 특성상 이러한 문제점을 보완해 낼 수 있다.

전술한 내용들을 토대로 하여 전시회에 참가하는 기업들의 목적을 구체적으로 살펴보면 다음과 같다.

첫째, 전시회를 통해 참가기업은 제품 개선, 제품 응용, 새로운 기술 개발 등을 소개하고 설명하고자 하는 기대효과를 가지게 된다. 또한 판매원들이 방문판매 등을 통해 증명하기에는 너무 부피가 크거나 복잡한 제품을 증명할 수 있는 기회를 얻을 수 있게 된다.

둘째, 기업은 인지도 확대와 구축을 위해 전시회에 참가한다. 판매원이 사전에 접근할 수 없거나 잘 알려지지 않은 조직의 구매 영향자들에게 참가기업과 제품에 대한 인지도를 확대시킬 수 있다.

셋째, 참관객들은 현재 및 잠재고객들로 이루어져 있기에 전시회를 통해 이들과 개별 접촉을 할 수 있으며, 참관객의 질문에 대답하고 기업 정보와 제품정보를 제공하며 신속하게 피드백을 해줄 수 있다. 또한 제품과 거래에 대한 문제를 토의하고, 판매를 위해 정지작업을 할 수 있으며 매출을 창출하고 참관객의 호의를 촉진시킬 수 있다. 잠재 고객들은 정보추구에 적극적이며 정보를 획득하는데 많은 시간을 할애한다. 따라서 기업은 참관객들의 정보 욕구를 더욱 완전하며 즉각적으로 만족시켜주는 매체의 수단으로 전시회를 이용하고자 하게 된다.

넷째, 강력한 경쟁자들이 참여하는 전시회에 참가하여 경쟁에 참여하고자 하는 이유가 있다. 이러한 참여는 참관객들이 자사의 제품을 다른 경쟁자의 제품과 비교할 수 있도록 해주며 참가기업은 산업 내의 개발과 추세를 평가할 수 있다.

다섯째, 새로운 대리점과 유통업자를 발굴할 수 있다. 전시회를 통해 참가기업은 새로운 대리점 및 유통업자들과 충분한 접촉을 하고 관계를 확립함으로써 판매 분위기를 유도하여 매출을 창출해 낼 수 있다.

이러한 모든 활동은 결국 전시회를 통한 마케팅 활동의 일환으로서 이루어지는 것으로 전시회가 기업의 마케팅 활동에 상당히 중요한 매체임을 증명하는 것이라 하겠다.

전시회 참가기업들의 기대효과

무역전시회 참가 기업의 기대효과	비율(%)
기업 인지도 증가	85
고객 재발견	70
신규 고객의 확보	70
시장창출	63
신제품 시장 진입	60
제품 인지도 증가	58
정보 공유	50
고객 욕구의 발견	50
고객 의사결정에 영향	33
거래성립(계약 및 판매)	29

자료 : *Trade pair performance and potential analysis*, AUMA, 1999. 복수 응답의 결과임

4. 전시회의 마케팅적 기능

1) 판매촉진수단으로서의 기능

판매촉진수단으로서의 기능

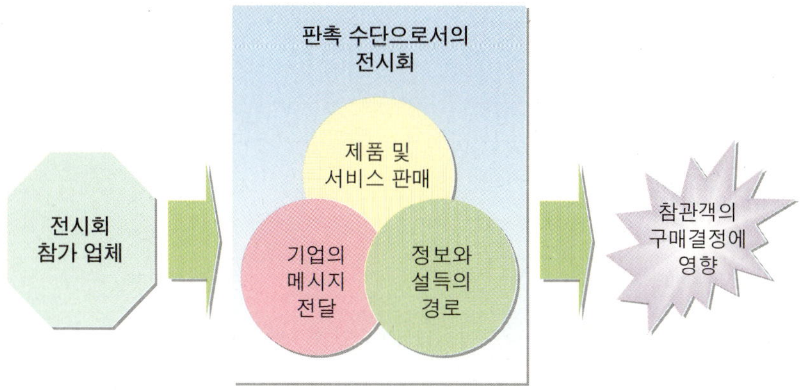

전통적으로 전시회는 판매와 구매과정을 유발하고 지속하기 위해 구매자와 판매자를 하나로 묶기 위해 만들어진 특수한 형태의 일시적 시장(market place)으로 간주되어 왔으며, 4P의 마케팅믹스 중에서 촉진(promotion), 그 중에서도 판매촉진(sales promotion)의 수단으로 간주되어 왔다. 마케팅믹스 중에서 촉진은 흔히 '제품 내지 서비스의 판매 또는 아이디어를 받아들이는 것을 용이하게 하기 위해 판매자가 행하는 정보와 설득의 경로를 확립하기 위한 노력의 결합(coordination)'을 의미한다. 촉진의 서브믹스에는 인적판매(direct/field sales), 광고(advertising), 홍보(publicity), 판매촉진(sales promotion) 등이 있는데, 전시회는 판매촉진활동의 일환으로 간주되어 왔다고 할 수가 있다.

전시회의 마케팅 측면에서 판매촉진수단으로서의 기능의 중요성은 여러 객관적 자료에서 입증되어질 수가 있다. CEIR의 Power of Exhibition(1993)에 따르면 참관객을 대상으로 조사한 결과 구매결정을 할 때 정보를 얻는 유용한 수단으로서 조사대상의 91%가 전시회를 꼽고 있어서 전시회가 구매결정에 결정적 영향을 미침을 알 수가 있다.

또한 1996년 미국의 CEIR에 따르면 미국기업의 전체 마케팅 예산의 14%를 전시회가 차지하고 있는데, 이는 인적판매에 이어 두 번째로 높은 수치이며, 광고에 지출되는 예산(11.5%)보다도 많은 것이었다.

마케팅 수단별 지출예산 비율

마케팅 수단	지출예산 비율(%)
직접판매(direct/field sales)	47.0
전시회(exhibitions)	14.0
광 고(advertising)	11.5
우편발송(direct mail)	9.0
PR(public relations)	6.5
텔레마케팅(telemarketing)	5.0
합 계	100 %

자료 : CEIR, Power of Exhibitions II, 1996.

Business Marketing이 매출액 5,000만 달러이상 기업(1997년 기준)을 대상으로 조사한 미국 기업의 마케팅 분야별 지출예산 현황에서도 전시회의 중요성이 부각되고 있다. 전체 마케팅 지출예산에서 전시회 참가에 지출한 비용은 126억 달러(전체의 17.3%)로 광고 177억 달러(24.2%), 판매촉진 136억 달러(18.7%)에 이어 세 번째로 높은 지출규모를 차지하였으며, 이는 2년 전인 1995년 기준의 5위에서 불과 2년 만에 두 계단 상승한 것으로 비약적인 성장세를 보인 것이다.

전시회는 또한 촉진매체의 유용성에 대한 평가에서도 두 번째로 높게 평가되었는데, 마케팅 목적에 따른 각 촉진매체의 효과성을 조사한 결과 '브랜드 이미지 제고' 부분만 광고가 전시회보다 효과적이고 다른 모든 마케팅 목적달성에 전시회가 가장 효과적인 것으로 나타났다. 따라서 전시회는 기업의 판매촉진 경로로서 참관객들로 하여금 구매결정을 할 때 정보를 얻는 유용한 수단이 되고 있다.

기업의 마케팅 목적에 따른 각 촉진매체의 효과성 평가

마케팅 목적 \ 마케팅 수단	전시회	광 고	우편발송	PR
세일즈 리드 창출	39%	27%	20%	13%
계약 수주(taking orders)	12%	5%	8%	8%
신제품/서비스 소개	42%	24%	28%	14%
브랜드 이미지 제고	42%	43%	19%	19%
기업이미지 제고	33%	32%	22%	24%
신시장 개척	28%	25%	24%	15%

자료 : CEIR, *Power of Exhibitions II*, 1996.

2) PR으로서 전시회의 기능

(1) 국제 PR의 의의

국제 PR의 의의

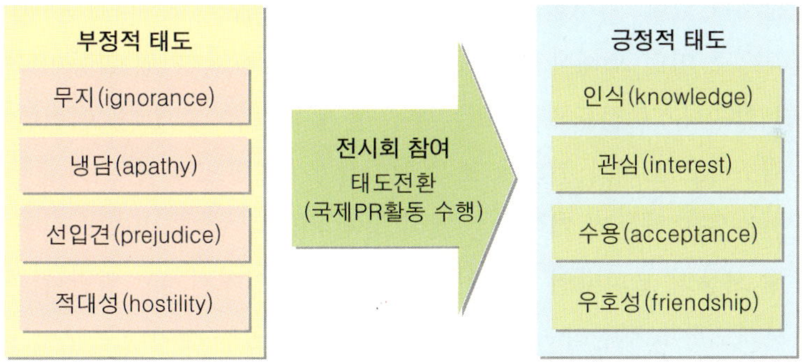

출처 : 정수경, 국제 PR, 구민사, 2000

전시회는 국제 PR의 도구로서도 사용이 가능하다. 물론 국제 PR이 주로 다국적기업을 중심으로 하여 이루어지고 있다는 점과 한시적이지 않고 장기적이며 지속적으로 이루어지는 활동이지만 기업이 지속적으로 전시회에 참여하여

기업과 제품을 PR한다면 전시회는 훌륭한 국제 PR의 수단으로 사용되어질 수 있을 것이다.

Wilcox(1995)는 "국제 PR은 다른 국가의 공중과의 상호 호혜적 관계를 수립하기 위한 기업, 정부 기관의 기획되고 조직된 노력"이라고 정의내리고 있으며, Grunig(1992)은 "국제 PR은 PR 종사자로 하여금 많은 국가에서 또는 많은 국가의 사람들과 공동으로 일하도록 하는 넓은 시각의 제시"라고 정의하였다.

이러한 정의들에서 몇 가지 핵심적인 요소를 찾아보면 다음과 같다.

첫째, PR의 주체는 기업 · 정부 · 기관 · 실무자 등과 같이 광범위할 수 있다는 것이다. 둘째, PR의 객체는 공중 및 사람들로서 인간에 한한 집단적인 활동이라는 점이다. 셋째, PR의 내용은 상호 호혜관계 구축과 넓은 시각의 공동작업 그리고 기업활동 수행 등으로 요약되어질 수 있다.

국제적인 기업이 경영 목표를 수립하고 기업 활동을 함에 있어 기업 자체만의 노력으로 이루어지는 것이 아니라 그 기업을 둘러싼 여러 이해관계 집단과의 원만한 관계와 협조 하에서 이루어지는 것이다. 기업이 대내외적으로 관계를 맺고 있는 것에는 인간관계, 고객관계, 회사관계, 지역사회관계 등 여러 가지 공중관계가 있다. 이러한 관계를 맺고 기업 활동을 전개하다보면, 본의 아니게 필연적으로 어떤 오해나 마찰을 야기하게 된다. 이는 기업 활동이 복잡하고 다양하면 할수록 그 정도와 심도는 매우 높게 나타날 수 있다. 이러한 무지와 오해를 해소하고 호의와 선의를 조성하여 상호이해와 교류를 통해서 동반자로서의 발전을 도모하는데 기여하는 것이 국제 PR활동인데, 이러한 활동을 전시회를 통해 시장의 오피니언 리더인 바이어들에게 인지시키고 일반 참관객들에게 인지시키도록 노력한다면 높은 성과를 올릴 수 있을 것이다.

(2) 국제 PR의 경제/경영적 기능

국제 PR의 의의

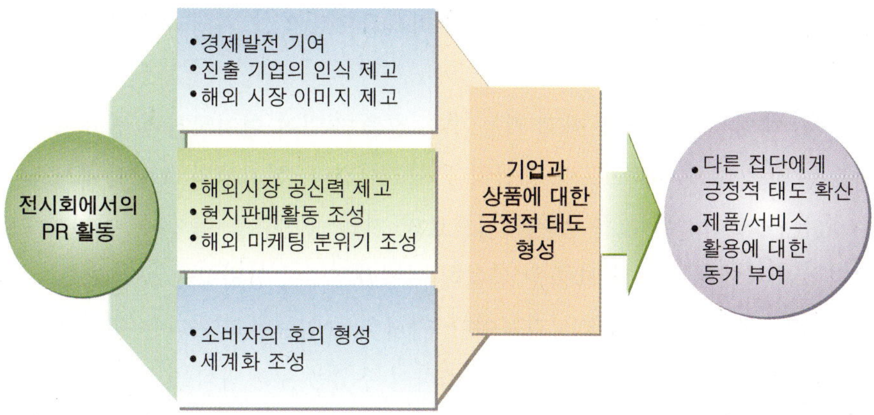

PR은 국내 PR이든 국제 PR이든 간에 PR의 요소들을 비교해 볼 때 크게 다를 것은 없다. 다만 국제 PR은 PR 환경이 자국이 아닌 타국이므로 환경의 차이만이 있을 뿐이다.

국제 PR은 국제 정치 측면에서, 국제경제 및 경영적 측면에서, 국제사회 및 문화적 측면에서 크게 영향을 미치고 있어, 정치 외교적 기능, 경제 경영적 기능, 사회문화적 기능으로 구분할 수 있는데, 여기서는 PR의 경제 경영적 기능 측면을 살펴보기로 한다.

첫째, 경제발전 기여 기능이다. 기업은 국제 PR을 통하여 자국 기업의 현지 진출로서 현지국의 고용창출에 기여함을 강조한다. 또한 자국 기업 진출로서 현지인에게 기술 습득 내지 전수에 기여함을 주지시킨다. 마지막으로 진출 기업 활동으로 현지국의 국민 소득 증대에 기여함을 인식시킨다.

둘째, 진출 기업의 인식제고 기능이다. 자국기업의 현지 진출로 현지국의 투자효과와 기여가치를 주지시키는 한편, 자국 기업의 진출은 현지국에 경제적 식민지 건설이 아니라, 현지 국가의 국부를 배양하는데 기여한다는 점을 인식시킨다. 또한 자국 상품의 현지국 수출은 일방적이 아니라 상호 수출입 관점에서 이익이 된다는 점을 이해시킨다.

셋째, 해외시장 이미지 제고 기능이다. 진출기업이 현지국가 발전에 기여함을 인식시킴으로써 호의적인 국가 이미지를 형성시킨다. 또한 진출 기업의 성실한 태도를 주지시킴으로써 성실한 기업 이미지를 제고시킨다. 그리고 진출기업의 현지국의 사회발전에 기여함을 주지시킴으로써 그 기업의 발전 이미지를 고양시킨다.

넷째, 해외시장 공신력 제고 기능이다. 진출 기업이 현지국가에 필요한 기업이라는 것을 확신시킴으로써 공신력을 제고시킨다. 현지국의 소비자에게 믿을 수 있는 기업이라는 것을 주지시킴으로써 기업 공신력을 높인다. 마지막으로 현지 소비자에게 약속과 보증을 성실히 이행함으로써 신뢰성을 높인다.

다섯째, 현지판매활동 조성기능이다. 자국의 수입품은 비싸다는 인식을 불식시키고 합리적인 가격이라는 점을 강조하여 수입품 구매의식을 조성한다. 또한 현지 진출기업의 제품은 외제가 아니라 국산품이라는 인식을 부각시키는 한편 현지 소비자 욕구에 맞게 합당한 방식으로 판매 조건을 설정하여 판매 분위기를 조성한다.

여섯째, 현지 소비자 교육 기능이다. 현지 소비자에게 신제품에 관한 충분한 정보를 제공하여 제품의 인식을 높인다. 수입제품의 인식제고와 이해 증진으로 외제에 대한 구매저항을 불식시키는 한편 신제품의 사용이나 효용성의 지식습득으로 소비생활 향상에 기여해야 한다.

일곱째, 해외 마케팅 분위기 조성 기능이다.

신제품의 충분한 PR활동으로 현지 시장의 마케팅 활동 분위기를 조성시켜야 한다. PR활동으로 마케팅 활동에 있어 외국인 기피나 차별의식을 무마시키는데 일조한다. 또한 PR활동을 통하여 현지시장에서의 판매저항이나 구매저지운동을 순화시키고 친화력 도모에 일조한다.

여덟째, 소비자의 호의 형성 기능이다. 현지 소비자에게 성실감을 주어 호의 형성에 노력하여야 하며 현지 소비자에게 신뢰감을 주어 믿을 수 있는 신념을 조성하여야 한다. 또한 현지 소비자나 고객에게 사후 서비스를 철저히 하여 충성스런 고객관계를 계속 유지하고 발전시키도록 한다.

아홉째, 세계화 조성 기능이다. 제품의 세계화로 소비자의 욕구도 세계화로 유도시키도록 하여야 하며 현지의 소비자 욕구를 세계소비자 욕구로 상승시키는 노력을 기울여야 한다. 기업경영을 개별시장으로부터 세계시장으로 확대하여 단일화로 운영 시킨다.

열번째, 다국적 기업의 호의 조성 기능이다. 다국적 기업의 진출과 역할을 이해시켜야 한다. 다국적 기업은 현지국에 착취 기업이 아니라, 현지국 발전에 기여하는 기업이라는 점을 강조하고 인식시킨다. 또한 다국적 기업을 현지국에 기술습득과 국민소득 증대에 기여하는 기업이라는 것을 강조하고 이해시켜야 힌다.

이러한 PR활동을 수행하는 장소로서 전시회는 그 상징성이 매우 크다 할 수 있다. 전시회에는 그 산업과 관련되어진 전문가 그룹과 직접 연관이 있는 당사자들이 동일한 공간에 동일한 시간에 동일하게 존재하는 곳이다. 이렇듯 깊은 연관성이 있는 집단에게 PR활동을 펼침으로 그 집단이 자사에 대하여 긍정적인 태도를 갖게 되고 이러한 긍정적인 태도는 그 집단의 본국의 다른 사람들에게 긍정적으로 파급되어질 수 있다. 즉 전시회는 국제 PR의 시험무대이면서 오피니언 리더들에게 강력한 PR활동을 펼칠 수 있는 장소인 것이다.

5. 통합마케팅으로서의 전시마케팅

통합마케팅으로서의 전시마케팅

출처 : 박래춘, "Trade Show형태가 마케팅믹스에 미치는 영향에 관한 연구", 연세대 경영대학원 석사학위논문, 1996.

통합마케팅이란 특정 시장 또는 세분화된 고객시장에서 하나의 마케팅 목표 아래 모든 마케팅 수단과 활동을 통합하여 상호 보완적으로 실행시키는 것을 말한다. 즉 통합마케팅은 미리 정해진 마케팅 활동의 보편적인 가이드라인과 실행방법에 따라 시장과 고객조사, 제품 디자인과 개발, 유통 채널의 실행, 광고, 포장, 공중관계, 판촉, 고객관계, 영업환경관리, 영업성과에 대한 보상 등에 대한 모든 계획과 실행을 의미한다.

전시회는 특정한 장소에서 일정한 주기를 갖고(보통 일 년에 한 번) 기업이 신제품(이는 특정 산업의 발전 내용으로 대표된다)을 갖고 참가하여 참관객(바이어)들로 하여금 자사의 제품을 구매하도록 각종 활동을 펼치게 된다. 이에 참관객 역시 신제품에 대한 구매 주기를 전시회에 맞추어 자신의 전시 참여 계획을 수립하게 된다. 기업들 역시 전시회 일정에 맞추어 마케팅 계획을 짜고 예산을 수립하게 된다.

이러한 이유로 전시회는 통합된 마케팅 매체로서의 역할을 담당하게 되는데, 이는 전시회가 제품(product), 영업인력 및 프로그램(sales teams/programs), 마케팅인력 및 프로그램(marketing team/program), 참관객(고객 또는 바이어 : customers), 산업 내 핵심 영향력자(key industry influencers) 모두가 참가하고 있기 때문이다.

첫째, 제품(product)은 전시회를 개최하게 하는 가장 핵심적인 요소로써 이를 매개로 하여 참가기업과 참관객은 서로를 만나고 커뮤니케이션 하고자 하는 욕구가 발생된다.

둘째, 영업인력 및 프로그램(sales team/program)은 통상적으로 인적판매를 위한 부스 요원 또는 기업이 제공하는 기술적인 문제 등에 대한 부스 요원에 관한 것이다. 영업 부문은 예견된 참관객들과의 효과적인 상호작용에 매우 중요한 필수불가결한 요소라고 할 수 있다. 영업부문은 또한 핵심 고객의 초청과 잠재적 고객과의 약속, 전시회에서 신상품의 출시, 전시회 기간 동안 부스요원들에 대한 세일즈 미팅과 교육을 담당하게 된다.

셋째, 마케팅인력 및 프로그램(marketing team/program)은 보통 직접적으로 기업의 커뮤니케이션과 메시지 프로그램의 연장으로서 전시회 개최 동안은 전시부스의 디자인과 구축에 한정되어지는 모습으로 보여지고 있다. 따라서 부스 안에서의 전단지, 디스플레이, 엔터테인먼트 프로그램은 마케팅 분야의 책임 안에서 이루어지게 된다. 또한 대중과의 상담 배치, 기자와 언론사와의 관계, 프레스 컨퍼런스, 유통을 위한 샘플 정책 등이 마케팅 분과에서 일반적으로 주어지는 기능의 범위 안에 포함되어지게 된다. 전시회는 신제품을 소개하고 마케팅 플랜과 걸맞는 신제품 출시를 현실화 시키며 영업과 영업활동에 필요한 주요 거래선과의 콘택트과 유통업자들을 만나게 해준다. 또한 전시회와 관련된 언론과의 관계를 좋게 해주며 기사를 제공하며 전시회 기간 또는 전시회가 끝난 이후에 기사화 되어질 수 있는 이야기 꺼리를 제공한다. 따라서 전시회에서는 우선 영업부문과 마케팅부문이 통합되어져서 상호 보완적으로 동시에 활동이 이루어지게 된다.

넷째, 참관객(customers)은 전시 참가기업에게는 고객으로서 자사의 제품을 직접적으로 구매해주거나 유통시켜 주는 역할을 담당하고 있는 요소이다. 전시회 참관객들의 특징은 참가기업의 영업 프리젠테이션을 듣기 위하여 참관객이 자기의 비용과 시간을 지불하면서 전시회에 참가한다는 것이다. 따라서 참관객들은 참가기업에게 있어서는 이미 세분화되어진(pre-qualified) 잠재적 고객이 된다. 참관객은 다른 미디어에 영향을 받지 않는 상태의 의미 있는 집단으로 그들 스스로 자신의 의지에 따라 제품이나 서비스를 구매하고자 하는 계획을 가지고 전시회에 참가하고 있다. 결론적으로 전시회에 참가하는 참관객들은 매우 역동적이고 활동적이며 이미 세분화되어진 바이어들로서 이들은 매우 진지하게 전시회를 통해 구매활동을 할 의사를 가지고 참가기업들 앞에 나선다는 것이다.

다섯째, 산업 내 핵심 영향력자(key industry influencers)는 그 산업의 모든 참가자들에게 영향력을 행사할 수 있는 자들을 의미한다. 이들은 그 산업내의 선도 기업이 될 수도 있고 주요한 언론사의 해당산업 담당 기자가 될 수도 있으며 정부기관의 해당산업 담당자나 해당 산업의 협회장 및 기관장이 될 수도 있다. 이들이 전시회에서 하는 말과 행동들이 향후 해당 산업에 많은 영향을 미치게 된다.

즉 전시회는 이러한 다섯 가지 요소들이 대거 참여하는 동시에 공동의 관심사를 가지고 통합되어지는 활동이므로 참가기업에게는 전방위적인 마케팅 활동을 수행해야 하는 최적의 기회로 인식되어져야 한다.

또한 전시회는 특별한 이벤트의 장으로 인식하여 단순한 전시마케팅뿐이 아닌 이벤트 마케팅도 펼쳐야 한다. 전시회장은 전시 활동만 아니라 그 자체가 타깃 마케팅 활동을 가능하게 해주는 다양한 이벤트를 펼칠 수 있는 공간이기 때문이다. 참가기업들은 주어진 시간과 장소에서 각종 이벤트 활동을 통해 핵심 영향력자(이들은 정치인, 중요한 바이어, 언론사, 관계 협력사 등이 된다)들과 면 대 면(face-to-face)으로 오랜 시간 동안 상호작용을 하며 관계구축의 기회로 삼을 수 있게 된다. 이는 결국 참가기업들이 마케팅 활동과 커뮤니케이션 활동에 대한 투자 성과를 극대화 시킬 수 있는 기회가 되는 것이다.

이렇듯 전시마케팅은 전시참가 요소 5가지를 고려하는 한편 이벤트 마케팅까지도 결합시켜 고객욕구의 충족과 기업의 마케팅 목표를 실현하기 위해 통합적 마케팅 활동이 이루어져야 한다. 이를 위해서는 마케팅의 기능 중 영업활동, 촉진, 참관객 서비스, 제품관리, 마케팅 조사 등과 함께 커뮤니케이션 수단들을 참관객의 관점에서 조정 · 통합하는 과정이 필요하다.

이러한 추세에 따라 현재 참가기업들은 전시회를 마케팅의 판매촉진수단으로만 보는 좁은 시각에서 벗어나 전시회를 전체적인 기업목표를 달성하기 위한 통합적 마케팅 수단으로서 보고 있다. 즉 전시회를 전시 참가자들을 포함하여 가격 · 유통경로 · 제품 · 커뮤니케이션 등 모든 마케팅믹스가 상호보완적으로 결합되는 통합적 마케팅 수단으로서의 기능을 강조하고 있는 것이다. 결국 전시회는 전시주최자(organizer), 참가기업(exhibitor), 참관객(audience)의 3요소와 4P의 전통적 마케팅믹스 요소와의 최적 배합을 통해 최대한의 시너지효과를 창출하는 통합적 마케팅수단으로 파악되어지고 있는 것이다.

독일전시협회(AUMA)에서도 전시회를 국제마케팅 믹스전략의 일부로서 파악해야 하며, 전시회 참가를 마케팅 프로그램의 필수 구성요소화해야 한다고 보고 있다.

제2절 전시마케팅 전략

전시마케팅 전략(STP)

정보화의 확산과 교통 및 통신의 발달 등으로 인하여 현대의 시장 환경은 급속하게 변화하는 모습을 보여주고 있다. 이에 따라 제품과 서비스의 수명주기는 매우 짧아지고 있으며 기업은 변화하는 시장과 환경에 맞는 제품 및 서비스 개발을 위해 노력하고 있다. 만약 이러한 시장변화를 인식하지 못하는 기업이라면 많은 어려움을 겪게 되고 결국에는 도태되어지고 말 것이다.

현재 기업은 시장 내 모든 구매자들에게 소구할 수 없거나 적어도 모든 구매자를 동일한 방식으로 수구할 수 없다는 것을 인식하고 있다. 구매자는 너무 많고 넓게 흩어져 있고, 욕구와 구매 패턴은 너무 다양하다. 더구나 각 세분시장을 대하는 기업의 능력도 아주 다르다. 이에 따라 기업은 자신이 가장 잘 대하고 수익을 낼 수 있는 시장의 부분을 확인해야 한다. 따라서 모든 기업은 대량마케팅에서 표적시장 마케팅(target marketing)으로 이동해 왔는데, 이는 시장 세그먼트를 확인하고, 하나 혹은 그 이상의 표적시장을 정하고, 각 표적시장에 맞는 제품과 마케팅 프로그램을 개발하는 것이다. 즉 기업은 마케팅 노력을 분산시키는 대신 그들이 가장 잘 만들 수 있는 가치에 더 많은 관심을 보이는 구매자에게 초점을 맞추어야 한다.

이렇듯 시장 환경 변화와 짧아지는 상품 및 서비스의 수명주기는 기업의 새로운 기회이자 위협요인이 된다. 기업의 경쟁이 가열될수록 많은 비용을 들여 개발한 상품이나 서비스가 시장에서 성공할 확률 또한 계속적으로 감소한다. 그렇기 때문에 전시회에 참가하는 기업은 마케팅 전략의 수립이 필요하고 전시마케팅 STP(시장세분화, 목표시장 선정, 포지셔닝)가 갖는 의미는 더욱 중요해진다.

시장세분화(market segmentation)는 시장을 서로 다른 제품과 마케팅 믹스를 요구하는 독특한 욕구, 특징과 행동을 갖는 더 작은 구매자 집단으로 나누는 것을 포함한다. 회사는 시장을 세분화하는 여러 가지 방법을 확인하고, 그에 따라 분류된 세분시장의 프로파일을 개발한다. 표적시장의 선정(market targeting)은 각 시장의 매력도를 평가하고, 진입할 하나 또는 그 이상의 세분시장을 선정하는 것으로 구성된다.

마지막 단계에서 기업은 가치제안(즉 표적고객을 위한 가치를 어떻게 창출할 것인가)을 결정한다. 차별화(differentiation)는 경쟁사보다 우월한 고객가치를 만들기 위해서 기업의 시장 제공물을 실제로 차별화 하는 것을 포함한다. 포지셔닝(positioning)은 표적 소비자의 마음속에 경쟁제품과 비교하여 상대적으로 분명하고, 독특하며, 바람직한 위치를 차지하는 시장 제공물을 계획하는 것이다.

전시마케팅에서의 STP전략은 전시회를 찾는 참관객들에 대한 세분화와 다양하게 세분화되어진 참관객 집단 중에서의 목표참관객을 선정하고 선정된 참관객들의 욕구를 충족시켜줄 수 있는 전시제품 및 서비스의 차별화가 필요하다. 그리고 차별화 되어진 제품 및 서비스를 표적고객의 마음속에 위치화 시키는 작업이 필요하다. 이는 모두 표적고객의 욕구를 충족시켜줄 수 있는 가치를 창출하는 활동으로서 다른 참가기업들과의 경쟁에서 우월한 위치를 차지하는 한편 궁극적으로는 전시목표 달성을 위한 활동이라 할 수 있다.

이에 따라 마케팅 전략 수립의 기본 단계인 S(Segmentation, 시장세분화)-T(Targeting, 목표시장 선정)-P(Positioning 위치화)를 순서대로 살펴보기로 한다.

시장세분화, 표적시장 선정, 포지셔닝의 단계

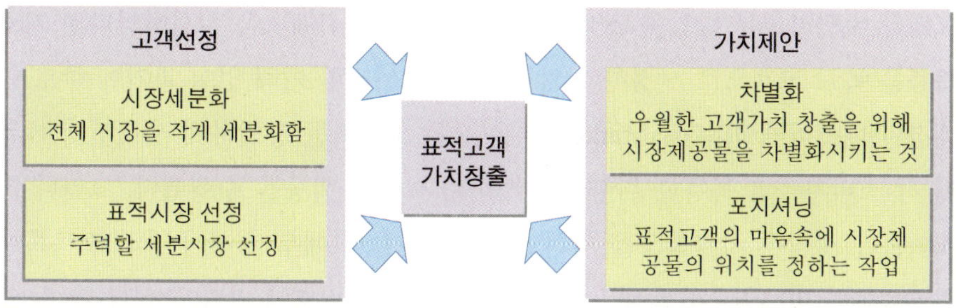

자료 : Philip Kotler & Gary Armstrong, Kotler의 마케팅 원리, 12th ed., Σ 시그마 플레스, 2008.

1. 시장세분화(Market Segmentation)

1) 시장세분화의 의의

시장세분화의 의의

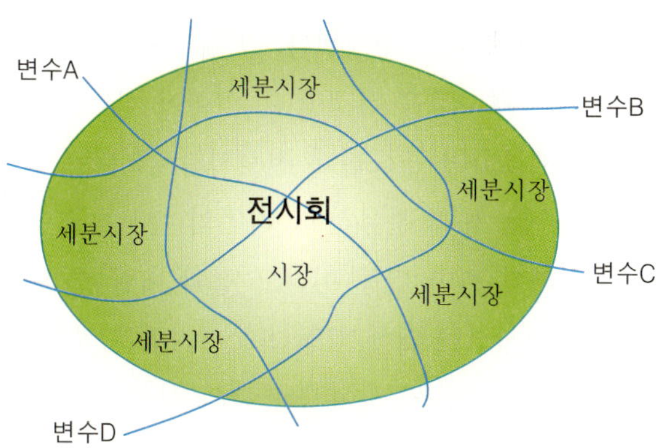

전시회에 내방하는 모든 참관객들이 동일한 취향을 가지고 있지는 않다. 만약 가전제품 전시회가 개최되었다고 했을 때 가전제품 전시장에는 저가의 제품

에서부터 고가의 고급제품까지 다양한 제품이 전시되어질 것이다. 만약 전시회 참가기업이 저가의 가전제품을 전시하였다면 고소득층을 고려하여 홍보 프로그램을 수립하지는 않았을 것이다. 반대로 고급 가전제품을 전시하였다면 저소득층을 목표 고객으로 선정하지 않을 것이다. 이러한 이해 없이 과거에 주로 행해졌던 매스마케팅(Mass Marketing)은 모든 소비자를 동일하게 생각했기 때문에 각 소비자들의 독특한 취향을 무시하며 마케팅 활동을 수행했다. 그러나 마케터들은 수많은 시행착오를 거치면서 소비자들이 매우 개성이 강하고 독특한 취향을 지니며, 이러한 특성을 지니는 소비자들을 기호에 따라 군집화 할 수 있음을 발견하였다. 이렇듯 시장세분화는 시방 선별 결정에서 비롯된다. 좀 더 세밀하게 살펴보면 시장세분화란 거대한 전체시장을 소비자들이 지니고 있는 공통 특성에 따라 여러 개의 시장으로 나누는 것이다.

따라서 시장세분화(Market Segmentation)란 “하나의 시장 안에서 서로 다른 욕구를 가진 소비자들을 다양한 변수를 통해 분류하여 새로운 집단으로 나누는 것”을 말한다. 즉 하나의 시장에서 서로 다른 제품이나 마케팅믹스(Marketing Mix)를 원하리라고 생각되는 여러 구매자 집단으로 분류하는 것이라 할 수 있다.

전시시장 또한 마찬가지로서 참관객의 욕구가 다양화 될수록 전시장은 다양한 성향을 가진 참관객 집단으로 구성된다. 그렇기 때문에 성공적인 전시마케팅을 위해서는 정확한 목표시장을 선정할 수 있어야 한다. 목표시장을 선정하기 위해서는 전시시장세분화가 필요한데 전시시장세분화는 ‘전시회에서 전시참관객들을 다양한 변수를 통해 분류하고, 기업의 전시목표 달성에 부합할 수 있는 목표시장을 선정하기 위한 활동’이라고 정의 내릴 수 있다. 결국 전시시장 세분화는 선정된 목표시장에 대해서 전시 참가기업은 목표시장에 맞는 차별화된 마케팅 믹스를 개발하고 제공하여 참관객의 전시회 참관이나 참여 및 제품구매 만족을 극대화시키는데 그 목적이 있다.

2) 시장세분화의 기준

시장세분화의 기준

기준	내용
인구통계학적 기준	연령, 성별, 인종, 가족수명주기 등
지리적 기준	대륙, 나라, 도시, 물리적 기후 등
사회경제학적 기준	수입, 교육, 직업 등
행위적 기준	구매빈도, 구매량, 참관객의 로열티 등
심리학적 기준	라이프 스타일, 개성, 관심 등
소비자 혜택 기준	참관객의 필요, 희망상품 특성 등

전시회에서 시장을 세분화하기 위해서는 참관객들을 집단화시키기 위한 공통의 필요를 찾아내야 한다. 일반적으로 사용되는 시장세분화의 기준은 6가지의 방법이 있다. 인구통계학적 기준, 사회경제학적 기준, 심리학적 기준, 지리적 기준, 행위적 기준 및 소비자 혜택 기준이 대표적으로 사용된다.

(1) 인구통계학적 기준

전시회에서 시장을 세분화하는 데 가장 보편적으로 사용되는 방법은 인구통계학적 세분화이다. 인구통계학은 나이, 성별, 인종 그리고 가족수명주기와 같은 다양한 요소를 포함한다.

인구통계학적 기준이 시장세분화에 가장 잘 이용되는 이유는 다음과 같다.

첫째, 전시 마케터들이 측정하기에 용이한 성격을 지닌다.

둘째, 인구통계학적 정보는 다른 기준에 비해 쉽게 얻을 수 있다.

셋째, 인구통계학적 요인은 전시 참관자의 행위나 태도와 밀접한 관계를 가진다.

(2) 사회경제학적 기준

사회경제학적 기준에 의한 시장세분화는 소비자 행위 분석의 척도로 이용되곤 한다. 소비자는 다양한 사회계층으로 구성되고 각 계층별 소비자들은 유사한 소비 행태를 보인다.

특히 국제전시회의 경우 국가별 경제적 요인의 차이는 세분화에 있어 매우 중요한 요소 중 하나이다. 예를 들어, 국가는 국민의 소득수준, 경제개발의 전반적인 수준으로 구분할 수 있다. 국가의 경제구조는 국민의 제품과 서비스에 대한 욕구를 형성하고, 이에 따라 마케팅 기회를 제공하기 때문이다. 따라서 전시마케터는 자사제품을 가장 많이 구매하고 소비할 수 있는 국가에서 온 참관객을 정교하게 세분화할 수 있도록 하여야 한다.

비록 사람들이 사회계층을 구분할 때 소득 수준을 기준으로 구분하는 경우가 많지만 실제 이러한 계층 구분이 각 사회계층의 소비 성향을 설명하기에는 한계를 지닌다. 이러한 한계를 보충하기 위해 교육수준이나 직업이 사회적 지위 구분에 이용된다. 예를 들면, 일반적으로 교육수준이 높을 경우 보다 많은 수입과 좋은 직업을 가지는 경향이 있다.

전통적인 사회계층은 상류, 중류, 하류층으로 구분된다. 일부 전시회 경우는 모든 사회계층을 포용하고 있는 반면 일부 전시회는 특정 계층에 영향을 미친다. 예를 들면, 한국에서 임신, 출산과 관련된 전시회의 경우 사회계층에 구애받지 않고 참관객들을 포용할 수 있으나 골프와 관련된 전시회의 경우 부를 상징하는 스포츠로서 상류층을 대상으로 하는 전시회가 될 가능성이 매우 높다.

그러나 최근에는 사회가 발달하면서 사회계층과 전시회의 관계가 점진적으로 변화하고 있으며 골프 또한 대중 스포츠화 되어 가고 있음에 따라 사회문화적 환경에 따라 전시회의 대상도 달라질 수 있다.

(3) 심리학적 기준

심리학적 기준에 따른 세분화는 라이프스타일(Life Style) 성향이나 개성 등에 따라 소비자를 군집하는 것이다. 심리학적 세분화는 인구통계학적 또는 소비자 행위적 세분화보다 소비자의 각 세분시장에 대한 설명력이 높다. 소비자 행동 조사자인 Michael Solomon은 인구통계학적 기준은 누가 상품을 구매하는지를 나타내지만, 심리학적 기준은 왜 소비자들이 그러한 결정을 내리는지에 대한 포괄적인 이해를 밝혀내 준다고 한다. 이러한 이유로 많은 마케터들은 시장을 세분화하는 방법으로 심리학적 기준을 선호한다.

참관객들의 라이프스타일을 이해하기 위해 마케터들은 개인의 행동(Activity), 관심(Interest) 그리고 의견(Opinion)과 관련된 문항들을 측정한다. 즉 각 세분시장에 속하는 소비자들은 그들의 활동, 관심, 의견 등에서 유사성을 지닐 뿐만 아니라 전시상품이나 서비스에 대한 선호에 있어서도 유사한 경향이 있다고 본다.

(4) 지리적 기준

국내전시회에 비하여 국제전시회의 경우 지리적 기준은 세분화 있어 단순하지만 매우 강력한 방법이다. 특히 전시 마케터들에게는 매우 중요하게 작용하게 되는데, 이는 전시회에 내방하는 참관객들이 살고 있는 지역 및 국가에 따라 전시상품에 대한 인식이 매우 다르기 때문이다.

국제전시회에 참가하는 기업의 전시마케터는 국가를 지역에 따라 서부 유럽, 태평양 지역, 중동 지역, 아프리카와 같이 묶을 수 있다. 이는 서로 가까운 곳에 위치한 국가는 많은 공통된 특징과 행동을 공유하는 것으로 가정하기 때문이다. 대부분의 경우에는 그렇다 하더라도 예외도 많이 있다. 예를 들어, 미국과 캐나다는 많은 점에서 공통점을 가지고 있으나 미국과 멕시코는 같은 지역이라 하더라도 문화적, 경제적으로 많은 차이를 보이고 있다. 따라서 국가를 지역별로 세분화할 때에도 또 다른 변수들을 고려하여 더욱 다양하게 세분화시킬 수가 있다.

물리적 기후 역시 지리적으로 시장을 세분화하는 데 매우 중요하게 작용한다. 상품의 특성에 따라 기후에 영향을 많이 받는 상품이 있다. 이러한 경우에는 해당 상품이 특정 기후에 어떻게 작동하고 사용되어지는가에 따라 참관객들의 관심을 집중시킬 수도 있고 외면당할 수도 있기 때문이다.

국제수준의 전시회의 경우 전시회에 참가하는 기업은 국제전시회를 통해서 짧은 시간 동안 그들의 상품과 서비스를 세계 여러 나라에 알릴 수 있는 기회를 얻을 수 있다. 그러나 세계 모든 국가에서 온 참관객이 자사의 고객이 될 수는 없다. 따라서 참가기업의 제품 및 서비스의 특성과 지리적 세분화의 접점을 찾는 것은 매우 중요하다 할 수 있다.

(5) 참관객 행위 기준

전시 마케터의 궁극적인 마케팅 목적은 많은 참관객들을 유치하고 이들에게 제품과 서비스에 대한 정보를 긍정적으로 전달하고 판매로까지 연결시키는 한편 이들을 유지하는 일일 것이다. 행위적 세분화는 이 궁극적인 목적을 만족시킬 수 있는 핵심기준으로 여겨진다. 왜냐하면 행위적 기준에 따른 세분화는 참관객 세분화를 하는 기준으로 얼마나 많이, 얼마나 자주 상품을 구매하는지 그리고 구매한 상품이나 서비스에 대한 로열티는 얼마나 높은지에 따라 참관객을 분류하기 때문이다.

(6) 참관객 편익 기준

소비자 편익에 따른 세분화는 상품이나 서비스가 특정 소비자 그룹에 미치는 영향을 분석하는 것이다. 다른 각도에서 살펴보면, 소비자 편익 세분화는 왜 참관객들이 상품을 구입하는지 또 그 상품이 참관객들의 필요와 욕구를 어떻게 해결해 주는지에 따라 세분화하는 것이다. 어떤 의미에서 보면, 참관객 편익 세분화는 참관객의 욕구를 만족시킨다는 일반적인 마케팅 콘셉트와 일치한다.

2. 목표시장 선정(Targeting)

목표시장의 선정

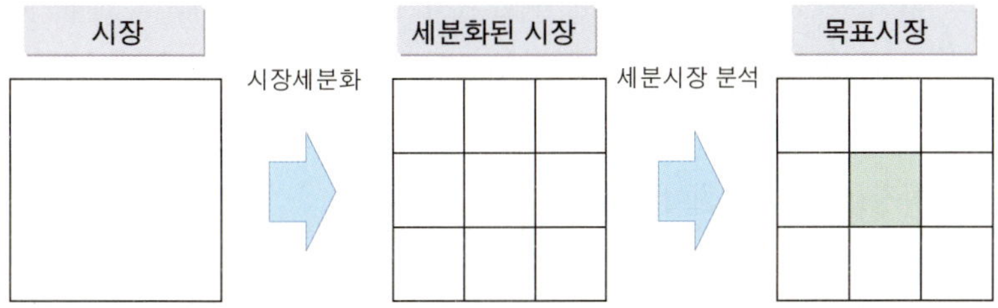

목표시장 선정이란 세분화된 시장 중에서 전시 참가기업이 가지고 있는 자원과 경쟁적 강점 및 약점을 고려하여 가장 유리한 세분시장을 선정하는 것을 Targeting이라 하고 이렇게 선정된 시장을 목표시장(Target Market)이라 한다.

전시시장은 전시 참관객들의 특성에 따라 시장을 세분화하고 평가해야 한다. 세분화된 시장을 평가할 때는 각 세분시장의 크기와 성장성, 구조적 매력도, 회사의 목표와 자원 등 세 가지 요인을 살펴보아야 하는데 자세한 내용은 다음과 같다.

첫째, 각 세분시장의 현재 매출, 성장률, 기대되는 수익 등과 관련된 자료를 수집하고 분석해야 한다. 기업은 적정 크기와 성장 관련 특징을 갖는 세분화된 시장에 매력을 느끼게 될 것이다. 전시회의 경우에도 높은 시장 성장률과 적정한 시장 규모를 갖춘 국가에서 온 참관객들이 다른 국가에서 온 참관객에 비하여 좀 더 중요하게 평가되어질 것이다. 이런 참관객들은 많은 규모의 구매결정이 이루어질 가능성이 높고, 그 이후에도 계속구매와 반복구매가 이루어질 가능성이 높기 때문이다.

둘째, 세분시장의 구조적 매력도에 영향을 미치는 요인을 점검해 보아야 한다. 만일 특정 시장에 이미 많은 강력하고 공격적인 경쟁자가 존재하고 있다면 그 세분시장은 그리 매력적이지 않을 수 있다. 왜냐하면 그 시장에서 온 참관객을 설득하기 위해 많은 마케팅 자원을 쏟아 붓고도 그 참관객을 설득하지 못할 가능성이 높기 때문이다. 이는 참관객이 강한 교섭력을 갖추고 있을 가능성이 높아 경쟁기업과 비교하며 가격을 낮출 것을 요구하는 한편 더 많은 서비스를 요구할 수도 있고 경쟁자들끼리의 경쟁을 강요할 가능성이 있기 때문이다.

셋째, 기업은 자신의 목표와 자원을 고려해야 한다. 매력적인 세분시장이라 할지라도 회사의 장기적인 목표와 부합되지 않을 수도 있고 그 세분시장에서 성공하기 위한 자사의 기술과 자원이 부족할 수도 있기 때문이다. 따라서 참가기업은 경쟁 참가기업에 비해 우월한 가치를 제공하고 경쟁우위를 확보할 수 있는 세분시장에만 진입해야 한다.

세분시장에 대한 평가가 끝난 후에 기업은 목표시장(Target Market)을 선정한다. 목표시장을 선정한다는 것은 전시 참가기업이 제품이나 관련 서비스를 구매할 만한 고객들이 누구인가를 찾아내는 것을 의미한다. 즉 목표시장 선정은 전시 참가기업의 마케팅 목표를 가장 효율적이고 효과적으로 획득할 수 있는 세분시장을 선택하는 것이다.

전시 마케터들은 그들이 목표로 하고자 하는 참관객 세분시장을 선택할 때 체계적인 의사결정을 해야 한다. 목표시장의 수는 기업의 전시마케팅 목표와 소유하고 있는 가용 자원의 정도에 달려 있다. 만약 전시회에 참가하는 기업이 하나 이상의 목표시장을 통제할 수 있는 정도의 재정 및 기타 다른 자원요소를 소유하고 있다면, 우선순위에 입각해서 하나 이상의 목표시장을 선택할 수 있다.

목표시장은 참가기업이 목표시장을 어떤 관점에서 바라보느냐에 따라서 비차별적 마케팅과 차별적 마케팅 그리고 집중적 마케팅으로 분류할 수 있다.

목표시장 전략의 수준

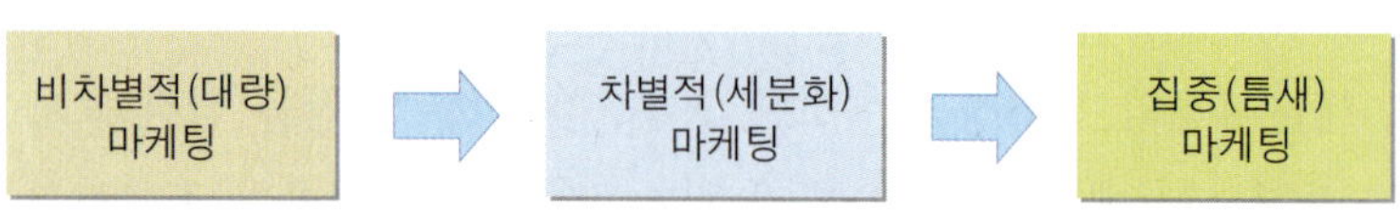

자료 : Philip Kotler & Gary Armstrong, Kotler의 마케팅 원리, 12th ed., Σ 시그마 플레스, 2008.

1) 비차별적 마케팅(Undifferentiated Marketing)

비차별적 마케팅 전략은 세분시장 간의 차이를 무시하고 하나의 제품으로 전체시장을 공략하고자 하는 전략이다. 매스 마케팅 전략(Mass Marketing Strategy)이라고 한다. 비차별적 마케팅은 참관객 욕구의 차이보다는 공통점에 초점을 맞추어 소구하게 된다. 따라서 모든 참관객들에게 동일한 마케팅 믹스를 제공하는 마케팅 전략이다. 표준화와 대량 생산을 통해 원가 경쟁력을 가질 수 있는 비차별적 마케팅 전략은 규모의 경제를 통한 저가격으로 가격을 중요시 여기는 참관객들로 이루어진 세분시장을 확보하려고 한다.

2) 차별적 마케팅(Differentiated Marketing)

차별적 마케팅 전략은 서로 상이한 참관객들의 욕구에 소구 점을 맞추어 세분화된 각각의 시장에 상이한 마케팅 믹스를 사용하는 전략으로서 참관객들에게 제품의 이미지를 강화할 수 있는 장점이 있지만 각각 다른 마케팅 믹스를 제공해야 하므로 많은 비용이 소요될 가능성이 크다.

전시회 참가기업이 여러 목표시장을 선정한 후 각각의 목표시장 대해 차별적 마케팅 전략을 사용하는 전략을 수립하였다면 각각의 목표시장에 맞는 제품과 서비스를 준비하여 전시하여야 하고 표적시장별 마케팅 전략을 독립적으로 수립하여야 한다. 그로인해 마케팅 인력의 증가와 부스 규모 증대, 부스 인력의 증가, 개별적 촉진 비용의 증가, 목표시장별 채널 관리 등 많은 비용의 초래가 우려된다. 그러므로 여러 목표시장을 대상으로 전시활동을 수행하고자 할 때에는 전시활동을 통한 매출의 증가(전시목표달성 성과)와 비용의 증가를 비교 · 검토하여야 한다.

3) 집중 마케팅(Concentrated Marketing)

집중 마케팅 전략은 하나의 세분시장만을 집중적으로 공략하는 방법으로 제한된 시장에서 경쟁우위를 확보함으로써 높은 수익을 창출하고자 하는 전략으로 틈새마케팅(niche marketing)이라고도 한다. 이는 기업이 큰 시장에서 작은 점유율을 추구하기 보다는 작은 시장 또는 틈새시장에서 큰 점유율을 추구하는 전략이다.

전시회에서 집중 마케팅 전략을 추구한다는 것은 참가기업이 선정한 하나의 목표시장에 속한 참관객들의 욕구를 충실하게 만족시켜 주겠다는 의미라 하겠다. 하나의 목표시장에만 집중적으로 마케팅하였을 때에 기업은 보다 참관객의 욕구에 맞추어 제품, 가격, 촉진 프로그램을 조율함으로써 더 효과적으로 제품을 판매할 수 있다. 또한 참가기업은 제품과 서비스, 채널, 커뮤니케이션 프로그램을 자신이 가장 잘 만족시킬 수 있고, 가장 많은 수익을 낼 수 있는 참관객을 겨냥함으로써 더 효율적으로 전시목표를 달성시킬 수 있다.

그러나 집중 마케팅은 이러한 장점에도 불구하고 동시에 평균보다 높은 위험도 수반하게 된다. 하나의 세분시장에 의존하는 참가기업은 자사의 전시활동이 목표 참관객(시장)에게 외면 받게 되면 전시회 참가 의미가 없어질 뿐만 아니라 전시회 참가성과가 거의 없을 수도 있기 때문이다.

3. 포지셔닝(Positioning)

1) 포지셔닝의 의의

포지셔닝의 설정 체계

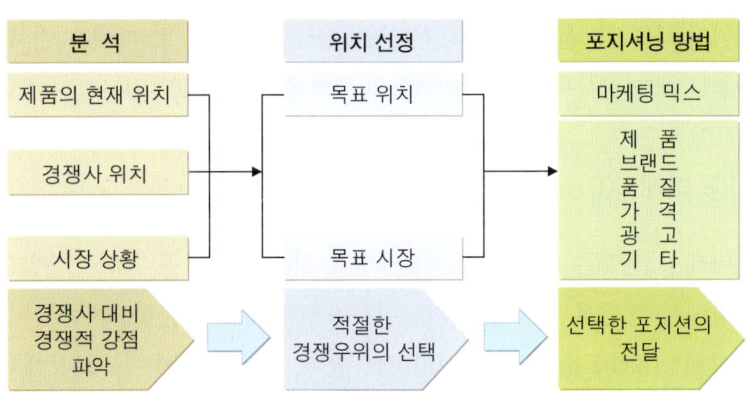

제품의 포지션(product's position)이란 주요 속성을 근거로 하여 소비자의 마음속에서 경쟁제품에 비하여 자사의 제품이 상대적으로 차지하고 있는 위치이다. 소비자들은 제품 또는 서비스를 구매하고자 할 때 이들 제품에 대한 수많은 정보에 노출되게 된다. 따라서 소비자는 이러한 정보에 방해받지 않기 위하여 구매과정을 단순화시키고자 제품, 서비스, 회사를 카테고리로 묶은 다음, 이를 자신의 마음속에 자리매김한다. 즉 제품 포지션은 경쟁제품과 비교하여 어떤 제품에 소비자가 가진 지각, 인상, 느낌의 복집한 조합인 깃이다.

제품 포지셔닝(product positioning)은 표적소비자의 욕구를 토대로 하여 경쟁사에 비해 차별적인 제품을 개발하고, 이러한 제품의 특성을 소비자들이 정확하게 인식하도록 하는 과정을 의미한다. 따라서 마케터는 선정된 목표시장에서 자사제품에게 가장 좋은 우위를 제공해 줄 수 있는 포지션을 기획하고 계획된 포지션을 만들기 위한 마케팅 믹스를 개발한다.

전시제품 포지셔닝을 이해하기 위해서는 몇 가지 요점을 살펴보아야 하는데 첫째, 전시제품 포지셔닝은 목표시장의 특성에 따라 영향을 받는다는 것이다. 즉 동일한 상품일지라도 목표시장의 특성에 따라 다르게 포지셔닝 되어져야만 한다. 따라서 마케터들은 전시회의 특성을 파악하고 전시회에 참가하는 목표 참관객들의 특성을 충분히 고려하여 전시되어지는 제품에 대하여 적절한 포지셔닝을 하여야만 한다.

둘째, 전시제품 포지셔닝은 목표 참관객들이 전시되어지는 제품을 어떻게 생각하고 느끼는지에 대한 분석에서 시작된다. 즉 포지셔닝의 초점은 참관객들이 경쟁자의 제품과 대비하여 자사의 전시제품을 어떻게 인지하는지에 있는 것이기 때문에 우선 목표 참관객이 갖고 있는 자사의 제품 포지션을 파악한 후 이에 대한 적절한 대응으로써 제품 포지셔닝을 하여야만 한다. 따라서 전시제품 포지셔닝은 환경분석을 토대로 하여 목표시장의 특성에 제품의 차별적 지위가 정확히 일치하도록 제품의 시장위치를 잡아주는 포지셔닝을 하고 참관객들에게 이렇게 위치한 포지셔닝에 대해 인지시키고 설득 시키는 작업, 즉 전시촉진을 수행하여야 한다.

또한 제품의 변경에 의하거나 혹은 제품 변경 없이도 더욱 유리한 목표시장을 찾아 포지셔닝 위치를 변경하는 것을 리포지셔닝(Repositioning)라 한다. 특히 촉진과 관련한 포지셔닝 전략에서는 제품이 고객에게 직접 작용하는 이점에 대한 것보다는 제품 자체의 이미지 창출에 역점을 두는 전략을 주로 사용하고 있다.

2) 포지셔닝 방법

포지셔닝 방법

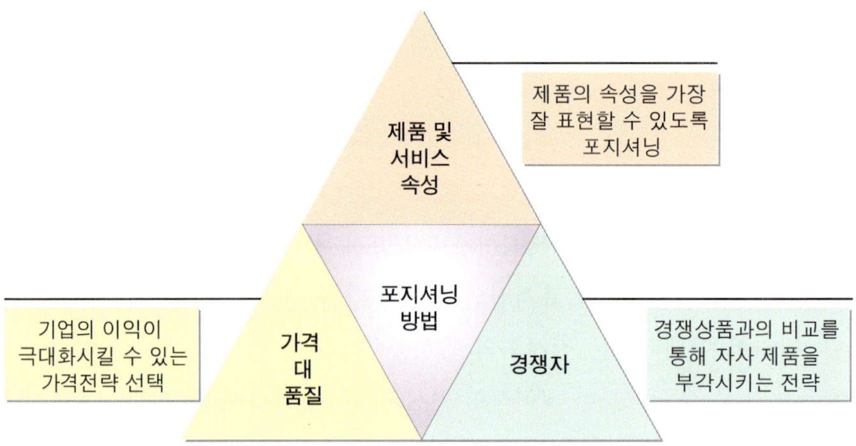

(1) 제품 및 서비스 속성에 의한 포지셔닝

목표 참관객들이 전시회에서 가장 중요하게 생각하는 것은 제품 및 서비스의 속성이다. 따라서 자사 제품 및 서비스가 차별적 우위를 갖고 있음을 직접적으로 강조하는 방법이 제품 및 서비스 속성에 의한 포지셔닝이다. 이는 다른 전시 참가기업과 비교하여 자사의 제품 및 서비스는 다른 편익이나 속성을 가지고 있다고 참관객들에게 인식시키는 것이다.

이러한 제품 및 서비스 속성에 의한 포지셔닝은 결국 제품 및 서비스의 차별화의 결과라 할 수 있다. 차별화는 제품의 특성, 성능, 스타일과 디자인 측면에서의 차별화가 달성할 수 있고 서비스측면에서는 신속함, 편리함 등의 차별화를 이루어낼 수 있다.

예를 들면, 전시회에 출시되는 제품의 속성이 신제품일 경우에는 '세계 최초의 상품' '신기술을 이용한 뛰어난 성능의 상품' 관점에서 포지셔닝을 하는 것이 일반적이며 기존의 제품일 경우에는 '세계 수많은 소비자들이 선택한 상품', '높은 인지도와 입증된 품질' 등의 관점에서 포지셔닝을 하는 것이 좋다.

(2) 가격 대 품질에 의한 포지셔닝

가격 대 품질 포지셔닝은 가격과 품질(참관객에게 제공되는 혜택)을 조합하여 참관객들에게 포지셔닝하고자 하는 전략이다. 참관객들은 가격에 대해 알아보고 그 가격에 맞는 품질(또는 혜택)이 적정한가에 대해 평가를 하게 된다. 예를 들어, 볼보의 경우 핵심적인 가치 제안은 안전뿐만 아니라 신뢰성, 공간성, 스타일링 등의 혜택이 된다. 이로 인해 지불해야 하는 가격은 평균보다 높지만 이러한 혜택의 조합을 고려하면 정당하게 느껴지게 된다.

이러한 전략은 다섯 가지로 요약될 수 있는데 첫째, 비싼 가격에 많은 혜택을 주는 포지셔닝 전략이다. 이는 참관객들에게 경쟁자에 비해 더 고급스러운 제품이나 서비스를 제공하면서 더 높은 비용을 감당하게끔 더 비싼 가격을 매기는 전략이다.

둘째, 같은 가격으로 더 많은 혜택을 제공하는 포지셔닝 전략이다. 이는 참가기업이 경쟁사보다 더 저렴한 가격으로 비슷한 수준의 품질을, 혹은 같은 가격으로 더 많은 혜택을 제공함으로써 '더 비싸게 더 많은 혜택을' 이라는 포지셔닝 전략을 사용하는 경쟁사를 공격할 수 있는 전략이다.

셋째, 더 싼 가격으로 같은 혜택을 주는 포지셔닝 전략이다. 이 전략은 매우 강력한 가치 제안이 될 수 있다. 대부분의 참관객들은 같은 혜택을 제공하는 제품 중에서 더 싼 가격의 제품을 선호하기 때문이다.

넷째, 더 싼 가격으로 더 많은 혜택을 주는 포지셔닝이다. 이 포지셔닝은 참관객들에게 매우 강력하게 포지셔닝 되어질 가능성이 높다. 그러나 이러한 포지셔닝은 장기적으로 유지하는데 어려움을 겪을 가능성이 있다. 더 많은 것을 제공하려면 더 많은 비용이 들기 때문이다.

다섯째, 훨씬 싼 가격으로 더 적은 혜택을 주는 포지셔닝이다. 모든 참관객이 비싼 가격을 치르며 가장 좋은 제품을 구매할 능력이 있는 것은 아니다. 따라서 많은 참관객들이 가격을 낮추어 기꺼이 최적의 성능을 갖지 못한 제품으로 만족하거나 더 싼 가격의 대가로 고품질을 포기하기도 한다. 이러한 포지셔닝은 훨씬 싼 가격으로 참관객의 더 낮은 성능 혹은 더 낮은 품질에 대한 요구 수준을 맞추는 것이다.

가격 및 혜택에 의한 포지셔닝

혜택 \ 가격	더 비싼 가격	같은 가격	더 싼 가격
많음	더 비싸게 더 많이	같은 가격으로 더 많이	싼 가격으로 더 많은 혜택을
같음			더 싼 가격으로 같은 혜택을
적음			훨씬 싼 가격으로 더 적은 혜택을

자료 : Philip Kotler & Gary Armstrong, Kotler의 마케팅 원리, 12th ed., Σ 시그마 플레스, 2008.

(3) 경쟁자에 의한 포지셔닝

경쟁제품에 따른 포지셔닝은 소비자의 지각 속에 자리 잡고 있는 경쟁제품과 자사의 제품을 비교함으로써 자사제품만이 줄 수 있는 혜택이나 편익을 강조함으로써 포지셔닝 하는 방법이다. 예를 들면 어떤 가전제품 업체가 자사의 제품이 타사에 비해 절전효과가 있을때 이를 간접적으로 경쟁제품과 비교하여 강조한다면 이는 경쟁사에 초점을 맞춘 포지셔닝이라 할 수 있다.

3) 포지셔닝 맵(Positioning Map)

포지셔닝 맵

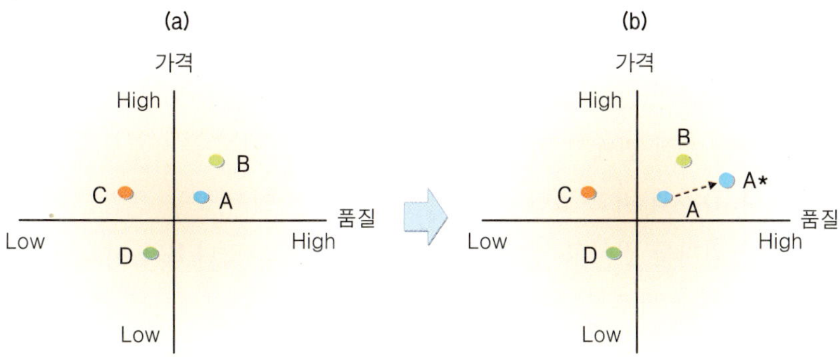

포지셔닝 맵(Positioning Map)이란 고객들의 마음속에 자리 잡고 있는 자사 상표와 경쟁상표를 몇 가지의 기준이 주어진 그림 위에 위치시키는 것이다. 포지셔닝 맵을 파악하려면, 먼저 자사 및 경쟁사 제품의 속성들(가격, 기능, 품질, 스타일, 디자인 등)에 대해 소비자가 어떻게 평가하고 있는지를 조사하고 이 결과를 이차평면이나 그 이상의 공간에 표시한다. 이렇게 표시된 각각의 위치는 소비자에 의해 구별된 자사제품의 특성을 나타내므로 포지셔닝 맵은 기업의 차별적 우위의 평가에 사용할 수 있다.

기업은 포지셔닝 맵에서 자사제품이 원하는 위치를 변경시켜 촉진전략을 수립할 수 있다. 즉 기업은 포지셔닝 맵에서 제품이 현재 점하는 위치에서 좀 더 유리한 위치로 소비자들이 인식하게끔 각종 촉진전략을 수립하고 이의 달성을 위하여 촉진수단들을 실행하게 된다. 물론 단순히 포지셔닝 맵에서의 제품의 위치를 인위적으로 옮기고 촉진활동을 펼친다고 해서 원하는 목적을 이룰 수는 없다. 마케팅의 요소인 제품(Product), 가격(Price), 유통경로(Place)와 촉진(Promotion)을 이용하여 마케팅 믹스(Marketing Mix)를 개발하고 실행에 옮겨야 그 목적을 이룰 수 있을 것이다. 그러나 적어도 소비자가 자사제품에 대하여 그릇된 오해를 가지고 있다거나 부정적인 견해를 가지고 있을 경우에는 효율적인 촉진활동을 통하여 그러한 오해나 견해를 불식시킬 수는 있을 것이다.

위의 그림은 포지셔닝을 이용하여 촉진전략을 도출해 내는 모습을 그림으로 표현한 것이다. (a)의 포지셔닝도를 보면 제품 A는 가격과 품질이 중간보다 조금 위쪽에 점하고 있는 것으로 나타났다. 즉 C와 비교하여 보면 가격은 비슷한 위치에 있지만 품질 면에서 뛰어난 것으로 나타나고 있어 품질에서 경쟁우위를 점하고 있다. D와의 비교 또한 품질 면에서 가격 면에서 모두 우위를 차지하고 있어 적절한 위치를 점하고 있다고 판단할 수 있다. 그러나 B와 비교해 보면 A는 품질 면에서는 아주 근소한 열위에 놓여 있고 가격 면에서는 큰 차이를 보이고 있어 가격과 품질 모두 B에 비하여 경쟁열위에 놓여 있는 것으로 나타나고 있다. 이때 A의 경쟁상품은 B가 될 수 있을 것이다. 따라서 (a)의 A는 (b)의 A*로 재포지셔닝 하기 위하여 다양한 촉진활동을 펼칠 수가 있는데, 가격은 그대로이면서 품질은 B에 비하여 더 우수하다는 것을 소비자에게 인지시키는 촉진전략 목표가 자연스럽게 도출되었다.

전시 촉진전략은 포지셔닝 맵을 이용하여 도출해 낼 수 있다. 참가하는 전시회를 통하여 자사 제품의 포지셔닝을 재창출 해내고자 하는 노력은 자사의 전시부스에 참관객을 많이 유도하는 것뿐만 아니라 전시촉진에 있어 매우 중요한 부분이기도 하다.

제3절 전시마케팅 믹스와 4P 전략

1. 전시마케팅 믹스

전시마케팅의 4P

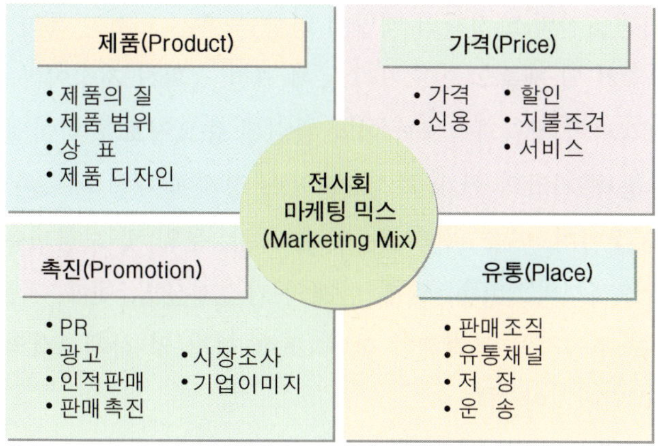

1) 제품믹스

제품믹스(product mix) 정책의 수단들은 제품의 질, 제품군, 브랜드 및 제품 디자인으로 구성되어 있다. 전시회 참가에 있어서 중요한 점은 기업이 생산하는 다양한 제품 중 어느 제품군 위주로 전시회에 전시해야 하느냐의 문제이다. 제품믹스를 검토하기 위해서는 전시될 제품이나 특정 시장의 시장 사이클에 대해 알고 있을 필요가 있다. 제품전시범위는 신제품이 처음으로 제시되는 전시회에서 가능하면 확대되는 것이 좋다.

제품디자인은 최신의 것이어야 하며, 쉽게 팔릴 수 있어야 한다. 포장도 마찬가지의 논리가 적용이 된다. 그리고 새로운 브랜드를 도입할 것인지 아니면 사용하고 있는 기존의 상표를 사용할 것인지도 결정해야 한다.

제품믹스 각각의 구성요소는 전시회 참가를 통해 검증될 수 있다. 전시회장을 찾아오는 고객과의 대화를 통해서 제품의 수용성을 검증받아야 하며, 기업은 이를 통해 제품믹스 정책에 대한 귀중한 정보를 얻을 수가 있다.

2) 가격믹스

가격조건 믹스(price and conditions mix) 정책의 수단들은 가격(price), 신용(credit), 디스카운트(discount), 지불조건(payment), 서비스 등으로 구성되어 있다. 각각의 가격조건믹스 정책의 개발에 영향을 주는 요소는 특히 고객성향, 기업규모, 고객위치 및 제품의 인도거리 등에 관한 정확한 지식이다. 기업은 전시회 내에서 고객과의 상담과정에서 이와 관련된 중요정보를 알아낼 수 있다. 전시회 참가를 통해 기업의 현재 가격조건믹스 정책에 대한 새로운 개념을 개발할 수가 있을 것이며, 이를 위해서는 첫째, 포장, 운임 및 보험비용, 둘째, 애프터서비스 및 고객서비스비용, 셋째, 현재의 가격계산법, 넷째, 지불의 조건, 인도조건 및 취소조건들을 고려해야 한다. 또한 현재 및 잠재고객의 결제능력과 신용도도 고려되어져야 한다.

3) 유통믹스

유통믹스(distribution mix)정책의 수단들은 판매조직, 유통채널, 저장 및 운송 등으로 구성되어있다. 기업이 효과적인 유통믹스 정책의 수립을 위해서는 현재의 판매조직의 변화나 재조직화(판매조직의 리스트럭처링, 딜러나 판매대행업자의 모집, 제품의 저장과 운송을 위한 협력 파트너 발굴 등)가 필요한지의 여부에 대한 철저한 조사가 수행되어야 한다. 또 다른 고려요소는 현재의 유통채널이 질적 · 양적으로 변화될 필요성이 있는지에 대한 판단이다.

기업은 전시회를 통해 현지에서 강력한 유통망을 가진 딜러나 판매 대행업자를 발굴할 수 있는 기회를 가질 수가 있다. 또한 전시회 참가를 통해 유통경로 개발을 위한 아이디어를 얻을 수도 있으며, 협력파트너를 쉽게 발굴할 수 있는 기회도 갖게 된다. 그리고 현재의 유통채널을 질적으로나 양적으로 변화시킬 필요가 있는지를 고려해야 한다.

4) 촉진믹스

촉진기능(Promotion)

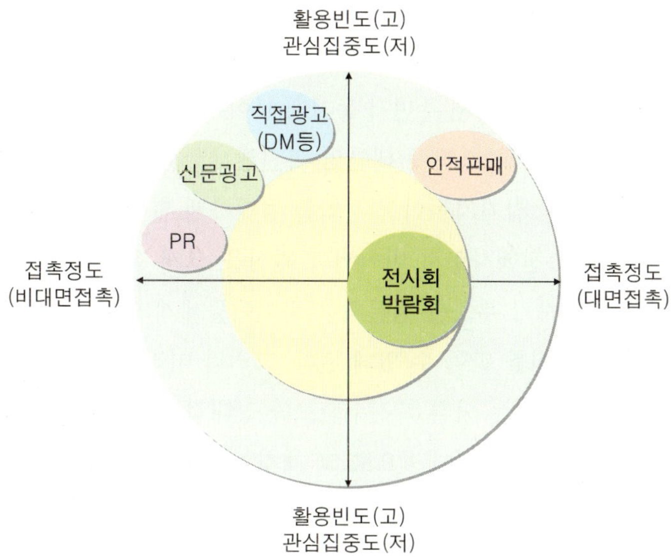

출처 : AUMA(2004)

촉진믹스(promotion mix)는 뉴스 및 정보의 교환뿐만이 아니라 상품의 교환까지도 의미한다. 전시 참가기업들은 우선적으로는 자기 기업의 부스, 제품, 부스근무요원을 이용해 정보 제공자로서 역할을 하게 되고 참관객들은 우선 정보 수신자로서의 역할을 하게 되고 나중에는 참관객들 또한 정보교환에 있어서 능동적인 참여자가 된다는 점에서 상호 정보교환을 의미하는 커뮤니케이션 과정은 전시회에서도 발생하게 된다. 또한 이러한 과정을 통해서 제품의 구매까지도 연결이 되어 지게 된다. 전시회는 일종의 미디어 매체로서의 역할을 하게 되며, 커뮤니케이션은 전시회의 중심기능 중의 하나가 된다.

기업의 촉진 또는 커뮤니케이션 정책의 수단으로는 광고, 판매촉진, 인적판매 그리고 PR로 구성되어 있으며, 전시회의 커뮤니케이션 수단으로서의 중요성은 두 가지 차원으로 설명되어질 수 있다.

첫 번째 차원은 전시회가 전시 참가기업과 참관객들 사이에 긴밀한 접촉관계를 조성해 주고 있음을 보여 주고 있다. 전시 참가기업과 참관객 사이의 대화는 거래관계를 지속하고 향상시킬 수 있는 유일한 방법이기 때문에 매우 중요한 가치가 있다. 또한 전시회는 다른 촉진수단들보다 제품 및 서비스에 대해 훨씬 더 생생하고 능동적인 정보를 전달해 주는 동시에 판매까지 연결시킬 수가 있다. 즉 제품의 성능에 대해 설명해 주면서 동시에 보여주고 판매까지 할 수도 있다.

두 번째 차원은 전시회 자체가 대단위 촉진행사로서 사회적으로 관심의 집중도가 높으며 다수의 참가자들이 전시회를 빈번하게 활용한다는 점이다. 전시회 참가는 고도의 촉진행사로서 바이어의 관심을 크게 유발시킬 수가 있으며 전시 참가기업들은 자기 부스를 방문하는 바이어들에게 인상적인 경험을 제공하게 하는 다양한 기회를 만들 수 있게 된다. 그러나 이러한 이점에도 불구하고 기업의 전시회 활용빈도는 다른 촉진수단보다 상대적으로 낮다. 왜냐하면 전시회는 다른 촉진수단들보다 상대적으로 그 개최 빈도가 적으며, 전시회 참가 시 등록마감 시한 등을 정확히 준수해야하기 때문이다. 이 점은 기업들이 전시회를 이용하려면 장기간의 계획기간을 필요로 한다는 점을 의미한다.

2. 전시제품전략

1) 앤소프(H.I. Ansoff)의 모델을 활용한 전시제품전략

앤소프의 매트릭스 모델

제품 \ 시장	기존시장	신시장
기존제품	시장침투전략 →	시장개발전략
신제품	↓ 제품개발전략	다각화전략

전시회에 참가하는 기업은 전시회에 전시할 제품에 대한 기본적인 전략을 수립하여야 하는데 이는 기업목표와 전시회 목표가 부합되도록 하여야 한다. 앞서 살펴보았듯이 기업의 목표가 시장진입, 신시장 개척, 시장 주도권 유지, 경쟁참여선언 등과 같이 네 가지로 구분되었을 때 전시회의 목표는 각각에 따라 몇 가지로 세분되어 수립되어질 수 있다.

이렇듯 구분되어진 전시회의 목표는 전시회가 대상으로 삼은 시장의 특성과 결합하여 전시되어질 제품의 기본적인 전략은 수립되어지게 된다.

전시제품의 기본적인 전략은 앤소프의 제품 · 시장 매트릭스 모델을 통해 살펴 볼 수가 있는데 앤소프는 제품과 시장의 두 가지 변수를 각각 기존 제품과 신제품, 기존 시장과 신시장으로 구분하여 매트릭스화 시키고 이를 통해 기본 전략을 도출해 내었다. 또한 이러한 기본 전략은 시장침투전략, 제품개발전략, 시장개발전략 및 다각화전략의 네 가지로 구분하였다. 앤소프는 시장침투, 제품개발, 시장개발전략을 확대전략으로 파악하고, 이와 대비되는 전략을 다각화전략으로 파악하고 있다.

앤소프의 이러한 모델은 성장벡터분석이라고 불리우며 기업의 성장이 단순히 우연하게 일어나는 것이 아니며, 경영자가 성장에 대한 명확한 의식을 가지고 있어야 한다는 것을 전제로 한다. 기업의 자원은 한정되어 있기 때문에, 기업은 서로 경쟁하는 성장기회들 간의 트레이드 오프(trade-off)를 고려하지 않을 수 없다. 또한 시장의 역동성, 경쟁우위 요소의 변화, 현재 및 잠재적 경쟁사와의 영원한 경쟁 등이 기업으로 하여금 성장 기회를 빈번하게 검토할 것을 요구한다. 기업의 목적은 성장 그 자체를 위한 성장이 아니라 수익성이 있는 성장을 추구하는 것이기 때문이다.

고객지향성을 특징으로 하는 고객세분화 분석은 수익성 있는 고객과 성장기회를 추구하기 때문에, 성장벡터 모델에 또 다른 고유의 영역을 첨가할 수 있다. 기업은 고객가치와 다양한 고객집단 그리고 범위의 경제를 이해함으로써, 강력하고 차별화된 경쟁적 포지션을 통한 실질적인 성장과 다각화 전략을 수립할 수 있게 된다.

앤소프의 모델은 전시회에 참가하는 기업의 전시제품전략 수립에 많은 시사점을 준다.

첫째, 전시장이 특정 시장을 대표하는 장소로서 경쟁 기업들 간에 경쟁의 각축장이라고 할 때 성장벡터 분석은 전시장과 제품전략을 위한 수많은 선택 가능성을 조직하고 비교하는데 도움을 준다.

둘째, 전략의 일반적인 방향이 시장전략(전시회 참가전략) 대 제품전략(전시제품전략)으로 결정되고 나면, 시장전략(전시회 참가전략)과 제품전략(전시제품전략)내의 여러 가지 대안들을 보다 정교하게 비교할 수 있게 해준다. 이러한 두 가지 유형의 분석을 통해서 기업이 직면하고 있는 모든 선택 가능성이 검토된다.

또한, 성장벡터 분석은 여러 개의 전략을 창출하게 만든다. 물론 일정 기간 내에 선택되는 전략은 한정되어 있다. 그러나 시장은 끊임없이 변하기 때문에 부가적인 전략의 창출은 기업으로 하여금 역동적으로 움직이고 변화하는 전시회에서 전향적인 입지를 채택할 수 있게 해준다.

이와 같이 앤소프의 모델은 전시회에 전시할 제품의 성격을 결정지어 주는 것으로서 기업의 목표와 전시회의 목표에 따라 전시되어질 제품의 방향을 제시해주는 것이라 하겠다.

앤소프의 모델을 통해 전시제품 세부전략으로 시장침투전략으로서의 전시제품, 제품개발전략으로서의 전시제품, 시장개발전략으로서의 전시제품, 다각화전략으로서의 전시제품으로 구분할 수 있는데 이에 대한 내용은 다음과 같다.

(1) 시장침투전략(Market Penetration Strategy)으로서의 전시제품

기존 시장(기존고객)에서 기존 제품으로 시장점유율을 증대시키기 위한 전략이다. 이를 위해 자사 소비자에게 제품을 더 많이 사용하도록 하며, 경쟁상표를 사용하는 소비자는 자사 상표를 구매하도록 유도하고, 자사상표나 경쟁사의 상표를 사용하지 않는 소비자에게는 그 제품을 사용하도록 유도하는 방법이 있다.

이러한 전략은 시장에서 현재 자사의 주력 상품의 위상을 높이기 위한 것으로서 자사의 전시되어지는 제품이 전시회에서 경쟁사의 전시제품보다 돋보이게 하도록 노력해야 하며 전시장에서 직접 제품에 대한 사용 체험과 함께 경쟁 제품과의 비교가 용이하도록 하는 세부적인 실행방법을 모색해 봐야 한다.

(2) 제품개발전략(Product Development Strategy)으로서의 전시제품

기존 시장의 소비자가 잠재적으로 관심 있어 하는 신제품을 개발하는 전략으로, 동일한 제품이라도 새로운 기능의 추가, 디자인의 변경 등 다양한 방법을 사용하여 신제품을 개발하는 방법이다. 이는 결국 기존 제품을 대체할 수 있는 새로운 제품을 창조하는 것으로 기존 고객에게 제공할 새로운 제품이나 서비스를 개발하여 매출액 목표를 달성시키고자 하는 전략이다.

전시회에 전시할 제품이 제품개발전략에 따른 제품이라고 한다면 전시회 참가기업은 기존 제품에 비해 새로운 제품을 사용하였을 경우 사용자가 얼마나 많은 편익과 혜택을 획득할 수 있는가에 대해 부각 시키는 노력이 필요하다. 또한 참관객들이 새로운 제품에 대한 이해와 함께 공감을 통해 다른 사람들에게도 새로운 제품에 대한 장점들을 전파할 수 있도록 하는 노력도 기울여야 한다.

(3) 시장개발전략(Market Development Strategy)으로서의 전시제품

기존 제품을 가지고 새로운 시장(고객)을 발견하고 개발하는 전략으로, 잠재 소비자 집단을 확인하여 기존 제품으로 이들의 욕구를 충족시키고자 하는 매출액 목표 달성 전략이다. 즉 기업이 현재 보유하고 있는 제품이나 서비스를 새로운 시장에 내놓는 것으로 제품이나 서비스는 바뀌지 않은 채, 새로운 고객을 찾아내는 것이다. 새로운 지리적 영역에 제품을 수출하거나 판매하고자 하는 목적으로 전시회에 참가하는 경우 이러한 전략을 채택하게 된다.

이런 전략을 채택하였을 경우 전시회 참가 기업은 기존 시장에서 이 제품의 성과와 고객들의 반응이 얼마나 좋았는가를 참관객들에게 효과적으로 전달하고자 노력해야한다.

(4) 다각화전략(Diversification Strategy)으로서의 전시제품

현재의 사업과 직접적인 관련이 없는 다른 분야에서 새로운 성장기회를 발

견하는 전략으로 새로운 시장과 새로운 제품기회를 찾는 전략이다. 이 경우, 기업은 완전히 새로운 제품이나 서비스를 새로운 고객에게 판매한다.

다각화에는 연관 다각화와 비연관 다각화라는 두 가지 유형이 존재한다. 연관 다각화는 기업이 기존 제품과 어느 정도의 연관성을 갖고 있는 제품이나 서비스를 시장에 출시하는 것을 의미한다. 예를 들어, 셔츠 소매업자가 바지와 양말을 판매하게 되는 경우가 여기에 속한다. 비연관 다각화는 기업이 해당 분야의 산업이나 시장경험을 전혀 갖고 있지 않은 상태에서 새로운 제품을 출시하는 경우이다. 예를 들어, 셔츠업자가 콜라 농축액 시장에 투자하는 경우가 여기에 속한다.

이러한 다각화전략에는 세 가지 형태가 존재하게 되는데 첫째, 신제품이 소구하는 소비자 집단이 기존 제품의 소비자와 다르더라도, 새로 개발되는 신제품이 생산기술이나 마케팅 효율성에서 현재의 제품라인과 시너지 효과를 가질 수 있는 방향으로 선정하는 집중적 다각화이다.

둘째, 현재의 제품 계열과 기술적으로 관계가 없지만 현재의 고객에게 소구될 수 있는 신제품을 개발하는 수평적 다각화이다.

셋째, 현재의 기술, 제품 및 시장과 관련이 전혀 없는 신사업을 개발하는 복합적 다각화이다.

다각화전략은 가장 혁신성이 높은 전략이면서도 위험도 가장 큰 전략유형이라 할 수 있다.

전시회는 이러한 다각화전략의 일환으로 제품을 시장에 소개하고 경쟁하는데 아주 좋은 기회가 된다. 전시회는 수많은 참관객들이 일시에 대거 집중적으로 참여하는 이벤트이므로 다각화전략으로 만들어진 제품을 단기간에 시장에 인지시키고 다른 경쟁자들에게 경쟁참여를 알리는 장소로 최적지가 된다. 또한 전시회를 통해서 참가기업은 새로운 시장에 진입함과 동시에 새로운 거래선의 발굴과 영업 파트너를 확보할 수 있게 된다.

2) 제품수명주기(Product Life Cycle)를 활용한 전시제품전략

(1) 제품수명주기(PLC)의 개념

Product Life Cycle

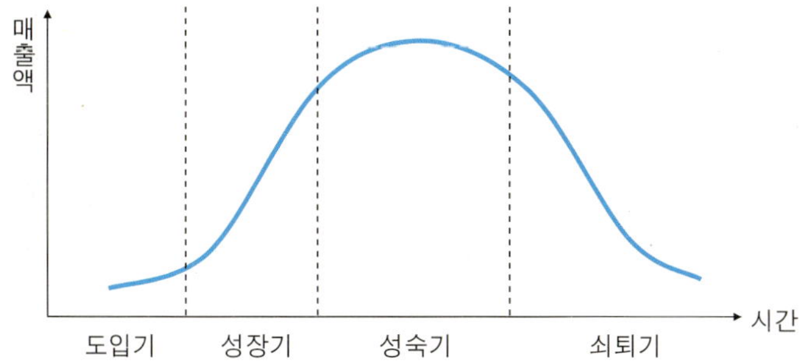

제품수명주기는 인간이 태어나서 성장하고 청·장년기와 노년기를 거치는 것과 마찬가지로 제품 또한 시장에 처음 신제품으로 출시되어져 도입기-성장기-성숙기-쇠퇴기를 거쳐 시장에서 사라져 가게 된다는 이론이다. 제품수명주기 이론은 시장에서 시간이 경과함에 따라 제품의 판매와 수익률이 변하게 되어져 가는 과정을 동태적으로 설명하고 있으며 각 단계에 따라 생산, 제품, 가격, 촉진, 유통 등 마케팅 전반에 대해 전략적 시사점을 제공해 주고 있다. 따라서 마케팅 담당자들은 제품수명주기 분석을 통해 자사 제품의 위치를 판단하고 마케팅 전략을 점검하는 한편 미래에 다가올 새로운 단계에 대한 대응을 효과적으로 준비할 수 있다.

① 도입기(introduction stage)

제품이 시장에 처음으로 출시되어지는 시기를 도입기라 한다. 도입기 단계에서는 제품의 인지도와 수용도가 시장에서 매우 낮은 상태이며 그 제품에 대한 정확한 정보를 소비자가 획득하기가 어렵고 유통경로 또한 정비되지 못함으로 인해 많은 판매와 이익을 기대하기가 힘들다. 또한 이 단계에서는 경쟁이 극히 미미한 상태이거나 경쟁이 없는 상태가 된다.

도입기에는 우선 소비자들에게 제품에 대한 인지도를 높이는 활동에 치중해야 하는 한편 새로운 제품에 대하여 두려워하지 않고 충분히 위험을 감수할 의지가 있는 혁신층(innovators)라고 불리어지는 소비자 집단을 목표로 하여 촉진활동을 수행하여야 한다.

② 성장기(growth stage)

시장에서 제품판매가 빠르게 증가하는 단계로써 기존고객과 새로운 고객들의 왕성한 구매활동이 일어나는 시기이다. 따라서 이 단계에서는 매출증대에 따른 수익이 급속히 늘어나게 되며 인지도 증대에 목적을 두는 촉진활동에서 재구매와 반복구매가 일어날 수 있도록 호감도를 증진시키는 촉진활동을 병행해야 한다. 주로 사회적으로 지도층에 속해 있으며 신중한 사고를 하며 대중매체에 대해 즉각적인 반응을 보이는 오피니언 리더(opinion leader)와 같은 조기채택층(early adoptors)이 주요 마케팅 대상이 된다.

성장기는 후반으로 갈수록 경쟁자가 나타나게 되고 경쟁이 심화되어지게 된다.

③ 성숙기(maturity stage)

성숙기는 제품이 시장에 정착하여 안정적인 단계에 접어드는 단계로 대부분의 잠재소비자들이 제품을 구매하게 되어 판매는 둔화되게 되고 치열한 경쟁으로 인해 마케팅 비용이 늘어나 이익은 정체되거나 하락하는 시기이다.

이시기의 소비자는 주로 조기 다수층(early majority)와 후기 다수층(late majority)으로 구성되게 되며 마케팅 담당자는 기존 마케팅 믹스를 수정하여 판매에 자극을 주는 방법을 적극적으로 모색해 보게 된다.

④ 쇠퇴기(decline stage)

제품의 판매가 급속도로 감소하는 단계로서 기업은 개량제품을 출시하거나 제품라인을 철수 시키는 시기이다. 따라서 이 단계는 감소하는 판매량을 둔화시키기 위하여 가격인하와 대체제품 개발, 제품 다양화 등 다양한 방법의 마케팅 전략이 필요한 시기이다.

쇠퇴기의 주요 소비자는 느림보층(laggards)으로 보수적인 성향을 지닌 계층으로서 변화와 다른 사람의 사고를 받아들이기를 꺼려한다. 이들은 제품이 혁신이 아닌 전통으로 정착될 경우에 그 제품을 수용하게 된다.

(2) 국제제품수명주기를 이용한 전시상품전략

International Product Life Cycle

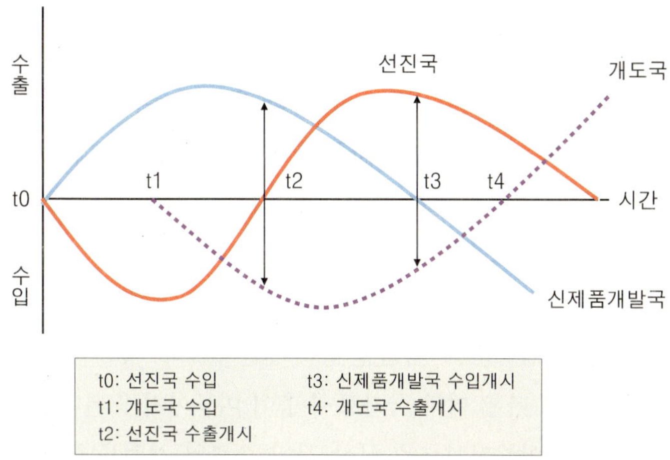

자료 : 이장로, 국제마케팅, 무역경영사, 2008.

제품수명주기의 개념을 국제적인 차원으로 확대한 국제제품수명주기이론은 각국의 기술 및 소득수준의 차이와 제품의 시장국별 도입시기의 차이에 근거하여 특정 제품의 국제무역패턴과 해외생산입지의 변화과정을 설명하고 있다.

신제품의 경우 대부분 기술수준과 소득수준이 높은 선진국에서 생산되어지고 소비되어지는 것이 일반적인 모습이다. 이때 신제품 개발국은 아직 신제품을 생산하지 못하고 있는 다른 선진국에게 신제품을 수출하게 된다.(t0) 개발도상국가나 후진국들은 아직 고가의 신제품을 소비할만한 여력이 되지 않기에 수출이 이루어지고 있지 않게 된다. 그러나 어느 정도 시간이 흐르게 되면 신제품에 대한 정보는 개발도상국에게도 퍼지게 되고 개발도상국에서는 고소득층을 대상으로 하여 신제품의 수요가 발생하게 된다. 이 수요를 충족시켜주기 위해 개도국에서도 신제품 개발국으로부터 제품의 수입이 소량이나마 이루어지기 시작한다.(t1)

일정기간이 지나게 되면 신제품을 생산하지 못했던 선진국도 기술을 습득하여 자체 생산을 하는 단계에 진입하게 된다. 이렇게 생산된 제품은 국내 수요를 충족시키고 남는 제품에 한하여 개발도상국가에게까지 수출까지 하게 된다.(t2)

이러는 사이 신제품 개발국의 시장은 성숙기를 넘어서 쇠퇴기로 접어들게 되고 새로운 신제품이 나와 판매량은 급격히 감소하게 된다. 이 때 기존 제품 생산에 사용되던 유휴설비들은 개도국으로 이전하게 되어 해외직접투자가 이루어지게 된다. 그러는 사이 국내생산은 급격히 줄어들게 되나 아직까지 기존 제품에 대한 수요를 충족시키기 위해 선진국으로부터 제품을 수입하게 된다.(t3)

신제품 개발국으로부터 기술 및 설비를 이전받아 제품의 생산이 급속도로 증가하는 개발도상국에서는 t4 지점을 통과하면서 초과 생산이 발생하게 되고 초과 생산물에 대해서 다른 여타 국가로 수출이 이루어지게 된다.

이렇듯 국제제품수명주기이론은 국가 간의 수출입 시점을 동태적으로 알려주게 되고 이는 곧 국가별로 서로 상이한 제품수명주기가 존재하고 있음을 시사해 준다. 즉 똑같은 제품이라도 선진국의 제품수명주기와 개도국의 제품수명주기는 서로 다른 시간대에 위치하고 있음으로 제품수명주기는 일국에서의 관점 보다 전세계적인 관점이 훨씬 더 길다는 것을 알 수 있다. 제품수명주기가 길다는 것은 제품의 시장 기회가 그만큼 더 많아진다는 것을 의미한다.

기업들은 이러한 국제제품수명주기를 다음과 같이 전시제품전략 및 다른 마케팅 요소에 적용하여 활용할 수 있다.

① 전시제품의 제품수명주기가 어떠한가를 국가별로 분류하여 전시회에서 공략할 목표 국가 선정이 수월해 진다.

② 전시되어지는 제품이 시장에 처음으로 출시되는 신제품이라면 그 제품을 충분히 수용해 낼 수 있는 국가들로부터 온 참관객(바이어)들을 목표로

전시제품전략을 수립하고 전시활동을 수행해 낼 수 있다.

③ 국내에서 성장기를 거쳐 쇠퇴기에 접어든 제품이라도 그 제품이 도입기나 성장기에 접어든 국가를 목표로 전시회에 참가하여 그 국가로부터 온 참관객(바이어)들을 집중 공략할 수 있다.

④ 전시제품의 국가별 제품수명주기에 어울리는 각각의 유통업자 선정이 용이해진다.(국제수명주기와 전시유통전략과의 적용성)

⑤ 전시제품의 국제제품수명주기에 어울리는 가격전략을 수립하고 이에 맞는 전시제품전략을 수행할 수 있다.(국제제품수명주기와 전시가격전략과의 적용성)

⑥ 전시제품의 국제수명주기에 알맞는 촉진전략을 구사할 수 있다.(국제제품수명주기와 전시촉진전략과의 적용성)

이와 같이 국제제품수명주기는 전시제품전략에 유용하게 활용되어질 수 있는 이론으로서 전시회 참가기업에게는 새로운 시장기회를 제공해 줄 수 있을 뿐만 아니라 효과적인 마케팅 믹스 수립에도 도움을 준다.

3. 전시가격전략

전시가격전략

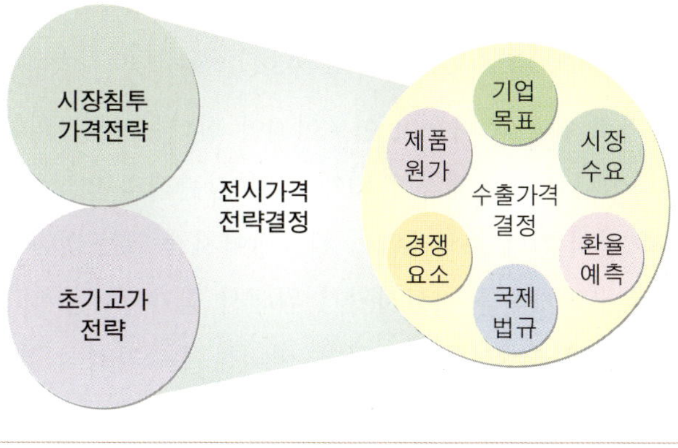

전시회의 가격전략은 궁극적인 목표에 있어서 국내가격결정과 기본적으로 크게 다르지는 않다. 즉 책정되어진 가격이 참관객들로 하여금 제품에 대해 적정한 가치를 대표하고 있다고 느끼도록 책정되어야 하는 동시에 참가기업의 전반적인 목적과 외부상황에 따라 단기 혹은 장기이익이 확보되도록 책정되어져야 하기 때문이다. 그러나 전시회 가격전략은 본질적으로 국내에서의 거래가 아니라 복수의 국가 시장을 대상으로 한다는 점에서 다음과 같은 점들을 고려하여야 한다.

첫째, 전시회 가격전략은 생산국과 소비국이 상이한 제품, 즉 수출입 제품의 가격결정 문제를 다룬다. 이 경우 기업은 국경을 넘는데 따르는 추가적인 비용과 위험을 고려하여야 하며 본국의 고객들과는 여러 면에서 다르며 수입상품에 대하여 편견을 가지고 있을지도 모르는 참관객들을 설득할 수 있는 가격대를 설정하여야 한다.

둘째, 전시가격전략 수립 시 고려해야 할 환경요소가 보다 복잡하고 다양하다. 전시가격 결정은 해외시장의 다양한 환경요소, 예를 들면 수송비, 보험료, 관세, 수입부과금, 유통마진 등 최종소비자에게 전가되는 성질의 비용요소와 시장규모, 성장률, 수요탄력성 등의 수요조건, 그리고 경쟁자, 경쟁구조, 경쟁우위와 같은 경쟁조건 등을 파악하고 이를 가격전략에 고려해야 한다.

이러한 이유로 하여 전시가격결정은 국내 가격결정보다 훨씬 복잡하고 어려운 과정이라 할 수 있다.

1) 수출가격

전시회에서 거래 계약이 이루어졌다는 것은 곧 참가기업의 국가에서 참관객, 즉 바이어의 국가로 제품의 이동이 이루어져야 한다는 것을 의미한다. 따라서 참가기업의 입장에서는 수출계약이 되게 되며 참관객의 입장에서는 수입계약이 되게 된다. 즉 양국 간에 무역계약이 체결되어지게 되는 것이다.

전시회를 통해 무역거래를 성사시키기 위해서 참가기업은 적절한 수출가격을 결정하여 참관객에게 제시하여야 한다. 이러한 수출가격의 결정을 위해서는 다음의 요인들을 고려해야만 한다.

① 기업의 목표를 고려해야 한다. 기업이 수출을 통해 달성하고자 하는 목표가 무엇인가 명확해야만 가격결정이 가능하다. 즉 시장점유율이 목표인지 이익을 극대화하는 것이 목표인지에 따라 가격산출이 달라지게 된다.

② 제품의 원가를 고려해야 한다. 원가는 제품을 생산하는 제조원가를 비롯하여 운송비용, 마케팅 비용을 포함하여 관리비, 조세, 기타 간접비 등으로 구성된다. 특히 참관객(바이어)의 국가와 참가기업 국가 간 물리적 거리는 운송비와 운송보험료뿐만 아니라 수출포장비 등에도 영향을 주기 때문에 자세한 상담을 통해 양당사자(참가기업과 참관객) 사이에 정확한 비용 산출이 필요하다.

③ 해당 제품에 대한 시장 수요도 고려의 대상이 된다. 해당 제품이 시장에서 수요가 증가할 것이라는 예측이 있게 되면 단기적으로 가격이 상승할 가능성이 있으며 반대로 수요가 감소할 것이라고 예측을 하게 되면 가격이 하락할 가능성이 있다. 특히 무역거래는 계약체결은 현재 이루어지나 제품의 물리적 인도와 대금결제는 미래의 일정 시점이 되어서나 이루어지는 선물계약이라는 특성을 고려하여 미래 수요예측에 따라 가격결정이 이루어져야 한다.

④ 경쟁요소도 고려해야 한다. 시장에서 경쟁이 치열하게 되면 가격이 하락할 가능성이 있다. 반대로 경쟁이 없는 상태라고 한다면 가격은 상승할 가능성도 있다. 따라서 경쟁조건은 이러한 가격의 상한선과 하한선의 어느 지점에서 실제가격이 결정되어지는가를 제시하는 요소라 할 수 있다. 그러므로 경쟁요소가 가격에 어떠한 영향을 미치는가에 대한 면밀한 조사도 필요하다.

⑤ 국제 무역질서 및 개별 국가의 법률체계에 대한 이해도 필요하다. WTO를 비롯하여 각국의 법률이 무역거래에 어떻게 영향을 끼치는가도 살펴보아야 한다. 반덤핑규제로 인해 수출가격의 하한선이 정해지는 경우도 있을 수 있 수당 국가의 공정거래법, 독점금지법 등의 법률에 의해 영향을 받을 수도 있다. 따라서 수입국의 대외경제를 관장하는 법률과 가격에 대해 규정해 놓은 법률 등을 고려해야 한다.

⑥ 환율을 고려해야 한다. 수출가격의 표시는 보통 US 달러와 같은 외환으로

표기되어지는 것이 보통이다. 따라서 국가경제의 변화와 국제금융시장의 변화로 인하여 환율이 변화되어질 수 있다. 특히 무역거래는 선물거래이기 때문에 대금결제는 계약시점이 아닌 미래 시점에 이루어지게 되므로 그 사이 급격한 환율의 평가절하나 평가절상으로 인해 환차익 또는 환차손과 같은 예기치 않은 수익과 손실을 볼 수 있다. 이는 거래의 안정성을 해치는 결과로 나타나게 되어 장기적인 거래관계 구축에 악영향을 끼칠 수 있다. 따라서 환율예측능력을 갖추고 이를 수출가격결정에 반영하여야 한다.

⑦ 정형거래조건(INCOTERMS 2010)에 대한 이해가 있어야 한다. 수출가격은 주로 인코텀즈라고 불리어지는 정형거래조건 11가지 중 한 가지를 이용하여 표시하게 된다. 예를 들어, 수출가격은 FOB 가격, CIF 가격 등과 같은 형태로 제시가 되어지기 때문에 이에 대한 이해가 선행 되어져야 한다. 인코텀즈는 ICC(International Chamber of Commerce : 국제상업회의소)에서 제정 공포한 것으로 매도인(수출업자)과 매수인(수입업자)의 의무와 권리를 규정해 놓은 것으로 무역거래 과정에서 발생하는 비용과 위험의 책임과 귀속에 대해 편리하게 정리해 놓은 조건이다.

2) 시장침투가격(penetration pricing)

시장침투가격은 기업의 목표에 따라 시장 진입 초기에 낮은 가격을 설정하여 단기간에 급속히 매출 및 시장점유율을 확대하려는 전략이다. 이 전략은 규모의 경제가 존재하거나 단위당 이익이 낮더라도 대량판매를 통해 높은 이익을 확보할 수 있다고 판단되어지는 경우에 활용되어진다. 그러나 보통은 후발기업이 시장에 처음 참여하였을 경우에도 선발주자의 영향력을 조금이라도 빨리 상쇄시키기 위하여 낮은 가격으로 시장점유율을 확대시키고자 하는 경우에 많이 사용된다. 또한 시장침투가격은 가격에 민감하지 않은 고객층이 구매를 완료하고 난 뒤 가격을 내려 저가격으로 판매하여 매출을 확대하려고 할 경우에도 사용된다. 일반적으로 시장침투가격전략은 소비자들이 가격에 민감하고 시장성장률이 높다고 판단될 때, 그리고 저가격으로 경쟁사의 진입을 사전에 방지하고자 할 때 주로 이용되는 가격전략이다.

전시회에서는 앞서 살펴본 전시제품전략 중 시장침투전략과 시장개발전략 그리고 다각화전략 등에 활용되어질 수 있는 가격전략이라 할 수 있다.

3) 초기고가전략(skimming pricing)

초기고가전략은 신제품을 시장에 출시할 때 신제품이 지니고 있는 편익을 수용하고자 하는 소비자층을 상대로 가격을 높게 설정하는 정책이다. 즉 신제품의 개발비용을 초기에 높은 가격을 통해 빨리 회수하는 한편 높은 이윤을 확보하기 위한 전략이다. 이러한 전략을 주로 사용하는 기업은 대부분 해당 제품시장에서 선도적인 위치를 차지하고 있고 그 기업의 제품들이 상대적으로 프리미엄 시장을 형성하고 있는 경우이다.

전시회에서 이러한 초기고가전략은 전시제품전략 중 제품개발전략과 다각화전략에 적용하여 활용할 수 있는데 이는 전시회에 신제품을 출시할 때 가능한 최고가격을 책정하여 높은 가격에도 기꺼이 구매할 의사가 있는 참관객들을 대상으로 하여 우선적으로 판매하고 그 이후에 시장 추이를 보아가며 가격을 점진적으로 하락시키는 전략이라 할 수 있다.

전시가격전략의 비교와 전시제품전략과의 관계

항목	시장침투 가격전략	초기 고가전략
가격탄력성	탄력적	탄력적
생산 · 마케팅 비용	높다	낮다
규모의 경제	작다	크다
경쟁자의 시장진입 용이	어렵다	쉽다
제품의 혁신성	크다	작다
제품의 확산속도	느리다	빠르다
표적시장	작다	크다
기업의 생산 · 마케팅 능력	작다	크다
전시회 제품전략과의 적용	시장침투전략, 시장개발전략, 다각화 전략에 적용	제품개발전략, 다각화 전략에 적용

자료 : 이석규, 마케팅 관리, 박영사, 2006. 을 참조하여 수정하여 작성

4. 전시유통전략

전시회를 통해 구축한 국제유통경로

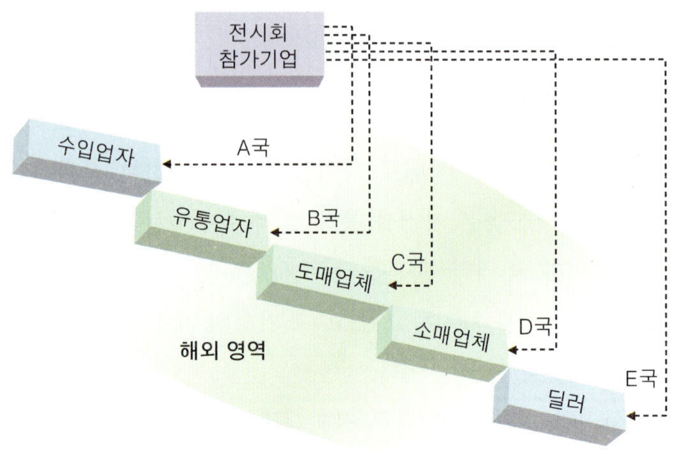

1) 전시유통전략의 의의

제조업자로부터 제품 또는 서비스를 최종 소비자가 구매할 수 있도록 중간에서 연결시켜 주는 자들의 집합을 유통경로라 한다. 이러한 유통경로는 소비자에게 더 나은 가치를 제공할 수 있는 수단을 제공해 주게 된다. 즉 유통경로란 제품이나 서비스를 다양한 경로를 통하여 최종소비자에게 전달되거나 소비될 수 있도록 만들어주는 과정이다. 미국 마케팅협회(American Marketing Association)에서는 유통경로를 "상품, 물건, 서비스 등이 판매되는 기업 내부 조직, 기업외부 중개기관, 도매상, 소매상들의 구조"라고 정의 내리고 있다. 도매상(wholesalers)과 소매상(retailers)은 유통경로의 참여자들 중에서 중간상에 해당되게 되는데 도매상은 최종 소비자에게 판매하지 않고, 주로 소매상이나 다른 도매상, 기업고객들에게 판매하는 중간상을 말한다. 반면에, 소매상은 주로 최종소비자들에게 상품을 판매하는 중간상을 말한다.

제조업자들이 이러한 중간상을 활용하여 최종 소비자와 연결하고자 하는 이유는 다음의 두 가지 측면에서 살펴 볼 수 있다.

첫째, 제조업자는 중간상을 이용하여 거래의 경제성을 달성할 수 있다. 이는 제조업자가 직접 소비자를 상대함으로써 발생될 수 있는 높은 거래비용을 중간상을 이용하여 거래 횟수를 줄여줌으로써 거래의 단순화를 꾀할 수 있다. 이러한 거래의 단순화는 소비자와의 직접 거래에서 발생하는 각종 번거로움과 비용절감을 이룩해 낼 수 있게 된다.

둘째, 중간상의 이용은 제조업자가 최종사용자들과 직접 거래하는 것보다 이들에게 더 많은 시간효용, 장소효용 및 소유효용을 제공한다. 제조업자가 중간상을 이용하면 추가적인 비용이 발생되지만, 이러한 비용의 증가는 중간상이 제공하는 다음의 효용들에 의해 상쇄된다.

① 시간효용(time utility)은 소비자가 상품을 원할 때 구매할 수 있도록 함으로써 발생된다.

② 장소효용(place utility)은 소비자들이 원하는 장소에서 구매할 수 있도록 함으로써 발생된다.

③ 소유효용(possession utility)은 소비자가 상품을 소유할 수 있도록 도와줌으로써 창출된다.

전시회에서의 유통전략은 세 가지의 의미를 가지고 있다.

첫째, 전시회에 참가하기 위해 전시회장까지 제품을 운반하는 것

둘째, 전시회장에서 참관객들에게 판매되는 전시제품을 참관객들이 원하는 장소에 물리적으로 인도하는 것

셋째, 전시회를 통해 참가기업이 원하는 유통전략을 수립하고 국제유통경로를 조직하는 것이 바로 그것이다.

첫째와 둘째의 사항은 전시회에 참가하기 전에 이미 확정되어지는 것으로 일반적으로 국제운송과 깊은 관련이 있다. 특히 수출운송이라는 관점에서 접근하여 보다 신속하고 저렴하며 효과적인 방법을 선택하게 된다.

그러나 셋째 사항인 참가기업이 원하는 유통전략을 수립하고 국제유통경로를 조직하는 일은 단순히 제품을 물리적으로 운송하는 것을 초월하여 장기적인

관점에서 접근하여야 한다. 즉 전시되어지는 제품을 전시회가 끝난 이후에도 지속적으로 유통시키는 한편 이를 통해 매출을 극대화 시키는 전략적 접근이 필요한 것이다.

전시회를 통한 국제유통경로의 조직이라는 것은 전시회가 끝난 이후의 유통전략이라는 점에서 향후 마케팅 믹스를 수립하는데 많은 영향을 끼치게 된다.

2) 전시회를 통한 국제유통경로의 조직

앞에서 우리는 유통경로의 정의에 대하여 살펴보았다. 이러한 정의를 참고하여 국제유통경로를 정의내려 보면 '국제유통경로란 제품이나 서비스의 국가간 이동을 통하여 최종 소비자에게 이전시키는데 참여하는 모든 개인이나 조직' 이라고 할 수 있다.

국제유통경로는 일반적인 유통경로와 마찬가지로 시간과 장소의 효용을 증대시키는 기능을 수행하고 있다. 먼저 국제유통경로의 시간효용은 국제유통경로를 통하여 소비자가 원하는 시간에 국제간 제품 또는 서비스의 물리적 이동을 수행함으로써 가치를 증대시키게 된다. 또한 장소효용은 소비자에게는 원하는 장소에서 제품을 구매할 수 있는 효용을 제공하는 한편 국제유통경로 참가자들(중간상)에게는 가격이 저렴한 국가의 제품을 가격이 높은 국가로 이동시켜 보다 높은 가치를 창출해 내는 효과(두 국가 사이의 가격차이로부터 이윤을 획득)도 있다. 이뿐만 아니라 국제유통경로는 국가 간 원격지에 존재하는 생산자와 소비자를 연결시켜 교환과 소비를 가능하게 해주기도 한다.

글로벌 기업을 제외한 대부분의 기업은 자사 조직 아래 국제유통경로를 가지고 있는 경우가 매우 드물다. 설사 국제유통경로를 가지고 있다하더라도 특정 지역이나 국가에 한정되어 있는 경우가 대부분이고 전 세계적인 유통경로를 갖고 있는 기업을 찾아보기는 어렵다. 기업이 국제유통경로를 확보하고 있지 못하는 이유는 국제유통경로를 직접 조직하고 관리하며 통제하는데 막대한 시간과 비용이 소요되기 때문이며 설사 그 시간과 비용을 투자하여 국제유통경로를 조직하였다 하더라도 국제유통 기능을 제대로 수행해 낼 수 있는가 하는 문제가 상존하기 때문이다.

따라서 기업들은 자사의 제품을 국제적으로 유통시켜줄 유통경로를 발굴하거나 아웃소싱 할 필요가 대두되며 이렇게 외부조직을 통해 구축되어진 유통경로를 기업의 목표에 맞게 조정하고 관리하여야만 한다.

전시회에 참여하는 기업은 전시회의 참여를 통해서 자사의 국제유통경로를 조직하고자 하는 목표를 가질 수 있다. 전시회는 기업에게 필요한 국제유통경로를 발굴하거나 아웃소싱 하는데 유용한 수단으로 인식되고 있기 때문이다. 전시회에는 유망한 제품을 발굴하고자 하는 참관객들이 집중적으로 모이는 곳이다. 이러한 참관객들 중에는 국제유통경로를 담당해줄 수 있는 개인이나 조직이 포함되게 된다. 이러한 개인이나 조직은 수입업자, 전문유통업자, 딜러, 도매상 및 소매상, 중개업자 등으로 구성되게 된다. 기업은 이들 중에서 자사의 기업목표와 가장 부합되어지는 유통경로를 담당할 수 있는 자들과 접촉하고 협상을 통해 해외시장에 자사의 제품을 쉽게 진출할 수 있는 방법을 모색하게 된다.

(1) 수입업자

수입업자는 자기의 위험과 비용으로 참가기업의 제품을 구매하고 이를 자국의 시장의 도매상 또는 소매상에게 판매하는 일을 한다. 따라서 수입업자들을 이용하여 국제유통경로를 조직하고자 하는 기업은 전시회에 참가하여 참관객 중 수입업을 영위하는 자들과 집중적으로 접촉을 하게 된다.

수입업자를 국제유통경로로 활용하는 기업은 자사의 제품을 수입업자와 협상한 지점에서 인도(delivery)만 해주면 모든 위험과 책임으로부터 벗어나게 되므로 국제유통경로 중 가장 리스크가 적은 방법을 선택한 것이라 할 수 있다. 그러므로 기업의 국제화가 초기에 해당하는 참가기업들이 주로 사용하는 방법이다.

수입업자를 통한 국제유통을 기대하는 기업은 최대한 많은 국가와 지역에 유통경로를 확보하기 위해서 많은 국가에서 온 다양한 수입업자와 관계를 구축해야 하고 그러기 위해서는 무역전시회(trade show)와 같은 전문전시회에 참가하는 것이 유리하다. 참가기업이 수입업자를 선정할 때에는 상도덕(character)

과 자본능력(capital) 그리고 사업능력(capacity)을 살펴보아야 한다. 흔히 3C라고 불리어지는 이들 요소를 통해 수입업자의 대금 지불 능력과 주문 규모 및 재구매 및 반복구매 등에 대해 예측해보고 평가해 볼 수 있게 된다. 따라서 이러한 요소를 고루 갖춘 수입업자와 안정적인 관계를 구축한다는 것은 국제유통경로 중 안정적인 하나의 채널을 확보하고 있는 것이라 할 것이다.

(2) 유통업자

해외의 유통업자는 독립적인 중간상의 형태를 띠고서 활동한다. 대부분의 유통업자들은 해외의 공급자들과 긴밀한 관계를 유지하면서 그들의 제품을 독점적으로 공급받아 이를 자국의 시장에서 도매상과 소매상에게 공급하며 때로는 소비자에게 직접 판매하기도 한다.

해외 유통업자를 활용하여 국제유통경로를 조직하고자 하는 전시 참가기업은 콘택트(contact)된 유통업자가 취급하는 제품계열과, 그들의 판매지역, 기업규모, 판매원의 수를 고려해 보아야 하며 해당 업체의 신용상태에 대해서도 조사해 보아야 한다. 또한 해당 유통업체의 평판과 재고부담능력, 애프터서비스, 촉진 노력, 기존의 판매성과, 자사 제품과의 적합성 등도 고려해 보아야 한다.

유통업자의 유통 능력이 해당 국가(시장) 전체를 커버(cover)한다면 보통 한 국가에 하나의 유통업체만 선정하여 거래하는 것이 편리하다. 또한 한 번 선정된 유통업체와의 계약관계는 장기적이며 지속적으로 갖는 것이 좋다.

(3) 딜러

일반적으로 딜러란 특정제품의 매매에 있어서 공급업자와 지속적인 관계를 유지하면서 산업재 또는 내구성 소비재를 소비자에게 직접 판매하는 중간상이라 할 수 있다. 특히 딜러는 공급업체와의 지속적인 관계를 바탕으로 특정지역에 있어서 제조업체의 제품을 독점적으로 판매할 권한을 갖는 만큼 취급 품목도 단일 제조업체의 것만으로 한정되는 것이 보통이다. 딜러는 대개 독립적인 중간상으로 활동하나 때로는 제조업체의 필요에 따라 딜러업체의 일정 지분을 보유하는 경우도 있다.

이러한 딜러 역시 전시회에 유망 제품을 발굴하기 위하여 참관객의 신분으로 참가하게 되고 이들과의 접촉을 통해 참가기업은 또 다른 국제유통경로를 발굴할 수 있다. 딜러는 소비자에게 직접 판매활동을 하는 중간상이라는 점에서 수입업자와 유통업자와는 달리 국제유통경로의 수가 단축되어질 수 있다. 따라서 소비자에게 보다 저렴한 가격으로 제품을 제공할 수 있는 한편 지역별 소비자 반응을 즉각적으로 확인해 볼 수 있다는 점은 장점으로 볼 수 있으나 많은 딜러들을 대상으로 하여 영업활동과 관리 및 촉진활동을 해야 한다는 점에서 기업의 비용이 증가되어질 가능성도 있다.

5. 전시촉진전략

1) 전시촉진의 의의와 특성

(1) 전시촉진의 의의

전시촉진의 의의

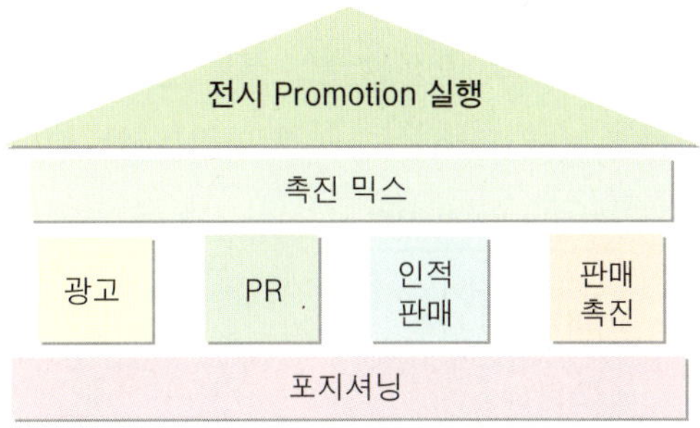

촉진(Promotion)은 제품, 가격, 유통 등과 함께 마케팅 믹스의 중요한 구성요소 중 하나로서, 제품과 관련된 모든 형태의 정보전달 내지 설득을 뜻한다. 즉 촉진은 기업과 제품에 대한 정보를 소비자에게 정확하고 신속하게 전달하고 소비자를 설득하는 과정을 의미한다.

전시촉진 또한 이와 별로 다르지 않다. 전시촉진은 전시회에서 기업과 제품에 대한 정보를 참관객에게 정확하게 전달하여 기업과 제품에 대하여 좋은 이미지를 갖게 하여 선호도를 높이게 만드는 총체적인 커뮤니케이션 활동이라 할 수 있다.

전시촉진은 촉진전략을 수립하고 광고, PR, 판매촉진, 인적판매 등의 촉진 구성요소를 이용한 촉진믹스(Promotion Mix)를 통하여 참관객에게 다가가는 활동이다. 전시촉진은 두 가지 면에서 중요한 의미를 가지게 되는데, 첫 번째 면은 참관객에게 전시회에 참가하는 기업과 전시제품에 대해 인지를 시킨다는 것이다. 이는 다시 두 가지 의미가 있는데, ① 기업과 제품의 존재에 대해 전혀 알지 못했던 참관객들에게 존재하고 있음을 인식시키는 것과 ② 기존에 알고 있었던 기업 및 제품에 대한 인식을 다르게 변화시키는 것이 그 것이라 할 수 있다. 두 번째 면은 참관객에게 기업과 제품에 대한 정보를 정확하고 신속하게 전달하는 동시에 제품의 사용상 이점을 각인시켜 구매로 연결시킬 수 있다는 점이다.

(2) 전시 촉진의 특성

전시 촉진의 특성

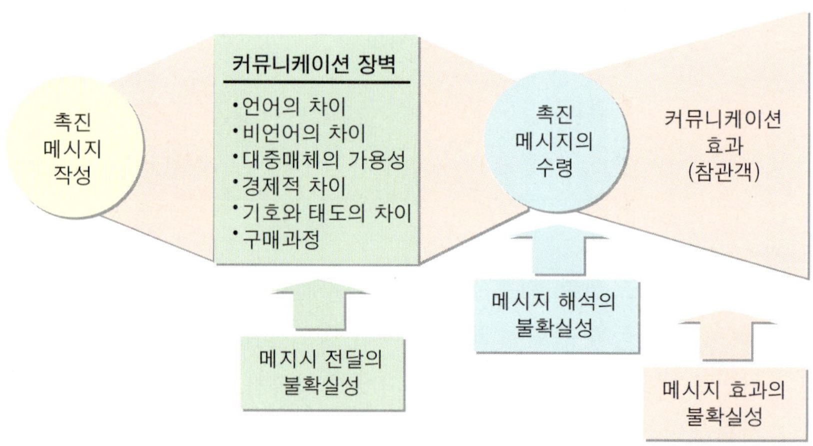

전시촉진은 촉진의 본질적인 측면, 즉 마케팅 커뮤니케이션이라는 점에서 일반적인 촉진과 크게 다를 바가 없겠으나 전시회라고 하는 특성에 따라 여러 특성이 나타나게 된다.

내국인 또는 국내 시장만을 대상으로 하는 전시회라고 하면 크게 문제가 발생되지 않겠으나 국제 전시회에서의 촉진활동은 커뮤니케이션 장벽이 높을 뿐만 아니라 그 종류도 다양하다. 언어의 차이, 비언어적 표현방식의 차이, 매체의 활용가능성, 경제적 차이, 참관객의 기호 및 태도, 구매과정의 차이 등이 이러한 장벽으로서 작용하게 되는데 이러한 장벽들은 각기 독립적인 효과를 가지면서 동시에 상호작용을 통하여 마케팅 커뮤니케이션의 장애요소로 작용하게 된다.

따라서 전시촉진의 경우 국내 촉진보다 커뮤니케이션 효과 면에서 불확실성이 높다. 불확실성에는 여러 가지 이유가 있겠으나, 특히 중요한 세 가지만 살펴보기로 한다.

첫째, 메시지의 전달의 불확실성이다. 다시 말하면, 매체가 목표로 삼고 있는 수신자에게 미치지 못하거나 혹은 메시지가 수신자에게 인지되지 않을 수도 있다. 이러한 불확실성은 전시회에 참가하는 다양한 국적의 목표참관객들에게 어떤 매체로 어느 시점에 도달하는 것이 가장 적합할 것인가에 관하여 충분한 지식을 갖추는 것이 어렵기 때문이다.

둘째, 메시지의 해석에 있어 불확실성이 높다. 촉진 담당자가 해외 참관객들이 어떻게 메시지를 해석할 것인가에 관하여 충분한 사전지식이 없을 경우, 메시지가 전달되더라도 그것은 발신자의 의도대로 해석되지 않을 가능성이 높다.

셋째, 메시지의 효과에 있어 불확실성이 높다. 비록 메시지가 올바로 전달되고 인지되었다고 하여도 참관객의 태도형성과 구매행동이 발신자가 원하는 대로 이루어지지 않을 가능성이 많다. 이는 참관객들의 행동 및 이에 영향을 미치는 경제 · 사회 · 문화적 요인이 국가에 따라 매우 다양하며 이에 관한 충분한 지식을 메시지 작성자가 갖추는 것이 어렵기 때문이다.

2) 전시촉진의 구성

(1) 전시촉진 구성간의 관계

전시촉진 구성간의 관계

	전략 유형	특 징	표현 방식	실행 위치
광고	제품 포지셔닝 중심	경쟁관계상의 시장위치	표적고객 특성과 제품 차별의 연결	각종 대중 매체
	이미지 동일화	심리적 차이	이미지와 설명을 통한 암시	
판촉, 인판	제품편익 중심	뚜렷한 차별	실제로 보여줌	전시회장 및 제한된 장소

전시촉진의 구성은 광고와 홍보 인적판매, 판매촉진 등으로 이루어진다. 전시 촉진의 특성상 전시촉진의 역할은 크게 두 부분으로 나누어 생각할 수 있다. 즉 참관객을 전시장 및 부스에 방문하게끔 유도하는 역할과 방문한 참관객들에게 기업과 제품에 대한 편익을 명확하게 인식 시키는 역할이다. 전자는 주로 광고를 통하여 이루어지게 되며, 후자는 전시회장에서의 판매촉진활동과 인적판매라고 할 수 있는 상담을 통하여 이루어지게 된다. 따라서 광고의 경우에는 제품 포지셔닝 중심으로 촉진활동을 주로 하게 되며 이는 시장에서 경쟁기업과는 다른 위치를 차지하기 위한 목적이라 할 수 있다. 따라서 표적참관객들의 특성을 잘 파악하여 제품의 차별적인 특징을 전달해 주어야 한다. 또한 광고는 제품 및 기업의 특정 이미지를 참관객들의 뇌리 속에 심어 참관객들이 자사를 선택하고 자사의 제품을 구매하도록 마음을 움직이게끔 만들도록 노력해야 한다. 이러한 전시광고는 TV, 라디오, 신문, 잡지와 같은 대중매체를 이용하여 최대한 많은 사람들에게 노출되어지도록 하여야 한다.

이와는 달리 판매촉진과 인적판매의 경우에는 제품-편익 중심의 촉진활동이 주를 이루게 된다. 이는 자사 제품과 타사 제품사이에 뚜렷한 차별점이 있음을 인지시키기 위하여 참관객에게 그 제품을 보여 주어야 하며 때로는 실제로 그 제품을 체험할 수 있도록 하는 것도 좋은 방법이다. 이러한 촉진방법은 전시회장 내에서 이루어지거나 표적 참관객들이 많이 왕래하는 길거리나 특정 장소와 같은 제한된 장소에서 이루어질 수 있다.

(2) 광고와 홍보

광고와 홍보

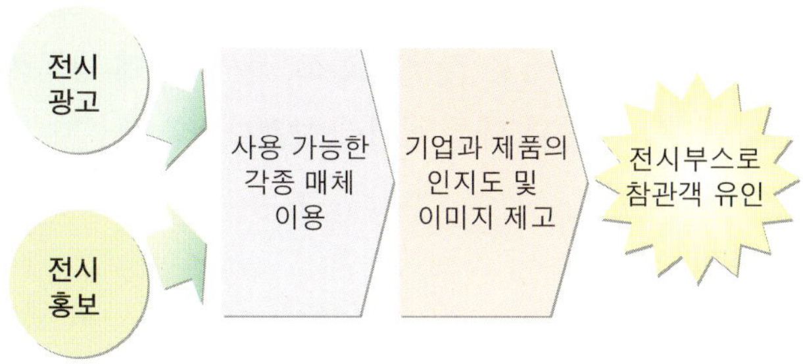

특정 광고주가 대가를 지불하고 제품, 서비스, 아이디어 등을 대중매체 등을 통해 널리 알리고 구매를 자극하는 모든 형태의 촉진 활동을 우리는 광고라 한다. 즉 광고는 판매하고자 하는 제품, 서비스의 장점을 적극적으로 강조하여 타사의 경쟁상품에 비하여 차별화를 획득하고 이를 통하여 제품의 판매 증대가 목적인데 전시광고 또한 다르지 않다.

그러나 일반 광고는 제품의 인지도 증대와 이를 통한 매출 확대가 일차적인 목적이지만 전시 광고는 전시장에 참관객들이 찾아오게 만들고 찾아온 참관객들에게 경쟁기업과는 차별화된 기업과 제품의 정보를 전달하고 이를 통한 인지도 및 이미지의 제고가 일차 목표라 할 수 있다. 또한 전시장에 방문한 참관객들에게 유리한 가격정보와 공급조건의 제시를 통해 시장 확대와 시장개척을 도모할 수 있으므로 전시광고의 주목적은 전시장에 참관객의 방문을 유도하는 것이라고 할 수 있다.

홍보는 마케팅 의사전달 수단의 하나로서 각종 전달매체를 활용하여 기업 및 제품에 대한 정보를 전달하는 것으로서 비광고라는 점에서 더욱 효과적이다. PR(Public Relations)이 기업에서 이용할 수 있는 커뮤니케이션 방법 중의 하나라고 한다면 홍보는 PR의 한 부분으로서 지역, 국가, 국제단위의 매체를 이용하여 기업에 호의적인 뉴스를 계획, 작성한 다음 그것을 보도케 하는 것이다. 홍보의 목적은 제품이나 서비스에 대한 수요를 자극하거나 호의적인 이미지 또는 기업의 문제에 대한 공중의 이해를 증진시키기 위한 것이라 할 수 있다.

전시홍보 또한 일반적인 홍보활동과 크게 다를 바는 없다. 다만 전시홍보에서는 기업의 전시 참여 자체를 각종 언론 매체에 보도하게 만듦으로써 제품과 기업에 대해 일반대중들이 관심을 갖게 만들고 전시회장에 방문하도록 유도한다는 것이 일반적인 홍보활동과 다른 점이라 하겠다.

(3) 전시판매촉진

① 판매촉진의 유형과 수단

판매촉진의 유형과 수단

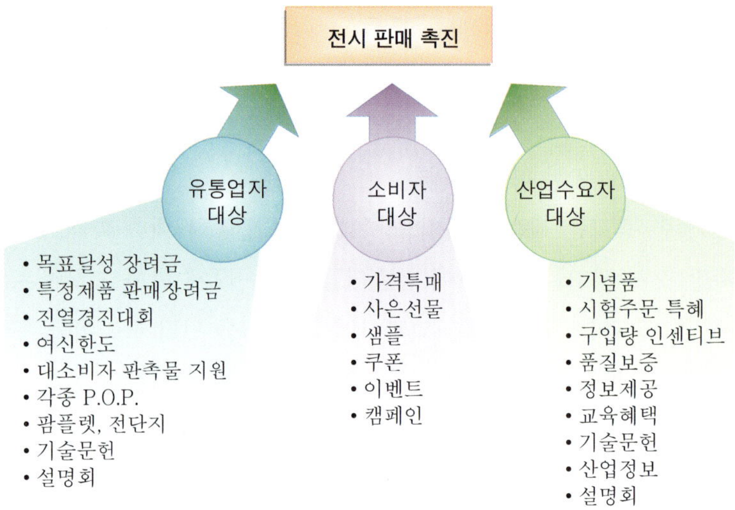

일반적인 판매촉진(판촉, Sales Promotion)의 유형은 영업사원 대상, 유통업자 대상, 산업수요자 대상, 소비자 대상으로 그 유형을 분류할 수 있으나 전시판매촉진에서는 영업사원 대상을 제외한 나머지 세 가지 유형이 이용되고 있다.

먼저 유통업자 대상의 판촉은 전시회를 찾은 유통업자를 대상으로 하는 유형으로서 해당 제품을 유통하였을 때 얻게 되는 각종 혜택들에 대한 것들이 대부분이다. 산업수요자를 대상으로 하는 판촉은 해당 제품을 이용하여 새로운 부가가치를 창출해 내는 기업 또는 개인을 대상으로 하는 판촉유형이다. 소비자(참관객) 대상의 판촉활동은 소비자(참관객)들에게 제품을 무료로 사용할 기회를 줌으로써 제품의 품질을 확인한 후 구매로 유도하거나 정상가격보다 낮은 가격으로 제품을 판매함으로써 쉽게 제품을 구매한 후 반복 구매를 유도하는 등의 방법으로 소비자(참관객)에게 일정한 혜택을 주는 형태의 판촉활동이다.

일반적으로 사용되는 판촉수단을 살펴보면 다음과 같다.

가. 샘플(Sample)

참관객에게 제공하는 무료 시험제품으로 전시회장에서 직접 배포하거나 상품, 광고물에 부착하기도 한다.

나. 경품권(Coupon)

광고물에 삽입하거나 상표, 포장 등에 부착시켜 이를 절단하여 경품권, 할인권, 선물권 등으로 이용하는 것이 보통이다. 특히 전시회에서는 광고에 부착된 할인권을 전시회장에 가져온 사람에게 정상가격보다 훨씬 낮은 가격으로 제품을 직접 판매하거나 경품권을 전시회장에서 직접 나누어 준 뒤 일정한 시간이 경과한 후에 추첨을 통하여 각종 선물을 당첨자에게 나누어 주는 방식이 주로 이용되고 있다.

다. 할인(Cents-off)

포장, 라벨, 광고물에 소액할인 표시를 하여 할인 판매함으로써 단기에 판매를 촉진시키는데 효과적이다.

라. 사은품 판매(Premium)

특정제품을 판매할 때 비교적 흥미 있는 사은품을 무료로 제공하거나 동일상품을 덤으로 주는 경우를 말한다.

마. 구매시점 전시(Point of Purchase)

포스터, 액자, 현수막, 설치물 등 판매장 진열상품 옆에 각종 선전부착물을 전시하는 것이다.

바. 거래촉진(Trade Promotion)

· 취급점 대상으로 구매할인(Buying Allowance) : 일정기간 중 중간상이 제조회사로부터 구매할 때에 구입조건에 따라 할인혜택을 주는 것
· 푸쉬머니(Push Money) : 판매노력을 강화하기 위해 취급점에게 현금, 선물을 제공하는 것
· 기념품 증정(Specialty Advertising) : 기념품, 사은품, 선물 등을 취급점에 증정함으로써 거래관계강화 효과를 노리는 것

이상과 같은 판촉수단들은 전시목표와 촉진전략에 맞추어 선택하여 활용하여야 하며 참관객들에게 단순히 혜택을 주기보다는 그 효과를 고려하여야 한다.

② 판촉프로그램의 개발

판매촉진의 프로그램 개발 시 고려사항

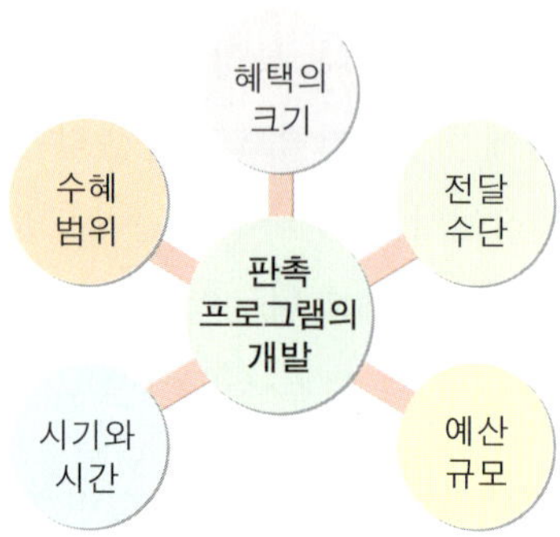

판촉프로그램을 개발하려면 혜택의 크기, 수혜범위, 전달수단, 시기와 기간, 예산규모에 관한 사항을 결정하여야 한다.

가. 혜택(Incentive)의 크기

참관객에게 제공할 혜택이 전시회 성과에 어느 정도 영향을 미칠 것인가를 측정하여 그 혜택의 크기를 결정하여야 한다.

나. 수혜범위

일반 참관객, 유통업자 누구에게나 인센티브를 줄 수 있으나, 5개 이상 구입한 참관객이든가 100박스 이상 판매한 상점 등 일정한 자격이 있는 대상으로 한정하기로 한다. 전시회장에서는 상담을 마친 참관객에 한하여 판촉물을 제공하거나 선착순으로 제공하는 경우가 많으며 때로는 명함 등 연락처를 전시회장에 남기고 가는 참관객에 한하여 판촉물을 제공하기도 한다.

다. 전달수단

판촉수단을 어떻게 전달할 것인가의 문제로서 우송하거나 광고물에 판촉물을 부착하거나 직접 배포하거나 등의 방법이 있다.

라. 시기와 시간

제품관리자가 생산, 판매, 유통담당자와 협의하여 적절히 시기와 기간을 결정하는 것이 일반적인데, 전시회에서의 판촉시기와 시간은 전시회 개최기간과 전시회 개장시간에서부터 폐장시간까지로 하는 것이 일반적이다.

마. 예산규모

시장과 제품의 성격, 제품수명주기단계, 경쟁자 판매촉진 예산규모 등에 따라 탄력성을 부여하여 예산을 편성하여야 한다. 특히 전시회에서의 판촉활동은 판촉물이 조기에 품절되는 경우가 종종 있고 이로 인하여 참관객들에게 항의를 받는 경우가 가끔 있다. 따라서 전시회 판촉행사에 대한 예산은 여유 있게 책정하는 것이 바람직하다.

(4) 전시 인적판매

인적판매란 구매를 목적으로 하는 참관객이나 잠재 구매 참관객들과 대화를 통해서 제품 및 서비스를 제시하는 것이다. 따라서 전시회장에서의 인적판매는

전시 인적판매

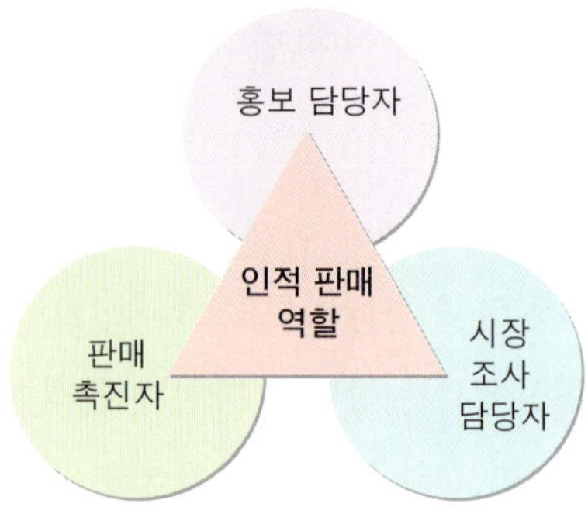

결국 고객들에 대한 상담과 이를 통한 계약의 체결이라 할 수 있다.

인적판매담당자는 참관객에 대한 상담요원으로서 역할을 수행하며 제품 및 기업에 대한 홍보 담당자의 역할, 판매 촉진자로서의 역할, 전시장 내에서 경쟁자와 경쟁제품에 대한 시장 조사와 참관객들의 기호 및 성향에 대한 조사 담당자로서의 역할을 수행하게 된다.

전시 인적판매의 특징은 다음 세 가지로 요약될 수 있다.

첫째, 구매자와 대화를 통한 개인적 접촉을 하게 되므로 참관객의 욕구와 현재 상황을 직접 관찰할 수 있어 예상 구매참관객에 대한 파악과 정보수집이 용이하다.

둘째, 참관객과 상호관계를 밀접하게 하여 제품에 대한 관심을 높이고 타제품보다 우선적으로 선호하도록 참관객의 태도를 변화시킬 수 있다.

셋째, 상품을 실제로 제시할 수 있다는 점이다.

전시회에서의 인적판매는 대량거래로 이어질 가능성이 높기 때문에 인적판매를 담당하는 요원의 역할은 매우 중요하다. 인적판매를 담당하는 요원은 참관객이 구매에 임박해서 느끼게 되는 기능적, 재정적, 사회적 불안 및 위험부담 등을 거의 완벽하게 해소시켜 주어 참관객들이 구매를 부드럽고 단호하게 할 수 있도록 만들어 주어야만 한다. 따라서 인적판매 담당 요원은 치밀한 준비와 계획이 필요하고 그에 따르는 전문교육을 받아야만 한다.

제4절 4C와 전시마케팅

1. 4C의 개념

4C의 구성

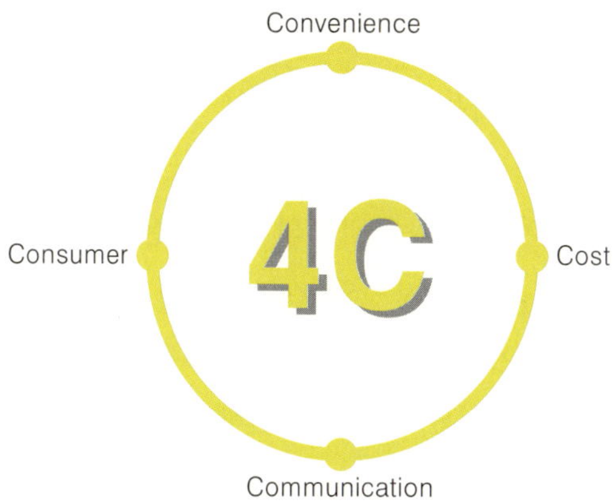

마케팅에 있어 4P는 매우 중요한 요소로 인식되고 있다. 4P가 의미하는 Product(제품), Price(가격), Place(유통), Promotion(촉진)은 수많은 마케팅 요소 중 기업이 통제할 수 있는 마케팅 요소로서 안정적인 마케팅 믹스 전략 수립과 실행을 위해서 없어서는 안 될 핵심요소이다. 그러나 4P는 산업시대의 마케팅 활동에는 최적일지 몰라도 정보화 시대의 마케팅 활동에는 적절치 못한 면이 있다.

전시회는 일반 시장과 다른 독특한 성격을 띠고 있기에 기존의 4P 이외에도 4C에 대한 고려가 있어야 한다. 즉 전시회는 상담서비스 제공, 시연 및 체험서비스 제공과 같은 기본 활동을 비롯하여 각종 이벤트와 컨퍼런스 그리고 제품설명회와 같은 서비스를 제공한다. 이런 점에서 일반 시장에서의 마케팅 활동과 전시마케팅 활동은 많은 차이를 보이고 있는데 전시회에서 제공되는 서비스들은 하나같이 정보의 교환과 유통을 위한 활동이라는데 특징이 있다.

4C는 고객(Customer), 비용(Cost), 편리성(Convenience), 커뮤니케이션

(Communication)으로 구성되어 있다. 4P가 대량생산 시스템의 결과 공급초과로 인해 경쟁이 치열해지자 마케팅 전략에 있어서 소비자를 중시하기보다는 다른 경쟁사와의 제품의 품질, 가격, 유통, 촉진에 우위를 점하기 위해 개발되어진 산업사회의 특성을 반영한 것이라고 한다면 4C는 산업사회가 정보사회로 변화되어지면서 개발되어진 소비자 중심의 마케팅 개념이라고 할 수 있다.

4C 각각의 개념들을 살펴보면 다음과 같다.

(1) 고객(Customer)

Customer는 고객이 만족하는 제품이 최고의 제품이라는 개념에서 출발한다. 즉 고객이 만족할 만한 수준의 혜택(가격, 품질, 만족감, 육체적, 브랜드에 대한 만족 등)을 제공해 주어야 한다. 즉 과거의 고객들은 단순히 제품을 산다는 개념이었다면 오늘날의 고객들은 자신의 가치(value) 또는 어떤 문제에 대한 솔루션을 사는 사람으로 여기게 되었다. 따라서 고객들이 느끼는 필요(needs)와 요구(wants) 그리고 고객과의 관계 등을 고려하여 제품을 개발해야 한다.

(2) 비용(Cost)

Cost는 고객이 소비한 모든 기회비용이 제품의 가격을 결정한다는 개념이다. 이는 가격(price)의 반대개념이 아니라 고객의 기회비용과 교환비용, 교환에 따른 적응까지의 불편 또한 비용에 고려하여야 한다는 것으로 가격이 확장된 개념으로 이해해야 한다. 과거의 고객들이 제품의 가격 자체에 중점을 두었다면 오늘날의 고객들은 가격 이상의 것에 관심을 갖게 되었음을 의미한다.

(3) 편리성(Convenience)

Convenience는 더 이상 유통이 단순히 제품을 소비자에게 전달하는 과정이 아닌 고객이 제품 및 서비스에 얼마나 편리한 접근성을 갖게 만들어 주는가의 문제이다. 따라서 고객의 제품 및 서비스에 대한 접근성을 가능한 한 편리하게 만들어 주어야 고객의 만족도는 높아지게 된다.

Convenience는 유통 편익의 개념이 아닌 가치교환의 편의성을 말한다. 따라서 고가상품의 구매 시 할부서비스나 제품 사용설명서를 동영상으로 제공 한다든지, 각종 편의시설의 설치와 주차 공간의 확보, 다양한 결제서비스 등이 포함된 개념이라 할 수 있다.

(4) 커뮤니케이션(Communication)

오늘날의 고객은 생산자나 공급자의 일방적인 촉진활동을 원하지 않으며, 그들과 쌍방향 커뮤니케이션을 하기를 원한다. 이는 제품의 구매 전과 구매 후 모두에 적용되며, 특히 구매 후의 의사소통을 더욱 중요시 여긴다. 이는 제품의 구매 후에도 제품에 대한 정보 제공을 지속적으로 서비스를 해야 한다는 것을 의미한다. 따라서 생산자는 소비자와 게시판, 인터넷 홈페이지, 전화 등을 통한 쌍방향 커뮤니케이션을 원활하게 하여 고객이 원하는 바와 불만을 즉각적으로 처리할 수 있는 능력을 갖추고 있어야 한다.

2. 4C의 전시마케팅 적용

무역전시회(Trade Show)로 대변되는 대부분의 전문전시회는 B2B(Business 2 Business)거래의 형태를 띠고 있다. 이러한 무역전시회의 특성을 살펴보면 첫째, 오늘날 무역 거래의 80% 이상을 차지하는 B2B 산업에서 무역전시회의 중요성은 더욱 커져가고 있다. 일반 소비자를 대상으로 하는 B2C 전시회에 비해 거래 주문량이 크고 특별한 문제가 발생하지 않는 한 한번 발굴된 거래선은 지속적인 거래관계 유지가 가능하기 때문에 무역전시회를 통한 거래선과의 관계 정립은 매우 중요하다. 특히 B2B 거래에서는 대형 고객과의 관계가 기업의 존폐를 좌우한다는 점에서 무역전시회가 바이어와 참가기업 간 긴밀한 유대 관계를 맺고 유지하는데 유용한 수단이 될 수 있다. 더구나 최근 IT 기술이 급속히 발전하면서 바이어의 정보력과 지식 정도가 대폭 강화되어 전시회에서 바이어 관점 마케팅의 중요성은 더욱 증대되고 있다.

둘째, 무역전시회에서는 바이어뿐만이 아니라 최종 소비자들의 니즈까지도 고려해야 한다. 최근 글로벌화 및 경쟁이 가속화됨에 따라 거의 모든 영역에서 선택 범위가 폭발적으로 늘어나고 있는 상황에서 전시회 참가기업들은 바이어 관점에서 어떠한 부가가치를 제공할 것인가를 고민해야 한다. 이를 위해 무역전시회는 바이어에 대한 니즈를 파악하고 이에 대처하는 활동이 더욱 폭넓고 다차원적으로 이루어져야 한다.

셋째, 무역전시회의 전시제품은 소비자전시회의 전시제품에 비해 상대적으로 기술이 복잡하고 전문성이 높다고 할 수 있다. 또한 구매결정에 여러 사람들이 영향을 미치기 때문에 무역전시회에서는 합리성과 전문성과 같은 이성적 요인이 더 중요하게 고려된다. 따라서 무역전시회에서는 보다 복잡하고 비교적 긴 의사결정 과정을 수행하는 구매 조직에 대한 니즈를 정확히 파악하고 대처할 수 있는 바이어 대응력이 필수적이다.

이상에서 살펴 본 바와 같이 무역전시회에서는 여러 측면에서 바이어 중심의 마케팅 접근이 필요하다. 그러나 여전히 바이어 중심의 마케팅 활동보다는 제품이나 가격을 중심으로 한 영업 관리적 마케팅 활동을 전개하고 있다. 따라서 무역전시회에 참가하는 기업들의 전시마케팅에 대한 마인드 변화가 시급하다 할 수 있다.

무역전시회에서 4C의 적용은 다음과 같다.

(1) 전시회에서의 Customer

무역전시회에서 고객은 참관객, 즉 바이어가 된다. 따라서 무역전시회에서는 참관객의 니즈를 찾고 니즈를 충족시켜 줄 수 있는 제품의 제공이 필요하다.

현재 무역전시회에 참가하는 기업들은 제품의 범용화 현상과 힘겨운 싸움을 전개하고 있다. 경쟁사들이 빠른 속도로 제품의 새로운 기능을 모방하고 제품의 차별화를 무력화시키며 영리한 참관객들은 브랜드 프리미엄을 지불하려 않으려 한다. 제품의 범용화 현상에 직면한 참가기업이 선택할 수 있는 전략적 방법은 새로운 제품이나 서비스의 기술적 차별화에 주력하는 것이 아니라 참관객의 니즈에 맞는 제품이나 서비스, 즉 참관객 편익 묶음을 제공해야 한다. 따라서 이를 위해서는 전시회에 참가하기 전 무엇보다도 시장조사와 R&D 단계부터 참관객의 만족도를 높일 수 있도록 하는 것이 중요하다.

(2) 전시회에서의 Cost

제품 개발 단계에서 주로 이루어지는 제품이나 서비스의 가격전략은 기업의 성장성과 수익성을 결정하는 매우 중요한 요소로 인식되어 왔다. 더구나 거래 규모가 크고 고객이 한정된 무역전시회에서는 더욱 중요성이 강조된다. 그런데 이제까지 무역전시회에 참가하는 기업들은 가격을 책정할 때 대부분 비용을 커버하고 여기에 일정 마진을 붙이는 방식을 사용해 왔다. 하지만 이것은 이론적으로만 유효할 뿐 현실적으로 높은 수익성을 보장해줄 수 없다.

따라서 참가기업들은 새로운 방식의 가격책정이 이루어져야 한다. 즉 경쟁기업의 가격과 품질 면에서 동등한 제품을 참관객에게 제공하는 동시에 자사제품을 구매하여 사용함으로써 얻을 수 있는 추가적인 사용가치를 제공하여 참관객의 입장에서 지불하는 총비용을 상대적으로 낮추어 주도록 하여야 한다.

(3) 전시회에서의 Convenience

Convenience는 참관객에게 편리한 유통 채널을 제공하고 참관객 입장에서 유통과 관련하여 효율적이며 새로운 가치를 제공해 주는 한편 비용면에서 좀 더 저렴한 유통 모델을 제시해 주어야 한다는 의미이다. 그러나 여기서는 전시회의 특성을 고려하여 전시장 내에서의 편리성에 중점을 두어서 설명하도록 한다.

무역전시회에 참가하는 참관객은 자신이 원하는 제품을 발굴하고 참가기업과 협상을 통해 가장 좋은 가격에 가장 좋은 조건으로 거래를 성사시키고자 한다. 그러기 위해서 참관객은 참가기업의 상담자와 충분한 시간을 갖고 제품의 특성과 장점에 대하여 설명을 듣고 세부적인 거래 조건에 대하여 협의를 하고자 한다. 그러나 수많은 참관객으로 붐비는 전시장의 협소한 부스 안에서 특정 참관객과의 여유 있는 상담을 하기란 쉽지 않다.

따라서 참가기업은 참관객이 원하는 장소에서 원하는 시간에 상담을 할 수 있는 만반의 준비를 갖추고 있어야 하고, 참관객이 마땅히 특별한 장소를 알고 있지 못할 경우를 대비하여 전시장 밖에 조용한 상담실을 마련해 놓아야 한다. 또한 유쾌하면서도 진지한 상담이 가능하도록 상담에 필요한 각종 비품과 장비들도 갖추어 놓아야 한다.

전시제품과 관련된 제품 설명회와 컨퍼런스 등 기타 이벤트를 계획하고 있다면 중요한 참관객들에게 사전에 초청장을 발부하여 일정 조정을 용이하게 할 수 있도록 하는 한편 그들이 가장 쉽게 올 수 있는 시간대에 맞추어 개최하는 것이 중요하다. 참관객이 없는 제품설명회와 컨퍼런스 및 이벤트는 실행 의미가 없어지기 때문이다.

결국 전시회에서 참가기업이 참관객에게 제공하는 것은 제품 그 자체가 아니라 전시서비스이다. 따라서 참관객에게 최상의 전시서비스를 제공하는 것이 곧 참관객의 편리성을 극대화 시키는 것이라 하겠다.

(4) 전시회에서의 Communication

무역전시회에서 중요한 참관객은 대부분 사전에 그 명단을 확보할 가능성이 높다. 즉 참관객이 한정되어 있다는 것이다. 따라서 불특정 다수를 대상으로 하는 광고나 PR과 같은 대중 촉진전략보다는 참관객 맞춤형 판촉이나 인적판매가 유리하다.

최근에는 인터넷과 같은 정보통신기술의 발달로 인하여 참가기업과 참관객 사이에 존재하던 정보의 비대칭성이 대부분 해소되면서 참관객들은 예전에 비해 좀 더 전문적이면서도 고급 지식을 요구하고 있는 추세이다. 또한 경쟁이 심화되면서 경쟁사들이 각종 인센티브와 결합된 판촉활동을 강화함으로써 참관객들의 입지는 더욱 강화되어져 가고 있는 실정이다. 따라서 이러한 참관객들의 요구에 부응하는 한편 참관객과의 지속적인 관계 유지를 위하여 전시장내에서의 커뮤니케이션뿐만 아니라 인터넷을 활용한 커뮤니케이션 전략을 위한 쌍방향 커뮤니케이션 시스템을 구축하여야 할 것이다. 특히 요즘은 온라인 전시회 또는 사이버 전시회를 통해 전시장에서뿐만 아니라 인터넷상에서 제품 정보를 탐색하고 질의와 응답이 가능한 시대가 되었다. 따라서 전시회 참가기간만이 아닌 전시회 참가 전과 후에도 참관객과 계속적인 의사소통이 이루어질 수 있는 시스템을 갖추고 참관객의 관점에서 그들이 원하는 정보를 지속적으로 제공해 줄 수 있도록 하여야 한다.

Closing Exhibition

세계 최대 규모의 하노버 산업박람회

독일 하노버 산업박람회(HANNOVER MESSE)는 1947년 독일 수출박람회로 처음 개최되었다. 그 당시에는 농산물이 주 전시품으로 전시되었으며, 21일 동안 약 736,000여명의 참관객이 방문하는 독일 기업의 축제였다. 그 후 1950년부터 해외업체들이 참가하기 시작하면서 독일 산업박람회로 선시회 명칭이 번경되있고, 1961년 지금의 하노버 산업박람회로 명칭을 바꿨다.

현재의 하노버 산업박람회는 IT, 측정기기, 전기, 전자장비, 자동화기계 및 설비, 의료장비, 신소재, 에너지 관련 설비 등 전 산업분야의 기술과 장비를 총망라하는 세계 최대 규모의 전시회로 성장하였다.

세계 유명 전시회가 개최되는 도시 하노버

독일 북부의 니데작센주(Niedersachsen)에 위치한 하노버는 주의 행정, 경제, 문화의 중심지이다. 중세에는 한자동맹에 속하였으며 하노버 왕국의 수도로 1701년의 왕위 계승법에 의하여 앤 여왕이 죽은 뒤, 독일의 하노버가(家)의 조지 1세가 대영제국을 123년간 통치하기도 했다.(조지 1세~4세, 윌리엄 4세) 각종 공업이 성하여 고무 · 화학 · 자동차 · 기계 등의 공장이 있으며, 시가지는 제2차 세계대전으로 인해 심한 타격을 입었다. 전쟁 이후 구 시청사, 마르크트 교회(13C) 등은 옛 모습대로 복원되었다.

남쪽 교외에 100제곱미터에 이르는 전시장이 있으며, 은행, 우체국, 쇼핑점, 여행사 등 모든 편의시설을 갖추고 있다. 제2차 세계대전 이전에 개최되었던 라이프치히 공업박람회를 대신하여 1947년 이래 매년 하노버 산업박람회를 비롯한 대규모 국제 전시회가 개최되고 있다.

또한 시내에는 녹지 면적이 46%에 달하는 녹지대가 조성되어 있어 독일 내에서도 녹지 면적이 우수한 '초록도시'로 불린다. 집을 나서면서부터 자연과 만나는 생활환경을 조성하여 이상적인 도시상을 추구하고 있다. 남북쪽 교외에는 미텔란트 운하가 있으며, 북쪽으로 국제공항을 갖추고 있어서 우수한 사회간접시설과 기간산업이 자연환경과 조화를 이루고 있는 도시이다.

세계 최대 규모의 산업 박람회

독일 하노버산업박람회(HANNOVER MESSE)는 1947년 독일 수출박람회로 처음 개최되었다. 그 당시에는 농산물이 주 전시품으로 전시되었으며, 21일 동안 약 736,000여명의 참관객이 방문하는 독일 기업의 축제였다.

그 후 1950년부터 해외업체들이 참가하기 시작하면서 독일 산업박람회로 전시회 명칭이 변경되었고, 1961년 지금의 하노버산업박람회로 명칭을 바꿨다.

현재의 하노버산업박람회는 IT, 측정기기, 전기, 전자장비, 자동화기계 및 설비, 의료장비, 신소재, 에너지 관련 설비 등 전 산업분야의 기술과 장비를 총망라하는 세계 최대 규모의 전시회로 성장하였다.

특히 1999년 이후부터 중점전시분야가 되고 있는 자동화 분야는 2006년에는 총 전시면적의 40% 이상을 차지하는 63,000제곱미터를 기록하고 있다.

↑ 하노버산업박람회에 참가한 한국관의 모습

과거에는 기계류 생산설비 중심의 제품이 주로 전시되었지만 최근에는 생산시설 자동화, 생산공정 자동화, 지능형 생산시스템 구축, 생산설비와 설비 간 또는 생산설비와 사무실 간의 네트워킹 · 통합 솔류션 등 보다 안전하고 효율적인 무인생산시스템 구축을 위한 제품들을 참가업체들은 선보이고 있다.

매년 전 산업분야의 최신기술에 대한 정보수집과 장비를 구입하기 위해 전 세계에서 20여만 명이 다녀가고 있다. 또한 신규 해외시장 및 대규모 프로젝트 수주를 위한 Partner Country 제도를 운영하고 있으며, 유사 전시회의 격년 개최의 영향을 받아 홀수년도의 규모가 짝수년도에 비해 큰 것이 특징이다.

전시저널, Vol.17, 2007. 세계 최대 규모의 하노버산업박람회 중 일부 발췌

제10장

전시조직 및 예산

<Opening Exhibition>

전시산업, 지방을 살찌운다

제1절 전시조직

1. 전시조직의 의의와 설계
2. 전시조직의 구성
3. 전시조직의 인력 조달

제2절 전시참가예산 수립

1. 전시참가예산 수립의 의의
2. 전시참가예산 수립과정

<Closing Exhibition>

참관객 조사(Audience Research)

Opening Exhibition

전시산업, 지방을 살찌운다

–뒤셀도르프에만 외국계 회사 5천개 넘어–

↑ 뒤셀도르프시의 전경

독일 뒤셀도르프시에서 40년 넘게 살고 있다는 이브 이파(여, 박물관 직원) 씨. 조깅을 하다 기자를 만난 그는 뒤셀도르프가 매년 달라지는 모습이 보일 정도로 빠르게 발전 중이라고 했다. 그는 라인강변을 가리키며 항구기능만 했던 강변에 '뉴타운'이 만들어지더니 요즘엔 '비즈니스 복합타운'으로 변모했다고 말했다.

"저희 박물관에도 관람객이 넘칠 정도로 내외국인들의 발길이 1년 내내 끊이지 않습니다. 왜냐고요? 전시회 때문이죠. 뒤셀도르프 전시장이 잘되니, 내외국인들이 쏟아지고 당연히 도시개발이 계속됩니다." 이파 씨는 '라인강의 기적'이 아직도 진행 중이라고 했다.

도시의 변화

이파 씨가 가르쳐준 대로 찾아간 뒤셀도르프 시내 중심가의 라인강변. 뒤셀도르프 사람들은 이 지역을 '미디어 하버(Media Harbor)'라고 불렀다. 뒤셀도르프 전시장에서 자동차로 15분쯤 걸리는 곳. 금융, 무역센터, 컨설팅과 법률사무소가 각 건물마다 입주해 있었고 방송과 인쇄, 광고 관련 회사의 입주도 많았다.

사무실이 모이다보니 레스토랑과 카페, 미용실 등의 서비스 업종이 최근 들어 잇따라 들어오고 있었다. 이곳 택시기사 하인즈 아스호프 씨는 "미디어 하버에 사람이 몰리다보니 지난 4년간 바와 카페, 레스토랑 등의 숫자만 해도 그 이전에 비해 2배 이상 늘어났고 결국 택시 고객도 불어났다."고 했다.

미디어 하버 입주업체 중 가장 많은 비율을 차지하는 것은 오디오, 비주얼미디어 회사와 인쇄회사, 광고회사다. 이곳 입주업체 전체의 33%를 이 산업군이 차지한다. 물론 전시회 덕분이다.

뒤셀도르프 전시장이 개최하는 국제전시회 40개 가운데 20개가 전 세계적으로 알려진 전시회다보니 전시회를 받쳐주는 인쇄와 미디어, 광고관련 산업이 발전하는 것이다. 특히 뒤셀도르프는 두루파(Drupa)라는 세계 최대의 인쇄전시회를 갖고 있어 인쇄, 광고산업에 관해서는 1등 도시임을 자타가 공인하고 있다.

독일 최대의 광고전문회사인 BBDO, Grey, Publics가 모두 이곳에 있다고 시 관계자는 밝혔다. 전시회의 성장세가 계속되면서 미디어 하버에는 최근까지 4억 유로(5천400억 원)의 투자가 들어왔고 현재 2억 유로(2천700억 원)의 투자가 더 들어와 각종 건물 및 인테리어 작업이 한창이며 추가로 4억 유로가 투자될 예정이어서 뒤셀도르프시가 도시계획구역 지정을 확대했다. 독일전시산업업계 관계자에 따르면 독일 내에서 최근 전시회 성적이 가장 좋은 도시는 프랑크푸르트와 뒤셀도르프. 결국 지난 2001년 기준으로 주민 1천 명당 고용지수가 프랑크푸르트는 84.6%, 뒤셀도르프는 78.7%를 기록했다. 독일 내에서 나란히 1, 2위. 전시산업이 잘되는 도시는 곧 부자 도시라는 것이다.

열린 도시로

뒤셀도르프 시청 관계자는 뒤셀도르프 전시장을 찾아오는 바이어 등 방문객만 연간 180만명에 이르며 절반 이상은 외국인이라고 했다. 연간 2만9천여 개 업체가 전시회 부스를 열고 이 가운데 52%는 해외에서 온다는 것.

인구 57만 명에 불과한 뒤셀도르프의 인구 규모를 훨씬 초과하는 외국인들이 매년 찾아오다보니 자연스레 이곳은 '열린 곳' 으로 변모했다. 일찍부터 문호 개방정책을 표명한 이 도시엔 무려 5천개가 넘는 외국 회사가 있다.

▲ K 2007, 뒤셀도르프 국제 플라스틱 및 고무 전시회의 모습

네덜란드 회사가 750개나 있는 것을 비롯, 미국과 일본이 각각 450개, 영국 350개, 프랑스 250개, 대만 90개 등이다. 한국회사도 40개나 있다. 뒤셀도르프에 둥지를 틀고 있는 국내업체 중 가장 알려진 회사는 포스코.

일본 회사가 많아지자 매달 '제팬 데이' 행사를 만들어 일본인들의 기를 살려주고 있다. 이에 화답하듯 동네 곳곳에 일본 유도체육관이 있을 만큼 일본인들은 뒤셀도르프를 '유럽의 일본 비즈니스센터' 로 인식하고 있다. 일본인 학교와 프랑스인 학교가 있고 35개국에서 온 820여 학생들이 배우는 종합외국인 학교도 있다.

국제 유치원도 3개나 있다. 외국인들이 기초교육부터 불편함이 없도록 만들자는 것이다.

지방정부가 주체

뒤셀도르프 시는 3년 전 뒤셀도르프 전시장 대표를 해임시켰다. 뒤셀도르프 전시장 지분 56.5%를 뒤셀도르프 시가 갖고 있으니 '주인' 으로서의 권리를 행사한 것이다. 당시 대표가 경영수익 증대가 불확실한 엔터테인먼트 사업쪽으로 무리하게 투자, 수백만 유로(우리 돈으로 수십억 원)를 날렸다는 것.

뒤셀도르프 시는 전시회에 대해서만은 시장이 직접 관심을 갖고 진두지휘한다고 했다. 경영성과가 나쁘면 대표가 즉시 '집으로 갈' 각오를 해야 한다는 의미. 시 정부가 주도권을 쥐고 대표를 선임한다. 전시회가 지방정부의 최대 관심사인 셈이다.

독일 내 대다수 도시가 재정불균형으로 연거푸 적자재정을 꾸려가고 있는 반면, 뒤셀도르프 시는 5년 연속 균형예산을 달성하고 있다. 다른 도시와는 달리 뒤셀도르프 전시장에서는 전혀 적자가 발생하지 않을 뿐만 아니라 전시회의 성공으로 세금 수입이 만만치 않다는 설명이다.

독일의 대표적인 지방세는 주세(酒稅). 결국 전시회에 사람들이 많이 몰려오면 서비스업종에 돈이 몰리고 저절로 지방세 수입이 올라간다고 뒤셀도르프 시 관계자는 설명했다. 뒤셀도르프 시의 경우, 전시장을 염두에 두고 모든 도시계획을 수립하고 있다. '미디어 하버' 가 대표적인 예. 시청이 나서 전시장을 뒷받침할 '미디어 하버' 라는 중심업무지구 개발계획을 세웠고 사기업들의 투자까지 유치했다. 전시회와의 쌍두마차가 구성된 것이다.

매일일보, 굴뚝없이 富를 일군다-(2), 2007. 7. 12

제1절 전시조직

1. 전시조직의 의의와 설계

1) 전시조직의 의의

전시조직의 의의

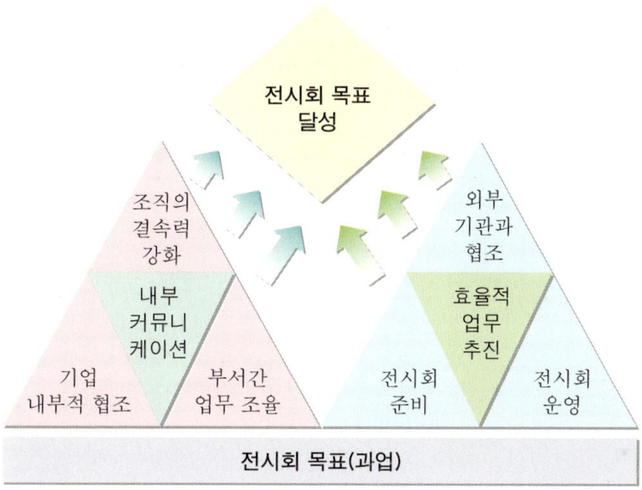

조직이란 목표를 달성하는 데 필요한 전문화된 활동들을 결정하고, 이 활동들을 어떤 논리적인 유형에 따라 집단화시키며, 이런 집단화된 활동을 어떤 직위나 개인의 책임 하에 할당하기 위한 구성원들의 구조화된 모습이라고 할 수 있다. 따라서 조직이란 조직구성원의 유형화된 상호작용을 통해 목표를 달성하기 위해 체계화된 부문별 유기적 결합체라고 할 수 있다.

이러한 조직의 정의에 따라 전시조직의 정의를 내려 보면 전시조직이란 '기업목표에 입각한 전시목표를 달성하기 위하여 기업 내 · 외부로부터 인력을 확보하고 이들 인력을 전시업무 부문별로 체계화시키는 한편 유기적으로 결합시킨 인적시스템' 이라고 할 수 있다.

따라서 효율적으로 구성된 전시조직은 원활한 내부 커뮤니케이션을 가능하게 하며, 효과적인 업무추진과 집행으로 전시회에서 기업목표를 달성시키는데 결정적인 역할을 해내게 된다.

전시조직은 전시에 참가하기 위한 실질적인 준비와 함께 대 · 내외적인 협조를 모두 도맡아서 하게 되며 전시회 기간 중에는 전시활동과 관련된 모든 운영업무를 수행한다. 그러나 전시회 참가를 수시로 하는 기업을 제외하고는 전시조직은 대개 일회성의 임시조직의 형태로 그치는 경우가 많다. 이런 기업의 경우에는 특히 사내에 전시전문가 부재로 인해 조직 구성에 어려움을 겪을 수도 있다. 사내에 전시전문가를 확보하고 있지 않은 경우가 많아 실제 전시회 준비와 참가 및 전시활동을 하는데 있어 현실적으로 어려움에 부딪칠 수 있다. 따라서 이런 경우에는 외부의 전시 전문업체를 아웃소싱하여 전시업무 전체를 대행의뢰하는 방법도 있을 수 있다.

2) 전시조직의 설계

전시조직의 설계

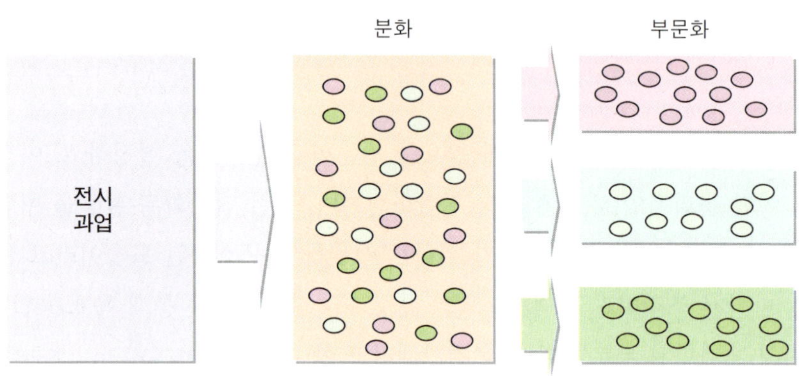

전시조직설계란 전시목표를 달성하기 위해 조직구조를 구축하기도 하고 변

경하기도 하는 것과 관련된 활동을 의미한다. 즉 기업의 이념과 목표를 달성하기 위한 자원을 최적으로 활용할 수 있는 구조를 창출하는 과정을 말한다.

리비트(H.J. Leavitt)는 설계의 의미를 '창조, 즉 조직구성요소들 간의 상호관계를 의식적 · 의도적으로 형성 · 확립하는 것' 이라고 한다. 또한 조직설계란 '본질적으로 최적의 효율성을 얻기 위하여 조직구조를 형성하고 변화시키는 활동' 이라고 하였다.

이렇게 볼 때 한 조직의 구조라고 하는 것은 다양한 경영관리적 선택에 따라 형성될 수 있는 조직구성요소들의 여러 가지 배열상태들 중의 하나라고 할 수 있다.

전시조직설계는 몇 가지 기본원칙을 가지고 이루어져야 하는데 첫 번째가 분화이다. 분화란 '전체 과업을 더 작은 과업단위로 세분하는 것' 을 말하고, 이는 일반적으로 '수평적 분화(horizontal differentiation)' 혹은 '작업의 분화' 라고 한다. 이에 대해 Sexton(1970)은 "어떤 복잡한 과업을 완성하는데 한 사람이 모든 작업을 수행한다는 것은 지극히 어렵기 때문에 이들 모든 작업을 세분화하여 비교적 간단한 작업을 수행해 나가면 분업의 이점이 나타나게 된다." 고 하였다. 즉 분화는 전시회 업무라는 커다란 과업을 세분화하여 몇 개의 작은 과업단위로 나누어 과업을 단순화시키는 한편 그 과업의 실행을 좀 더 쉽고 효율적으로 만드는 과정이라고 할 수 있다.

두 번째는 부문화이다. 조직은 작업의 분화를 통해서 여러 가지 이득이 발생하는 것은 사실이나 한 가지 유의해야 할 것은 고도로 작업의 분화가 이루어졌을 경우 그와 관련된 역기능이 문제된다는 점이다. 그러므로 일단 조직의 전체 과업이 분화되면 능률을 도모하기 위하여 관련된 과업을 모아 그룹을 형성할 필요가 있게 된다. 이와 같은 그룹들의 형성과정을 '부문화(departmentalization)' 라고 하고, 동시에 과업과 관련해서 형성된 사람들의 집단을 '부' 또는 '과' 라 한다. 즉 분업은 전문가를 만들어내는데, 그 전문가 중에서 유사한 직무를 수행하는 전문가들을 집단화하는 것을 부문화라 한다.

그러므로 부문화란 전문가 집단을 만드는 것을 말하며, 수평적으로는 분화된 활동을 통합하는 것이다. 결국, 전시조직의 형성은 작업을 세분화하는 분화와 분화된 하위단위들을 전체 효율성을 높이기 위해서 결합하는 부문화를 통해서 이루어진다.

전시조직은 전시회 목표 달성이라는 과업을 달성하기 위하여 전체 과업을 전시회 참가신청, 전시인력교육, 전시물품 준비, 전시물품 운송 및 반입과 반출, 전시광고 및 홍보, 세미나 준비, 전시부스 설치, 전시 개막행사 준비, 전시품 관리 등 다양하게 세분화하여 분화할 수 있다. 이렇게 분화되어진 과업들을 다시 비슷한 업무들을 통합하여 전시기획과 전시운영관리, 전시홍보, 전시설치라는 부문으로 부문화할 수 있다.

2. 전시조직의 구성

전시조직의 구성

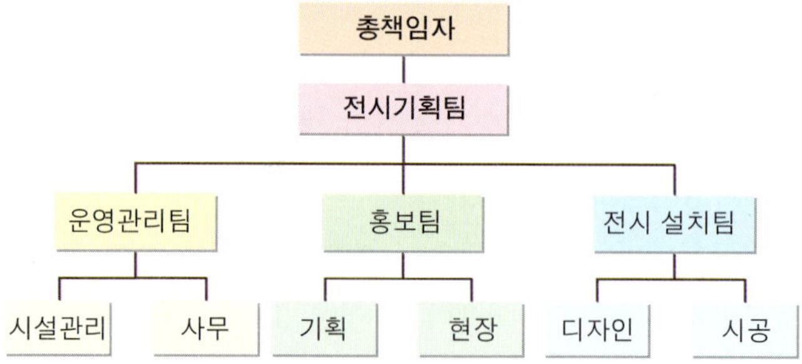

전시조직은 조직을 총괄하여 조직 부문들을 유기적으로 결합하고 조율하는 총 책임자가 필요하며 그 밑으로 전시회에 관련된 목표와 전략을 개발하고 기획하는 과업을 담당하는 전문가들의 집단인 기획팀이 필요하다. 기획팀의 하부조직으로 전반적인 전시회 준비와 전시회 기간 동안의 운영을 담당하는 운영관리팀과 대외적인 홍보를 담당하는 홍보팀 그리고 전시장에서 부스를 설치하고 참관객들이 관심을 가질 수 있도록 디스플레이를 하는 전시 설치팀으로 부문화

할 수 있다. 또한 운영관리팀은 시설관리와 사무를 보는 하부조직을 둘 수 있으며 홍보팀은 기획과 현장 부문을 담당하는 하부조직을 두며 전시 설치팀은 디자인 부서와 시공 부서의 하부조직을 둘 수 있다.

1) 전시기획팀

전시기획팀

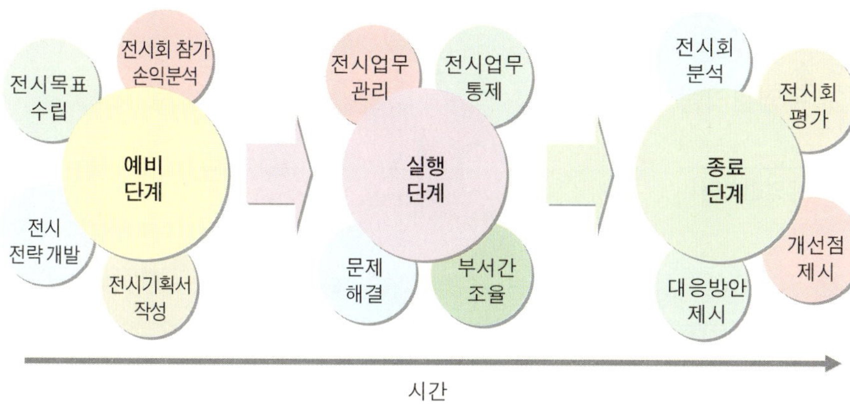

전시기획팀은 참가하고자 하는 전시회에 대한 제반 사항에 대한 검토와 참가에 따른 기업의 목표와 해당 전시회와의 부합성을 점검하게 되고 참가가 결정되어지게 되면 참가에 따른 전시전략을 수립하게 되며 제반절차 및 스케줄링 등에 대하여 전반적인 관여를 하게 된다.

전시기획팀은 일반환경조사 및 경쟁환경조사를 통해서 전시회에 참가하게 되었을 때의 이점과 손실에 대한 면밀한 분석을 하게 되며 분석되어진 결과를 바탕으로 하여 기업의 목표와 부합되는 전시목표를 수립하게 된다. 또한 수립되어진 전시목표를 성공적으로 달성하기 위한 세부 전시전략을 개발하게 되는데 이때에는 기업이 가지고 있는 역량을 최대한으로 표출해 낼 수 있도록 기업이 전시회에 전용할 수 있는 가용자원의 활용을 극대화시킬 수 있도록 전략을 개발하여야 한다. 이러한 전시전략의 수립과 환경분석 및 전시전략의 개발은 논리적인 체계와 다른 사람에게 쉽게 전달되어질 수 있는 방법으로 전시기획서의 형태로 작성되어지게 되며, 전시기획서를 바탕으로 하여 전시업무는 실행되어지게 된다.

전시업무가 실행되어지게 되면 전시기획팀은 전시업무에 대한 전반적인 관리와 조율을 하게 되며 실행 도중 부딪치게 되는 각종 문제점과 오류에 대하여 해결책을 제시하게 된다. 또한 전시기획팀은 전시업무가 종료되는 전시회 폐막 후에는 해당 전시회에 대한 분석과 평가를 하게 되며 차기 전시참가 준비를 할 때 참고할 수 있도록 개선점과 대응방안을 제시하여야 한다.

2) 운영관리팀

전시운영관리팀

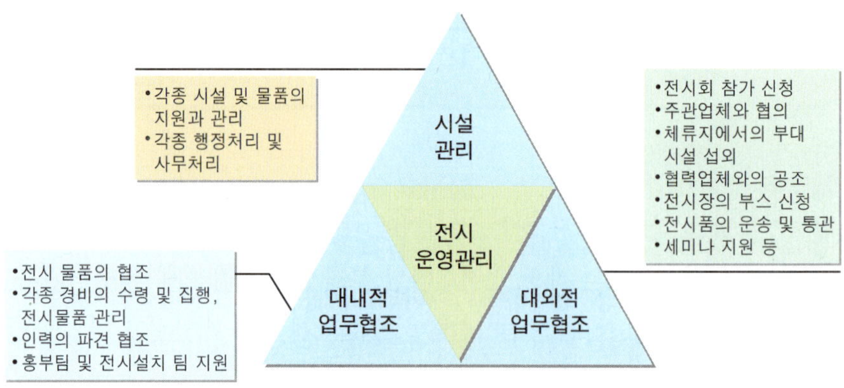

운영관리팀은 실제로 전시회 참가에 필요한 업무와 전시회 기간 동안의 운영에서부터 전시회가 폐막한 뒤인 사후 정리까지 사무적인 업무에서부터 전시회에 필요한 각종 시설의 지원에 이르기까지 각종 지원활동을 하는 부문이다.

전시회는 종이 한 장에서 전시회장의 부스에 이르기까지 매우 다양한 물품이 필요로 할 뿐만 아니라 대내적인 업무협조와 대외적인 업무협조 등 각종 행정적인 처리를 필요로 한다. 따라서 운영관리팀은 성공적인 전시회를 위하여 다양한 업무에 직간접적으로 관여하게 되며 홍보팀과 전시 설치팀과의 긴밀한 관계를 유지하여야 한다.

대내적인 업무협조에는 전시장에 진열할 전시물품의 협조와 전시회에 필요한 각종 경비의 수령 및 집행, 전시물품 관리, 전시에 필요한 인력의 파견 협조, 홍부팀 및 전시설치 팀에 대한 지원 등의 업무가 주를 이루게 되며 대외적인 업무 협조에는 전시회 참가신청, 전시회 주관업체와의 협의, 전시회 개최지에서의 숙박 및 식사 등과 같은 체류지에서의 부대시설 섭외, 각종 협력업체와의 공조업무, 전시장의 부스신청, 전시품의 운송 및 통관, 전시회 기간 중 개최되는 세미나 등의 업무를 담당하게 된다.

운영관리팀 산하에 있는 시설관리부문은 전시회와 관련된 각종 시설 및 물품의 지원과 관리를 담당하게 되며 사무부문은 전시회와 관련된 각종 행정처리 및 사무처리를 맡아서 담당하게 된다.

3) 홍보팀

홍보팀

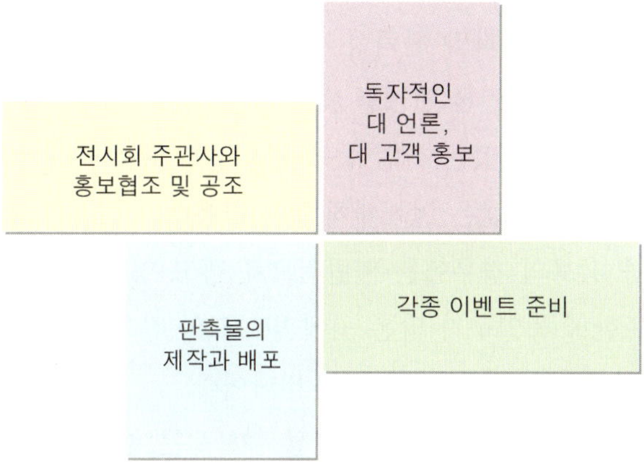

홍보팀은 기업의 전시회 참가를 대외적으로 알리는 한편 고객 및 언론에게 우

호적인 이미지를 갖게 하고 전시제품에 대하여 흥미를 유발시킴으로써 참관객을 최대한 많이 방문하도록 유도하는 한편 그 기업에 대하여 관심을 갖도록 만들어 주는 업무를 맡아서 하게 된다. 따라서 홍보팀은 전시회 주관사와의 홍보 콘셉트에 맞추어 홍보 협조 및 공조를 취해야 하며 독자적으로 대 언론, 대고객 홍보에 기울여야 한다. 또한 전시기간 중 기업의 부스를 방문하는 참관객들에게 각종 판촉물을 제작해 나누어 주는 업무와 참관객들이 지속적이면서도 좋은 인상을 가질 수 있는 이벤트를 준비하여 참관객들을 즐겁게 해주어야 한다.

먼저 전시회 주관사와의 협조 홍보로는 주관사가 발행하는 전시회 디렉터리나 홍보물에 들어갈 참가기업과 제품의 자료를 제공해 주어야 한다. 이러한 자료로는 참가기업의 소개와 사진, 그리고 전시제품의 특징과 장점을 기술한 설명서와 제품사진 등이 된다. 따라서 홍보팀에서는 기업 및 전시제품에 대한 자료들을 잘 정리하여 준비해 놓고 있어야 한다.

참가기업이 자체적으로 홍보물을 발행할 때에는 주관사가 정해 놓은 홍보물에 관한 규정을 준수하여 홍보물을 제작하거나 배포하여야 한다.

대언론 홍보 시에는 전시회와 관련이 있는 언론기관 또는 전시제품과 관련이 있는 전문잡지 등에 홍보용 보도문을 제작하여 발송함으로써 기업과 제품에 대한 언론매체 기사화에 많은 신경을 써야 한다. 특히 각종 언론의 기사로 채택된 경우에는 각종 파급효과와 신뢰성 제고에 많은 도움이 되므로 상당한 주의를 기울여서 우호적인 대언론 관계를 맺어 놓는 것이 필요하다.

일반 참관객과 연관이 있는 기업 등에 대한 홍보로는 TV, 라디오와 같은 전파매체나 신문과 잡지와 같은 인쇄매체 등을 활용하여 대중을 대상으로 홍보를 해야 한다. 대중 홍보의 경우에는 일반적으로 광고 형태로 대중들에게 노출되어지게 된다. 또한 유동인구가 많은 곳에 빌보드와 같은 옥외광고를 하는 것도 대중에게 전시회 참가를 알리는 방법 중 하나이다.

전시회장을 찾은 참관객들에 대한 현장 홍보로는 주로 판촉물과 이벤트 그리고 대인홍보를 하게 되는데, 이는 참관객들에게 좀 더 다양한 기업정보와 제품정보를 제공해 줄 수 있는 기회가 될 수 있도록 하여야 하며 참관객들이 관람을 마치고 돌아간 뒤에도 기업과 제품에 대해 지속적인 관심을 유도하기 위하여 카탈로그와 기념품을 제공해 주어야 한다. 또한 참관객들에게 방명록을 작성하게 하거나 명함 등을 수집하여 전시회가 끝난 후 사후관리 또는 마케팅 활동을 수행하는데 있어 기초 자료로 활용할 수 있도록 하여야 한다.

홍보팀은 산하에 기획부문과 현장부문을 둘 수가 있는데, 기획부문은 전체적인 홍보의 콘셉트와 방향을 수립하며 각종 홍보 수단들이 균형 있게 홍보활동을 수행할 수 있도록 조율하는 한편 전체적인 홍보활동의 일관성을 가질 수 있도록 관리하는 업무를 맡게 된다. 또한 대언론 홍보와 각종 언론광고 활농에 대한 기획을 하게 된다. 홍보물의 제작에도 기획부문은 관여를 하게 되는데 기업 내에 자체 홍보 및 디자인 부서가 있는 경우 해당 부서와 업무 협조를 통해 홍보물의 제작을 하게 되며 디자인 부서가 없는 경우 전문 광고제작 업체에 대행을 시킬 수 있다.

현장부문은 전시회장에 상주를 하며 대인홍보와 이벤트 및 판촉활동을 펼치는 부문으로서, 기획 부문의 지시를 받아 홍보기획의 의도를 잘 구현시킬 수 있는 현장 홍보 활동을 펼쳐야만 한다.

4) 전시 설치팀

전시 설치팀

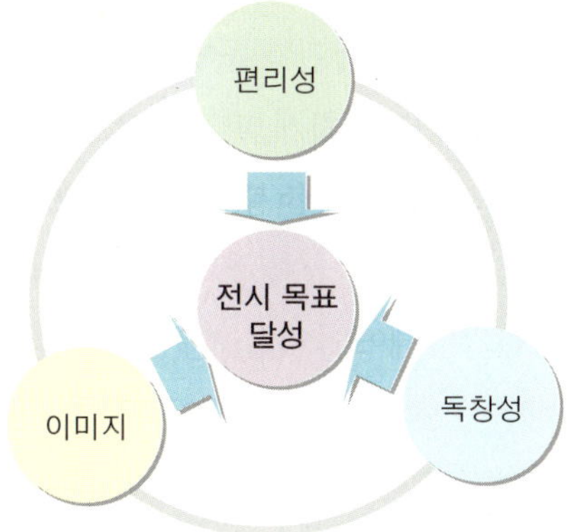

전시 설치팀은 전시회장의 주어진 공간 속에서 부스를 설치하고 부스를 다른 경쟁업체와 차별화시켜 참관객들로 하여금 편안한 관람과 함께 좋은 인상을 가질 수 있도록 만드는 업무를 담당하는 부문이다. 따라서 전시 설치팀은 전문적인 전시 디자이너와 디스플레이어가 필요하다.

전시 설치팀은 전시회 주관사에서 제공받은 장비와 설비를 활용하는 한편 본사의 전시회 운영관리팀에게 필요한 자원을 지원받아 참관객들에게 깊은 인상을 줄 수 있는 부스를 설계하고 꾸며야 한다. 전시 설치팀은 네 가지 요소들을 고려하여 전시회장의 부스를 설치하고 디자인 하여야 하는데 첫 번째 요소는 기업목표와의 부합성이다. 즉 기업의 전시목표를 실현 시킬 수 있는 부스 디자인과 설계를 하여야 한다는 의미이다.

두 번째 요소는 편리성이다. 부스를 방문한 참관객들이 편리하면서도 편안하게 관람을 즐길 수 있도록 참관객들의 동선을 고려하여야 하며 방문객과의 상담이 필요한 경우에는 안락한 상담시설을 갖추도록 노력하여야 한다.

세 번째 요소는 이미지이다. 이미지는 부스에 설치되어 있는 조형물과 제품의 전시방식, 부스에 사용되어진 색상 등으로 대변되어 질 수 있다. 이는 참관객들이 부지불식간에 느끼게 되는 요소로서 전시목표가 원하는 이미지를 구현시킬 수 있도록 하여야 한다.

네 번째 요소는 독창성이다. 부스를 방문하는 참관객들에게 신선하고 창의적인 인상을 느낄 수 있게 만들어 주어야 한다. 다른 경쟁기업의 전시장과 똑같은 천편일률적인 느낌을 받게 된다면 참관객들에게 그저 그런 또 하나의 기업으로 인식되어질 수가 있다. 그러나 지나치게 파격적인 부스 디자인은 도리어 고객들에게 거부감을 줄 수 있으므로 세심한 주의를 기울여야 한다.

3. 전시조직의 인력 조달

전시조직의 인력 조달

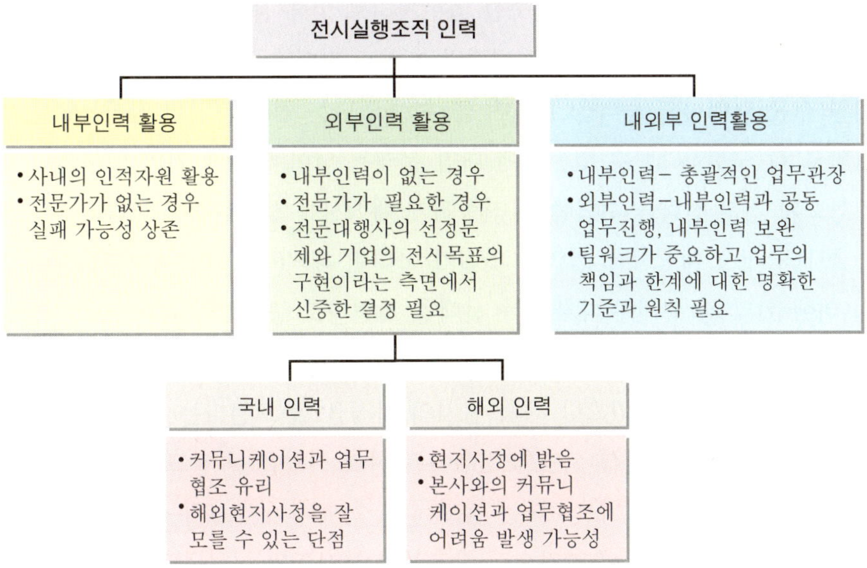

전시실행조직의 인력을 조달하는 방법은 내부인력을 활용하는 방법과 외부의 인력을 활용하는 방법 그리고 내부와 외부인력을 동시에 활용하는 방법이 있다.

첫째, 내부인력을 활용하는 방법이다. 이는 전시에 참가하고자 하는 기업이 전시실행조직을 구성할 때 기업이 보유하고 있는 인적자원들을 활용하는 것이다. 이미 전시회 전담부서가 있는 경우에는 이를 활용하면 되겠지만 전담부서가 없는 경우에는 기존의 각 부서에서 전시 업무 경험이 있거나 전시업무에 적합하다고 판단되는 인력들을 조금씩 차출하여 하나의 팀을 구성하게 된다. 그러나 이 방법의 경우에는 전시 경험이 많은 인력이 있거나 전문가가 존재할 때에는 문제가 없으나 그렇지 않은 경우, 자칫하면 많은 오류를 범하게 되어 전시목표 달성에 차질을 빚을 가능성이 크다.

둘째는 외부인력을 활용하는 방법이다. 외부인력이라 함은 전시업무를 전문적으로 대행해주는 대행사를 의미한다. 이 방법은 기업의 내부인력을 전시에 활용할 수 없는 경우에 이용하거나 전시전문가가 꼭 필요한 경우에 이용되어진다. 전시전문가는 전시회 참가 준비 및 전시활동에 효율적으로 대처하여 많은 시행착오를 줄일 수 있으며 능숙한 업무처리로 인해 불필요한 전시 인력을 줄일 수도 있다. 또한 이를 통한 경비절감 효과도 기대할 수 있다. 그러나 이 방법 역시 전문 대행사의 능력을 검증해 볼 수가 없다는 점과 기업의 전시목표를 얼마만큼 잘 구현해 낼 수 있는가에 대한 문제는 남아 있기에 기업 내부에서 전시목표와 기본 전략을 수립한 후 신중하게 대행사를 선택하여야 한다.

국내의 전시 대행사를 선택할 것인가 아니면 해외(특히 해외전시의 경우 현지 대행사)의 전시 전문 대행사를 선택할 것인가도 중요한 문제이므로 면밀한 검토가 필요하다. 국내 전시 대행사를 선택할 경우에는 커뮤니케이션과 업무협조 면에서 유리할 수 있으나 해외 현지의 사정을 잘 모른다는 단점이 있고 해외 현지의 전시 대행사를 선택할 경우에는 현지 사정을 잘 알고 있으며 언어의 장벽 없이 업무처리가 가능하다는 점 그리고 현지에서 홍보활동을 수행하는데 있어 유리하다는 점 등이 장점으로 작용하나 본사와의 커뮤니케이션과 업무협조 면에서 어려움이 발생할 가능성이 있다.

셋째는 내부인력과 외부인력의 동시 활용 방법이다. 이는 내부의 인력 중에서 전시업무 전담자를 몇 명 선정하여 그들에게 총괄적인 전시업무를 관장하게 하면서 전시 전문대행사와 공동으로 업무를 진행하도록 하는 방법이다. 이 경우에는 팀워크가 매우 중요하며 업무의 책임과 한계에 대한 명확한 기준과 원칙이 필요하다.

제2절 전시참가예산 수립

1. 전시참가예산 수립의 의의

전시재무관리 과정

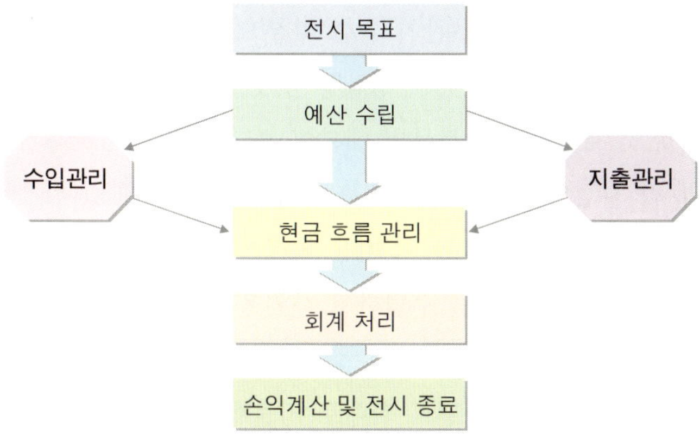

출처 : 이경모, 이벤트학원론,백산출판사, 2002. p.228

성공적인 전시회 목표를 달성하기 위해서는 자금의 중요성은 매우 크다. 물론 전시회에 전시할 제품과 인테리어, 전시인력의 교육, 각종 프로모션 등도 중요하지만 이들 업무를 뒷받침해주고 이러한 업무를 효율적으로 실행시키기 위해서는 든든한 자금력이 있어야만 한다. 따라서 전시회에 참가에 필요한 예산을 수립하고 수입과 비용의 지출을 적절히 통제하는 것은 전시참가 기획에 있어 매우 중요하다. 또한 치밀한 계획에 의해 수입과 지출 목표가 설정되었다 하더라도 언제 어느 정도의 수입이 이루어지고, 또 언제 어느 정도의 비용이 지출될지에 관한 현금 흐름을 파악하고 관리하지 않는다면 전시회참가가 재무적으로 위험한 상황에 처하게 된다.

따라서 전시참가 기획자는 적절한 예산의 수립과 수입관리 및 비용의 통제, 적절한 회계처리, 이해관계자에 대한 재무상태 보고 등의 업무를 수행해야 하며, 특히 수입보다 지출이 먼저 발생되는 경우 재무관리는 전시참가기획자에게 매우 중요한 항목이 된다.

일반적으로 다른 산업분야에서는 재무관리의 목표가 높은 수익성의 확보에 있다. 그러나 전시회 참가를 위한 재무관리에 있어서는 실제적인 수익의 발생을 목표로 하기보다는 무형의 이익을 목표로 하는 경우가 많다. 따라서 금전적인 대차대조에 의한 손익계산보다는 전시참가 목표에 부합되는 기회비용을 얻는 수준에서 재무관리의 목표를 설정하는 것이 바람직하다.

전시참가예산이란 전시 재무관리의 한 부분으로서 전시회에 참가하고 활동하는데 소요되는 화폐의 양을 미리 정해놓는 것으로서 수입(조달)의 예상과 비용지출의 예상 및 재무자원의 부문별 배분이 포함된다. 전시참가기획자는 예산을 통해 미래 각 시점의 재무상태를 예측하고, 전시 계획에 있어 우선순위를 결정할 수 있으며, 주어진 범위 내에서 비용을 적절히 관리해 나갈 수 있다. 즉 예산은 기획자가 전시 재무계획을 수립하고 자원을 분배하는 필수적인 도구로 이용되는 것이다.

특히 전시 운영상의 각 부문별로 최대로 지출할 수 있는 금액을 추정함에 있어, 참관객서비스, 전시 설비비용, 홍보비용, 인력비용 등의 각 하위 예산을 설정함으로써 효율적으로 시행할 수 있다.

전시회 참가 예산표

항목	예상비용		실 집행액	
	원화	달러	원화	달러
면적임차				
전시품 및 장치				
운송 및 보관				
서비스 신청				
인력 고용				
광고 및 판촉				
출장 경비 및 잡비				
기타				
합계	₩	$	₩	$

2. 전시참가예산 수립과정

전시참가예산 수립과정

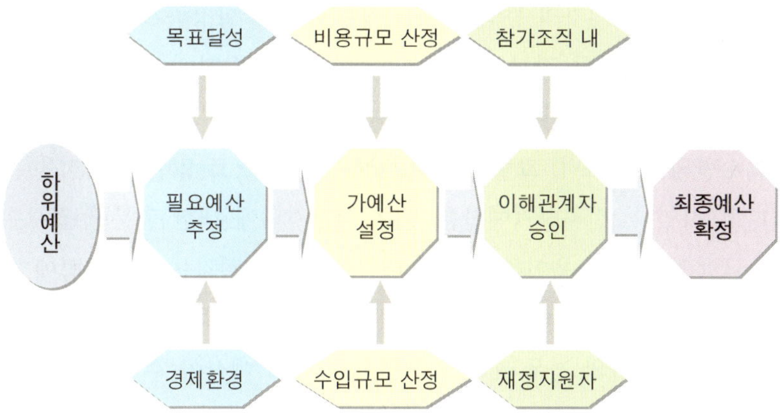

출처 : 이경모, 이벤트학원론, 백산출판사, 2002. p.229

이경모(2002)는 전시참가예산을 수립하는 방법으로 항목(line item)별로 설정하는 방법과 프로그램별로 설정하는 방법, 두 가지로 분류하였다. 항목별로 설정하는 방법은 인력비용, 홍보비용, 전시장 임대비용, 장비 임대비용 등 전시 운영에 필요한 각 항목별로 예산을 설정하는 방법이다. 이에 반해 프로그램별로 설정하는 방법은 이벤트 개최 시 운영되는 모든 프로그램별로 별도의 예산을 설정하는 것으로 일정 규모 이상의 전시회 참가 시 사용하는 방법이라고 할 수 있다.

전시회 운영에 소요될 필요예산을 추정하기 위해서는 먼저 전시 참가 목표를 달성하는데 요구되는 재무자원의 규모를 측정해야 하고, 이를 위해 각 부문별 하위예산을 집계해야 하며, 예산수립부터 그 이후의 경제동향이 감안되어야 한다. 예산의 집계과정에는 각 부문의 비용이 모두 포함되며, 여기에는 행정, 홍보, 전시장, 장비 및 설비, 인력비용, 보험, 인허가, 안전, 회계, 위생, 프로그램 등 전시 운영에 필요한 모든 부분을 고려해야 한다.

이를 토대로 필요예산이 추정되면 필요예산에 대한 수입원(revenue sources)을 검토하여 예산을 뒷받침할 수 있는 수입규모가 될 수 있는지 확인한다. 전시회의 주요 수입원으로는 기금, 지원금, 기업의 예비비 등이 포함된다. 이렇게 해서 가예산(draft budget)이 설정되면 이를 개최조직 내의 각 부문과 외부의 재정지원자 등 이해관계자의 동의를 얻어 최종 예산을 확정하게 된다.

이경모(2002)는 또한 전시참가예산 수립 시 고려사항에 대해서도 기술하였는데, 그에 따르면 전시참가 예산수립은 비교적 정확한 미래예측과 이를 위한 노력이 수반되어야 하며, 그렇지 않은 경우 재정적으로 많은 문제점을 초래할 수 있다고 하였다. 전시참가예산은 필요 지출경비에 대한 충분한 정보수집과 정확한 금액의 산정이 용이하지 않기 때문에 전시기획자는 예산수립에 각별한 주의를 기울일 필요가 있다.

또한 전시회 참가의 경우 개최시기에 훨씬 앞서 예산이 수립되는 경우가 많은데, 여기에 잘못된 미래 추세 예측이나 그릇된 정보를 바탕으로 한 예산수립이 이루어질 경우 커다란 오류를 범할 수 있다. 또한 예산 수립 시 허술한 관리체계와 보고체계, 예산의 융통성 부족 등도 실제 전시회에 참가하였을 때 문제를 발생시키는 원인이 된다.

예산수립 과정에서 가장 주의해야 할 점은 예상 지출의 과소산정과 예상수입의 과대산정이다. 따라서 전시 예산수립 시 수입은 예상보다 적게, 지출은 예상보다 많게 계획하는 것이 바람직하다. 아울러 전시참가예산을 설정할 때 다음과 같은 내외부의 요인들도 고려될 필요가 있다.

전시참가 예산수립 시 내외부 고려요인

내적 요인	외적 요인
• 지출과 관련되어 수행되는 업무활동 내용과 필요성 • 각 업무활동의 예상비용과 우선순위 • 각 업무활동으로부터 얻어지는 편익과 수익 • 각 지출의 관리 · 통제방법	• 세금 및 이자 • 인플레이션 • 보험 • 환율 • 비상예산

자료 : 이경모, 이벤트학원론, 2002. p. 231.

Closing Exhibition

참관객 조사(Audience Research)

우선 설문조사(Survey)를 들 수 있겠다. Exhibit Surveys의 대표 Jonathan Cox에 따르면, 이 방법은 구매력과 구매 영향을 판단하는 데 큰 도움이 된다고 한다.

"특히 요즘처럼 참관객과 참가업체들이 전시회를 직접 선택하는 상황이라면, 주최자로서 그들에게 최고의 가치를 제공하길 원하고, 이 전시회를 통해 그들이 얻을 수 있는 것은 무엇인지 알고 싶을 것이다. 예를 들어, 우리는 참관객에게 지금 보고 있는 제품이나 서비스 등이 이전부터 찾던 것인지 물어봄으로써, 참가업체가 중요하다고 판단하는 참관객이 누구인지와 그들이 참관객 유치에 얼마나 만족하고 있는지를 확인할 수 있다."

"참가업체나 참관객 둘 중 어느 하나라도 만족하지 않는다면, 그것은 새로운 기회가 생겼다는 뜻이다. 왜냐하면 참가업체 입장에서는 전시회에 새로운 가치를 가져올 시장을 확인한 것이기 때문이다."

또한 설문조사는 참관객의 충성도(참관객이 이전에 몇 번 왔었는지, 또는 그들이 주위에 전시회를 추천하였는지 등) 및 콘텐츠의 효율성, 참관객의 전시회 방문기간 등을 알 수 있도록 한다. 전시주최자들은 이 데이터를 통해 프로그램을 조정하는데, 한 예로 참관객이 전시장에 머무는 시간이 짧다면 다른 콘텐츠를 추가하여 방문시간을 늘릴 수 있다.

그러나 Cox가 제일 강조한 것은 가장 필요한 정보가 무엇인지 알아내는 것이다. 매순간 스스로에게 '우리들의 문제가 무엇이고, 우리에게 필요한 정보가 무엇일까?' 를 질문하면 결국엔 그에 따른 해답을 얻을 수 있다.

참관객을 측정하는 또 다른 방법은 참관객 응답시스템(Audience Response System)을 사용하는 것이다. 전시주최자와 참관객 모두가 좋아할 만한 이 방법은 무선 키패드를 이용하여 세션이 진행되는 동안 질문하여 그에 대한 답변을 얻어내는 방식이다.

"참관객이 계속 참여하기 때문에 일방적인 세션이 되지 않을뿐더러, 참관객들은 다른 사람들의 의견도 알 수 있다는 장점이 있다."고 Meridia의 CEO Rick Baker가 말했다. 이 기술을 통해 전시주최자들은 전시회, 전시산업 주제, 강연자 등에 대한 참관객의 생각과 느낌을 즉각적으로 알 수 있다.

"전시주최자가 원하는 만큼 자세하게 알아낼 수 있다. 전시협회를 위한 세션에서 협회가 나아가야 할 방향에 대해 참관객에게 묻고, 패널 토의를 통해 그에 대한 답변을 얻는다."

Chinaplas 2010 플라스틱 고무 전시회의 모습

이 방식은 참관객 평가에 매우 효율적인데, Baker의 말에 따르면, 카드나 종이를 이용한 조사의 응답률은 얼마 되지 않는 반면, 키패드 이용 시 80~90%의 조사 응답률을 기록한다고 한다. 많은 참관객들이 서면 조사에 대해 불만을 가지고 있지만, 이 조사를 통해서는 자신들의 다양한 생각과 의견을 표현한다는 것이다.

참관객을 측정하는 데 더 공식적인 방법은 인증이다. 독립적인 제3자의 회계기관이 여러 방법을 통해 전시주최자의 등록 데이터를 평가한다. BPA Worldwide의 John Mikstay는 이 데이터를 통해 전시주최자들이 그들의 가진 정보의 질을 알 수 있다.

게다가, BPA를 비롯한 다른 회계기관에서는 참관객 인터뷰를 따로 실시하지 않고, 그 시간에 직원이 부스 트래픽, 안전 등에 대해 조사한다. 때때로 전시주최자들은 검증받는 것을 두려워 하지만, 현재 처한 상황을 제대로 아는 것이 큰 힘이 된다. 참가업체들은 검증자료를 통해 그들의 투자에 대한 가치를 입증할 수 있다.

자료 : http://blog.naver.com/akeiblog/20108647069

제4부

참가기업의 전시운영실무

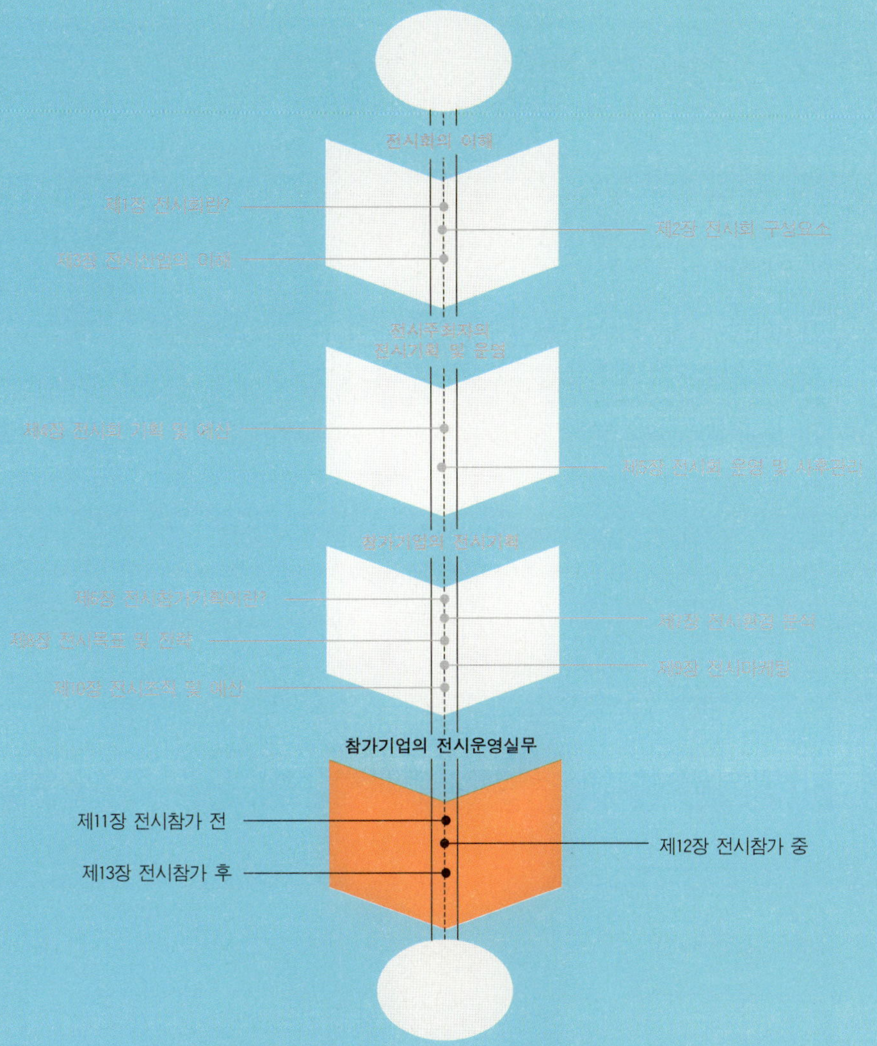

제4부 참가기업의 전시운영실무는 전시기획이 모두 끝난 후 실제 전시회에 참가하여 전시활동을 원활히 하기 위한 준비작업과 전시기간동안의 전시활동, 그리고 전시회가 끝난 후 참가기업이 처리해야 할 각종 사안들에 대하여 필요한 지식을 간결하게 제시하였다.

제11장

전시참가 전

〈Opening Exhibition〉
만국박람회, 근대화된 축제

〈Closing Exhibition〉 **전시산업 사회 변화 맞춰야, 성장**

Opening Exhibition

만국박람회, 근대화된 축제

김홍열(월간이벤트 자문위원, 에이스텔(주) 이사)

잠시 오래 전 시골장터를 추억해 보자. 어렸을 때 시골에서 자란 사람이라면 쉽게 시골장터의 떠들썩하고 흥겨운 분위기가 기억날 것이다. 시장장터에 가고 싶은데 아버지가 데려가지 않을까 봐 새벽잠을 설치면서 기다리고 졸라대면서 가고 싶었던 곳. 가고 싶어서 며칠 전부터 심부름도 열심히 하고 '부모님 말씀'도 잘 들으면서 마음 졸이고 기다리던 곳. 대체 무엇이 시장에 있었길래 5일마다 돌아오는 그 시장에 가고 싶었을까? 특별히 살 것이 있는 것도 아니면서 왜 사람들은 오일장에 가고 싶어할까? 시장에서는 단지 물품이 매매되기만 한다면 필요한 사람들만 가게 되고, 그렇게 기다림의 장소가 되지 않았을 텐데, 무엇이 시골장터를 기다림의 마당으로 만들었을까?

일상의 고단함을 풀어주는 것들은 여러 가지가 있다. 하루의 노동이 끝난 후 마시는 막걸리 한 잔, 일년 농사가 끝나고 추수한 후에 얻게 되는 긴 농한기, 설날부터 정월 대보름까지 벌어지는 마을 축제 등은 다 나름대로의 풀어주는 역할을 잘 수행해 왔다. 그러나 앞에 열거한 것들이 노동과정이 종료된 후에 다음 노동을 위한 휴식의 순간들이라고 한다면, 시장은 새로운 것들과의 조우를 통해서 교환과 구매, 소비를 통해 노동의 의미를 재확인시켜 주고 비일상적 분위기를 공급함으로써 정서적 충족감을 만족시켜 준다.

거시적으로 이야기한다면 중세의 자급자족 경제시스템은 근대에 들어오면서 종말을 고하게 되고 사람들은 기존 축제방식에 더 이상 매달리지 않게 된다. 지리상의 발견으로 인한 식민지 확보, 르네상스를 통한 휴머니즘의 부활, 산업혁명과 생산력의 증가로 얻게 된 물질적 풍요로움 등은 시장에 가면 우선 알록달록한 꽃무늬의 옷부터 시작해서 예쁜 장신구, '동동 구루무'와 같이 얼굴이 예뻐지는 화장품, 멀리 볼 수 있는 망원경 등 평소에는 볼 수도, 생각지도 못했던 새 물건들을 맘껏 구경할 수 있어서 무척 좋았다. 아버지가 새 운동화라도 하나 사주시면 하늘을 날 것 같은 기분이 됐고 더 이상 바랄 것이 없었다. 시장에는 새로운 물건만 있는 것이 아니었다. 원숭이를 데리고 와 묘기를 부리고 약을 파는 사람들, 엿치기하는 아이들, 홍길동 · 심청전을 감칠맛 나게 풀어주는 입담 좋은 아저씨, 가끔은 소싸움도 볼 수 있었고, 멀리 도회지에 갔다 온 이웃 마을 아저씨의 신기한 여행기도 들을 수 있었다.

이렇게 시장은 단순한 교역장소만이 아니었다. 시장은 늘 새롭고 신기한 물품들을 볼 수 있는 장소이고, 한동안 보기 힘들었던 이웃 마을 사람들을 만나는 마당이었고, 공연과 놀이가 벌어지는 종합 엔터테인먼트 전시장이었다. 늘 단조로운 일상에서 계속되는 노동은 육체적 삶에 필요한 양분을 공급하기는 하지만, 그 고단함을 풀어주는 무엇이 없다면 노동은 지겨운 고역에 지나지 않는다.

사람들은 기존 축제방식에 더 이상 매달리지 않게 된다. 지리상의 발견으로 인한 식민지 확보, 르네상스를 통한 휴머니즘의 부활, 산업혁명과 생산력의 증가로 얻게 된 물질적 풍요로움 등은 계속 신상품이 교환될 수 있는 시장을 요구하게 되고, 농촌에서 벗어나 도시로 이동하게 된 산업노동자들은 그 시장에서 새로운 축제의 마당을 발견하게 된다. 전통적 축제는 조상부터 계속 내려온 고정된 장소와 정형화된 패턴이 전제가 되어야 하는데, 농촌을 벗어난 노동자들은 다시는 고향에 갈 수가 없고, 다만 도시 한 복판에 새로이 만들어진 공장 지대에서 상징적 장소를 만들어 내야 하고 새로운 형식을 발명해야 했다. 그러나 이미 형성되어 있던 기존 재래시장으로는 노동자들의 기대를 충족시킬 수가 없었다. 근대 자본주의에 걸맞는 새로운 유형의 대형시장, 근대화된 새로운 욕구를 충족시킬 수 있는 모든 것들을 보고 만지고 즐길 수 있는 곳이 필요했다. 이렇게 만국박람회는 탄생했다.

1. 1851년 런던 만국박람회

박람회의 기원을 정확하게 규정하는 것은 사실상 불가능하다. 서두에서 언급했듯 박람회는 일종의 시장의 확대/변형 버전이라고 할 수 있고, '상품의 전시' 라는 마케팅 행위는 유사 이래 보편적으로 존재해온 상행위이기 때문이다. 1851년 런던의 만국박람회가 개최되기 전에도 유럽 각국, 특히 프랑스에서는 산업별 박람회가 체계적으로 열리고 있었고 국가 주도의 오랜 전통을 갖고 있었기 때문에, 1851년 런던 만국박람회의 의미가 과소평가될 소지는 다분히 있었다. 그러나 기존의 모든 박람회는 일국 내에서 진행되는 국내 행사였던 반면에, 1851년 런던 만국박람회는 최초로 '만국' 박람회였기 때문에 박람회의 성격이 더욱 명확하게 드러날 수 있었다. 당시 영국은 프랑스의 산업박람회를 능가하는 초대형의 박람회를 기획하고 국가적 지원을 아끼지 않는다. 영국은 만국박람회 장소를 결정한 다음 대규모의 전시장을 기획/건축하게 된다. '크리스탈 팰리스' 라고 명명된 이 새 건축물에는 '3,800톤의 주철과 700톤의 연철, 30만장의 유리, 60만 입방피트' 의 목재가 소요되고, 당시 영국의 최첨단 기술이 활용된다. 이렇게 완공된 전시회장은 원재료, 기계, 공업제품, 조각/조형 미술 네 개의 파트로 나누어져서 신상품을 전시하지만 실제로는 당시 모든 상품들이 전시되어 관람객들의 호기심을 충족시켜준다. 거울, 총포류, 교회 모형, 공작기계, 윤전기, 25년 전 양고기 통조림, 샴페인, 인공치아, 탈수기, 비누도 물도 필요 없는 면도기, 단검으로 사용할 수 있는 우산 등 오늘날 시각에서 보면 사실상 분류라고 할 수도 없는 '세상의 모든 상품' 들이 전시되었다. 그러나 박람회장을 찾는 사람들은 사실상 상품을 구매하기 위해 온 것이 아니었다. 기록에 의하면 박람회장을 찾은 사람은 총 600만 명이었는데, 당시 런던의 인구가 200만 명이었다는 것을 감안하면 얼마나 많은 사람이 박람회장을 방문했는지 알 수 있다. 박람회 장소는 새로운 구경거리였고 박람회를 관람한다는 것은 신세계로의 초대에 응한다는 것을 의미했다. 만국박람회를 보기 위해, "영국 각지에서 몇 백만 명의 사람들이 수정궁을 향해 공전의 대순례 운동을 시작하였던 것이다. 교구의 목

사가 선도한 농부들은 소박한 의복을 두르고 런던에 도착하였다. 먼 도시에서 단체여행의 일원으로 찾은 노동자도 있었다. 바다를 넘어, 가족이나 일꾼들을 데리고 온 부자도 있었다." (박람회, 근대의 시선 p. 66)

박람회장은 모든 사람들에게 새로운 축제의 마당이었다. 사고 팔 것이 없어도 시골장터에 가는 것처럼 많은 사람들이 박람회장에서 새로운 것들을 보고 즐기면서 '근대적 축제' 를 다시 부활시킨 것이다. 당시 박람회장은 신상품 전시장만은 아니었다. 전시회가 산업별로 세분화되어 정교하게 개최되는 오늘날의 입장에서 보면 황당할 수도 있지만 당시 전시회는 사실상 세상에 있는 모든 볼거리의 종집합 장소였다. 1898년 프랑스 샹드마르스에서 개최된 산업박람회에는 '군대 퍼레이드와 대무도회, 불꽃놀이와 회장 주변의 각종 흥행물' 등이 공연/전시되었다. 전시와 공연이 구분되지 않고 함께 어우러져 새로운 축제를 만들어 냈고 사람들은 특정한 목적을 갖고 박람회장에 오는 것이 아니라 박람회 그 자체를 즐기러 왔다. 마치 아무런 조건 없이 가서 즐길 수 있는 축제처럼 당시 박람회는 사람들에게 축제의 마당을 제공했다. 그러나 무엇이든 새로운 것을 보여주겠다는 주최측의 의욕과 낯설고 이국적인 것에 대한 관람객들의 지나친 관심은 '불행한 전시물' 을 진열하기도 했다. 1889년 파리의 만국박람회에는 제국의 식민지 원주민들이 전시되었다. 사실상 '인간동물원' 이라고 볼 수 있는 이러한 기획은 당시 시민들에게 큰 호응을 얻었고 한동안 만국박람회에 유행처럼 퍼지게 되었다.

"1889년 파리 만박(만국박람회)은 회장 내에 식민지촌을 재현하고, 끌고 온 원주민들을 전시하였다.–중략–이 때 전시된 원주민은 세네갈인 가족 8명, 콩고인 가족 7명, 뉴 칼레도니아 가족 6명. 이처럼 원주민들은 가족단위로 끌려왔는데, 각 가족이 같은 부족에 속해 있었다고는 할 수 없다." (박람회, 근대의 시선 p. 215)

이렇게 근대화된 축제, 만국박람회는 축제의 마당을 제공하여 노동과 토지로부터 소외된 노동계급을 비롯한 당시 민중에게 새로운 '즐거움' 을 제공했지만 시간이 흐를수록 상품판매의 극대화를 위한 마케팅 전략이라는 본래의 목적에 충실하게 운영되었다.

2. 백화점, 박람회의 상설화

박람회를 통해서 사람들의 관심을 집중시킨 경험은 자연스럽게 박람회의 상설화로 이어지게 된다. 모든 물건을 언제라도 보여주고 편안하게 쇼핑할 수 있게 만든다면 사람들은 더 많은 소비를 하게 되고 기업들은 더 많은 이윤을 얻게 된다. 이렇게 백화점의 탄생은 박람회와 직간접적으로 연결되어 있다. 백화점은 박람회와 마찬가지로 모든 신기하고 새로운 것을 진열시키고 가장 편한 상태에서 쇼핑할 수 있도록 모든 시설을 '소비의 궁전' 에 걸맞게 구조화시킨다. 사람이 '소비의 궁전' 에 들어오게 되면 외부세계는 더 이상 필요하지 않다. 그 안에 모든 것이 구비되어 있기 때문이다. 1852년 프랑스 파리에 설립된, "봉마르셰 백화점은 내/외관이 극도로 화려하게 장식되어, 파리 어느 곳에 내놓아도 뒤지지 않는 호화 사교 살롱의 이미지를 갖추었다. 단지 상품만을 진열해 놓은 것이 아니라 엘리베이터와 전기조명 등 당시로서는 첨단의 설비를 갖추었고, 폐점 후에는 점내에서 무도회 및 음악교실, 회화교실 등을 개설하였다."(백화점의 문화사, p. 4)

박람회를 통해서 신상품 매력에 유혹당한 경험은 지속적인 볼거리를 요구하게 된다. 박람회는 늘 개최되는 것이 아니고 항상 갈 수 있는 곳이 아니다. 농촌에서 열렸던 재래시장은 더 이상 흥미를 끌 수 없게 되었고 도시로 나온 노동자들은 새로운 볼거리를 갈망하게 된다. 자본은 계속 확대 재생산되어야 하고 상품은 계속 팔려야 한다. 볼거리가 늘 전시되어야 하는 것이다. 백화점의 탄생은 결국 근대화된 축제, '박람회'의 상업적 버전으로 전이되고, 사람들은 보는 것, 시선의 즐거움을 통해서 욕망을 배출하게 된다. 전통적 축제에서 박람회, 백화점으로 변모해 가는 과정은 근대 이전 오감(五感)에 의한 '축제 즐기기'가 '시선의 즐거움'으로 왜소화되는 과정과 동일시된다. 대상과 주체가 구분되지 않고 합일된 상태에서 엑스타시를 경험한 기존의 축제와는 다르게 이제는 모든 것이 타자화 되고 주체는 제한된 기쁨밖에는 얻지 못한다.

"철도와 파노라마관, 박람회의 공통점은 대상물인 '풍경'이나 '물건'과 인간 사이에 눈에 보이지 않는 경계, 즉 '보는 사람'과 '보이는 물건' 사이에 어느 정도의 거리가 발생한다는 것이다. 이 가운데서 본래의 물건을 한 장소에서 전시해서 확대된 세계상을 인식시켜 주려는 시도가 '박람회'라고 한다면, 박람회보다는 경제적인 논리에서 더 치밀하고 물건(상품)의 세계를 대중화시킨 것이 '백화점'이라고 할 수 있다."(백화점의 문화사, p. 9)

백화점의 '경제적인 논리'는 상품구매 능력의 차이를 발생시키고 사람들은 경제적 능력에 따라 쾌락을 얻는 정도를 다르게 체험한다. 백화점은 고객의 구매 능력을 확인하여 계속 고객을 세분화하고 마케팅 전략을 수립한다. 이제 백화점은 자본과 결합되어 스스로 '제왕'이 되고 사람들은 고객이 되어 단지 구매력에 의해서만 인정받게 된다.

3. 전시회의 새로운 가능성

코엑스와 킨텍스, 세텍에서 열리는 전시회만 해도 일 년에 150개 가까이 된다. 매일 서울 어디에선가 큰 규모의 전시회가 열리고 있다. 그 많은 전시회 중에서 실제로 수익을 남기고 참가한 모든 사람들에게 실질적인 이득을 가져다주는 전시회는 그다지 많지 않다. 성공적으로 운영되는 전시회들도 대부분 언론사의 영향력에 의한 것이고 실제로 콘텐츠나 기획에 의해서 성공한 전시회는 소수에 불과하다. 실제로 전시회에 가보면 전시회라는 명칭에 어울리지 않게 주먹구구식으로 운영되는 곳도 많고, 마지못해 참가해서 어쩔 수 없이 부스를 지키고 있는 업체들도 많다. 전시회는 단순히 상품을 디스플레이 하는 곳이 아니다. 사람들이 갖고 있는 새로운 것에 대한 호기심을 유발시켜야 한다. 그것은 신상품일 수도 있고, 새로운 콘텐트일 수도 있고, 뉴 패러다임일 수도 있다. 그리고 이것들의 통합일 수도 있다. 아날로그 개념을 고집하여 상품을 세분화하고 단순 전시하는 방식은 더 이상 유효하지가 않다. 디지털 컨버전스의 시대는 모든 것과의 인터페이스가 가능하게 해준다. 상상

이 가능한 모든 것을 동원할 수 있고 전시할 수 있고 공연할 수 있다. 박람회가 근대 과학의 산물이고 사람들이 박람회를 통하여 근대화된 축제를 즐겼다면, 현대의 디지털 테크놀로지의 발달은 또 다른 차원의 전시회를 가능하게 해준다. 지면관계상 많은 이야기를 할 수는 없지만, 요약해 말한다면 '고정된 장소'에서의 전시회가 아니고 시공간을 극복하는 새로운 발상을 하게 된다면 기회는 도처에 존재한다. 사람들은 늘 새로운 '볼거리'를 찾기 마련이다.

자료 : 월간 이벤트, 2009년 3월호

제1절 전시참가실무의 의의와 전시회 참가신청

1. 전시참가실무의 의의

전시참가실무 프로세스

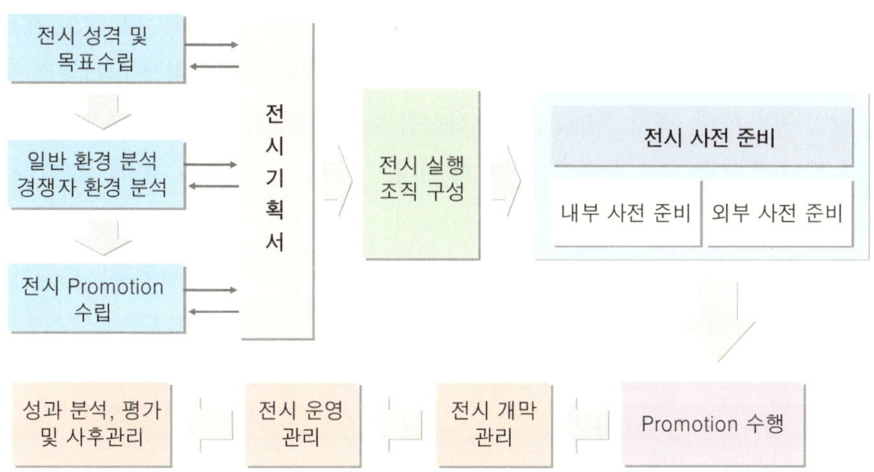

전시회의 참가는 그 자체가 하나의 중요한 마케팅 수단이며 전 세계적으로 많은 기업들이 자사제품과 서비스를 세계 유명 전시회에 출품함으로써 바이어들의 관심을 끌고 시장점유율을 확대하기 위해 경쟁하고 있다. 따라서 다른 기업들과의 경쟁에서 유리한 기회를 잡기 위해서 전시회에 참가하고자 하는 기업은 많은 준비와 노력을 기울여야만 한다.

전시참가실무는 전시참가 기획에서부터 사후분석 및 평가까지 이루어지는 전 과정에 걸친 모든 업무를 포괄하는 개념이라고 할 수 있다. 따라서 전시회에 참가하는 기업이 성공적인 전시회로 이끌기 위해서는 철저한 전시기획과 전시에 대한 지식과 경험 그리고 열정이 풍부한 인력들로 구성된 전시 실무팀의 역할이 필수적이라 할 수 있다. 또한 빈틈없는 전시회의 개최와 운영을 위해 기업 내부에서의 실무, 기업 외부에서의 업무 협조가 필요하며 전시회 참관객들을 많이 유치하고 참관객과의 커뮤니케이션을 원활하게 하기 위한 촉진(promotion)활동 또한 전시 실무에 있어 매우 중요한 사항이다. 촉진(promotion)활동은 전시회의 개막전부터 시작하여 전시기간 내내 필요한 활동이며 이러한 촉진활동의 성과에 따라 전시 참가기업에 대한 이미지와 출품한 제품 또는 서비스에 대한 인지도가 달라진다. 따라서 정확한 시장조사와 마케팅 분석을 토대로 촉진 전략을 수립하여 실행시켜야만 한다.

이렇듯 전시기획과 함께 철저한 사전준비 실무 그리고 개막전 촉진(promotion)실무 활동이 끝나게 되면 전시개막관리와 개막 후의 전시관리가 수행되어져야 하며, 폐막 후에는 해당 전시참가에 대한 성과분석 및 평가 그리고 사후관리에 대한 실무가 수행되어지게 된다.

2. 전시회 참가신청 전 검토사항

전시회 참가신청 전 검토사항

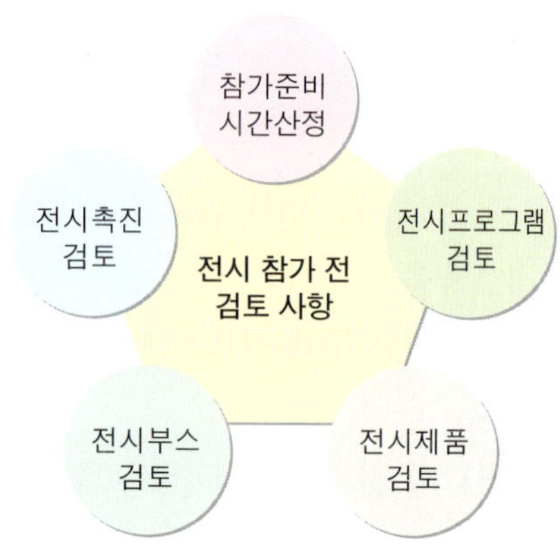

기업이 내부적으로 특정 전시회에 참가하기로 결정되어지게 되면 전시회기획업체가 제시한 일정에 맞추어 전시회 참가 준비가 이루어지게 된다. 전시회

의 일정은 특별히 예외적인 사정이 발생하지 않는 한 제시되어진 일정에 맞추어 전시회가 진행되어지게 되므로 전시회에 참가하고자 하는 기업은 제시되어진 일정에 맞추어 전시참가 준비를 하여야만 한다.

우선 전시회에 참가하고자 하는 기업은 전시주관사로부터 전시회와 관련되어진 정보를 제공받게 되는데 전시 관련 정보로는 전시회 개최목적, 개최장소, 개최기간, 전시공간의 특성, 전시참가 규정 및 조건, 전시회 참가신청서, 공동 촉진활동에 필요한 디렉터리 또는 광고 게재 신청서, 전시부스의 규격 및 설치 규정 등이 포함되어지게 된다. 이러한 전시 관련 정보는 전시주관사에게 문의하여 송부 받는 방법과 관련 인터넷 웹 사이트를 통하여 다운로드 받는 방법이 있다. 때로는 해당 전시회와 관련이 있는 기관 또는 단체를 통하여 입수할 수도 있다.

입수되어진 전시 관련 정보를 토대로 하여 전시 참가 준비가 이루어지게 되는데, 이때에는 적어도 몇 가지 관점에서 검토가 필요하다.

첫 번째는 전시일정을 고려한 전시 참가 준비에 필요한 시간의 산정이다. 이는 전시 개최 일자가 시간적으로 여유가 있을 때와 시간적으로 촉박할 때의 전시 참가 준비과정과 내용은 달라질 수 있기 때문이다. 또한 전시 참가 준비의 시간이 여유가 있는가와 없는가에 따라서 전시 참가의 규모가 달라질 수 있기도 하다. 전시 개최 전까지 시간적 여유가 있다면 좀 더 다양하고 세밀한 전시 참가 준비가 가능하겠지만 시간적 여유가 없다면 꼭 필요한 준비만을 하고 전시회에 참가할 수밖에 없기 때문이다.

두 번째는 전시 프로그램에 대한 검토이다. 전시회 규정 및 일정에 따라 전시 목표에 부합되어지는 프로그램에 참여 신청 또는 주최할 수 있는 전시 프로그램을 기획하여야 하기 때문이다.

세 번째는 전시할 제품에 대한 검토이다. 전시할 제품에 대한 검토는 전시회 규정에 따라 위험물질(폭발물질, 화학물질 또는 이와 유사한 위험적 요소가 있는 물질), 혐오물질(악취 및 시각적으로 혐오스러운 물질 등 이와 유사하다고 판단되는 물질)과 같은 특정제품의 전시를 제한할 수 있으며 전시할 부스의 규모 제한으로 인해 전시할 제품의 양이 제한 받을 수도 있기 때문이다.

네 번째는 전시부스의 규모에 대한 검토이다. 이는 전시할 제품의 수와 양에 대한 측정에도 필요한 사항이기도 하지만 전시부스의 규모에 따라 전시목표에 따른 다양한 프로모션의 전개 및 프로그램의 전개가 달라지기 때문이다. 또한 전시부스의 형태와 규모에 따라 전시설치 및 인테리어 비용과 이를 준비할 시간의 산정이 이루어질 수 있기 때문이다. 더불어서 전시부스의 규모는 해당 전시부스에 방문하는 참관객들의 인원을 추정하여 그 인원을 소화해 낼 수 있는 규모여야만 한다.

다섯 번째는 전시촉진에 대한 검토이다. 전시촉진 활동은 매우 다양하게 이루어질 수 있는데 이러한 촉진활동을 기획하고 준비할 시간적 여유가 있는가에 대한 고려가 이루어져야 한다, 또한 전시회 규정에 따라 소음 및 현란한 조명으로 인하여 주변 부스에 방해가 될 수 있는 촉진활동을 규제하는 경우도 있으므로 기획하고 있는 전시촉진 활동이 이러한 규정에 부합되는가에 대한 검토가 꼭 이루어져야 한다.

3. 전시회 참가신청

참가하고자 하는 전시회의 관련 정보를 취합하여 검토가 끝나게 되면 전시회 참가신청을 하게 된다. 전시회 참가신청은 전시회 참가신청 기한 내에 이루어져야 하는데 인지도가 높고 역사와 전통이 깊은 전시회와 파급효과가 크고 시장에서 많은 주목을 받고 있는 국제 전시회 같은 경우는 전시회가 개최되기 훨씬 이전에 신청이 마감된다. 따라서 참가기업은 빠른 시일 내에 참가신청을 해야 한다. 경우에 따라서는 전시회 개최 3개월 전에 참가신청이 마감될 수 있다.

참가신청서를 제출할 때에는 계약금을 같이 납부하여야 하는데, 계약금은 통상 참가비의 30 ~ 50% 사이에 정해지게 된다.

전시회 참가신청서는 각 전시회마다 고유한 전시회 참가신청 양식이 있다. 이 양식을 입수하여 그 양식에 맞추어 기입하여 첨부서류와 함께 전시회 주관사에 제출하면 된다.

전시회 참가신청서의 기입내용은 전시회마다 차이는 있지만 일반적으로 참가기업의 일반사항 기재와 전시회에 전시할 제품내역, 부스 및 시설의 신청, 전시회 참가규정의 준수서약 등으로 이루어져 있다.

1) 참가기업의 일반사항

참가신청서에 기입하는 참가기업의 일반사항은 전시주관사에서 해당 전시회에 참가하고자 하는 기업의 기본 정보를 취합하기 위한 목적인 동시에 전시회와 관련되어진 정보제공과 업무협의를 원활히 하기 위한 목적이다. 따라서 기입 항목도 이와 관련된 내용으로 구성되어져 있다. 기입 내용을 살펴보면 다음과 같다.

① 참가 업체명

국내 전시회의 경우에는 국문명과 영문명을 동시에 기입하고 국제 전시회의 경우 영문명을 기입한다.

② 대표자 성명

국내 전시회의 경우에는 국문명과 영문명을 동시에 기입하고 국제 전시회의 경우 영문명을 기입한다.

③ 소재지

국내 전시회의 경우에는 주소를 기입하고, 국제 전시회일 경우에는 국적과 함께 주소를 영문으로 기입한다.

④ 홈페이지와 e-mail 주소

홈페이지가 있을 경우에는 주소를 기입하고, 홈페이지가 없을 경우에는 공란으로 비워둔다. 또한 e-mail 주소를 기입하여 전시회와 관련된 정보와 서류양식을 전자적으로 전송받을 수 있도록 한다.

⑤ 전화번호와 FAX 번호

전시회와 관련되어진 협의 및 업무 연락을 위하여 해당 전시회 업무를 담당하고 있는 담당자의 전화번호와 FAX 번호를 기입한다.

⑥ 담당자

실제적으로 전시회 참가 업무를 맡아서 담당하고 있는 담당자의 이름을 한글과 영문(국제 전시회의 경우 영문명)으로 기입하고 담당자의 소속부서와 직위를 기입한다.

⑦ 사업자등록번호

국내 전시회일 경우에 해당하며 국제 전시회의 경우에는 일반적으로 생략된다.

⑧ 업태

전시회 참가기업의 사업 형태를 명시하는 것으로 제조업과 무역업 또는 서비스업 등 기업의 해당 업태를 기입한다.

⑨ 주력사업 품목

전시회 참가기업의 주력사업 품목으로 제조업의 경우에는 실제 제조하고 있는 품목을 기입하면 되고, 제조업이 아닌 기업은 주력 서비스 및 주력 영업품목을 기입하면 된다.

⑩ 기타

기타 사항은 참가기업의 정보를 조금 더 상세히 기입하는 부분이다. 이 부분에는 기업의 자산규모, 연매출액, 종업원수, 해당 전시회의 과거 참가여부, 전년도 수출액, 품질인증 획득 사항 등으로 이루어져 있다. 또한 전시주관사가 필요하다고 판단되어지는 증명서 또는 관련 서류를 요구할 수 있다.

전시회 참가신청서 양식

PETEX

5th Floor, 9 Berkeley Street, London W1J 8DW • Tel. +44 (0)20 7408 2000 • Fax +44 (0)20 7408 2050 • petex@pesgb.org..uk • www.pesgb.org.uk

EXHIBITION SPACE APPLICATION FORM

PETEX 2010 • Earls Court 2, London • 23-25 November 2010

Please fill this form out using block capitals and return to
Guy Elliott, PETEX 2010, 5th floor, 9 Berkeley Street, London, W1J 8DW or fax on +44 (0)20 7408 2050.
Please keep a copy of this form for your records

Company Details

Company Name:			
Company Name to appear on Exhibitors List (and fascia board) if different from above:			
Address:			
Town:		County:	
Country:		Postcode:	
Main Contact Name:		Position:	
Telephone:		Email:	
Alternative Contact Name:		Position:	
Telephone:		Email:	

Previous PETEX Exhibitions attended – please put x in box as appropriate									
PETEX 2000		PETEX 2002		PETEX 2004		PETEX 2006		PETEX 2008	

We accept all terms and cancellation clauses mentioned in the Terms and Conditions.

Signed: (If completing the form digitally please type full name)	
Print Name:	
Date:	

PETEX Ltd is a subsidiary of PESGB • VAT Registration Number 577 3478 92 • Registered in England Number 2649148

Booth Information

Please see floor plan for booth locations

Booth Type		Cost (excluding VAT)	EARLY RATE (100%) Pay 100% Before 31st Dec 09 and beat the VAT Rate Change on 1 January 2010	Deposit amount (25%) (inc VAT @ 15%)	Final payment (75%) (due May 2010 inc. VAT @ 17.5%)
Space only		£245 sqm	£281.75 sqm		
* Shell scheme		£290 sqm	£333.50 sqm		
**All inclusive	4 sqm	£1390	£1598.50	£399.63	£1224.94
	6 sqm	£2020	£2323.00	£580.75	£1780.13
	9 sqm	£2945	£3386.75	£846.69	£2595.28
Size of Booth Required (sqm)			______________ Sqm		

* Shell scheme includes: hire of space, booth walls, carpet, ***stand cleaning***, electrics, lighting, and fascia board (standard style: white text on red background, for uniformity this must not be changed).

**An all inclusive stand includes same as shell plus the addition of basic furniture.

Booth Type required (Please put x in the correct box)		Location 1st choice	Location 2nd choice	Location 3rd choice	Location 4th choice
Space					
Shell					
All-Inc					

Complimentary Registration

There is one full complimentary registration for every 6sqm of exhibition booth space booked.

Please ensure technical support staff, etc, are included in your complimentary allocation as no further complimentary registrations will be available.

Payment Schedule

We require a 25% deposit within 14 days of space being allocated and invoice received

The final 75% payment is due by May 31st 2010

Payment can be made by cheque, credit card or bank wire transfer:

Bank details for wire transfer:	The Royal Bank of Scotland, 28 Cavendish Square, London, W1M 0DB				
A/C Name:	Business Current Account	**Sort Code:**	16-00-30	**A/C No:**	10056011
IBAN No:	GB 85 RBOS 16003010056011		**Swift or BIC Code:**	RBOSGB2L	

Please instruct your bank to cover all charges or obtain a bankers draft for the sterling equivalent

Cheques should be made payable to PETEX Ltd

If paying by credit card, please enter card details below – **NB: we cannot accept AMEX, Diners or Switch**

Name on Card

Card Type ☐ Maestro ☐ Visa Debit ☐ Mastercard ☐ Visa

Card Number

Start date Expiry Date Issue No

Amount £ Security No

Signature Date

If you have any problems completing this form or have any questions please contact the PESGB office on +44 (0)20 7408 2000

2) 전시제품 내역

전시제품 내역은 전시회에 실제로 전시되어질 제품의 내역을 기재하는 부분이다. 따라서 전시주관사의 입장에서 보면 전시장에 전시되어질 제품에 대한 파악을 위해 매우 중요한 사항이며 참가기업 입장에서 보면 전시할 제품에 대한 확정이라는 의미가 있다.

전시제품 내역에는 다음과 같은 것들이 포함된다.

① 전시제품의 품목명

전시할 제품의 명칭을 기입하는 것으로 국내 전시회의 경우 국문과 영문을 병기하도록 하며 국제 전시회의 경우 영문만을 기입한다.

② HS 코드

HS코드(The Harmonized Commodity Description and Coding System, 국제통일상품분류체계)란 세계관세기구(WCO)가 정한 품목별 10자리의 숫자체계를 말한다. 이는 제품의 수출입시 제품의 분류를 명확하게 함으로써 통관업무 및 관세 부과의 효율성을 높이고자 하는 취지로 만들어졌다.

전시할 제품의 HS코드의 기입은 국제 전시회의 경우 전시되어지는 제품의 수출입 통관을 신속하고 명확하게 하는 한편, 전시회 기간 중 바이어와의 상담을 통해 계약을 맺고자 할 때 바이어들이 HS 코드를 통해 제품의 속성과 관련 정보를 손쉽게 얻기 위함이다.

③ 제품의 기능 및 용도

전시회에 전시되어질 제품에 대한 기본적인 특징과 기능 및 용도를 서술하는 항목으로 일목요연하면서도 명확하게 기술하여야 한다. 전시주관사 입장에서 전시제품의 기능 및 용도에 대한 정보는 안전한 전시장 운영과 더불어 참관객들에게 제공되어지는 전시장 안내 홍보물 등에 이용되어질 수 있다.

④ 기타

기타 전시주관사가 필요 하다고 판단되어지는 것들에 대한 기재를 요구하게 되는데 전시되어지는 제품의 개수, 또는 중량 등과 함께 안전성에 대한 보충자료를 요구할 수도 있다.

3) 전시부스 및 시설의 신청

부스란 칸막이 형태의 전시공간으로 시설물의 포함 여부에 따라 독립식 부스와 조립식 부스로 나누어질 수 있다. 부스는 전시 참가업체들의 제품을 전시하여 참관객들에게 보여주는 장소이자 그 상품에 대한 거래 계약의 체결을 위해 바이어들과의 상담 공간이기도 하다. 또한 전시목표에 부합되는 다양한 촉진활동의 공간인 한편 전시장 내에서 경쟁기업 및 소비자들의 정보를 수집하는 정보수집 창구이기도 하다.

따라서 전시부스의 신청은 참가기업이 전시회에서 활동할 수 있는 공간의 확보라고 할 수 있다. 전시부스의 신청 규모에 따라 전시회의 참가 규모가 결정되어진다 해도 과언이 아니며 신청 규모에 따라 각종 장비와 전시제품의 수량 및 전시인력의 규모가 결정되어지게 된다.

또한 전시시설이라 함은 전기시설 및 전화시설, 급배수시설, 인터넷과 압축공기, 고객관리 시스템 등이 포함되는 시설로서 전시활동을 하는데 있어 꼭 필요한 기본적인 시설들이라 할 수 있다.

전시부스 및 전시시설의 신청은 다음과 같은 항목의 기입을 통해 이루어지게 된다.

① 전시부스 신청

독립식 부스와 조립식 부스 중 선택을 해야 하며 각각의 부스 형태에 따라 기본 단위(보통은 3m×3m)를 1개로 하여 필요한 개수만큼 선택을 하게 된다. 각각의 기본 단위 부스는 기본가격(단가)이 부과되게 되고 신청한 개수에 단가를 곱하게 되면 신청부스의 가격이 산정되어지게 된다.

② 전기 신청

전기의 신청은 각국이 사용하는 전력의 차이가 있기는 하지만 우리나라의 경우 220V와 380V를 기준으로 하고 있다. 220V 및 380V도 용도에 따라 단상과 삼상으로 나누어지게 된다. 또한 전시회가 24시간 열리고 있는 것이 아니라 개장 시간과 폐장 시간이 정해져 있으므로 이 시간 이외에는 안전의 문제로 인해 전시장 내의 전력을 중단하는 경우가 대부분이므로 24시간 전력이 필요한 제품이나 부스의 경우 24시간 전력도 신청하여야 한다. 각 전력은 Kw당 단가가 정해져 있으므로 필요한 전력의 양을 계산하여 신청하여야 한다.

③ 전화 신청

전화는 전시장의 부스와 참가기업의 본사 및 외부의 기관 및 단체와의 커뮤니케이션 수단으로 매우 유용하게 쓰여지게 된다. 또한 전화선을 팩스와 연결하여 간단한 문서와 자료 등을 팩스를 통해 전송하거나 받을 수 있으므로 상황 및 여건에 따라 필요한 만큼 전화선을 신청하여야 한다. 전화선을 신청할 때에는 국내 전화와 국제 전화의 사용을 구분하여 신청을 받으므로 사용목적에 맞추어 신청하여야 한다.

④ 급배수 신청

부스 내에서 급수와 배수시설이 필요할 경우 신청한다. 대부분의 전시회의 경우 급배수 시설이 필요 없는 경우가 대부분이지만 요리 박람회 또는 정수기 전시회와 같은 특정 전시회의 경우에는 급배수 시설이 필수적이라 할 수 있다. 따라서 이 또한 전시회와 전시제품의 성격에 따라 신청을 하게 된다.

⑤ 인터넷 전용선 신청

최근에는 인터넷을 통해 많은 업무가 이루어지고 있으므로 전시회기간 중에도 인터넷이 필요한 경우가 발생할 수 있다. 따라서 인터넷 전용선을 신청하는 것이 좋은데 각각의 회선에 따라 가격을 받고 있으므로 필요한 회선만큼 신청해야 한다. 국제 전시회의 경우 인터넷의 여러 가지 기능을 통해 본사와의 커뮤니케이션을 할 수가 있으며 전시회에 필요한 문서, 음악, 동영상 등을 인터넷을 통해 전송 받을 수가 있다. 또한 전시회의 상황을 인터넷을 통해 실시간으로 본사에 보고할 수 있으므로 매우 편리하면서도 유용하게 사용될 수 있다.

⑥ 고객관리시스템 신청

전시회에는 수많은 참관객들이 방문한다. 그 참관객들을 전통적인 방식인 방명록을 이용하여 관리한다는 것은 많은 시간과 비용이 드는 일이다. 따라서 참관객들의 인적사항 및 관심분야를 정확히 파악하여 전시회 이후의 영업활동에 도움을 주고자 운영하는 시스템이다.

고객관리시스템의 신청을 하는 경우에는 전시회 종료 후에 업체별로 참관객 및 전시회 총 참관객의 자료가 수록된 디스켓을 제공받기도 한다.

⑦ 기타

이 외에도 전시회의 특성과 성격에 따라 다른 전시시설들을 전시주관사에게 제공하게 되면 이에 따라 신청을 할 수 있다. 전시 참가기업들은 전시제품의 특성에 따라 부피와 중량이 큰 제품들의 전시장 반출입을 위해서 중장비를 신청할 수 있고 기타 편의시설 등의 이용을 신청할 수도 있다.

부대시설 추가 사용 신청서

업체명 (사업자등록증기준)			
사업자등록번호		대표자	
담당자		소속 및 지위	
전화		팩스	

구분		내역	단가	금액
전기	주간	단상 220V( )kW 삼상 220V( )kW 삼상 380V( )kW	35,000원/kW	원
	24시간	( )kW	40,000원/kW	원
전화		국내( )대	40,000원/대	원
		국제( )대	100,000원/대(예치금)	원
급배수		( )개소	120,000원/개소	원
압축공기		( )개소	120,000원/개소	원
고객관리시스템		( )개소	150,000원/회선	원
LAN		( )회선	150,000원/회선	원

1. 신청 및 계약자
2. 장치공사 및 기술지원 신청
3. 부대시설 공급가액 및 총 입금액

추가신청 소계	원
부가세(소계의 10%)	원
합계(총 입금액)	원

2010. . .

대표자 (인)

4) 전시회 참가규정 준수

전시회 참가규정은 전시주관사와 전시 참가기업 사이의 전시회 참가 계약조건이라고 할 수 있다. 참가규정에는 허가, 전시부스 임대 및 장치 시공조건, 전시물품의 관리와 반출입 및 배상조건, 각종 비용의 지불조건, 공동 전시업체의 참가 신청조건, 홍보 및 판촉물에 관한 조건, 전시부스 인력에 관한 조건, 전시 시간에 대한 조건, 판매 조건, 참가기업 이벤트 진행 조건 등의 계약조건이 포함된다.

기술적 규정은 전시부스 설치높이, 바닥하중, 전시부스 관련 공급 및 처리를 위한 기술적 설치 가스, 물, 전기 등에 대한 규정을 포함한다. 기술적 규정은 참가기업과 기획업체 간 임대계약의 일부이며 반드시 지켜져야 한다. 전시부스 설치 신청과 함께 참가기업은 기술적 규정을 엄격히 준수할 책임을 지며, 추후에 전시부스를 설치하는 실제 단계에서 이러한 규정을 준수할 의무를 지닌다.

또한 소음의 제한과 진동, 위험물 용기, X-ray생성기구, 가연성 있는 물질과 폭발물, 고전압 기구, 방사능 물질, 분자 가속기, 가연성 기구, 액체 수은 등과 같은 위험물질을 포함하고 있는 장비나 부품은 참관객들의 안전사고에 대비하여 사전에 안전조치를 한 후에 전시하여야 하며 전시 중 관리책임은 각 참가기업이 지도록 되어 있다. 만약 안전을 위해할 가능성이 있는 물품의 반입이 꼭 필요한 경우에는 전시주관사에 따로 신청서를 작성하여 제출하고 허가를 받아야 반입할 수 있다.

화재예방을 위해서 모든 전시물품과 장치물품은 불연성이어야 하도록 규정하고 있으며 특별히 예외적인 경우에는 따로 허가를 받아야 한다.

이 밖에 브랜드 보호 및 배상 및 보험 문제와 같은 규정도 있으며 규정을 준수하는 것은 모든 참가기업의 무조건적인 의무이다. 만약 이를 지키지 않으면, 해당업체는 경우에 따라서는 전시부스를 철수해야만 한다.

이러한 규정에 대하여 전시 참가기업은 준수하겠다는 서약을 하여야만 하며, 이러한 서약에 서명함으로써 전시참가계약이 성립하게 되며 전시참가신청이 이루어지게 되는데 보통은 전시참가신청서의 제출이 곧 전시규정을 준수하겠다는 의미로 받아들여지고 있다.

4. 공식 디렉터리 홍보신청

공식 디렉터리는 전시회 주관사가 전시회에 참가하는 업체들에 대한 공식 소개서로서 모든 참가기업 및 출품 품목에 대한 안내를 수록하고 있는 책자이다. 공식 디렉터리는 전시회 참관객 및 주요 바이어와 각 언론단체 등에 배포되며 무료게재와 유료게재로 구분되어진다.

무료게재의 경우에는 신청양식에 맞추어 회사명과 대표자명을 기입하고 주소와 연락처 및 홈페이지 그리고 간단한 회사소개가 들어가게 된다. 보통 이미지는 참가기업의 로고와 참가기업이 제공하는 사진 한 장으로 제한되어 있다. 이는 단순히 참가기업들에 대한 간단한 소개에 그치게 된다.

유료게재의 경우에는 무료게재와는 달리 다양한 이미지와 메시지를 통해 회사의 인지도를 높이고자 하는 경우에 신청을 통하여 게재되어 것으로 일정 비용의 지불을 하게 된다. 유료 게재는 디렉터리 책자의 표지 또는 내지에 한 면 정도를 차지하는 비중으로 게재되게 되며 참관객들의 주의를 끌어 해당 기업의 전시부스에 많이 방문하게 하는 효과를 가져 올 수 있다. 유료게재의 경우 원고는 원색으로 만들어져야 하며 원색 분해된 필름을 유료게재 신청 마감일까지 전시주관사에 제출하여야 한다.

2010 ○○○전시회 디렉터리 게재신청

<table>
<tr><td rowspan="8">전시자</td><td colspan="2">회사명 (국문)</td><td colspan="3"></td></tr>
<tr><td colspan="2">회사명 (영문)</td><td colspan="3"></td></tr>
<tr><td colspan="2">대표자명 (국문)</td><td colspan="3"></td></tr>
<tr><td colspan="2">대표자명 (영문)</td><td colspan="3"></td></tr>
<tr><td rowspan="2">주 소</td><td>국 문</td><td colspan="3"></td></tr>
<tr><td>영 문</td><td colspan="3"></td></tr>
<tr><td colspan="2">전 화</td><td></td><td>FAX</td><td></td></tr>
<tr><td colspan="2">홈페이지</td><td></td><td>E-MAIL</td><td></td></tr>
</table>

회 사 소 개	
국 문 (200자 이내)	영문(400자 이내)

전 시 품 목 및 전 시 품 소 개	
국 문(200자 이내)	영 문(400자 이내)

* 참고사항

1) 원고는 자료의 정확성을 기하기 위해 e-mail로만 접수

   ※ 칸이 모자라는 경우 별지서식 이용

2) 회사로고 및 홍보사진은 각 1장씩(총2매) : e-mail로 원고와 함께 제출

제2절 전시부스 인력교육

1. 전시부스 인력구성

전시부스 인력구성

- 전시부스 인력
  - 정규인력
    - 중견간부
    - 판매부 인력
    - 기술부 인력
    - 기타
  - 비정규인력
    - 나레이터
    - 도우미
    - 통역요원
    - 보조인력
    - 기타

전시부스인력이란 전시회 기간 중 참가기업의 부스에 상주하여 참관객과 바이어들에게 기업 및 제품에 대한 정보를 제공하고 호감을 갖도록 설득하는 한편 전시회를 통해 고객과 시장의 정보를 수집하는 실제적 활동을 하는 사람들을 일컫는다.

부스인력의 구성은 적어도 세 가지 분야 즉 판매부, 중견관리, 기술부의 인력이 포함되어야 한다. 보다 전문적이고 특별한 정보를 원하는 참관객 또는 바이어가 그들의 문제를 해결 하는 데에는 기술부의 전문지식을 알고 있는 인력이나 전문적인 내용이 포함된 자료가 가장 효과적이기 때문이다. 판매부의 인력은 제품의 가격이나 일반적 상품정보에 대해 설명하지만, 참관객들은 기술 분야의 문제해결을 더 중요시 하는 경향이 있다. 하지만 어떠한 문제 해결도 가장 처음의 상호관계 없이는 일어날 수 없으므로 판매부 인력을 통해 참관객의 니즈가 무엇인지를 파악하여 그들의 니즈에 맞는 부스 인력을 배치시키도록 하여야 한다. 또한 판매부 인력은 참관객이 문제를 해결하고 구매 또는 거래 계약을 맺고자 할 때 판매조건에 대한 상담과 절충을 하는 업무를 담당하여야 한다. 중견 관리자는 기존의 고객들과의 커뮤니케이션을 하는 역할을 담당하는데, 이러한 접대를 받은 고객들은 이 업체가 자신을 중요하게 생각하고 있다고 느끼면서 이 업체와의 교류를 계속 유지해야 한다는 생각을 갖게 만든다고 한다. 또한 중견 관리자는 부스인력들을 관리감독하며 이들의 역할과 업무를 지원하게 된다.

기술부, 판매부, 중견 관리자는 전시 참가기업의 정규직원으로 이루어지게 되며, 필요에 따라서는 외부인력인 나레이터, 도우미, 통역요원, 보조인력 등을 한시적으로 고용할 수 있다. 외부인력은 전시회 서비스 업체나 행사기획업체의 추천으로 모집할 수 있다.

2. 전시부스 인력의 선발

전시부스 인력 선발의 기준

P (People-Oriented)	• 인간 지향적인 사람 • 다양한 그룹의 사람들과 상호작용이 잘되는 사람
E (Eager and enthusiastic)	• 기업에 대한 열성적인 모습이 표출되는 사람 • 참관객들에게 참가기업과 전시제품이 인상적으로 남게 해줌
O (Observant)	• 사람들의 다양한 행동이나 비언어적인 행위를 잘 포착할 수 있는 사람 • 전시회장에서 발생할 수 있는 여러 문제에 대해 상황 대처능력이 탁월
P (Product Knowledge)	• 전시제품에 대한 전문지식을 잘 갖춘 사람 • 참관객들로 하여금 기업과 제품에 대한 신뢰감을 증대시킴
L (Listener)	• 참관객의 소리에 귀를 기울여 그들의 욕구를 잘 파악하는 사람 • 참관객에게 신뢰감을 줄뿐만 아니라 문제해결 능력이 뛰어남
E (Empathetic)	• 참관객의 상황에 공감할 수 있는 태도를 지닌 사람 • 참가기업 및 전시제품에 대한 호감을 증대 시킴

전시회에 투입될 인력은 전시부스에서의 활동에 맞게 선발되어야 하며 전시목표를 가장 잘 구현시킬 수 있는 사람으로 선발되어야 한다. 따라서 이들에게

는 전문적인 능력이 요구될 뿐 아니라, 긍정적이고 동료와 잘 협력할 수 있는 성격이 요구된다. 이러한 인력의 선발은 전문성과 전시회 경험을 바탕으로 이루어지는 경우가 대부분이다. 그러나 이와 같은 인력을 찾는다는 것은 그리 쉬운 일이 아니다. 따라서 전시부스인력의 자질을 우선적으로 고려하여 선발하도록 하여야 한다.

Miller(1999)는 전시부스 인력의 자질에 의해 전시회의 결과가 바뀔 수도 있다고 하면서 RTQ(rejection tolerance quotient : 대인기피증)에 대해서 언급하고 있다. 이것은 타인에 대한 거부반응에 대한 허용지수가 얼마인지에 따라 그 사람의 사교성을 말하는 것으로 RTQ가 1인 사람이 부스 인력으로 선발되었을 때, 전시장 뒤에 숨어 있을 사람이고, RTQ가 10인 사람은 낯선 사람이 다가와도 아무렇지 않게 자동적으로 대화가 시작되는 사람을 의미한다. 어떤 사람이든 RTQ가 1-10 사이에 속할 것이며, 이 수치가 낮은 사람은 대화기술에 대한 교육이 필요하므로 부스인력으로는 적절하지 못하다고 할 수 있다.

따라서 적절한 부스인력을 선발하는 것이 전시회의 성공여부를 판가름하게 되는데 Friedmann(1992)는 적절한 부스인력을 선발하는 원칙으로 PEOPLE를 제시하였는데 내용은 다음과 같다.

① P(People-oriented) : 인간지향적인 사람으로, 즉 다양한 그룹의 사람들과 상호 작용이 잘되는 사람을 뜻한다. 이런 사람들은 전시회장에서 자사의 부스를 찾는 참관객들과의 원활한 커뮤니케이션을 통해 전시목표 달성 가능성을 한층 높여주게 된다.

② E(Eager and enthusiastic) : 기업에 대한 열성적인 모습이 표출되는 사람으로서 이런 사람들은 전시부스에서 참관객들에게 자사에 대하여 뜨거운 정열로 좋은 이미지를 심어주도록 노력하며 이를 통하여 참관객들에게 전시 참가기업 및 전시제품이 인상적으로 남게 해 준다.

③ O(Observant) : 사람들의 다양한 행동이나 비언어적 행위를 잘 포착할 수 있는 사람으로 이런 사람들은 시장의 정보와 고객 정보를 수집하는 능력이 뛰어나며 전시회장에서 발생할 수 있는 여러 가지 문제들에 대한 상황 대처능력이 탁월하다.

④ P(Product knowledge) : 참관객이 언급한 것에 대해 적절한 응답을 할 수 있는 상품 지식을 갖춘 사람이다. 이런 사람은 참관객에게 상품에 대해 즉각적이면서도 정확한 정보를 전달함으로써 참관객들로 하여금 기업과 제품에 대한 신뢰감을 갖도록 만든다.

⑤ L(Listener) : 참관객에게 100% 집중하여 참관객의 니즈가 무엇인지 듣는 사람이다. 이런 사람들은 참관객으로 하여금 신뢰감을 주는 한편 참관객의 문제에 대하여 정확하게 해결해 줄 수 있는 사람이다.

⑥ E(Empathetic) : 참관객의 상황에 공감할 수 있는 태도를 지닌 사람이다. 이런 사람은 참관객들로 하여금 친근감과 호감을 갖게 만들며 이는 곧 참가기업 및 전시제품에 대한 호감으로 연결되게 된다.

이러한 자질들을 갖춘 사람을 전시부스 인력으로 선발하게 된다면 그 전시회는 절반은 성공한 것이라 해도 과언이 아니다. 따라서 전시부스 인력의 선발은 매우 중요한 일이라 할 것이다.

3. 전시부스 인력의 교육

세계적인 다국적 기업인 캐터필러(Caterpillar)사는 전시회 참가시 부스 매력도에서는 높은 점수를 받고 있으나 참관객의 66%만이 부스인력과 말을 주고받는 다는 것을 알아내고, 부스 인력에 대한 교육훈련의 필요성을 느껴 부스인력의 교육훈련을 시작하게 되었다. 전시회 교육훈련 전문가의 도움을 받아 가장 먼저 실시한 것은 부스인력들에게 작은 책자를 나누어주는 것이었다. 그 작은 책자 속에는 ① 왜 이 전시회에 참가하는가? ② 왜 부스인력의 역할이 중요한가? ③ 전형적인 방문객의 유형, ④ 첫 대면, 우수고객선별, 상담, 계약체결, 팀셀링(team selling)과 같은 기본적인 전시회 판매기술 요약 등이 들어가 있다. 또한 이러한 책자 이외에 비디오를 통한 시청각 교육에서는 위의 내용을 비롯하여 비언어적 의사소통법(non-verbal communication), 부스 레이아웃, 동선 등에 대한 교육을 하였다. 이러한 교육이 있은 후 캐터필러사의 전시부스는 참관객들로 하여금 좋은 반응을 얻게 되었으며 전시회 참가 효과가 증대되었다.

이는 전시부스 인력의 교육이 얼마나 중요한 일인가를 보여주는 사례이다. 아무리 자질이 뛰어난 전시부스 인력을 선발하였다 하더라도 제대로 된 교육을 받지 않는다면 그 자질은 무용지물이 되어 전시목표의 달성을 어렵게 할 것이다.

1) EQUIP 시스템 교육

EQUIP의 단계별 특징

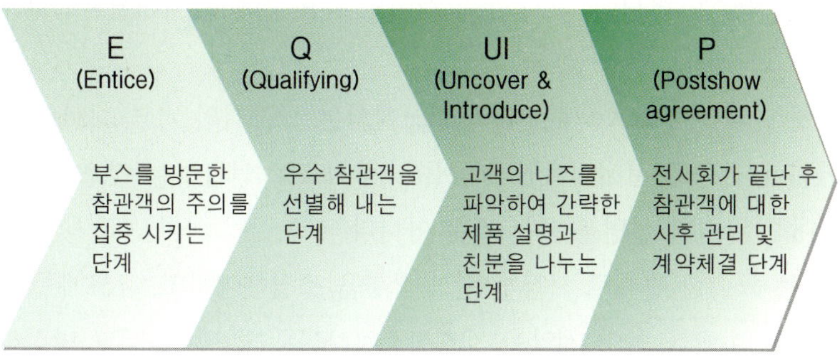

Miller(1998)는 그의 저서에서 아직도 전시부스 인력들이 참관객의 기본적인 정보나 니즈도 묻지 않은 채 제품에 대해서만 언급하는 경우가 많다고 지적하면서 이제는 개인화적인(personalized), 고객화적인(customized) 관계설정이 필요한 때로 이러한 관계형성을 위해서는 EQUIP 시스템이 필요하다고 하면서 이러한 내용의 교육을 강조하였다.

EQUIP 시스템이란 Entice, Qualify, Uncover, Introduce, Post agreement의 이니셜로 각 단계마다 설명을 하고 있다.

첫 번째, Entice는 첫 대면 단계에서 참관객의 주의를 끌게 만든 후 참관객이 보다 안락하게 느낄 수 있는 환경을 만들어 주는 것이다.

두 번째, Qualifying Step으로 이 단계에서는 우수한 참관객을 선별하게 된다. 우수 참관객(Qualified)의 정의는 각 기업의 목표에 따라 다르지만 일반적으로 우수 참관객의 판단(Qualified prospects)은 다음의 4가지 요소를 참고한다.

① 그들이 의사결정권자인가? 또는 의사결정에 영향을 주는 사람인가? 내가 찾던 참관객인가?

② 그들의 needs가 무엇이며, 우리의 상품이나 서비스가 그들에게 도움을 줄 수 있는가?

③ 그들은 지불능력이 있는가?

④ 그들이 언제쯤 우리의 상품이나 서비스를 구매할 것인가?

이러한 요소를 참고하여 본 결과 우수 참관객이 아니면, 친절하게 대화를 끝내고 다음 사람을 만나고, 우수한 고객이면 대화중에 문제해결책으로 상품을 끌어들여 그 가치를 보게 한다.

세 번째 단계인 Uncover and Introduce에서는 참관객의 기본 needs를 충족시켜주기 위한 것으로 전시되어진 제품을 대략적으로 언급하는 것으로 고객에게 제품에 대해 완벽한 설명을 하는 것은 아니다.

처음에는 느슨한 관계로 시작하여 그 상황을 조절해야하고, 규모가 큰 바이어는 여기저기 비교를 하여 계약을 체결함으로 모든 가능성을 두고 방심하지 말아야 한다. 이러한 상담까지 이루어진 후에는 전시부스라는 공간만이 아니라 호텔에서 개별 미팅을 하거나 저녁을 먹으며 미팅을 하는 시간을 갖는 것이 좋다.

마지막은 Postshow agreement 단계로써 이 단계에서 주의할 점은 전시장에서의 계약 체결은 판매를 위한 여러 과정 중 새로운 과정으로 가기위한 동의를 체결한 것이지 상품 구매를 체결한 것이 아니라는 것을 인식하여야 한다는 점이다. 따라서 전시회가 끝난 후 자사 부스의 방문사실조차 기억하지 못하는 참관객들에게 기억을 되살리게 하기 위해 이전 단계(전시회 중)에서 언급되어진 니즈를 다시 언급하면서 자사의 상품이 그 니즈를 해결하기 위해 얼마나 도움이 되는지를 알려주는 정보를 참관객에게 보내주어야 하며 실제적인 상품 구매 계약 체결을 위하여 다양한 노력을 기울여야 한다.

EQUIP 시스템 교육은 전시회 기간 동안 방문하는 참관객들의 니즈를 파악하고 그들에게 맞는 커뮤니케이션을 통해 제품을 판매할 것을 목적으로 하는 교육이다. 따라서 전시부스 인력들에게 이러한 교육을 체화시킨다면 좋은 성과를 올릴 수 있을 것이다.

2) 일반적 교육

판매 목적의 교육이 아니라 전시회 일반에 대한 교육에 대해서는 Poorani (1996)가 지적하고 있는데, 그는 적어도 전시부스 인력들의 교육에는 다음과 같은 것들이 포함되어 있어야 한다고 하였다.

① 목표 설정법

전시부스 인력들은 기업목표와 전시목표를 숙지하고 있는 상태에서 목표에 부합되는 개개인별로 목표를 설정하고 그 목표를 달성하고자 하는 노력을 기울일 수 있도록 교육을 시켜야 한다.

② 설정된 주제(테마)의 부스인력을 통한 표출방법

전시부스 인력들은 전시부스의 주제와 일치되는 분위기와 화제를 통하여 조화를 이루도록 노력해야 하며 이러한 주제가 참관객들에게 전달되어질 수 있게 노력하도록 교육시켜야 한다.

③ 판매기술

참가하고 있는 전시회가 제품의 판매를 허용하고 있는 전시회라면 참관객들이 제품을 구매하도록 유도하는 스킬들에 대하여 교육시켜야 한다. 또한 자사의 현재 및 미래의 기업 상품과 경쟁사의 상품에 대한 정보를 숙지하고 있어야 하며 주요한 상품 및 서비스에 대한 장점을 숙지하고 이를 상담에 응용하여 판매 성과를 높일 수 있도록 교육시켜야 한다.

④ 잠재고객 선별방법

참관객들을 선별하는 방법과 기준을 제시하고 교육하여야 한다.

⑤ 비언어적 의사소통법

전시부스 인력들은 전문적인 참관객 상담을 통해 전달되어지는 언어적 정보뿐만 아니라 이에 상응하는 다른 방법으로 깊은 인상을 남기는 것도 중요하다.

이러한 방법에는 바디 랭귀지로 표현되는 몸짓, 표정, 제스처 등이 있는데, 바디 랭귀지를 통해서도 많은 정보가 참관객에게 전달되어지게 된다. 친절한 미소, 부드러운 손짓, 호의적인 표정 등은 전시부스 인력들을 더욱 인간적이고 친근하게 느껴지게 만들어 참관객들에게 보다 친밀한 느낌을 들게 할 뿐만 아니라 전시부스의 분위기를 더욱 좋게 만드는데 큰 몫을 하게 된다.

⑥ 대인관계기술

원만하고 호감이 가는 대인관계기술을 교육하여 참관객들과 기업차원의 관계뿐만이 아니라 전시부스 인력들과의 관계를 맺게 하여 향후 참관객들과의 지속적인 관계 유지를 가능하게 하도록 교육시켜야 한다.

⑦ 경청하기

참관객의 needs가 무엇인지 알아내고 그들이 무엇을 요구하는가를 파악하기 위해서는 참관객의 말에 귀 기울일 줄 알아야 한다. 그러나 자칫하다가는 너무 듣기만 하게 되어 참관객들로 하여금 지루함을 느끼게 할 수 있으므로 이에 대한 스킬 또한 교육을 시켜야 한다.

⑧ 의사소통법

⑨ 계약체결방법

전시부스 인력이 협상능력이 있어야 상담이 원만하게 이루어져서 계약을 체결할 수 있게 된다. 이를 위하여 가격조건뿐만이 아니라 운송조건, 포장조건, 선적조건, 결제조건 등 거래 조건에 대한 정확한 교육을 시켜야만 하며 상담을 완성하고 거래의 확약을 위해 명확한 계약서를 작성할 수 있도록 교육시켜야 한다.

⑩ 사은품 제공방법

만약 참관객이 원하지도 않았는데 무조건 나누어준다면 그 사은품의 가치는 매우 낮아지게 될 것이다. 따라서 사은품은 효과가 극대화되는 시점에서 제공되어져야 한다. 또한 사은품을 제공할 때에는 몇 가지 기준에 부합되어질 때에만 제공되어지기도 한다. 예를 들어, 부스에서 상담을 한 참관객에 한하여 사은품을 제공한다거나 설문지를 작성하거나 방명록에 참관객의 정보를 기재하였을 경우에만 제공한다거나 하는 경우가 그러하다.

전시부스 인력을 교육할 때에는 이러한 사은품의 제공시점과 제공방법 등에 대한 교육도 필요하다.

⑪ 태도 및 에티켓

참관객들이 부스에 방문하였을 때 부스 인력들을 처음으로 대면하게 되므로 그들에게 받은 인상이 기업과 전시제품에 영향을 미칠 가능성이 매우 높다. 특히 국제 전시회의 경우에는 다양한 문화가 공존하는 공간이므로 자국의 문화에 젖어 잘못하면 국제적인 에티켓에 어긋나는 행동을 할 수가 있다. 따라서 전시부스 인력의 태도와 에티켓에 대한 교육은 매우 중요하다 하겠다.

제3절 전시부스 설치

1. 전시부스 설치 준비

1) 전시부스 설치 계획

전시부스 설치 계획이란 특정 전시회에서 어떤 종류의 부스를 설치할 것인가에 대한 결정과 부스의 형태에 대한 결정 그리고 전시부스의 기본적인 도면의 설계 및 설치 방법과 기술 등에 대한 의사결정을 내리고 구체적인 부스 설치 일정을 수립하는 것이다.

대부분의 전시회의 경우 전시주관사에서 참가기업들에게 부스 위치를 배정해 주고 있으며 설치 일정 또한 지정해 주고 있으므로 참가기업은 그 일정에 따르면 무리가 없다.

전시부스 설치 계획은 우선 전시부스의 콘셉트를 정해야 하는데, 전시부스의 콘셉트는 전시제품의 특성과 전시목표에 의해 결정되어지게 된다.

전시제품이 무형의 제품일 경우와 유형의 제품일 경우에는 각각 전시부스의 기본적인 설계가 달라질 수밖에 없으며 유형의 제품이라도 제품의 크기와 무게, 용도 등에 따라 전시부스의 설계가 달라지게 된다. 또한 전시목표에 따라 전시부스의 모습이 달라지게 되는데, 예를 들어 판매 중심일 경우에는 참관객들과의 거래 상담을 위한 공간의 비중이 커질 수밖에 없으며 커뮤니케이션 중심일 경우에는 멀티미디어 등을 이용하여 참관객들에게 많은 정보의 전달과 공감대 형성을 위한 공간의 비중이 커지게 된다.

전시부스 설치 계획을 할 때에는 전시주관사로부터 전시장의 부스 배치도를 받아 자사의 전시부스 주변 환경에 대한 면밀한 검토가 이루어져야 한다. 즉 전시부스가 중앙에 있는지, 아니면 열의 끝부분에 위치하고 있는지 등에 대한 검토와 더불어 경쟁사의 전시부스의 위치를 파악하여 경쟁사를 고려한 계획을 수립하여야 한다.

면밀한 검토와 고려를 통해 전시부스의 기본 설계가 완성이 되게 되면 참가기업은 전시부스의 기본 설계와 정면도, 원근, 설치 자재의 범례 등을 문서로 만들어 전시주관사에게 제출하고 설치 허가를 받아야 한다. 전시주관사로부터 허가를 받게 되면 본격적으로 전시부스 설치 작업을 하게 되며 만약 전시주관사로부터 이의를 받게 되면 이의가 제기된 부분을 수정하여 다시 제출하여야 한다.

전시부스 설계

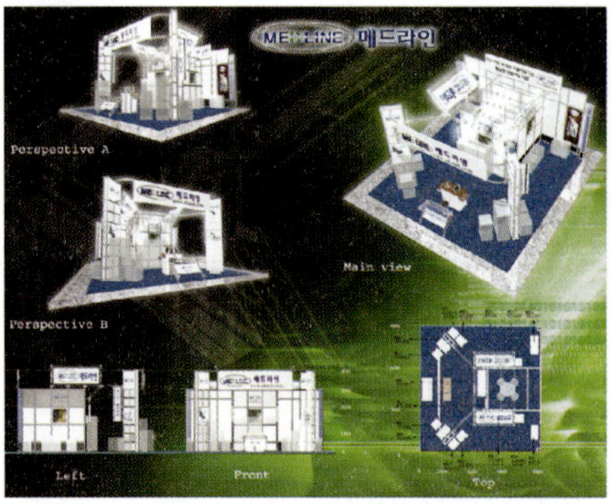

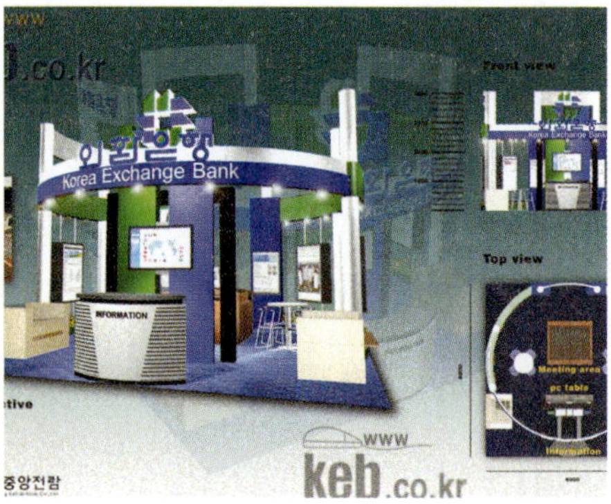

2) 전시부스 위치

전시회장에서 전시부스의 위치는 전시성과에 지대한 영향을 미칠 수 있다. 일반적으로 전시 참가기업은 전시부스 위치 배정에 대한 아무런 영향력을 가지고 있지 않다. 이것은 전시주관사의 고유 권한이다. 그러나 해당 전시회가 많은 관심과 주목을 받고 있어 참가신청이 조기에 마감 될 것이라고 예측 될 때에는 참가신청을 미리 함으로서 부스 배정에 있어 우선순위를 확보할 수 있다. 이는 많은 전시회에서 접수된 참가신청 순서에 따라 부스의 위치를 배정하는 경우가 종종 있기 때문이다.

참가신청 순서에 의해 부스의 위치 배정을 하지 않는 경우에도 전시주관사는 참가기업의 요구를 가능한 한 들어주기 위해 노력한다. 특히 수차례에 걸쳐 지속적으로 전시회에 참가해 온 업체들에게는 참가기업이 원하는 위치를 배정해주는 경향이 있다. 또한 몇 백 평방미터에 달하는 거대한 블록형 전시면적을 할당받은 참가기업은 20평방미터 면적의 서열식 전시면적을 할당받은 업체와는 차별을 두고 부스 배정을 하게 된다. 이는 전시부스의 임대비용에 큰 차이가 날 뿐만이 아니라 거대 부스를 신청한 기업은 그 전시회의 분위기와 성과를 좌우할 수 있는 영향력을 지닌 기업일 가능성이 높기 때문에 특별히 배려를 해주고 있다.

일반적으로 순수한 판매 전시회나 생활용품 전시회인 일반 전시회에서는 좋은 자리를 잡는 것이 판매 증대를 위해 매우 중요하다. 전시회는 그 특성상 며칠이 지나면 문을 닫게 되는 한시적인 시장일 수밖에 없기 때문에 전시회가 개최되는 짧은 기간 동안에 참관객들을 설득하고 구매를 하도록 만들어야만 한다. 일단 한 번 둘러보고 돌아간 뒤에 며칠이 지나 다시 행사장을 찾아와 주문하는 고객을 전시장에서는 기대할 수 없기 때문이다. 따라서 판매 전시회에서는 전시부스가 참관객의 발길이 많이 닿는 경로에 위치하고 있는 것이 매우 중요하다. 즉 예를 들어 전시부스가 일층 중앙입구나 에스컬레이터 주위에 있는 것이 유리하다.

이렇듯 참가기업은 필요한 공간을 정확하게 조사하는 것보다는 좋은 자리를 배정받는 데에 우선순위를 두어야 하며 전시부스를 훌륭하게 꾸밈으로써 전시장에서 자사의 전시부스가 있는 위치를 보다 돋보이게 만드는 전략이 필요하다.

THERMO PROCESS EXPO KOREA 2004 LAY-OUT 전시회장 부스 도면

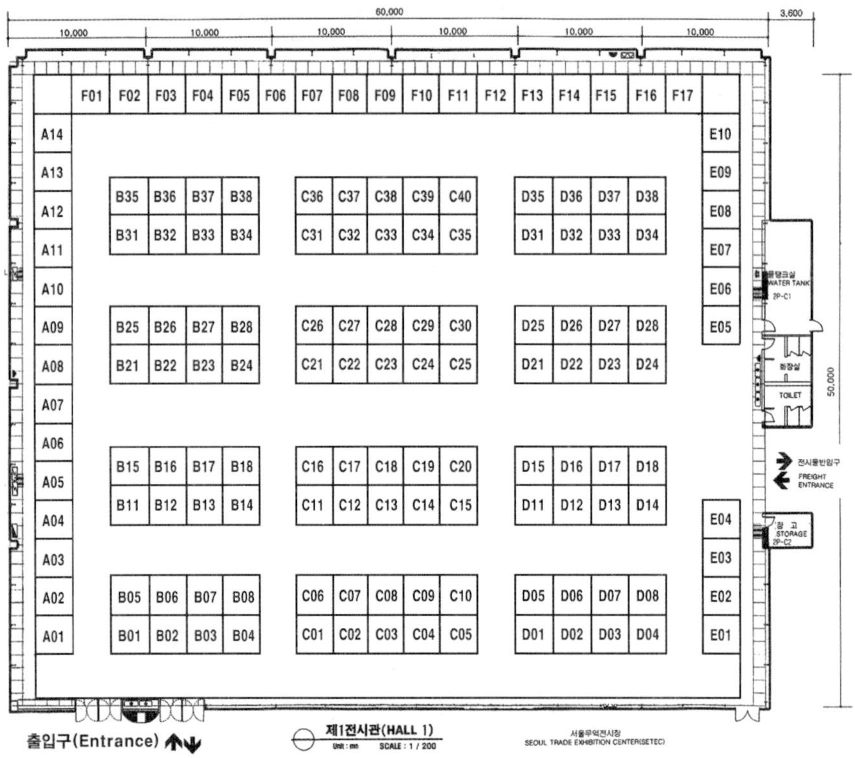

3) 전시부스의 형태

전시부스는 그 형태에 따라 각각의 특징이 있는데 전시주관사로부터 배정받은 전시부스의 위치를 고려하여 전시목표 달성과 전시효과를 가장 크게 향상시킬 수 있는 최적의 형태를 선택하여 설치하여야 한다.

우선 기본부스는 전시 참가기업이 전시제품을 전시할 수 있도록 조립식으로 설치하는 기본 장치물을 말하는 것으로 통상 3부스 이하의 신청자가 주로 사용하게 된다. 기본부스는 보통 상호 간판은 폭 0.3m×길이 3m의 규격으로 하고 바닥은 파이텍스 카펫으로 하며 조명(형광등 1개, 스폿 라이트 3개) 그리고 안내데스크 및 의자가 1조로 이루어져 있다.

기본부스의 규격

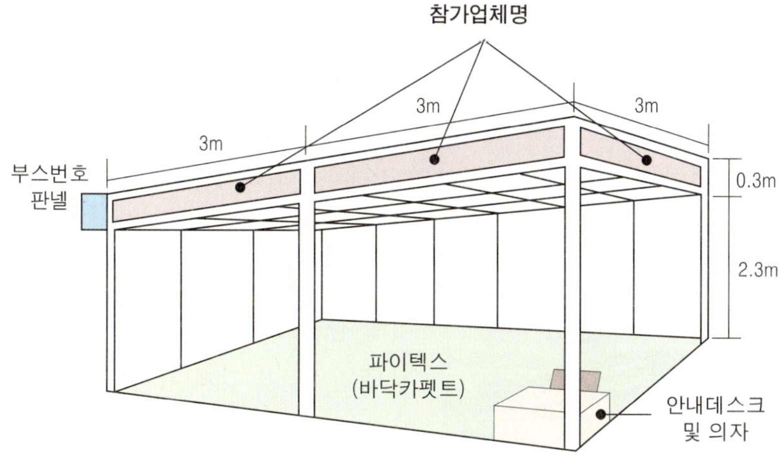

전시부스의 형태는 이웃 전시부스와 어떻게 경계를 이루고 있는가, 전시장 내 복도와 어떻게 접하고 있는가를 기준으로 분류되고 있다.

① 1자형 부스(Row Stand Booth)

일반적 조립식부스는 전면 1개만이 개방되어 있고 좌우측면과 뒷면은 막혀 있는 형태로 다른 기업의 전시부스와 맞닿아 있다. 조립부스는 소규모로 전시회에 참가할 때 많이 이용하는 것으로 전시주관사에서 임대해 주는 기본 전시부스이다.

1자형 부스

일반적 조립부스의 장점은 설치와 시공 그리고 철거가 간단하며 비용이 저렴하고 여러 개의 기본 조립부스를 연결하거나

떼어내어 전시 공간의 면적을 조절하기가 손쉽다는 것이다. 단점으로는 조립부스의 특성상 여러 형태로 부스의 모습을 변형하기가 힘들며 전시제품의 다양한 연출이 어렵다. 또한 측면으로의 확장은 가능하지만 뒷면으로는 확장이 쉽지 않아 목적에 따른 공간 배분과 배치가 쉽지 않다. 마지막으로 참관객이 관람할 수 있는 방향이 전면 하나밖에 없음으로 인해 전시장의 관람 코스에 따라 전시 성과가 영향을 많이 받는다는 것이다.

② 코너형 전시부스(Corner site)

코너형 전시부스는 4개의 면 중 2개면이 개방되어 있어 참관객들에게 보여지게 되는 면이 더 넓어지므로 보통의 조립부스에 비해 더 유리한 조건을 갖게 된다.

코너형 전시부스

코너형 전시부스는 일반적 조립부스에 비해 관람코스의 영향을 덜 받지만 제한된 공간비율을 갖게 됨에 따라 소규모 전시대로 많이 쓰이거나 참관객들이 주의를 끌고 관람을 많이 할 수 있는 구조이므로 인포메이션 데스크(information desk) 또는 문의처로 많이 사용되고 있다.

③ 머리 전시부스(Peninsula site)

머리 전시부스는 중간 규모의 전시부스로서 4면 중 개방 되어진 면이 3개이고 일렬로 도열하고 있는 부스의 좌우 양 끝 부분에 위치한다. 머리 전시부스는, 참관객의 많이 통행하는 통로에 위치하고 있다는 이유만으로도 참관객의 방문이 많을 것이라고 예측되어지기 때문에 많은 참가기업이 매우 선호하는 형태이다. 또한 머리 전시부스의 전면은 특히 광고 활동에 적합한 적절한 것으로 나타나고 있

머리 전시부스

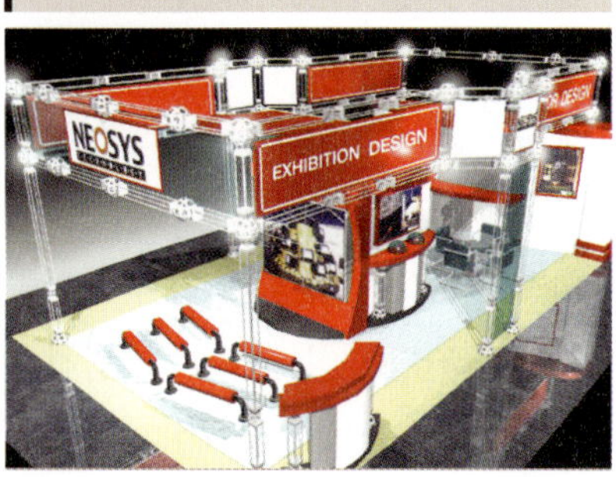

으며 3개면이 개방되어 있음으로 인해 제품 전시면적이 넓다. 단점으로는 자칫 산만해지기 쉬움으로 전시부스 인력의 주의가 많이 요구되고 투입 인력이 많이 필요하며 정보전달을 위한 벽면이 부족하다.

④ 블록형(섬) 전시부스(Block & Island site)

블록형 또는 섬 전시부스는 모든 4면이 개방되어 있어 중간 규모 또는 대형 규모의 전시부스에 사용된다. 이러한 형태의 전시부스는 보행구간의 한 가운데에 독립되어 위치해 있고 가장 큰 면적을 우선적으로 할당 받게 되며 4면이 모두 개방되어 있으므로 전시공간의 활용도가 높을 뿐만 아니라 광고용 면적으로 사용하기에 매우 적합하다. 따라서 가장 비싼 가격대의 부스 형태라 할 수 있다.

블록형 전시부스

블록형 전시부스는 독립되어 따로 설치되어 있기 때문에 다른 부스들과는 달리 전시회의 특성과 분위기를 대표하는 역할을 맡게 된다. 이러한 형태의 전시부스는 2층으로 설계되어 설치되는 경우가 종종 있음으로 인해 멀리 있는 참관객의 눈에도 쉽게 띠어 더욱더 주의를 끌 수 있다는 장점이 있다.

⑤ 통과형 전시부스(Through site)

통과형 전시부스는 통로를 사이에 두고 서로 마주보게 설치되어 있는 두 개의 전시부스로서 대형 부스에만 사용되고 있다. 통과형 전시부스의 가장 큰 장점은 좌측과 우측 부스가 모두 하나의 참가기업 부스이므로 통로를 지나는 참관객들의 시선을 특정 참가기업에게만 집중 시킬 수 있다는 것이다. 또한 통로로 자연스럽게 분리되어진 전시부스를 목적에 맞게 커뮤니케이션용 부스 및 전시상품을 위한 부스 등으로 구분하기가 용이하다. 단점으로는 전시부스에 투입되어지는 인력이 많이 필요하며 참관객들이 한 번에 전체를 조망하기 힘들고 전시부스 설치와 관련된 처리사항이 많다. 또한 이러한 부스 설치를 위한 전시회 규정이 까다롭다.

⑥ 2층 전시부스

2층 전시부스는 두 개 층에 걸쳐 부스가 설치되어진 것으로 대형 설치부스에 적합하다. 2층 전시부스는 공간 활용도가 높아 1층은 전시공간으로 이용하고 2층은 참관객과의 상담 또는 커뮤니케이션 공간으로 활용할 수 있는데 이는 다른 부스들과는 차별화된 좋은 분위기의 연출을 통해 전시성과를 효과적으로 향상시킬 수 있다. 그러나 전시부스를 설치하는데 소요되는 비용이 많이 들어가고 투입 인력이 많이 필요하며, 참관객들이 전시부스를 한 눈에 조망하기가 어려울 뿐만 아니라 부스 설치에 따른 전시회 규정이 까다롭다는 단점이 있다.

2층 전시부스

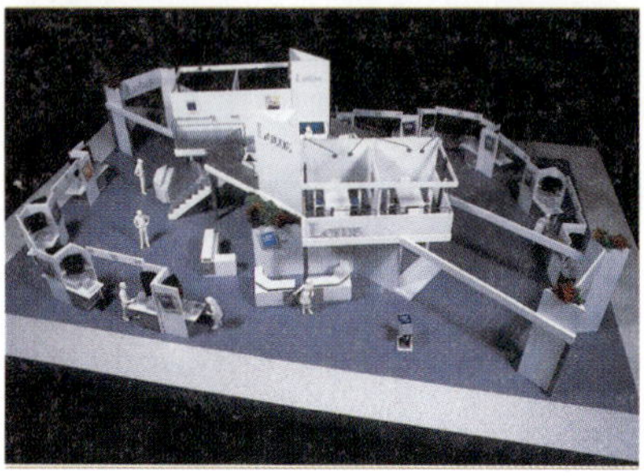

⑦ 전시관

전시관은 전시회 부지위에 본 전시장과는 분리되어 시공된 독립적인 건축물로서 전시주관사로부터 임차한 독립전시장이라 할 수 있다. 보통 참가기업이 대기업일 경우 그 기업과 연관이 있는 다수의 협력업체들과 공동으로 제품을 전시할 경우에 적합한 형태이다. 전시관을 이용할 경우 본 전시장에 부스를 설치한 다른 참가기업과는 달리 독자적으로 개성 있고 독특한 전시부스를 자유롭게 꾸밀 수 있으며 전시회에서 기업의 위상을 높일 수 있다. 그러나 상당히 많은 비용 지출을 감수하여야 하며 본 전시장과 떨어져 있다는 점으로 인해 참관객들 스스로 심리적 입장 부담을 갖게 됨에 따라 참관객의 방문이 줄어 들 위험도 있다.

일산 세계 꽃 박람회 때의 전시관

⑧ 야외 전시부스

야외 전시부스는 전시회 부지 위의 본 전시장 밖, 노천에 설치되어진 부스이다. 주로 덩치가 큰 제품을 전시하는 기업이나 건설업, 농업, 레저산업과 같은 업종의 참가기업에게 적당한 부스 형태이다. 그러나 이러한 부스 형태는 날씨 및 기후에 영향을 많이 받을 뿐만 아니라 바이어 또는 참관객들과의 상담을 위한 공간을 따로 마련해야 한다는 단점이 있다.

2. 전시부스 설치

1) 전시부스 설치 시 고려사항

전시부스 설치 시 고려사항

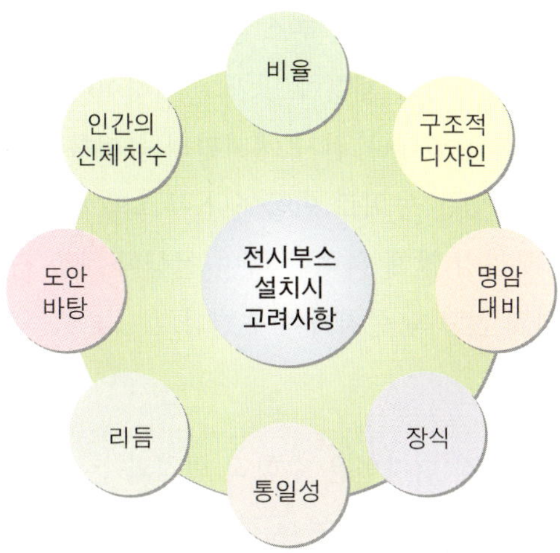

전시부스를 설치하는 데에는 수많은 것들을 고려하여야 하는데, 이는 효과적인 전시 관람과 쾌적하고 편안한 상담을 위한 것이라고 할 수 있다. 다음은 전시부스를 설치할 때 꼭 고려해야할 것들로써 이러한 사항을 고려하여 설치되어진 전시부스는 전시성과를 한층 높여주는데 많은 기여를 하게 된다.

① 비율

비율은 조화를 의미한다. 전시부스 자체의 가로와 세로의 비율에 따라 방문하는 참관객들에게 안정감을 주기도 하고 불안감을 주기도 한다. 따라서 가장 안정감과 편안함을 줄 수 있는 비율로 전시부스 자체가 설치되어야 하며 전시부스의 지붕 모양이 아치형, 직선형, 삼각형 등에 따라 비율은 달라질 수 있다. 또한 전시부스 내에 설치되어지는 게시판과 각종 사진 등의 가로 세로의 비율도 참관객들이 보기에 안정감을 주고 집중할 수 있는 비율을 선택하여 설치하여야 한다. 또한 전시되어지는 제품의 크기도 부득의한 경우가 아니라면 부스의 와의 비율을 고려하여 가장 보기 좋은 적정 크기로 만들어서 전시하도록 하는 것이 좋다.

② 인간의 신체치수

인간의 신체치수는 인체공학적인 부스설치를 위해 중요한 고려요소이다. 즉 전시부스를 참관객들의 시각과 체형에 맞게 설치하여야 한다는 것인데 이것은 전시상품이 진열되어질 진열대나 전시 게시판의 높이를 참관객이 가장 편안하고 집중하여 관람할 수 있는 높이로 만들거나 부스의 천장을 너무 낮게 만들어 참관객이 허리를 구부리지 않게 하여야 하며 천장에 각종 광고물 등을 달아 놓아 고개를 돌려 피하지 않도록 설치하여야 한다.

③ 구조적 디자인

전시부스를 위한 구조적 디자인은 수학적 법칙과 논리적 사고방식을 바탕으로 한다. 구조적 미학은 전시부스라는 공간 안에서 질서를 창조하는 역할을 하게 된다.

구조적 디자인은 동일하거나 다양한 요소를 통해 전시부스가 활기를 띈다. 전시부스는 동일한 디자인을 통해 일정한 양식을 만들어 내어 통일감을 줄 수 있다. 그러나 자칫 잘못하면 특색 없고 평범한 양식으로 전락되어 도리어 집중을 시키기보다는 산만해질 수도 있다. 왜냐하면 서로 엇비슷한 형태들로 인해 시각적인 집중력이 흐려질 수 있기 때문이다. 따라서 이러한 위험을 회피하기 위하여 면적의 크기 변화 또는 색상의 변화와 같은 다양한 요소들을 이용해 변화를 주어 집중력을 배가시킬 수 있는 방법에 대해서도 고려해야 한다.

④ 도안, 바탕

도안, 바탕은 흰 바탕에 검은 색과 검은 색 바탕에 흰색의 관계와 같다. 뒤바뀐 대비를 통해 도안과 바탕이 인간의 눈에 다르게 보인다. 흰색 도안이 검은색 바탕으로 옮겨지면, 동일한 도안이 마치 검은 색 바탕에 구멍이 뚫린 것처럼 보인다. 눈이 상황에 따라 상태를 다르게 인식한 것이다. 이와 같이 전시부스에 사용되어지는 도안과 바탕의 색상 등에 대한 고려는 참가기업이 참관객에게 보여주고자 하는 부스의 내용이 왜곡되지 않도록 각별히 신경을 써야 한다는 것을 의미한다.

⑤ 명암대비

조명 기구를 이용하여 전시부스에 명암의 대비를 주게 되면 부스의 분위기를 효과적으로 연출할 수 있게 된다. 명암대비를 연출하기 위해서 참가기업은 전시장의 일조량과 일반적인 조명방식을 함께 고려해야 한다. 또한 다양한 빛의 반사와 여러 가지 배경색이 전시부스를 다양하게 느낄 수 있도록 만들어 주는 효과에 대해서도 고려해야 한다.

⑥ 리듬

리듬은 청각, 시각에 의존하는 전시부스 내의 음악 및 설치물들의 형태, 면, 색 등의 높고 낮음, 강, 약, 장, 단 등이 일정한 규칙에 의해 반복 또는 순환되는 것을 의미한다. 전시장은 삼차원 혹은 다차원적인 전시가 이루어질 수 있기 때문에 움직임 또한 의도적으로 형태를 구성하는 요소로서 사용될 수 있다. 리듬은 참관객에게 활기를 주며 지루하지 않게 관람할 수 있도록 만들어 준다. 그러나 주의해야 할 것은 참관객들은 이 리듬에 따라 무의식적으로 반응하게 되므로 긍정적이지 못한 리듬은 도리어 안좋은 효과를 나타낼 수도 있다는 것이다.

⑦ 장식

장식은 전시부스를 단순한 구조물이라는 형태를 넘어 유용하고 필요한 것으로 만드는 것이라 할 수 있다. 장식물은 참관객들의 감성에 많은 영향을 미친다. 따라서 전시부스의 장식을 설치할 때에는 참관객들이 느끼게 되는 감성적인 부분에 대한 면밀한 분석이 필요하다. 그렇다고 해서 전시부스를 너무 감성적으로 장식하게 되면 본연의 전시목표 달성을 어렵게 할 수도 있다. 전시부스 설치의 최우선적인 목적은 무엇보다도 실용성이기 때문이다. 따라서 전시부스는 실용성을 해치지 않는 상태에서 참관객의 감성을 움직일 수 있는 장식을 해야만 한다.

⑧ 통일성

통일성은 전시부스내의 부분들이 서로 개별적으로 설치되어지게 되는데 이렇게 개별적으로 설치되어진 부분들에 대한 공통점을 부여하여 전체가 설치 목적에 부합되는 하나의 조형설치물이 될 수 있도록 만드는 요소이다.

통일성은 참관객들이 부스에 들어섰을 때 산만하지 않게 느끼게 해주는 요소인 동시에 전시부스가 전달하고자 하는 메시지에 대한 첫 인상이라고 할 수 있다. 따라서 전시부스의 설계 및 설치자는 전시부스의 설치 양식, 전시상품, 공간비율, 설치 자재, 공간의 분위기, 조명, 메시지, 전시인력의 복장 및 표정 등이 모든 것에 대한 통일감을 줄 수 있는 방안을 고려해야 한다.

2) 전시부스 설치방법

전시부스의 설치는 전시목표와 기업문화에 따라 참가기업이 정한 테마를 잘 표출할 수 있도록 하는 동시에 전시회의 성격에 위배되지 않도록 고려하여 설계되어진 전시 도면을 토대로 하여 이루어지게 된다.

기본적으로 전시부스의 공간은 다음과 같이 구분될 수 있다.

① 참관객 관람 공간 : 전시제품의 진열과 참관객을 위한 광고물을 비치하는 장소로써 참관객들이 가장 쾌적하게 관람할 수 있도록 설계되어진 공간이다.

② 상담 공간 : 바이어 및 참관객들과의 상담을 위한 장소로서 일반적으로 혼잡한 장소를 피해 차분하고 편안하게 대화할 수 있도록 꾸며지는 공간이다.

③ 다용도 공간 : 전시부스 인력들이 사용하는 장소로서 전시회에서 사용할 팸플릿, 카탈로그 등의 인쇄물 및 비품의 보관과, 내외빈 및 바이어와 참

관객들을 위한 접대용품이 있는 부엌, 옷장 등의 용도로 사용하기 위한 공간이다.

최적의 공간 배정이 끝나면 도면에 의거하여 설치자재들을 조달하여 설치에 들어가야 하는데 설치 방법은 부스의 설치와 철거하는 시간을 계산하여 가장 신속하면서도 정교하게 설치되어질 수 있는 방법을 선택하여야 한다.

전시부스의 설치방법은 크게 세 가지가 있다. 첫 번째 방법은 시스템 설치방법이고 두 번째 방법은 전통적 설치방법이고 세 번째 방법은 혼합 설치방법이다. 마지막으로 네 번째는 일회용 전시부스 설치방법이다. 각각의 설치 방법을 살펴보면 다음과 같다.

① 전통적 설치방법

전통적 설치방법은 각각의 참가기업이 자신의 입맛에 맞도록 설치하는 맞춤 설치방식이다. 따라서 전시부스 설치 자재 또한 참가기업이 원하는 대로 개별적으로 선별되고 만들어진다.

전통적 설치방법은 전시부스를 설치할 때 설계도면에 얽매어 있지 않기 때문에 창의적으로 부스의 형태와 구조를 결정하고 설치할 수 있는 여지가 가장 많이 주어지는 방법이라 할 수 있다.

② 시스템 설치방법

시스템 설치방법은 전시부스의 설치 골격과 설치 자재들을 표준화시켜 매뉴얼에 따라 손쉽게 시공과 설치가 가능도록 만들어진 방식이다. 따라서 기존의 전통적 설치방법에 비해 실용적이면서도 비용적인 면에서 훨씬 저렴하다. 오늘날 대부분의 전시장이 이러한 시스템 설치방법에 많은 부분을 의존하고 있으며 시스템화 되어 있는 전시부스의 종류 또한 매우 다양화 되고 체계화되어지고 있다. 각 전시부스의 설치부분은 표준화되고 체계화되어짐에 따라 대량으로 공장에서 규격 생산되고 있다.

오늘날 매우 많은 전시부스 설치 업체들이 시스템 전시부스 자재를 공급하고 있으며 시스템 전시부스는 평면도의 선 및 구조에 맞는 지정된 부스 자재를 기초로 시공하며 이에 맞는 콘센트, 나사 등이 공급됨으로 설치시간 단축에 많은 기여를 하고 있다.

③ 혼합설치방법

혼합설치방법은 전통적 설치방법과 시스템 설치방법의 장점만을 결합하여 설치하는 방법이다. 주로 참가기업이 자사의 기업문화와 개성을 차별적으로 표출하고자 할 때에 사용될 수 있는데 전시부스의 최소한의 기본 골격은 시스템 설치방법을 이용하고 그 외의 설치에는 전통적 설치방법을 이용하는 방법이다.

혼합설치방법은 전통적 설치방법에 비하여 비용과 시간을 절감할 수 있다는 장점이 있으며, 시스템 설치방법에 비해서는 획일화되고 몰개성적으로 설치되어질 수 있는 전시부스를 창의적이고 차별적으로 설치할 수 있다는 장점이 있다.

④ 일회용 전시부스를 이용한 설치방법

일회용 전시부스는 일종의 비닐로 싸인 골판지로 만들어진 것으로 행사종료 후에는 재사용할 수 가 없어 폐기 처분되어지게 된다. 일회용 전시부스는 자재의 특성상 견고하지가 못하다는 단점과 함께 일회용의 사용을 규제하고자 하는 국제적인 환경운동으로 인해 그 사용을 특별한 경우가 아니면 자제하여야 할 것이다.

전시부스의 설치양식은 전시회를 찾는 참관객들에게 인상적으로 남게 된다. 따라서 전체 부스의 형태나 공간의 모양, 비율 등이 전시부스 전체 분위기를 좌우한다. 부스 공간을 편안하게 느끼느냐 불편하게 느끼느냐는 많은 부스 설치 요소들에 달려있게 된다.

천장부분은 전시부스의 장식적인 공간의 마무리이자 안정적인 기능을 갖고 있다. 참가기업이 어떤 시스템 자재를 사용하는지에 따라 천장의 하중을 떠받치기 위해 특정한 간격으로 지지대가 필요하다.

분리벽이나 기둥 등은 전시부스 내부의 특정 자리에 배치되어 광고 활동에 활용할 수 있도록 설치하여야 한다. 전시부스 내부를 구분하는 문제는 설치물들을 어떻게 설치하느냐의 문제와 더불어 참관객이 부스를 바라보는 전면부를 고려하여 합리적이며 효율적으로 설치하여야 한다.

어떠한 전시부스 설치방법을 선택하든 전시부스를 설치함으로써, 참가기업과 참관객 간에 상품에 대한 개인상담 또는 매체를 이용한 커뮤니케이션을 할 수 있게 된다. 또한 상품을 전시할 장소가 마련된다. 이러한 전시부스는 두 가지 의미에서 중요한 역할을 한다. 첫 번째는 참가기업이 의도한 매체를 사용하여 커뮤니케이션하기 위한 메커니즘과 표현형식을 위한 장소이며 두 번째는 전시부스의 구조 및 자재 자체가 기업의 혁신적인 모습을 표출하는 장소라는 점이다.

3) 전시부스 설치자재

전시부스 설치자재에는 광범위한 의미에서 부스를 이루고 있는 모든 부품과 부스 장식을 위해 전시기간동안 사용되었던 모든 것들이 속하게 된다. 여기에다 전시부스의 설치 준비단계 (카펫, 파이텍스, 전시상품 포장재) 및 철거단계 (수송보호)에서 사용된 자재도 이에 포함되게 된다.

전시부스를 설치하기 위해 어떤 자재를 사용하고 또 얼마나 다양하고 많은 자재를 사용할지는 참가목표 및 편성된 전시회 예산, 전시회 참가 횟수 및 환경보호 정책 등에 따라 달라진다. 만약 참가기업이 환경보호기업으로 알려져 있고 전시장에서 이를 표현해야 한다면, 전시부스를 설치할 때 사용되는 모든 자재는 환경친화적인 재료로 이루어져야 한다. 이러한 선택은 기업문화 및 기업철학과도 일치하고 조화가 이루어지게끔 하는 것이다. 전시부스 자재를 의식적으로 선택 또는 포기함으로써 참가기업은 자사의 환경의식을 참관객에게 효과적으로 전달할 수 있다. 또한 전시부스 자재의 재사용 가능성은 이러한 측면에서 큰 역할을 한다. 왜냐하면 재사용이 가능한 자재는 전시부스의 철거 후 나올 수 있는 폐기물의 양을 줄여 주기 때문이다. 이와 같이 전시부스 자재의 선별과 재사용은 참가기업의 기업철학을 구체화 시켜준다.

전시부스의 설치 방법에 따라 차이가 있겠으나 전시부스가 시스템 부스인 경우는 지주와 문틀은 알루미늄으로, 벽은 플라스틱 혹은 하드보드로 만들어진다. 또한 사전에 제작되어지거나 재활용되어지는 자재 또는 지정된 설치재료를 선택할 수 있는데 이는 비용의 절감과 간편한 조립으로 인해 시간을 절감시킬 수 있게 된다. 이와는 반대로 참가기업이 전통적 설치방법을 선호하는 경우에는 맞춤식으로 배타적이면서도 개성 있는 자재들인 목재, 유리, 섬유 혹은 특수하면서도 다양한 부품을 사용할 것이다.

전시부스 자재를 결정할 때에는 현재 사용할 수 있는 예산이 고려되어야 한다. 이 예산은 시스템 설치형식으로 전시부스를 설치하는 것 보다 전통적인 설치방식을 이용했을 때 더 많이 요구된다. 전시부스가 다음 행사에서는 더 이상 사용될 수 없는 경우가 생길 수 있는데, 이는 시간상의 이유로 부스를 철거할 때 자재를 조심스럽게 다루어지지 않아 재사용이 곤란해지게 되었거나 변형된 전시부스를 설치하였을 경우, 다른 전시회에서 전시부스 설치 시 변형된 형태로 인해 더 이상 사용할 수 없게 되었을 때가 그런 경우이다. 이런 경우에는 결국 전시부스 설치비용의 증가로 나타나게 된다.

3. 전시부스 설치 시 기타 중요요소

1) 색과 조명

색과 빛은 전시부스에 사용 된 설치 자재 이외에도 매우 중요한 설치 요소이다. 이것은 공간을 구분하고 주요 제품 및 기능에 강조점을 두며 이성적, 감성적 느낌을 갖게 하고, 조화롭거나 혹은 대조적인 효과를 낸다.

색은 인간의 느낌과 인지, 그리고 재인식에 영향을 미친다. 한 가지 색의 강도와 이와 결부된 인간에게 미치는 자극은 색 면적의 크기와 관계가 있다. 색은 공간을 시각적으로 크게 혹은 작게 만들고 밝고 경쾌하게 혹은 답답하게 보이도록 만들 수 있기 때문이다.

참가기업의 건물 혹은 기업을 상징하는 색을 전시부스에 사용하였을 때에는 참관객들에게 그 기업을 쉽게 재인식되어지게 할 수 있으므로 많이 사용되어지고 있다. 참가기업의 상징 색을 사용한다는 것은 기업의 아이덴티티를 표현하기 위한 것으로 통상적으로 이러한 색깔 만이 아니라 그림이나 심벌 등을 기업의 아이덴티티 매뉴얼에 포함시키고 있다. 이 매뉴얼은 참가기업의 전체 커뮤니케이션 작업을 위해 꼭 필요하며, 기업 커뮤니케이션을 형성하게 만든다.

그러나 상징 색을 과도하게 사용하였을 경우에는 참관객들에게 좋지 않은 영향을 끼칠 수도 있다. 예를 들어 빨강색으로 전체 부스를 꾸민다면 이것은 참가기업에게나 참관객들에게나 보고 있기가 힘겨울 것이다.

전시제품의 색상 또한 전시부스를 설치할 때에 골머리를 썩이게 하는 요소 중 하나이다. 전시제품인 기계나 모터는 자주 회색, 녹색, 은색으로 라크 칠이 되어 있어서, 전시부스의 색에 전혀 맞지 않을 뿐더러 방해물로 여겨질 정도이다. 전시목표의 일차적인 목적이 단정한 외관은 아니지만, 전시부스의 색깔에 맞추어 전시상품의 색상을 고려하여 전시되는 것이 좋다.

오랜 세월동안 전시부스 설치 업자들은 전시부스를 설치할 때 단지 세 가지 요소(길이, 폭, 높이)에서만을 고려해 왔다. 그러나 빛은 이들에게 네 번째 자원이 있다는 사실을 깨닫게 해 주었다. 전시부스 설치 업자에게 있어 빛은 전시부스의 분위기를 지배하며 공간을 좀 더 효율적이게 보이도록 만들어 준다. 빛은 디자인과 결합되어 시너지 효과를 발휘하게 된다. 빛을 이용한 전시부스 설치 양식이 널리 이용되고 있는 것은, 조명 기술이 발전하면서 다양한 조명과 효과가 가능해졌기 때문이다.

전시부스에서 조명의 역할은 다음과 같이 세 가지 정도로 나누어서 살펴 볼 수가 있다.

① 보기 위한 조명

전시부스에서 완전하게 사물을 구분할 수 있도록 조명기 설치하는 것으로 매우 단순한 형태의 조명 방법이라 할 수 있다. 형광등과 같은 일반적 조명장치를 통해 구현해 낼 수 있다.

② 자세히 보기 위한 조명

전시제품이 돋보이게 보이도록 비쳐지는 조명으로 전시제품이 전시부스의 다른 부분보다 더 높은 가치를 부여할 수 있도록 조명섬을 만드는 것으로 할로겐램프 등을 이용하여 구현해 낼 수 있다.

③ 관람하기 위한 조명

전시부스를 다른 부스와는 차별화 시키고 참관객들에게 깊은 인상을 남기기 위하여 장식적이고 아름다운 조명을 통해 부스 구석구석 비추는 조명이다.

조명은 전시부스의 색상과 전시제품의 색상을 모두 고려하여 선택하여야 한다. 또한 전시부스와 전시상품의 표면의 성질을 고려해야만 한다. 표면 성질이 매끄러운가, 표면이 거친가, 표면에 구멍이 많이 나있는가 등에 따라 조명의 색과 비추는 방향이 달라질 수가 있기 때문이다. 또한 전시제품의 특성에 따라 조명을 달리해야 하는 경우가 있는데 시계와 보석 같은 전시 상품들은 특수 진열장에 전시되게 되는데, 이것은 상품의 가치를 강조하거나 혹은 도난을 방지하기 위함이다. 이러한 진열장은 참관객들이 눈이 부시지 않도록 조명 처리되어야 하며 쉽게 부식되는 상품(예 : 화장품, 식료품 등)일 경우에는 진열장에 냉열 조명이 설치되어야 한다.

조명은 참관객들을 유인하는 매개로서의 기능도 가지고 있다. 조명은 그 밝기와 화려함으로 인해 참관객들의 주의를 끌기 쉬우며 움직이는 문자등과 같은 특수 조명을 사용하여 참관객들에게 정보를 전달해 주거나 환영(幻影)을 보여 줄 수도 있다. 또한 강조조명을 사용함으로써 전시품을 참관객의 시야에 더 잘 들어오게 만들 수 있다. 또한 상담실에서의 밝은 조명은 바이어와 참관객들을 미래지향적이고 긍정적으로 만들어주어 원만한 상담을 이끌어 내게 할 수도 있다.

조명은 또한 색과 마찬가지로 다른 전시부스와의 구분을 위해 의도적으로 사용될 수도 있다.

조명의 효과

2) 전시장의 천장과 바닥

전시부스에는 천장이 만들어져 있는데, 이것은 전시부스의 천장이 위로부터의 공간을 구분하게 만드는 기능뿐만 아니라 전시부스의 전면과 그 밖의 벽과 기둥에 역학적인 안정성을 부여하기 때문이다. 그밖에도 전시부스에서 사용하는 조명기구를 설치하고 설치 케이블을 숨기는 데 유용하다.

바닥과 바닥의 상태는 전시부스를 꾸미는 다른 요소 이외에 전시부스의 스타일과 분위기에 아주 중요한 영향을 미친다. 과거에 뒤셀도르프에서 열렸던 유로숍(Euro Shop) 전시회에서 바닥이 유리로 된 전시부스를 선보여 큰 반향을 일으킨 적이 있었다. 여기에서는 땅 밑에 묻혀 연결되어 있는 전선을 보는 것이 전시부스 디자인의 일부였다.

많은 참가 업체들이 섬유로 만들어진 바닥재를 선택하고 있으며, 가끔은 그 위에 회사 로고를 새기기도 한다. 바닥재로서는 플라스틱, 자갈, 자기, 목재 혹은 재료상품의 재료와 같은 다른 재재들이 적당하다.

카펫을 이용한 바닥은 자기나 유리로 된 바닥에 비해서는 울리지 않으며 구두소리를 흡수시킨다. 그러나 카펫은 먼지를 발생시키며 화재시 가연성이 높고 유독가스를 배출하기 때문에 많은 전시회에서는 금지하는 바닥재이기도 하다.

특수강, 목재, 혹은 유리로 된 바닥재는 청소하기 편리하다는 장점을 가졌다. 사용되고 있는 모든 전시부스 설치자재와 마찬가지로 바닥재 또한 전시부스의 전체적인 콘셉트에 맞아야 한다.

요즘에는 다양한 색상과 다양한 조명을 사용한 바닥재를 사용함으로써 공간적 구분을 독특하게 하기도 한다. 예를 들어, 전체 바닥과는 다른 특정 색상을 길게 배열하여 관람경로가 만들어질 수도 있다.

현대적인 전시장에는 참가기업이 전시부스를 특별한 바닥재로 꾸며야 할 필요성이 없는 경우가 많다. 왜냐하면 전시장 자체가 이미 바닥을 전시회에 알맞은 재료로 만들어 놓았기 때문이다. 그러나 참가기업들은 기업문화와 전시부스의 콘셉트에 맞는 재료로 바닥을 장식기도 한다. 바닥 자체가 하나의 훌륭한 촉진 공간이기 때문이다.

3) 전시부스 내의 가구

전시부스 안에서 사용되는 가구들은 그 목적에 맞아야 하고 모양도 세련되어야 한다. 그러나 단지 미적인 요구뿐 아니라 인체공학적이기도 하여야 한다. 토탈 전시부스 설치 업체가 부스를 설치하는 경우는 가구 또한 전시부스 설치 서비스의 일부가 된다.

임대가구 전문 업체들도 있으며, 이 업체들은 전시부스 부속 가구들을 임차 형식으로 제공하고 있다. 오늘날 전시부스 자재를 더 이상 구입하지 않고 빌리거나 임대하는 것처럼, 부속 가구의 경우에도 임대하여 사용하는 것이 보편적으로 되었다. 이러한 임대차 가구의 등장은 전시 참가기업 입장에서 보면 자본의 활용도를 높여준다. 즉 자본을 전시회 관련 물적 재화 마련에 소요되는 비중이 낮아지게 되므로 다른 전시활동을 위해 사용되어질 여지가 커지기 때문이다. 또한 임대차 가구는 자사 전시부스를 빠르고 저렴하게 현대적 가구들로 인테리어 할 수 있다는 장점도 있다.

4) 디자인

전시부스 디자인은 넓은 의미에서 회사이름에서부터 회사 심벌마크, 회사 로고와 함께 참관객들 스스로 정보를 얻을 수 있도록 편의를 제공하는 설명문과 사진에 이르기까지 전시부스에 사용되는 모든 문구들을 포함한다. 이러한 디자인은 그래픽과 텍스트, 사진으로 이루어져 있는데 이러한 디자인은 다음과 같은 특성을 가지고 있다.

① 참관객들이 혼란스럽지 않게 전시제품을 관람할 수 있는 이정표로써 사용된다. 객관성 명확성이 이러한 문제해결을 결정짓는다.

② 참관객들이 이미 알고 있는 참가기업의 광고 메시지를 떠올리도록 한다.

③ 제품의 기능과 용도 및 문제 해결방법을 시각화하기 위해 사용된다. 즉 그래픽, 텍스트, 사진은 복잡한 상황을 간소화시키고 빠르고, 쉽게 이해할 수 있도록 해주며 정보전달을 이성적인 부분뿐만 아니라 감성적인 부분으로까지 확대시킬 수 있다.

④ 디자인은 참관객들의 수준에 맞추어야 하며 내용상의 의미순서에 따라 단계적으로 구성되어야 한다.

⑤ 관람 소요시간과 참관객의 참관경로를 고려하여 배치되어야 한다.

참관객들의 관람 시간은 매우 제한적이라 할 수 있다. 전문 참관객들은 전시장에 평균 이틀에서 사흘까지 방문하고, 일반 참관객은 몇 시간에서 길어야 하루 종일 관람을 한다. 따라서 이 짧은 시간동안 참관객들에게 깊은 인상을 심어주고 오랫동안 기억에 남도록 하기 위해서는 디자인의 역할이 매우 중요하다.

정보 및 자극의 범람은 참관객들에게 스트레스를 주기도 한다. 참관객은 가능한 한 많은 정보를 얻어가고자 하지만, 또 다른 한편으로는 모든 세부사항에 대한 장문의 텍스트를 읽을 시간이 없다. 전시회에서 정보를 입수하는 것은 전문서적을 통해 정보를 습득하는 것과는 비교할 수 없다. 참관객의 일차 목표는 전시회에서 생생하게 정보를 얻는 것이다. 따라서 참관객들에게 지나치게 많은 정보를 제공하여 습득용량을 지나치게 요구하는 대신, 참가기업은 전시상품의 내용을 가능한 한 시각적으로 설명해야 한다. 즉 그래픽을 통해 참관객들이 더 많은 정보를 얻고자 하는 바람을 자극시키고 다음 단계에서 전시부스에 배치된 인력과의 전문적인 상담을 통해서 얻을 수 있도록 하는 것이다.

상품전시의 보조도구로써 단면모델 또한 사용된다. 이런 경우는 참가기업의 실제상품이 전시에 적합하지 않을 경우에 사용된다. 즉 터빈이 너무 크고, 마이크로 칩은 너무 작은 경우에 이러한 보조 수단들도 참관객이 스스로 정보를 습득할 수 있도록 도와주고, 전시부스 인력들과의 상담에서 상품을 자세히 살펴봄으로써 상품의 내용을 더 잘 이해할 수 있게 만들어줘야 한다.

조립부스간판 및 현황판 기재용 업체명 신청서

- 신청 및 계약서에 기재한 업체명은 사업자등록증을 기준으로 하였습니다.
- 부스간판과 현황판(전시장입구에 설치)에 기재하실 업체명을 다시 파악하고자 합니다.
- 국문과 영문을 별도 표기하고, 글씨체는 고딕체로 통일하며 영어의 경우 대문자로만 표기합니다.
- 부스간판과 현황판에는 로고표기가 불가능합니다. 쉼표, 마침표 등 문장부호를 정확하게 표기해 주십시오.

한글 상호													

영문 상호													

마감일(00. 00)을 반드시 지켜주시기 바랍니다.

참가기업 :	부스번호 :
주 소 :	E-mail :
전화번호 :	팩 스 :
담 당 :	휴대폰 :

마감일까지 별도 통보가 없을 경우 계약서에 기재된 상호명을 최종본으로 사용합니다.

제4절 전시제품 운송 및 수출입

1. 전시제품 운송

전시제품 운송은 전시회에 출품할 제품을 참가기업이 위치한 장소에서 전시회가 열리는 장소까지의 물리적 이동과 전시회가 끝난 후 전시제품이 출발했던 곳으로 다시 운반해 오는 것을 말한다. 운송수단이란 트럭, 선박 또는 항공기와 같은 개별 운송수단을 비롯하여 이들 운송수단들을 적절히 결합한 복합운송수단을 의미한다.

전시제품의 운송은 전시회 참가 성과를 극대화시키는 하나의 요인으로써 기본 목적은 전시제품을 가장 안전하면서도 가장 신속하게 그리고 가장 저렴하게 목적지까지 운반하는 것이다.

보통 국내전시회에 참가하는 경우에는 운송이 그리 큰 문제로 대두되지 않으나 국제전시회에 참가하는 경우에는 여러 가지 문제에 봉착할 위험이 발생한다. 따라서 국제전시회에 참가하는 기업은 대부분 경험이 풍부한 국제운송 전문업체를 지정해 전시제품을 운반하는 것이 일반적이다.

1) 전시제품 운송의 고려사항

전시제품 운송계획을 수립할 때에는 다음과 같은 몇 가지 점을 고려하여 수립하여야 한다.

① 운송 수단

전시제품을 운반하는 수단으로써 트럭과 같은 화물차나 철도를 이용한 육상운송, 선박을 이용하는 해상운송, 항공기를 이용하는 항공운송 등으로 구분될 수 있다. 그러나 국제 전시회의 경우 한 가지 운송수단만으로는 목적지까지의 운반이 불가능하므로 개별 운송수단들이 운송구간의 지형에 맞추어 조합되어 목적지까지 운송을 완성시켜주는 복합운송수단을 선택하는 것이 일반적이다.

해상운송은 화물운송선에 의하여 바다를 통하여 화물을 운송하는 방식으로, 주로 대량화물이나 운송이 급박하지 않은 화물, 또는 저렴한 운임으로 운송하고자 하는 경우에 주로 이용된다.

항공운송은 항공기에 의하여 공로를 통하여 화물을 운송하는 방식으로, 주로 긴급물품이나 소량화물, 고부가가치제품인 전자제품, 신선도를 유지할 필요가 있는 활어, 어패류, 꽃 등의 운송에 이용되고 있다. 항공운송의 가장 중요한 특징은 운송시간 단축이며, 이외에도 해상운송이나 육상운송에 비해 진동이 적어 포장을 간단하게 할 수 있어 포장비용이 싼 특징이 있다. 그러나 운송비가 비싸다는 단점이 있다.

육상운송은 철도나 자동차에 의한 육로운송을 말하는데, 철도는 대량수송의 장점은 있으나 고정비가 많이 소요되는 단점이 있고 자동차는 운송의 시작과 도착을 마감하는 운송수단으로 소량화물의 수송에 이용된다.

복합운송은 독립된 복합운송인이 단일의 운송계약으로 복합운송서류를 발행해서 운송의 전과정에 대해 하주에 대하여 책임을 지고, 동시에 복합운송인은 각 운송구간에 대해 하청운송인 내지 실제 운송인에게 각각의 운송수단에 의한 운송의 수행을 위탁하여 이루어지는 운송방식이다. 국제복합운송은 규격화된 컨테이너를 사용함으로써 문전에서 문전(door to door)까지의 운송을 가능하게 해준다.

② 운송방법

전시제품을 운송할 때 어떻게 운송할 것인가에 대한 고려 사항이다. 즉 전시제품의 규모가 컨테이너 하나를 모두 채울 수 있을 정도의 물량이라면 괜찮겠지만 그렇지 못하다면 몇 가지 방법을 모색해 보아야 한다. 전시제품과 상관이 없는 여러 화물들과 혼적하여 운송할 것인가 아니면 다른 전시회 참가기업과 공동으로 운송할 것인가에 대한 검토도 해 보아야 한다.

③ 운송 포장

운송포장은 운송되어지는 전시제품의 하역, 수송, 보관에 있어서 그 질적 및 양적 보호를 통하여 제품으로서의 가치를 유지하기 위하여 적절한 재료나 용기로 포장하는 기술적인 작업 및 상태를 말한다. 즉 운송포장의 가장 큰 기능은 운송기간 동안 전시제품을 안전하게 보호하는 기능과 컨테이너에 적입 또는 적출과 같은 운반 활동을 보다 편리하게 하는 기능을 가진다.

운송포장은 내부포장과 외부포장으로 구분할 수 있다.

내부포장은 내용물이 수분이나 습기, 광선이나 진동 등에 의해 손상되지 않도록 외부포장의 내부에 판지나 목모(excelsior, wood wool), 솜, 플라스틱 등을 채우거나 칸막이를 하는 것이므로 보통 판지나 합성수지가 쓰여진다.

외부포장은 전시제품의 수송 도중에 발생 가능한 변질이나 파손, 도난, 유실 등의 위험을 사전에 예방하고 화물 취급업자들로 하여금 화물의 취급을 보다 더 간편하게 하기 위하여 내부포장별로 또는 몇 개의 내부포장을 모아 다시 행하는 포장 방법을 말한다. 외부포장은 내부포장보다 더 튼튼한 소재로 하는 것이 일반적이며, 정형화된 포장격식이 사용되지만 물품의 성질, 운송수단 및 거리 등을 고려하여 골판지(carton), 송판(wooden case), 부대(bag), 드럼(drum), 철강재, 방수재, 충격방지재 등을 많이 사용한다.

④ 운송서류

운송서류는 전시제품의 선적 및 선전과 관련된 여러 가지 사실을 증명하는 서류로써 선적서류라고 부르는 경우도 있다. 운송서류는 물품의 본선적재, 발송 또는 수탁을 증명하는 것으로 보험서류, 송장(invoice), 기타의 제반서류들까지도 포함하는 의미로 이해할 수 있다.

운송서류는 기본서류와 기타서류로 구분되어지는데 기본서류는 송장, 해상운송일 경우에는 선하증권(Bill of Loading)을 항공운송일 경우에는 항공화물운송장(Airway Bill)이 필요하며 보험증권 등을 포함한다. 기타서류는 원산지증명서, 포장명세서, 검사증명서, 중량증명서, 품질증명서 등을 말한다.

⑤ 포장자재의 보관

전시제품이 전시장에 도착하여 개장되어진 후 남겨지게 되는 포장재는 전시회가 끝난 뒤에 본국으로 운반하고자 할 때 재포장해야 하는 경우에 사용하여야 하므로 잘 보관하여야 한다. 전시장 내에 보관할 수 있는 여유 공간이 있는 경우에는 이곳을 이용하여 보관하면 되겠지만 그렇지 않은 경우에는 외부의 보관 공간을 물색하여야 한다.

2) 전시회 화물운송 전문업체

전시회 화물운송 전문업체는 전시회가 열리기전 전시할 제품들을 세관에 신고하고 통관수속을 밟아 전시회장까지 운송하고 전시회가 끝난 후 전시되어진 제품들을 회수해 반송하며 하역장비의 임대, 전시회기간중의 빈 포장재들을 보관해주는 업무를 맡아서 해주는 업체이다.

대개 전시회 화물운송 전문업체(Trade fair delivery agent)는 전시회가 시작되기 전 전시부스의 설치기간, 전시회가 진행되는 기간, 전시회가 끝난 후 전시부스의 해체작업 기간 등 전시회와 관련된 전기간을 통해서 많은 업체들의 의뢰를 받아 작업을 하는 관계로 일감이 한꺼번에 몰려 예약을 받기 불가능한 경우가 다반사다. 따라서 전시회 화물운송 전문업체를 통해 화물의 통관 및 전시회장으로의 화물운송, 전시회가 끝난 후 화물반송 등을 제대로 하려면 상당한 시간적 여유를 두고 반드시 예약을 해야 한다.

외국에서 열리는 전시회에 참가하려는 국내 업체들은 출품물의 운송과 외국세관에서의 통관절차와 관련된 규정들을 정확하게 숙지하는 것이 필요하다.

국제운송전문업체(International forwarding agent)들은 화물들이 도착하면 세관을 거쳐 전시회장까지 그리고 전시회가 끝난 다음에는 전시회장에서부터 선적단계까지 그들의 노련한 경험을 바탕으로 서비스해주고 있어 외국업체들은 이들 국제운송전문업체들을 이용하는 것이 바람직하다.

이들은 세관의 화물통관규정에 정통해 있으며 전시회장내에서 이용할 수 있는 하역장비의 사용법 등에 익숙해 있다. 국제운송전문업체들이 전시회 주최측과 계약을 맺어 서비스하는 경우도 흔하다.

2. 전시물품의 수출입

1) 전시물품의 수출

전시물품의 수출

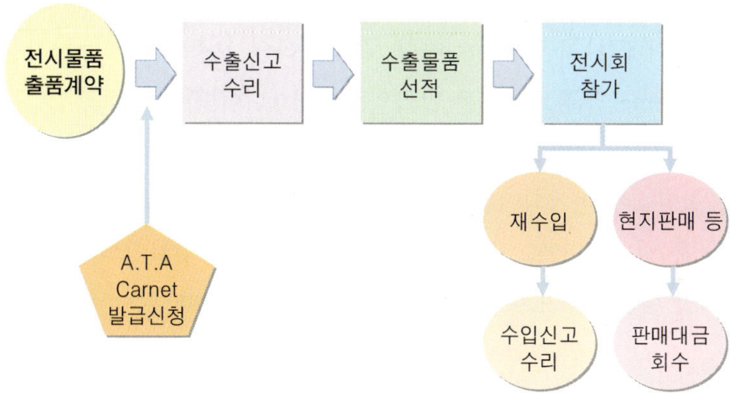

해외에서 개최되는 박람회, 전시회, 견본시, 영화제 등에 출품하기 위하여 무상으로 반출하는 물품의 경우에는 대외무역법 시행령 제33조 제2호 나목의 규정에 의거 수출승인을 면제받아 수출할 수가 있고, 동 전시 중 또는 완료 후 현지에서 매각하거나 전시 완료 후 재수입(수입 승인 면제)할 수 있으며, 이 때 출품국가에서의 원활한 통관을 위하여 A.T.A 협약에 의한 일시통관증명서를 발급받아 수출할 수 있다.

전시물품의 수출절차를 살펴보면 다음과 같다.

① 전시물품 등의 출품 계약

해외전시회에 참가하고자 하는 기업은 전시주관사와 전시물품 등의 출품계약을 맺게 되면 A.T.A Carnet을 발급받아야 한다.

A.T.A Carnet이란 관세협력이사회의 "물품의 일시수입 통관수첩에 관한 관세협약"(1961)에 따라 촬영기, 사진기 등의 작업용구, 상품견본, 광고용 물품 등의 일시 수입이나 보세운송에 있어 수입세 면제와 통관절차 간소화를 목적으

로 발급되는 국제적 통관수첩을 의미한다. A.T.A는 불어의 Admission Temporaire와 영어의 Temporary Admission의 복합어인데 두문자 가운데 중복되는 T자는 하나만 따서 만들었다.

ATA Carnet를 소지한 자가 협약에 가입한 국가에 일시반입이나 일시수입을 위한 물품 통관시에는 면세가 되나 일정기간 이내에 재반출하여야 한다. 재반출하지 않으면 협약 위반이 되어 관세를 지급하게 되며, ATA Carnet을 발급한 국가의 보증단체가 지급하여야 한다. 우리나라의 보증단체는 대한상공회의소이다. ATA Carnet의 유효기간은 발급일로부터 1년이다.

A.T.A Carnet은 대한상공회의소의 증명발급과에서 발급해 주는데, 이때에는 대한상공회의소에 비치되어 있는 일시수출통관증서를 제출해야 하며 수출하고자하는 물품 시가의 33%(귀중품의 경우에는 44%)를 담보금의 예치하여야 하는데 예치방법은 현금 또는 보증보험증권으로 하면 된다.

② 수출신고 수리

A.T.A Carnet을 발급받으면 수출신고를 하여야 하는데, 수출신고 기관은 사업장 소재지 관할 세관 또는 통관지 세관이 된다. 수출신고를 할 때에는 일반수출의 경우 수출신고서, 상업송장, 사유서, 관세법 145 규정에 의한 추천서 또는 확인서를 구비하여 제출하여야 하는데 반해 전시물품 수출의 경우에는 수출신고서 대신에 일시수출통관증서로 갈음하고 그 밖의 구비서류들은 제출을 요하지 않는다.

③ 수출물품 선적과 전시회 참가

수출신고가 끝난 물품은 전시 참가기업이 국제운송업체와의 운송계약에 따라 전시물품을 선적하고 전시회에 참가하게 된다.

④ 전시물품의 재수입

A.T.A Carnet를 발급받아 수출한 물품의 재수입시에는 관세법의 재수입면세 규정에 따라 수입할 수 있는데 재수입의 신고 기관은 통관지 세관 또는 사업장 소재지 관할세관이 된다. 재수입 신고를 할 때에는 수입신고서, 상업송장, 사유서, B/L 사본, 재수입면세신청서, 수출면장사본 등의 구비서류를 제출하여야 한다.

⑤ 현지판매

전시물품이 현지에서 매각되었을 경우, 동 대금이 국내 외국환은행에 입금되면 수출실적으로 인정받으며, 관세 환급도 가능하다. 현지에서 판매되어진 대금의 회수는 국내 외국환은행이 되며 이때에는 수출사실을 증명하는 서류 등을 제출하여야 한다.

2) 전시물품의 수입

전시물품의 수입

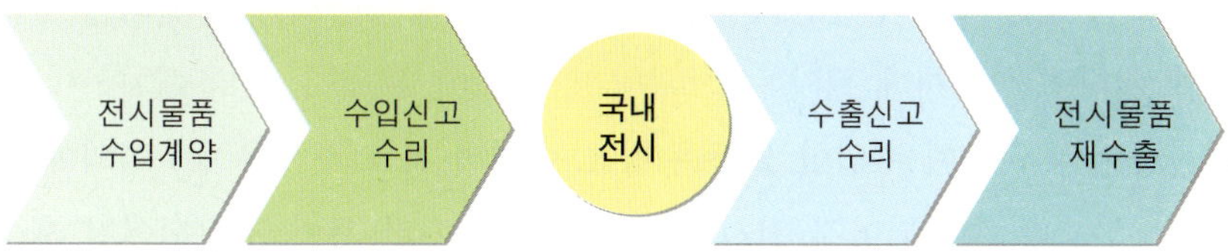

국내에서 개최되는 박람회, 전시회, 견본시, 영화제 등에 출품하기 위하여 무상으로 반출할 예정인 물품의 경우에는 대외무역법 시행령 제33조 제2호 다목의 규정에 의거 수입승인을 면제받아 수입(재수출조건부 수입)할 수가 있고, 이때 전시 중 판매하거나 전시완료 후 판매는 관할세관으로부터 재수출조건을 변경하여야 가능하며 수입 시 원활한 통관을 위하여 출품국가로부터 A.T.A협약에 의한 일시 수입통관증명서를 발급받아 수입할 수 있다.

전시물품의 수입 절차는 다음과 같다.

① 전시물품 수입계약

국내에서 개최되는 전시회에 전시되어질 제품을 수입할 경우에는 전시회에 참가하고자 하는 외국기업과 전시물품 수입계약을 체결하여야 한다.

② 수입신고

전시물품의 수입 신고는 사업장 소재지 관할세관 또는 통관지 세관에 하여야 하며, 이때에는 수입신고서, 상업송장, 사유서, B/L 사본, 재수출면세신청서를 구비하여 제출하여야 한다.

A.T.A Carnet 제출 시에는 통관증서 양식 및 기재된 발급단체, 유효기간, 보증단체, 유효한 국가 등의 여부와 현재 우리나라에서도 유효한지 여부와 보증단체의 확인을 받도록 되어 있는 통관증서에 대한 확인의 여부, A.T.A Carnet의 번호 등 수입증서 또는 수입번호와 통관증서 표지와 동일한 내용이 기재되어 있는지 여부, 통관증서에 의한 수입에 있어서는 당해 통관증서에 기재되어 있는 명의인 또는 사용자(당해 명의인으로 부터 당해 통관증서에 의한 수입을 할 수 있도록 정당하게 그 권한을 부여받고 있는 자)만이 수입신고자로 될 수 있으므로 수입증서의 수입신고자를 기재하는 란에 정확하게 기재되어 있는지 여부에 대하여 심사하게 된다.

통관증서에 의하여 수입한 물품은 당초 수입한 용도(전시용 등) 이외에는 사용할 수 없으며 수입되어진 전시물품은 전시회 기간 동안 전시되어진 후에는 재수출하거나 판매되어질 수 있다.

③ 전시물품의 재수출 및 판매

전시물품의 재수출 신고는 사업장 소재지 관할세관 또는 통관지 세관에 하게 되며, 이때에는 수출신고서, 상업송장, 사유서, 수입신고수리필증 사본 등의 구비서류를 제출하여야 한다.

A.T.A Carnet를 이용하여 수입한 후 재수출시에는 당해 통관증서에 기재된 유효기간 내에 재수출하여야 하고, 당해 통관증서에 의한 재수출 신고시에는 동 증서를 수출신고서로 갈음하고 관세법의 규정에 의한 구비서류 제출을 생략하게 된다.

전시물품으로 A.T.A Carnet를 이용하지 않고 수입통관한 후 전시 중 판매하거나 전시 완료 후 판매할 때에는 재수출조건을 변경하여야 가능하다. 그러나 A.T.A Carnet를 이용하여 수입통관한 물품은 원칙적으로는 판매가 불가능하나 부득이 할 때는 관할세관에 용도 외 사용승인을 신청하여 승인을 받고 관세를 납부한 뒤에 판매가 가능하다.

보세 전시품 신고서

보세 전시품이란 정식 수입통관 없이 간이통관을 하여 전시장으로 반입되는 전시품을 말하며, 전시종료 후에는 해외로 재반출하거나 수요자가 있을 경우 사후 정식 수입통관절차를 통하여 수입이 가능합니다. 2010 ○○○전시회 사무국은 보세전시품을 소유한 참가기업을 위해 전시회 종료 시기까지 전시장의 보세구역 설정을 대행하므로, 해당 참가기업은 반드시 보세전시품의 상세 내역을 사무국에 통보해야 합니다.

A) 참가기업

회사명 :	대표자 :
주 소 :	e-mail :
전화번호 :	팩 스 :
담 당 :	휴대폰 :

B) 보세전시품 운송업체

회사명 :	대표자 :
전화번호 :	팩 스 :
담 당 :	

●보세전시품 명단

No.	전시품목	수량	제조회사	제조국가

* 본란 부족 시 별지 사용

제5절 전시촉진 활동

1. 전시 메시지의 개발과 촉진 매체

1) 전시 메시지의 개발

전시 메시지 개발의 고려 요소

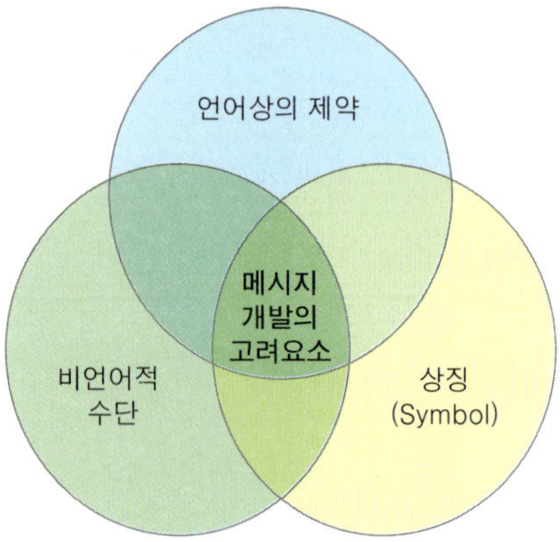

전시 촉진메시지를 개발할 때에는 그 메시지가 고객들에게 어떻게 해석될 것인가의 세밀한 조사가 필요하다. 특히 해외전시회에 참가하여 촉진활동을 펼칠 때에는 기업이 원래 의도한 메시지를 여러 가지 이유로 인해 제대로 해석되지 못할 경우가 발생할 수 있다. 이는 국가마다의 상이한 언어와 문화 그리고 종교, 사회관습 등의 차이로 발생하게 된다. 따라서 전시 촉진메시지를 개발할 때에는 이러한 모든 요소들을 고려하여 작성하여야 한다.

그러나 국제전시회에 참가하는 참관객들은 대부분 국제적인 감각을 갖추고 있는 글로벌한 마인드를 갖추고 있는 경우가 많다. 따라서 개별 국가에서 실행하는 촉진활동보다는 유연한 촉진활동을 펼칠 수 있다. 그래도 특정의 종교와 특정 문화 등을 자극하는 촉진활동은 자제하여야만 한다.

전시촉진 메시지 개발의 문제는 언어상의 제약과 비언어적인 수단 그리고 상징체계의 상이함에서 비롯된다고 할 수 있다.

(1) 언어상의 제약

언어상의 차이는 촉진활동을 통한 효과적인 커뮤니케이션의 심각한 장애요소 중의 하나이다. 이는 나라마다 다른 언어를 사용하고 있기 때문이다. 특히, 국제 전시회는 수많은 언어를 사용하는 참관객들이 모이는 장소이기 때문에 자칫 언어문제를 소홀히 취급하다가는 낭패를 당하기 쉽다.

(2) 비언어적 수단

사람은 말이나 글 이외에도 손, 발, 눈, 코 등의 신체의 일부를 사용하거나 몸치장 및 자세를 통하여 서로 의사를 교환할 수 있다. 또한 시간, 공간, 사물도 의사표시의 수단이 될 수 있다. 이와 같은 비언어적 커뮤니케이션(non-verbal communication)은 혹은 침묵언어(silent language)는 문화에 따라 그 사용법과 의미가 매우 다양하다.

예를 들면, 프랑스와 이태리 사람들은 커뮤니케이션에 있어서 미국사람들 보다 손을 더 많이 사용한다. 그리고 타인과 가까이 서거나 앉게 될 때 대부분의 사람들은 부자연스럽게 느끼지만 남미와 그리스 사람들은 여타 문화권의 사람들 보다 편안하게 생각하고 행동한다.

전시회에는 수많은 문화권의 사람들이 모이게 되므로 이렇게 문화권마다의 독특한 비언어적 수단을 고려하여 전시부스인력들이 개별 문화권의 특징을 제대로 이해하고 참관객들을 맞이한다면 효과적인 커뮤니케이션을 통해 전시회 성과를 더욱 높이 올릴 수 있을 것이다.

(3) 상징(Symbols)

해외전시회에 참가하는 기업이 메시지 작성시 색깔, 동물 등을 상징적으로 사용하고자 할 경우 이들의 상징적 의미가 국가에 따라 다르게 나타날 수 있으므로 특히 메시지 수신자들의 감정을 상하게 하는 일이 없도록 조심해야 한다.

예를 들어, 보라색은 일본에서는 고상한 색깔이지만 미얀마와 남미의 몇 개 국가에서는 죽음을 상징한다. 중국에서는 황색은 황실을 상징했고 일반대중은 이를 사용할 수 없었다.

또한 사람을 동물과 비교하거나 동물을 사용한 촉진 활동 등은 윤회설을 믿는 불교도들이나, 사람은 사람이고 동물은 동물일 뿐이라고 생각하는 아랍인들을 화나게 할지도 모르는 일이다. 실제로 어떤 회사는 인도에서 올빼미가 불운의 상징인 것을 모르고 촉진 프로그램에 올빼미를 사용해서 실패했다고 한다.

전시회 참관객의 국적과 종교는 매우 다양하다. 따라서 이 모든 것을 다 고려하여 상징색과 동물 등을 정한다는 것은 매우 어려운 일일 것이다. 그러나 특정 국가 또는 특정 종교를 많이 믿는 지역에서 오는 참관객을 대상으로 하는 전시회라고 한다면 이러한 상징체계에 대한 이해와 고려가 꼭 필요하다.

2) 전시촉진 매체 선정

매체의 활용 가능성과 광고대행사의 가용성

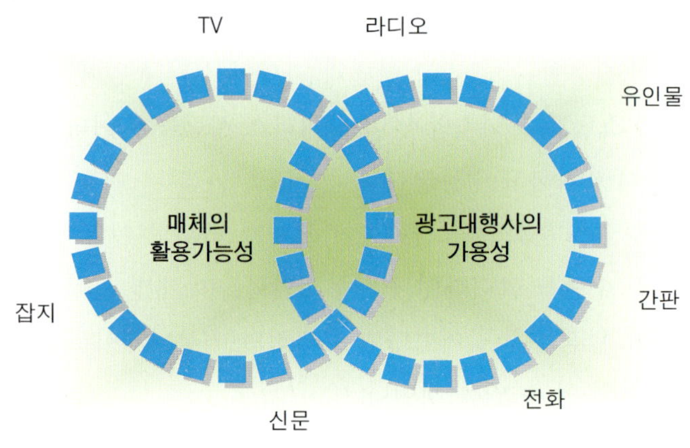

전시 메시지가 정확하게 그리고 가장 넓게 영향을 미치게 하기 위해서는 메시지가 고객에게 정확히 전달되어야만 한다. 따라서 전시촉진 매체와 촉진 대행사를 올바로 선택하여야 하는데, 국내 전시회의 경우에는 그리 큰 문제가 되

지 않을 수도 있겠으나 해외에서 개최되는 전시회에 참가하게 될 때에는 신중한 판단과 선택을 하여야만 한다.

해외전시회에 참가시에는 국가에 따라 매체가 매우 다양하며 믿을만한 촉진 대행사를 찾기도 쉽지 않다. 또한 국가마다 촉진활동에 대한 실행 규모 및 비용에 대한 제도와 규제가 다르기 때문에 충분한 사전 조사가 있어야 한다.

촉진활동을 펼칠 수 있는 매체는 신문, 잡지, TV, 라디오와 같은 4대 매체를 비롯하여 도로변이나 건물에 부착하는 빌보드, 현수막 등과 전화, 우편, 유인물 등 매우 다양하다. 그러나 이들의 발전단계와 활용가능성은 국가에 따라 크게 차이가 난다. 즉 전시회를 개최하는 국가의 사정에 따라 매우 다르게 나타날 수 있다는 것이다.

우리나라의 경우만 하더라도 TV의 광고허용시간이 밀려드는 광고주들을 소화하기에는 엄청나게 모자란 실정이다. 또 어떤 나라에는 무수한 신문들이 세분시장을 분할 점령하고 있어서 광고주가 적정한 가격에 만족할 만한 수준의 시장 커버리지(market coverage)를 기대하기가 어려운 경우도 있다.

전시매체와 마찬가지로 전시 참가기업들이 활용할 수 있는 전시 개최국의 광고대행사의 질과 수는 각국의 GNP만큼이나 천차만별이다. 대개의 경우 촉진 대행사가 제공하는 서비스의 질은 경제개발수준이나 경제규모와 비례하는 경향이 있다. 따라서 선진국일수록 훌륭한 서비스를 제공하고 있는 촉진 대행사가 많다. 그러나 예외적으로 인도나 중국의 경우에는 1인당 국민소득은 낮지만 방대한 시장 때문에 다수의 광고대행사가 수준급의 서비스를 제공해 주고 있다.

이렇게 다양한 촉진매체의 선택과 활용은 전시촉진 예산과도 매우 밀접한 관련이 있지만 촉진 대행사의 역량에 따라서도 영향을 받게 된다. 즉 특정 전시회에서의 촉진 매체의 결정은 실제로 특정 촉진매체를 활용할 수 있는가에 대한 문제와 촉진 대행사의 가용성의 교집합이 되게 된다. 따라서 전시회에 참가하는 기업은 전시개최국의 촉진대행사의 현황과 그들의 능력에 대한 검토가 이루어져야 하며, 또한 사용할 수 있는 매체가 어떠한가에 대한 고려를 꼭 하여야만 한다.

2. 전시촉진 활용 준비

1) 전시광고

광고매체 선정 과정

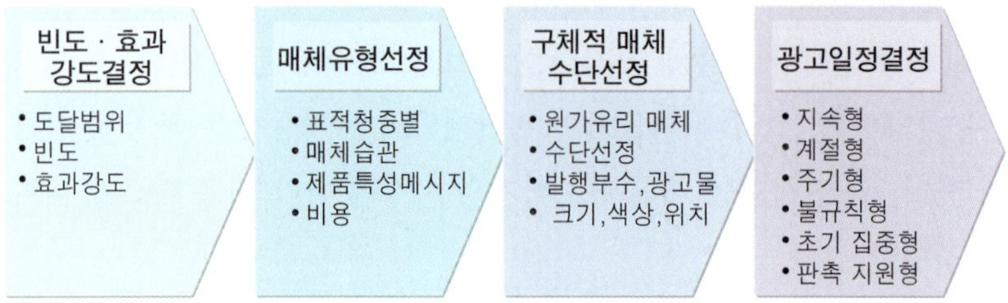

전시촉진 활동은 전시회 주관사와 공동으로 또는 협조를 통해 하게 되는 촉진 활동과 기업 자체적으로 준비하는 촉진활동으로 나누어지게 된다. 먼저 전시회 주관사와의 공동 촉진활동으로는 전시회에서 자체적으로 제작하는 편람이나 디렉터리에 필요한 원고와 사진 등이 필요하다. 이때에는 주관사에서 정한 포맷과 분량이 있으므로 그에 맞추어 준비하여 제출하면 된다. 다만 분량이 많지 않음으로 인해 제한된 분량에 고객에게 전달할 메시지와 이미지를 담기 위해서는 창조적이면서도 명확한 카피와 비주얼이 필요하다.

기업 자체의 촉진활동으로는 광고와 언론보도, 판촉과 인적판매 등이 있게 되는데 광고는 미리 매체를 선정하게 되고 매체의 특성에 따라 제작하게 된다. 전시 광고의 경우 주로 전시되어지는 산업과 제품을 다루는 전문잡지에 싣는 것이 보통이나 때에 따라서는 신문이나 TV와 같은 파급력이 큰 매체에 이용하기도 한다. 그러나 전시광고는 매체를 통한 광고에 의존하기 보다는 기업이 직접 제작하여 배포하는 카탈로그나 팸플릿 또는 리플릿에 의존하는 경우가 많다. 이는 매체광고의 광고비용이 고가라는 점과 광고에 노출되는 목표(Target) 대상이 모호하다는 점에 기인하는 바가 크다. 또한 전시 광고는 옥외 광고를 많이 이용하기도 하는데 유동인구가 많은 곳에 설치되어진 빌보드라든가 차량의 통행량이 많은 도로 중앙에 광고탑을 설치하여 광고 효과를 극대화시키고자 하기도 한다.

팸플릿과 카탈로그 또는 리플릿의 경우에는 주로 전시회장에서 직접 참관객들에게 배포되어지는 형태의 광고물이다. 이때의 광고 내용은 기업의 신뢰성과 이미지 제고라는 측면과 전시제품의 구매 후 사용에 있어 소비자의 편익에 대한 설명이 주가 된다. 따라서 기업의 연혁이나 규모 그리고 실적 등에 대한 소개를 삽입함으로써 기업에 대한 믿음을 심어주도록 하여야 하며 제품에 대해서는 최대한 자세한 설명을 하도록 하여야 한다. 특히, 기술특허를 취득한 제품이거나 인증기관으로부터 인증을 받은 제품일 경우에는 이에 대한 설명 또한 부각 시켜 주는 것이 좋다. 그렇다고 해서 마치 설명서를 연상시키는 것과 같은 나열식의 구성은 소구 대상들로 하여금 진부함과 지루함을 느끼게 하여 외면당할 우려가 있으므로 디자인에 대해서도 주의를 기울여야 한다.

2) 전시 언론보도

언론보도 관리과정

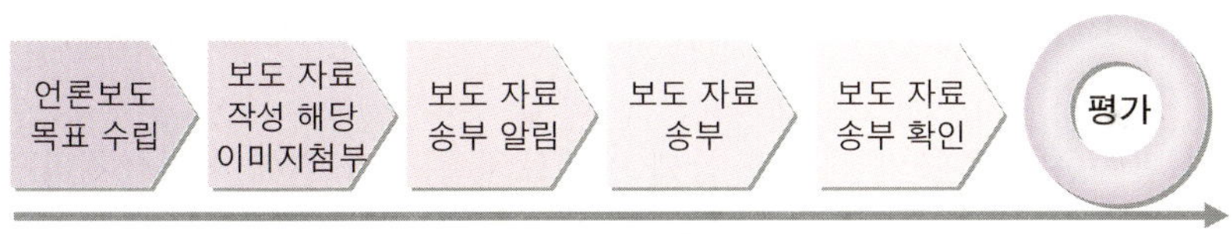

언론보도 관리 과정

언론보도를 통한 홍보활동 또한 전시촉진에서는 중요한 수단이 된다. 언론보도는 언론이 갖고 있는 공신력과 파급효과로 인해 기업의 이미지와 제품의 신뢰성 제고에 높은 효과를 가져다 줄 수 있다. 따라서 언론과의 관계개선과 적극적인 보도자료의 배포를 통해 한번이라도 더 언론에 보도되어지도록 노력해야 한다. 언론보도를 하기 위해서는 먼저 참가하는 전시회에 대한 간략한 설명과 더불어 전시 참가의 취지 및 제품의 특징과 장점에 대한 설명이 있어야 하며 전시회 참가에 따른 기대효과 및 파급효과에 대한 분석을 덧붙이게 되면 전시

보도 자료가 완성이 되게 된다. 전시 보도 자료를 작성할 때 주의해야 할 점은 간략한 문장과 일목요연한 구성이 되도록 하여야 한다는 것이다. 분량을 너무 길게 하거나 산만한 논조로 글을 작성하게 되면 보도 담당자의 주의를 끌지 못할 우려가 있으므로 A4 용지로 두 장 내지 세 장 정도의 분량이 되게끔 하여야 한다. 이렇게 작성된 보도자료는 각 언론사의 담당자에게 전화를 걸어 보도자료를 보내고자 하니 참고해 달라고 부탁을 한 후 팩스나 e-mail을 이용하여 전송하고 전송이 끝난 후에는 다시 전송이 완료되었는지를 확인하여야 한다.

3) 전시판촉

전시판촉 관리 프로세스

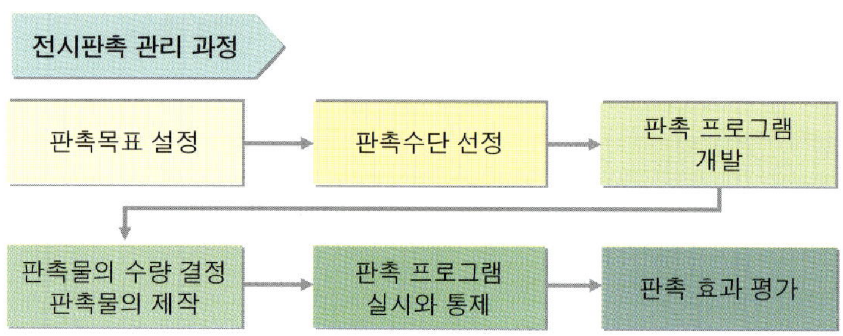

전시 판촉은 판촉물의 제작과 함께 이벤트의 준비가 같이 이루어져야 한다. 물론, 전시회장에서 이벤트를 펼치지 않을 경우에는 판촉물만을 준비하여 방문객들에게 배포해 주면 되겠지만 참관객들의 시선과 흥미를 끌기 위해서는 기업이 자체적으로 이벤트를 준비하여 판촉물과 같이 참관객들에게 제공해 준다면 더 큰 효과를 얻을 수가 있다.

전시회에서의 판촉물은 주로 기업과 제품을 연상시킬 수 있는 것들을 주로 활용하게 되는데, 흔히 사용되어지는 판촉물들로는 목걸이용 볼펜이나 마우스패드, CD 케이스, 필통, 명함꽂이 등 일상생활에서 지속적으로 사용 가능한 것들이 주종을 이룬다. 전시되어지는 제품이 소비재일 경우에는 그 제품을 작은 용기에 포장하여 샘플로 만들어서 이를 판촉물로 활용하는 경우도 많이 있다.

이벤트 진행 신청서

본 신청서는 과다한 음향기기 등을 이용한 이벤트 등의 행사로 인한 혼란을 미연에 방지하여 전시장 내 질서 유지 및 참가기업의 편의를 도모하고 쾌적하고 차분한 상담분위기 조성을 위해 마련된 서식입니다.
제품홍보의 효율성을 기하기 위한 이벤트 행사 진행을 위하여 반드시 사전에 2010 ○○○전시회 사무국에 팩스나 우편으로 접수하셔야 합니다. (*마감일 준수)

참가기업 :	부스번호 :
주 소 :	E-mail :
전화번호 :	팩 스 :
담 당 :	휴대폰 :

1. 이벤트 행사에 필요한 물품

※ 본란 부족 시 별지 사용

구 분	진행 소품 내역	세부사양/수량	비 고
음향기기			
영상기기			
기 타			

2010 대한민국 ○○○전시회 기간 중 효율적인 이벤트 진행을 위하여 주관사측이 정한 "참가기업 이벤트 진행 규정(안)"을 준수할 것을 확약하며, 상기와 같이 신청서를 제출합니다.

2010. . .

대표자 : (인)

판촉물의 수량에 대해서는 정확한 참관객의 숫자를 예측하기 어렵기는 하나 기존의 통계 추이와 전시회 사전 프로모션 활동을 근거로 해서 어느 정도 산출이 가능하다. 따라서 산출되어진 숫자에 예비 물량을 더한 것이 판촉물의 제작 수량이 된다. 너무 많은 판촉물의 제작은 기업에게 있어 낭비 요인으로 작용할 수 있으나 판촉물의 부족으로 인해 고객들에게 불만을 듣는 것보다는 그 손실이 적기 때문에 충분한 물량을 확보해 놓는 것이 좋다.

또한 판촉물에는 기업의 로고와 연락처를 꼭 기입하여야 하는데, 이는 판촉물이 그 기업과 연락을 할 수 있게 만드는 콘택트 포인트(Contact Point)의 역할을 할 수 있기 때문이다.

4) 전시 인적판매

전시 인적판매는 전시회 기간 중 전시회장에 직접 상주하여 참관객들과 상담을 하고 여러 가지 서비스를 제공해 주는 업무를 맡아서 하는 것을 의미한다. 인적판매는 고객들이 느끼는 기능적, 재정적, 사회적 불안 및 위험부담 등을 직접적으로 해소시켜 줄 수 있다는 점에서 성과가 매우 높은 촉진방법이다. 특히 전시 인적판매의 경우에는 단기간에 대규모의 참관객들을 상대해야 한다는 점에서 사전 훈련을 통한 치밀한 준비와 계획이 필요하다.

인적판매를 담당할 인력들의 선정이 끝나게 되면 그들을 대상으로 일정기간 동안 교육과 훈련이 필요하다. 교육과 훈련의 내용은 우선 전시되어지는 제품과 기업에 대한 지식을 충분히 숙지시켜야 하며 참관객들을 대하는 기술과 그들에게 답변하는 태도 및 언어에 대한 교육과 훈련이 뒤따라야 한다. 인적판매 인력들은 항상 참관객들에게 친절함과 상냥함을 갖추고 그들의 의문을 즉각적으로 해소시켜 줄 수 있는 능력을 겸비하여야 한다. 또한 경쟁기업의 제품에 비하여 자사제품이 우수하다는 것을 논리적으로 설득시킬 수 있어야 하며, 이때 참관객들이 강요받고 있다는 인상을 가지게 하여서는 안 된다. 그리고 인적판매 인력들과 상담을 받은 참관객들의 기본 정보를 수집하게 하여 향후 잠재고객으로써 마케팅 대상으로 활용할 수 있게 하여야 한다.

이렇듯 교육이 끝나게 되면 업무 배치를 해 주어야 하는데, 업무를 배치해 줄 때에는 각자의 능력과 경험 및 직책을 고려하여 합리적이고 알맞게 배치해 주어야 한다.

5) 세미나

전시회 기간 중 열리는 세미나 참가 또한 훌륭한 촉진수단이 될 수 있다. 세미나의 참가는 전시 참가업체 중에서 선별적으로 이루어지거나 참가신청을 통해서 이루어지는 경우가 많은데 단순히 세미나의 청취자로서 참가가 아니라 직접적으로 주제에 대하여 발표를 하고 토론을 하는 참여가 필요하다.

보통 전시기간 중에 열리는 세미나는 전시회의 성격에 맞는 주제를 선정하게 되는데 주제 발표를 하는 동안에 자사제품에 대한 간접적인 홍보를 할 수 있다는 이점이 있다. 세미나에 발표나 토론으로 참여를 하기 위해서는 먼저 세미나 주최자에게 발표 및 토론 신청을 하고 정해진 주제에 부합되는 논문 내지는 발표문을 작성하여야 한다. 이때에는 기업 내부에서 미리 세미나 발표자를 선정하고 발표자에게 논문 혹은 발표문을 작성하게 하여야 한다. 또한 발표 주제는 자사의 기술과 자사의 제품과 밀접한 연관이 있는 것으로 선택 하도록 하여야 하며 필요한 경우 세미나 장에서 자사의 홍보 카탈로그나 리플릿을 배포할 수도 있다.

세미나 발표는 특별히 준비할 것은 없으나 논문의 질적 수준을 갖추게 하기 위하여 발표자에게 충분한 시간을 주어 논문작성을 하도록 하여야 한다. 자칫 질 낮은 논문의 발표는 기업의 이미지를 도리어 손상시킬 우려가 있기에 세미나에 발표가 확정되게 되면 기업은 발표자에게 많은 협조와 편의를 주어야 한다.

6) DM 발송

DM(Direct Mail, 직접우편)이란 우편제도를 이용하여 전시회에 참가하는 기업이 잠재 참관객들에게 전시회 참관을 권유하는 메시지나 자료를 동봉하여 발송하는 것을 말한다.

이러한 DM의 특징은 다른 촉진 수단에 비하여 비용이 저렴하며 전 세계 어디라도 주소만 정확히 알고 있다면 전달하고자 하는 정보를 발송할 수 있다는 점이다. 또한 단순하게 전시회 참관에 대한 권유장 외에도 팸플릿이나 카탈로그, CD롬 등 각종 출판물과 자료를 동봉하여 보낼 수 있으며 대량 발송이 가능하므로 동시에 많은 사람들에게 같은 정보를 보낼 수 있다.

DM은 잠재 참관객을 확보한다는 의미와 함께 DM을 받아본 잠재 참관객이 전시되어질 제품에 대한 정보를 미리 파악하고 전시장을 찾게 되므로 구매에 따르는 의사결정시간이 매우 단축되어질 수 있다. 또한 DM에 동봉되어진 기업 관련 팸플릿 등을 통해 기업의 인지도와 브랜드를 홍보하는 효과도 같이 얻을 수 있다.

7) 텔레마케팅 활용

텔레마케팅의 효용

텔레마케팅(Telemarketing)이란 전문지식을 갖춘 상담요원(텔레마케터)이 컴퓨터를 결합한 정보통신기술을 활용해 고객에게 필요한 정보를 즉시 제공하고 신상품 소개, 고객의 고충사항 처리, 시장조사 등 다양한 기능을 수행하는 첨단마케팅 기법이다. 텔레마케팅은 전시 참가기업의 촉진 활동(전시회 개최 전, 전시회 개최 중, 전시회 개최 후 활동)시 컴퓨터를 이용하여 데이타베이스(Database)를 구축하고, 전화와 인터넷을 효과적으로 활용함으로써 비용을 절약하면서 전시성과를 증가시키고 기업의 이미지를 제고시키는 총체적인 활동이다.

텔레마케팅은 전화를 판매활동에 단순히 이용하는 일반적인 전화판매(Telephone Sales)와는 다르며 훨씬 광의적, 조직적 활동이라고 할 수 있다.

전화판매와 텔레마케팅의 차이를 살펴보면, 전화판매는 전화를 매체로 하여 고객에게 판매를 한다는 점에서 텔레마케팅과 유사하나 커뮤니케이션의 방법에 있어서 고객에게 일방적으로 구매의사를 묻고 판매를 강요하는 정도의 수준이다. 반면, 텔레마케팅은 전시회에 참관객이 될 수 있을만한 집단을 대상으로 고객과의 원활한 커뮤니케이션을 통하여 고객의 Needs & Wants를 파악한 후 정보를 제공하여 고객을 전시회에 끌어낸다는 점이 전화판매와는 다르다.

즉 한 통의 전화가 '폐를 끼치는 침입자' 가 될 것인가, '기쁜 소식의 전달자' 가 될 것인가가 전화판매와 텔레마케팅의 결정적 차이이다. 다시 말하면, 텔레마케팅은 전화가 직접 판매만을 위한 것이 아니라 마케팅의 모든 활동-시장조사, 상품개발, 상품정보의 제공, 애프터서비스 등에 걸쳐 폭넓게 활용되고 있다.

따라서 전시회에 참가하고자 하는 기업은 전시회 기간 동안 자사의 부스에 참관객들을 많이 오도록 유인하는 한편 고액의 구매를 해 줄 수 있는 참관객들을 텔레마케팅을 통해 초대하도록 하여야 한다.

텔레마케팅의 효과는 다음과 같다.

① 획일적인 특정 산업의 시장으로부터 잠재 참관객들을 국적, 구매규모, 영향력, 친밀도 등에 의해 차별화된 소규모시장으로 세분화하여 세분화된 잠재 참관객들에 대한 개별 촉진수단으로 유용하다.

② 전화는 리얼 타임(real time)의 개념으로 당사자와 직접 대화를 할 수 있는 쌍방향 미디어로 시간, 공간, 거리의 장벽을 일시에 해소시켜 준다.

③ 텔레마케팅은 시간의 확장이 가능하다. 잠재 참관객과 직접 통화가 되지 않았을 경우 자동 응답장치, 팩시밀리, PC통신, 인터넷 등의 다른 미디어와 결합하여 24시간, 365일의 연중무휴로 잠재 참관객과의 접촉을 가능하게 해준다.

③ 텔레마케팅은 시간을 단축하게 만들어 준다. 전시회 참가기업은 전시회 참가 권유를 위해 직접 방문하지 않고도 그만큼 잠재 참관객을 확보할 수 있고 서비스에 필요한 시간을 확대할 수 있다.

제6절 기타 전시 지원준비

1. 숙 박

전시회가 회사에서 가깝거나 출퇴근할 수 있는 거리에 있다면 모르겠지만 지방이거나 외국에서 개최될 때에는 전시회 담당인력들이 묵을 수 있는 숙소를 정해야 한다. 숙소는 기업의 사정과 현지의 사정 모두를 고려하여 정하게 되는데 되도록이면 출퇴근 시간과 교통시설 등을 감안하여 전시회장에서 가까운 곳을 선정하는 것이 좋다. 또한 숙소는 안락하고 편안한 곳을 선정하는 것이 좋은데 전시회 업무가 체력적으로나 정신적으로 높은 노동 강도를 요구하는 경우가 많기 때문에 며칠간 이루어지는 전시회 기간 동안 맑은 정신과 친절한 태도를 잃지 않게 하기 위해서는 편안한 숙박시설에 대한 세심한 배려가 필요하다.

숙박시설은 전시회가 개최되는 시점으로 예약을 하는 것보다는 전시 설치를 하는 동안도 고려하여 예약하는 것이 좋으며 전시회 기간 중에는 전시회 참가인원들로 인하여 편안한 숙박시설을 얻기 힘들지도 모르기 때문에 시간적인 여유를 가지고 미리 예약해 두는 것이 좋다.

숙박장소를 선정할 때에는 다음의 사항들을 고려하여야 한다.

① 전시장과의 거리와 접근 용이성이다. 전시장과 숙박시설이 복합적으로 갖추어진 곳에서 전시회가 개최된다면 그 숙박시설을 이용하는 것이 가장 바람직하나 그렇지 못한 상황이라면 전시장 인근에 위치한 호텔을 선정하여 전시 참가인력이 도보로 이동할 수 있도록 함으로써 교통 혼잡으로 인한 행사 진행의 차질 방지와 원거리 숙박지 간의 셔틀버스 운행을 통한 경비의 지출을 억제하도록 하여야 한다.

② 참가자들의 경제수준을 고려해야 한다. 참가기업의 경제 수준이나 요구하는 숙박시설의 정도에 맞추어 숙박 장소를 선정하여야 한다. 과다하게 높은 숙박비의 경우 기업에게 많은 경제적 압박을 가할 수가 있으므로 전시 참여인력의 규모와 기업의 전시참가 예산 등을 고려하여 선정해야

한다.

③ 숙박을 하게 되는 호텔의 부대시설을 고려해야 한다. 주차장, 렌털 서비스, 휴게 및 오락시설, 쇼핑시설 등 부대시설이 잘 갖추어졌는가에 따라 전시참여 인력들의 사기진작 및 업무의 효율성 면에서 많은 영향을 주게 되므로 부대시설의 유무에 대한 검토가 필요하다.

④ 숙박 장소가 전시참가 인력들에 대한 지원서비스를 잘 갖추고 있는가도 고려하여야 한다. 통신시설 및 언어 소통 능력, 종업원 교육, 친절도 등이 이에 해당한다.

⑤ 기타 서비스로 보안 및 안전도를 고려해야 한다. 즉 화재 경보시설, 비상시 대처시설, 안전금고 운용, 의료시설이다.

2. 교 통

교통의 지원은 전시회에 참가하는 인력들이 본국에서 전시회 개최국으로 가는 교통편과 전시회가 끝난 후에 본국으로의 귀국하기 위한 교통편의 예약 및 점검을 포함하여 전시회 기간 동안 전시인력들이 머무르게 되는 숙소에서 전시회장까지의 교통편에 대한 계획 및 점검이다.

전시회에 필요한 인력이 전시회 일정에 맞추어 도착하지 못할 경우 전시활동에 막대한 지장을 초래하게 되어 결과적으로 기업의 전시목표 달성이 어렵게 된다. 또한 전시회에 참가한 인력이 전시회가 끝난 후에 제때 귀국하지 못한다면 현지에서의 체류비의 증가로 인하여 쓸모없는 전시비용의 낭비가 되게 된다. 또한 전시회가 끝난 후 전시회 결과 보고 및 전시회 때 상담했던 참관객들에 대한 사후관리 등 전시 사후작업이 늦어지게 되므로 결과적으로 기업의 손실로 이어지게 된다.

체류지에서의 교통편의 시설 또한 철저한 점검을 해야만 한다. 전시장과 너무 먼 곳에 숙소를 정했을 경우 전시장까지 이동하는 시간과 교통수단을 계산하여 전시활동에 지장을 주지 않게 하여야만 하기 때문이다. 또한 개최지역의 교통량과 연결구간을 생각하여 버스로 이동할 것인가, 아니면 전철 또는 지하철로 이동할 것인가, 자체 교통수단을 강구해야 할 것인가의 점검 및 검토가 필요하다.

3. 보 험

전시회에 참가하는 기업은 여러 가지 위험에 노출된다. 전시회 물품의 분실이나 도난 또는 훼손, 전시회 참가 인력의 부상, 전시회를 위해 사용되어진 비용만큼 성과가 없는 등 다양한 위험이 도사리고 있다. 이러한 위험을 최소화하기 위해 전시회 참가기업들은 보험에 가입하게 된다. 전시회 참가로부터 발생하는 위험들을 부보하기 위한 보험으로는 민간 화재보험사들이 개발하여 판매하는 전시회특별보험(Special exhibitions policy)이 있다. 전시회특별보험은 운송 및 전시회장 현지에서의 체류기간 중 발생되는 리스크를 부보하게 된다. 따라서 전시회기간 중 전시부스와 부스의 부수 장비, 조립과 해체, 전시회에 출품된 전제품에 관련된 모든 위험을 부보하게 되며 이 보험은 선적과 하역 중에 발생되는 손해, 공무원들로 인해 발생한 손해도 부보된다. 이러한 전시회 관련 보험은 주로 전시회주관사와의 합의에 따라 가입하게 된다.

특히 무역전시회의 경우 우리나라의 한국무역보험공사(KSURE)에서 개발하여 판매하고 있는 시장개척보험에 가입함으로써 더 큰 위험을 부보할 수 있는데 시장개척보험은 중소기업(수출자)이 수출증진을 목적으로 해외에서 시장개척활동을 전개한 이후 일정 회수기간에 수출지역으로 물품을 수출하였으나, 그 수출증가가 당초 예상에 미달하여 시장개척활동 비용을 회수하지 못할 경우에 입게 되는 손실을 보상하는 보험으로써 수출자의 시장개척활동 계획을 그 담보대상으로 하는 보험이다.

시장개척보험의 적용대상은 무역전시회참가, 해외 공동판매장 또는 직매장 설치 등으로 구분하여 살펴 볼 수 있는데, 이 중 무역전시회참가 또한 적용대상으로 하고 있어 무역전시회에 참가하고자 하는 기업들이 해외시장개척 비용을 회수하지 못할 우려가 있는 경우 이용할 수 있다.

무역전시회에 참가하는 기업들의 해외시장개척 비용으로는 전시장 임차료, 설치비(집기, 비품, 장식용품, 구입비 등을 포함) 및 관리비(다만, 임차기간 만료 후 환급받을 수 있는 금액은 제외한다.), 전시품의 수송운임, 운송보험료 및 포장비, 전시장 관련 수출자의 임직원 2인 이내의 1회 왕복 항공운임(순로의 2등석 기준) 및 체재비(1인당 전시장 참가기간에 7일을 더한 기간 동안으로써 일당 미화 200달러를 초과할 수 없음), 전시품설명서 인쇄비, 전시장 관련 신문 광고료 및 견본품비 등 기타 공사가 인정하는 전시장과 관련 장식필요하다고 인정되는 실경비 등으로 구분할 수 있다.

보험금의 지급절차를 살펴보면 보험계약자가 시장개척비용의 회수불능으로 인한 손실발생사실을 안 때에는 비용회수기간 종료일로부터 1월 이내에 그 사실을 공사에 서면으로 통지하고 보험사고 발생통지일로부터 1월 후에 자기비용으로 손실을 계산하여 증빙서류 및 기타 필요서류와 함께 보험금청구서를 공사에 제출해야 한다.

공사는 시장개척 보험약관에 따른 보험사고조사 실시 및 보상적격 여부를 판정한 후 그 결과에 의거 보험금 지급액을 산정하여 보험금 청구일로부터 2월 이내에 보험금을 지급하되, 사고사유가 불투명하거나 손실액산정에 불가피한 시일이 필요한 경우에는 2월이 경과하여 지급할 수도 있다.

보험금액은 무역전시회 참가비용 예산액의 95% 이내에서 산정되어지게 되며 보험금액은 손실액의 95% 이내에서 결정되어지게 된다.

4. 전시품의 반입 및 진열

전시 설치가 끝나게 되면 전시할 제품들을 전시장으로 반입하여야 하고 이를 진열대 위에 진열하여야 한다. 제품을 전시장에 반입하고자 할 때에는 전시주관사에게 전시제품 반입 신고를 하여야 한다. 이때에는 전시회별로 물품 반입 신청서가 있으며 이 신청서의 양식에 맞춰 항목을 기입하고 확인을 받은 후 반입하면 된다. 특별한 사유가 없는 한 전시주최자는 참가기업의 물품 반입을 허가해 주나 몇 가지 특별한 경우에는 이에 대한 별도의 신청과 허가를 통한 후에 물품 반입이 이루어지게 된다.

전시제품의 반입이 전시부스의 설치이전에 반입하여야 할 정도로 크거나 무거운 경우에는 전시주관사에 별도의 신청을 하여 전시부스 설치 이전에 반입하여야만 한다. 이는 전시장으로의 반입이 용이하지 못할 뿐 아니라 다른 참가기업의 전시물품에 영향을 줄 우려가 있기 때문이다.

때로는 전시물품이나 전시활동 중에 사용되어지는 물품이 화재 및 기타 전시회의 안전에 영향을 끼치리라 우려되는 경우도 있는데, 이때에는 전시주관사에 특별 허가를 받고 반입하여야만 한다. 전시장은 수많은 사람들이 모여 다양한 활동을 하는 공간이기 때문에 아무런 안전 조치 없이 위험한 물품을 반입하였다가는 대형 참사를 초래할 우려가 있기 때문이다. 따라서 위험한 물품은 전시주관사가 반입을 제한할 수 있으며 물품의 반입이 꼭 필요한 경우에는 안전요원의 배치나 기타 안전장치 확보와 같은 조건을 충족시킨 후에 물품의 반입을 허가하게 된다.

반입허가를 모두 취득한 물품은 전시장에 반입하게 되는데 물품의 반입은 전시주관사가 정해준 시간에 안전하고 신속하게 행해져야 하며 기중기, 지게차 등 별도의 중장비가 필요한 경우에는 전시주관사에게 중장비 사용신청을 하여 반입할 때 사용하도록 한다. 반입이 끝난 후에는 전시주최자에게 반입이 완료되었음을 통보하여야 한다.

제품의 진열은 참관객들이 편안하게 그리고 쉽게 볼 수 있으며 때에 따라서는 시연 또는 실습을 할 수 있도록 진열하여야 한다. 그러기 위하여 참관객들의 참관 유형을 사전에 조사하고 참관객들의 동선을 고려하여 제품을 전시하여야 한다.

전시품 반입(반출) 신청서

행사명 : ______________ 부스번호 : ______________

반입(반출)일시 : 2010 . . .

▣ 물 품 내 역

순번	품 명	형 별	단 위	수 량	비 고
1					
2					
3					
4					
5					
6					
7					
8					
9					
10					

주) "란" 부족시 별지 사용

상기와 같이 전시품을 반입(반출)하고자 신고합니다.

2010 . . .

신청인 회사명 :

대표자 : (인)

담당자 : (인)

(전화 :)

○ ○ ○ 귀 중

중량물 반입 신청서

중량물 조사 전시장은 1평방미터당 1.5톤까지로 하중제한을 받습니다. 2.5톤 이상 차량은 전시장 진입이 불가합니다. 전시품 중에서 면적, 수량과 관계없이 1.5톤 이상인 품목을 상세히 기재해 주십시오.

No.	제품명	면 적	무 게	수 량	반입시기
1		× =			
2		× =			
3		× =			

참가기업 :	부스번호 :
주 소 :	이 메 일 :
전화번호 :	팩 스 :
담 당 :	휴 대 폰 :

위험물 취급 신청서

가스, 석유, 난방 기구 등 위험 장비 및 재료를 전시장 내 반입 시 다음의 양식을 작성하여 반드시 2010 ○○○전시회 사무국으로 제출해야 합니다. 사안에 따라 위험물 반입이 불가할 수도 있으며, 반입될 경우 안전요원 배치 등의 후속 조치가 필요하오니 이점 유의하시기 바랍니다.

참가기업 : 부스번호 :

주 소 : 이 메 일 :

전화번호 : 팩 스 :

담 당 : 휴 대 폰 :

구 분	위험물 명세	수 량	목 적
1			
2			
3			
4			
5			
6			
7			
8			
9			
10			

※ 본란 부족 시 별지 사용

2010. . .

대표자 : (인)

5. 기 타

이상의 전시지원 업무 외에 전시장의 출입을 위한 출입증의 발급, 그리고 주차권의 발급, 특정 참관객들에게 나누어줄 초대장 등에 대한 협의를 전시주관사와 하여야 한다.

출입증의 경우에는 전시주관사가 전시장의 효율적인 관리를 위해 전시회의 준비 및 철거, 전시기간 중에 전시장을 출입할 수 있는 전시 참가기업의 상주용 출입증을 발급하며, 전시 관련 인력들은 전시기간 중에 항상 본 출입증을 패용하여야 한다.

출품업체당 출입증은 1부스 당 전시주관사에서 정한 숫자만큼 교부하며 기본 부스 외에 1부스 초과마다 추가로 발급하게 된다. 출입증은 설치기간 중 전시주최자 현장사무국에서 교부하며, 패용하지 않을 경우 전시장 출입을 할 수 없다.

주차권은 전시장의 주차시설을 고려하여 가능한 주차대수 만큼 주차권을 전시주관사가 참가기업에게 배부하게 된다. 대개의 경우 주차권은 일정한 금액을 전시주관사에게 납부하여야 발급받을 수 있다.

초대장은 전시주관사가 참가기업의 고객 및 관련 초청인사들에 대해서 전시장을 무료입장 편의를 제공하고 전시회 성과를 극대화하기 위하여 발급하는 것으로 전시 참가 규모에 따라 배포되어지는 매수가 달라지게 된다. 따라서 기업은 자체적으로 필요한 초대장의 규모를 산출해 내어야 하며 산출되어진 초대장이 전시주관사로부터 기본적으로 제공되는 매수를 초과되었을 경우에는 별도의 초대장의 발급을 신청하여야 한다.

참가기업 출입증 신청서

참가기업 직원이 준비, 철거기간에 전시장 출입을 위한 신분확인 명단입니다.
신청서를 빠짐없이 기입하여 ○○월 ○○일까지 2010 ○○○전시회 사무국(팩스 00-0000-0000)으로 보내주십시오.

참가기업 :	부스번호 :
담 당 :	부서/직책 :
전 화 :	팩 스 :
이 메 일 :	휴 대 폰 :

	이름	부서	직급
1.			
2.			
3.			
4.			
5.			
6.			
7.			
8.			
9.			
10.			
11.			
12.			
13.			
14.			
15.			
16.			
17.			
18.			
19.			
20.			

무료 주차 차량 신청서

전시기간(2010년 00월 00일~00일-0일간) 중 참가기업 편의를 제공하고자 차량 1대의 종일 무료주차가 가능한 상용주차권을 업체당 1매씩 발급합니다. 코엑스 전시장의 높은 주차요금과 주변의 교통 혼잡을 감안하시어 가급적이면 대중교통을 이용해 주시기 바랍니다. 부득이 무료주차 차량이외에 차량을 이용해야 할 경우 보다 저렴한 지정주차장을 이용해 주시기 바랍니다.

• 주차권 발급대상 : 참가기업별 지정 승용차 1대 (승합차 9인승 미만, 밴 포함)

차종	차량번호

참가기업 :	부스번호 :
담 당 :	부서/직책 :
전 화 :	팩 스 :
이 메 일 :	휴 대 폰 :

• 신청내역

• 주차권 유효기간 : 2010. 00.00 ~ 00일-전시기간 0일

• 주차권 발급기간 : 2010. 00.00 12시 이후

• 주차권 발급장소 : 2010 ○○○전시회 주최자 사무실(전시장 2F)

• 주차권 수령방법

1. 증빙자료
   - 참가기업용 출입증(Exhibitor badge)
   - 해당차량번호
   - 본인 명함 및 신분증
2. 주최자 사무실을 방문하여 증빙자료 제시
3. 참가기업 및 해당차량번호를 확인받은 후, 해당서식에 본인 서명
4. 발급받은 주차권을 해당차량 앞 유리에 부착

※ 유의사항

- 참가기업별 지정차량번호를 기한 내(2010년 00월 00일한)에 반드시 제출하시기 바랍니다.
- 발급된 주차권은 취소나 변경이 불가능하오니, 이점 유의하시어 사전에 충분한 협의를 거쳐 지정차량을 신청해 주십시오.

6. 총점검

전시 설치와 전시제품의 진열이 끝나게 되면 사무용품과 같은 물품에 대한 준비를 해야 하며 총점검을 해 보아야 한다. 사무용품은 볼펜과 노트, 테이프와 풀, 가위, 칼과 같은 문방구류와 멀티탭, 테이블 천, 기타 디스플레이 물품, 출입증 등이며 방문객 대상으로 준비해야 할 것은 회사 홍보물과 판촉물 그리고 명함을 받을 수 있는 명함함과 방명록 등이다.

이러한 준비가 끝나게 되면 전시제품이 완전한가에 대한 점검과 전기설비, 통신설비의 점검, 통로 및 부스 내부의 청소와 점검, 인력배치 점검 등 총점검을 하게 된다.

총점검은 점검목록을 만들어서 하나씩 체크해 보면서 살펴보아야지만 부분별로 점검이 누락되는 것을 방지할 수 있으며, 나중에라도 점검에 대한 확인이 용이하다.

Closing Exhibition

전시산업 사회 변화 맞춰야, 성장

#1. 이탈리아인 카를라는 지난달 초 밀라노에서 열린 '이혼박람회'에서 이혼 후 삶에 대해 컨설팅을 받았다. 법률자문은 물론이고 향후 이혼 후 재기준비에 필요한 경제적 자립준비부터 헤어스타일과 몸매관리까지 상담을 받아 기분이 한결 나아졌다.

#2. 한국인 김모씨는 최근 이혼하려고 주변을 수소문한 끝에 몇 명의 변호사 사무실에 문의했지만 시간당 죽죽 올라가는 상담료도 부담이지만 여전히 어떻게 살아야 할지 막막함은 풀리지 않았다.

KBS TV 드라마 '연애시대'의 한 장면

지난달 5일에서 6일까지 가톨릭국가인 이탈리아에선 처음으로 이혼박람회가 열렸다. 이혼박람회는 지난 2007년 오스트리아에서 처음 시작됐다. 그런데 이혼박람회가 단순히 해외 토픽에 오르내릴 만큼의 이색박람회일 뿐일까. 국내 전시전문가들은 우리나라에서 이같은 전시를 기획하면 이혼을 조장한다는 뭇매를 맞기 십상이라고 입을 모은다.

23일 국가경쟁력강화위원회는 전시 · 회의산업을 관광, 비즈니스 미팅과 연계한 '마이스(MICE)' 산업 종합육성대책을 내놓았다. '마이스'는 국제회의(Meetings), 보상관광(Incentives), 컨벤션(Conventions), 전시회(Exhibitions) 등의 고부가가치 지식서비스 산업을 뜻한다.

대책의 핵심은 초대형 전시회 집중 육성과 주요 전시장 인프라 확충으로 요약된다. 수도권내 대형 전시장인 코엑스, 킨텍스, 송도컨벤시아를 삼각축으로 집중 육성하겠다는 것이다.

한국무역협회 오영호 부회장은 "전시 · 회의 산업은 무역수지 개선에 대한 기여도가 높을 뿐만 아니라 고용유발 효과도 어떤 산업 못지않다."며 "오는 11월 주요 20개국(G20) 정상회의 개최를 계기로 국내 전시 · 회의 산업을 비약적으로 발전시킬 수 있을 것"이라고 말했다.

현재 전시업계에선 정부의 이같은 인프라 확대 전략에 맞춰 업계의 전시 콘텐츠 개발 및 이에 대한 사회적 수용도 개선돼야 한다는 목소리가 제기되고 있다.

2000년대 초부터 활발해진 국내 전시산업은 약 10년간 소위 국제적인 간판 전시를 만들어 내는

데 실패했다. 여기에 소위 돈되는 전시로의 쏠림현상도 심각한 지경에 이르렀다.

국내에서 결혼박람회는 약 20개가 넘으며 임신 · 출산 · 육아 박람회도 약 20개가 넘는 것으로 보인다. 의료 · 과학분야 전시는 공식 집계된 것만 42개, 건축분야는 39개나 된다. 이같은 분야별 유사 전시는 그야말로 춘추전국시대를 방불케 한다. 한정된 업체의 중복 참가로 인해 결국 해당 전시는 '소문난 잔칫집 먹을 것 없는 꼴' 로 전락해 버린다. 상황이 이렇다보니 흔적도 없이 손해만 보고 2~3년 안에 사라지는 전시들이 부지기수다.

품목별 유사 전시 현황 (단위 : 개)

*2008년 기준 자료 : 지식경제부

여기에 정작 실생활에 필요한 이혼박람회, 성인용품 박람회 등은 거센 비난과 도덕성 시비에 휘말려 기획사가 결국 막대한 타격을 입고 사라지고 있다.

전시전문가들은 전시업계가 경쟁력 있는 콘텐츠를 개발하면 이에 대한 사회적인 수용능력도 확대돼야 할 것이라고 지적한다.

전시산업진흥회 관계자는 "사회현상에 맞춘 경쟁력 있는 전시들이 더욱 많이 기획돼야 할 것"이라며 "이에 대한 사회적인 인식도 전환돼야 할 것"이라고 말했다.

자료 : 파이낸셜 뉴스, 2010. 6. 23.

제12장

전시참가 중

<Opening Exhibition>

전시회 포스터 디자인 전시산업도 이제 디자인이다

<Closing Exhibition>

전시회 친환경을 위한 50가지 팁!

Opening Exhibition

전시회 포스터 디자인 전시산업도 이제 디자인이다

KINTEX 과장/구미정

요즘은 디자인이 대세다. 백색가전은 와인컬러와 앙드레김 디자인을 덧칠하면서 더 이상 백색이 아니고, 휴대폰과 자동차는 프라다와 손을 잡으면서 감각적인 색과 기능을 보유하게 되었다. 오늘날의 전시회도 단순 '비즈니스 장'의 기능을 뛰어넘어 브랜드화 되고 디자인으로 업그레이드되고 있다.

하버드 경영대학원 로버트 헤이즈 명예교수는 15년 전에 기업은 가격으로 경쟁했고, 지금은 품질로 경쟁하고, 미래는 디자인 경쟁의 시대가 될 것이라고 말했다. 감각적이고 감성적인 소비자 욕구가 증가함에 따라 상품의 스타일링에 지나지 않던 디자인은 핵심경쟁력으로, 나아가 기업경영의 주요 전략으로까지 적용되기에 이르고 있다. 기업들은 CDO(Chief Design Officer)를 배치하여 제품의 생산 및 창의적인 경영을 위한 프로세스, 서비스 등에도 참여할 수 있도록 권한을 확대 · 부여하고 있다. 오늘날 디자인은 더 이상 제품의 생산에 한정되지 않는다. IDEO라는 유명한 디자인 컨설팅 기업의 사업영역을 살펴보면 초기 제품디자인에서 최근에는 조직, 서비스 및 전략 컨설팅 등으로 확장하고 있다.

더불어 요즘 각 지자체들에게는 '공공디자인'이 이슈다. 공공디자인은 우리를 둘러싸고 있는 환경을 보다 아름답고 편리하며 합리적으로 디자인하여 삶의 질을 개선하는 것이다. 각 지자체들은 디자인가이드라인을 편찬하여 옥외광고물을 비롯한 각 건물의 간판을 정비하기 시작했다. 특히 서울시는 2010년 세계디자인수도(World Design Capital) 선정을 계기로 내부적으로는 조직개편을 단행 '디자인서울 총괄본부'를 설치하고 디자인서울 정책을 추진하여 도시경관, 옥외광고물, 가로시설물 등을 정비하고 서울서체 개발, 서울색 지정을 통해 도시 '서울'의 아이덴티티를 수립하고 서울디자인올림픽을 기획 및 추진하여 세계수준의 디자인 수도로서의 위상을 강화해나가고 있다.

[1997] ALIMENTACAO '96 -International Food Expo, EXPONOR, Porto/Portugal

[1998] International Furniture Design Competition, Fiera Muestrario International de Valencia, Valencia/Spain

[1999] Foire International de Bordeaux 1999, Comite des expositions de Bordeaux, Bordeaux/France

[2000] JAPAN FOOD 2000 + FOODTECH 2000, Osaka International Trade Fair Commission, Osaka/Japan

[2001] Foire Internationale de Bordeaux 2001, Comite des expositions de Bordeaux, Paris/France

전시산업에서의 디자인

전시회도 이런 트렌드에서 예외는 아니다. 다양한 역학관계를 가진 전시산업에서 디자인은 이미 오래전부터 공존해왔으며, 오늘날에는 그 역할과 의미가 한층 더 강화되고 발전하고 있다. 관광학적으로 관광객을 유입하는 요인으로, 경영학적인 측면에서 기업의 마케팅의 장으로써, 전시회는 그것을 구성하는 산업적인 측면에서는 전시기획업, 실내건축업, 부동산임대업, 인쇄출판업 등 다양한 산업들이 공존하고 있다.

하나의 산업이자 상품으로서의 '전시회' 도 오늘날 차별화를 시도한다. 시장에서 치열해지는 다른 유사전시회들과의 경쟁에서 살아남기 위해 전시기획자들은 전시회를 브랜드화한다. 자동차산업의 독일 프랑크푸르트모터쇼, 전자산업의 독일 Cebit, 건설기계의 BAUMA 등은 그 브랜드만으로도 참가기업과 참관객에게 가치를 지니는 국제적인 위상을 구축한 전시회들이다. 국내에서도 전시회의 브랜드화가 그 이름만으로도 참관객과 참가기업에게 강력한 참가 파워를 가진다는 점을 인식하여, 국내전시회의 세계적 또는 아시아권에서의 브랜드 인지도 구축을 위해 매년 대표전시회를 선정하여 중장기적으로 육성하기 위한 지원정책을 펼치고 있다.

이처럼 전시회의 브랜드를 정립하고 브랜드 인지도를 강화하는 일련의 과정도 넓은 의미에서 디자인으로 볼 수 있다. 그 어원에서 알 수 있듯이 디자인 'design' 이란 라틴어의 'designare : 그리다, 나타내다' 에서 파생되었으며, 계획/의도 또는 시각적 구성/도출이라는 양면적인 의미로 사용된다. 반면에, 협의의 의미에서 전시산업의 각 요소별로 디자인적인 측면을 살펴보면 아래 그림과 같다. 참가기업, 즉 기업에게 전시회는 마케팅의 장으로서 하나의 제품을 개발하고 시장에 선보이기 위해서 전시회를 활용하기 때문에 한 제품의 브랜드아이덴티티에 맞는 부스를 디자인하고 홍보물을 제작하는 등 전시회에 참가하는 과정이 참가기업에게 일련의 디자인이라고 볼 수 있다.

전시주최자에게 전시회는 하나의 상품으로, 전시회의 브랜딩이란 전시회의 EI(Exhibition Identity)를 개발하고 서비스를 차별화하는 것이다. 고객인 참가기업과 참관객에게 경쟁제품보다 더 높은 인지도를 구축하고 전시회 참가라는 '구매력' 을 확보하기 위해 디자인을 도입한다. 예전에는 단지 전시품목 또는 산업군의 나열식으로 전시회의 이름을 붙이던 것에서 요즘에는 그 전시회만의 차별화된 네이밍을 구축하고 EI를 개발하여 하나의 통일된 아이덴티티를 수립, 참가기업/참관객 모집, 포스터, 브로셔 등 인쇄물 제작을 비롯하여 광고물, 홈페이지 등 각종 광고매체에도 동일한 콘셉트와 디자인을 적용하여 기획 · 운영하고 있다.

전시회에서의 포스터디자인

포스터란 전달하고자 하는 내용을 임의의 2차원 공간에 색채, 타이포그래피, 일러스트레이션, 사진, 레이아웃 등 디자인적인 요소를 배열하여 대중에게 정보나 행사 등을 알리거나 상품광고들을 위하여 시각적 요소나 이미지를 정착시킨 것으로 시각디자인의 일종이다. 그 기원으로는 기원전 100년 이집트의 파피루스 포스터에서 추산하여 이후 인쇄술의 발달과 더불어 발전하여 19세기 로트렉(Henri de Toulouse Lautrec)에 의한 '물랑루즈(Moulin Rouge)' 포스터에서 본격화되었으며 포스터의 역사는 인쇄의 역사와 함께해 왔다.

[2002] AUTOEXPO, SKOPJE Fair, Republic of Macedonia | [2003] LA ROUTE DU THE, Congres et Expositions de Bordeaux, France | [2004] ANTIQUARIS, Fira International de Barcelona, Barcelona/Spain | [2005] ITB Berlin -International Tourism Exchange, Messe Berlin GMBH, Berlin/Germany | [2006] "Everybody's Here", Messe Berlin, Berlin/Germany

포스터는 대중에게 시각적인 인상을 순간적으로 자극시켜 보는 사람의 잠재의식에 의한 반응과 연쇄작용을 일으켜 강한 선전효과와 전달효과를 거두는 기능적 특징을 지닌다. 불특정인들이 포스터를 지나칠 때 한번만 보아도 이해되고 소구되어야 하는 까닭에 논리적이고 설명 형태의 표현보다는 감각적이고 인상적인 방법이 효과적인 시각적 전달방식이다. 게시장소가 다양하고 대량으로 제작되어 장시간 부착가능하기 때문에 불특정다수에게 효과적인 전달매체이다. 하지만 훼손되기 쉬우며 수명이 짧다는 단점을 가지기도 한다.

전시회에서 포스터는 일련의 전시회 기획과정에서 제작되는 인쇄물 중의 하나이다. 대부분 브로셔 표지나 잡지광고 등과 같은 디자인으로 제작되며 유관기관, 참가업체 등에게 사전 배포되어 게시되거나 전시회 현장에서 전시회장의 분위기를 조성하기 위해서 활용되기도 한다. 하지만 불특정다수에게 소구하는 포스터의 특징과 달리 전시회는 산업별로 특정 중요계층의 참가가 더 중요하다는 특징 때문에 전시주최자들은 포스터의 효율성과 효과성에 의구심을 갖기도 한다. 더욱이 요새는 '전시회의 친환경적' 인 측면을 강조하여 폐기물 및 전시회 쓰레기 감소의 일환으로 일회성의 인쇄물에 대한 절약방안도 강구되고 있다.

그러나 전시회에 대한 정보를 순간적으로도 인지할 수 있도록 시각적으로 표현한다는 점에서 포스터디자인은 중요하며 포스터는 전시회를 알리는 중요한 매체가 된다. 일반적으로 신제품의 홍보 또는 인지도를 높이기 위한 제품 포스터나 1개월 이상의 장기간 지속되는 공연포스터와는 달리 전시회 포스터는 해당 전시회의 특정 고객군의 관심을 이끌어내는 동시에 일주일 이내의 짧은 전시기간에 그들의 직접 방문으로 이어질 수 있도록 전시회의 일자, 장소 등을 명확하게 인지할 수 있도록 디자인 하는 것이 중요하다.

UFI Poster Competition

우리에게 전시산업에서의 대표기관으로 잘 알려진 UFI(국제전시협회 ; Union des Foires Internationales)에서는 International Fair Plovdiv와 함께 전시회 포스터 경진대회를 개최하고 있다. 1997년부터 개최되어 올해 13회를 맞이한 이 행사는 매년 전시산업계에서 관심이 증가하여 올해는 4대륙 22개국에서 100여 개의 작품이 접수되었다. 최근에는 카테고리를 세분화하여 전시회와 전시산업 전반에 대한 홍보포스터로 구분하여 심사하고 있다.

하지만 13회 중에서 유럽에서 12번, 아시아(일본)에서 1번의 대상을 차지했을 정도로 아직까지는 유럽 중심적으로 평가되고 있다. 국내에서는 2005년에 HOMDEX, 2006년/2007년 EXCO가 대구 국제식품산업전과 대구 국제자동화기기전으로 수상한데 이어 올해에도 1위 자리를 놓고

EXCO와 BEXCO가 경합을 벌였다는 점에서 이 유럽중심적인 시장에서 한국 전시산업의 포스터 디자인 부문의 높은 위상을 가늠해 볼 수 있다.

이 대회의 1위 수상작들을 분석해보면 90년대는 일러스트레이션 위주인데 반해, 2000년대 들어오면서 실사 이미지를 모티브로 사용하여 해당 전시회의 아이덴티티를 나타내는 디자인 작품 위주로 선정되고 있는 경향을 읽을 수 있다. 전시회가 제조업 중심의 산업들에 의해 발전되어 왔기 때문에 자칫 포스터의 '정보전달적인 트레' 을 강조할 경우 직설되고 있비즈니스적일 수 있는 표현제조을 뛰어넘어 자연을 모티브로 마이크로한 관점에서 표현하여 트레이이면서도 디자인적인 면을 모두 충족시키는 작품0년라 있볼 수 있다. 특히 올해 수상작은 단순히 자연중심의 표현제조으로 '구름', '나무', '꽃' 의 윷 모 콘셉트로 신재생에너모 전시회를 잘 표현하고 있다.

[2007] Zagreb Transport Show 2005, Zagreb Fair, Zagreb/Croatia
[2008] "FACES" -series of 6 Posters, Messe Frankfurt, Frankfurt/Germany
[2009] "Created by Nature", Renexpo, Kiev/Ukraine

전시회에서 디자인의 위상이 강화되고 있는 그 첫 번째 측면을 'UFI Poster Competition' 을 중심으로 살펴보았다. 물론 UFI가 유럽 중심의 국제전시기관이라는 지리적 태생과 수상작품에 대해 디자인 어워드가 가지는 특정 성향, 제출한 작품만으로 평가된다는 등의 한계점을 가질 수도 있다.

하지만 국내전시회 포스터들의 사례를 통해서도 몇몇 국내 대표전시회들의 포스터디자인이 불과 몇 년 전에 비해서 나날이 기능적이면서도 인상적이고 감각적이 되는 것을 알 수 있다. 이제, 우리나라 전시회도 새롭게 디자인되고 있는 것이다.

전시저널, Vol. 30. 2009.

제1절 전시회 행사 참여

1. 프레스 데이

프레스 데이(press day)는 전시회가 개막되기 전날 전시장을 일반 언론 및 기자들에게 공개하는 행사이다. 프레스 데이는 전시회 개막전에 전시회의 목적과 참가기업에 대해 소개를 하고 주목할 만한 전시품에 대하여 간단한 브리핑과 함께 기자들에게 자유로이 취재를 할 수 있는 여건을 마련해 주어 전시회에 대한 사회적 관심을 이끌어 내는데 그 목적이 있다. 프레스 데이 행사의 대상이 각 언론사와 전문기자와 같은 오피니언 그룹이라고 하는데 의의와 중요성이 있다.

프레스 데이 행사를 개최하는 이유는 전시회가 개막된 이후에는 많은 참관객들로 인하여 전시회의 모습과 그 내용들을 여유 있게 언론기관들이 취재를 하기 어렵다는 데 있다. 따라서 언론의 취재를 용이롭게 하는 한편 전시회 PR 활동의 일환으로서 열리게 된다. 이러한 목적으로 인해 프레스 데이에 초대되는 사람들은 사회의 저명인사나 전시회와 특별히 관련이 있는 사람들이 되게 된다. 이런 유명 인사들을 통해서 전시회는 더욱더 주목을 받게 되고 참가를 계획하고 있는 예비 참관객들로 하여금 전시회에 대한 관심을 고조시키게 된다. 또한 전시주관사가 언론에 전달할 메시지를 정확하고도 강력하게 전달할 수 있다는 장점도 있다.

프레스 데이가 주목받는 이유는 바로 프레스 데이를 통해서 전시회를 대표할 수 있는 기업과 제품이 언론에 소개를 받는다는 것이다. 언론에 소개를 받는 기업과 제품은 금전적으로 환산할 수 없을 정도로 많은 광고 효과를 얻게 된다. 따라서 전시 참가기업은 언론에 자사의 제품이 소개되어질 수 있도록 최대한 노력을 하여야 하며 이를 위하여 언론 보도자료를 충실하게 작성하고 배포하여야 한다.

2. 개막 행사 및 부대 행사

전시회가 개막되는 첫날에는 개막행사가 펼쳐지게 된다. 전시주관사의 주관으로 이루어지는 개막행사는 유명 인사들이 참여하여 개막 테이프를 절단(cutting)하는 것으로부터 시작된다. 그리고 개막식 초청 인사들이 특정 전시부스 등을 방문하여 전시제품을 관람하며 간단한 질문과 대답을 부스인력들과 나누는 것이 일반적이다. 따라서 전시주관사는 개막행사시 방문하게 될 부스를 선정하고 몇 가지 협의를 하게 된다. 이러한 협의사항을 참가기업은 성실하게 이행하여야 한다. 특히 유명 인사가 자사의 부스를 방문한다는 것은 그만큼 언론에 노출되어질 기회가 많아지는 것을 의미하므로 상당한 홍보 효과를 누릴 수 있게 된다. 따라서 참가기업은 개막식 행사와 관련된 업무에 많은 신경을 써야 한다.

개막행사와 더불어 전시주관사가 진행하는 부대행사들이 전시회 기간 동안 개최되게 되는데, 이러한 부대행사로는 컨퍼런스나 리셉션, 칵테일파티, 비즈니스 상담회 등이 있으며 부대행사는 전시회 전체의 성과와 더불어 개별 부스들의 성과에도 많은 영향을 미치므로 적극적으로 참여하도록 하여야 한다. 특히 이런 부대행사는 전시장으로 참관객들을 유인하는 효과가 있으므로 이런 부대행사와 자사 부스와의 연계성에 대해서도 모색해 보아야 한다.

제2절 전시회 운영

1. 전시부스 인력배치

참가기업의 참가목표와 행사형태에 따라 전시인력 팀은 다양하게 구성될 수 있다. 일반적으로는 회사대표, 임원, 판매전문가, 자문위원, 참관객 서비스인력, 전시부스 보조인력, 전시부스 담당인력 등으로 이루어진다.

전시부스 인력투입에 대한 시간배정은 부스에 설치된 프로그램 시간표를 통해 공고된다. 이렇게 해서 참관객들이 누가 서비스를 하고 어떤 상품그룹들이 다루어지는지, 누가 상담 중인지 아닌지에 대한 정보를 한 번에 알 수 있게 된다. 부스 담당인력의 이름을 직접 공고하는 것은 익명성에서 벗어나 사람들에게 부스 담당인력을 알려 줌으로써 참관객의 심리적 안정과 방문 부스에 대한 신뢰성이 제고되어질 수 있다는 장점을 가지고 있다. 이런 사소한 요령을 통해 참가기업들은 기업과 참관객의 일체성을 강화시킬 수 있다.

국제전시회에서는 다양한 언어를 사용하는 참관객들에 대한 관리가 필요하다. 다양한 언어로 참관객을 맞이하는 것은 외국 참관객들이 첫 접촉을 시도하는 데 편의의 제공이라는 측면과 자사에 대한 호감을 갖게 만들어 주게 된다. 판매협상에 필요한 외국어 능력을 전시부스 인력이 갖추지 못했을 경우에는 통역사를 활용해야 한다. 그러나 대부분 국제전시회의 경우 영어를 공용어로 사용하고 있으므로 전시회에 참가하기 전 영어에 능숙한 사람을 부스 담당인력으로 선정하도록 하여야 한다.

전시 참가기업에게 있어서 전시부스 인력의 복장 또한 고려해야 할 부분이다. 때때로 특정 참가기업은 부스인력들이 통일된 복장을 착용하는 것을 싫어하기도 한다. 통일된 복장이 자칫 참관객들로 하여금 유니폼으로 비춰지게 되고 이로 인하여 그 기업이 폐쇄적이고 획일화되어 있다는 인상을 심어줄 수 있기 때문이다. 그러나 많은 기업이 기업 고유의 이미지와 함께 깔끔하고 통일된 이미지를 참관객들에게 심어 줄 수 있다는 이유로 복장의 통일을 선호하기도 한다.

참가기업의 이미지가 이미 광고를 통해 알려지고, 전시부스 인력의 복장에 기업 이미지를 구현시켜 놓게 되면 참관객들은 기업 이미지의 반복적 인식과 각인이라는 점에서 효과를 얻을 수 있다. 따라서 이런 효과를 노리는 기업이라면 전시부스 인력에게 회사 고유의 색이나 로고가 프린트 되어진 전시복장을 착용하게 하는 것도 고려해 보아야 할 것이다.

전시부스 인력들에게 이름표를 착용하는 것 또한 고려해야 할 사항이다. 이름표를 착용할 때에는 이름표에 전시부스 인력의 이름이 선명하게 쓰여 있어야 하고, 쉽게 읽을 수 있도록 충분한 규격이 갖추어져야 한다. 그밖에도 이름표에는 참가기업의 로고를 새겨 소속을 정확히 알 수 있도록 하여야 한다.

전시회 활동을 통해 전시부스 인력들은 자사 상품에 대한 새로운 아이디어와 파악되어진 문제를 해결할 수 있는 아이디어를 도출해 낼 수 있도록 하여야 하며 그밖에도 경쟁 참가기업에 대한 면밀한 관찰과 분석업무도 함께 수행하도록 하여야 한다. 이러한 활동은 장기적으로 해당 시장 및 업계에 대한 지식을 축적시키게 되며 개발단계에 있는 자사 신상품에 대하여 객관적이고 현실적인 평가를 가능하게 해준다.

이렇듯 전시부스 인력의 업무는 매우 다양하며 전문적이라 할 수 있다. 따라서 충분한 인력 배치가 필요하기는 하나 전시부스 인력의 과잉 투입은 피해야 한다. 참관객에게 있어 지나치게 많이 배치된 부스 인력은 전시부스가 번잡해 보이게 할 뿐만 아니라 자칫하면 많은 전시부스인력들에게 둘러싸이게 되어 심리적으로 위축되게 되거나 쓸데없는 질문 공세에 시달리게 된다는 걱정을 하게 만들 수 있다.

전시회 전체 진행기간 동안 전시부스의 인력은 참관객의 양적 · 질적 정도에 맞게 배치되어야 한다. 따라서 전시부스 서비스를 위한 시간표를 작성하고, 전시 활동과 관련되어 책임의 권한 이양에 대한 기준을 명확하게 만들어서 부스 인력들에게 숙지시켜야 한다.

전시부스 인력의 출석계획을 전시회 달력에 적어서 표시하고 모든 관련자들이 볼 수 있는 자리에 갖다 놓는 것도 좋은 방법이다. 이는 참관객들에게 언제 어떤 담당자가 상담원으로 자리에 있게 되는지 알려줄 수 있을 뿐만 아니라 참관객과 부스인력 사이에 구속력이 있는 구체적인 일정에 대한 합의를 가능하게 해준다.

전시부스 인력들을 최적의 상태로 조직하기 위해서는, 자사에서 파견되는 내부 인력과 인력업체 등에서 파견되는 외부 인력들에 대하여 구체적으로 업무를 분담하고 담당 업무를 합리적으로 할당해 주어야 한다. 외부 인력은 대부분 참관객 접대, 전시부스 청소, 비서업무 혹은 감시서비스 등의 업무를 수행하게 된다.

전시부스에 상주하는 인력이 다섯 명 이상일 경우에는 전시부스의 리더를 선임하는 것이 바람직하다. 리더는 모든 전시부스 인력들에게 신임을 받는 동시에 참관객 관리에 매우 정통한 임원급이어야 한다. 전시부스 리더의 업무는 다음과 같다.

① 전시회 동안 전시부스 감독 및 검사
② 개별 사원에 대한 다양한 업무이양 및 업무할당
③ 공동 작성한 서비스 및 출석 감시
④ 고객상담 시 사원지원

2. 전시부스 관리

전시회가 개막되면 전시부스에 대한 관리를 하여야 한다. 전시부스 관리는 하나의 조형물로서 전시부스 그 자체가 관리 대상이 되는 동시에 그 안에 진열되어 있는 전시제품의 관리까지도 포함하게 된다.

전시부스의 관리는 전시부스가 전시회 도중 밀려드는 참관객들로 인하여 파손 또는 훼손되지 않도록 신경을 써야 하며 혹시라도 파손되거나 훼손 되게 되면 즉각적으로 복구할 수 있도록 하여야 한다. 전시부스의 훼손은 참관객들로 하여금 전시 참가기업에 대한 좋지 못한 이미지로 연결되어 질 수 있기 때문이다. 전시부스의 청결 또한 항상 신경을 써야 한다. 전시회장은 수많은 전시 유인물들과 판촉물들로 인하여 금방이라도 지저분해지기 쉽다. 또한 많은 전시회에서 음식물을 지참하고 입장하는 것을 금지하고 있지만 이를 어기는 몇몇 참관객들이 들고 다니는 음료수 등과 같은 음식물들로 인하여 전시부스 또는 전시제품에 얼룩이 묻을 수 도 있다. 이러한 경우에는 즉각적으로 청소를 하여서 언제나 깨끗하고 청결한 분위기의 부스를 유지하도록 힘써야 한다.

참관객들이 많이 방문하고 한꺼번에 몰려들게 되면 전시제품의 관리가 힘들어지기도 한다. 특히 전시제품이 소형이고 무게가 가벼울 경우 분실의 위험도 충분히 있다. 따라서 전시제품이 분실되지 않도록 유의하여야 하며 참관객들에게 전시제품을 시연하는 과정 속에서 제품이 고장나거나 오작동을 일으킬 염려가 있는 경우에는 이를 복구할 수 있는 기술지원팀이 항상 대기하고 있어야 한다.

제3절 전시 중 촉진활동

1. 전시 중 홍보

전시기간 동안의 홍보는 대부분 이미 전시 준비 기간 동안 수립되어진 일정에 맞추어서 실행되어지게 된다. 특히 매체를 통한 홍보는 전시기간 중에 참가기업이 직접 관여할 여지가 거의 사라지게 되므로 전시장 되에서 펼쳐지는 홍보는 주로 인쇄 홍보물의 배포와 멀티미디어를 이용한 홍보 그리고 각종 세미나 및 이벤트의 활용 등을 통이벤전시 홍보가 이루어지게 된다.

전시 중의 홍보는 전시장을 찾는 참관객들을 자사의 부스에 좀더 많이 유인하는 한편 좀 더 오랫동안 머무르게 하려는 목적에서 실행되게 된다.

1) 인쇄 홍보물

참관객들은 전시회 입장 전에 간략한 정보를 스스로 습득하게 된다. 이는 짧은 시간에 많은 전시부스의 방문과 특별히 관심 있는 전시부스를 우선적으로 살펴보기 위하여 참관객 스스로 전시 참관 계획을 수립하고 합리적인 일정관리를 위한 활동이라 하겠다. 그러나 보다 전문적인 정보는 참관객이 방문한 부스의 담당인력과 상담 중에 획득하게 된다. 참관객은 전시회 참관이 끝나면 자신의 상담 내용을 방문 부스별로 구분하여 중요한 사항에 대하여 검토하고 정리를 하게 되는데, 이때에는 방문한 부스에서 제공되어진 각종 인쇄 홍보물이 큰 도움이 된다. 즉 기업 소개 책자, 상품에 대한 안내서, 카탈로그, 계약 조건 등에 대한 설명문 등은 참관객의 검토 및 정리 활동에 중요한 참고자료로써 활용되게 된다.

인쇄 홍보물은 인쇄비가 높기 때문에 참가기업에게 있어 어느 정도의 규모로 제작을 해야 하는가에 대한 문제가 뒤따르게 된다. 또한 어느 참관객들에게 배포하여야 할 것인가에 대한 문제도 함께 수반되게 된다. 따라서 인쇄 홍보물의 배포에는 다음과 같은 기준을 통하여 그 규모와 배포 방법이 정해질 수 있다.

① 인쇄 홍보물을 전시제품 바로 옆에 비치되어 참관객들이 가져갈 수 있도록 한다. 이런 경우에는 인쇄 홍보물을 대량으로 제작하여야 하며 인쇄물의 배포 대상에 대한 차별화가 이루어지지 않게 된다.

② 전시부스 인력에게 인쇄 홍보물을 요청하는 참관객에 한해서만 교부한다. 이 방식은 모든 참관객을 대상으로 하는 배포방식보다는 상대적으로 소량 제작이 이루어지게 된다. 따라서 인쇄 홍보물을 원하는 참관객들만을 대상으로 하여 배포하게 된다.

③ 참가기업이 참관객의 주소로 인쇄 홍보물을 배송한다. 이런 경우는 가장 소량으로 인쇄 홍보물이 제작되어지게 되며 시간적으로 차이를 두어 두 가지 형태로 배포가 이루어지게 된다. 첫 번째는 전시회가 개막되기 전 기업이 이미 확보하고 있는 바이어들 또는 참관객들의 명단에 맞추어 배포하는 방법이 있고 두 번째는 전시회 기간 동안 자사의 부스를 방문하여 상담을 받거나 명함을 놓고 간 참관객들에게 전시회가 끝난 후 우송해 주는 방법이다.

귀중한 인쇄 홍보물들이 읽혀지지도 않은 채 전시장 출구에 있는 쓰레기통에 버려지는 위험을 피하기 위해, 자세한 내용이 담겨져 있는 인쇄 홍보물에 대하여 전시회 후에 우편을 이용하여 배포해주는 참가기업들이 점점 늘어나고 있다. 특히 참가기업의 상품 전체의 내용이 담겨져 있는 종합 카탈로그는 자료의 중요성과 제작비용의 과다 등의 이유로 추후 발송되어져야 한다.

전시제품 옆에 참관객들이 가져갈 수 있도록 비치되어 있고 각각의 특정 제품에 대한 정보만이 실려 있는 소책자는 참관객들에게 많은 인기를 얻고 있다. 이러한 소책자들은 모음집 형식으로 만들어지고 있으며 상품에 대한 간단한 정보 외에도 참관객이 나중에 참가기업과 직접 연락할 수 있도록 수신자 부담 전화번호와 e-mail 주소를 제공하고 있다. 인터넷의 보급으로 인하여 요즘에는 종이 카탈로그를 인터넷상에서 열람해 볼 수 있는 전자 카탈로그로 대체시키는 기업들이 많이 늘어나고 있다. 또한 이들 기업들은 인쇄 홍보물 대신에 전자 카탈로그를 CD 타이틀로 제작하여 관심을 보이는 참관객들에게 보내고 있는데,

CD 타이틀로 제작된 전자카탈로그는 결과적으로 비용 절감효과를 올릴 뿐만 아니라 멀티미디어적인 요소들을 이용하여 좀 더 생생하고 직접적인 제품설명을 할 수 있게 해주고 있다.

전시회 마지막 날에는 인쇄 홍보물에 대한 재고조사가 이루어지게 되는데, 이는 개별 전시제품에 대한 개별 인쇄 홍보물이 어느 정도 배포되었는가에 대한 조사를 통해 참관객들이 어느 제품에 관심이 있는가에 대해 어느 정도 가늠해 볼 수 있게 해준다.

2) 시청각 매체의 활용

참가기업은 전시회 기간 동안의 홍보활동으로 시청각 매체를 적절히 활용할 필요가 있다. 시청각 매체는 참관객들이 생동감 있게 특정 상황에 대해 정보를 얻거나 습득하는데 도움을 주기 위해 많은 전시회 및 세미나에서 널리 사용되고 있다. 시청각 매체는 사용하는 방법에 따라서 슬라이드, 빔 프로젝터 및 멀티비전으로 구분할 수 있다.

슬라이드 매체가 텍스트가 보충된 시각자재라면, 영상 상영은 사진이나 영상의 순서를 기기를 통해 조종하고 사진에 맞는 설명, 소리 혹은 음악을 들려주는 것이다. 멀티비전을 사용하면, 사진이나 장면의 순서가 꼭 지켜져야 할 필요가 없고 모자이크 형식의 전환기술도 가능하여 여러 개의 화면에 사진을 영사할 수 있다.

시청각 매체는 상품 및 기업과 관련된 정보를 참관객들에게 전달하는데 도움을 주며, 참관객들은 이를 통해 스스로 기본적인 정보를 습득할 수 있기 때문에 전시인력의 부담을 어느 정도 덜어준다. 그러나 이러한 시청각 매체사용이 개인 상담을 대신할 수는 없다. 왜냐하면 시청각 정보는 참관객이 제품에 대해 더 많은 정보를 얻고자 하게끔 유도하는 보조수단일 뿐이기 때문이다. 시청각 자료에서 못 얻은 정보를 바로 전문인력의 면담을 통해 얻도록 해야 하기 때문이다.

시청각 자료는 약 3분에서 7분 가량이 적당하며 전시된 상품을 중심으로 구성되어야 한다. 너무 긴 분량의 시청각 자료는 참관객의 주의를 분산시킬 우려가 있으며 핵심적인 정보에서 벗어나는 기업의 경관이나 생산 공장 등의 지루한 나열은 도리어 참관객으로 하여금 전시제품에 대한 흥미를 저하시킬 수 있기 때문이다. 따라서 시청각 자료는 전시제품을 핵심으로 하여 전시회 주제에 맞게 구성해야만 한다.

참관객들의 적극적인 정보 습득은 상호 정보교류시스템을 통해서 가능해질 수 있는데 상호정보교류시스템은 수많은 정보 가운데에서 자신에게 가장 흥미로운 것을 개별적으로 고를 수 있도록 설계되어진 시스템을 말한다. 요즘에는 IT기술의 발달로 인하여 방대한 정보를 참관객들이 자신이 원하는 정보를 필터링하여 원하는 형태로 열람해 볼 수 있는 시스템들이 많이 개발되어졌는데 이를 멀티미디어와 결합하여 참관객들이 편리하게 원하는 정보를 적극적으로 습득할 수 있도록 만들어 주고 있다. 상호 정보교류 멀티미디어시스템을 사용하는 참관객은 그래서 더 이상 산더미 같은 정보에 스트레스를 받지 않을 뿐만 아니라 프로그램을 조정하면서 텍스트, 사진, 필름, 애니메이션 등 원하는 정보를 얼마만큼 어떠한 방법으로 불러올 것인지를 결정한다. 따라서 이러한 상호정보교류 멀티미디어시스템을 통한 전시부스에서의 홍보는 전시인력의 투입을 감소시켜주는 한편 참관객들에게 더 멋지고 특별한 경험을 할 수 있도록 만들어 주고 있다.

전시부스에서 많이 쓰이는 시청각 장비를 살펴보면 다음과 같다.

① 음향시스템

음향시스템은 마이크, 마이크 스탠드, 앰프, 스피커 등의 AV 시스템이다. 최고의 음향시스템을 위해서 앰프시스템은 필수이다. 스피커가 골고루 놓여있어 소리가 들리지 않는 사각지대가 없어야 하며 음향시스템을 영사기와 함께 사용할 때는 스크린과 같은 위치에 있어야 한다. 사람들은 음향과 시각이 같은 곳에서 나올 때 더 잘 이해하는 경향이 있는 것으로 알려져 있기 때문이다.

또한 적합한 회의실 상황을 만들기 위해서는 마이크, 스탠드, 충분한 길이의 케이블 등이 필요하다. 전시부스에서 각종 판촉 행사와 같은 이벤트를 하게 되면 마이크에 대한 중요성은 더욱 증대된다. 마이크는 보통 휴대하기에 간편하며 양손을 다른 용도로 사용하기 위해서 무선 마이크를 사용하는 것이 좋으며 특별한 경우에는 음향 전문가에게 의뢰하여 시스템을 갖추어야 한다.

② 스크린 및 슬라이드

스크린은 참관객들에게 영상 및 사진 등을 투사하여 보여주기 위해서 필요하다. 스크린은 여러 가지 형태의 스크린이 있는데, 스크린은 전시부스의 크기와 참관객들의 규모를 예측하여 선택해야 한다. 이동형 스크린은 말아서 케이스에 담아 운반하는데, 이때 찢어지기 쉬우므로 반드시 사용 전에 점검이 필요하다.

벽 혹은 천장 스크린에는 다양한 크기가 있으며 고리로 걸거나 벽이나 천장에 매달도록 만들어져 있다. 비싸지 않으며 금속 튜브 케이스로 쉽게 보관할 수 있다. 삼각대 스크린은 벽 스크린같이 금속 튜브를 가지고 있지만, 삼각대 스탠드에 간편하게 설치할 수 있으므로 어디서나 세울 수 있다. 삼각대 스크린은 가볍고 이동하기가 편리하며, 다양한 크기와 가격의 저렴성으로 인해 소규모 행사에서 실용적으로 사용할 수 있다.

슬라이드 프로젝터는 조작방법이 간단하기 때문에 시청각 기자재 중에서 가장 많이 사용되고 있다. 화면 전환에 대해서는 프로젝트 조작담당자를 따로 둘 수도 있으나, 최근에는 행사 진행자 자신이 스스로 조작하기도 한다. 이 슬라이드 프로젝트는 거의 유지 보수가 필요하지 않으며 램프교체 이외의 다른 서비스는 필요하지 않다. 그러나 여분의 램프, 퓨즈, 연장 코드는 준비하고 있어야 한다.

그리고 어떤 부스이든 알맞은 스크린의 첫 번째 고려사항은 가장 먼 좌석은 스크린 넓이의 6배로 하고, 가장 가까운 좌석은 스크린 넓이와 동일하게 해야 한다. 참관객의 최대 수용량은 적합한 좌석배치를 가정한 상태에서 통로 공간을 제하고 나서 1인당 6평방피트가 바람직하다.

③ 영상 프로젝터

전시회장에서 영화를 보여줄 때는 대부분이 16-mm 크기이다. 다행히 16-

mm 필름은 교육 및 산업용으로 가장 많이 제작된다. 전시부스에서 행사를 시작하기 전에 부스의 배치와 제공된 시청각 장비를 다음과 같이 점검해 보아야 한다.

첫째, 스크린 : 모든 참관객이 앉은 자리에서 확실히 볼 수 있도록 설치했는지 확인해야 한다.

둘째, 프로젝터 : 스탠드에 잘 놓여 있는지 여분의 램프가 있는지 확인해야 한다.

셋째, 스피커 : 스크린 가까이에 놓여 있는지 확인해야 한다.

넷째, 전기 코드 : 통로 밖으로 나와 잘 숨겨져 있는지 확인해야 한다.

프로젝터를 컴퓨터와 연동시키면 컴퓨터에 저장되어진 사진이나 동영상 및 기타 자료들을 쉽게 영상으로 구현시킬 수 있기 때문에 요즘에는 이 방법이 널리 사용되어지고 있다. 컴퓨터와 프로젝터의 연계 시스템을 활용하고자 할 때에는 별도의 노트북 컴퓨터를 준비하는 한편 필요한 사진, 동영상, 기타 자료들을 디지털화하여 준비해 두어야 한다.

④ 오버헤드 프로젝터(Overhead Projectors, OHP)

OHP는 교육용으로 아주 인기가 있다. 연설가가 청중에게 얘기하면서 OHP 용지 위에 놓여진 그림과 글을 보여준다. 프로젝터는 행사 진행자 쪽에 있고 진행자 뒤에 있는 스크린 위로 투사된다. OHP는 99 인치까지 어떤 회사의 투명 필름이든지 사용할 수 있다. 그 투명 필름들은 비교적 싼 편이며, 거의 부서지지 않아서 많이 사용되고 있다.

오버헤드 프로젝터(overhead projector)와 오파크 프로젝터(opaque projector)를 혼동하는 경우가 가끔 있는데 오버헤드는 필름으로 투명지를 사용한 것이고, 오파크는 사진 인쇄나 종이와 같이 이미지를 종이 재료에 반영된 것이다.

대부분의 부스 담당자들은 부스 배치에 아주 정통해 있지만, 시청각 장비의 설치장소에 대해서는 전시주관사의 담당자에게 문의하는 경우가 가끔 있다. 프로젝터와 스크린을 잘못 설치해 놓으면 부스의 효율성을 크게 떨어뜨리게 되기 때문이다. 따라서 전시주관사에게 사전에 어떤 종류 및 몇 개의 시청각 장비가 소요될 것인가에 대한 협의와 검토가 필요하다.

⑤ 기타 시청각 장비

전시장의 시청각 장비 중에 비디오 및 카세트 또한 중요한 장비이다. 부스의 경쾌한 분위기의 연출을 위해 음악을 틀어 놓거나 제품 및 기업에 대한 홍보 및 설명을 위해 비디오를 이용하기도 한다.

멀티스크린

최근에 와서는 기술진보에 의해 멀티스크린(Multi Slide, Multi Vision)의 이용이 점차 증가하고 있는데 이는 여러 개의 화면에 하나의 영상을 보여주거나 여러 개의 영상을 여러 개의 화면을 통해 한 번에 보여주는 등 다양하게 사용되어지고 있다. 특히 멀티스크린의 사용은 기업의 이미지 창출에 많은 영향을 미치게 됨에 따라 많은 기업들이 앞 다투어 사용하고 있다.

2. 세미나 및 이벤트 실행

참가기업은 행사가 진행되는 동안 판촉 및 부대행사를 개최할 수 있는 기회가 많이 있다. 이러한 행사 동기는 여러 가지가 있겠지만, 전시회장에서 자사 부스의 매력도를 높여 참관객을 유인하고자 하는 것이 주된 동기이다.

이러한 행사는 전시주관사가 발의하고 개최하는 세미나와 같은 부대행사에 참여하거나 혹은 전시주관사가 선정한 주제에 관한 특별 쇼에 참여할 수 있다. 또한 참가기업이 자체적으로 부대행사를 계획하고 이들 행사를 전시참가 목표의 중심에 두고 실행할 수도 있다. 이러한 부대행사는 전시회장이나 참가기업의 부스 안에서 실행될 수도 있고 만약 행사를 실행시킬 정도의 충분한 공간을 확보되지 못했을 경우에는 전시회장 근처 컨벤션센터의 공간을 빌려서 개최할 수도 있으며 부대행사의 목표와 목적에 따라 호텔 등에서도 실행될 수 있다.

참가기업은 부대행사를 산업 중심적, 경험 중심적, 혹은 오락 중심적으로 구분하여 계획할 수 있다. 참관객에게 있어 이러한 부대행사는 잊지 못할 이벤트가 될 수 있기 때문에 이벤트를 계획하고 실행할 때에는 독특하면서도 창조적이며 누구도 생각하지 못했던 아이디어가 필요하다.

참관객들에게 이벤트의 메시지를 성공적으로 전달하기 위해서는 참관객의 관심을 이끌어 낼 수 있는 독특한 사건이나 경험을 제공하는 방식으로 제품이나 기업을 소개하는 것이 좋다. 따라서 참가기업 및 이벤트 전문 컨설팅 회사는 개별적 목표 참관객 집단을 위한 다양한 경험을 창출해 내도록 노력하게 된다. 부대행사에서는 부스에서의 활동과는 다른 다양한 분야에 초점을 맞춤으로써 참관객들에게 의도적으로 다양한 분위기, 느낌, 연상 작용을 전달하게 되며 참관객의 참여도에 따라 정보 수용성의 정도가 결정되어지게 된다.

결국 특별한 이벤트를 통해 참가기업은 참관객들에게 긍정적인 경험의 정도를 강화시킬 수 있으며 특별한 이벤트의 참가자들은 참가기업이 개별적으로 초대하는 것이 일반적이다. 이렇게 이벤트에 참가한 목표 집단들은 특별 프로그램을 통해 참가기업에 대해 깊은 인상을 받게 되는데, 이러한 이벤트를 통하여 참가기업은 전시회에 참가한 다른 기업과는 차별화되는 자신만의 공간과 시간에 영향력 있는 참관객들을 참가시켜 비교적 긴 시간동안 면대면으로 상호교류를 할 수 있게 된다. 상호교류의 결과로써 영향력 있는 참관객과 유대관계를 더욱 깊게 할 수 있으며 궁극적으로 자사의 지지자로 변화시킬 수도 있다.

2008 부산 모터쇼에서의 이벤트 모습

이러한 이벤트는 참가기업의 연구 및 개발 상황에 대한 전문 강연, 전시된 신제품의 특별한 기능에 대한 전문 강연, 각종 쇼 및 엔터테인먼트 등을 들 수 있다.

3. 참관객에 대한 접대 및 기록

참관객들에 대한 접대와 상담은 전시기간에 이루어지는 촉진활동 중에서도 인적판매 분야라고 할 수 있다. 따라서 참관객들을 어떻게 대하느냐에 따라 전시참가 성과가 달라질 수 있다.

참관객이 전시부스에 들어섰을 때 그들은 전시된 제품들을 충분히 살펴볼 수 있어야 한다. 참관객이 전시제품을 살펴보기도 전에 전시부스 인력이 말을 걸게 되면 참관객은 당황할지도 모른다. 우선 제품에 대한 최소한의 정보도 갖고 있지 못한 상태이므로 제품에 대한 관심과 의문점이 없기에 할 말이 없을 수 있기 때문이다. 따라서 전시부스 인력은 일정한 시간동안 참관객에게 제품을 관찰할 시간을 주는 한편 참관객이 무엇에 흥미를 느끼고 있는지를 가능한 한 빨리 파악하여야 한다.

참관객에게 인사를 건넬 때는 정중하게 자신에 대한 소개를 하고 관심을 표시하는 제품에 대해 적절한 언급을 하는 것이 좋다. 간단한 인사와 대화가 오고 간 후 가능하면 빨리 명함을 교환하도록 한다.

대화 도중에 가격에 관해 지나치게 얽매이지 않도록 하며 참관객이 무엇을 말하는지를 듣는 것이 가장 중요하다. 전시장을 찾게 된 동기, 제품에 대한 불만, 희망하는 기능, 요구하는 품질수준, 구매결정이 얼마나 빨리 내려질 수 있는지 등에 대한 사항은 적절한 질문에 의해 파악될 수 있다. 또한 참관객이 해당 제품에 대해 어느 정도의 전문성을 갖추고 있는가와 사내 의사결정과정 중에 미칠 수 있는 영향력 등에 대한 파악은 참관객을 이해하는 한편 원만한 상담을 가능하게 해주는 기반이 된다.

혹시라도 참관객과의 대화과정에서 제품에 대해 논쟁이나 거부감, 반대 등이 표출되어지게 되면 상담인력은 그에 대한 구체적인 해결책을 즉각적으로 제시해 주어야 한다. 이는 참관객이 상담인력에 대하여 강한 신뢰를 가질 수 있게 하는 한편 제품에 대한 믿음을 더욱 견고하게 해주는 바탕이 되게 된다.

참관객과의 대화를 마감하면서 참관객들은 항상 현재 고객이 아니더라도 잠재 고객이 될 수 있다는 점을 명심하고 참관객의 접촉점(contact point)을 확보하는 것이 바람직하다. 따라서 그들의 명함을 명함 함에 넣도록 유도하는 한편 명함이 없는 참관객들에게는 방명록에 연락처를 남기도록 하여야 한다. 무조건적으로 명함과 연락처를 남기라고 한다면 거부감을 줄 수도 있으니 연락처를 남기는 참관객들에게는 더 많은 기업정보와 제품정보 및 기타 유익한 정보를 차후에 발송해 주겠다는 설명을 곁들여 주어야 할 것이다.

참관객들에 대한 기록 또한 전시부스 인력이 해야 할 중요한 업무 중 하나이다. 참관객이 돌아간 후 참관객에 대한 사항을 기록할 때는 즉시 한 번에 모두 기록하는 것이 좋다. 사람들로 붐비고 참가기업 간의 경쟁심리가 어우러지는 전시장의 분위기상 즉시 기록해두지 않으면 나중에 세세한 참관객의 정보에 대해 잊어버리기 쉽다. 이러한 참관객에 대한 정확한 기록은 전시회가 끝난 다음 참관객들과 다시 만나거나 접촉할 때 큰 힘이 될 수 있으며 실수를 미연에 방지하는데 큰 도움을 줄 수 있다.

또한 참관객들에 대한 기록은 전시회가 끝난 후 전시회 참가 성과를 객관적으로 평가하고 전시회 기간 중 방문한 참관객들에 대한 연락과 서비스를 효과적으로 제공하기 위해서는 필수적인 요소이다. 따라서 참관객들에 대한 기록을 신속하면서도 효과적으로 수행하기 위해서는 일정한 양식의 상담일지를 미리 인쇄하여 준비해 두면 좋다.

상담일지는 전시부스 인력들에게 미리 나누어 주어 회사 쪽에서 참관객들로부터 얻고자 하는 정보가 무엇인지를 알도록 해야 한다. 일반적으로 참관객 기록양식은 참관객이 전시제품에 대해 상당한 정도의 흥미를 표시했는지 여부를 체크하는데 중점을 두고 있다. 참관객들 중에는 자신의 주소 혹은 연락처를 밝히지 않으면서도 간단한 대화과정에서 제품에 대해 관심을 표시할 수도 있다. 짧은 대화과정이지만 전시한 제품을 참관객들이 어떻게 평가하는지를 알 수 있게 해주는 중요한 단서를 제공하는 경우가 많아 무시해서는 안 되며, 이에 대한 내용을 상담일지에 효과적으로 기록할 수 있도록 전시부스 인력들을 사전에 교육시켜야 한다.

상 담 일 지

전시회명 및 전시기간		일시		상담요원	

1. 참관객 및 소속회사

· 성명 :
(구매력 유, 무 : 유, 무) (구매력 등급 : ① ② ③)
· 회사명 : · 담당부서 :
· 직위 : · 주소 :
· 연락처
TEL : FAX : E-mail :

2. 상담품목

· 관심품목 ①______ ②______ ③______ ④______
· 사용용도
· 구매예산
· 구매시기
· 참관객 이외의 구매 영향력자
－성명 : －직위 :

3. 참관객의 요청내용

· 추가 상담요청(일시 : / / /)
· 제품 소개자료 요청(일시 : / / /)
· 샘플 요청(일시 : / / /)
· 참관객 언급내용

· 참관객에 대한 상담요원 개인적 언급사항(특기사항)

4. 사후처리

· 사후처리 담당자 :
· 사후처리 내용
－제품 소개자료 발송 (일시 : / / /)
－개별 접촉내용 (일시 : / / /)
－기타 (일시 : / / /)
· 판매실적
－품목 : －판매액 :

자료 : KOTRA, 해외박람회 참가요령, 무공자료 00-07, 2000, 8. pp. 49~50.

Closing Exhibition

전시회 친환경을 위한 50가지 팁!

●장소 선정

1. 전시회에서 기대할 수 있는 환경적인 부분들을 자세하게 기술하라. 측정 가능한 목표를 세워 결과를 테스트해 볼 수 있다.
2. 참관객들이 전시장까지 오는 데 오래 걸린다면 탄소 차감 프로그램을 고려하라.
3. 고려하고 있는 전시장소가 고체 및 액체 폐기물을 처리하는 데 환경적으로 안전한 장소 인지 따져 보라. 물이나 에너지 소비를 줄일 수 있는지.
4. 전시회가 개최되는 도시에 주요 전시장들끼리 교통이 연결되어 있는지 확인하라.
5. 호텔에서 종이, 철, 유리, 플라스틱과 같은 재활용품들을 분리수거하는지 확인하라.
6. 호텔 직원들이 게스트룸과 회의실 등이 비어있을 경우, 블라인드를 내리고, 전기, 히터나 에어컨의 전원을 끄도록 교육 받았는가?
7. 게스트룸에 비누, 샴푸, 로션 등의 디스펜서(분배 장치)가 구비되어 있는가?
8. 호텔 내 직원이 손님의 원하는 것을 완전히 따르도록 교육 받았는가?
9. 복합시설 사용을 고려할 경우, 호텔과 전시장의 거리가 걸어갈 수 있는 곳인지 따져보라.
10. 호텔이나 전시장에 전자식 연회 주문 또는 전자식 객실 예약 리스트 등을 진행할 것을 요청하라.
11. 컨벤션뷰로나 지역 전시회사에게 환경적인 실습이 가능한 전시장을 추천해달라고 요청 한다.
12. 전시회 참관객을 대상으로 전시장 밖의 이벤트, 활동 및 관광을 고려하라. 단, 그로 인한 환경오염은 최소화할 것.

●운송

13. 원하는 환경 선호도를 운송 회사에 통지하라.
14. 운송 회사와의 계약서에 환경에 대한 요청사항에 적극 협조하라는 조항을 삽입하라.
15. 참관객들에게 대량 수송 수단이나 카풀과 같은 환경에 좋은 교통수단의 이용을 권한다.
16. 공항에서 전시장까지 오는 참관객을 위해 택시보다는 셔틀버스를 이용하라.
17. 운송 회사가 환경 친화적인 정비를 실시하는지, 기름, 배터리, 부동액, 타이어 등을 재활용하는지 확인하라.
18. 운송 회사가 운전기사들이 차량 안에 승객이 없을 경우에 에어콘의 사용을 최소화하는 등 에너지 절약에 대해 교육시키는지 확인하라.
19. 운송 회사가 연료효율이 좋은, 또는 대체 연료 차량을 제공하는지 확인하라.

20. 참관객 등록 패킷에 공식 패스와 지도를 제공하라.

●항공 운송

21. 항공회사가 재사용 가능하거나 생물 분해성이 있는 서비스웨어를 사용하는지 확인하라.
22. 항공 중 사용되는 서비스 물품들을 모아서 재활용하는지 확인하라.
23. 항공회사가 연료 효율을 높이기 위해 어떠한 노력을 했는지 확인하라.

●식 · 음료

24. 원하는 환경 선호도를 담당 회사에 통지하라.
25. 케이터링 회사와의 계약서에 환경에 대한 요청사항에 적극 협조하라는 조항을 삽입하라.
26. 재사용 가능한 수저류, 그릇, 리넨, 장식의 사용을 요청하라.
27. 케이터링 회사로 하여금 지방 자치 시설에서 뒷처리가 가능할 때에만 분해가능하고 생물 분해성이 있는 제품을 사용하도록 요청하라.
28. 조미료, 음료 및 다른 음식들이 낱개별로 포장된 대신에 벌크에 제공되는지, 포장이 재활용 가능한지 확인하라.
29. 해당 지역에서 생산되는 계절 또는 유기농 식 · 음료를 사용하는지 확인하라.
30. 남은 음식들이 지역의 식량 은행(food bank)으로 가거나 농장에 제공되는지 확인하라.
31. 참관객들이 전시회 등록 시, 식사 여부를 선택하게 하라. 식사 인원을 정확하게 파악하면 음식물 쓰레기 및 비용을 줄일 수 있을 것이다.

●전시장

32. 연사나 참관객에게 줄 선물은 지역 자선단체에 기부한다.
33. 참관객에게 각자 집에서 가방을 가져오도록 하여 가장 독창적인 가방을 뽑는 콘테스트를 연다.
34. 전시회의 참가기업은, 다음 사항들을 고려하라.
    · 가능하다면 포장 및 재활용 포장의 부피를 최소화하라.
    · 재활용 성분이 포함된 제품을 사용하라.
    · 판지, 팔레트, 종이, 캔, 플라스틱, 유리 등 재활용 가능한 물품들은 재활용하라.
    · 청소하는 직원들이 쓰레기들 중 재활용 및 재사용 가능한 물건들을 골라내도록 교육하라.
    · 재사용될 수 있거나 재활용품에서 나온 장식을 선택하라.
    · 무료 견본을 위해 해당 지역에서 생산된 물건을 사용하라.
35. 향후 전시회를 위하여 메모리 스틱이나 웹사이트를 통해 자료들을 제공하라.
36. 전시회에 꼭 필요한 것만 챙기고, 배포하지 않는 것들은 재사용하라. 원하는 환경 선호도를 전시장에 통지하라.
37. 배기가스 배출을 줄이고 지역 연사 및 엔터테이너를 초빙하여 지역 경제를 후원하라.

38. 친환경에 대한 팁을 제공함으로 각 본 회의를 시작하라.
39. 전시회의 친환경 방안에 대해 참관객, 주주 및 언론과 소통하라.
40. 전시회 홍보에 웹과 이메일을 사용함으로써 종이 소비를 줄인다.
41. 인쇄할 자료는 재활용 용지를 이용하여 한 페이지 당 2쪽 인쇄하라.
42. 명찰을 회수하여 다음 전시회 때 재사용하라.
43. 사인 및 판촉물의 재사용을 위해 함부로 버리지 마라.
44. 사용 중이지 않은 회의실, 사무실 및 게스트룸의 전기는 소등하라.
45. 현장에서 개최되는 회의 발표는 인쇄물 대신 객실 TV 또는 호텔 전화 메시지 서비스를 이용하라.
46. 키 카드(key cards)를 재활용하라.
47. 플라스틱 물병을 없애고, 텀블러와 같은 보온병이나 종이컵을 참관객에게 제공하라.
48. 종이 등의 재활용을 위해 재활용 쓰레기통을 여러 곳에 설치하라.
49. 차기 전시회를 위해, 참관객에게 친환경에 대한 피드백 및 의견을 요청한다.
50. 기억하라 : 100% 친환경일 필요도, 그럴 수도 없다. 다만 하나의 작은 변화나 결정이 환경에 긍정적인 영향을 미친다.

자료 : http://blog.naver.com/akeiblog/20109737153

제13장

전시참가 후

<Opening Exhibition>

세계 5대 식품 전시회

제1절 전시제품 반출 및 정산

1. 전시제품의 반출
2. 정 산

제2절 성과분석과 평가

1. 전시회는 성과의 계량화
2. 성과 측정도구로써의 고객 상담결과 보고서
3. 전시팀 의견 분석
4. 효과 확인
5. 목표 평가
6. 경쟁상황 분석
7. 평가요소 비교 분석

제3절 전시회 후속 조치

1. 전시기간 중의 약속 이행
2. 후속 조치기간

<Closing Exhibition>

무역학 교육과 전시산업

Opening Exhibition

세계 5대 식품 전시회

세계 식품산업의 좌표, 독일 ANUGA(쾰른 국제식품 종합박람회)

쾰른 국제식품 종합박람회(ANUGA)는 1년에 무려 150개의 국제전시회가 열리고 세계 최대 전시회의 절반 이상이 열리는 세계 전시회의 메카 독일에서 개최되는 세계적인 식품전시회이다.

ANUGA는 2년마다 개최되는 세계 최대 인지도 및 최대 규모답게 그 명성만으로 식품관련업계 전문인들의 이목을 집중시키는 박람회이며 총 10개의 특성화된 전문전시들이 한 전시장에서 개최된다. 식품, 식육, 음료분야가 한 장소에서 이처럼 대단위로 전시되는 행사는 ANUGA 뿐이며, 전시면적과 참가국가 그리고 참가업체의 수에서 알 수 있듯이 여러 국가의 수천 종에 이르는 다양한 품목을 쉽게 접할 수 있 기회를 제공한다.

2009년도 전시회에 180여 개국에서 대략 153,000명의 관람객이 ANUGA를 방문하였으며 이 중, 61%를 차지하는 93,500명은 해외바이어였다고 한다. 이 수치들은 전 회보다 조금 못미치기는 하지만 국제적 경기 불황의 상황을 감안한다면 성공적이었다고 할 수 있다.

한편, 아시아 바이어의 수가 약 10% 대로 증가한 상황에서 한국은 2009년도에 농림수산식품부와 농수산물 유통공사에서 모집한 16개 업체가 함께 참여해 박람회를 찾은 관람객들에게 활발한 광고를 펼치며 유럽 바이어들과 개인 상담을 하는 등 유럽 진출을 도모한 바 있다.

▲ ANUGA 2009의 모습

뿌리 깊은 혁신의 주체, 프랑스 SIAL(파리식품박람회)

파리식품박람회(SIAL)은 쾰른 국제식품 종합박람회(ANUGA)와 함께 세계 최대 식품박람회의 양대 산맥을 이루고 있는 박람회로서, ANUGA와 해를 번갈아가며 개최된다. 국제 식품산업의 견인차 역할을 하며 제품과 트렌드를 이끄는 혁신 전시회라 평가되는 SIAL은 격년으로 10월 중순 경 5일간 프랑스 파리 노르 빌뺑트 전시장에서 개최된다. 전 회가 개최된 2008년도에는 30개국에서

5,500개 업체가 참가하였으며 215,000㎡의 전시 규모로 2006년에 비해 15,000㎡가 더 넓어진 규모였다고 한다. 또한 2008년도의 방문객 수치가 전 회와 비교하여 5% 상승하고 해외방문객의 수가 10% 상승하여 지속적인 발전을 거듭하는 명실상부한 세계 최대 식품산업의 마켓플레이스로써 기능함을 재차 입증한 바 있다.

↑ SIAL의 포스터와 모습

전시품목으로는 낙농업제품, 수산물, 과일 및 채소류, 육류, 케이터링, 냉동식품, 통조림, 음료, 식품 첨가물, 과자류, 건강식품류, 유기농 제품 등 식음료산업 전반에 걸친 품목이 소개되며, 특히 케이터링과 식·음료 서비스업계의 수많은 바이어가 찾아와 소매업과 상업 관련 참가업체들은 그와 관련한 비즈니스 접촉의 기회를 얻을 수 있다.

유럽의 식품창고에서 국제적 식품산업의 바로미터로, 스페인 Alimentaria(바르셀로나 식품음료박람회)

스페인에서 연간 약 400회의 전시회가 개최되고 있는데, 연간 전시회 총 규모는 면적 3,956,532㎡, 총 참가업체 64,664개사, 방문객 15,379,986명으로 유럽에서는 독일, 이탈리아, 프랑스에 이어 4위에 해당하는 규모이다. 이 가운데 '유럽의 식품창고'로 불리는 국가답게 예로부터 풍부한 농·수산물 생산과 함께 식품가공산업이 발달한 스페인은 원재료부터 가공식품까지 다양한 식품을 유럽 전역에 공급하고 있으며, 이렇게 발달한 자국식품산업을 기반으로 시작한 Alimentaria 전시회는 현재 총 60여 개국의 식품업체들이 참여할 정도로 국제적인 전시회로 부상하였다.

3월 중순 경 바르셀로나에서 격년으로 개최되는 전시회는 130,000㎡를 아우르는 전시장에서 전 세계 4,200여 개 참가업체와 144,000여 명의 바이어들이 찾아와 국제 식품산업·기술에 관련한 4,000만 유로 상당의 직접적인 거래 효과를 일으킨다. 이 중 해외 155개국에서는 약 3만 3,000명의 전문가들이 참가하였는데, 이것은 전체 방문객 다섯 명 중 한 명꼴인 21%를 차지하는 수치이다.

한편 Alimentaria가 제시하는 전시회 참가의 이유 몇 가지는 우선 타깃의 적중률이 높다는 점과 환경에의 유연성, 쌍방향 커뮤니케이션 진행의 유리함, 3차원적 도구 매체 그리고 시장으로의 접근이 용이하다는 점을 들 수 있다. 전시품목은 유기농 음식, 전시냉동음식, 물·탄산음료·맥주·주스·과일주·방부 및 반 방부 제품, 육류, 유기농 제품, 해산물, 해양 경작 및 양식어류, 와인·위스키, 비스킷류·캔디류, 일반 음식, 올리브·식물성 오일, 국제음식 및 접대음식, 과일·야채류 등이 있다.

▲ Alimentaria 2010의 모습

아시아 식품산업의 허브, 싱가포르 FHA(식품호텔박람회)

아시아의 성장하는 식품 · 호텔 산업의 발전에 중추적 역할을 담당하는 아시아 최대 규모의 싱가포르 국제식품 · 호텔 산업박람회인 FHA(Food & Hotel Asia)는 격년으로 4월 하순 경에 개최된다.

지난 전시회 개최로 16회를 맞이한 FHA는 Singapore Expo의 일곱 개 홀을 아우르는 75,000㎡의 공간에서 식품 · 서비스업 관련 90개 이상의 나라에서 36,956명의 무역 담당자들이 참석하여 2006년도에 개최되었던 전 회 대비 12.7%의 증가율을 보였다. 70개국으로부터 2,626개의 참가업체가 참여하여 최신의 주력상품을 최초로 선보였으며, 그 중 대략적으로 80% 가량은 해외에서 찾아온 업체로서 그들의 시장지식과 전문가의식으로 무역관계자들을 사로잡았다.

FHA는 본 행사 외에도 아시아 지역의 식품 · 호텔 산업의 점차 고도화되는 요구사항을 맞추어 식품 전시회(Food Asia), 포도주-주류 전시회(Wine & Spirits Asia), 제빵 전시회(Bakery Asia), 호텔산업 전시회(Hotel Asia), 접객산업 전시회(Hospitality Style Asia), 서비스 기술 전시회(Hospitality Technology) 등의 특화된 전시를 개최한다.

▲ 2008 FHA의 모습

식품업계의 글로벌 마켓플레이스, 일본 FOODEXD JAPAN(동경 국제식품음료전)

아시아 최고의 식품 박람회 중 하나인 동경 식품전(FOODEX JAPAN)은 식품, 음료 전문 박람회일 뿐만 아니라 식품산업과 관련한 각종 케이터링 서비스, 유통 최신정보를 제공하며 업체 간 무역 비즈니스는 물론 소비자의 경향과 식품업계 흐름을 전반적으로 조망할 수 있는 최고 수준의 식품 박람회이다. 동경 식품전은 2010년 제35회를 맞이하는 역사 깊은 전시회로서 1976년 처음 개최되어 이후 매년 3월마다 열리고 있다.

우리나라는 농림수산식품부 주관으로 1992년 처음 참가한 이후 작년까지 18번 참가를 하였으며, 참가규모로는 이탈리와와 스페인에 이어 전체 3위, 아시아권에서는 가장 큰 규모로 참가하였다. 1억 3천만불의 계약 목표로 김치와 인삼을 비롯하여 가공 · 수산식품 등 식품 전반에 걸쳐 총 115개 업체가 참여하여 식품 안전에 대한 소비자 관심이 높은 상황을 활용하고 우리나라의 차별화된 안전관리시스템을 적극 홍보하는 한편, 대일 농식품 수출확대를 위해 현지 세일즈 활동을 적극 전개한 바 있다.

전시품목은 크게 식품, 음료 두 가지로 나뉘는데, 식품 · 농산물 제품에는 육류제품, 유제품, 계란제품, 해산물 제품, 반가공 제품, 완제품, 제빵제품, 면 · 파스타 · 제과 · 디저트, 건강제품 조미료, 향신료, 식용오일, 유기농 · 자연식품 등이 전시되며 음료부문은 와인, 맥주, 사케, 소주, 청량음료, 차 · 커피, 미네랄워터, 건강음료 등을 선보인다. 기타 부문에는 음식과 음료기관 및 협회, 지방 자치단체 및 회의, 출판사 등의 부문에 각각 참가하여 전시회의 질을 높여주고 있으며, 올해 2010년도 전시회에는 해산물 식품전의 규모가 더욱 확대되어 특별기획으로 전시될 예정이라고 한다.

↑ FOODEX JAPAN 2010의 포스터와 전시장 모습

자료 : 전시저널, Vol. 33. 2010.

제1절 전시제품 반출 및 정산

1. 전시제품의 반출

전시회가 그 일정을 모두 마치고 폐막을 하게 되면 일단 공식적인 모든 전시 일정은 끝나게 된다. 전시 참가기업은 이때부터는 전시기간 동안에 사용되어졌던 물품들을 정리하고 전시부스를 철거해야 한다. 전시기간 동안 사용되어졌던 물품들은 버릴 것과 가져갈 것을 구분하여 비슷한 성격끼리 분류하여 포장하여야 한다. 특히 전시제품들은 전시제품 반출 신고를 하여야 반출 할 수 있기 때문에 전시제품 반출 신청서 양식을 작성하여 전시주관사에게 제출한 후 반출하여야 한다.

전시물품은 전시회가 폐막한 당일 전시제품을 정리하고 간이포장을 하게 된다. 이때에 특별히 신고할 필요가 없는 간단한 물품에 대해서는 반출을 할 수 있다. 폐막 다음날 아침부터 전시제품을 완전히 정리하여 재포장을 한다. 이때의 포장은 일반적으로 전시전문운송업체가 전시 참가기업을 대행하여 운송에 편리하도록 운송포장을 하게 되는데, 전시품을 반입할 때 했던 포장과 동일한 포장을 하게 된다. 특히 해외로 재반출되어야 할 전시제품은 보세품정리와 함께 반출감정완료를 받게 된다. 전시물품의 반출은 내국물품 먼저 반출이 되게 되고 그 다음 보세물품 포장이 완료되면 보세창고로 반출되어지게 되는데, 이때까지 화주(전시 참가기업)는 입회하고 있어야 한다.

전시 참가기업 소유의 부스와 장치물들은 철거한 후 회수해 가야 하는데 장치물, 물품상자, 스티로폼, 비닐, 포장재 일체를 철거한 업체에 한하여 반출확인서를 전시주관사로부터 발행받게 된다. 전시주관사로부터 임대한 부스의 철거는 전시주관사에서 알아서 철거하므로 별달리 신경을 쓰지 않아도 된다. 다만 부스의 상태는 최초의 임대시점 원형대로 반환하여야 하므로 각별히 신경을 써야만 한다. 만약 부스의 상태가 온전치 못하거나 원형의 모습이 아닐 경우에는 이에 해당하는 배상을 해야만 한다.

2. 정 산

전시회가 폐막되게 되면 전시회 기간 동안에 사용한 경비에 대한 정산이 이루어져야 한다. 정산해야 할 비용은 부스 장치비와 장비 임대비, 인건비, 숙박비, 기타비용 등으로 이루어져 있다.

부스 장치비의 경우 보통 폐막 전까지 정산해줘야 하며 참가기업의 상호와 바닥재는 재사용이 어려우므로 구매비용으로 정산이 되며 나머지 장치들은 임대비용으로 계산이 이루어지게 된다.

장비 임대비용은 각 참가기업마다 임대한 장비에 따라 달라지겠지만 일반적으로 멀티미디어를 활용한 업체의 경우 영상장비와 빔 프로젝터, 앰프, 마이크 등으로 이루어져 있고 동시통역장비와 각종 회의장비 등이 포함되게 된다. 또한 전시부스에서 사용한 인터넷 전용선 비용과 가구 및 진열대 그리고 부스 내 디자인 소품 등의 사용비도 정산해 주어야 한다.

인건비는 전시회 참가기간 동안 현지에서 조달한 외부 인력들에 대한 비용으로 전시 진행 보조인원, 안내, 나레이터 모델, 통역요원, 경비요원 등의 인건비가 이에 해당한다.

숙박비는 전시에 관여한 인원들이 묵은 숙소에 대한 정산으로서 해외전시회의 경우에는 전시주관사와 협정을 맺은 호텔 및 숙박시설들에 대해서는 할인율을 적용받을 수 있으므로 할인율을 제외한 금액을 정산해 주어야 하고 외국인으로서 세금(Tax)을 면제받을 수 있으므로 세금 또한 제외하고 정산하도록 하여야 한다.

기타비용으로는 전시회 기간 동안 진행한 각종 이벤트 및 부대행사에 사용되었던 장비와 인건비 및 진행비에 대한 정산 등이며 현지에서 제작한 현수막과 카탈로그, 싸인 등이 포함된다.

제2절 성과분석과 평가

1. 전시회는 성과의 계량화

"전시회의 성과는 계산할 수 없다"는 말이 있다. 그러나 전시회의 투자 성과는 계산하여 계량화시켜야 한다. 그래야만 다른 전시회와의 비교가 가능할 뿐만 아니라 추후에 전시회를 기획하고 참가하고자 할 때 자료로 활용할 수가 있게 된다. 만약 전시회를 통한 주문량을 산정할 수 없다면 이를 대신할 수 있는 적절한 방법을 강구해야 한다. 이것은 통상 접촉한 고객의 수와 전시장에서 이루어진 상담 건수 또는 고객과의 접촉과 상담한 내용의 품질로써 계량화시킬 수 있게 된다. 하지만 여기에는 배부된 약식 정보 홍보물이나 고객들로부터 받은 명함은 속하지 않는다.

2. 성과 측정도구로써의 고객 상담결과 보고서

고객 상담 결과 보고서의 제시사항

누가?

방문고객의 인적 사항으로 성명, 전화번호, 직책 등

관심사항은?

상품에 관한 사항으로 어떤 상품에 관해 상담했는가? 전시상품은 체크하기 좋도록 목록화 해 놓아야 한다.

무엇을 해야 하나?

상담결과에 대한 사항으로 어떠한 계약이나 약속이 이루어졌는가를 체크하여 전시회가 끝난 후 처리해야 할 내용들이다.

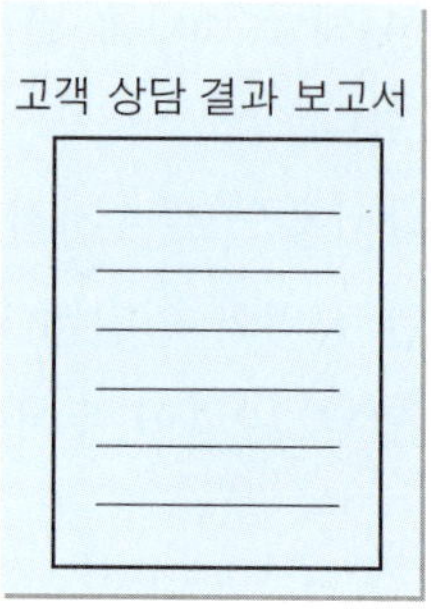

전시회 품질 분석의 도구로써 고객 상담결과 보고가 있다. 이를 위해서는 정보의 완전성이 핵심이 아니라 상담 품질의 적절성과 이로부터 추론 가능한 차기 전시회 참고 사항이 관건이 된다. 보고서는 명쾌하게 구성이 되어야 하고 상담 의견을 쓰기가 편리해야 한다. 또한 보고서를 통해 해당 상담 고객에게 그 고객의 요구사항과 희망사항이 기업으로부터 수용되어져서 이행될 수 있다는 사실이 전달되어졌음을 알 수 있어야 한다. 이러한 이유로 인해 상담 결과 보고서는 적어도 누가? 관심사항은? 무엇을 해야 하나?의 세 가지 제시사힝이 포함되어야 한다.

보고서에는 추가적으로 고객인지 관심을 가진 사람(잠재 고객)인지와 소속 회사의 이름, 전시회, 전시회 관련 데이터, 상담시간, 상담자 이름 그리고 향후 추진과제 등 유용한 정보들은 표준화하여 보고서 양식에 포함시켜 인쇄한다. 이것은 시간을 절약하고 업무를 용이하게 하기 위함이다. 불필요한 사항을 지나치게 많이 포함시킨 상담 결과보고서는 일정기간이 지난 후에는 더 이상 참고하려 하지 않기 때문에 유용성이 없다.

고객 상담 결과보고서는 고객과 잠재고객을 구분하여 방문고객의 수, 그들의 계층적 서열, 회사에서의 직책 기능, 상품별 관심의 중점, 전시상품에 대한 간접적인 의견, 향후 접촉을 위한 조직 구성에 대한 제안 등의 정보를 제공한다. 이 결과는 내부 데이터 뱅크로 입력이 되며 관련 정보를 보완하거나 수정한다.

3. 전시팀 의견 분석

전시회의 성과 측정을 위하여 전시팀의 현장 경험은 계량할 수 없는 가치를 지닌다. 일일 성과 분석을 위한 포인트는 다음과 같다.

① 방문고객의 수

② 전시상품에 대한 관심도

③ 전시되지 않은 상품에 대한 관심

④ 경쟁에 대한 언급 내용

⑤ 경향과 추세 : 어떠한 발전 경향과 추세가 회사의 전략을 위해 새롭고 중요한가?
⑥ 전시장에서 한정 품목은 무엇이며, 이는 어떻게 해소될 수 있는가?
⑦ 팀워크(team work)는 어떻게 이루어지는가?
⑧ 방문 고객들을 다른 담당 창구로의 안내는 적합하게 이루어졌는가?
⑨ 방문 고객이 밀집되는 시간은 어떻게 활용되었는가?

매일 매일의 상담 결과는 서면으로 작성이 되고 최종 분석을 통해 요약 및 객관화되어야 한다. 최종 분석은 1일 분석 내용을 종합하여 작성될 수 있다. 여기서 특별히 구성적인 측면의 향상을 위해 전시팀이 제안하는 사항에 유의해야 한다. 왜냐하면 직접 현장에서 활동하는 당사자들이 성공조건을 가장 잘 대변할 수 있기 때문이다.

4. 효과 확인

1) 전시장에 대한 평가

효율성의 측면에서 매일 매일 전체 전시팀과 세부적인 영업 분야까지를 망라하여 전시장에 대해 분석하는 것이 좋다. 전시팀의 의견은 현장에서 직접 녹음기를 활용하여 녹음을 하고, 특히 전체 전시장과 전시 상품의 데모 및 방문고객과 관련된 사항은 모두 녹음을 해서 활용하는 것이 좋다.

2) 전시팀의 평가

나아가 전시팀은 통상적으로 인력 투입을 어떻게 평가해야 하며 적합한 인원이 적절한 수로 전시장에 투입이 되었는지, 차후 전시 활동에 추가적인 보완과 지원이 필요한 지를 가장 잘 평가할 수 있다. 당연히 여기에는 전체 전시회 준비와 관련하여 향상시켜야 할 점과 변화의 필요성은 없는가 하는 것도 포함이 된다.

3) 전체 평가를 위한 추가적 요소

전체 평가를 위해 추가적인 요소들은 다음과 같다.

① 방문 고객에 대한 대우

② 전체 일정에 있어서 방문 고객의 증가 일자 및 하루 중의 시간

③ 방문 고객들의 관심 분야 및 중점

④ 전시 상품과 전시회 참가에 대한 반응

⑤ 서비스에 대한 고객 만족도 평가

⑥ 고객들의 전시장 체류시간

⑦ 방문 고객 당 상담 파트너의 수

⑧ 전시장으로의 자동 응답 메모 : 규모, 기능성, 상담을 위한 운영 및 활용도

⑨ 방문 고객 대상의 홍보 결과 : 예를 들어, 누가 경품권을 사용했는가? 방문 고객들은 어느 정도 주의를 기울였는가? 충분한 수의 적합한 고객들이 방문하였는가?

⑩ 언론 홍보 활동 결과 : 준비된 홍보 시나리오는 활용이 되었는가? 취재 기자들은 제공된 언론 홍보자료들을 충분히 활용했으며 전문지와 신문 기사를 통해 신뢰할 만한 이미지를 제공했는가?

5. 목표 평가

1) 접촉 목표 검토

참관객 접촉의 수와 품질에 의거하여 전시회 중 참관객 접촉에 대한 분석이 시행되어야 한다.

① 의도한 포괄적 수준에서 새로운 잠재 고객을 확보할 수 있었는가?

② 초대한 고객들은 전시장을 방문했는가?

③ 모든 고객들이 신상품에 대해 관심을 표명했는가?

④ 고객과 잠재 고객과의 관계는 고객 방향으로 관계가 향상되었는가?

⑤ 신상품에 대한 반응은 어떠했는가?

⑥ 방문 고객들은 어떠한 아이디어를 제안을 했는가?

2) 의사소통 목표 검토

의사소통의 목표는 다양하게 검토해 보아야 한다. 기업의 이미지에 대한 의사소통 목표와 제품 자체에 대한 의사소통 목표, 거래 조건에 대한 의사소통 목표, 향후 협력관계에 대한 의사소통 목표 등이 바로 그것이다.

결국 이러한 의사소통 목표는 제품과 브랜드에 대한 인지도 상승과 밀접한 관련이 있다. 이러한 의사소통의 진단을 위한 측정 항목들은 고객들이 이유를 곁들여 제안한 내용과 전체 참관객들로부터 무작위로 표본을 추출해 낸 것, 특정 전시회에 자사가 참가한 것에 대한 방문객들의 평가, 경쟁사들과의 의견 교환, 기자들의 빈번한 방문, 주최자의 방문 등이 될 수 있다.

더 나아가서 전시 참가 회사의 이미지 향상에 대한 평가도 이루어질 수 있다. 이 평가를 제대로 하기 위해서는 전시회 참가 전과 후에 대한 자사의 이미지 향상 또는 이미지 변화의 관계에 대해 정확한 정보가 제공되어져야 한다.

의사소통 목표는 일종의 유기적인 요소이기 때문에 계량화하기가 어려우나 그럼에도 불구하고 결정적인 의의를 가진다. 전시회 참가 의의가 오직 실제상의 수치로만 진단이 이루어지고 이러한 진단이 단순히 향후에 고려 요소로써만 치부된다면 전시회 참가성과의 효율성은 매우 낮게 평가되어질 수도 있다. 그러나 전시회에 참가한다는 것은 수치상의 평가 이외에 측정되어질 수 없는 많은 무형(인지도, 이미지, 유대관계 형성 등)의 이익을 참가기업에게 제공해 준다. 따라서 전시회 참가기업은 의사소통 목표 검토 시 이러한 점을 충분히 반영하여 검토하여야 한다.

만약 표면적으로 보여지는 저조한 효율성만을 근거로 하여 전시회 참가를 거부한 회사는 무형의 이익으로부터 파생되어지는 다양한 사업 기회를 잃을 수도 있다. 저조한 효율성을 이유로 전시회 참가를 거부한 기업들은 전시회 불참을 통해 단지 전시회 기간이라는 제한된 시간과 전시회 참가비용만을 절약할 수가 있었다. 따라서 전시회에 불참한 기업들은 전시회 불참을 통한 유무형의 손해가 절약한 비용보다 훨씬 클 수 있을 가능성에 대해 심각하게 검토해 보아야 한다.

6. 경쟁상황 분석

전시에 참가한 기업은 경쟁사의 전시활동, 특별 전시 또는 특별 행사 그리고 전통적인 업종별 회합과 유사업종 회합 등과 같은 전시장 외부의 행사들을 면밀하게 관찰하여야 한다. 특히 전시장에서 경쟁사에 대한 관찰 자료는 경쟁력 평가를 위해 아주 유용한 요소가 될 수 있다.

관찰할 사항들은 제품 개발과 공급량의 결정, 원부자재의 매입과 새로운 제품 개발의 계기, 가격 및 거래 조건의 형성, 전시회 참가 규모, 방문 참관객의 접대 그리고 사은품 증정의 범위와 수준, 투입 전시 인력의 규모, 전시팀의 구성 문제까지를 모두 포괄한다.

특별 전시는 반대로 업종의 특별 상품에 대한 정보를 제공하고 비공식적인 회합들은 사적인 관점에서 경쟁상황에 대한 의견을 수집할 수 있다. 또한 유사업종 회합이나 공개적인 정치 회합, 각각의 전시 참가자들 간 자연발생적인 모임 등이 경쟁상황을 관찰할 수 있는 기회에 속한다. 따라서 이러한 모임에 참석할 수 있는 기회를 놓치지 말아야 할 것이다.

이렇게 수집된 경쟁상황에 대한 자료는 전시회가 끝난 후 다양한 분석기법들을 이용하여 분석하고 보고서로 작성하여 향후 기업의 경영활동에 대한 참고자료로 활용되어지게 된다.

7. 평가요소 비교 분석

평가분석을 위해 수집되어지고 검토되어진 평가요소들은 또다시 종합적으로 비교 분석되어지게 된다. 이렇게 비교 분석되어진 결과물은 기업의 전시회 참가에 대한 종합 평가가 되며 이를 근거로 하여 참가한 전시회에 대한 최종 성과가 결정지어지게 되고 보고서로 작성되어지게 된다.

이렇게 작성된 보고서의 결과는 기업이 지속적으로 사용할 수 있는 데이터가 되며 사실적 경험적 가치를 지니게 되고 지식이 된다. 중요한 데이터들을 비교 가능하도록 정리하고 이를 지속적으로 유지하는 것은 향후 전시회 참가를 계획하는 데 있어서 매우 유용하게 활용되어질 수 있다. 따라서 도출된 최종 평가보고서는 장차 전시회 활동을 위한 가장 안정적인 기초가 된다.

제3절 전시회 후속 조치

1. 전시기간 중의 약속 이행

전시회 후속 조치는 전시장에서 이루어진 약속들에 대한 이행 방안이다. 따라서 성공적인 후속 조치에 있어서 '지킬 수 없는 약속은 하지 말라. 그리고 약속한 사항은 반드시 이행하라' 라는 원칙이 적용된다.

만약 조기에 후속 조치에 대해 고려하고 이에 대한 준비가 적절히 이루어진다면, 전시회 후속 조치는 신속하고도 마찰 없이 실행될 수가 있다. 후속 조치의 신속성은 고객들로 하여금 보다 확실한 반응을 얻어낼 수가 있다. 즉 전시회 방문 고객이 전시회장에서 본 여러 기업의 제품들 중 선택의 고민하고 있을 때 팩스와 전화 또는 우편을 통한 신속한 후속 조치를 취한 기업은 고객의 선택을 받을 확률이 그만큼 높아질 것이다.

후속 조치의 소홀함과 관련하여 가장 빈번하게 대두되는 말은 '장기간의 전시회 행사로 인해 기업 내부에 누적된 일과를 급하게 처리하여야 한다' 는 것이다. 이는 전시회를 기업의 사업적 업무로 간주하지 않는 것이며 전시회에 대한 투자가 기업 미래를 위한 핵심적인 투자로 인식하지 않는다는 것이다. 이는 전시회를 하나의 형식적인 행사로 여기는 것으로써 전시회가 사업기회의 발견과 기업의 중장기 목표 달성을 위한 것이라는 인식의 결여인 것이다. 이러한 인식을 바탕으로 치러지는 전시회는 그 성과가 거의 없거나 미비할 수밖에 없다. 또한 이러한 의식은 결국 전시회 후속 조치의 소홀로 연결 되게 되므로 어렵게 준비하고 개최한 전시회의 의미가 퇴색되어지게 된다.

실제로 전시회의 후속 조치는 그리 복잡하지도 않을 뿐만 아니라 업무량 또한 많지 않다. 따라서 후속 조치의 소홀이라는 것은 기업자제의 인식의 문제라고 할 수 있다.

2. 후속 조치기간

후속 조치기간은 가능한 한 전시회가 종료된 직후 최초 5일 안에 고객과 일정협의를 위한 전화접촉이 이루어져야 한다. 마찬가지로 방문 고객과의 개인적인 상담이 회사나 가정 방문을 통해 이루어져야 한다.

그러나 여러 가지 이유로 복잡해진 일부 사안을 제외하고는 전시회 후속 조치는 아무리 늦어도 전시회 종료 후 최대한 4주일을 초과해서는 안 된다. 전시회와 같은 직접 마케팅의 경우에는 단 한 번의 접촉은 그것을 다시 활성화시켜주지 않을 경우 아주 단기간에 식어 버린다. 따라서 전시회에서 만난 방문객에 대한 추가 만남의 자리를 한시라도 빨리 만들어야 한다.

Closing Exhibition

무역학 교육과 전시산업

이병문 교수(숭실대학교 국제통상학과)

전시산업은 제품, 기술 및 정보를 교환하는 교역의 장으로써 기업의 마케팅활동 및 국제적 비즈니스의 기반을 제공하고 국내산업의 국제경쟁력 강화에 공헌하며 전후방 연관효과를 통해 경제성장과 고용창출 효과가 큰 서비스 산업이라고 할 수 있다. 특히 전시산업은 수출촉진 효과가 가장 큰 고부가가치 산업으로 WTO체제 하에서도 보조금 지급이 가능한 기업의 판매촉진 수단의 일환이기도 하다.

이에 독일, 중국 등 주요 선진국 및 경쟁국들은 전시산업을 주요 수출촉진 수단 및 국가 전략산업으로 인식하여 세제지원을 강화하는 등 정책적으로 다양한 방면에서 전시산업을 육성 · 지원하고 있는 실정이다.

이에 우리 정부도 전시산업의 중요성을 인식하고 전시산업의 육성에 대한 강한 의지와 함께 다방면의 지원정책을 통한 민간부문의 경쟁력 강화를 도모하고 있다. 이러한 정부의 전시산업 육성의지로 그동안 우리의 전시산업은 전시장 면적, 전시회 개최건수 등 하드웨어 측면에서 급속히 발전하였으며, 전시회로 인한 높은 생산 및 고용유발, 부가가치유발 등 상당한 경제효과를 달성하였다고 보고되고 있다.

그러나 이러한 하드웨어 측면의 발전에 따른 외형적인 성장에도 불구하고 우리나라 전시산업의 문제는 전시전문 인력의 부족, 전시회 연계 프로그램의 부족, 전시 마케팅 능력의 부족 등 여러 가지 소프트웨어 측면의 문제점이 지적되고 있다. 이러한 소프트웨어 측면의 문제는 전시시설 및 숙박 · 교통 등 부대시설 등 산업기반의 미비, 영세사업자의 난립 및 불합리한 하도급 관행 등 하드웨어적인 측면의 문제와 결합하여 전시산업의 낙후성을 면하지 못하고 있다.

↑ 삼성동 무역센터의 모습

이에 세계 무역 강대국으로서의 위상을 제고하고 무역규모 1조불 시대를 대비하는 무역인프라 구축을 위해 경제적 파급효과가 뛰어난 고부가가치 서비스산업인 전시산업의 경쟁력 강화에 매진해야 한다. 이를 위해서는 전시산업의 기반을 조성하고 국내전시회와 전시산업에 대한 체계적인 지원을 제도화하는 한편, 전시산업의 구조를 선진화하여 경쟁력 있는 전시사업자를 육성할 필요성이 있다.

결국 인적인프라의 구축 없이는 전시산업의 획기적인 도약을 기약할 수 없기 때문에 기존 교육기관의 특별프로그램이 아닌 정규프로그램을 통해 경쟁력을 갖춘 전시전문가 육성이 시급하다 할 수 있다. 이에 필자는 현행 무역학 교육의 현주소를 재조명하고 세계1위의 무역강대국을 꿈꾸며 명실상부한 무역전시의 허브로서 탈바꿈하기 위한 무역학 교육의 바른 길을 제시코자 한다.

무역학교육과 무역전시 인력양성 무역학은 실사구시의 학문으로 국제성을 띠고 있기 때문에 국내 실무계의 의견과 해외의 동향이 중요한 독자적 학문영역으로 경영, 경제, 법, 어학, 국제관계 등의 인접 학문영역과 호흡을 같이 하는 학제 간 교육이라고 할 수 있다. 이러한 학제 간 교육에 바탕을 둔 기존 무역학 교육은 정보화의 급속한 진전으로 인한 무역환경의 변화와 유형물 중심의 무역에서 디지털물(Digital Goods) 및 서비스를 포함한 무역객체의 다양화, 수출 중심의 무역에서 수입 및 중개무역 등 무역형태의 다양화 등을 충분히 수용할 정도로 탄력적인 교육구조를 가지고 있는 것이 사실이다.

전시산업에서 필요로 하는 전문 인력은 일반적으로 무역실무능력을 기초로 하여 외국어 능력, 국제마케팅, 전시산업론, 전시관련 법률 등의 제반 지식을 갖춘 인력을 필요로 하기에 학제 간 교육에 바탕을 둔 기존 무역학의 탄력적인 교육구조는 전시산업의 전문 인력을 양성하기에 가장 적절한 교육기관이 될 수 있을 것이다.

다만 문제는 기존 무역학 교육에서는 전시산업에 대한 중요성을 인지하고 있었는지와 그에 대한 관심을 어디에까지 두고 있었는지가 가장 큰 관건이라 할 수 있다. 다행스러운 것은 무역학의 대표 학회라 할 수 있는 한국무역학회에서 무역전시분야를 연구 분과의 하나로 두고, 일부 무역전시분야의 연구가 이루어지기 시작했다는 점과 아래에서 보는 바와 같은 정부의 무역전문가 양성사업의 일환으로 무역전시분야가 중심에 부각되고 있다는 점이다.

글로벌 무역전문가 양성사업과 무역전시 산업자원부는 올해 4월 무역협회를 운영관리 기관으로 지정하여 '글로벌 무역전문가 양성사업'을 발표하고 서울을 포함한 전국의 19개 대학을 지정하여 동 사업을 운영하고 있다.

이 사업의 목적은 글로벌화 된 무역환경에 대응할 수 있는 글로벌 무역전문가를 양성하여, 무역업계에 공급함으로써 안정적인 무역흑자 기반을 구축하기 위해 대학교육을 무역실무 및 현장중심 교육 등 실용교육 위주로 개편하여 기업의 요구에 부응하는 핵심 무역인력을 양성하자는 데 있다. 이러한 목적 하에 동 사업은 사업단의 교육프로그램을 기본교육, 심화교육, 현장실습으로 구분하고, 이 중에 심화교육의 경우 그 내용을 가능한 한 대학의 기존 교과과정에 흡수토록 유도하고 있다.

무역전시분야와 연관하여 주목할 만한 것은 심화교육의 교육항목 분류를 무역실무, 해외마케팅, 전자무역, 비즈니스외국어 분야 외에도 전시 · 컨벤션 분야로 구분하여 각 대학으로 하여금 전시 · 컨벤션 분야의 교육을 요구하고 있다는 점이다. 주목할 만한 것은 이러한 교육프로그램의 파급효과로 금번에 지정된 19개 대학 외에도 여타 대학의 무역학 관련학과로 하여금 동 교육프로그램의 중요성을 각인시켜 교과과정을 그에 따라 개편토록 유도하고 있다는 점이다.

다만, 이러한 사업을 통해 제대로 된 무역전시 전문 인력을 육성하기 위해서는 전시 · 컨벤션 분야의 교과과정에 대한 보다 세밀한 로드맵의 완성과 국내외 무역전시회의 참여를 통한 현장실습이 소기의 성과를 달성토록 전시 실무와 학계가 공동으로 노력하여야 할 것으로 사료된다.

한편 '글로벌 무역전문가 양성사업' 외에 무역전시 분야의 교육을 위해 지속적인 관심을 가지고 지켜보아야 할 것은, 최근 한국무역학회가 주관하고 무역관련 유관 학회가 지원하고 있는 무역학교육 인증제도로 이는 아래와 같다.

무역학교육인증과 무역전시 기존 한국 대학의 제 학문분야의 교육프로그램에 대한 평가는 대학교육협의회에 의한 학문분야 평가로 올해엔 무역학이 평가대상으로 되어 있다.

대학교육협의회에 의한 학문분야평가의 주요 목적은 개별 학문분야 교육의 수월성 · 효율성 · 책무성 · 자율성 · 협동성을 제고하고, 재정의 확충을 통하여 학문분야를 발전시키는 데 있었으나, 과거 여타 학문분야의 평가를 통해 본 각 대학의 관심은 그리 높지 않은 실정이다.

이에 교육인적자원부는 기존 대학교육협의회의 학문분야평가의 문제를 직시하고 각 학문분야의 사설인증기관을 적극 지원하여 보다 내실 있는 학문분야 평가를 유도하고 있다. 이에 발맞추어 한국무역학회는 지난 6월 22일 실제 산업현장에서 요구하는 무역전문가의 양성을 위한 각 교육기관의 무역전문가 양성교육의 내용과 질을 한 단계 업그레이드함으로 한국 경제발전의 중추적 역할을 수행하도록 할 목적으로 '(가)무역학교육 인증위원회' 를 설립하였다.

동 위원회가 추진 중인 인증제도는 기관 인증제도가 아니라 공학 인증제도와 유사한 프로그램인증제도이며, 이는 각 대학의 무역학관련 프로그램의 특수성 등을 고려한 인증제도라 할 수 있다. 이러한 인증제도는 조만간 그 밑그림이 그려지고 수년 안에 첫 인증기관이 탄생할 것으로 예상되는바, 인증제도의 틀이 갖추어지기 전에 전시분야의 학계와 실무 전문가들이 적극적으로 무역전시 분야의 중요성을 홍보하고 각 대학의 프로그램평가에 있어 동 분야에 대한 내용이 충분히 인지되도록 하여야 할 것이다.

자료 : 전시저널, Vol.18. 2007.

참고문헌

■ 국내문헌

강호정 · 이준엽, 현대 스포츠 경영학, 학현사, 2005.

국내전시산업의 국제화 전략 세미나자료집, KOTRA, 2003. 5.

국제박람회디렉터리, 주요국별 전시장 현황 비교, KOTRA, 1998.

권창희, 국제전시회 서비스 속성이 주최자의 중요도 지각과 참가업체 · 참관객 만족도에 미치는 영향, 세종대학교 박사학위논문, 2003.

김문숙, 참가행태에 따른 교역전 선택속성의 차이에 관한 연구, 세종대학교 석사학위논문, 2000.

김봉석, 국내전시산업의 경제적 파급효과 분석, 전시저널, Vol.10, 2006.

김봉석, 독일의 전시산업, 전시저널, Vol.5. 2005.

김봉석, 미국의 전시산업 전망 ; 위기와 극복, 전시저널, Vol. 29. 2009.

김봉석, 싱가포르의 전시산업 통계, 전시저널, Vol. 9. 2006.

김봉석, 일본의 전시산업, 전시저널 Vol. 11, 2006.

김상순, 한국기업의 국제박람회 활용실태 및 성과제고 방안에 관한 연구, 고려대학교 경영대학원 석사학위논문, 1995.

김성섭 · 이강욱, 국제회의 산업의 경제적 파급효과, 관광학연구 제25권 제4호 통권 37

김성혁 · 유동근, "이벤트 전시회", 1994.

김언수, Top를 위한 전략경영 2.7, 박영사, 2008.

김영주, 국내 전시 참가기업의 속성에 따른 전시회 참가 매카니즘에 관한 연구, 한림대학교 국제대학원 석사학위 논문, 2002.

김우곤, 우리나라 국제교역전산업의 현황과 경제파급효과 분석, 세종연구원, 1997.

김은주, 기업의 효율적인 전시참가방안에 관한 연구 : 전시회 참가 준비단계를 중심으로, 이화여자대학교 석사학위논문, 2002.

김진오, 국내 전시산업, 넘어야 할 산이 많다, 스탁데일리, 2004년 5월 3일.

김학민, 한국무역사, 무역인프라확충 : 물류, 전자무역, 무역인력양성, 한국무역협회, 2006.

김홍범, 교역전 산업의 효과에 관한 연구, 호텔관광경영연구 제14권, 1999.

김홍범, 독일교역전 산업의 현황 및 경제효과, 세종연구원, 2001.

김화경, 전시산업활성화가 관광산업에 미치는 영향에 관한 연구, 관광개발논총 제14호, 2001. 7.

대한무역진흥공사, "92 세비아 세계박람회 종합보고서", 1992.

라휘문 · 한표환, 지방자치단체의 성과평가를 위한 지표개발, 한국정책회보, 1999.

류홍무, "부산경제활성화를 위한 무역전시산업 육성정책 연구", 부산대학교 행정대학원 석사학위논문, 2000.

무역전시산업 발전방안, 산자부, 2003.4. 26.

문영수, 전시학개론, 한국국제전시, 2003.

미국의 전시 · 컨벤션산업 현황과 시사점, 한국무역협회 뉴욕지부, 2003. 9.

박래춘, Trade Show형태가 마케팅믹스에 미치는 영향에 관한 연구, 연세대 경영대학원 석사학위논문, 1996.

박원주, 신제품 시장진입시 판매촉진수단으로써 Trade Show의 효용성에 관한 연구 : COMDEX/CeBIT 사례 중심으로, 한림대학교 국제학대학원, 2001.

박춘엽 외 1인, 중소기업경영론, 한국방송대학교 출판부, 2001.

반병길, 국제마케팅론, 박영사, 1991.

배영은, 전시참가 부스요원의 교육훈련이 그 성과에 미치는 영향, 한림대학교 국제학대학원, 2003.

산업일보, 국내 전시산업, 어디까지 왔나?, 2006. 12. 1.

산업자원부 무역정책국, "무역전시산업 발전방안", 2000. 8.

서민교 · 김돈규, 전시마케팅, 한올출판사, 2004.

서민교 · 이지석, Trade Show Marketing에 관한 연구, 한국무역학회 제1차 정책세미나 및 학술발표대회논문집, 2004.

서승진 · 김상용 · 이창현, 미국의 전시산업 동향 및 시사점, 한국컨벤션 · 전시산업연구원, 2002.

세계 주요국의 전시산업 육성전략, KOTRA 전시사업팀, 2002.

송성수, 21세기 떠오르는 전시산업, 가을문화, 2003.

신성영, 해외전시회 참가업체의 성과평가에 관한 연구, 한림대학교 국제대학원 석사학위논문, 2000.

신재기, 전시산업론, 한올출판사, 2004.

신재기 · 문상희, 컨벤션기획실무, 백산출판사, 2003

오성환, 전시회 서비스의 품질평가요인에 관한 연구 : 전시업체의 입장에서, 한림대학교 국제대학원 석사학위논문, 1997.

오철수, 중소기업 해외전시회 마케팅 요인 비교분석 : 경기도가 참가비를 지불한 중소기업을 중심으로, 한림대학교 국제대학원 석사학위 논문, 2003.

원융희, 호텔 사업타당성조사 사업계획서 작성, 백산출판사, 2002.

윤세목, 국제회의론, 현학사, 2002.

윤연상, 국제전시회의 효율적 운영방안에 관한 연구, 경희대학교 석사학위논문, 2001.

윤원숙, 국제촉진수단으로서의 Trade Show에 관한 연구 : 참가의사결정과 성과평가를 중심으로, 서울대학교 대학원 석사학위논문, 1989.

이경모, 이벤트학원론, 백산출판사, 2002.

이상직, 한국 전시산업의 발전방안, KIET 정책자료 229호, 2002.

이석규, 마케팅관리, 2006, 박영사.

이장로, 국제마케팅, 무역경영사, 2008.

이장호, 국제경영전략, 박영사, 2003.

이창현, 국내 전시참가업체의 전시회 참가형태분석 및 성과평가에 관한 연구, 한림대학교 국제대학원 석사학위논문, 1999.

이형룡, "우리나라 교역전 산업의 현황 및 경제파급 효과", 세종연구원 연구위원, 2001.

장세진, 글로벌 경쟁시대의 경영전략, 박영사, 2008.

장주영 · 이수범 · 김동희, 호텔 컨벤션 종사원의 질적 수준 향상을 위한 교육훈련에 관한 탐색적 연구, 호텔경영학연구 12권1호, 통권20호, 2003.

전시산업 경쟁력 강화 T/F팀, 전시산업 민관합동 T/F 결과보고서(안), 한국전시산업진흥원, 2004.

Las Vegas Convention Center, 진시저널, Vol.23. 2008.

정수경, 국제PR, 구민사, 2000.

정홍기, "판매촉진 수단으로서의 박람회 활용에 관한 연구", 서강대학교 경영대학원 석사학위논문, 1993.

조은정, 전시회 참관객 서비스속성의 중요도 및 만족도에 관한 연구 : 제9회 서울 국제제빵 · 과자전 사례를 중심으로, 한림대학교 국제대학원 석사학위논문, 1997.

주원영, Trade Show 의 전략적 의의와 효율적 활용방안에 관한 연구, 서울대학교 대학원 석사학위논문, 1991.

차민형, 전시회서비스품질 평가요인과 고객만족에 관한 연구, 경희대학교 석사학위논문, 2002.

최영삼, 싱가포르 전시컨벤션 산업동향, 전시저널 Vol. 9, 2006.

최장우, 국내 중소기업의 무역전시회 활용 성공전략에 관한 연구, 관세학회지, 제9권 제1호. 2008.

추영준, 전시회 참가 목적에 따른 중요도 및 만족도 연구, 한림대학교 석사학위논문, 2001.

테라사와 요시치카, 일본 전시산업의 현황과 과제, 전시저널, Vol.11, 2006. 7.

Philip Kotler & Gary Armstrong, Kotler의 마케팅 원리, 12th ed., Σ 시그마 플레스, 2008.

표성수, 관광사업투자론, 백산출판사, 1996.

표지현, 전시회 내 커뮤니케이션 요인이 전시업체와 참가자의 관계형성에 미치는 영향에 관한 연구, 한림대학교 국제대학원 석사학위 논문, 2003.

하남숙, 교역전시장 시설의 효과적 운용방안에 관한 연구, 세종대학교 석사학위논문, 2001.

한국 국제전시장 운영전략, KOTRA, 2002.

한국관광공사, "2000 한국국제회의산업 현황", 2001.

한국관광공사, 국제회의 참가자 소비액 조사결과, 1995.

한국관광공사, 한국 국제회의 산업현황, 1998.

한국의 무역성장과 무역전시산업 발전추이 상관관계 분석보고서, 국제전시컨벤션연구원, 2002.

한국전시산업진흥회, 한국의 전시산업 2005/2006, 한국전시산업진흥회, 2007.

한상만 외, 마케팅 전략, 박영사, 2007.

해외 박람회 참가 성공의 조건, 무역일보, 2003. 6. 23.

해외박람회 참가요령, KOTRA 무공자료 00-07, 2000.

홍선의, 우리나라 전시산업 발전전략모델에 관한 연구, 무역전시연구 제2권 제2호, 2007.

홍선의, 수출기업의 무역전시회 활용전략, 상품학연구, 제33호, 2004.

홍선의, 무역전시회를 이용한 통합마케팅 가능성에 관한 연구, 관세학회지, 2005.

홍선의 · 이서영, 우리나라의 무역전시회가 수출에 미치는 효과분석, 관세학회지, 2009.

홍선의, 우리나라 무역전시 전문인력 양성방안에 관한 연구, 관세학회지, 2008.

홍성건, 국내개최 전시회를 통한 전시산업의 변화추이 분석, 한림대학교 국제학대학원 석사 학위논문, 2000.

홍정석, 4C 관점으로 접근하는 B2B 마케팅, LG경제연구원 Web Site, 2007. 10. 11.

황희곤, 한국 전시산업의 경제적 성과에 관한 연구, 국제무역연구 제7권 제2호, 국제무역학회, 2001.

해외전시산업통계조사, 한국전시산업진흥회, 2005.

2002/2003 국제박람회 디렉터리, KOTRA, 2002.

■ 외국문헌

Acosta-Amad and Brethower, *Training for Impact : Improving the Quality of Staff's Performance*, Performance Improvement Quarterly, Vol. 5, No. 2, 1992.

Ansoff, I.H, *Corporate Strategy*, McGraw-Hill, 1965.

AUMA, *Messewirtschaft*, 1991-2000.

AUMA, *Successful Participation in Trade Fairs made in Germany*, 1998.

AUMA, *Successful Participation in Trade Fairs : Tips for Exhibitors*, 2004.

AUMA. *Trade pair performance and potential analysis*, 1999.

Axelson, B., *How To Choose The Right Trade Show?*, Advertising Age's Business Marketing Vol. 84, 1999.

B. Siskind, *The Power of Exhibit Marketing*, 4th edition, International Training and Management Company, 1997.

Banting, P. M. and Blenkhorn, D. L., *The Role of Industrial Trade Show*, Industrial Marketing Management, Vol. 5, October, 1974

Belizzi, J. A. and Lipps, D. J., *Managerial Guidelines for Trade Show Effectiveness*, Industrial Marketing Management, Vol. 13, February, 1984

Bello, Daniel C, *Industrial Buyer Behavior at Trade Shows ; Implications for Selling Effectiveness*, Journal of Business Research, Vol. 25, pp. 59-80. 1992.

Bello, Daniel C. & Gloria J. Barczak, *Using Industrial Trade Shows to Improve New Product Development*, The Journal of Business and Industrial Marketing. Vol.5, No.2(Summer/Fall), 43-56. 1990.

Blythe, J., *Objectives and Measures at UK Trade Exhibitions*, Journal of Marketing Management, Vol. 16, 2000.

Blythe, J., *Visitor and Exhibitor Expectations and Outcomes at trade Exhibitions*, Marketing intelligence and Planning, Vol. 17, No. 2, 1999.

Brown, Karin, Coulter, Philip, B., *Subjective and Objective Measures of Police Service Delivery*, PAR, 43(1), 1983,

Cartwright, Gillian, *Making the most of trade exhibitions*, Reed Exhibition Companies Ltd., 1995.

CEIR, *Power of Exhibitions I*, 1993.

CEIR, *Power of Exhibitions II*, 1996.

CEIR, *Staggering State-Substitute Exhibition Participation*, CEIR, 2001.

Chonko, L. B. and Tanner, J.F., *Trade Show Objectives, Management, and Staffing Practices*, Industrial Management Marketing, Vol. 24, 1995.

Chonko, L. B., Tanner, J.F. and McKee, J., *Matching staff to prospects helps companies maximize their trade show investment*, Marketing Management, Vol. 3, No. 1, 1994.

Chonko, L. B., Tanner, J.F. and Weeks, W.A., *Sales Training : Status and Needs*, Journal of Personal Selling & Sales Management, Vol. XIII, Number 4 Fall, 1993.

Cliften, Davids. Jr., and Fyffe. David E., *Project Feasibility Analysis : A Guide to Profitable New Ventures*, New York : John Wiley and Sons, 1977.

Daniel C. Bello, *Using Industrial Trade Shows To Improve New Product Development*, Journal of Business and Industrial Marketing 5, 1990.

Day, G. & Reibstein, D, *Wharton on Dynamic Competitive Advantage*, John Wiley & Sons, Inc., 1997.

Dekimpe, M. G., P. Francois, S. Gopalakrishna, G. L. Lilien and C. V. Bulte, *Generalizing about Trade Show Effectiveness : A Cross-National Comparison*, Journal of Marketing, Vol. 61, October, 1997.

Die Gesamtwirtschaftliche Bedeutung von Messen und Ausstellungen in Deutschland, ifo Institut fur Wirtschaftsforschung, Munchen, 1999.

Don S. Vaughn, *"Put Trade Shows to Works for You"*, *Sales & Marketing Management*, A Special Report, 1980.

Donald Getz, *"Introduction to Event Management and Event Tourism"*

Edward A. Chapman. Jr., *Exhibit Marketing*, McGraw-Hill. Inc., 2nd ed. 1995.

Faria. A. J. and Dickinson, John R., *"Trade Show Selection Criteria"* CEIR. 1995.

Freyer. W., & Kim. B. S., *Competitive Strength of German Trade Fair Industry and Its Implication on Tourism*. Sejong Research Institute. 2001.

Friedmann, S. A., *Exhibiting at TradeShows*, California, Crisp Publications, Inc., 1992.

Gopalakrishna, S. and Lilien, G.L., *A Three-stage Model of Industrial Trade Show Performance*, Marketing Science, Vol. 14, No. 1, 1995.

Gopalakrishna, S., Lilien, G.L., Williams, J.D. and Sequeira, L.K., *Do Trade Shows Pay Off?*, Journal of Marketing, Vol. 59, 1995.

Grunig, Larissa A., *Strategic Public Relations Constituencies on a global scale*, Public Relations Review 18, 1992.

Hansen, K., *The dual motives of Paricipants at International Trade Shows*, International Marketing Review Vol. 13. No. 2, 1996.

Hansen, K., *Trade Show Performance : A Conceptual Framework and Its Implications for Future Research*, Academy of Science Review Vol. 99, 1999.

IMF, *International Financial Statistics*, 2003.

Kaminer, David A., *Trade Show ; How Big Business does Bigger Business*, Business Marketing, 77(Nov.) ; A2-A4, 1992.

Kelly, steven J. & Comer J., *Research Lends Coherency to a Trade Show Marketing Plan*, Marketing News, Vol. 18 ; 4-5, 1984.

Kerin, R.A & Cron, W.L., *Assessing Trade Show Functions and Performance ; An Exploratory Study*, Journal of Marketing. Vol.51, 1987.

Kijewski, V., Yoon, E. and Young, G., *How Exhibitors Select Trade Shows*, Industrial Marketing Management, Vol. 22, pp. 1993.

Lawson, F., Congress, *Convention and Exhibition facilities : Planning, Design and Management*, Architectural Press, 2000.

Luis, Rubalcaba-Bermejo and Juan. R. Cuadrado-Roura, *"Specialization and competition amongst European cities : A new approach through fair and exhibition activities."* Regional Studies. Vol32, No.2, 1998.

Michael E. Porter, *Competitive Strategy : Techniques for Analyzing Industries and Competitors*, New York : Free Press, 1980.

Miller, S., *How to Get the Most out of the Trade Show*, Chicago, NTC Business Books, 1999.

Morgan, M. and J. Ludford, *Are Trade Exhibitions Used Effectively as Promotional Tools?*, Proceeding of PcmA Annual Meeting, 1999.

Morrow, S.L., *The Art of The Show*, Texas, IAEM Foundation, 2002.

Munuera, J.L. and Ruiz, S., *Trade Fairs as Services : A Look at Visitors' Objectives in Spain*, Journal of Business Research, Vol. 44, 1999.

Poiter, Theodore H., *Performance Monitoring*, Lexington : D.C. Health & Co. 1983.

Poorani, A., *Trade-show Management-Budgeting and Planning for a Successful Event*. Cornell Hotel and Restraurant Administration Quarterly, August, 1996.

Prahalad, C. & Hamel, Gl., *The Core Competence of the Corporation*, Harvard Business Review(May-June), 1990.

Robbe, D., *Trade Show and Exposition*, New York, John Wiley & Sons, Inc., 2000.

Robert B. Konikow, *How to Participact Profitably in Trade Show*, Chicago, Dartnell Crp. 1985.

Roberts, E. J., *Training Trade Show Salespeople : How Caterpillar Does It*, Business Marketing, June, 1988.

Rosson, Philip J. & F.H. Rolf Seringhaus, *Visitor and Exhibitor Interaction at Industrial Trade Fair*, Journal of Business Research. Vol. 32. 1995.

Sandra, L. Morrow, *The Art of The Show*, Dallas, IAEM Foundation, 2001.

Steve Miller, *How to Get the Most of Trade Shows*, Chicago : NTC Business Books, 1992.

Thomas V. Bonoma, "*Get More out of Your Trade Shows*", Harvard Business Review, Vol.61(Jan.-Feb.), 1983.

Trade Show Bureau, "*The Power of Trade Shows : Fact Sheet #2*", Denver, USA, 1992.

Walter Freyer & Bong-Seok Kim, "*Competitive Strength of German Trade Fair Industry and its Implication on Tourism*", 2001.

Wholey. Joseph. S., & Harry P., *The Case for Performance Monitoring*, Public Administration Review, 1992.

Wilcox, Dennis L. Et al, *Abariety of Definition, Public Relations*, Harper Collins College Publishers, 1995.

■ 기타

매일경제신문

매일신문

머니투데이

무역일보

한국경제신문

보도자료, 대구광역시, 2004. 3. 22

보도자료, 산업자원부, 2004. 1. 14

보도자료, 산업자원부, 2004. 2. 25

http://www.auma-fairs.com

http://www.messe-berlin.de

http://www.auma.de

http://www.coex.co.kr

http://www.excodaegu.co.kr

http://www.bie-paris.org

http://www.gcb.de

http://www.koelnmesse.de

http://www.iccjeju.co.kr

http://www.tradefair.de

http://www.bexco.co.kr

http://www.exco.co.kr

http://www.235.co.kr

http://www.bie-paris.org/site/en/expos.html

http://www.kes.org

http://www.visitkorea.or.kr

http://www.akei.or.kr

http://www.gep.or.kr

찾아보기

ㄴ

ㄷ

ㅂ

ㅇ

ㅈ

ㅊ